KB266341

케임브리지 몽골 제국사

케임브리지 몽골 제국사

The Cambridge History of The Mongol Empire

사□계절

일러두기

1. 본문의 외국어 인명과 지명 등의 고유명사는 국립국어원의 외래어표기법을 기준으로 표기했다.
    - 다만 아랍, 페르시아, 튀르크, 몽골, 중국 등 다양한 민족과 언어를 포괄한 몽골 제국 시대의 이름과 용어들을 예외 없이 통일된 원칙에 따라 옮기는 것은 불가능하다. 따라서 일부의 경우는 관용적 표현을 따르기도 했다.
    - 현대 중국인 연구자 및 중국 행정 구역, 자연을 제외한 중국 인명과 지명은 한국 한자음으로 표기했다.
    - 본문의 용어 표기와 개념 설명은 동일한 방식으로 통일하였다. 다만 다수의 연구자가 공동 저술한 책인 만큼 각 연구자의 이론, 해석에 따라 다르게 표기한 경우도 있다. 설명이 필요한 경우 옮긴이가 본문에 [대괄호]를 달고 그 이유 또는 배경을 밝혔다.
2. 본문에 사용한 * 기호는 연구자들이 음가가 확실하지 않은 경우에 "아마도 이렇게 발음했을 것이다(하지만 확실하지는 않다)"라고 표시할 때 사용하는 방식이다.
3. 본문의 연도 표시는 서력을 사용했다. 다만 일부 사건을 설명할 때 괄호로 회력(이슬람력)을 병기했다.
4. 본문의 도량형 표시는 국제단위계 SI 기본 단위(미터법 등)를 기준으로 삼았다.
5. 본문의 각주는 원주이며, 보충이 필요한 경우 옮긴이가 본문에 [대괄호]를 달고 설명을 추가했다.
6. 본문에 사용한 참고문헌의 약어는 다음과 같다.

• 사료와 번역서

Baṭṭūṭa/Gibb   Ibn Baṭṭūṭa 1958–2000. *The Travels of Ibn Baṭṭūṭa*, tr. Hamilton A. R. Gibb(vols.13) and Charles Buckingham(vol. 4). Cambridge.

HWC   al-Juwaynī[Juvaini], ʿAṭā-Malik. 1997. *Genghis Khan: The History of the World Conqueror*, tr. John A. Boyle. Manchester[reprint of the 1958 ed. which has two volumes; same pagination].

JT/ʿAlīzādah   Rashīd al-Dīn, Faḍlallāh. 1957–1980. *Jāmiʿ al-Tawārīkh*, ed. A. A. ʿAlīzādah, A. A. Romaskevich, and L. A. Khetagurov, 3 vols. Baku, 1957; Moscow, 1965–1968, 1980.

JT/Boyle   Rashīd al-Dīn Ṭabīb. 1971. *The Successors of Genghis Khan*, tr. J. A. Boyle. New York.

JT/Karīmī   Rashīd al-Dīn, Faḍlallāh. 1959. *Jāmiʿ al-Tawārīkh*, ed. Bahman Karīmī, 2 vols. Tehran.

JT/Rawshan   Rashīd al-Dīn, Faḍlallāh. 1994. *Jāmiʿ al-Tawārīkh*, ed. Muḥammad Rawshan and Muṣṭafā Mūsawī, 3 vols. Tehran.

JT/Thackston   Rashīd al-Dīn, Faḍlallāh. (Rasiduddin Fazlullah). 1998–1999. *Jamiʾ uʾt-tawarikh[sic] Compendium of Chronicles*, tr. Wheeler M. Thackston, 3 vols. Cambridge, MA.

JT/Thackston 2012   Rashīd al-Dīn, Faḍlallāh. (Rasiduddin Fazlullah). 2012. *Jamiʾ uʾt-tawarikh[sic] Compendium of Chronicles*. In *Classical Writings of the Medieval Islamic World: Persian Histories of the Mongol Dynasties*, tr. Wheeler M. Thackston, vol. 3. London.

SH   Igor de Rachewiltz tr. 2004, 2006, 2009. *The Secret History of the Mongols: A Mongolian Epic Chronicle of the Thirteenth Century*, 2 vols. Leiden.

TJG   al-Juwaynī ʿAṭā-Malik. 1912–1937. *Taʾrīkh-i Jahāngushā*, ed. Mīrzā Muḥammad Qazwīnī, 3 vols. London.

YS   Song Lian宋濂. 1976. *Yuan shi*元史, 15 vols. Beijing.

• 연구서 및 학술지

AEMA   *Archivum Eurasiae Medii Aevi.*
AOH   *Acta Orientalia Hungaricae.*
BSOAS   *Bulletin of the School of Oriental and African Studies.*
CAJ   *Central Asiatic Journal.*
CHC6   Franke, Herbert, and Denis Twitchett, eds. 1994. *The Cambridge History of China*, vol. 6, *Alien Regimes and Border States 907-1368*. Cambridge.
CHIA   Di Cosmo, Nicola, Allen J. Frank, and Peter B. Golden, eds. 2009. *The Cambridge History of Inner Asia: The Chinggisid Age*. Cambridge.
CHI5   Boyle, John A., ed. 1968. *The Cambridge History of Iran*, vol. 5, *The Saljuq and Mongol Periods*. Cambridge.
EI2   *Encyclopedia of Islam*, 2nd ed.
EI3   *Encyclopedia of Islam*, 3rd ed.
EIr   *Encyclopedia Iranica.*
HJAS   *Harvard Journal of Asiatic Studies.*
ISK   de Rachewiltz, Igor, et al., eds. 1993. *In the Service of the Khan: Eminent Personalities of the Early Mongol-Yüan Period(1200-1300)*. Wiesbaden.
JAOS   *Journal of the American Oriental Society.*
JESHO   *Journal of the Economic and Social History of the Orient.*
JRAS   *Journal of the Royal Asiatic Society.*
JSYS   *Journal of Song-Yuan Studies.*
REMMM   *Revue du monde musulman et de la méditerranée.*

서 문

미할 비란 · 김호동

미할 비란　　　　　　　　　　　　Michal Biran

예루살렘히브리대학 인문학부 막스앤드소피미단스재
단 석좌교수이며 아시아아프리카학연구소 소장을 맡고
있다. 내륙 아시아, 중세 이슬람 세계, 그리고 전근대 시
기 중국을 연구한다.『몽골 제국, 실크로드의 개척자들』
을 비롯한 다수의 저서와 편저, 그리고 수많은 논문을 발
표했으며, 현재 이스라엘과학인문학술원 회원이다.

김호동　　　　　　　　　　　　　　Kim Hodong

서울대학 명예교수이다. 하버드대학 박사학위 논문이
『근대 중앙아시아의 혁명과 좌절』로 출간되었다. 대한
민국학술원 회원으로서 신장 지역의 역사와 몽골 제국
에 관한 다수의 책과 논문을 영어와 한국어로 집필하였
다. 최근에는 라시드 앗 딘의『집사』를 한국어로 완역(전
5권)하고, 그 축약본인『몽골 제국 연대기』를 펴냈다.

몽골 제국이 세상을 바꿨다. 13세기에 칭기스 칸과 그의 후계자들은 역사상 가장 넓은 영토를 가진 연속된 제국을 건설했다. 이 제국은 최전성기에는 한국에서 헝가리까지 그리고 아나톨리아, 이라크, 베트남에서 시베리아까지 이어져 구대륙의 3분의 2를 지배했다. 칭기스 칸과 그의 후계자들은 동서남북을 연결하며 구대륙 전체를 하나로 통합했다. 이는 전례 없는 범세계적 문화 접촉을 촉발했고, 종교와 민족 정체성의 재편을 이끌어냈다. 또한 신대륙 발견에 기여했으며, 중세에서 근세로의 전환을 가져왔다. 그 유산은 이후 유라시아의 여러 제국에도 지속적 영향을 미쳤다. 더욱이 이러한 변화를 주도한 것은 몽골인의 토착 유목 문화였으며, 특히 그 문화에 내재된 이동성과 재분배 요소가 중요한 역할을 했다. 몽골 유목민의 문화가 일련의 변화에 핵심적이고 주도적 요소였다.

몽골 제국이 세계사에 미친 영향에 대해 지난 수 세기 동안 활발히 논의해왔다. 그 논의 스펙트럼은 '타타르의 멍에'에서 '팍스 몽골리카'에 이르기까지 다양하다. 이러한 담론 아래에는 종종 민족주의적 함의가 짙게 깔려 있었다. 몽골인들이 남긴 무자비한 파괴의 흔적은 여전히 대부분의 사람들이 몽골 제국을 떠올릴 때 연상하는 이미지이며, 이러한 파괴 행위가 실제로 일어났다는 사실을 부인할 필요는 없다. 그러나 몽골 제국의 복합적 유산 중에는 파괴 외에도 여러 중요한 측면이 있음에도 불구하고, 이들이 종종 간과되거나 무시됐다. 그 이유 중에 하나는 지난 20여 년 동안 제국에 대한 연구가 주로 단편적으로 실행됐기 때문이다. 이와는 달리 이 책 『케임브리지 몽골 제국사』는 몽골인과 그들의 유목 문화를 중심에 두고, 몽골 제국을 유라시아 전체의 맥락에서 전체론적

(holistic) 관점으로 분석한다. 몽골 제국은 다양한 아시아 제국(특히 초원, 이슬람, 이란, 중국 제국)의 전통적 요소들을 결합하여 (정치, 물질, 제도를 아우르는) 공통의 제국 문화를 만들어냄으로써 세계사에 광범위하고 지속적인 영향을 미쳤는데, 이 책은 이 과정에서 나타난 다면적 현상을 면밀히 검토한다.

범위

『케임브리지 몽골 제국사』는 세계사상 '몽골의 시대'(1206~1368)를 주로 다루고 있다. 이는 칭기스 칸의 등장부터 1368년 대칸이 중국에서 철수한 시기까지를 말한다. 이 상당히 긴 시간을 보통 두 시기로 구분한다. 첫째는 통일 몽골 제국 시대(1206~1260)로, 끊임없이 팽창하는 정치체가 몽골을 중심으로 새로 정복한 영토를 다스린 시기이다. 둘째, '몽골 연방(Mongol Commonwealth)' 시기로, 이때 칭기스 칸의 후손들이 중국, 이란, 중앙아시아, 볼가 지역에 네 개의 지역 단위 제국을 탄생시켰다. 대칸 혹은 카안/카간이 통치하는 곳, 몽골어로 '카안 울루스'[1]는 중국에 중심을 두고 있었다. 제국의 수도는 1260년 이후 중국으로 옮겨졌고, 궁극적으로 대도(大都, 몽골어 Daidu)인 베이징에 자리 잡았다. 이는 후대에 원(元, 1271~1368)으로 알려졌으며, 카안 울루스가 다른 울루스들에 명목상 우위를 점했지만 이에 대한 도전이 없었던 것은 아니

---

1 몽골어로 '울루스(Ulus)'는 본래 특정한 군주에 소속된 사람들을 지칭했는데, 이후 '국가' 혹은 '민족'의 뜻을 가지게 됐다(현대 몽골어에서는 이 의미가 그대로 쓰이고 있다).

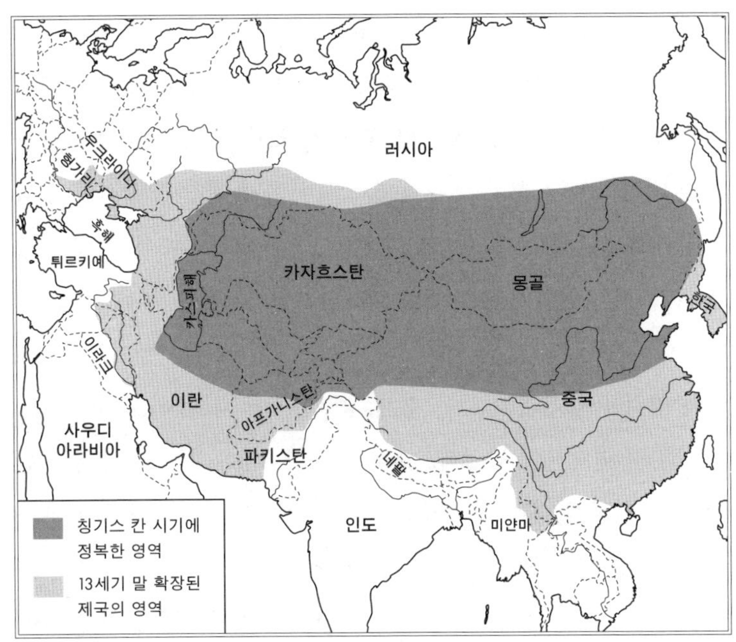

지도 0.1 몽골 유라시아(Biran 2007. 12~13)

다. 현대 역사학자들이 일 칸국(1260~1335)으로 부르는 훌레구 울루스는 오늘날의 이란과 이라크에 중심지를 두었다. 주치 울루스(금장 호르드, 1260~1502)는 볼가 지역을 중심으로 했고, 차가다이 울루스(1260~1678)는 중앙아시아에 세력을 펼쳤다.[2] 제국의 분열 이후에는 몽골의 주요 정복전이라고 부를 수 있는 사건은 남송 정복(1276~1279)뿐이었으며, 이로써 절정을 이루었다. 이 정복전은 몽골 제국 영역에 당시 전 세계에서 가장 부유하고 인구가 많은 지역을

---

2 울루스의 이름은 각 울루스의 창시자 이름에서 나왔다. 칭기스 칸의 아들 주치와 차가다이, 그의 손자이며 톨루이의 아들인 훌레구가 그들이다.

추가했다는 점에서 매우 중요한 역할을 했다. 이를 통해 몽골인들은 유라시아대륙과 해상 무역로를 연결할 수 있었고, 초기 형태의 전 지구적 경제 교류를 창출할 수 있었다. 네 개의 몽골 울루스는 종종 대립했지만, 칭기스 칸 후손으로서의 유대감을 여전히 강하게 유지했다. 그들은 자신들의 갈등과 (종종 유혈을 동반한) 대립을 형제 국가 간의 혈연적 분쟁으로 보았다. 이들 국가는 계보, 이념, 제도(그리고 일부 인물)를 공유했으며, 칭기스 칸의 후손들이 만든 제국의 영역을 훨씬 넘어서는 경제, 종교, 예술, 과학, 외교 네트워크로 긴밀히 연결되어 있었다.[3] 14세기 중반, 네 개의 몽골 제국 모두 정치·생태적 위기에 휩싸였고, 이로 인해 이란의 훌레구 울루스(1336)와 중국의 카안 울루스(1368)가 붕괴됐으며, 남은 두 초원 칸국도 상당히 약해졌다. 특히 중국에 있었던 카안 울루스의 몰락이 '몽골의 시대'의 종말로 간주된다. 칭기스 칸의 후손들이 다시 초원으로 돌아갔고, 몽골의 지배 아래 보편화된 경제·문화적 교류가 단절됐기 때문이다. 하지만 칭기스 칸의 후손들은 계속해서 서부 초원 지대, 이슬람 중앙아시아, 그리고 이후 인도에서 18세기와 19세기까지 통치를 이어갔다. 또한 몽골에도 제국의 유산은 중요한 요소로 남아 있었다. 몽골 제국에 대한 기억, 제국의 정치 문화, 그리고 다양한 제도들은 근세에 이르기까지 유라시아 전역에서 제국 형성과 통치에 지속적으로 영향을 미쳤다.

---

3 본서에 수록된 Kim, Allsen(이데올로기), Kuroda, Elverskog, Prazniak, Rossabi, Morrison의 글 참고.

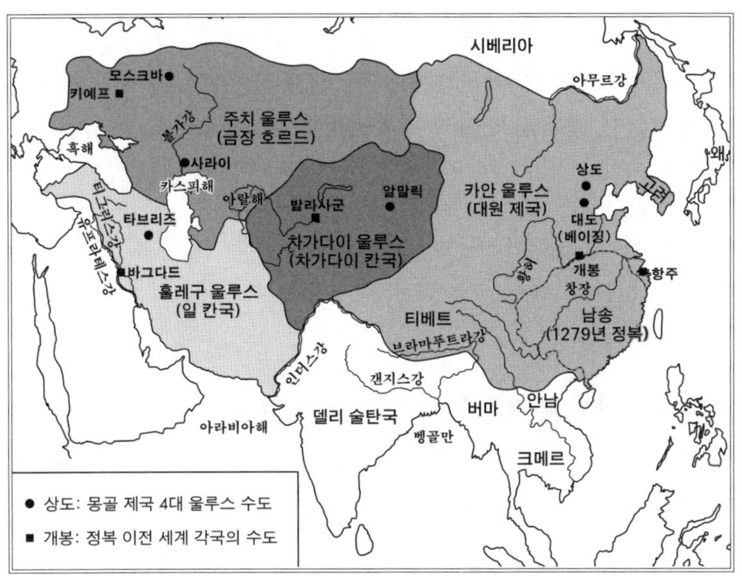

지도 0.2 몽골 제국의 4대 울루스(Biran 2021, 238)

몽골 제국사 연구: 전체론적 패러다임을 향하여

지난 20년 동안 몽골 제국 연구는 큰 발전을 이루었다. 가장 주목할 만한 변화는 제국을 국가적 또는 지역적 차원에서만 보는 것이 아니라, 전체론적 관점에서 유라시아 전체의 맥락을 바라보게 된 것이다. 제국의 규모가 거대하고, 칭기스 칸의 후손들이 이룩한 정복과 지배의 역사가 혼란스러울 정도로 다양한 언어의 기록으로 남아 있기 때문에, 이전의 학자들은 주로 제국의 한쪽 끝을 선택하고 그 지역의 주요 언어 한두 개(페르시아어나 중국어, 가끔은 러시아어)를 바탕으로 하는 자료를 가지고 연구를 진행했다. 이들은 대부분 몽골이 각지에 미친 영향에 초점을 맞추어 개별 국가나 각 왕조

의 맥락에서 연구를 구성했다. 이와 같은 연구는 나름대로 장점이
있지만, 몽골인을 제국의 안팎에서 정주 문명을 위협하고 침략하
고 파괴하는 야만적 외부인으로 묘사하기 십상이었다. 게다가 제
국의 지역적 요소를 강조한 결과, 몽골적 특성을 경시하는 경향이
있었다. 이러한 경향이 나타난 주된 이유는 몽골인들에 대한 정보
가 주로 몽골의 지배를 받은 (혹은 몽골과 적대 관계를 유지한) 이들에
의해 기록됐기 때문이다. 이들은 각자의 문명과 지역 전통이라는
틀 안에서 몽골에 대한 정보를 작성했다. 그 결과 몽골인의 제도와
정책은 잘 드러나지 않게 됐다. 기록의 저자들은 몽골의 제도와 정
책을 달가워하지 않았거나 그것에 별로 관심이 없었기 때문이다.
중국과 무슬림 사가들은 몽골을 '정상적' 중국이나 이란 왕조의
하나로 묘사하고자 노력한 반면, 러시아 연대기는 '침묵의 이데올
로기'를 채택하여 자신들의 영토에 대한 몽골의 지배를 사실상 무
시했다. 따라서 몽골의 제도와 정책을 보다 완전히 이해하려면 다
양한 사학사적 전통을 숙지하며, 제국의 서로 다른 지역에서 기록
된 사료들을 함께 읽어야 한다. 이를 통해 제국 전체와 그 구성 부
분들의 역사를 함께 기술할 수 있다.

실제로 지난 수십 년간 몽골 제국 연구의 주요한 돌파구는,
이 책에도 참여했지만 이제는 고인이 된 토머스 올슨의 연구에서
비롯됐다. 올슨은 페르시아어, 중국어, 러시아어로 된 원전 사료를
모두 능숙하게 읽을 수 있었고, 초원 유목민의 역사인류학에 능통
했으며, 이를 통해 몽골과 그들의 유목 문화를 중심에 두고 제국을
전체론적 관점에서 바라보았다. 올슨은 뭉케 카안 시기의 정치사
를 저술함으로써 통일 제국의 전성기와 해체 직전 상황을 다각도

　　　　　　　　　　　　　　　　　　　제1권 정치사

로 보여주었으며,[4] 『몽골 제국의 상품과 교환: 이슬람 직물의 역사(*Commodity and Exchange in the Mongol Empire: A History of Islamic Textiles*)』(1997)와 『몽골의 유라시아 정복과 문화(*Culture and Conquest in Mongol Eurasia*)』(2001)[한국어판은 토머스 올슨, 조원 옮김, 『몽골의 유라시아 정복과 문화』, 도서출판 길, 2025] 등의 저서에서 몽골 제국 지배 아래 이루어진 문화적·경제적 교류를 강조했다.[5] 올슨의 연구는 몽골 제국 연구에 '문화사적 전환'을[6] 일으켰고, 주제 범위를 크게 확장시켰다. 또한 몽골 유라시아에 확산되었던 문화(종교, 과학, 예술, 제도) 및 경제 교류, 사회·문화사적 측면에서 몽골인의 중심적이고 능동적인 역할을 부각시켰다. 이러한 올슨의 전체론적 패러다임이 『케임브리지 몽골 제국사』의 출발점이 됐다.

『몽골의 유라시아 정복과 문화』 출판 이후 20년이 흐르고, 『케임브리지 몽골 제국사』를 구상한 지 거의 10년이 지나면서 새로운 패러다임은 더욱 활력을 얻었다. 따라서 제국의 한 지역에 초점을 맞추는 연구자들도 이제는 몽골의 특성과 다른 유라시아 지역의 동향을 더 잘 인식하게 됐다. 마찬가지로, 동서양 모두에서 더 많은 연구자가 중국어와 페르시아어는 물론 아랍어, 러시아어 등 유라시아 전역의 자료를 통합해 체계적으로 연구하고 있다. 동아시아에서는 스기야마 마사아키, 류잉성, 김호동[7] 같은 학자들의 공헌이 컸다. 서양에서는 주로 미할 비란과 그 제자들의 영향이 크

---

4 Allsen 1987.

5 Allsen 1997, 2001, 2006, 2019; Biran 2013.

6 Morgan 2015.

7 예를 들어 Sugiyama 2004; Liu 2006; Kim 2005.

다.[8] 이스라엘, 동아시아, 유럽, 미국에서 수학한 젊은 학자들이 전체론적 접근법을 몽골 제국 연구의 새 주류로 만들어나갈 것이라 기대한다.

이 분야의 발전은 점점 늘어나는 공구서[9]와 대학 교재,[10] 1차 사료의 번역·편집·출판, 그리고 더 구체적인 단행본, 논문집, 개별 논문들을 통해 입증되며 동시에 힘을 받고 있다. 특히 이고르 드 라체빌츠의 『몽골비사』 영문 번역이 매우 중요했다. 이 자료는 칭기스 칸의 등장을 다룬 유일한 몽골어 사료이다. 이 뛰어난 번역에는 칭기스 칸 시기 몽골에 관한 거의 모든 측면을 다루는 백과사전적 주석이 달려 있다.[11] 또한 『몽골비사』가 번역이 되기 전에 횔러 색스턴이 페르시아어 『집사(*Jāmiʿ al-Tawārīkh*)』를 번역한 일도 중요했다. 이 책은 훌레구 울루스의 재상이자 최초의 세계사(몽골, 중국, 이란, 프랑크[즉 유럽], 이슬람, 튀르크, 그리고 유대인의 역사를 포함하고 있다)를 쓴 박학다식한 유대인 라시드 앗 딘의 저작이다.[12] 라시드 앗 딘은 제국의 주요 문화 중개자로서 통일 제국과 이란, 몽골, 그 밖의 몽골 지파들에 대한 자료를 포함했다. 최근 수년간 라시드 앗 딘의 저술 방법, 정치적 경향, 다른 역사가들에게 진 빚, 신학적·과

---

8 Biran 2015, 2017, 2019, 2021a, 2021b; Biran, Brack, and Fiaschetti 2020; Landa 2019; Yang 2019 참고.

9 특히 Atwood 2004, May 2017; Buell and Fiaschetti 2018.

10 주로 May 2018, 2019; Lane 2018.

11 이 작품은 2004년 처음 출판된 이래 여러 번 재판됐다. 나아가 2013년에는 내용을 보완한 주석서들이 출판됐다. 애트우드는 현재 더 읽기 편한 번역본을 준비하고 있다. 원서 제2권에 수록된 카라의 내용 참고.

12 *JT*/Thackston, 그리고 원서 제2권에 수록된 멜빌의 장 참고. 색스턴의 번역본이 나오기 앞서 몽골사 부분은 2002년부터 한글로 출판되기 시작했다(Kim 2002~2023).

학적 저작들이 학계의 상당한 논쟁을 야기했지만,[13] 몽골 제국의 가장 중요한 역사가로서 그의 중심적 위치는 변함없이 유지되고 있다.

다른 주요 페르시아어 사료들도 번역되어 있다. 가장 최근에 박학한 지식인 쿠틉 앗 딘 시라지(Quṭb al-Dīn Shīrāzī, 1236~1311)가 필사한 『몽골 소식(*Akhbār al-Moghūl*)』을 조지 레인이 번역했다(2009).[14] 그동안 몽골에 대한 중국어 사료들은 중국학 전문가가 아닌 이들에게는 접근성이 떨어졌다. 그러나 이 상황은 크리스토퍼 애트우드의 노력 덕분에 곧 바뀔 것 같다. 그는 『원사』의 「본기」를 학술지 『몽골 연구(*Mongolian Studies*)』에 논문 형태로 번역하여 발표하기 시작했다.[15] 또한 『몽골의 흥기: 한문 사료 5편(*The Rise of the Mongols: Five Chinese Sources*)』을 통해 통일 제국 시기에 작성된 다섯 편의 짧은 여행기를 번역했다. 오랫동안 기다려온 『성무친정록(聖武親征錄)』의 역주본에서는 『몽골비사』의 대안이 될 만한, 제국 초기 역사를 몽골어로 기록한 또 다른 중국 연대기가 드러나는데, 라시드 앗 딘도 이 기록을 참조했다고 알려져 있다. 나아가 베틴 버지는 1331년에 편찬된 『원전장(元典章)』(몽골어 문법의 영향을 많이 받은 난해한 원대 구어로 쓰인 자료)의 일부를 영어로 번역한 저서도 최근에 출판했

---

13 특히 Kamola 2019; Brack 2016, 2018, 2020; Yoeli-Tlalim, Burnett, and Akasoy 2013. 현재 왕이단(王一丹)의 주도로 라시드 앗 딘의 계보학적 저작 *Shu'ab-i panjgāna*을 중국어로 번역하고 있다.

14 Lane 2018 그리고 멜빌의 장 참고. 주베이니의 저서에 대한 보일의 중요한 번역을 들 수 있다. 약어 *HWC* 참고.

15 Atwood 2017~2018, 2021. 『원사』에 수록된 열전 중에서 반 이상은 이미 영어로 번역되었으며, 유럽연구재단(ERC)의 후원을 받아 예루살렘에서 진행된 Mobility, Empire and Cross-cultural Contacts in Mongol Eurasia 연구 프로젝트 데이터베이스에 있다.

다.[16] 한편 폴 부엘과 유진 앤더슨은 원대에 편찬되어 명대까지 일부가 전해진, 서아시아의 의학 백과사전이라고 할 수 있는 『회회약방(回回藥方)』을 번역했다.[17] 이러한 성과는 특히 중국을 중심으로 한 동아시아에서 1차 사료 연구가 급증한 결과이며, 이와 같은 현상이 더욱 늘어나고 있다. 가령 『원전장』과 『통제조격(通制條格)』 등 유명한 원대 법률 자료 연구가 주석이 포함된 교주본으로 발간되어 그 내용을 이해하기 쉬워졌다.[18] 또한 1346년 반포한 원 제국의 마지막 법전 『지정조격(至正條格)』의 일부가 한국 경주에서 발견되어 영인본과 교주본으로 출판됐다.[19] 한편 중국 난징의 연구팀은 원대의 정사(正史)인 『원사』의 새로운 교주본을 편찬하고 있다. 아시아의 반대편 끝에서 온 또 하나의 최신 경향은, 제국의 내부와 국경 너머에서 발견된 아랍어 사료에 대한 학문적 활용이 증가하고 있다는 점이다. 특히 맘룩 왕국(1250~1517)의 방대한 사료는 훌레구 울루스와 금장 호르드뿐만 아니라 다른 몽골 정권들에 대한 정보의 보고이다.[20] 더구나 훌레구 울루스, 특히 이란, 몽골 지배하의 중앙아시아, 나아가 예멘과 북아프리카에서 출판된 자료들은 몽골 국가의 사회·문화사에 대해 매우 귀중하면서도 독특한 세부 사항을 알게 해준다. 동시에 칙령, 명령, 비문 등 다양한 문자로 된

---

16   Birge 2017.

17   Buell and Anderson 2021.

18   Yuandian zhang 2011; Tongzhi tiaoge 2009; 그리고 원서 제2권에 수록된 Birge와 Liu의 장 참고.

19   Zhizheng tiaoge 2007.

20   제2권에 있는 Amitai와 Biran의 장 참고. 각주 15번에서 소개한 예루살렘 프로젝트의 데이터베이스에는 상당수의 아랍어 자료가 영문으로 번역되어 있다.

문서 연구도 크게 발전하여, 많은 문서들이 새로이 번역되고 활용되고 있다. 흑성(黑城, Qara-Qoto)에서 발견된 다국어 문헌 자료에 대한 연구 성과도 영인본과 함께 출판됐다.[21] 학자들은 몽골, 중국, 이란에서 발견된 위구르, 팍빠, 시리아, 아랍 등 다양한 문자로 된 비문 자료에 깊은 관심을 기울이고 있다.[22]

지난 10년간 발간된 연구서 중에서 피터 잭슨의 『몽골과 이슬람 세계: 정복에서 개종으로(*The Mongols and the Islamic World: From Conquest to Conversion*)』(2017)는 정치·군사·종교사를 종합하는 방대한 학술서이며, 마리 파브로의 『호르드: 몽골은 세계를 어떻게 바꾸었나(*The Horde: How the Mongols Changed the World*)』(2021)[한국어판은 마리 파브로, 김석환 옮김, 『말 위의 개척자, 황금 천막의 제국: 세계를 뒤흔든 호르드의 역사』, 까치, 2022]는 주치 울루스를 더 넓은 유라시아 맥락에서 다루는 야심 차면서도 까다롭지 않고 쉬운 저서이다. 지난 10년간 여러 국가 혹은 제국 전반의 사회사, 문화사, 종교사를 다룬 저작도 크게 늘었다.[23] 제국 내부와 유럽 미술에 끼친 영향에 관한 미술사, 특히 직물사 분야의 저작도 증가했다.[24] 몽골 여성과 몽골 혼인 제도(제국의 부마들도 포함)에 관한 단행본도 몇 권 출간됐다.[25] 중국, 이란,

---

21 예를 들어 Li Yiyou ed. 1991; Yoshida Zunichi, and Chimeddorji 2008.

22 예를 들어 Matsuda Kōichi, Ochir, et al. 1999, 2013; Haneda와 Yokkaichi 2015.

23 Pfeiffer 2013; Golden 2014~2015; Amitai and Biran 2015; Biran 2017, 2019; Biran, Brack, and Fiaschetti 2020; May and Jackson 2016; De Nicola and Melville 2016; Brack 2016, 2018; Hope 2016; Wang Jinping 2018; Favereau 2018; Peacock 2019; Babaie 2019; May, Atwood, and Dashdondog 2021; Maiorov and Hautala 2021.

24 McCausland 2014; Prazniak 2019; Shea 2020; Fircks, Schorta, and Alram 2016; Gonnella, Weiss, and Rauch 2017; Gasparini 2019.

25 De Nicola 2017; Birge 2017; Broadbridge 2018; Landa 2019.

근세 제국의 후예들에게 몽골이 남긴 유산에 대해서도 널리 논의됐다.[26] 앞으로 경제사, 환경사, 전염병 등의 새로운 주제도 개발될 것으로 보인다. 최근 무역과 경제 교류에 대한 연구가 많이 이루어졌지만,[27] 몽골 경제의 다른 측면, 특히 농업과 목축업에 대해서는 아직 충분히 알지 못한다. 최근 기후 변화와 기후 위기는 물론 코로나19로 인해 전 세계적으로 환경사와 질병사 연구가 늘어났는데, 몽골 제국사 분야도 예외가 아니다. 당대의 기후 변화는 칭기스 칸 군대의 확장과 제국의 주요 정복전에 유리한 조건을 제공했다. 다른 한편, 이른바 소빙기와 흑사병은 14세기 중반의 위기에 중요하게 작용했으며, 이 위기는 곧 '몽골의 시대'의 붕괴에 기여했다.[28] 기후학과 유전학으로 대표되는 자연과학의 방법론이 도입되면서 연구에 사용할 수 있는 도구들의 폭이 넓어졌고, 역사적·고고학적 자료에 대한 새로운 독해가 가능해졌다. 최근 몽골국을 중심으로 진행되고 있는 몽골 제국의 고고학 연구 또한 진척을 보였다.[29] 앞으로 우리는 미시 고고학 방법론을 활용하여 몽골 유라시아의 일상생활과 인구 이동에 대한 이해를 혁신적으로 바꿀 수 있을 것이다.

---

26 예를 들어 Robinson 2019, 2020; Wing 2016; Crossley 2019; Pines, Biran, and Rupke 2021.

27 예를 들어 Allsen 2019; Kuroda 2009; 이 책의 제2권 구로다의 장도 참고; Vogel 2013; Kalra 2018; Biran, Brack, and Fiaschetti 2020.

28 기후와 몽골에 대해서는 기후에 대한 이 책의 제2권 디 코스모의 장; Pederson et al. 2014; Di Cosmo, Wagner, and Büngten 2021; 흑사병에 대해서는 Slavin 2019; Green 2014, 2020; Fancy and Green 2021; Barker 2021.

29 예를 들어 Reichert 2019, 2020; Bemmann and Reichert 2021; Shiraishi 2017; Nakata and Ikeda 2021; 또한 원서 제2권의 19-22장 참고.

본서의 구성

몽골 제국의 광대한 영토와 방대한 사료를 고려할 때, 몽골을 포괄적으로 연구하기 위해서는 동서양의 우수한 학자들로 구성된 국제 연구팀을 조직하는 것이 가장 효과적이다. 이번 프로젝트에는 아시아, 유럽, 미주 지역 10여 개국에서 온 40여 명의 학자들이 참여했으며, 논의된 주제를 충분히 다루기 위해 몇몇 장은 두 명의 학자가 공동 집필하기도 했다.

『케임브리지 몽골 제국사』는 두 권으로 구성되어 있다[한국어판은 두 권 중 제1권을 세 권으로 나누어 출간했다]. 제1권은 주제별로 구성되어 있고, 제2권은 제국 연구를 위한 사료를 다룬다. 제1권은 '정치사'로 시작하는데, 이는 통일 제국과 중국, 이란, 중앙아시아, 볼가강을 중심으로 한 네 개의 후계 국가들의 정치·군사사에 초점을 맞추며, 각기 다른 몽골 정체들의 공통 특징들을 부각시키고 있다. 이어서 '주제별 역사'에서는 통일 제국과 네 울루스를 몽골 시대 전반에 걸쳐 다루면서, 제국의 제도, 군사, 이데올로기, 경제, 종교, 예술, 과학 교류, 환경, 여성과 젠더의 연구 성과를 다룬다. 대부분의 장이 새롭고 독창적인 연구로 풍부해진 주제들에 대해 통찰력 있는 관점과 분석을 제공한다. 다만 몽골 제국의 경제와 환경(이 두 분야는 아직 연구의 초기 단계이다)을 다루는 장에서는 분야 전체를 망라하는 시도를 하지 않았다. 대신 데이터를 풍부하게 제공하여 이를 통해 앞으로 더 많은 탐구가 이루어지기를 기대한다.

세 번째 부분인 '지역사: 가장자리에서 바라본 세계'에서는 주로 몽골인들이 간접적으로 통치했던 특정 지역들에 초점을 맞춘다. 칭기스 칸의 후손들이 활용한 다양한 통치 방식을 보여줄 뿐만 아니라, 변방과의 연결 고리를 살펴봄으로써 '중심부'는 물론, 1부와 2부에서 설명한 제도 및 정책도 다시 조명한다. 3부의 첫 장은 몽골에 초점을 두고 있다. 몽골 제국의 첫 수도는 몽골 내(카라코룸)에 있었지만, 1260년대에 수도를 중국으로 옮겼다. 그 이후로 칭기스 칸의 '고향'은 2차 연구에서 거의 무시됐다. 변방 지역에 대한 다른 사례 연구로는 시베리아, 조지아와 캅카스, 고려, 그리고 루스(Rus) 공국들이 있다. 제1권의 마지막 부분인 '외부 역사'에서는 칭기스 칸 제국이 국경 밖 지역에 미친 영향을 탐구한다. 여기에 서유럽과 지중해, 남아시아, 아랍 중동에 관한 장이 포함되어 있다. 이들 지역은 몽골에 정복되지는 않았지만, 당대 유일한 초강대국의 영향을 받을 수밖에 없었다.

이 책의 구성상 어떤 사건과 인물은 여러 장에 걸쳐서 때로 다른 관점으로 서술되는데, 이는 몽골 제국 역사 서술의 복잡성을 반영한다. 비록 이 책에서 모든 지역과 주제를 다루지는 못했지만, 이와 같은 광범위하고 통합적인 구성은 몽골 제국과 그 제국이 낳은 다양한 결과를 보다 균형 있게 그려줄 것이라고 믿는다.

보조적 성격의 제2권에서는 몽골 제국에 관한 문헌, 고고학, 그리고 시각 자료를 검토하고 종합적 참고문헌 목록을 제시했다. 이는 일반적으로 권말에 더 간략한 '연구사 정리 논문'이나 서지 목록을 수록하는 데 그치는 케임브리지 역사 시리즈의 관행에 비추어볼 때 다소 예외라고 할 수 있다. 이러한 '특이함'은 몽골 제국의 독특한 성격에서 비롯된 것이다. 즉, 역사상 대부분의 제국 연구는 한두 개의 언어에 대한 전문성을 기반으로 이루어졌지만, 방대한 몽골 유산은 다양한 언어와 지역을 포괄한다. 따라서 그 사료들이 서로 다른 역사학 전통하에 다양한 형태로 남아 있기 때문에 이와 같이 구성할 필요가 있었다. 제2권의 대부분은 문헌 사료에 대한 논의로 이루어져 있는데, 제국 연구와 가장 관련성 높은 언어별로 총 16개 언어권의 사료를 소개한다. 고고학 자료들은 지역에 따라서 구성되어 있으며, 시각 자료는 유라시아 전역에 걸친 교류의 양상을 강조한다. 이로써 프랑스 프로방스의 히브리어 카발라(Kabbla) 문헌부터 일본의 동물 문양 카펫에 이르기까지 다양한 텍스트와 유물에 나타난 몽골의 이미지와 영향을 독자들이 따라갈 수 있게 해줄 뿐만 아니라, 더 나아가 지금까지 분절된 상태로 주어진 몽골 제국 연구의 '독(毒)'을 제거할 '해독제'가 될 것이다. 제2권은 몽골 제국 연구의 첫걸음에 반드시 필요한 자료라고 할 수 있다. 그러나 이 책은 제국의 한 부분(또는 여러 부분)에 특화된 전문가들에게도 매우 가치가 크다. 이들은 이제 제국의 다양한 다른 부분에 어떤 것들이 있는지, 그리고 그것들을 어디서 어떻게 찾을 수 있는지를 알 수 있게 됐기 때문이다. 우리는 이 두 권의 책이 향후 몽골 제국 연구의 튼실한 학문적 토대가 되어, 몽골 제국을 총체적으로 바라보는 관점을 부각시키기를 희망한다.

마지막으로, 이 작업을 하는 동안 세 명의 저명한 학자인 토머스 올슨(1940~2019), 데이비드 모건(1946~2019), 그리고 죄르지 카라(1935~2022)가 세상을 떠났다. 앞서 언급했듯이, 올슨은 몽골 제국 연구에 혁명을 일으켰고, 그가 시작한 패러다임의 전환은 이 『케임브리지 몽골 제국사』의 출발점이 됐다. 그는 유목 문화 복합체를 정확히 이해하고, 더불어 시공간에 따른 변화를 인지하고 있었으며, 그의 독창적인 사고는 몽골 제국 연구를 문헌학 중심, 그리고 정주와 유목이라는 이분법 틀에서 벗어난 혁신적인 새로운 길로 이끌었다. 그의 저서들은 이미 고전이 됐으며, 그가 창의적으로 선택한 연구 주제들(가장 최근에는 유라시아 역사에서의 진주와 알코올)은 혁신적 연구를 위한 새로운 지평을 열어주었다.[30] 다소 특이한 학문 경력을 쌓으며 주로 뉴저지주립대학에 재직한 올슨은 대학원생을 지도하지는 않았다. 그러나 그는 자신의 시간과 지식을 연구자들에게 아낌없이 내주었고, 이 책의 많은 저자들이 그로부터 큰 배움을 얻었다.

모건은 현대 몽골 제국 연구의 기반을 다졌다. 1986년 처음 출판되어 재판을 거듭하고 있는 그의 입문서 『몽골(*The Mongols*)』[한국어판은 데이비드 O. 모건, 권용철 옮김, 『몽골족의 역사: 몽골초원에서 중국, 중동, 러시아를 넘어 유럽으로』, 모노그래프, 2012]은 학생, 학자, 일반 독자들이 몽골인들을 처음 접하는 통로 역할을 해왔다.[31] 그의 재치 있고 이해하기 쉬운 글은 많은 사람을 이 분야로 이끌었고, 그들의 미래에도 영향을 끼쳤다.

모건은 훌레구 울루스, 이란, 이슬람 역사 분야의 영향력 있는 학자일 뿐만 아니라 뛰어난 교육자이자 편집자였다. 그는 SOAS 런던대학과 위스콘신매디슨대학에서 (티모시 메이를 포함해) 많은 학생을 지도하고 다수의 신진 학자를 지원했다. 『영국왕립아시아학회저널(*Journal of the Royal Asiatic Society*)』의 편집장으로 재직하던 시기(1987~1999)에 이 저명한 학술지가 몽골을 비롯한 범아시아 연구를

---

30 Allsen 2007, 2018, 2019.

31 Morgan 2007.

위한 장이 될 수 있도록 했으며, 권위 있는 『케임브리지 이슬람 문명 연구(*Cambridge Studies of Islamic Civilization*)』 시리즈의 편집장으로 오랜 기간 재직하면서(1991~2013) 올슨의 주요 저서를 포함하는 수많은 몽골과 초원 사회 관련 책들의 출간에 일조했다.

책이 교정 단계에 있을 때, 우리는 또 다른 동료 죄르지 카라와 작별해야 했다. 그는 몽골어와 알타이어 문헌학의 저명한 전문가이자 훌륭하고 헌신적인 교수였다. 헝가리과학아카데미(Hungarian Academy of Sciences) 회원인 카라는 부다페스트의 ELTE대학과 인디애나대학에서 시간을 보내며, 여러 세대의 알타이학 학자들을 양성했다. 거의 50개 언어를 구사하는 진정한 '다국어 능통자'인 그는 무엇보다도 몽골학 연구자였다. 그의 대표작 『몽골 유목민의 책들: 8세기가 넘는 몽골어 기록의 역사(*Books of the Mongolian Nomads: More Than Eight Centuries of Writing Mongolian*)』는 13세기 이후 몽골인들의 문자 생활과 문헌의 모든 측면을 철저히 다루었다. 그는 언제나 그의 지식에 압도된 역사학자들과 함께 복잡한 내용을 논의할 준비가 되어 있었다.

우리는 이 위대한 세 스승이자 친구를 깊이 그리워하며, 그들의 마지막 작품이 『케임브리지 몽골 제국사』에 포함된 것을 자랑스럽게 생각한다. 이 책을 그들에게 바친다.

참고문헌

사료와 번역서

Atwood, Christopher P. tr. 2017-2018. "The History of the Yuan, Chapter 1". *Mongolian Studies* 39: 2-80.

　　　　tr. 2021. *Rise of the Mongols: Five Chinese Sources*. Indianapolis.

Birge, Bettine. 2017. *Marriage and the Law in the Age of Khubilai Khan: Cases from the Yuan Dianzhang*. Cambridge, MA.

HWC. 일러두기 6번 참조.

JT/Thackston. 일러두기 6번 참조.

Kim Hodong, tr. 1992-2018. *Rashid ad-Din eui Jipsa*라시드 앗 딘의 집사(Compendium of Histories by Rashīd al-Dīn). 4 vols. Seoul.

Lane, George, tr. 2018. *The Mongols in Iran: Quṭb al-Dīn Shīrāzī's Akhbār-i Moghūlān*. New York.

Li Yiyou李逸友 ed. 1991. *Heicheng chutu wenshu: Hanwen wenshu juan*黑城出土文書:漢文文書卷(Written Sources Excavated in Heicheng). Beijing.

SH. 일러두기 6번 참조.

*Tongzhi tiaoge jiaozhu*通制條格校注(Statutes from the Comprehensive Regulations: Critical Edition with Annotations). 2009. ed. Fang Linggui方齡貴. Beijing.

*Yuandian zhang*元典章. 2011. ed. Chen Gaohua et al., 4 vols. Beijing.

*Zhizheng tiaoge*至正條格(Statutes of the Zhizheng Reign). 2007. 2 vols. Seoul.

연구서와 논문

Allsen, Thomas T. 1987. *Mongol Imperialism: The Policies of the Grand Khan Möngke in China, Russia, and the Islamic Lands, 1251-1259*. Berkeley.

　　　　1997. *Commodity and Exchange in the Mongol Empire: A Cultural History of Islamic Textiles*. Cambridge.

　　　　2001. *Culture and Conquest in Mongol Eurasia*. Cambridge.

　　　　2006. *The Royal Hunt in Eurasian History*. Philadelphia.

　　　　2007. "Ögedei and Alcohol". *Mongolian Studies* 29: 3-12.

　　　　2018. "Notes on Alcohol in Pre-Russian Siberia". *Sino Platonic Papers* 277: 1-29.

2019. *The Steppe and the Sea: Pearls in the Mongol Empire*. Philadelphia.

Amitai, Reuven, and Michal Biran, eds. 2015. *Nomads as Agents of Cultural Change: The Mongols and Their Eurasian Predecessors*. Honolulu.

Atwood, Christopher P. 2004. Encyclopaedia of Mongolia and the Mongol Empire. New York.

Babaie, Sussan, ed. 2019. *Iran after the Mongols*. London.

Barker, Hannah. 2021. "Laying the Corpses to Rest: Grain, Embargoes, and Yersinia pestis in the Black Sea, 1346-1348". *Speculum* 96.1: 97-126.

Bemmann, Jan, and Susanne Reichert. 2021. "Karakorum, the First Capital of the Mongol World Empire: An Imperial City in a Non-urban Society". *Asian Archaeology* 4: 121-143.

Biran, Michal. 2007. *Chinggis Khan*. Oxford.

2013. "The Mongol Empire: The State of the Research". *History Compass* 11.11: 1021-1033.

2015. "The Mongol Empire and the Inter-civilizational Exchange". In *The Cambridge History of the World*, vol. 5, ed. Benjamin Z. Kedar and Merry Wiesner-Hanks, 534-558. Cambridge.

ed. 2017. "In the Service of the Khans: Elites in Transition in Mongol Eurasia," special section in *Asiatische Studien* 71.4: 1051-1245.

ed. 2019. Mobility and Transformation: Cultural Exchange in Mongol Eurasia, special issue of *JESHO* 62.2-3.

2021a. "The Mongols' Imperial Space: From Universalism to Glocalization". In *Universality and Its Limits: Spatial Dimensions of Eurasian Empires*, ed. Yuri Pines, Michal Biran, and Jörg Rüpke, 220-256. Cambridge.

2021b. "Slavery and Forced Migrations in Mongol Eurasia". In *The Cambridge History of Slavery*, vol. 2, ed. Craig Perry and David Eutis, 76-99. Cambridge.

Biran, Michal, Jonathan Brack, and Francesca Fiaschetti, eds. 2020. *Along the Silk Roads in Mongol Eurasia: Generals, Merchants, Intellectuals*(미할 비란 외, 이재황 옮김, 『몽골 제국, 실크로드의 개척자들』, 책과함께, 2021). Berkeley.

Brack, Jonathan Z. 2016. "Mediating Sacred Kingship: Conversion and Sovereignty in Mongol Iran". Unpublished PhD dissertation, University of Michigan.

2018. "Theologies of Auspicious Kingship: The Islamization of Chinggisid Sacral Kingship in the Islamic world". *Comparative Studies in Society and History* 60: 1143-1171.

2020. "Rashīd al-Dīn: Buddhism in Iran and the Mongol Silk Roads". In Biran, Brack, and Fiaschetti 2020, 215-237.

Broadbridge, Anne F. 2018. *Women and the Making of the Mongol Empire*. Cambridge.

Buell, Paul D., and Eugene N. Anderson. 2021. *Arabic Medicine in China: Tradition, Innovation, and Change*. Leiden and Boston.

Buell, Paul D., and Francesca Fiaschetti. 2018. *Historical Dictionary of the Mongol World Empire*. 2nd ed. Lanham, MD.

Crossley, Pamela Kyle. 2019. *Hammer and Anvil: Nomad Rulers at the Forge of the Modern World*. Lanham, MD.

De Nicola, Bruno. 2017. *Women in Mongol Iran: The Khātūns, 1206-1335*. Edinburgh.

De Nicola, Bruno, and Charles Melville, eds. 2016. *The Mongols' Middle East: Continuity and Transformations in Ilkhanid Iran*. Leiden.

Di Cosmo, Nicola, Sebastian Wagner, and Ulf Büngten. 2021. "Climate and Environmental Context of the Mongol Invasion of Syria and Defeat at ʿAyn Jālūt (1258-1260 CE)". *Erkunde* 75.2: 87-104.

Fancy, Nahyan, and Monica H. Green. 2021. "Plague and the Fall of Baghdad (1258)". *Medical History* 65.2: 157-177.

Favereau, Marie, ed. 2018. *La Horde d'Or et l'islamisation des steppes eurasiatiques*, special issue of *REMMM* 143.

2021. *The Horde: How the Mongols Changed the World*(마리 파브로, 김석환 옮김, 『말 위의 개척자, 황금 천막의 제국』, 까치, 2022). Cambridge, MA.

Fircks, Juliane von, Regula Schorta, and Michael Alram. 2016. *Oriental Silks in Medieval Europe*. Riggisberg.

Gasparini, Mariachiara. 2019. *Transcending Patterns: Silk Road Cultural and Artistic Interactions through Central Asian Textile Images*. Honolulu.

Golden, Peter B., et al., eds. 2014-2015. *Festschrift for Thomas T. Allsen in Celebration of his 75th Birthday*, special issue of *AEMA* 21.

Gonnella, Julia, Friederike Weis, and Christoph Rauch. 2017. *The Diez Albums: Contexts and Contents*. Leiden and Boston.

Green, Monica H., ed. 2014. *Pandemic Disease in the Medieval World: Rethinking the Black Death*. *The Medieval Globe* 1. https://scholarworks.wmich.edu/medieval_globe/1.

2020. "The Four Black Deaths". *American Historical Review* 125.5: 1601-1631.

Haneda, Koichi, and Yokkaichi Yasuhiro, eds. 2015. *Multilingual Documents and Multiethnic Society in Mongol-Ruled Iran*, special issue of *Orient* 50.

Hope, Michael. 2016. *Power, Politics, and Tradition in the Mongol Empire and the Īlkhānate of Iran*. Oxford.

Jackson, Peter. 2017. *The Mongols and the Islamic World: From Conquest to Conversion*. New Haven and London.

Kalra, Prajakti. 2018. *The Silk Road and the Political Economy of the Mongol Empire*. London.

Kamola, Stefan. 2019. *Making Mongol History: Rashid Al-Din and the Jamiʿ al-Tawarikh*. Edinburgh.

Kim Hodong, 2005. "A Reappraisal of Güyüg Khan". In *Mongols, Turks, and Others: Eurasian Nomads and the Sedentary World*, ed. Reuven Amitai and Michal Biran, 310-38. Leiden.

Kuroda, Akinobu. 2009. "The Eurasian Silver Century, 1276-1359: Commensurability and Multiplicity". *Journal of Global History* 4: 245-69.

Landa, Ishayahu. 2019. "Imperial Sons-in-Law in Mongol Eurasia". PhD dissertation, the Hebrew University of Jerusalem.

Lane, George. 2018. *A Short History of the Mongols*. London and New York.

Liu Yingsheng劉迎勝. 2006. *Chahetai hanguo shi yanjiu*察合台汗國史研究(Studies on the History of the Chaghedaid Khanate). Shanghai.

McCausland, Shane. 2014. *The Mongol Century: Visual Cultures of Yuan China*. London.

Maiorov, Alexander, and Roman Hautala, eds. 2021. *The Routledge Handbook of the Mongols and Central-Eastern Europe*. Abingdon.

Matsuda Kōichi, Ochir, et al., eds. 1999. *Mongoru koku genson iseki hibun chōsa kenkyū hōkoku*モンゴル國現存遺蹟・碑文調査研究報告(Provisional Report of Researches on Historical sites and Inscriptions in Mongolia from 1996 to 1998). Osaka.

Matsuda Kōichi, Ochir, et al., eds., 2013. *Mongoru koku genzon Mongoru teikoku, Genchō hibun no kenkyū*モンゴル國現存モンゴル帝國: 元朝碑文の研究(Research on the extant inscriptions of the Mongol Empire and the Yuan Dynasty in Mongolia). Osaka.

May, Timothy M., ed. 2017. *The Mongol Empire: A Historical Encyclopedia*. Santa Barbara, CA.

2018. *The Mongol Empire*. Edinburgh.

2019. *The Mongols*. Leeds.

May, Timothy M., Christopher P. Atwood, and Bayarsaikhan Dashdondog. 2021. *New Approaches to Ilkhanid History*. Leiden and Boston.

May, Timothy, and Peter Jackson, eds. 2016. *The Mongols and Post-Mongol Asia: Studies in Honour of David O. Morgan*, special issue of *JRAS* 26.1-2.

Morgan, David O. 2007. *The Mongols*(데이비드 O. 모건, 권용철 옮김, 『몽골족의 역사, 모노그래프』, 2012). 2nd ed. Oxford.

2015. "Mongol Historiography since 1985: The Rise of Cultural History". In Amitai and Biran 2015, 271-282.

Nakata Atsuyuki中田敦之, and Ikeda Yoshifumi池田榮史. 2021. *Gen gunsen no hakken: Takashima kaitei iseki*元軍船の發見: 鷹島海底遺跡(Discovery of Yuan Military Ships: Remains in the Seabed of the Takashima Island). Tokyo.

Peacock, Andrew. C. S. 2019. *Islam, Literature and Society in Mongol Anatolia*. Cambridge and New York.

Pederson, Neil, Amy E. Hessl, Nachin Baatarbileg, Kevin. J. Anchukaitis, and Nicola Di Cosmo. 2014. "Pluvials, Droughts, the Mongol Empire, and Modern Mongolia". *Proceedings of the National Academy of Sciences* 111.12: 4375-4379.

Pfeiffer, Judith, ed. 2013. *Politics, Patronage, and the Transmission of Knowledge in 13th-15th Century Tabriz*. Leiden.

Pines, Yuri, Michal Biran, and Jörg Rüpke, eds. 2021. *Universality and Its Limits: Spatial Di-*

mensions of Eurasian Empires. Cambridge.

Prazniak, Roxann. 2019. *Sudden Appearances: The Mongol Turn in Commerce, Belief, and Art*. Honolulu.

Reichert, Susanne. 2019. *A Layered History of Karakorum: Stratigraphy and Periodization in the City Center*. Bonn.

2020. *Craft Production in the Mongol Empire: Karakorum and Its Artisans*. Bonn.

Robinson, David. 2019. *In the Shadow of the Mongols*. Cambridge.

2020. *Ming China and Its Allies: Imperial Rule in Eurasia*. Cambridge and New York.

Shea, Eiren L. 2020. *Mongol Court Dress, Identity Formation, and Global Exchange*. New York.

Shiraishi Noriyuki白石典之. 2017. *Mongoru teikoku tanjo: Chingisu Kan no miyako o horu*モンゴル帝國誕生:チンギス-カンの都を掘る(The Birth of the Mongol Empire: Excavating the Capital of Chinggis Khan). Tokyo.

Slavin, Phillip. 2019. "Death by the Lake: Mortality Crisis in Early Fourteenth-Century Central Asia". *Journal of Interdisciplinary History* 50.1: 59-90.

Sugiyama Masaʾaki杉山正明. 2004. *Mongoru teikoku to Dai Gen Urusu*モンゴル帝國と大元ウルス(The Mongol Empire and the Great Yuan Ulus)(스기야마 마사아키, 임대희 외 옮김, 『몽골 세계제국』, 신서원, 1999). Kyōto.

Vogel, Hans U. 2013. *Marco Polo Was in China: New Evidence from Currencies, Salts and Revenues*. Leiden.

Wang, Jinping. 2018. *In the Wake of the Mongols: The Making of a New Social Order in North China, 1200-1600*. Cambridge, MA.

Wing, Patrick. 2016. *The Jalayirids: Dynastic State Formation in the Mongol Middle East*. Edinburgh.

Yang, Qiao. 2019. "Like Stars in the Sky: Networks of Astronomers in Mongol Eurasia". *Journal of the Economic and Social History of the Orient* 62, 2-3: 388-427.

Yoelī-Tlalim, Ronit, Charles Burnett, and Anna Akasoy. 2013. *Rashīd Al-Dīn: Agent and Mediator of Cultural Exchanges in Ilkhanid Iran*. London and Turin.

Yoshida Zunichi吉田順一 and Chimeddorji. 2008. *Harahoto shutsudo Mongoru bunsho no kenkyū*ハラホト出土モンゴル文書の研究(Studies on Mongol Documents Excavated in Qara-Qoto). Tokyo.

차례

제 1 장

칭기스 칸의 등장과 통일 제국, 1206~1260년

루스 던넬

루스 던넬　　　　　　　　　　　　Ruth W. Dunnell

미국 캐년칼리지 제임스 P. 스토러 아시아사 명예교수
이다. 11세기부터 14세기까지의 중국과 그 내륙 아시
아 이웃 국가들의 역사를 연구하며, 주로 칭기스 칸의
정복 활동과 그의 마지막 목표였던 서하에 관한 여러
권의 연구서를 펴냈다.

1205년 이전 몽골과 유라시아

몽골 제국은 몽골인들이 테무진(이후 칭기스 칸으로 추대)의 지도 아래 창조한 것의 부산물이었다. 민족 형성 과정에서 몽골은 당시의 시대적·지리적 특수성을 활용하여 주변 영토, 그리고 궁극적으로는 유라시아 대부분 지역으로 세력을 확장할 수 있었다. 칭기스 칸과 그의 후손들이 사용할 수 있었던 다양한 '자원', 그리고 창업자의 후손들이 가진 제국에 대한 열망은 이들이 세계 역사상 가장 큰 육상 제국을 건설할 수 있게 했다. 이러한 '자원'에는 널리 공유된 초원의 정치적 전통과 사회적 규범, 그리고 초원과 정주 세계 모두에 정통한 광범위하고 풍부한 인재 등용이 포함됐다. 이 자원들은 몽골인들이 제국을 창조하는 데 보탬이 됐다.

이런 관점에서 보면, 몽골 제국은 필연적인 것도, 변칙적인 것도 아니었다. 제국의 탄생과 발전은 당시 역사적 우연성과 지역 조건의 상호작용에서 진화한 결과물이었다. 12세기에 몽골고원과 유라시아 대부분 지역이 분열되고 불안정한 상태였는데, 이러한 상황은 유라시아 초원 전역의 '펠트 천막 민족들'이 몽골의 주도 아래 1241년까지 전례 없는 통일을 이룩하는 토양이 됐다.

몽골고원과 북중국 사이의 내륙 아시아 변경 지역을 통제하는 일이 중국과 동부 초원 지역에서 성공적인 정치 체제가 부상하는 데 결정적인 역할을 했으며, 이는 몽골 제국의 경우에도 마찬가지였다.[1] 역사적으로 혼합 경제와 목축 유목에 기반을 둔 정치 체제는 만주 동북부의 삼림 지대에서부터 남부 고비사막-오르도스

---

1 일찍이 Buell 1979a은 칭기스 칸의 등장에 대해 이와 같이 언급한다.

지대를 거쳐 서쪽으로 신장에 이르는 중국의 내륙 아시아 변경 지역과 중국의 상호작용을 통해 발생했다. 이 지역에서는 문헌 사료에서 보이는 유목 사회와 농경 사회의 극한 대조는 불분명해진다. 조너선 스카프는 기원후 800년경을 하나의 전환점으로 본다. 그 시기까지 중국 역대 왕조와 유라시아 유목민들은 "동쪽으로는 한반도에서부터 서쪽으로는 비잔티움과 이란에 이르기까지"[2] 공통된 관행과 이념의 연속성 속에서 공존했다. 10세기 이후 거란 요(遼) 제국이 부상하면서 중국인은 수당(隋唐) 제국과 그들의 초원 이웃들이 공유했던 군사적·정치적 문화 요소들을 거부하고, 북방인과 자신을 더욱 의식적으로 구별하기 시작했다.[3]

반면, 변경 지역에서 형성된 유산은 더 작은 지역 혹은 지역 간 국가(interregional states)[특정 지역(초원, 오아시스, 정주 지역) 하나에 제한되지 않고 둘 이상의 지역에 걸쳐 존재하는 국가라고 볼 수 있다]에서 계승됐다. 즉, 840년대 위구르 제국과 티베트 제국, 907년 당 제국, 10세기 중반 사만 왕조, 아바스 왕조, 하자르 왕조가 몰락한 이후 유라시아 전역에서는 소규모 지역 국가나 지역 간 국가들이 등장했으며, 이들이 변경의 전통을 이어갔다.[4] 몽골에서 튀르크 민족들이 수 세기에 걸쳐 서쪽으로 이주하면서 유라시아가 점진적으로 튀르크화했기 때문에 이 지역 정치체들은 대부분 유목민이나 탈유목민(postnomad)의 지배 아래로 들어갔다.[5] 지역 간 정치체에서는 다양

---

2 Skaff 2012, 4.

3 Standen 2007, 다른 견해로는 Yang 2019 참고.

4 Biran 2007, 14.

5 탈유목주의 및 탈유목민에 대해서는 Wink 2001, 285-295 참고. Janhunen 1996, 138에

한 민족들을 관리하고 이용하기 위해 이중 혹은 다중 행정 및 징세 전략을 구사하는 것이 일반적이었으며, 초원이나 변경 지역의 정치 문화를 정착민의 관행에 맞게 적용했다. 니콜라 디 코스모의 내륙 아시아 국가 형성에 관한 시대 구분에 따르면, 이는 907년 당나라의 멸망부터 1259년 몽골 카안 뭉케의 재위 종료에 이르는 시기의 가장 중요한 특징이었다.[6] 그는 이러한 분석을 통해 몽골 정복이라는 획기적인 사건을 개념적으로 더 큰 역사적 과정에 통합시켰다.

서부와 중앙 유라시아에서는 이슬람화된 셀죽 왕조, 카라한 왕조, 호레즘 왕조 아래에서 탈유목 튀르크인들이 왕조를 세웠으며, 이들은 현지 관료들의 전문성과 유목민 중심의 군대를 활용했다. 동아시아 역시 다국가 시대로 돌입하여, 여러 나라가 내륙 아시아 변경에 대한 통제권을 분할했다. '중국 내부(Inner China)'를 다시 통일한 송 왕조는 동북에서는 몽골어 계통의 언어를 사용하는 거란인들과 대치했고, 서북에서는 탕구트인의 서하(11세기 초~1227)에 변경을 내주었다. 거란이 서부로 확장하며 몽골초원으로 진출하자, 몽골인을 포함한 많은 이들이 이주하기 시작했다. 탕구트와 거란이 세운 두 국가는 모두 내륙 아시아 지역 국가들의 다양하고 다문화적이며 다언어적인 포용 전략을 보여주었다.[7]

거란 요의 신민으로 만주에 거주하던 여진은 1125년에 자신

따르면 튀르크의 서부 팽창은 "후에 몽골의 유라시아 정복을 가능하게 했다." 즉 튀르크의 서부 팽창이 몽골 세계 정복의 전제 조건이 됐다는 것이다.

6 Di Cosmo 1999, 32-34.

7 거란에 대해서는 Yang 1991; Twitchett and Tietze 1994 참고. 탕구트의 경우 Dunnell 1994, 1996; Li 2005 참고.

들의 주군을 무너뜨리고 북중국 전체를 금(金, 1115~1234)에 흡수시
켰다. 여진은 거란과 달리, 반면에 탕구트와는 유사하게, 완전한 유
목민은 아니었고 몽골 지역을 제국에 편입시키지도 않았다. 실제
로 여진인은 소수 민족으로서 중국식 관료제를 통해 북중국의 많
은 한인을 다스렸으며, 금 조정의 관심은 남쪽의 송에 집중되어 있
었다. 반면에 요의 유산은 잔존 세력 중 한 명인 왕자 야율대석(耶
律大石)의 지도 아래 중앙아시아로 이동했다.

　　야율대석이 1130년대에 세운 카라 키타이는 몽골 이전 시대
에 동서 유라시아를 연결하는 독특한 국가였다. 중국, 초원, 튀르
크-이란계 무슬림의 영향이 융합된 이 국가는 현대의 중앙아시아
와 신장 서부 대부분을 아우르는 광활한 지역에서 비교적 평화로
운 문명을 꽃피웠다.[8] 비록 카라 키타이 신민의 대다수가 무슬림이
었지만, 왕조는 불교를 고수했다. 야율대석의 카라 키타이는 군주
의 칭호 '구르칸(gürkhan, 즉 보편적 칸)'에 내포된 요의 제국적 전통이
자 천명에 바탕을 둔 보편주의를 주장하려는 충동을 드러내지 않
았다. 그러한 점에서 동시대에 존재했던 송과 비슷한 모습을 보였
다.[9] (지도 1.1 참고) 그렇다면 이러한 보편주의에 대한 열망은 몽골
제국 시기에 어떤 방식으로 그리고 어느 시기에 되살아났을까? 이
것이 몽골 제국 초기(1206~1260)의 정치 발전을 이해하는 데 필요
한 핵심 요소이다.

　　래티모어와 바필드 같은 이론가들이 외부 세력의 중국 정복

8　Biran 2005a.

9　Biran 2005b, 42-43, 60-80, 204-205.

　　　　　　　　　　　　　　　제1권 정치사

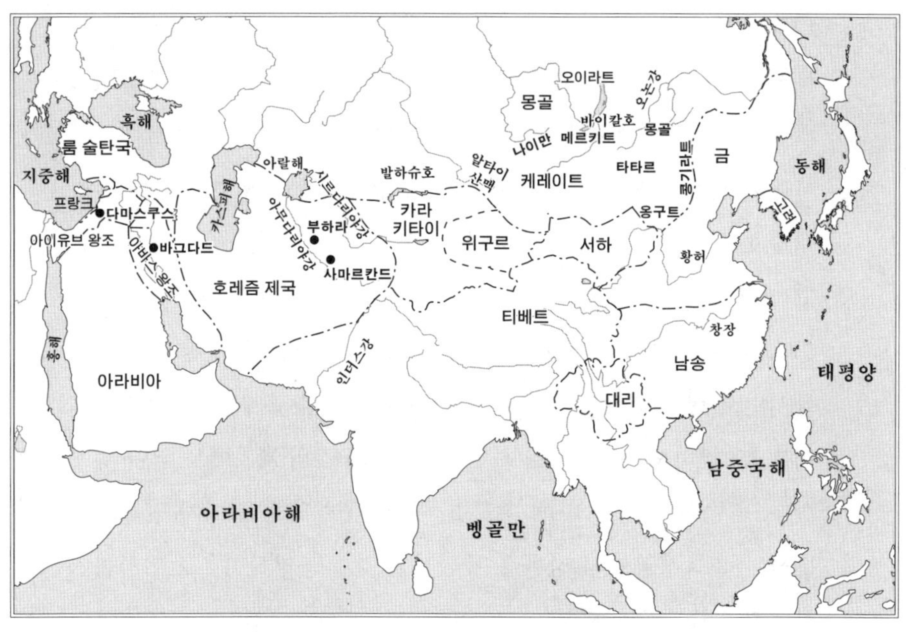

지도 1.1　칭기스 칸 이전의 유라시아(Biran 2007, 24)

을 설명하기 위해서 "문화적으로 혼합된 변경 사회"와 "개방된 초
원 사회" 같은 가설을 제안했는데, 몽골이 중국을 공격할 때가 됐
을 때는 이러한 구분이 무너졌다. 즉, 위에서 살펴본 지역 간 정치
체제들의 역사적인 선례가 몽골의 성공을 가능하게 했다고 할 수
있다.[10]

10　Lattimore 1940; Barfield 1989, 12.

12세기의 몽골

몽골 제국 이전의 몽골의 역사와 그들의 이름을 포기하던 방식(한자로 몽올(蒙兀))에 대한 설명이 여전히 불분명하다.[11] 한문 자료에는 이들이 10세기 후반에 만주 북서부에서 동부 몽골로 이주하여 바이칼호 남동쪽, 오난강과 케룰렌강 사이의 헨티산맥에 정착했다고 기록되어 있다. 이곳은 몽골인들의 성산인 부르칸 칼둔(Burqan Qaldun) 근처였다. 이후 100년 동안 그들은 목축 유목생활을 받아들이면서 현지 튀르크의 문화와 신화 요소들을 흡수했고, 나중에 이를 『몽골비사』에 수록된 하나(또는 여러 가지)의 계보에도 엮어 넣었다. 올슨이 분석한 바에 따르면, "중세 몽골인들은 자기 민족의 탄생과 유목생활로의 전환을 동일시한 것이 분명하며" 그 위치는 부르칸 칼둔 근처였다.[12]

이주민들의 가장 가까운 이웃은 아마도 메르키트였을 것이다. 그들은 바이칼호 남동쪽의 셀렝게강 하류 지역에 살던 산림 집단으로, 각각 추장이 이끄는 서너 개의 연합체로 나뉘어 있었다. 일부 메르키트 집단은 부르칸 칼둔 지역에도 거주했다.[13] 케룰렌강 남동쪽에는 타타르인이 있었는데, 그들 중 상위 계층 일부는 금나라 변경 방어 임무를 수행하고, 그 대가로 선물, 작위, 무역권 등의 형태로 부와 명예를 얻을 수 있었다. 아이러니하게도 '타타르인'은 무슬림 사가들 사이에서 '몽골인'과 동의어가 됐는데, 이는 이

11　Golden 2009, 19-20; Jackson 2009, 26-28; Bold 2001, 3-4, 82. Jiu Tangshu 199B.5358; Xin Tangshu 219.6177.

12　초기 몽골의 계보에 대해서는 Allsen 1996, 118; Atwood 2012 참고

13　Allsen 1996, 118. Yuanshi 134.3250, 메르키트인 활활(闊闊) 열전 인용. 한자로는 불리한 합리돈(不里罕哈里敦).

말이 비(非)튀르크 민족을 지칭하는 표식으로 사용됐기 때문이다. 유럽 작가들은 이 단어를 그리스어 '타르타로스(tartarus, 지옥)'와 동일시했고, 한인 사가들의 기록에서는 13세기 초 몽골인을 계속해서 타타르(Tatar, 한자로 달단(韃靼))로 기록했다.[14]

몽골과 타타르의 서쪽으로 오르콘강 계곡을 따라 케레이트 칸국이 탄생했다. 케레이트는 12세기 대부분의 고원 주민들과 마찬가지로 몽골어를 사용했지만, 아마도 튀르크 계통으로 추정된다. 이들은 광범위한 정치 조직, 화려한 왕실 장식품, 그리고 대규모 군대를 자랑했다.[15] 엘리트층은 요, 서하, 카라 키타이와 접촉을 통해 부유함과 세련미를 갖추고, 네스토리우스파 기독교와 접촉했다.[16] 12세기 후반 왕실이 불안정해지면서 보르지긴(Borjigin) 몽골인은 권력 상승의 계기를 마련했다.[17] 알타이산맥 북서쪽에는 튀르크어를 사용하는 나이만이 살고 있었다. 이들 역시 강력하지만 여전히 분열된 유목 연합체였다. 나이만은 케레이트 및 위구르와의 관계를 통해 역시 네스토리우스파 기독교, 불교, 문자 해독 능력, 관료제 등에 친숙해졌다.

고원에 살던 대부분의 유목민들은 아마도 옹구트나 위구르 상인들을 통해 남쪽의 정주민들과 어느 정도 교역을 했을 것이다.

---

14 Jackson 2009, 27; *SH*, §301–302; de Rachewiltz 1996.

15 Togan 1998; Ratchnevsky 1991, 2–3. 몽골고원에서 쓰였던 언어의 '몽골어화'에 대해서는 Janhunen 1996; Golden 1992, "서문", 184–185을 참조. 동부 초원 지대에서 유목민들이 이중언어를 쓰는 것은 보편적 현상이었다.

16 Halbertsma 2008, 30–31에 따르면 이들이 네스토리우스파 기독교를 수용한 시기는 1007년이다.

17 Cheng 1996; Togan 1998; Biran 2005a, 179 참고.

옹구트는 종종 위구르와 혼동되는데, 그들은 중국 문헌에서 사타 (沙陀) 또는 (그들의 북동쪽에 위치한 몽골어를 사용하는 "흑 타타르"와 대비되는) "백 타타르"로 불리는 튀르크어를 사용하는 연합체였다. 당이 해체된 후, 옹구트는 오르도스 지역과 중국 북부 국경을 따라 동쪽으로 흩어져 네스토리우스파 기독교를 받아들였고, 탕구트, 거란, 여진 등 여러 국가의 영향력 아래 놓였다.[18] 따라서 칭기스 칸이 몽골고원과 그 너머에서 성공하는 데 옹구트와의 우호 관계는 필수불가결한 요소였다.

비란은 "칭기스 칸이 동부 초원의 부족들을 통합하는 데 걸린 시간과 노력이 그가 세계의 절반을 정복하는 데 쓴 것보다 더 많았다"고 지적했다.[19] 몽골고원은 광대한데 인구는 적어서 전체 유목 인구가 약 70만 명 정도였다. 따라서 가치가 있는 것은 땅이 아닌, 사람과 가축이었다.[20] 요 제국이 몰락하고 몽골고원에서 후퇴함에 따라 초원에서는 혼란과 불안정이 야기됐으며, 기존 주민들과 새로운 난민들 모두가 생계를 위한 치열한 투쟁으로 내몰렸다. 상대적으로 정체가 모호하고 경제적 기반도 약했던 몽골인들이 이 지역을 통일하고 국가를 건설할 거라고는 예측하기 어려웠다. 내륙 아시아에서의 국가 탄생은 부분적으로 '위기 상황에 대한 사회적 대응'의 결과로 볼 수 있다. 칭기스 칸의 초기 생애를 다룬 『몽골비사』, 그것을 바탕으로 한 페르시아어와 한문 기록들, 그리

---

18 옹구트에 대해서는 Buell 1993, 97-98; Atwood 2004a, 424; Hu Xiaopeng 2004; Halbertsma 2008, 35-48; Tang 2011; Atwood 2014.

19 Biran 2007, 27.

20 Allsen 1997b, 4. Smith 1997, 249; Alexeev 1991, 189-190은 당시 초원 인구를 50만 명으로 추정한다; May 2007, 28. 참고.

고 현존하지 않는 다른 몽골 문서들은 당시 몽골의 상황을 시사한다.[21]

금이 건립된 후, 몽골의 여러 집단이 금의 전리품을 놓고 타타르와 경쟁하며 금의 국경을 습격하기 시작했다. 처음에는 유망해 보였던 이러한 노력들의 결과는 비참했다. 몽골인은 타타르에게 패배와 배신을 당했고, 몽골 지도자들은 여진인에게 잔인하게 처형당했으며, 타타르와의 전투에서 몽골 후계자들이 죽음을 당하고, 1160년대에는 최초의 몽골 연합체가 붕괴했다. 이제 몽골인들은 여진에게 조공을 바치고 타타르의 모욕을 견뎌야 했다. 끊임없는 습격, 반목, 납치, 약탈, 폭력은 몽골 각 가구의 생존을 위태롭게 했다.[22] 이 무렵 테무진은 아마도 1162년, 오늘날 몽골국에서 그의 탄생을 기념하는 그해에 태어났다.

예수게이의 장남 테무진의 삶과 시대에 대한 주요 사실들, 그와 관련된 논쟁들은 잘 알려져 있다.[23] 불운했던 보르지긴 칸들의 마지막 인물 쿠툴라(Qutula)의 조카 예수게이는 새로 설립된 키얏(Kiyat) 혈통(야순(yasun))의 전사였다. 한편 보르지긴 혈통과 경쟁 관계에 있던 타이치우트 혈통은 쿠툴라의 아버지의 사촌인 암바가이(Ambaghai)에게서 유래했다. 테무진의 정복과 학살 과정에서 예수게이의 키얏 혈통은 점차 다른 보르지긴과 몽골 집단을 압도했

---

21 Di Cosmo 1999, 14. 관련 사료로 Ratchnevsky 1991, xiii–xvi; *CHC6*, 689–703; *SH*, §xxv–cxiii; Akasoy, Burnett, and Ronit Yoeli-Tlalim 2013 참고.

22 *HWC*, 21–22.

23 Ratchnevksy 1991 이후에 나온 칭기스 칸에 대한 전문 연구서로는 Cheng 1996, Weatherford 2004, Biran 2007, Dunnell 2010 등을 들 수 있다.

다.[24] 1140년대에 보르지긴은 그들과 타타르 사이에 살고 있던 콩기라트(옹기라트) 사람들과 혼인하기 시작했다. 예수게이는 콩기라트 출신의 후엘룬을 약탈해 와서 아내로 삼았는데, 그녀는 원래 메르키트인과 약혼한 상태였다. 이러한 일은 당시에 흔했다. 그녀의 첫째 아들 테무진('대장장이')은 예수게이가 막 사로잡은 타타르 지도자의 이름을 따서 지었다. 이 무렵 예수게이는 케레이트의 왕자 토오릴이 삼촌에게 빼앗긴 왕위를 되찾도록 도와주었는데, 그 삼촌은 남쪽 탕구트 땅으로 도망쳐 다시는 그의 소식을 들을 수 없었다.[25] 이후 예수게이와 토오릴은 당시의 불확실한 세상에서 중요한 사회적 유대 관계라고 할 수 있는 안다(anda, 의형제)가 됐다.

테무진이 아홉 살이 됐을 때, 예수게이는 그를 장인인 콩기라트 지도자 데이 세첸의 가족에게 데려다주었다. 예수게이는 귀가 도중 타타르의 환대를 받아들였다가 독을 마셨고, 그의 진영에 도착한 후 숨을 거두었다. 두 명의 아내와 일곱 명의 자녀(후엘룬이 낳은 네 아들과 한 딸, 출신이 불분명한 부인이 낳은 두 아들) 외에, 예수게이는 테무진에게 두 가지 유산, 즉 타타르와의 적대 관계와 케레이트 칸과의 우정을 남겼다. 타이치우트 친척들에게 버림받은 후엘룬의 가족은 스스로 살아남아야 했다. 10대의 테무진이 그의 콩기라트 신부 부르테를 되찾기 위해 나선 그즈음에, 그는 이복형을 죽였고 (그 결과 막내 벨구테이와의 동맹이 공고해졌다), 타이치우트의 포로 생활에서 탈출했으며, 그의 첫 번째 동료(누케르(nökör)) 보오르추를 막

---

24 키얀(Qiyan)/키얏(Kiyat)에 대해서는 Atwood 2004a, 44-45; Cheng 1996, 161-165 참고.

25 Meng Nan 1998, 40을 통해, 당시 중국의 입장에서 탕구트가 케레이트 유민들을 보호하는 현상을 어떻게 보고 있었는지를 알 수 있다.

료로 맞이했다. 이는 곧 골든이 '초원의 누케르화'라고 부르는 현
상의 시작이었다.[26]

예수게이의 안다 토오릴은 1196년경 금으로부터 수여받은
옹 칸(Ong Khan, 중국어의 왕(王)과 튀르크어의 칸(khan)), 즉 군주를 뜻하는 두
단어를 합친 말)이라는 칭호로 더 잘 알려져 있다. 그는 불안정한 상
태에 있던 타타르인을 평정한 대가로 이 칭호를 받았다. 테무진은
부르테가 혼수품으로 가져온 검은 담비 코트를 옹 칸에게 선물함
으로써 예수게이가 형성한 안다 관계를 갱신했다. 옹 칸은 얼마 지
나지 않아 그의 젊은 몽골인 가신 테무진의 요청을 받았다. 몇 년
전 후엘룬이 납치당한 일에 보복하기 위해 메르키트가 납치한 부
르테의 구출을 도와달라는 것이었다(약 1182~1184).[27] 이 성공적인
습격에는 테무진이 어린 시절부터 알고 지낸 가장 오랜 안다인 자
무카도 같이했다. 테무진은 자무카와 1년 정도 의형제 관계를 유
지했지만, 이후 각자의 야망 때문에 갈라섰다. 테무진의 장남 주치
(몽골어로 '손님')는 이 무렵에 태어났다. 비록 그의 부모는 주치의 불
확실한 부계 혈통(메르키트로 추정)에 대해서 별다른 문제 제기를 하
지 않았지만, 주치의 후손들은 이후 통합 제국의 왕위 쟁탈전에 참
여하지 않았다.

이후 1180년대 후반, 테무진은 보르지긴 장로들의 요청을 받
아들여 점차 늘어나는 추종자들에 의해 칸으로 선출됐다. 다른
보르지긴들은 자무카의 진영으로 몰려들었고, 일정 시점에 이르

---

26 Golden 2006, 59.

27 Cheng 1996, 27-34에서는 라체네프시키가 "현실 가능성이 없다"고 평가한 라시드 앗
     딘의 서술(Ratchnevsky 1991, 35)에 대해서 재평가를 하고 있다.

러 테무진은 그의 안다 자무카에게 결정적 패배를 당했다. 이 과정에서 옹 칸의 또 다른 가신이었던 자무카는 자신의 동맹 세력을 잔혹하고 변덕스럽게 다루다가 신임을 잃었다. 한편, 옹 칸은 자신의 형제들과 이복형제들로부터 제위를 지키느라 여념이 없었다. 그의 이복형제들은 당시 나이만의 강력한 이난치 칸의 지원을 받고 있었다.[28] 그리하여 옹 칸과 그의 동생 자카 감부는 남쪽의 탕구트와 카라 키타이 지역으로 가서 긴 시간 동안 피난 생활을 해야 했다. 라시드 앗 딘에 따르면, 자카 감부는 탕구트 지역에서 몇 년을 보냈으며, 그곳에서 특정한 관직을 맡거나 최소한 어떤 칭호를 받았다고 한다(그의 별명 '감부(gambu)'는 탕구트어로 사령관을 뜻한다). 자카 감부는 현지에서 아내를 맞이했을 가능성도 있으며, 일설에 따르면 자신의 딸을 탕구트 황제에게 출가시켰다고 한다.[29] 자카 감부의 두 딸은 테무진의 아들 주치, 톨루이와 결혼했으며, 훗날 칭기스 칸이 서하에 관심을 가지게 된 것도 당시 케레이트인이 몽골-서하의 변경에 있던 군대, 상인, 지배층과 관계를 맺은 것에서 기인했음이 틀림없다.

1196년의 타타르 원정은 몽골고원의 세력 균형에 전환점이 됐고, 케레이트 칸국 내부의 갈등을 심화시켜 결국 해체를 촉진하는 계기가 됐다. 옹 칸과 테무진은 힘을 합쳐 금을 대신해 불순한 타타르를 응징했으며, 그 결과 많은 전리품을 확보하고 명예로운

---

28 케레이트 칸위와 집단 간 관계의 복잡성에 대해서는 Togan 1998, 65–85; Cheng 1996, 제1~2장 참고.

29 관련하여 Cheng 1996, 74–79; Togan 1998, 76–87; *JT*/Thackston, 52, 64, 101; Meng Nan 1998 참고. Liang Songtao and Yang Fuxue 2008에서는 자카 감부가 서하에서 지냈던 기간에 대해서 다른 가설을 제시하고 있다.

칭호를 얻었다. 드 라케빌츠에 따르면, 테무진이 받은 자우트 쿠리 (ja'ut quri)는 '백인장(百人長)'으로 해석되는데, 비록 누추한 칭호이지만 몽골 지도자 입장에서는 새로운 영예였다.[30] 이어 옹 칸과 테무진이 나이만을 같이 공격했는데, 이때 케레이트 측이 테무진을 배신했다. 그러나 오히려 이것이 역효과를 내어 테무진에게 또 다른 승리를 안겨주었고, 동맹에 대한 경계심을 일깨워주었다. 그럼에도, 1201년 옹 칸과 테무진은 다시 한번 힘을 합쳐 자무카에 대항했다. 자무카는 당시 '구르칸' 칭호를 앞세워 테무진의 적대 세력을 통합하려 했다. 그러자 테무진은 자무카를 지지했던 타이치우트 적들을 제거하고, 그들의 장로들을 죽이는 한편 평민은 자신의 휘하로 예속시켰다. 1202년 케레이트의 도움 없이 타타르를 완전히 격파한 몽골의 칸은 '수레의 비녀장'보다 키가 큰 모든 타타르 남성을 칼로 처형함으로써 피의 복수를 완료하는 한편, 여성과 아이들을 부하들에게 분배하고, 두 자매를 자신의 아내로 삼았다.[31]

1203년, 연장자인 케레이트 칸과 젊은 몽골 칸의 관계는 마침내 끝났다. 옹 칸의 질투심 많은 아들이자 후계자인 일카 셍굼은 아버지에게 테무진을 배신하라고 압박했다. 옹 칸과 결혼 동맹을 맺기 위해 가던 도중에 함정이 있다는 경고를 받은 테무진은 소수의 추종자들과 함께 몽골 남동부의 황무지로 도망쳤고, 그 과정에서 뒤따라오던 케레이트의 공격을 막아냈다. 충성스러운 추종자

들은 발주나(Baljuna)라는 강 혹은 습지에서 테무진과 함께 "쓴 물을 마시며" 맹세를 했다.[32] 비록 당시에는 전망이 암울해 보였지만, 이 경험은 훗날 '발주나의 사람들'에게 큰 특권이 됐다. 이때 몽골군에는 두 명의 거란인, 몇 명의 무슬림, 한 명의 메르키트인, 그리고 몇 명의 케레이트인이 있었다.

1203년 여름, 고원에서의 세력 재편을 통해 보강된 테무진의 군대는 다시 케레이트군과 맞섰다. 비록 큰 손실을 입었지만, 그해 가을 케레이트 칸국은 몽골군의 기습과 우월한 전술 아래 무너졌다.[33] 옹 칸은 서쪽으로 도망쳤고, 알아볼 수 없을 정도로 초췌해진 상태에서 나이만 병사에게 살해됐다. 그의 아들은 탕구트 영토를 지나 암도(Amdo)로 갔다가 타림분지에 이르러 중앙아시아에서 사망했다.[34] 그러나 타타르나 타이치우트와 달리 테무진은 케레이트 귀족들은 살려두었고, 그들의 군대를 몽골군으로 흡수했다. 옹 칸의 동생 자카 감부는 테무진과 쿠다(quda, 인척) 관계를 맺고 있어서 신하들을 거느릴 수 있었지만, 얼마 지나지 않아 특정하지 않은 '불충'을 이유로 처형됐다.[35]

테무진의 신흥 칸국을 반대하는 세력은 이제 서쪽의 나이만, 그들과 동맹한 메르키트, 그리고 자무카의 추종자들뿐이었다. 나이만의 타양 칸이 연합하자고 회유했을 때, 옹구트의 지도자 알

---

32   발주나 사건, 그리고 이에 대한 후대의 기억과 재구성에 대해서는 Cleaves 1955의 연구가 고전이라고 할 수 있다.

33   Allsen 1994, 341에서는 Cleaves의 재구성을 따라 서술하고 있다(Cleaves 1955, 389-391).

34   Atwood 2014 참고.

35   *SH*, §140, §789.

라코시 디기드 코리는 오히려 충성스럽게 테무진에게 이 사실을 알렸다. 1204년 말경에는 나이만이 주도하는 반대 세력이 분쇄되어 결국 그 병력이 테무진에게 흡수됐으며, 살아남은 지도자들은 포로가 되거나 유배되거나 이후 수년간 추적당한 끝에 살해됐다. 『몽골비사』에 따르면 자무카는 자신의 요청에 따라 피 한 방울 흘리지 않고 처형됐다. 이는 지위가 높거나 귀족 출신인 적에게만 허용하는 처형 방식이었다.[36] 이제 고원의 주민들은 사실상 새롭게 통합된 몽골인에 속하게 됐다.

몽골고원 남쪽에서도 세력 균형이 변하고 있었다. 쇠퇴하는 카라 키타이는 여러 전선에서 공격적인 호레즘의 팽창과 불안정에 직면했다. 12세기 말 금과 서하 사이의 오랜 평화가 무너지기 시작했다. 금과 남송 간의 조약 관계는 언제나 긴박한 상태였으며, 13세기 초에 전면전으로 번졌다. 곧 칭기스 칸으로 추대될 테무진과 그의 신복들은 이러한 상황으로부터 실제로 이익을 얻었지만, 세계 정복은 아직 그들의 관심사가 아니었다.

제도적·사회적 변화의 관리, 1205~1210년

1200년대에 몽골 주도로 새로이 만들어진 초원 정치 체제는 기본적인 기반 시설과 사회 제도를 갖추었고, 이는 이후 군사적 확장에 따라 계속 변화했다. 1218년까지, 그리고 사실상 그의 생애 말년까

---

36 참고로 *JT*/Thackston, 107-108에서는 테무진의 조카가 자무카를 살해한 것으로 서술했다.

지 칭기스 칸의 우선순위는 고집스러운 반대 세력을 근절하고, 전리품을 확보하기 위해 주변 정주민을 습격하고, 거만한 여진을 징벌하며, 영토와 신민의 풍요를 위해 교역 통로를 확대하는 것이었다.[37]

자신의 성공을 축하하고 초원에서 새로운 세력을 공식화하기 위해서, 몽골의 칸은 1206년(호랑이의 해) 봄, 부르칸 칼둔 근처 오난강 둑에서 쿠릴타이(회의)를 소집했다. 거기에서 "펠트 천막 민족들"이 모두 모여 "아홉 개의 꼬리를 가진 흰 깃발을 게양했고" 샤먼인 텝 텡그리가 칭기스('맹렬한')라는 칭호를 수여한 테무진을 자신들의 칸으로 인정했다.[38] 옹 칸의 경우와 마찬가지로, 칭기스의 칭호는 이 사건 이후는 물론, 그 이전 시기에 관한 기록에서도 테무진을 지칭하는 용어로 소급 적용됐다. 카안(대칸)이라는 칭호는 칭기스가 죽은 이후, 아마도 그의 손자 쿠빌라이에 의해 1264년경에 수여됐을 것이다.[39] 알타이 민족들은 백색과 9라는 숫자를 길한 것으로 여겼기 때문에, 아홉 개의 꼬리를 가진 흰 깃발인 툭(tuq)은 초원 민족들에 대한 칸의 독점적 주권의 상징이 됐다. 1211년 이전부터 몽골인들은 자신들의 정치 체제를 대몽골국(大蒙古國, Yeke Mongol Ulus), 즉 몽골 제국이라고 부르기 시작했는데, 이는 금의 중국식 명칭인 대금국(大金國)을 모델로 삼은 것이며, 한문 사료에는

37　Buell 2007에 따르면 정복은 칭기스가 시작했지만, 제국은 우구데이가 시작했다.

38　칭기스라는 명칭에 대해서는 de Rachewiltz 1989; 宋濂, 133, 459-460 참고. 백색의 의미에 대해서는 *SH*, §759. *HWC*, 39.

39　YS, 74.1832에 따르면 칭기스 칸이 "원 태조"의 칭호를 받은 것은 1264년이다. 칸/카안의 칭호에 대해서는 de Rachewiltz 1983 참고.

대몽골국 또는 대조(大朝)로 기록됐다.[40]

몽골의 집회에서 필수 요소라고 할 수 있는 잔치를 베풀고 상을 배분하면서, 이들은 제국 설립과 새로운 지배 엘리트의 추대를 위한 기반을 명문화하고 신성화했다. 몽골 사회의 무법과 폭력을 질서와 규율로 대체하려는 욕구는 곧 칸의 제도 개혁의 추진력이 됐다. 여기에는 초원 민족을 재편성하기 위해 칭기스 칸의 추종자들, 특히 영웅적인 행적을 보인 인물과 눈에 띄는 충신을 공식적으로 인정하는 의례도 포함됐다. 칭기스는 그의 누케르들을 88개 밍간(mingghan, 천호)의 지휘관인 노얀(noyan)으로 임명했으며, 일부 지휘관 휘하에는 복수의 밍간을 배치하는 등 총 95개의 천호를 두었다.[41] 초원 군대 조직의 십진법 전통에 따라, 각 밍간은 다시 100명 단위로, 각 100명 단위는 10명 단위로 세분화됐다. 이 개혁은 초원의 전통에서 벗어나 정복된 민족의 대다수를 재조직했다. 즉, 각 유목 전사와 그의 가족 및 가축을 모두 새로운 군대 조직으로 재편했는데, 각 조직은 기존의 부족 소속을 부분적으로 대체하는 군사 조직이었다. 이로써 칸은 이론적으로는 각각 1000명의 병사가 소속된 95개의 부대를 창설했지만 각 천호별 실제 병사 수는 다양했으며, 사실상 모든 신민을 새로운 사회의 근간인 몽골군에 편입

---

40 *SH*, §760-761; Xiao 1985(1994, 23-47)은 "원조"의 "원"은 "대조大朝"의 "대"와 같은 "크다"의 의미를 가지고 있다고 주장했다. 현전하는 기록 가운데 "예케 몽골 울루스"라는 용어가 등장하는 가장 이른 자료는 1246년 구육의 인장이다. Munkh-Erdene 2011, 213, 222-223 참고.

41 *SH*, §133-134, §763. 칭기스의 군사 제도 개혁에 대해서는 *JT*/Thackston, 272-279의 기록도 참고. 이러한 기록의 차이와 각 부대의 구성에 대해서는 May 2007, 제2장 및 Kim 2013 참고.

시켰다.[42] 직속상관에게는 무조건 충성, 새로운 법 자삭(jasaq 또는 야사(yasa))에는 무조건 복종을 해야 했다.

지휘관들의 최고 서열에는 칭기스의 유명한 장군 "네 마리의 준마"(보오르추, 무칼리, 보로클, 칠라운)와 "네 마리의 사냥개"(제베, 쿠빌라이, 젤메, 수베테이)가 있었다.[43] 새로운 노얀들 중에는 칭기스의 사위인 구레겐(gürgen, 부마) 여덟 명이 포함됐는데, 구레겐은 이제 이름 뒤에 붙이는 명예로운 칭호가 됐다. 많은 구레겐이 자신이 속한 집단 출신의 조직을 통제하는 특권을 누렸다.[44] 이들이 누린 또 다른 보상으로는 여성 하사, 의례에서 칸과 가까운 특별한 자리에 앉을 권리, 관습적 의무(세금이나 노동)나 처벌에서 면제(아홉 번의 사면)되는 다르칸(darkhan, 페르시아어로 타르칸(tarkhan))의 지위 등이 있었다.[45]

조직의 최상위에는 보오르추와 무칼리가 있었다. 칭기스와 가장 이른 시기에 동료가 된 두 사람은 각각 군대의 우익(서쪽)과 좌익(동쪽)의 장군으로서 투멘(tümen, 곧 만호로 10개의 천호로 구성되는 1만 명 규모의 부대)을 지휘했다. 무칼리 자신의 천호대는 그의 잘라이르 부족민들로 구성됐다. 두 장군은 최대 아홉 번의 범죄에 대해 처벌을 면제받았다.

칭기스 행정부의 핵심이자 정점에는 케식(keshig, 황실 친위대)이

---

42 Smith 1999, 39-40 n. 2에서는 이상의 숫자와 실 군사력의 논쟁에 대한 Smith의 평가를 볼 수 있다.
43 *SH*, §706. 무칼리(1170~1223)에 관해서는 de Rachewiltz 1993, 3-12, 참고; 수베테이 (1176~1248)에 대해서는 Buell 1993, 13-26 참고.
44 Broadbridge 2018, 제4장 참고.
45 다르칸에 관한 연구는 *SH*, §295 참고.

있었는데, 이전에 그의 가족을 보호하고 보좌하게 하고 주야로 경비를 세우던 체제를 크게 확장한 것이다. 가사와 같은 일상 사무를 경호 업무와 결합하고, 이전처럼 교대 근무 조건을 주간조와 야간조로 나누어 시행했는데, 케식의 총 인원은 1만 명이었다. 이들은 각 부대장의 아들, 혹은 하급 군인 중 재능 있는 이들로 구성됐다. 새로이 몽골과 관계를 맺은 외국 지도자들도 몽골 칸에게 항복하는 조건에 따라 자신의 아들을 보냈으며, 이들 또한 케식으로 편입됐다. 칸의 신뢰를 받는 집단으로서 칸의 근접 경호를 맡았던 케식에게는 새로운 지배 엘리트의 최상위 계층으로 진입할 수 있는 기회가 주어졌고 나아가 이들은 엄청난 정치적 영향력을 행사할 수 있었다.[46]

『몽골비사』에 따르면, 새로운 체제에서 기록을 담당하는 임무는 시기 쿠투쿠(1180~1260년경)가 위임받았다. 시기 쿠투쿠는 타타르 출신으로, 수년에 걸쳐 구조된 다른 고아들과 함께 테무진의 가정(부르테의 오르도)에서 자랐다.[47] 이러한 점에서, 한문 사료에 따르면 시기 쿠투쿠는 "국상(國相)" 겸 예케 자르구치(yeke jarghuchi)를 역임했던 벨구테이를 대신했을지도 모른다.[48] 1204년 포로로 잡힌 나이만 조정의 위구르인 서기관 타타르 통아(Tatar Tonga)가 칭기스에게 자신이 가지고 있던 인장(印章)의 역할을 설명하자, 칸은 즉시 그를 고용하고 타타르 통아로 하여금 태자(太子)와 제왕(諸王)들에

---

46   Hsiao 1978, 39-44; May 2007, 32-36 참고.

47   시기 쿠투쿠에 대해서는 Buell 1993, 75-95 참고.

48   YS, 117.2905. Atwood 2007a, 8은 시기 쿠투쿠가 1206년 이 자리에 임명된 것은 『몽골비사』의 오류라고 주장했다.

게 몽골어에 맞게 개작한 문자로 읽고 쓰는 법을 가르치게 했다.[49] 타타르 통아의 첫 제자들 중에는 쿠투쿠가 포함되어 있었을지도 모른다. 실제로 쿠투쿠는 상벌, 임명, 규정, 법적 판단 등의 기록을 작성하는 직책에 임명됐다. 다만, 구체적인 실무는 쿠투쿠 아래에 있는 서기관들이 수행했을 것으로 보인다. 후에 '청책(靑冊)'(코케 뎁테르(köke debter))으로 알려진 이 기록은 더 이상 현존하지 않으며, 자주 언급되는 칭기스 칸의 법령인 자삭(야사)과의 관계는 아직 설명되지 않은 채로 남아 있다.[50]

시기 쿠투쿠는 중요한 직책을 맡고 있었기 때문에 '아홉 번의 사면'의 혜택을 받았고, 1000명의 군대를 지휘했다. 『몽골비사』의 저자가 시기 쿠투쿠일 것이라는 설도 있는데, 이는 『몽골비사』에서 시기 쿠투쿠가 칭기스 칸과 사실상 대등한 존재로 그려질 뿐만 아니라, 행정 현장과 전쟁터에서도 오래 활동한 것으로 그려지기 때문이다.[51]

황금씨족(알탄 우루크)

칸이 입양했던 자제들은 새로운 군사 및 행정 엘리트 계층에 당당히 포함됐지만, 칭기스 칸의 카얏 일족 중에는 그러한 지위를 받은

---

49 *YS*, 124.3048; Buell 1993, 96.

50 *SH*, §771-774; 자삭에 대해서는 I:568 참고. de Rachewiltz 1993 and Morgan 2005, 291-308을 통해 자삭에 대한 최근 논의를 살펴볼 수 있다.

51 Buell 1993, 90-94; Atwood 2007b.

사람이 없었다.[52] 그들은 자신의 가문과 군대를 직접 통제했다. 칸의 가문 내에서도 충성도의 차이가 있었다. 황금씨족 가운데 일부는 정복 과실에서의 적절한 몫인 쿠비(qubi)를 받고 차기 칸 선출 경쟁에도 참여할 수 있을 것으로 기대했지만, 칸은 자신의 권력을 최대화해 재화를 분배하는 과정에서 가문 재산의 대부분을 첫째 부인 부르테의 아들들에게 가도록 했다.

복속민(가족과 가축을 가진 전사들)을 칸의 친척들에게 최초로 분배한 것은 아마도 1206년과 1211년 사이일 것이다. 칭기스 칸은 8000~1만 명의 복속민을 자신의 어머니 후엘룬과 막내 남동생 테무게 옷치긴에게 공동으로 분봉했다. 테무게는 관습에 따라 부모를 모시는 '아궁의 왕자(hearth prince)'였다.[53] 장남 주치에게는 9000명, 차남 차가다이에게는 8000명, 셋째와 넷째 아들 우구데이와 톨루이에게는 각각 5000명, 동생 (주치) 카사르에게는 3000명을 분봉했다. 또 다른 형제인 고(故) 카치운의 조카에게 2000명, 이복동생 벨구테이에게 1500명을 분봉했다. 이를 하사받은 이들은 자신의 진영(오르도)을 가졌지만, 칸의 어머니와 막내 동생이 조상들의 땅에 계속 거주했다는 점을 제외하고는, 각자가 분봉받은 영토는 새로운 제국 질서 속의 위상과 무관했다. 장남 주치는 곧바로 산림에 거주하는 이들을 토벌하기 위해 파견됐고, 시베리아가 그에게 할당된 영지가 됐다.

52　1204년 칭기스의 삼촌들의 죽음에 대해서는 *SH*, §652 참고. 유목민들의 친족 임명에 대해서는 Atwood, 2010 참고.

53　이상은 *SH*, §166-167, §863-865을 기준으로 했다. *JT*/Thackston, 279-281에서는 다른 숫자를 제시한다. 즉 주치, 차가다이, 우구데이는 4000명씩을, 톨루이는 칭기스의 군대 전체를 상속받았다고 나온다. 이에 관해서는 Kim 2013의 논의 참고.

칸과 그의 야심 차고 힘이 센 동생 주치 카사르의 경쟁은 두 사람의 긴밀한 관계를 간헐적으로 긴장시켰다. 칭기스 칸의 오래된 가신 뭉글릭(Mönglik)의 아들 텝 텡그리는 이러한 갈등 관계를 부추기다가 결국 스스로 몰락을 재촉했다.[54] 카리스마 있는 주술사 텝 텡그리는 하늘의 의도를 해석할 수 있는 능력을 가지고 하늘이 칭기스 칸을 지지한다고 해석하여 칸의 존경을 얻어냈지만, 이로 인해 자만에 빠졌다. 텝 텡그리는 하늘이 카사르에게 관심을 가졌다는 식의 내용을 암시하기 시작하면서 자신의 운명을 위기에 빠뜨렸다. 카사르는 어머니 후엘룬과 부르테의 중재로 최악의 상황은 겨우 면할 수 있었다. 이 사건으로 칭기스 칸은 자신의 점쟁이가 본인에게 개인적, 정치적 위협이 될 수 있음을 깨달았다. 카사르는 텝 텡그리의 척추를 끊어 피를 흘리지 않도록 했다. 샤먼과 점성술사가 여전히 몽골 칸의 필수 조력자였지만, 텝 텡그리가 가졌던 하늘과의 특별한 소통 창구는 이제 칸 자신에게로 직접 열렸다.[55]

중앙아시아의 반란과 복속민

몽골 군주가 고원 지대에서 권위를 강화해가던 시기에, 외부로부터도 도전이 있었다. 첫 도전은 피난을 갔던 케레이트, 메르키트, 나이만 왕족들로부터 왔다. 이들 저항 세력을 제거함으로써 몽골은 중앙아시아에서 새로운 협력자들을 얻었으며, 호레즘 및 호레

---

54 *SH*, §168-174, §869-888; *JT*/Thackston, 89-90.
55 몽골의 샤먼과 다른 점성술사들의 관계에 대해서는 Endicott-West 1999, 224-239 참고.

즘과 카라 키타이의 관계에 대한 유용한 정보도 획득했다. 초창기에 몽골은 국경 주변 지역을 약탈해 국가 재정을 보충하고, 이를 통해 협력자들에게 보상을 주고 중앙 몽골 지역에서 새로운 제국 시설을 갖추었다. 한편 물자에 대한 욕심이 커지면서 무역 확대도 모색했다. 1203년 초 칭기스 칸이 몽골 동남부로 피신한 뒤 금의 국경을 공격해 말을 확보했다는 기록이 있다. 이는 발주나 맹약에 참가한 거란인 야율독화(耶律禿花)의 동생 야율아해(耶律阿海)의 열전에 나온다.[56] 야율아해는 1205년 봄 탕구트가 세운 서하의 서부 국경을 공격해 '많은 사람과 낙타' 및 전리품을 확보한 전투에 참여했거나 이 전투를 주도했다.[57]

1203년 남쪽으로 도주한 케레이트 반란군 일카 셍굼을 추적하기 위해서든, 이전 케레이트 반란군들을 숨겨준 서하를 응징하기 위해서든, 아니면 탕구트의 서부 방어선을 시험하기 위해서든 이 몽골 약탈 부대는 1206년 즉위식에 앞서 보급품을 확보하고 정보를 수집했다. 칭기스는 초기 서하 탈주자들 혹은 케레이트의 자카 감부 수행원이었던 일부 서하 관리들로부터 이미 중요한 정보를 입수했다. 이 정보에 따르면, 서하의 환종(桓宗) 황제는 몽골 칸에 대한 복종이나 금과의 평화 관계 파기를 전제로 하는 어떠한 관계도 받아들이지 않을 것이 분명했다. 두 번째 정찰은 1207년 말에 이루어졌다.[58] 이는 1206년 초 환종이 사촌 양종(襄宗, 재위

---

56 *YS*, 149.3532; Buell 1979a, 125 각주 21; Buell 1993, 112-121.

57 *YS*, 1.13; *YS*, 150.3548-3550. Ratchnevsky 1991, 106.

58 Dunnell 1991; Dai 1924, 26/10b-11a, 12b-13a. 1205년 몽골의 서하 수도 공격으로 그 이름이 중흥으로 바뀌었다는 주장이 자주 반복되는데, 정확하지는 않다. Dunnell 1989 참고.

1206~1211)에 의해 강제로 퇴위된 후의 일이다. 1207년 어느 시점에 서하와 금의 북서 국경을 따라 존재하던 여진 부족 동맹(한자로 규(糺) 혹은 몽골어로 주인(jüyin))이 반란을 일으키고 옹구트를 따라 칭기스에게 충성을 맹세했는데, 이로 인해 금의 국경 방어는 더욱 약해졌다. 그해 겨울, 몽골군은 서하의 국경 요새인 우라카이(Uraqai, 한자로 알라해(斡羅孩) 혹은 올랄해(兀剌海))를 공격했다. 이곳은 금 국경 근처 황허 굽이의 북서쪽에 전략적으로 위치해 있었다. 1208년 봄에 몽골군은 약탈품을 챙긴 채 철수했다.[59] 새로운 여진 부족 동맹과 옹구트 동맹의 도움으로 몽골군은 우라카이가 금에 대한 작전의 중요한 거점 기지임을 파악했고, 1209년에 이를 확보하기 위해 되돌아왔다.[60]

한편, 1204년 나이만의 왕자 쿠출룩(Küchülük)은 메르키트의 왕자 톡토아와 그의 아들들과 함께 알타이산맥을 넘어 서쪽으로 자신의 삼촌 부이룩 칸(Buyiruq Khan)에게 도망쳤다. 이를 계기로 칭기스의 아들 주치와 장군 수베테이가 이끄는 몽골군의 작전이 1206년부터 1209년까지 진행됐다. 이 일련의 작전으로 몽골은 1208년까지 큰 성과를 거두었다. 구체적으로 부이룩 칸과 톡토아를 죽이고, 살아남은 이들을 고원에서 남쪽 중앙아시아 혹은 북쪽 시베리아로 쫓아냈으며, 서몽골과 북서몽골의 오이라트를 비롯한 여러 부족의 충성을 얻어냈다.[61] 한편 쿠출룩은 발라사군에 있던

---

59 "규"에 대해서는 Buell 1979a, 67-69; Dunnell 1991, 182 각주 22 참고. 이 집단에는 탕구트와 다른 집단들이 포함돼 있었다. *SH*, §300-302 참고.

60 우라카이(알라해)의 위치와 서하의 군사 조직들에 대해서는 Dunnell 1992b 참고.

61 Buell 1992에서는 이 시기부터 1218년까지 이어지는 사건의 시간적 구성이 자료에 따라 달라 혼란스러운 점을 다루고 있다. *SH*, §1046-1049에서는 시기에 따른 사건의 구성

카라 키타이의 구르칸 지굴루(재위 1178~1212)의 궁정에 합류하는 데 성공한 뒤 그 통치자의 딸과 결혼했다. 쿠출룩은 몽골 통일 과정에서 도망친 난민들로 군대를 조직했다. 그는 반란을 일으킨 봉신들과 위협적인 이웃들을 제압해 구르칸이 권위를 되찾는 걸 돕겠다고 약속했다. 그러나 약속을 어겨 구르칸을 전복시키고 호레즘 샤 무함마드와 작당해 약탈과 습격을 자행했다. 마침내 1212년 쿠출룩은 칸위를 탈취했고, 지굴루는 1213년 포로인 채로 사망했다.[62]

한편 메르키트의 왕자 톡토아의 아들들은 고창(高昌, 베쉬발릭) 위구르인들에게 피난처를 구하려 했으나 헛수고였다. 위구르인들은 바로 얼마 전 카라 키타이의 불교 승려 감독관을 살해한 상태였다.[63] 난민들의 사신이 도착했을 때, 위구르 통치자(이디쿠트(idiqut))는 그를 처형하고 군대를 보내 메르키트인들을 추방했다. 위구르에서 파견한 이 군대는 아마도 수베테이의 군대를 지원하기 위한 것이었을 수 있다. 톡토아의 아들 중 한 명은 결국 쿠출룩에게로 향했다. 브엘은 이 시기에 몽골군이 처음으로 호레즘 샤와 조우했다는 가설을 제기했지만, 대부분의 기록은 수베테이가 메르키트 잔당을 제거한 시기를 1216년으로 보고 있다.[64] 위구르의 이디쿠트 바르축 아르트 테긴(Barchuq Art Tegin)은 1209년 봄, 위의 사

이 다르다.

62 Biran 2005a, 74-84.

63 Biran 2005a, 74; Brose 2007, 75-76; Allsen 1983b, 246-247; *JT*/Thackston, 205-206.

64 *SH*, §1049. Buell 1992, 11-14; Biran 2005a, 75에서는 Allsen 1994이 1209~1210년에 일어난 사건을 재구성한 것을 따른다.

건 전후에 칭기스 칸의 사절을 맞이했다. 그는 복속의 메시지와 선물을 보냈는데, 이는 자신이 카라 키타이의 권위에 도전해 반란을 일으킨 것에 대한 응징을 피하기 위한 것임이 분명하다.

이 정찰을 바탕으로, 몽골은 일리강 북쪽 알말릭에 있던 카를룩의 통치자 아르슬란 칸(Arslan Khan, 사자 칸, 이름이 곧 칭호로 겸용됐다)에게 사절단을 보냈다. 이는 그가 카라 키타이의 지배와 칭기스 칸에 대한 반란 세력으로부터 모두 벗어나도록 독려하기 위함이었다.[65] 이에 따라 아르슬란 칸은 1211년 봄 케룰렌강으로 왔다. 이때 위구르의 이디쿠트도 직접 칭기스 칸 앞에 섰는데, 칭기스 칸은 위구르 수장을 "다섯 번째 아들"로 예우하고 자신의 어린 딸 알툰 베키(Altun Beki)와 혼인시켰다.[66] 카를룩의 통치자 역시 몽골 공주를 받았지만, 칸에서 "타직(Tajik)"으로 강등돼 아르슬란 사르탁타이(Arslan Sartaqtai)라고 불리게 됐다.[67] 몽골에게 더 의미가 있었던 것은 국제적인 경험을 가진 위구르인들이 점차 팽창하는 몽골의 제국 운영에 필수적인 전문성과 경험을 제공했다는 것이다.[68]

---

65 Biran 2005a, 74-75, 81. 아르슬란 칸이 몽골로 떠나면서 그의 경쟁자가 알말릭을 점령했다.

66 Allsen 1983b, 247; Zhao 2008, 167; *YS*, 122.3000; *JT*/Thackston, 76은 칭기스가 1218년 이후 알툰을 이디쿠트로 임명한 것은 그가 서방 원정을 지원했기 때문일 거라는 가능성을 제기했다. 어찌 됐든 이 결혼은 성사되지 않았다. 알툰(Altun)/알 알탄(Al Altan)에 대해서는 Broadbridge 2018, 119 각주 44 참고.

67 67 Biran 2005a, 75; *JT*/Thackston, 78, 213; *HWC*, 74-75에서는, 아르슬란 칸은 카얄릭에 있었고 다른 카를룩 초기 세력은 알말릭에 있었다고 한다. 이 다른 세력도 나중에 몽골에 복속한다. 76쪽 각주 5에서는 아르슬란이 하나의 '칭호'였다는 점 참고(출처는 무함마드 카즈비니).

68 Allsen 1983b; Brose 2007.

금 정벌 준비

몽골은 쿠출룩을 색출하기 전에, 탕구트와 금을 상대로 더 큰 규모의 작전을 1209년부터 1211년 사이에 진행하고 있었다. 칭기스 칸의 마지막 목표점인 금으로 향하기 전에, 금의 동맹이자 잠재적으로 물자를 제공할 수 있는 탕구트를 먼저 복속시켜야 했다. 1209년 가을 위구르가 항복한 이후, 몽골은 우라카이 서쪽의 탕구트 국경에서 적을 패퇴시킨 뒤, 우라카이에 있는 요새를 정복했다. 남쪽으로 방향을 튼 몽골은 아랍선(阿拉善)으로 진격하여, 극이문(克夷門)에 주둔하며 수도 방위를 맡았던 또 다른 탕구트의 군대를 격퇴하고, 탕구트의 수도 중흥(中興, 현재 닝샤후이족자치구 인촨)을 포위했다. 몽골은 황허의 물길을 여러 갈래로 돌려 도시를 침수시키려 했으나, 제방이 무너져 오히려 아군 진영이 물에 잠기면서 포위를 끝냈다. 그러나 몇몇 탕구트 포로들을 통해 협상을 벌여 통치자(『몽골비사』에서는 부르한(Burkhan), 즉 부처왕으로 불림)의 항복을 받고, 칭기스를 위한 공주 차카(Chaqa)와 대량의 물자와 가축도 얻었다.[69] 몽골군은 이듬해(1210) 초에 철수했다. 칭기스로서는 강력한 정주국가를 복속시킴과 동시에 후방의 위협을 제거한 셈이다. 그러고 나서 금 정벌을 위한 준비가 세밀하게 진행되었다.

1210년 몽골이 여름 초지에서 말을 살찌우고 있을 때, 탕구트가 금의 국경을 위협하면서 금과 탕구트 양국 관계 역시 급속히 나빠졌다. 1211년 여름, 또 한 차례 쿠데타가 발생해 새로운 탕구

69　YS, 1.14; Dunnell 1991; SH(177-178)와 『성무친정록』의 기록(Wang, 74b-75a)은 오류이다.

트 왕자가 황제로 즉위했다. 신종(神宗, 재위 1211~1223)은 동아시아에서 진사 출신으로 제위에 오른 최초(이자 최후)의 인물이었으나, 막상 당면한 과제를 해결하기에 적합한 자질을 가진 사람은 아니었던 것 같다.[70] 1212년 말 금과 탕구트의 외교 관계가 단절됐으며, 1224년에 가서야 재개됐다. 1206~1208년에 남송이 유발한 헛된 전쟁으로 이미 자원을 소진한 여진은, 이번에는 탕구트와 군사적 충돌에 직면한 셈이다. 조정 내 혼란으로 불만이 많은 금의 관료들이 몽골로 망명했다. 그사이 금의 황위에 새로운 통치자가 앉아 있었는데, 정통성 논란으로 단지 위소왕(衛紹王, 재위 1208~1213)으로만 알려졌다. 이 오만한 남자는 칭기스가 조공 사절로 만난 뒤 증오하게 된 인물이다.[71] 칭기스는 1210년 조공 관계를 끊음으로써 금 원정을 시작했다. 탕구트 국경의 무력화, 그리고 위구르와 카를룩의 충성을 확보함으로써 서쪽 방향의 교역로 및 상인들과의 우호 관계가 보장됐다.

북중국에서의 전쟁

몽골의 군대는 1211년 봄, 케룰렌강에서 집결한 뒤, 옹구트의 고비사막 접경 지대로 이동했다. 이곳이 북중국을 상대하는 칭기스 칸 군대의 작전 본거지가 됐다. 칭기스는 제베, 수베테이와 함께 중진을 맡고, 무칼리는 좌익(동쪽)을, 칭기스의 아들 주치, 차가다이, 우

---

70 *JS*, 134.2871; *SS*, 486/14027.
71 *CHC6*, 251-252.

구데이는 우익(서쪽)을 지휘했다. 금의 국경을 넘은 무칼리의 군대는 하북(河北)에 있는 여진의 요충지를 제압하는 한편, 거용관(居庸關)으로 이어지는 남쪽 길도 확보했다. 거용관은 당시 금의 수도 중도(中都, 현재 베이징)의 바로 북쪽으로 이어지는 중요한 거점이었다.[72] 금의 방어선이 무너져, 몽골의 군대는 중도 인근 지역을 약탈할 수 있었다.

다른 한편, 칭기스의 아들들이 이끄는 우익군은 금의 서쪽 지역에 해당하는 산서(山西)로 들어가 그 지역을 황폐화하고 중도를 방어하기 위해 동쪽으로 이동하는 병력을 중간에 차단했다. 전리품과 각종 정보를 확보한 몽골은 겨울에는 자신들의 거점인 고비 남부로 후퇴했다가, 다시 여름 목초지가 있는 북쪽으로 이동했다. 이 과정에서 몽골은 점령했던 마을과 땅을 포기했다. 몽골 진영으로 투항한 이들이 일부 있었지만 곧이어 금이 다시 접수했다.[73]

1212년 가을, 몽골군이 되돌아왔다. 1213년 초에 이르러 그들은 다시 요새화된 거용관 관문을 재점령하고 남쪽으로 진격했다.[74] 몽골군은 황허 계곡 북쪽의 금나라 심장부로 쏟아져 들어갔고, 봄과 여름 내내 시골 지역을 약탈하고 파괴했다. 그해 말, 침략자들은 북쪽으로 돌아갔다. 이번에는 국경 관문들을 확보하고 한 부대를 남겨 금의 수도 중도를 포위하게 했다.

중도 봉쇄는 1214년에 조기 종료됐다. 몽골군은 포위전 경험

---

72   de Rachewiltz 1993, 4-6; *SH*, §175-177, §888-902.

73   이하의 구성은 대체로 *CHC6*, 252; 그리고 Allsen 1994, 35을 따른 것이다. *JS*, 13.293-295; *YS*, 1.15-16; Li 1970, 249-275도 참고.

74   de Rachewiltz 1993, 4에서는 무칼리와 칭기스가 1212년까지는 본영에 남아서 작전을 지휘했다고 보았다.

이 부족했고, 병사들과 동물들 사이에 질병이 유행했기 때문이다. 금 조정에서 혼란이 지속되고 북중국에서 가뭄과 기아가 이어지자, 새 황제 선종(宣宗, 재위 1214~1223)은 몽골에 항복하기로 결정했다. 1214년 봄, 금 선종은 강화를 요청하면서 몽골에 값비싼 물품(금, 은, 비단, 말)과 통혼을 위한 황실 공주를 바쳤다. 이에 만족한 칭기스는 중도에서 퇴각하고, 만주에서 몽골의 군대를 보조하기 위해 자신의 형제인 카사르, 무칼리, 그리고 금에서 투항한 자들을 파견했다.[75]

제베 휘하에 있었던 별도의 정복군은 이미 1212년 가을, 만주에 있는 랴오허 유역으로 진격했다. 그해 말까지 그들은 금의 동경(東京, 지금의 랴오양)을 일시적으로 점령하고 약탈했다. 여진의 통치에 불만을 품고 있던 현지 거란 주민들 사이에서 소요가 발생했다. 이는 1213년 몽골군이 랴오허 유역의 금나라 방어선을 공격하는 데 도움이 됐다. 1215년경 동경은 몽골의 동맹군인 야율류가(耶律留哥, 1164~1220)가 이끄는 거란 출신 반란 정권의 기지가 됐다. 이제 한인과 거란인이 몽골군에 대거 합류했고, 이들은 여진인과 거란인 지휘관 아래 특수 보조군으로 편성됐다.[76] 여진인들은 사실상 고향인 만주를 잃었고, 한편 산동(山東)과 하북은 몽골이 가져온 파괴로 인해 불안과 반란이 지속되는 지역으로 몰락했다.[77]

몽골이 여진에서 제시한 강화 조건을 수락한 지 얼마 안 되

---

75 de Rachewiltz 1993, 5; *YS*, 119.2930-2931.

76 몽골의 만주 작전과 만주 지역의 여러 정권에 대해서는 Yanai 1963, 74-91 참고. 금에서 넘어온 망명자 중에서 가장 대표적인 인물로 사천택(史天澤, 1202~1275) 일가를 들 수 있다. 사천택에 대해서는 Hsiao 1993, 27-45 참고.

77 Aubin 1987에서는 이러한 변화에 대한 북중국 지역 사회의 대응을 보여준다.

어, 금 조정은 황폐해진 중도 지역을 포기하고 남경(南京), 즉 변량(汴梁, 카이펑)으로 천도했다. 이곳은 황허의 남부 지역으로 북중국의 비옥한 농경 중심지였다. 1214년 가을, 이 소식이 들은 칭기스는 바로 공성을 재개하라고 명령했다. 남아 있는 금나라 수비대의 완강한 저항으로 봉쇄가 장기화하자, 칭기스가 직접 몽골군 작전을 지휘하러 왔다. 이때 전투는 몽골의 지휘 아래 주로 한인과 거란 부대들이 수행했다. 굶주림에 시달리던 도시는 1215년 5월에 항복했고, 이후 약탈당하고 불태워졌다. 몽골 장교들은 금의 국고를 체계적으로 조사했는데, 이 과정에서 시기 쿠투쿠는 엄격한 청렴성으로 명성을 얻었다.[78]

1216년 칭기스는 케룰렌강으로 돌아갔다. 그는 믿을 만한 장교들을 정복 지역의 몽골 대표(다루가치)로 남겨두었는데, 그중에는 자파르 호자도 있었다. 자파르 호자는 무슬림 상인이자 발주나 맹약의 참가자로, 1214년 금의 항복 조건을 협상한 인물이었다. 한편 무칼리는 소탕 작전을 맡았다.[79] 1217년 무칼리는 몽골에서 칭기스와 회의하며 공식적으로 귀옹(gui-ong, 國王)이라는 세습 작위를 받고, 북중국 몽골군의 최고 사령관으로 임명됐다. 그는 본부를 연(燕)의 중도에 두고 2만 3000명의 몽골군과 옹구트군을 지휘했는데, 여기에 다수의 거란과 한인 보조군이 더해졌다.[80]

일부 역사학자들의 견해에 따르면, 1215년 중도 함락은 몽골이 북중국을 대하는 태도를 바꾸어놓았다. 이제는 과거와 같이 약

---

78 Ratchnevsky 1993, 80-82.

79 *YS*, 120.2960-2961; Ratchnevsky 1991, 110-111; Allsen 1989, 87; Jūzjānī 1881, 954.

80 de Rachewiltz 1993, 6-7; *YS*, 119.2932.

탈 이후 화의를 통해 조공 관계를 맺기보다는 직접 지배까지는 아니지만 정복과 장기적 통제가 새로운 목표가 되었다.[81] 칭기스는 여전히 과거 금의 영토를 몽골이 착취할 수 있는 부의 원천으로 보았을 뿐, 확장하는 제국의 일부로 여기지는 않았다. 그러나 그는 현지 상황의 변화에 맞춰 전술을 조정했다. 엄청나게 불어난 몽골의 국고는 이제 새로운 시도를 가능하게 했다.

호레즘과 술탄 무함마드와의 관계

델리 술탄국에서 활약한 당대 역사학자 민하지 앗 딘 주즈자니에 따르면, 중도가 함락되고 얼마 지나지 않은 1215년 후반 호레즘의 군주 술탄 무함마드가 파견한 사절단이 칭기스 칸의 군영에 도착했다. 이 사절단은 새로 등장한 몽골의 힘에 대해서 정보를 구했으며, 중도가 함락됐다는 소식을 들었음이 틀림없다.[82] 칭기스는 선물을 가득 실어 돌려보내며 호레즘에 우호적인 교역 관계를 요구했다. 더 나아가 자신의 영토를 오가는 상인들의 안전한 통행을 보장하는 조치를 취했다. 귀중한 상품을 가진 상인들은 자신을 직접 알현하게 했으며, 중앙아시아에서 온 다른 상인들도 칸을 방문하면 후한 대접을 받고 몽골이 평화로운 상업 교류를 원한다는 사실을 널리 알려달라는 부탁을 받았다.[83] 이제는 서쪽에서 발생한 사

---

81 Biran 2007, 52.

82 Allsen 1989, 87; Jūzjānī 1881, 963-966. *SH*, §1049에서는 이 사절단이 1216~1217년에 도착했다고 하는데, 이 경우에는 북중국이 아닌 몽골로 갔을 것이다. Jūzjānī는 북중국의 상황을 구체적으로 언급한다.

83 *HWC*, 78; Endicott-West 1989a, 127-133에서는 이러한 몽골과 협력한 상인들의 원형

건들이 칸의 주목을 끌었다. 특히 쿠출룩이 타림분지(카슈가르와 호탄)에서 군사적 성공을 거두고, 몽골의 동맹인 알말릭의 카를룩인들을 약탈했다는 소식이 중요했다.[84] 칭기스, 그리고 몽골의 서방 상업 전망에 명백한 위협이 되는 카라 키타이의 참칭자를 제거할 때가 온 것이다.

사료마다 차이가 있어 이후 2~3년의 기록은 사건 순서가 불분명하다. 1216년(혹은 1217년)경에 칭기스는 쿠출룩을 응징하기 위해 제베를 파견했다. 그 직후 아들 주치도 보냈는데, 단독으로 보냈거나 수베테이 및 다른 장군들과 함께 보냈다. 이들의 임무는 발하슈호 서쪽의 킵착초원으로 도망친 쿠두(Qudu)가 이끄는 메르키트를 추적하는 것이었다. 주치는 또한 남부 시베리아의 삼림인 사이에서 일어난 반란을 진압했다. 제베는 위구르와 카를룩의 증원군을 모은 후, 발라사군에서 카라 키타이 군대를 격파하고 여러 지역 지도자들의 항복을 받아들였다. 이들은 제베가 쿠출룩을 카슈가르 남서쪽 파미르의 산악 지역인 바다흐샨(Badakhshan)까지 추적하는 데 도움을 주었고, 쿠출룩은 그곳에서 1218년 초에 살해당했다.[85]

주베이니에 따르면, 주치와 수베테이의 군대는 임무를 성공적으로 완수한 후 호레즘의 군대와 마주쳤다. 주치가 교전을 피하려 했는데도 전투가 벌어졌고, 이는 야심만만한 무함마드를 겁먹

을 다룬다.

84 Biran 2005a, 81-83; 주베이니에 따르면 쿠출룩이 아얄릭의 지도자 오자르(Ozar)를 죽였다고 한다(81 각주 174).

85 *HWC*, 66-68; *SH*, §844-845. 이 사건에 대한 주요 자료는 Biran 2005a, 83 각주 188, 194 참고.

게 했다(이는 아마도 이후의 재앙을 설명하기 위해 무슬림 저자들이 후대에 추가한 내용일 수도 있다).[86] 실제로 무슨 일이 언제 일어났든, 술탄 무함마드가 옛 카라 키타이 영역에 대해 야망을 품고 있었고, 칭기스 칸의 의도를 의심하고 있었던 것은 확실하다. 동투르키스탄과 발라사군 주변, 그리고 북쪽으로 발하슈호에 이르는 지역, 즉 이전에 쿠출룩이 통제하던 영토가 이제 몽골의 종주권 아래 들어갔다. 트란스옥시아나(과거 카라한 왕조의 서부 지역)에 있던 과거 카라 키타이의 속국들은 1212년경에 이미 호레즘의 수중에 떨어졌다. 여기에는 시르다리야 강가의 도시 오트라르가 속해 있었는데, 오트라르는 사마르칸드를 수도로 삼은 술탄 무함마드가 파견한 투르키스탄인이 부임하자 이에 저항한 적이 있었다.[87] 카라 키타이가 소멸함에 따라 몽골과 술탄 무함마드 사이의 완충지대가 사라졌고, 두 세력을 분리하던 페르가나계곡에는 권력의 공백이 생겼다. 한편 무함마드는 서쪽으로 눈을 돌려 (그의 아버지가 그랬듯이) 아바스 왕조의 정통성에 도전하고자 1218년 바그다드로 진군했다. 겁에 질린 칼리프는 호레즘의 군대를 무력화하기 위해 그 군대 내의 카라 키타이 병사들과 접촉을 시도했다. 이를 파악한 술탄 무함마드는 이라크 지방으로의 진군을 포기하고 몽골에 대처하기 위해서 귀환했다.[88]

호레즘 샤가 1215년 보낸 사절단에 대한 후속 조치로, 칭기스는 술탄의 영토에 무역 사절단을 파견하기로 결정했다. 이는 선의

---

86 *HWC*, 69, 369-373; *JT*/Thackston, 235; Ratchnevsky 1991, 118-120.

87 Biran 2005a, 78, 86.

88 Biran 2005a, 86-87.

의 표시였다. 칭기스는 자신의 가족(아들들, 딸들, 부인들)과 장군들에게 그들의 수행원 중에서 무슬림 몇 명을 선발해 은과 금을 주도록 지시했다. 이는 "그들이 이 일행과 함께 술탄의 영토로 가서 상업에 종사하고 진귀하고 귀중한 물건들을 구할 수 있도록 하기 위함"이었다.[89] 약 100명으로 구성된 이 일행은 아마도 칭기스가 술탄에게 우호적인 의사를 전하기 위해 보낸 세 명의 사신과 거의 같은 시기에 출발했을 것이다. 중앙아시아 출신 무슬림이자 아마도 상인이었을 이 사신들은 술탄이 바그다드에서 돌아온 것으로 추정되는 1218년 봄, 부하라에 도착했다.[90] 무함마드는 칭기스가 보낸 메시지에 모욕감을 느꼈지만, 이번에는 사신 중 한 명인 마흐무드 호라즈미(얄라바치(Yalavach))[91]를 자세히 심문한 후 몽골에 대한 의구심을 어느 정도 해소한 것으로 보인다. 그러나 몽골이 제안한 통상 및 우호 조약은 결실을 맺지 못했다.

몽골이 지속적으로 무역을 촉진시키고, 중국에서 얻은 전리품 일부를 적절한 목적지로 운송시키며, 상인들을 다양한 방식으로 활용한 점은 몽골 제국의 성장과 향후 대규모 정복 활동의 중요한 밑거름이 됐다. 무슬림 역사가들은 호레즘 샤를 거칠고 거만한 지도자라고 일관되게 비판하며, 그가 자신의 신복들로부터 미움을 받았을 뿐 아니라 자신의 가족, 추종자들과도 충돌했다고 한

---

89 *HWC*, 79; 주베이니는 사절단 규모가 450명이라고 했으나, 일부 학자들은 칭기스 칸의 서기관 야율초재(耶律楚材)의 기록을 근거로 100명일 것이라고 주장한다(de Rachewiltz 1962 and 1993, 140; Allsen 1989, 91 n. 20).

90 Allsen 1989, 88-89; *JT*/Thackston, 234에 따르면 외교 사절단 인원들이 오트라르까지 상인들과 동행했다.

91 Bartold 1977, 396-397.

다. 자신의 영토 북쪽과 동쪽에서 몽골군이 점점 더 단호하고 위협적인 의도를 가지고 작전을 펴고 있다는 사실이 분명해지면서 술탄의 불안감은 증폭되었다. 특히 그가 최근에 획득한 영토의 백성들에 대한 통제력을 아직 확고히 하지 못했다는 점이 이러한 불안을 더욱 키웠다. 무슬림 사료들은 종종 몽골을 카라 키타이 혹은 쿠출룩, 심지어 술탄의 종교적 억압으로부터의 해방자로 칭송하고 있다. 하지만 몽골과 무함마드의 충돌은 실제로는 종교와는 거의 상관이 없었고, 오히려 부와 권력을 둘러싼 모든 것과 관련이 있었다.

오트라르와 중앙아시아 정복, 1219~1224년

1218년 어느 시점에 칭기스의 무역 사절단이 시르다리야 강가의 호레즘 국경 도시 오트라르에 도착했다. 그곳은 옛 카라 키타이의 수도 발라사군의 서쪽에 위치해 있었다.[92] 현지 총독 이날축(Inal-chuq, 이날 칸(Inal Khan) 또는 가이르 칸(Ghayir Khan))은 호레즘 샤의 친척이었는데, 그는 사절단을 구금하고 무함마드에게 전령을 보내 이 상인들이 스파이라고 주장했다(실제로 상인들은 자신들의 사업적 이익을 얻기 위해 정보를 수집하곤 했다). 이날축이 이와 같이 조치한 이유는 명확하지 않다. 단순한 탐욕 때문이었을 수도 있고, 자존심이 상해서였을지도 모른다(그는 자신을 아는 상인에게 비공식적으로는 인사를 받았다). 다른 한편, 무함마드의 허가를 받았을 가능성도 있다. 어떤 이

---

92 Schwarz 1998, 189; Bartold 1977, 397.

제1권 정치사

유에서든 이날축은 상인들을 처형하고 그들의 물건을 압수해 술탄에게 보냈다.[93] 단 한 명만이 가까스로 탈출해 이 끔찍한 소식을 칭기스 칸에게 전할 수 있었다. 상황을 알게 된 칭기스는 부르칸 칼둔산에 올라가 해야 할 일을 할 수 있도록 힘을 달라고 하늘에 기원했다.[94]

칭기스는 중앙아시아에 다시 한번 사신을 보냈다. 이번에는 술탄의 배신을 꾸짖고, 범죄자 이날축과 압수된 상품을 넘겨받아 사태를 해결하려고 했다.[95] 하지만 술탄은 잘못된 행위를 처벌하겠다는 몽골의 선언을 사실상 칭기스의 선전 포고로 받아들인 듯하다. 무함마드는 오트라르의 총독이 자신의 어머니 테르켄 카툰의 형제 혹은 사촌이라는 이유로 칭기스의 요청을 거부했다. 캉글리(Qangli)의 공주 출신인 테르켄 카툰은 호레즘 왕좌 뒤에서 실권을 쥐고 있었다. 무함마드가 몽골 사신을 처형한 배경에는 당시 불안정한 호레즘의 통치자들과 그 이웃 간의 격동적인 관계가 내재해 있었으며, 이러한 상황에서는 자주 일어나는 일이었다.[96] 그는 1207년경에도 카라 키타이의 사신을 죽인 바 있다. 그의 아버지 테키시(Tekish, 재위 약 1193~1200)도 왕자 시절인 1177년에 카라 키타이

---

93 Bartold 1977, 397-398에서는 이븐 알 아시르와 나사위의 기록을 비교 분석한 것을 볼 수 있다. Allsen 1989, 89-990; Ratchnevsky 1991, 122; *HWC*, 79-81; *JT*/Thackston, 234; *YS*, 1.20에서는 이 사건의 발생 시기를 1219년 여섯 번째 달(六月)로 기록하고, 이에 대한 몽골의 대응도 기록했다.

94 Jūzjānī 1881, 966-967에 따르면 이 유일한 생존자는 낙타 기수였다.

95 Allsen 1989, 90에서는 술탄의 아들 잘랄 앗 딘의 비서 무함마드 나사위를 인용하여 칭기스와 호레즘 사이의 외교적 교류에 대해 언급했다. *HWC*, 81 참고.

96 Ratchnevsky 1991, 124; *HWC*, 338-339, 358, 394, 465-468을 통해 테르켄 카툰의 삶을 볼 수 있다. 테르켄 카툰은 이름이 아닌 칭호임이 틀림이 없다. 이날축과 술탄의 관계에 대해서는 *JT*/Thackston, 145 참고. Biran 2007, 55.

의 왕실 사신을 처형했지만, 1190년대에는 "칼리프의 머리를 카라
키타이로 보내려고 한다"는 소문이 돌기도 했다.[97] 칭기스 칸의 입
장에서는 더 이상의 도발이 필요 없었다. 초원에서 상인과 사신은
면책특권을 누렸기 때문에, 이렇게 노골적으로 초원의 관습을 어
기는 것은 반드시 처벌해야 했다. 원정 계획을 세우기 위해 쿠릴타
이를 소집하고 전쟁 준비에 착수했다.

1218년 말~1219년 초에 이르러 수베테이와 제베의 군대가
몽골로 귀환하고 있었고, 주치의 삼림 집단(오이라트, 키르기스, 부리
야트) 평정도 성공적으로 끝나가고 있었다. 또한 타림분지와 인접
지역들은 이미 몽골의 통제하에 있었다. 중앙군과 우익군은 서몽
골 알타이산맥의 이르티시강 상류를 따라 집결하기 시작했다. 좌
익군은 무칼리의 지휘 아래 북중국에 남아 있었다. 1217년 혹은
1218년 어느 시점에 몽골은 중흥에 있던 탕구트 조정에 원정을 지
원할 군대의 파견을 요구했다. 『몽골비사』의 기록에 따르면, 이 요
구는 무례하게 거절당했다. 후에 『몽골비사』에 이 사건이 칭기스
가 탕구트를 멸망시킨 정당한 사유로 기록됐다. 이 이야기는 허구
일 가능성도 있지만, 1221년 탕구트가 금에 대항하는 무칼리의 요
청에 응해 지원했던 실제 사건을 바탕으로 재구성된 것일 수도 있
다.[98]

무함마드를 상대로 원정을 떠나기 전, 약 60세의 칭기스 칸은
그의 타타르 출신 부인 이수이(Yisüi)의 권유로 후계자 문제를 해결

---

97 Biran 2005a, 56, 62, 74.

98 Dunnell 1991, 172-174; *YS*, 1.20의 기록은 *JS*, 15.334을 따름; *SH*, §189, §937-939.

제1권 정치사

하기로 했다. 『몽골비사』에 기록된 열띤 가족 토론은 후대에 삽입된 것일 수 있지만, 칭기스는 셋째 아들인 온화한 성격의 우구데이가 후계자가 되어야 한다고 문서로 명시했다.[99] 이 일이 언제 있었는지, 그리고 우구데이의 태자 지위가 호레즘에 대한 전쟁 수행에 영향을 미쳤는지는 여전히 추측의 영역으로 남아 있다. 아버지와 함께 원정에 나선 형제들은 새로운 영토 정복에 대한 자신들의 개인적 이해관계를 분명 염두에 두고 있었을 것이다.

칭기스 칸은 개인 참모진으로 거란인 관료 겸 비서인 야율초재를 새로 영입했는데, 그를 '긴 수염'을 뜻하는 우르투 사칼(Urtu Saqal)이라고 불렀다. 야율초재가 작성한 이 원정 기록은 1926년 일본에서 발견됐다.[100] 학식과 국제적 안목을 갖춘 불교도였던 그는 뛰어난 예언 능력으로 칸의 존경을 받았다. 야율초재는 1219년 여름을 칭기스 칸과 함께 이르티시강에서 보냈고, 가을에 군대와 출발해 일부 기간 동안 차가다이와 함께 이동하기도 했다. 이들은 북중국에서 정복당하거나 항복한 집단과 과거 카라 키타이의 속국 출신 병력들로 원정군을 보강했다. 여기에는 공성전에 능한 한인 전문가들과 경로와 주변 지형을 잘 아는 사람들도 포함됐다.[101] 몽골군의 규모는 항상 철저히 기밀로 취급됐는데, 이 시점에 약 15만 명이었던 것으로 추정된다.[102] 다양한 부대들이 카얄릭초원에 집결

---

99 *SH*, §181-188, §922-937; *YS*, 2.29; *HWC*, 185; *JT*/Thackston, 303-304에 따르면 1225~1227년 탕구트 원정 중에 마지막 합의가 이루어진 것으로 되어 있다.

100 de Rachewiltz 1993, 138-147.

101 *HWC*, 82.

102 May 2007, 28; Bartold 1977, 404-458에서는 서방 원정에 대한 분석이, 404에는 몽골군의 규모에 대한 분석이 있다.

한 뒤 오트라르로 진격했다.

원정군은 호레즘의 국경인 시르다리야강에서 다시 군사를 나누어 진군했다. 칭기스 칸은 자신의 장자들에게 오트라르와 강 주변 및 북쪽의 다른 도시들을 점령하라고 명령했다. 주치에게는 시르다리야강 북쪽 초원에 있는 캉글리와 킵착 튀르크계 유목민들을 무력화하는 임무가 주어졌다. 이들은 호레즘과 동맹 관계를 유지하고 있었다.[103] 무함마드는 아들과 장군들의 조언을 듣지 않고, 개활지에서 수적 우위를 바탕으로 몽골군과 정면 대결하는 대신 50만 대군을 여러 도시에 분산 배치했다. 이로 인해 도시 인구가 급증했고 장기간 공성전이 계속되며 양측의 사상자가 늘어났다.[104]

1220년 초, 5개월간 지속된 오트라르 공성전이 대학살로 끝났다. 몽골군은 저항하는 병사 약 2만 명을 도륙하고 성채를 파괴했다. 그들은 주민들을 평원으로 내몬 뒤 도시를 약탈하고 불태웠다. 살아남은 평민들은 선봉대로 내몰려 사실상 적의 화살받이가 되었고, 만약 장인이라면 다른 지역으로 재배치되어 포로 신분으로 자신들의 기술을 몽골군을 위해 사용해야 했다. 여성들은 보통 노예나 하인으로 몽골 귀족들의 오르도(군영 혹은 가(家))에 분배됐다. 오트라르의 총독 이날축은 사마르칸드에서 칭기스 칸에게 인도됐고, 그의 최후에 대해서는 알려진 바가 없다.[105]

칭기스 칸은 막내아들 톨루이와 함께 남쪽의 트란스옥시아

103　Allsen 1994, 356.

104　Bartold 1977, 404-405; May 2007, 117.

105　*HWC*, 83-86; Ratchnevsky 1991, 130.

제1권 정치사

나로 향했다. 1220년 전반기에 그 지역의 두 주요 도시인 부하라와 사마르칸드를 더 빠르게, 하지만 이번에도 피를 많이 흘리며 함락시켰다. 부하라와 사마르칸드는 호레즘 영토에 편입된 지 얼마 안 된 도시들이었다. 두 도시 모두 무함마드의 강압적인 통치에 대한 내부 갈등과 불만으로 인해 몽골군의 공격을 제대로 대비하지 못했다.[106] 몽골군은 주민들 간의 분열, 특히 지배층 내부의 갈등을 이용했다. 현지 정보원들의 도움을 받아 칭기스 칸은 테르켄 카툰과 그녀의 측근들, 그리고 무함마드에게 도발적인 서신을 돌렸다. 이는 호레즘의 지배 엘리트들 사이에 불신과 공포를 조장했고 도망자가 속출했다.[107] 칭기스 칸은 사마르칸드를 먼저 공격하는 대신, 군대를 이끌고 키질쿰사막을 가로질러 남서쪽으로 향했다. 1220년 2~3월경 부하라 외곽에 도착했다. 주베이니에 따르면, 몽골군은 진격하면서 주민들에게 저항하지 말라는 경고문을 돌렸다. 누르(Nūr) 마을 사람들처럼 비교적 유리하게 항복 조건을 협상한 이들도 있었지만, 그러지 못한 이들은 자신의 우유부단함에 대한 대가를 치렀다.

부하라에서는 2만 명의 수비대가 도시를 버리고 도주했지만, 대기하고 있던 몽골군의 살벌한 포위망에 걸려들었다. 충격에 빠진 도시 지도자들은 사절단을 보내 항복했고, 몽골 칸은 도시로 입성했다. 중앙 모스크의 안뜰은 굶주린 말들을 위한 마구간으로 바뀌었다. 전하는 바에 따르면, 칭기스 칸은 설교단에 올라 고

---

106 *HWC*, 394-396.
107 May 2007, 117-118.

관들 앞에서 연설을 했다. 그는 그들의 통치자들이 저지른 죄악과 그로 인해 도시가 약탈당한 경위를 상세히 설명했다고 한다. 남아 있던 수비대가 완강히 저항하자 몽골군은 그들을 성채에서 몰아내려 했고, 이 과정에서 무력 충돌과 화재가 발생했다. 도시의 목조 건물 대부분과 많은 주민이 불길 속으로 사라졌다. 오트라르에서와 마찬가지로, 생존자들은 도시 밖으로 쫓겨났고 성벽은 무너졌다. 남성들은 강제로 사마르칸드 공격에 동원됐고, 여성과 아이들은 노예가 됐다. 유용한 기술을 가진 장인들은 몽골로 보내지거나 몽골군 후방으로 이송되어 원정을 위한 기반 시설 지원에 동원됐다. 일부는 시골로 도망쳐 이 끔찍한 소식을 퍼뜨렸다.[108] 그해 후반 칭기스 칸은 부하라 지역을 관할할 총독, 즉 다루가치(선무사(宣撫使), 즉 평정 감독관)를 임명했다. 이는 사료가 몽골을 아무리 생생하고 냉혹한 파괴의 모습으로 그려놓았다 하더라도, 몽골은 미래의 통치(와 과세)를 위한 계획을 세우고 있었음을 시사한다.

1220년 3월이 됐을 때, 이미 오트라르와 부하라는 함락돼 있었다. 술탄 무함마드는 서쪽으로 도망가면서 점차 병력을 잃었고, 그들 중 상당수는 침략군에 흡수됐다. 주치와 다른 몽골 장군들이 시르다리야강 인근과 북부 지역에서 작전을 속행했다. 우구데이와 차가다이는 오트라르를 떠나 칭기스 칸과 합류해 부하라 동쪽 약 280킬로미터에 위치한 사마르칸드를 공격했다. 한편 칭기스 칸은 제베와 수베테이에게 3투멘(3만 명으로 추정)의 병력을 주어 무함마드를 추격하도록 했다. 그들은 아무다리야강을 건너 후라산

---

108 *HWC*, 105-107.

(Khurasan)과 이라크 방면으로 향했다.[109] 몽골군은 요새화된 사마르칸드를 포위했다. 이 도시는 6만 명의 튀르크 병사들이 수비하고 있었고, 여기에 5만 명의 타지크인과 코끼리 부대가 보강되었다고 전해진다.[110] 며칠 동안 전투가 있은 뒤, 도시의 종교 지도자들이 칭기스 칸에게 항복 의사를 전달했다.

몽골군은 평소와 똑같이 행동했다. 도시에서 주민들과 재물을 모두 빼냈고, 성벽과 건물들을 파괴했다(말들이 접근하기 더 용이하게 하기 위해서다). 코끼리들은 초원에 풀어놓았는데, 그곳에서 아사했다고 한다. 성채는 수비대를 모조리 학살해서 비웠다. 나프타를 사용한 화공으로 많은 건물이 불에 타 없어졌다. 5만 명이 넘는 주민이 이슬람 종교 지도자들의 보호 아래 피신할 수 있었다. 그중 수천 명의 장인은 칭기스 칸의 가족들에게 분배되어 북동쪽으로 이송됐다. 나머지 주민들은 세금을 납부하면 도시로 다시 들어갈 수 있었다. 칭기스 칸은 이들 중에서 관리들을 선발해 세금 징수를 맡겼다. 또한 이 지역을 관할할 몽골 총독들(페르시아어로 '샤흐나(shaḥna)'라 불렸는데, '다루가치'와 같은 뜻이다)을 임명했다. 이후 칭기스 칸은 힌두쿠시산맥의 계곡으로 남하해 여름을 보냈다. 그곳에서 말들을 살찌우고 다음 진군 계획을 세웠다.[111]

한편 차가다이와 우구데이는 군대를 이끌고 서쪽으로 향했다. 그들은 형 주치와 합류하기로 했는데, 주치는 아랄해를 따라 남하하여 우르겐치(호레즘)를 포위하고 있었다. 우르겐치는 아무

---

109 *HWC*, 118; Dashdondog 2011, 45-46.

110 *HWC*, 83; Jūzjānī 1881, 273-274, 969 각주 2.

111 *HWC*, 120-122.

다리야강 하류에 위치한 호레즘의 중심부로, 번영하는 무역 중심지였다.[112] 몽골군은 도시를 옭죄며 항복을 요구했지만, 이것이 통치자들에게 버림받은 절박한 주민들의 완강한 저항을 불러일으켰다. 몽골군은 도시의 수원(水源)을 차단하려고 많은 희생을 치렀다. 도시 곳곳에서 격렬한 시가전이 벌어졌고, 이 과정에서 도시는 불길에 휩싸였다. 차가다이, 주치, 우구데이 사이에 불화가 생겨 포위작전이 (최소 5개월) 길어졌다. 이로 인해 몽골군도 사상자가 많이 나왔다. 우르겐치가 자신의 유산이 될 것으로 여긴 주치는, 불필요한 피해를 입히고 싶지 않았기 때문에 주민들의 저항에 조급해하는 차가다이의 태도에 반대했다. 이런 상황을 전해들은 칭기스 칸은 분노하여 우구데이에게 지휘권을 일임하라는 명령을 내렸다.[113] 우르겐치는 대학살 끝에 1221년 봄 마침내 함락됐고, 생존자들은 어김없이 추방되고 나뉘어 각지로 보내졌다. 주치는 형제들과 헤어져 북쪽 초원 지대로 향했는데, 표면적으로는 킵착 부족들을 복속시키기 위해서였다. 호레즘은 후에 다시 금장 호르드의 번영하는 상업 중심지로 부흥했다. 차가다이와 우구데이는 아버지와 합류하기 위해 돌아왔다. 칭기스 칸은 무함마드의 아들 잘랄 앗 딘을 추격해 아프가니스탄의 가즈나 남쪽 산악 지대로 들어가고 있었다.

호레즘 샤는 카스피해 남부의 한 섬에 피신해 있다가 1220년

---

112 *HWC*, 124-128에 따르면, 주치가 우르겐치 공성전에는 참여하지 않은 것으로 보인다. *JT*/ Thackston, 253-255도 참고.

113 *JT*/Thackston, 254에 따르면, 칭기스는 분쟁 해결을 위해 톨루이를 파견했다. Jūzjānī 1881, 1097-1101, 1099의 각주 참고.

제1권 정치사

12월 또는 1221년 1월에 사망했다. 병들고 지지자들마저 잃은 테르켄 카툰은 카스피해 남부에서 제베와 수베테이에게 포로로 잡혔고, 결국 몽골에서 노예로 생을 마감했다. 전해지는 바로는 몽골까지 걸어서 가야 했다고 한다. 그녀의 아들들은 살해됐고, 그들의 아내와 딸들은 몽골 귀족들에게 분배됐다. 오직 카리스마 넘치는 잘랄 앗 딘만이 살아남아 10년 더 저항의 깃발을 들고 싸웠다. 제베와 수베테이의 군대는 후라산과 서부 이란을 돌며 적을 수색하고 파괴하는 임무를 수행했다. 그들은 도시마다 적을 쫓아다니며 항복을 받아내거나 저항하는 이들을 학살로 응징했다. 그리고 떠날 때는 몽골이 임명한 관리들을 남겨두었다.[114]

1221년 봄, 칭기스 칸이 발흐로 진군했을 때, 이 도시는 이미 제베와 수베테이에게 항복한 상태였다. 그럼에도 칭기스 칸은 주민들이 젊은 술탄의 동조자들을 숨겨주고 있다고 의심하여 학살했다. 그 후 칭기스 칸은 톨루이에게 대규모 병력을 주어서 후라산 전역의 저항과 소요를 일소하게 했다. 아프가니스탄의 가즈나 북쪽에 있는 파르완에서 몽골군은 원정 기간 중 가장 심각한 타격을 입었다. 시기 쿠투쿠가 이끄는 부대가 잘랄 앗 딘의 군대에 패해 많은 병사를 잃었다.[115] 하지만 잘랄 앗 딘 진영 지휘관들 사이에 불화가 일어나 젊은 술탄은 더 멀리 도망갈 수밖에 없었다.

칭기스 칸은 잘랄 앗 딘을 추격해 아프가니스탄 남동쪽으로 향했고, 차가다이와 우구데이가 그를 따라잡았다. 칸은 인더스강

---

114 *HWC*, 142-147, 150, 375-386.

115 *HWC*, 406-408; Rashīd al-Dīn 1952, 221-222; de Rachewiltz 1993, 83-85.

유역까지 진군했다. 칭기스 칸이 그토록 쫓던 사냥감인 잘랄 앗 딘은 그곳에서 다시 한번 도주에 성공했다. 그는 아내들과 자녀들을 뒤에 남긴 채 물살을 가로질러 인도로 도망쳤다.[116] 칭기스 칸은 그를 추격할 병력을 파견했다. 잘랄 앗 딘은 1223년 인도를 떠나 이란으로 갔다. 그는 계속해서 몽골군의 추격을 유도하며 남부 캅카스 지역까지 이동했다. 한 기록에 따르면 그는 1231년에 몽골 장군 초르마간의 군대를 피해 도망치던 중 쿠르드 도적들의 습격을 받아 목숨을 잃었다.[117]

지형이 험난하고 불길한 징조들이 있어서 칭기스 칸은 북인도와 히말라야를 거쳐 몽골로 돌아가려던 계획을 포기했다. 1221~1222년 겨울, 당초 목표를 달성한 칭기스 칸은 아프가니스탄 힌두쿠시산맥 고지대의 계곡에 진을 치고 있었다. 1222년 봄, 그는 그곳에서 특별한 손님을 맞이했다. 북중국에서 온 도교 대가 장춘진인(구처기)이었다. 나이 든 칸이 장수(長壽)와 훌륭한 통치의 비결에 대해 조언을 구하고자 그를 불러들인 것이다. 장춘진인은 300세라고 전해졌다. 한 달 후 장춘진인은 사마르칸드로 갔다. 그곳에서 그는 총독 야율아해(耶律阿海), 칸의 서기이자 점성술사인 야율초재(장춘의 설법 몇 편을 기록했다), 그리고 도시를 살 만한 곳으로 만들고 있던 다른 동아시아 출신 관료들과 함께 겨울을 지냈다. 1222년 가을과 겨울에 칭기스 칸은 장춘진인과 다시 만났고, 그들

---

116 *HWC*, 134-135. 자료에 따른 발흐의 의미 차이에 대해서는 Jūzjānī 1881, 1016-1021 각주 6, 1027 각주 8. 참고.

117 *HWC*, 456, 459; Jūzjānī 1881, 298-299에서는 다른 결말을 기록하고 있다. Jackson 1990.

은 여러 차례 만남을 이어갔다.[118] 1222년과 1223년에는 금과 송에서 온 사신들도 칸의 진영을 찾았다.[119]

칭기스 칸은 이 지역을 떠나기 전에 해결해야 할 일이 많았다. 트란스옥시아나를 평정한 뒤, 정복한 도시들과 그 배후지에 몽골 총독들을 임명했다. 톨루이는 후라산에서 몽골에 감히 저항한 이들에게 잔혹한 보복을 가했다. 하지만 항복한 이들 중에서도 많은 사람들이 목숨을 잃었다. 자신이 가장 아끼던 차가다이의 아들[무에투겐]이 바미안에서 전사하자, 칭기스 칸은 이에 대한 응징으로 그곳의 모든 생명체를 없애고 바미안의 이름을 "나쁜 마을"[마우쿠르칸, 즉 폐허의 성채라는 뜻이다]로 바꾸라고 명령했다.[120] 니샤푸르에서 칭기스 칸의 딸 중 한 명의 남편인 토가차르(Toghachar)가 사망하자, 그 딸이 군대를 이끌고 마을로 들어가 살아남은 이들을 죽이고 400명의 장인을 노예로 삼았다.[121] 서방 원정은 단순히 죽음과 파괴가 아니었다. 이것은 끊임없이 늘어나는 포로와 엄청난 양의 약탈 재산을 몽골에 안겨주었다. 이 모든 것은 몽골 또는 몽골이 점령한 다른 지역으로 옮겨졌다.

장인들은 그 특별한 가치로 인해 대개 목숨을 건졌다. 심지어 헤라트에서도 그랬다. 헤라트 사람들은 잘랄 앗 딘이 시기 쿠투쿠를 이겼다는 소식을 듣고 몽골 관리들에 반기를 들었다가 몰살당

---

118 de Rachewiltz 1962, 69-70 각주 168; Waley 1931, 92-104, 112-114; Li Zhichang 1962, 上 57b-58a (340-341), 下 6a (356).

119 *YS*, 1.22-23.

120 *HWC*, 132-133.

121 *HWC*, 177; Broadbridge 2018, 158-160.

했지만 장인들은 살아남았다.[122] 1221년 봄에 항복한 1000명의 헤라트 금실 직조공은 1222년 그 도시가 파괴된 뒤 위구르의 수도 베쉬발릭으로 강제 이주됐다. 1230년대 후반, 오래전부터 직물 생산의 중심지였던 헤라트가 복구되자 우구데이는 장인 수백 명의 귀향을 허락했다. 그때쯤에는 금과 은 견직물로 만든 값나가는 예복이 의례나 축제 때 칸이 총애하는 신하들에게 대량으로 하사하는 귀한 선물이 되어 있었다.[123]

몽골은 교통로, 역참, 보급소, 작업장, 농장을 건설하고 유지함으로써 군대, 사람, 보급품의 이동뿐 아니라 특급 전령도 더욱 신속하게 파견할 수 있게 되었다. 그런데 이와 같은 상황은 병사뿐 아니라 비전투원에게도 점점 더 큰 물류 및 행정적 부담을 지웠다. 장춘진인의 여행 기록을 보면 차가다이의 군대가 칸이 이동한 경로를 따라 도로와 다리 보수에 두 차례 동원됐음을 알 수 있다.[124] 통역사도 고용됐고, 요리사, 의사, 공성전 전문가, 노동자, 정원사도 함께 일했다. 야율초재는 확실히 한어, 거란어, 아마도 여진어, 그리고 몽골어에 능통했다. 후방에서 일하던 초원 지식인 중에 저명한 다언어 구사자가 한 사람 더 있었는데, 바로 네스토리우스파 기독교도 친카이(Chinqai, 1169경~1252)였다. 그는 출신은 불분명하지만(케레이트, 옹구트 혹은 위구르) 아마도 과거에 상인이었을 것이며, 발주나 맹약에 같이 있었던 인물이다.[125] 시기 쿠투쿠 밑에서 자르

---

122 Pikulin 1970, 139; Jūzjānī 1881, 1049–1051 각주 2.

123 Allsen 1997b, 10; Allsen 1997a, 38–40.

124 Waley 1931, 85, 95–96; Li Zhichang 1962, 上 37b–38a (300–301), 52b (330).

125 Waley 1931, 33–38; 73–74; Li Zhichang 1962, 上 29a–b (283–284); Buell 1993, 93–101.

구치(jarghuchi, 법관)로 일하던 친카이는 천호장이기도 했다. 1219년 이전 어느 시점에 그는 서몽골에서 중앙아시아로 가는 길목에 주로 한인 장인들과 농부들로 이루어진 정착지를 설립했는데, 이곳은 친카이 발라사군(친카이의 도시 또는 곡창)이라 불렸다. 친카이는 장춘진인 일행을 서몽골에서 사마르칸드까지 호위했다. 그 과정에서 그는 지형과 여행의 어려움을 익히 잘 아는 모습을 보여주었다.[126]

중앙아시아의 반대편에서는 두려움 모르는 제베와 수베테이가 카스피해 남부를 돌아 남캅카스로 진격할 권한을 부여받았다. 그들은 그곳에서 조지아(Georgia) 군대와 교전하고, 캅카스산맥을 통과할 길을 탐색한 뒤, 북쪽의 흑해 연안 초원으로 진출했다. 그곳에서 그들은 알란(Alan), 킵착, 시르카시안(Circassian) 등 현지 집단들과 싸웠다. 1223년 늦봄이나 초여름, 아조프해 근처 칼카강에서 루스(Rus)인과 그 동맹군인 킵착-캉글리(Qipchaq-Qangli) 연합군을 격파한 두 지휘관은 군대를 이끌고 초원을 가로질러 동쪽으로 향했다. 1224년 여름, 그들은 이르티시강에서 칭기스 칸과 재회했다. 제베와 수베테이는 3년에 걸친 놀라운 유라시아 정찰 여정을 통해 우구데이 치세 때 몽골군이 캅카스와 남부 러시아 초원으로 돌아올 수 있는 토대를 마련했다.[127]

1222년 말이나 1223년 초, 칭기스 칸은 트란스옥시아나를 떠났다. 어린 아들들과 다시 만나 1223년 여름을 발하슈호 남쪽 초

---

126 Buell 1994.

127 Allsen 1983a, 10-14; Allsen 1987~1991, 11-17; Buell 1993, 19-20; Dashdondog 2011, 43-50; 올베리 킵착에 대해서는 Golden 1985.

원에서 사냥을 하며 보냈다. 1223년 3월 금나라 서부 지역, 즉 황허 유역에서 작전 중이던 무칼리가 사망했다는 소식은 늦봄이나 초여름쯤 칭기스 칸에게 전해졌을 것이다. 탕구트 조정은 1221년 11월에 5만 명의 군대를 보내 섬서 지방의 탕구트-금 국경에서 무칼리의 군대를 지원했다. 하지만 1222년이나 1223년 초에 이 군대를 철수시킨 것으로 보이며, 나아가 여진과 관계 회복을 모색하고 있었다. 이런 사건들이 칭기스 칸의 귀환을 서두르게 하지는 않은 것 같다. 그러나 그는 무칼리의 아들 보올(1197~1228)에게 탕구트 영토에 대한 보복 공격을 명령했다.[128] 1224년 여름까지 원정군은 서몽골의 이르티시강 유역 집결지로 돌아왔다. 주치가 다시 아버지를 만났는지는 여전히 불분명하다. 우르겐치에서 생긴 오해로 주치는 다른 가족들과 불화가 깊어졌다. 그는 자신에게 할당된 서쪽 영토에 머물렀으며, 칭기스 칸이 사망하는 1227년 8월이 되기 몇 달 전에 사망했다.[129] 칭기스 칸의 승인 아래 주치의 둘째 아들 바투(Batu)가 그의 뒤를 이었다. 장남 오르다(Orda)는 아버지의 자리를 물려받기를 거절했다.[130]

호레즘 샤에 대한 응징으로 시작된 출병은 지속적인 정복 원정으로 변모했다. 이는 카라 키타이와 호레즘 정권의 몰락으로 생긴 힘의 공백을 이용한 것이었다. 1225년 봄, 칭기스 칸은 케룰렌강가의 자신의 오르도로 돌아왔다. 그는 고된 여정의 휴식을 취하

---

128 Dunnell 1991, 174-175; YS, 119.2934-2936; 149.3526-3527; *HWC*, 139.

129 Ratchnevksy 1991, 136-137. 주치의 분봉지 혹은 울루스에 대해서는 Jackson 1999, 23-26; Allsen 2001c, 172, 178.

130 Vásáry 2009, 67-68; Allsen 1985~1987, 8-9.

며 탕구트 원정을 계획하고 있었다. (지도 1.3 참고)

칭기스 칸 최후의 원정, 1225~1230년경 동아시아

칭기스 칸과 대부분의 몽골군이 중앙아시아에 없는 동안, 무칼리
는 금나라 신하들이 항복 혹은 망명을 통해 몽골로 넘어와 임용되
는 것을 장려하고, 여진의 남은 북부 도시들과 서부 지방들을 분
리함으로써 점점 고립되어가는 변량의 조정을 압박하려 했다. 이
러한 노력은 1223년에 중단됐는데, 여기에는 무칼리 본인의 사망,
형주(邢州)와 봉상(鳳翔) 등 금의 요충지에서 나타난 몽골군에 대
한 강력한 저항, 탕구트 조정의 정책 변화, 그리고 100년 전에 잃은
영토를 탈환하려는 송의 기회주의적 행동이 복합적으로 작용했
다.[131] 1223년 말부터 1224년 가을 사이, 무칼리의 후계자이자 아
들인 보올은 탕구트-금 국경 도시인 은주(銀州)를 공격했다. 탕구
트가 "몰래 외부의 도움을 구한" 일에 대한 응징이었다(탕구트는
사천(四川)에 있는 송 당국자들과 접촉해 금을 공격하려 한 뒤 금에 평화를 제의
해 1224년에 마침내 결실을 맺었다). 탑해(塔海)라는 인물을 생포했는데,
그는 이전에 무칼리에게 파견된 탕구트 사신이었다. 은주에서 많
은 사람이 죽었다는 보고로 미루어 보아, 탑해가 1222년 말이나
1223년 초에 철수한 탕구트군 일부를 지휘했을 가능성이 있다.[132]

　이 시기 북중국 주민들의 상황은 절망적이었다. 도적들이 황

131　Aubin 1987.

132　*YS*, 119.2934-2936; de Rachewiltz 1993, 8.

폐해진 지역을 약탈했고, 중앙 정부 기능이 붕괴해 공백이 생기자 각지에서 반란 정권이 등장해 이를 메우려 했다. 특히 산동에서는 홍의군(紅衣軍)과 이전(李全)이 두각을 나타냈다. 지역 사회의 충성도는 상황에 따라 변동이 심했다. 많은 전직 금나라 신하들(한인, 거란인, 여진인)이 몽골로 투항했다. 몽골은 이들을 기존 지방 관직에 그대로 유임시키기도 했고, 금나라 공략을 지원하기 위해 몽골 지휘관들이 만든 임시 행정 조직에 임명하기도 했다.[133] 새로운 신하들은 한자 또는 종종 몽골문자로 기록된 된 새 직위를 받았으며, 특권과 권력을 부여하는 패자(牌子)도 받았다. 그들은 이를 자주 사적인 목적으로 이용했다. 최초의 지방 행정 기관인 행성(行省)은 1214년 중도가 함락된 후 설립됐다. 이는 몽골이 금 왕조의 초기의 지방 군사 기구인 행추밀원(行樞密院)을 변용한 것으로, 금은 새로 정복한 지역에서 이 기관이 중앙 정부의 기능을 대행하도록 하였다.[134] 몽골인이 아닌 사람이 행성 관직에 임명되면 대개 그 직책과 직함이 세습됐다. 장유(張柔)와 같은 한인들은 케식에 아들을 보내 충성을 보장하는 조건으로 몽골 군사 체제에 편입됐다.[135]

새로운 복합 통치 구조와 그 대리인들은 몽골이 민간인들에게 요구했던 빈번하면서도 가혹한 의무를 완화하는 조치를 취하거나 취하려 노력했다. 몽골이 주로 요구한 것은 특히 금나라 도시 봉쇄와 같은 비용이 많이 드는 작전에 필요한 물자와 병력 징발이

---

133 왕조 교체기에도 지속한 지역 사회 관습의 연속성에 대해서는 Tomoyasu 2010 참고.

134 Franke 1994, 267; Allsen 1994, 361; Schneider 2011, 363-369은 초기 금나라 제도의 복합성 그리고 이것이 당시 몽골의 전형임을 분석했다.

135 de Rachewiltz 1993, 47-59. 장유에 대해서는 de Rachewiltz 1966, 107 참고.

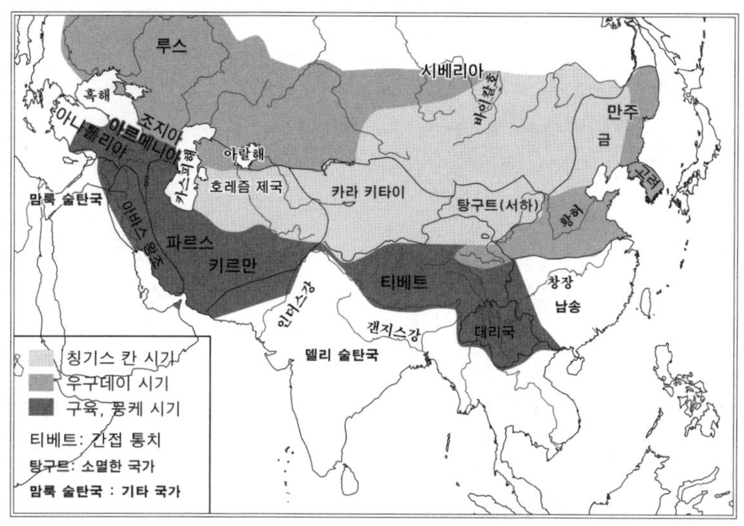

지도 1.2　통일 제국의 팽창(Biran 2021, 233)

었다. 지방의 세습 영주인 세후(世侯)가 자신의 군대와 함께 몽골에 투항하면서 몽골의 지방 병력 확충에 도움이 됐다. 한군(漢軍)은 이미 1213년에 등장했으며, 10년 내에 북중국에서 동원된 몽골군의 수를 넘어섰다.[136] 결국 현지에서 모집한 조력자들이 제국의 인력으로 편입되면서, 북중국과 기타 농업 중심지의 몽골 관리들은 파괴된 경제를 복구해야 자신들의 곳간이 더 많은 수익으로 채울 수 있다는 사실을 깨달았다. 이로 인해 1227년 이후의 제국은, 과거 칭기스 칸은 아마도 전혀 생각하지 못했을 매우 다른 모습으로 변모했다.

　무칼리가 사망한 후, 금 황제도 세상을 떠났다. 그의 뒤를 이

136　136 Hsiao 1978, 12; de Rachewiltz 1966, 108-109.

어 셋째 아들 애종(哀宗, 재위 1223~1233)이 즉위했다. 금 애종은 신속하게 송과 평화를 맺었는데, 이를 위해 금은 송에 대해 그동안 누렸던 종주국 지위를 포기했다(송은 1214년 이래 연례 조공을 중단한 상태였다). 그 대가로 송은 금에 대한 공격을 중단하기로 했다. 애종은 또한 탕구트에 대한 공격을 중단하고 중흥의 새 황제인 헌종(獻宗, 재위 1224~1226)과 평화 협상을 시작했다. 북동쪽에서는 무칼리가 사망하자 고려(몽골어로 한반도 북부를 지칭하는 솔랑카(Solangqa)로도 기록) 정부가 1219년에 부과된 몽골의 대리인 주둔과 조공 요구를 거부했다. 이전에 고려는 만주 침공을 피해 고려 국경을 넘어 도망쳐온 거란인을 공격하는 몽골-여진 연합군을 지원한 바 있었다.[137] 1225년 초 고려 국경에서 몽골 사신이 살해되면서 양국 관계는 1231년까지 단절됐다.

자신의 오르도로 돌아온 칭기스 칸은 여러 가지 골치 아픈 상황을 마주했다. 몽골 사신이 고려에서 살해당했고, 1225년 3월에는 탕구트 사절단이 그의 진영을 방문하여 무엇인가를 보고했는데, 아마도 탕구트의 황제가 칭기스 칸에게 아들을 인질로 보내기를 거부했다는 내용으로 보인다. 어쩌면 이 사절단은 그해 가을을 목표로 탕구트와 금 사이에 새로운 화약을 맺기 위한 협상이 진행되고 있다는 첩보를 확인해주었을 수도 있다.[138] 고려와 관련된 문제는 일단 유보할 수 있었다. 탕구트 문제가 더 급했기 때문이다. 칭기스 칸은 탕구트 왕족 출신의 아내를 맞이했고, 차칸(한자로

---

137 Henthorn 1963, 14-30.

138 Dunnell 1991, 175-176; *JS* 17/375-376; 38/869-878; 110/2424, 2433-2434; 62/1487-
     1488. de Rachewiltz 1962, 24, 63-64.

제1권 정치사

찰한(察罕))이라는 탕구트 출신의 버려진 아이를 자신의 가문(또는 부르테의 오르도)에 입양했다. 차칸은 자라서 칸의 충실한 장교이자 지휘관이 됐다.[139] 탕구트-금의 동맹이 형성되면 몽골 입장에서는 그동안 북중국에서 쌓아온 성과가 흔들릴 뿐만이 아니라 실제 위협이 될 수 있었다.

탕구트 멸망과 칭기스 칸의 죽음, 1225~1227년

『몽골비사』에 따르면, 칭기스 칸은 1225년 겨울 탕구트 국경을 향해 남쪽으로 말을 몰며 사냥하던 중 낙마해 부상을 입었다. 회복하는 동안, 칸은 사신들을 중흥으로 보내 무례함을 속죄할 마지막 기회를 주었다.[140] 『몽골비사』의 서술이 얼마나 창의적이고 축약됐는지와 상관없이, 칭기스 칸이 탕구트 왕실의 충성을 얻지 못한 것은 그들에게 재앙을 의미했다. 그는 모든 군대를 소집해 하서(河西)와 그 주변 지역에서 전투를 벌였다. 위구르 지역에서 일을 마친 야율초재는 숙주(肅州)에서 몽골군과 합류하기 위해 1226년 6월 동쪽으로 이동했다. 수베테이는 귀환하는 군대를 이끌고 감숙회랑(하서 지역)의 서쪽과 남쪽 사막과 산을 돌아 그해 코코노르(Kokonor) 지역과 그 동쪽에서 작전을 지원했다.[141]

1226년 초, 칭기스 칸이 이끄는 주력 원정군은 황허 굽이의 서쪽 하서 지역으로 진입했다. 이미 확보한 우라카이를 동쪽으로

---

139 *YS*, 120.2955-2956; Meng 2003.

140 *SH*, §965-984.

141 de Rachewiltz 1993, 146-147; Buell 1993, 20; *YS*, 12.2976; Atwood 2014, 29-31.

우회하여 서부 국경 요새인 에지나(Edzina, 카라호토 또는 흑수)와 에친골(Etsin Gol) 지역의 인근 도시들을 공격했다. 이어서 원정군은 남서쪽으로 방향을 돌려 숙주와 감주(甘州)의 탕구트 전초 기지를 향해 행군했고, 이 기지의 주둔군은 강력히 저항했다. 칭기스 칸은 아마도 감숙회랑 남쪽의 치롄산맥에 위치한 하영지에서 작전을 지휘했을 것이다. 그의 건강 상태를 감안하면, 칸이 직접 전투에 참여했을 가능성은 낮다.

탕구트 출신이지만 이미 몽골군에서 복무하고 있던 지휘관들이 숙주와 감주 공성전에 참여하고 있었다. 그들은 이 도시들을 항복시켜 친족을 구하고 대량 학살을 막으려 했다.[142] 몽골군은 감숙회랑을 따라 남동쪽으로 이동하며 서량부(西涼府, 양주(涼州) 또는 무위(武威))를 신속히 제압했는데, 이곳의 수비대는 즉시 항복했다. 이어서 수도 남쪽의 황허에 이르는 동쪽 지역과 난주(蘭州)에 이르는 남동쪽의 여러 도시들도 점령했다. 이즈음 탕구트 황제가 사망했고, 그의 불운한 친족이 다가오는 공격을 맞이했다. 가을이 되자 중흥의 남쪽에 있는 주요 요새 영주(靈州)가 포위됐다. 또 다른 군대는 감숙회랑을 따라 서쪽으로 계속 진격해 과주(瓜州)와 사주(沙州)에 도달했는데, 이 지역들을 점령하는 데는 더 오랜 시간이 걸렸다. 1227년 사주가 마침내 함락되자, 칭기스 칸은 이를 주치의 후계자인 바투에게 하사한 것으로 보인다. 다른 지역에서는 다루가치가 몽골의 정책을 시행했다.[143]

---

142   Dunnell 1991, 176-178; Ao 2004; 차칸과 석리감부(昔里鈴部)에 대해서는 *YS*, 120.2955-2956, 122.3011 참고.

143   *YS*, 60.1450; 소주의 세습된 다루가치에 대해서는 Bai and Shi 1979 참고.

　　12월 영주가 함락된 후, 칸은 중흥을 봉쇄할 군대를 남겨두고 황허를 건너 탕구트와 송 사이에 있는 금의 남서부 국경 지역인 도하(陶河)계곡에 대한 작전을 지휘했다. 1227년 봄, 칭기스 칸은 영하 남부의 육반산(六盤山)에 진을 쳤는데, 이곳이 그의 마지막 주둔지였다. 중흥은 6개월 동안 버텼다. 칭기스 칸은 탕구트 출신 장군 차칸을 도시로 보내 협상하게 했고 결국 항복을 받아냈다. 하지만 곧이어 칸이 사망하자 중흥에서 대규모 학살과 약탈이 벌어졌는데, 어쩌면 칸의 죽음을 숨기려고 그랬는지도 모른다.[144]

　　우구데이가 패배한 통치자를 처형했다고 전해지지만, 『몽골비사』에서는 톨룬 체르비(Tolun Cherbi)가 처형 책임자의 영예를 차지했다고 기록하고 있다.[145] 우구데이가 칸의 후계자였다는 점은, 실제 집행자가 아니었는데도 그에게 공이 돌아간 경위를 설명해 주는 근거가 될 수 있다. 그러나 칭기스 칸의 죽음에 관한 많은 세부 사항을 신뢰하기는 어렵다. 그만큼 다양하고 상상력 넘치는 이야기들이 존재한다.[146] 한문 연대기에 따르면, 칭기스 칸은 죽기 직전 신하들과 금 정복에 대해 논의하고 있었다고 한다.[147] 그의 매장지가 현재까지도 비밀로 남아 있다는 점만 언급하면 충분할 것이다.

144　*JT*/Thackston, 292.

145　*YS*, 120.2955, 123.3025와 131.3196. 이는 아줄(Ajul, 阿朮魯)의 열전, 그리고 그의 손자 카이두(懷都)의 열전에 보이는 내용이다. 『몽골비사』에 따르면 차가는 중흥에서의 학살을 막으려고 했다. *SH*, §199-200.

146　Jūzjānī 1881, 1085 및 각주 89에서는, 탕구트의 군주가 죽은 뒤 칸의 죽음을 비밀로 했다는 주장에 대해 이의를 제기한다.

147　*YS*, 1.25.

하서에서 철수하고 부르칸 칼둔 어딘가에 있는 왕실 묘지에
서 장례를 치른 후, 톨루이가 칭기스의 오르도(아마도 헨티의 아바르
가)를 맡았다. 한편 그의 형제들과 삼촌들은 각자의 진영으로 돌아
가 다음 칸을 선출하고 즉위시키기 위한 쿠릴타이를 준비했다. 칭
기스의 정실부인 부르테는 남편보다 먼저 사망한 것 같다. 그렇지
않았다면 후대 칸들의 아내들처럼 섭정을 맡았을 것이다.[148]

공백, 섭정, 그리고 승계

라시드 앗 딘에 따르면, 1226년 봄 병든 칭기스 칸은 톨루이, 우구
데이와 비밀 회의를 통해 우구데이를 후계자로 지명(또는 확정)했
다.[149] 톨루이는 아버지의 화로를 지키는 사람으로서 우구데이의
칸위 계승을 공식화할 쿠릴타이가 소집될 때까지 섭정 역할을 했
다. 쿠릴타이 준비 외에도, 톨루이는 야율초재의 요청에 따라 연경
(燕京, 옛 금의 수도 중도) 주변에서 도적이 들끓는 상황을 개선하기 위
해 노력했다.[150] 라시드 앗 딘은 새 통치자를 확정하는 데 일부 주
저함이 있었음을 시사하며, 톨루이가 논란의 여지가 있는 토지 강
탈을 시작했다고 우회적으로 비난한다.[151] 한문 사료들은 차가다
이, 우구데이, 톨루이가 각자 자신을 지지하는 세력을 가지고 있었

---

148 Raverty는 부르테가 실제로 섭정을 했다고 보았다(Jūzjānī 1881, 1104 n. 5). 『몽골비사』에
    따르면 그녀는 칭기스 칸보다 먼저 죽었다고 하나(*SH*, §334), Atwood는 이를 믿지 않는
    다(Atwood 2004a, 46). 칭기스 칸의 오르도와 관련된 고고학 성과는 Shiraishi 2009 참고.

149 *JT*/Thackston, 292.

150 *YS*, 146.3456-3457(야율초재 열전); Peterson 1993, 180-181.

151 *JT*/Thackston, 313. Jūzjānī 1881, 1115의 각주.

으며, 톨루이가 쿠릴타이 소집을 미루었다고 전한다.[152] 쿠릴타이가 개최되기까지는 2년이 걸렸다. 물론, 주치의 아들들과 다른 먼 지역의 귀족들이 몽골 중앙에 도착하는 데 시간이 소요되는 것은 당연했다. 결국 아무도 제국 창건자의 유지에 감히 이의를 제기하지 못했다.

몽골이 영토를 급속히 확장하고 그에 따라 많은 비유목 민족들과 땅들을 흡수하면서 기회와 위기가 동시에 발생했다. 칭기스 칸이 고향을 떠나 진군했을 때의 원래 목적(복수와 약탈)은 변화했다. 정복은 이제 신성한 사명이 됐다.[153] 유라시아 초원은 점차 온전한 통일을 향해 가고 있었으며, 이는 우구데이에 의해 완성됐다. 이로 인해 초원 주변의 정주 문명들은 칭기스의 후계자들이 계속 확장해나가는 제국에 저항하기 어려워졌고, 결국 그 일부로 편입될 수밖에 없었다. 제국을 구성하는 하부 구조는, 비록 그 전체 범위는 아닐지라도, 칭기스 칸이 사망하기 전에 이미 드러나기 시작했다. 이는 그가 정실부인 부르테에게서 낳은 네 아들에게 땅을 분배하는 방식으로 이루어졌다. 네 아들은 칭기스 일족의 주요 계보(알탄 우루크(altan uruq), 이른바 황금씨족)를 구성했으며, 다른 친족들에게도 각자의 몫이 주어졌다. 이러한 초기 분배는 1206년부터 1227년 사이에 이루어졌다. 이후에도 이 영역들은 계속 확장됐고 새로운 영역들도 나타났으며, 헷갈리는 용어로 다양하게 기록되었다.[154]

---

152   *YS*, 146.3457. Atwood 2012, 52에 따르면 티베트어 사료에서는 톨루이가 "재위를 놓고 경쟁했다"고 했으며, Kim 2013, 100-109 역시 이와 유사한 가능성을 제기했다.

153   Biran 2007, 63.

154   Allsen 2001b, 176-177에서 이 과정에 등장한 복잡한 용어들을 설명했다.

자주 인용되는 주베이니의 기록에 따르면, 칭기스 칸은 각 아들에게 유르트(yurt, 몽골어로 오르도), 즉 초원의 거주지나 주요 야영지를 할당했다. 주치에게는 카얄릭과 호레즘에서 카스피해 북쪽과 서쪽의 킵착초원까지를 부여했고, 차가다이에게는 위구르 영역과 트란스옥시아나(사마르칸드와 부하라) 지역을 주었으며, 그의 거주지는 알말릭(카얄릭 동쪽) 근처였다. 우구데이에게는 아버지 사후 몽골의 고향 땅(칭기스 생전에는 차가다이의 오르도 북동쪽에 있는 에밀강과 코박강 지역에 머물도록 했음)을, 톨루이에게는 화로의 왕자로서 우구데이의 영토에 인접한 중앙 지역을 각각 주었다.[155]

주치와 차가다이는 우익(서쪽)의 왕자가 됐다. 주치의 영역 또는 킵착 칸국은 사실상 서유라시아 초원 전체, 남시베리아, 북캅카스, 그리고 루스 공국들을 포함했다. 이 영역 역시 우익(서쪽)과 좌익(동쪽)으로 나뉘었다. 주치의 둘째 아들 바투가 물려받은 서쪽 영역은 후에 금장 호르드로 불렸다. 카자흐스탄의 대부분을 포함하는 동쪽 영역은 주치의 장남 오르다와 그의 후손들에게 넘어갔는데, 라시드 앗 딘은 이들을 "좌익의 왕자들"이라 불렀다(후에 백색 호르드 또는 청색 호르드로 알려짐).[156] 차가다이의 중앙아시아 영역은 아랄해 남부의 호레즘 주변에서 주치의 영역과 접했다.

우구데이와 톨루이는 중앙의 왕자가 됐으며, 그들의 영역은 아버지의 영역과 겹쳤다. 좌익의 왕자들은 주베이니의 기록에 처음 등장하는데, 칭기스의 막내 동생 테무게 옷치긴과 칭기스보다

---

155   *HWC*, 42-43; Jackson 1976, 209-211와 Jackson 1999도 참고.
156   Allsen 1983a, 5-6; *JT*/Thackston, 348.

                                        제1권 정치사

먼저 사망한 주치 카사르와 카치운의 아들들로 구성됐다. 그들의 영역은 북동쪽에 있었다.[157] 스기야마 마사아키에 따르면, 제국의 규모와 다양성이 커져도, 우익-중앙-좌익이라는 삼분 구조는 제국의 근본적인 지정학적 틀로서 계속 유지됐다.[158]

대칸은 몽골과 북중국, 트란스옥시아나, 후라산의 정주 지역을 통제했으며, 후에는 중국 전체를 통제했다. 차가다이는 명목상 트란스옥시아나를 할당받았지만, 실제로는 그 지역에 대한 완전한 통제권을 갖지 못했다. 칭기스와 그의 후계자들은 이들 정주 지역에 총독들을 임명했고, 생산성 높은 지역에서 나오는 수입을 왕족 가문들에게 할당된 몫(쿠비)으로 나눠주었다. 이 몫들은 세습되는 것으로 여겨졌다. 후대 통치자들이 이미 분배된 영토의 수입을 더 강하게 통제하려 한 것을 칭기스 칸이 승인했을지 여부는 알 수 없다. 그러나 후계자들은 통제를 위한 조치를 계속했고, 이것이 수많은 논쟁과 역사 서술에 대한 개입(혹은 창조)을 초래했다. 칸의 확대된 이념적 주장과 몽골의 전통적 관습에 따른 친족들의 권리 주장 사이에 근본적인 긴장이 생겨났다.

특히 톨루이는 지명된 후계자인 우구데이 옆에서 애매하고 겉보기에 불필요한 위치를 차지했는데, 이는 칭기스의 막내 동생 테무게 옷치긴의 경우와 유사했다. 톨루이는 서방 원정 기간에 몽골 중심부에 있는 칭기스 칸의 본영을 지켰다. 그의 오르도는 몽

---

157 Sugiyama 2004, 40-57에서는 칭기스 칸의 형제들과 아들들에게 할당된 분봉지의 공간적 분포를 통해 몽골 제국의 지리를 분석했다. Munkh-Erdene 2011, 223도 참고.

158 Sugiyama 2004, 57.

골 북동부에 있었다.[159] 후에 '위대한 사령관'(예케 노얀(yeke noyan) 또는 울루그 노얀(ulugh noyan))이라 불린 톨루이는 아버지의 화로와 재산을 물려받았지만, 칸의 자리는 물려받지 못했다.[160] 그의 아내 소르칵타니 베키(1252년 사망, 케레이트 왕자 자카 감부의 딸)는 1232년 남편이 사망한 후 이러한 애매한 상황을 바로잡고 톨루이의 후손들이 제국에서 확고한 위치를 차지할 수 있도록 노력했다.

우구데이의 즉위

1228년 가을, 칭기스 일족의 아카(aqa, 연장자)와 이니(ini, 동생) 왕자들, 그 가족들, 그리고 최측근들이 케룰렌강의 코데우 아랄에 모였다. 우익의 왕자들은 차가다이와 바투(주치의 후계자)가 이끌었고, 좌익의 왕자들은 테무게 옷치긴, 벨구테이, 그리고 칭기스의 이미 사망한 형제들의 아들들이 이끌었다. 톨루이는 중앙의 왕자들을 이끌었다.[161] 장시간 연회와 축제가 이어졌고, 이 기간 동안 왕자들은 "제국의 일과 칭기스 칸의 유언에 대해 논의했으며, 우구데이에게 칸의 자리를 물려주어야 한다는 칭기스 아들들의 서면 진술을 반복해서 읽었다."[162]

---

159 *JT*/Thackston, 137, 281, 312, 549; *HWC*, 42; *SH*, §985.

160 *JT*/Thackston, 303-304, 381-386에 따르면, 칭기스는 톨루이가 자신의 후계자가 되기를 진심으로 기대했다고 한다. 한편 주베이니는 톨루이는 당시 아버지의 "면전에 있지도 않았다"고 했다. 드 라체빌츠는 실제로 아버지와 함께한 것은 우구데이라고 본다 (*SH*, §932).

161 *SH*, §200, §984-988; *HWC*, 183-189; *YS*, 1.29. 즉위 과정에서 야율초재의 역할에 대해서는 de Rachewiltz 1993, 148-149 참고.

162 *HWC*, 185.

우구데이는 관례에 따라 여러 차례 칸위를 거절했지만, 결국 그 직위와 함께 옛 튀르크의 칭호인 카안(칸들의 칸)을 받아들였다. 이때 그의 형제들은 모두 칸의 칭호를 받았다. 차가다이(서쪽), 테무게 옷치긴(동쪽), 그리고 톨루이(중앙)가 즉위 의식을 주관했다. 귀족들은 복종의 표시로 "모자를 벗고 허리띠를 등에 걸친 채", "태양을 향해 세 번 무릎을 꿇었다."[163] 이어서 선물 증정이 있었고, 수년간의 정복으로 얻은 귀중한 전리품들이 후하게 분배됐다. 선물 중에는 좋은 가문 출신의 아름다운 소녀 40명이 포함되어 있었다. 이들은 보석으로 장식된 예복을 입고 "선별된 말들과 함께 [칭기스의] 영혼과 합류하도록" 보내졌는데, 아마도 음식 공물과 함께 매장지로 갔을 것이다.[164]

일부 학자들은 1228~1229년의 쿠릴타이가 『몽골비사』의 처음 268개 단락을 최초로 작성한 계기였다고 주장한다. 이는 시기 쿠투쿠가 작성했거나, 이고르 드 라체빌츠가 최근에 제안한 것처럼 우구데이 자신이 작성했을 수도 있다.[165] 마이클 호프는 쿠릴타이의 본질적인 정당화 기능이 칭기스의 유언을 읽는 것을 포함한, 실제적이고 상징적인 행위들로 구성됐다고 주장한다.[166] 다시 말해, 쿠릴타이는 단순한 형식적인 절차가 아니었다는 것이다.

---

163 *HWC*, 185, 187.

164 *HWC*, 189.

165 Buell 1993, 92; *SH*, §xxix-xl; de Rachewiltz 2013, 3-5; Atwood 2007a 또한 1252년 설을 지지한다.

166 Hope 2012, 96-97. Hope 2016, 제2장도 참고.

우구데이 치하 제국의 출현, 1229~1241년

우구데이는 몽골의 업적을 확장하고 제도화했다. 이는 수도 건설 그리고 동유럽과 캅카스 지역으로의 제국 국경 확장을 통해 구체화됐다. 중앙 몽골의 카라코룸은 유라시아 여행자들과 상인들이 선호하는 목적지가 됐다. 그러나 우구데이의 사망으로 몽골은 당시 관찰자들이 음모론, 권위의 해체, 그리고 사기 저하의 시기로 매도하는 시대로 접어들었다. 1240년대는 공공연히 경쟁하는 칭기스 일족 계보들 사이에서, 그리고 그 내부에서 갈등이 표면화하고, 몽골 정치에서 여성들이 주목할 만한 권력을 행사하는 전무후무한 시기였다. 1251년 즉위한 뭉케의 중앙집권화 정책은 이러한 영향력을 억누를 수는 있었어도 완전히 제거하지는 못했다. 더욱이 갈등의 주된 원인인 권력과 자원에 대한 접근권이 다분화되어 있다는 점은 몽골 제국 정치의 구조적 특징으로 남았다. 몽골 통치자가 주장하는 보편적 주권의 이념을 실현하며 다른 한편으로 칭기스 일족이 함께 제국을 통치한다는 원칙은 양립이 불가능했기 때문이다.

우구데이는 칭기스의 자삭을 재확인하고 최고 관리들의 임명을 확정한 뒤, 막 종료된 쿠릴타이에서 합의된 대로 아버지가 남긴 과업을 완수하기 위해 나섰다. 북중국, 만주와 한반도, 이란, 그리고 동부 킵착초원을 몽골의 확고한 통제 아래 두기 위해 모든 방향으로 군대가 출발했다. 1229년 초에 이미 3만 명의 몽골군이 볼가강 하류에 나타나 주민들을 흩어놓았다. 그러나 저항이 강해 볼가강 중류에 있던 불가르(Bulghar)의 수도에 도달하지 못했으며, 이 작전은 1236년 증원군이 도착할 때까지 미루어졌다.[167]

　　1230년 우구데이는 서부 이란과 남캅카스로 초르마간을 보내 처치 곤란한 잘랄 앗 딘을 추적하게 했다.[168] 호레즘 샤의 파괴적인 침입으로 조지아와 셀죽 영토의 세력 균형이 더욱 불안정해졌고, 이는 몽골에게 유리하게 작용했다.[169] 1231년 잘랄 앗 딘이 사망하자 초르마간은 군대를 셀죽, 아르메니아, 조지아 방향으로 돌렸고, 남캅카스에서 몽골의 지배력을 다시 확립했다.[170] 초르마간은 1242~1243년 부상을 입고 바이주(1259년 사망, 주치 계열 대리인이자 제베의 친척)로 교체될 때까지 이 지역을 통치했다.

　　동아시아에서는 금에 대한 공격을 재개하고 북동부를 몽골의 더 강력한 통제 아래 두기 위한 준비를 시작했다.[171] 비록 금의 사신을 되돌려보냈지만, 섬서 지역에서의 초기 작전 결과는 실망스러웠다. 우구데이는 몽골군을 재편성하고 새로운 전략을 채택하여 금의 남경을 고립시키고 협공을 시작했다. 톨루이가 이끄는 군대는 송과의 국경을 따라 남서쪽에서 접근했고, 수베테이의 군대는 항복한 킵착, 캉글리, 나이만, 메르키트 부대와 함께 움직였다.[172] 카안이 이끄는 군대는 산서를 통해 남하해 1232년 초 금의 수도에서 수베테이 군대와 합류했다.[173] 수비대는 도시를 포위한

167　Allsen 1983a, 14-15.

168　*JT*/Thackston, 313, 318-322. Dashdondog 2011, 51-52에 따르면 칭기스 칸이 1222년에 초르마간을 파견했다고 하지만 설득력이 다소 떨어진다. Lane 2003, 60-61 참고.

169　*HWC*, 424-459.

170　Golden 1983 (2003), 62-64; Dashdondog 2011, 43-55.

171　*YS*, 2.29.

172　*YS*, 121.2976; Allsen 1983, 13-14.

173　*CHC6*, 262-264; Allsen 1994, 372; Buell 1993, 20-21에서는 수베테이의 이동 경로에 대해 다소 다른 해석을 제시한다.

몽골군과 협상을 시작했지만, 여름 중반 금 당국이 몽골 사신을 살해하면서 강화는 물 건너갔다. 톨루이와 우구데이는 전투에서 물러나 몽골로 돌아갔고(둘 다 병에 걸린 것으로 보인다), 작전은 수베테이의 지휘 아래 놓였다.

얼마 지나지 않아 1232년 9월 톨루이가 사망했다. 우구데이의 병을 치료하던 샤먼들의 물을 마셔 형의 병독을 대신 받았다는 이야기가 전해지며, 이것이 톨루이 독살설의 근원이 됐다.[174] 톨루이의 정실부인인 소르칵타니 베키는 남편의 울루스와 군대를 지휘하게 됐는데, 그 장군들 중에는 시기 쿠투쿠가 포함돼 있었다.[175] 우구데이는 소르칵타니에게 자신의 아들 구육과 재혼할 것을 제안했는데, 이는 카안의 야심 찬 카툰 투레게네가 생각했을 가능성이 있다. 과부가 된 소르칵타니는 그 운명을 교묘하게 피했고, 투레게네와도 원만한 관계를 유지했다.[176]

1233년 초, 금의 마지막 황제 애종은 남경(카이펑)에서 남쪽에 있는 채주(蔡州)로 도망갔고, 수도는 그의 장군들 손에 맡겨졌다. 한 장군이 금에 충성하던 동료들을 제거한 후 수베테이에게 항복하기로 결정했다. 마침내 5월 29일 도시는 문을 열었고 몽골의 숙청이 시작됐다. 이 과정에서 모든 여진 황족 남성이 죽었다. 금의 저항 세력을 완전히 진압하기까지 반년이 더 걸렸다. 침략군이 채주를 공격하자 애종은 자살했고, 1234년 2월 금 왕조는 공식적으

---

174 *YS*, 2.32, 115, 2887; *JT*/Thackston, 316; *SH*, §203-205, §1000-1001; *HWC*, 549에서는 알코올 중독을 사망 원인으로 제시한다. 칭기스의 딸이었던 알 알탄은 자신의 조카를 독살한 혐의로 후에 처형됐다(Broadbridge 2018, 187-191).

175 *HWC*, 550-551; *JT*/Thackston, 282, 386-387.

176 Rossabi 1979.

로 끝났다. 몽골군은 이어서 남송군을 징계하는 데 집중했다. 남송이 몽골의 채주 포위를 돕는 과정에서 하남(河南) 수복을 시도했기 때문이다.[177]

1235~1236년, 우구데이의 둘째 아들 쿠텐(1251년경 사망)과 칭기스의 사위 치쿠 구레겐은 북중국은 물론 남으로 사천성 성도까지 징벌적 성격의 원정을 이끌었다.[178] 그의 부하 안주르는 티베트 영토로 깊숙이 진격해 현지 지도자들과 접촉했고, 이는 중앙 티베트의 경계심을 불러일으켰다. 1239년 11월경, 쿠텐은 철수하여 코코노르초원과 북쪽의 양주(凉州)에 본부를 설치했다.[179] 옹기라트 출신 치쿠와 그의 후손들은 서녕주(西寧州) 주변에 봉지를 받아 코코노르의 몽골화에 기여했다. 현지 정보를 수집한 쿠텐은 1240년 탕구트인 도르다(티베트어로 도르토그(Dor-tog) 또는 도르타(rDo-rta); 티베트어 후르타(Hurta)와 몽골어 코리다이(Qoridai)의 변형?)를 중앙 티베트에 보내 정찰 임무를 수행하도록 했다. 이로 인해 여러 까담파 사원들이 심각한 피해와 인명 손실을 입었다. 쿠텐은 앞서 언급한 도르다를 통해 일찍이 사까 빤디따 뀐가 걜챈(1182~1251)을 소환했으나, 대칸의 죽음으로 지연되어 실제 알현은 1244년에 이루어졌다.[180]

---

177 Chan 1993, 301-302.

178 Atwood 2014~2015. *YS*, 2.34; *HWC*, 268-269. 많은 연구자들이 이 사람을 우구데이의 셋째 아들 쿠추로 보지만, 애트우드에 따르면 이는 『원사』의 표기 오류이다.

179 *YS*, 2.35; 121/2984-2985; Davis 2009, 863-864에서는 쿠텐의 군대를 과장해서 500만이라고 본다. Petech 1983, 181; Petech 1988, 370.

180 Petech 1983, 181; Petech 1988, 370. 또한 뭉케 시대에 비슷한 침략이 있었던 것으로 보았다. Petech 1990, 7-8. 쿠텐이 티베트 승려에게 보냈다고 알려진 편지는 위작으로 판명됐다(Schuh 1977, 31-41). Han 2008, 640-641. Sam Grupper, "On the Identity of Doorda Darqan, Commander of the 1240 Invasion of Tibet," 1985, 미출판 원고.

북중국의 몽골 점령지를 지키는 임무는 강력한 한인 장군 장유에게 맡겨졌다. 우구데이는 1234년 장유를 만호로 승진시켜 민정과 군사 권한을 부여했는데, 그는 몽골 휘하에서 일하는 4대 한인 지휘관 중 한 명이었다.[181] 장유의 군대는 호북, 화이허 유역, 하남, 안휘(安徽)에서 활동했다. 1238년 송이 양양(襄陽, 호북)을 탈환했을 때, 몽골과 송 조정 사이에 휴전을 모색하는 사신들이 오갔다. 하지만 한인들은 몽골의 의도를 경계했고, 끝없이 계속되는 듯한 몽골의 병력 충원에 좌절감을 느꼈다. 1241년부터 1250년대 후반까지 전투가 소강상태에 있는 동안, 장유는 하남과 다른 많은 지역의 모든 한군을 지휘했다. 그의 군대는 송나라 영토를 습격했고, 전쟁으로 피해를 입은 농촌 지역의 식량 공급을 개선하기 위해 둔전을 설치했다. 몽골이 남중국 정복에 전념하고 있다는 징후는 아직 보이지 않았다.[182]

더 동쪽의 상황에 대응하기 위해, 우구데이는 1231년 가을 고려에 몽골군을 파견했다. 전투를 벌이며 고려의 수도 개경(송도)까지 진군하는 동안, 몽골군은 북방 지휘관 홍복원(洪福源, 1258 사망)의 항복으로 중요한 현지 협력자를 얻었다.[183] 몇몇 수비대가 여전히 저항했지만, 왕좌를 통제하고 있던 고려의 무신들은 항복했다. 그러나 그들은 몽골의 요구(인구조사와 귀중품, 가죽, 의복, 말, 그리고 세자를 대표로 하는 수백 명의 귀족 인질)에 난색을 표했다. 1232년 초여름,

---

181 Hsiao 1993, 52-55; Peng Daya and Xu Ting 1962, 26a (515); Olbricht and Pinks 1980, 202.

182 *YS*, 2.37-38; 147.3474-3475; Han 2008, 161-163; Davis 2009, 864-867.

183 *YS*, 2.31; Henthorn 1963, 61-78, 79-81 n. 1. 몽골 장군 사르탁(사르타 코르치)의 정체성에 대해서는 84쪽 각주 10; 사르타 코르치에 대해서는 Ledyard 1964, 2-5; 솔랑가라는 이름의 어원과 뜻, 용례에 대해서는 17-19 참고.

고려 당국은 수도를 바다 바로 건너에 위치한 강화도로 옮겼고, 북서부에 주둔하고 있던 몽골 감찰관(다루가치)들을 살해했다. 몽골군은 다시 돌아왔지만 지휘관이 전투 중 사망하자 더 많은 다루가치를 남기고 철수했다. 1233년 봄, 완강하게 저항하는 고려인들을 처벌하고 귀순자들을 보상하기 위해 몽골이 또다시 침략했다. 한반도와 요동은 혼란에 빠졌고, 이는 짧은 휴전 기간으로 간간이 중단됐다.[184]

한편 카안의 아들 구육이 이끄는 몽골군은 1233년 겨울까지 인접한 동부 여진 분파 정권인 포선만노(蒲鮮萬奴) 세력을 제압했다.[185] 1234년 쿠릴타이에서 군사 계획을 검토하고 보완한 후 탕쿠트 바아투르가 이끄는 군대가 홍복원의 도움을 받아 1235년에 작전을 재개했고, 1236년에는 한반도 남쪽으로 진격했다.[186] 선택의 여지가 없어진 강화도의 고려 조정은 협상에 나섰고 복종을 맹세했다. 몽골군은 1239년에 철수했고, 이는 고려인들에게 휴식 기간을 제공했다. 고려는 국왕의 몽골 카안 친조(親朝)을 미루기 위해 셀 수 없이 많은 변명을 찾아냈다. 거듭된 압박에 고려 조정은 먼 왕족을 세자로 임명하고 1241년 그를 우예어(禀也而, 우예르(Üyer)) 장군과 함께 카라코룸으로 보냈다. 그는 14년 동안 성공적으로 국왕의 아들로 위장했고 몽골 귀족 여성과 결혼했다.[187]

1234년 쿠릴타이 이후, 바투와 그의 형제들, 구육, 뭉케(톨루

---

184 Ledyard 1964, 12-13; Yanai 1963, 104-120.

185 de Rachewiltz 1993, 9; YS, 2.32; 포선만노의 정권에 대해서는 Yanai 1963, 82-91.

186 Henthorn 1963, 102-104.

187 Henthorn 1963, 105; *YS*, 2.37; 120, 2968. 우예르의 열전 내용 중에 포함됨.

이의 장남)와 다른 어린 칭기스 일족 왕자들은 경험 많은 고위 장군 수베테이의 지도 아래 킵착초원과 러시아 삼림 지대를 정복하기 위해 출발했다.[188] 그 상세한 내용은 이하에 서술할 것이다. 카안은 몽골에 남아 수도 카라코룸의 건설과 정복한 영토의 통치를 감독 했다. 아마도 그는 사냥과 음주를 너무 좋아해서 킵착 원정에 합 류하지 말라는 뭉케의 주장을 반박하지 못한 것 같다.

카라코룸과 우구데이의 행정

페르시아 사료들은 무슬림 상인들에 대한 우구데이의 관대함을 칭송하지만, 폴 뷰엘은 우구데이가 즉위했을 당시 몽골의 국고가 비어 있었을 것이라고 추정했다. 이는 야심 찬 계획을 가진 통치 자에게 닥친 큰 난관이었다.[189] 올슨의 분석에 따르면, 우구데이의 관대함, 또는 상인들과 그들의 상품을 카라코룸으로 끌어들이려 는 욕구는 실제로 몽골 제국의 재정 엔진에 동력을 공급했다. 우 구데이와 몽골 귀족들은 중앙아시아 상업 파트너들(몽골어 오르톡 (ortoq), 튀르크어 오르탁(ortaq))에게 엄청난 양의 은괴를 투자했기 때문 이다.[190]

몽골 중앙과 제국의 여러 중심지 사이를 여행하기 위해서는 안전하고 신뢰할 만한 교통이 필요했다. 이를 위해 우구데이는 제

---

188 *YS*, 2.33; *JT*/Thackston, 324에 따르면 이 쿠릴타이는 "양의 해" 곧 1235년에 있었으며, *YS*, 2.34에서 군을 동, 남, 서로 보냈다는 기록이 있다. *HWC*, 196-199에서는 이 날짜가 보이지 않는다. Allsen 1983a, 18 참고.

189 Buell 1993, 101.

190 Allsen 1989, 96.

   제1권 정치사

국 전역에 역참(jam)을 확장하도록 명령했다.[191] 몽골 당국은 이 교통망을 특정 편의시설에 대한 접근을 허가하는 표식이나 문서를 소지한 사람들만 이용할 수 있게 하려고 했다. 그러나 예상할 수 있듯이, 상인들은 물론 연줄이 있는 사람들이 이를 남용하는 일이 만연했다.

막대한 이익, 몽골인들의 새로운 소비 양상, 그리고 잘 관리된 역참 네트워크의 구축은 상업의 바퀴에 윤활유를 공급했고, 상인들을 몽골 중앙으로 유인했다. 오르콘강 계곡에서 새로운 제국의 도시가 솟아올랐다. 카라코룸은 8세기 위구르의 수도인 오르도발릭 근처에 건설됐다. 이 지역에는 여전히 중국어, 위구르어, 소그드어(유목민들의 이전 중앙아시아 상업 파트너들의 언어)로 된 고대 비석 파편들이 흩어져 있었다.[192] 1235년 우구데이는 축성을 명령했다. 건설은 남서쪽 모퉁이에서 시작됐는데, 첫 번째 궁전은 한인 건축가들에 의해 만안궁(萬安宮, 무한한 평안의 궁전)이라 명명됐지만, 몽골인들은 이를 카르시(Qarshī, 궁전)라고 불렀다.[193] 비슷한 외양의 저택들이 그 주변에 세워졌는데, 칸의 수행원이나 카라코룸을 방문하는 칭기스 일족 왕자들을 위한 것이었다. 페르시아 연대기 작가들에 따르면, 칸은 이 도시에서 일 년에 단 두 번만 정무를 보았다. 우구데이는 계속해서 유목 생활을 하며 사냥을 즐기고 수도의 "도시 주변 지역"에 있는 계절 야영지에서 관리들, 장군들, 외국 사신들

---

191   *YS*, 2.29; *SH*, §214-215, §1027-1029.

192   Erdenebat and Pohl 2009, 137-145; Hüttel 2009, 146; Shiraishi 2004, 105-119. Pohl 2009도 참고.

193   *YS*, 2.34; *HWC*, 236-237; *JT*/Thackston, 328-329.

과 만났다. 그 주변 지역에는 사냥감이나 물새를 사냥하기 좋고 수천 명의 손님을 접대하기에 적합한 곳에 계속해서 다른 궁전을 세웠다.[194]

카라코룸은 몽골 지배층을 위한 서비스와 보급 중심지로서, 주민들을 수용하기 위해 해를 거듭하며 확장됐다. 정복된 정주 지역의 농부들과 장인들이 이 도시에 재정착해 몽골 왕족과 관리들에게 필수적인 서비스와 일용품을 제공했다.[195] 고고학적 증거와 목격자 진술을 통해 우리는 불교 사원, 도교 사원, 네스토리우스파 교회, 모스크의 존재를 확인할 수 있다. 또한 곡물 저장고와 창고, 가마, 조폐소, 용광로, 모루, 다양한 물품 제조를 위한 작업장이 있는 장인 구역, 그리고 이 변경 신흥도시의 다양한 주민들을 위한 시장도 있었다. 도시 이름을 새긴 가장 오래된 주화는 1237~1238년경에 제작됐다.[196]

영구적인 수도가 새로 생겼음에도 불구하고, 우구데이 정부의 전반적인 구조는 여전히 칭기스로부터 거의 온전히 물려받은 제국 친위대(케식)와 황실 조직에 뿌리를 두고 있었다. 이 핵심 조직은 칸의 순행을 따라다녔다. 우구데이는 친카이를 제국 관청의 수장으로 유임시켰다. 친카이는 군사 지휘권과 함께 자르구치(법관) 직책, 그리고 모든 공식 명령과 문서를 인증하는 칸의 인장 관

---

194 Shiraishi 2004, 106-108; 카라코룸의 일상에 대해서는 William of Rubruck 1990, 170-221 참고. 주베이니가 기록한 우구데이와 관련된 많은 일화는 카라코룸 내에서 혹은 그 주변에서 발생했다. (예로 *HWC*, 207, 212-213, 217-220 참고). Atwood 2015도 참고.

195 Allsen 1997b, 2.

196 Erdenebat and Pohl 2009, 143.

리자 역할을 겸했다.[197] 그는 또한 북중국과 투르키스탄을 통치하기 위해 만들어진 제국 행정부에 파견된 왕족 대표들을 감독했다.

우구데이는 다양한 사업에 필요한 자금을 마련하기 위해 몽골의 통제 아래 있는 정주 지역에 대한 행정 개편을 단행했다. 중앙아시아에서는 호레즘 출신의 마흐무드 얄라바치(1254 사망), 북중국에서는 한인-거란 혼혈인 야율초재가 1229년부터 유사한 재정 개혁을 실시했다. 이들은 친카이가 이끄는 관청 휘하에서 일했으며, 1234년 북중국의 법관으로 임명된 시기 쿠투쿠와도 협력했다. 운영에 대한 세부 사항은 상이했지만, 몽골인들의 생각에는 이 두 지역이 밀접하게 연결되어 있었다.[198]

투르키스탄에서는 야율아해가 이미 1222년에 사마르칸드를 통치하고 있었으며, 부하라에 대한 권한도 가지고 있었다. 당대 목격자들의 증언에 따르면, 야율아해는 정복된 사마르칸드의 일상 생활과 각종 생산 활동을 어느 정도 회복시키는 작업을 했는데, 그 일환으로 동아시아 출신의 농민을 이 지역으로 이주시켰다.[199] 얼마 후 야율아해가 73세로 사망하자, 그의 아들 야율면사가(耶律綿思哥)가 그 자리를 물려받아 트란스옥시아나에 남아 있다가 북중국의 중도 다루가치로 소환됐다. 그의 부임지 변경은 분명 1238~1239년 부하라에서 일어난 소동과 관련이 있었다. 이 소동은 신비한 치유력을 가졌다고 주장하던 인근 타랍(Tarab) 마을 출

---

197   Buell 1993, 101-102; de Rachewiltz 1993, 152.

198   Allsen 1987, 147; Allsen 1989, 94-103; *YS*, 2.30, 34; Sugiyama 1996, 292-334.

199   *YS*, 150.3549; Buell 1979b, 134-139; Waley 1931, 93; Li Zhichang 1962, 上 50b-51b.

신의 체(篩) 제작자의 추종자들이 일으켰다.[200] 총독 마흐무드 얄라
바치가 이 일에 시의적절하게 개입해 부하라 주민에 대한 몽골군
의 또 다른 징벌적 대학살을 막을 수 있었다.

1229년 마흐무드 얄라바치는 동투르키스탄과 서투르키스탄
(트란스옥시아나와 후라산)의 지휘권을 맡았다. 마흐무드 얄라바치는
아들 마수드 벡 및 야율면사가 같은 현지 몽골 총독들과 협력하
여 새로운 행정부를 이끌었다. 이들은 도시와 농촌의 피해를 복구
하고, 관개 시스템을 재건하며, 흩어진 주민들을 재정착시키고, 이
들로부터 정기적으로 세금을 거두는 데 힘썼다.[201] 이 지역의 남서
부에서는 친 테무르가 활동했는데, 그는 카라 키타이 출신으로
1222년 호레즘의 다루가치로 임명됐다. 우구데이는 그가 남캅카
스와 후라산에서 초르마간을 돕게 했고, 1232년에는 후라산과 마
잔다란, 엘부르즈산맥, 그리고 카스피해 남부를 끼고 있는 해안 평
원을 통치하도록 했다. 전쟁으로 황폐해진 이 지역은 불안으로 들
끓고 있었다. 친 테무르에게 주어진 임무는 질서를 확립하고 세금
을 거두는 것이었다. 이를 위해 그는 금화와 은화를 주조했다.[202] 연
장자 칭기스 일족 왕자들은 자신들의 이익을 대변할 대리인들을
친 테무르 휘하로 보냈다. 1235년 총독이 사망한 후에는 바투의 장
교 노살(Nosal, 1240 사망)이 가장 큰 영향력을 유지했다. 놀랍게도 주
베이니의 아버지 바하 앗 딘(Bahā al-Dīn)은 친 테무르와 그의 후계

---

200 *YS*, 150.3550; Buell 1979b, 140; *HWC*, 109-115.

201 Allsen 1997a, 39-40; Allsen 1993, 123.

202 Lane 2003, 40; *HWC*, 533-534; Kolbas 2006, 92-94.

자 쿠르구즈(Körgüz)에게서 피난처와 일자리를 얻었다.[203]

문자를 아는 위구르인 쿠르구즈는 카라코룸에 있던 친카이의 지원을 받아, 1235년 친 테무르의 아들을 제치고 자신의 상관을 대신해 지역 총독 겸 세금 징수관이 됐다.[204] 쿠르구즈는 니샤푸르 북동쪽의 투스에 본부를 두고 이 도시를 재건했다.[205] 친 테무르와 쿠르구즈 모두 바투와 그의 부하들, 그리고 칸의 궁정과 좋은 관계를 유지했다. 이 지역의 불안정한 상태, 카라코룸으로부터의 거리, 권한의 중첩으로 인해 몽골 행정부에서 일상화된 경쟁과 음모는 더 심각해졌다. 행정부는 제국의 임명자들과 장군들, 왕족의 대리인들, 그리고 현지에서 모집된 동맹자들로 분열됐다.

현대 역사학자들이 흔히 "중앙집권화" 조치라고 부르는 이러한 재정 개혁은 몽골 왕자들과 그 동맹자들 사이에 예측 가능한 의혹을 불러일으켰다. 왕자들은 카안이 자신들에게 부여된 정당한 특권을 축소하려 한다고 의심했다.[206] 중국에서와 마찬가지로, 투르키스탄에서도 이러한 이해관계의 충돌이 몽골의 정주 지역 행정 발전에 영향을 미쳤으며, 일각에서는 이를 저해했다고도 볼 수 있다. 차가다이 울루스의 영역과 마흐무드 얄라바치의 관할 구역이 겹치기는 했지만, 중첩된 지역은 주로 초원 지대였다. 초원 지역은 유목민에게는 좋은 곳이었지만, 수취할 수 있는 실질적인 수입은 거의 없었다. 따라서 차가다이는 과거 호레즘의 도시를 자기

---

203   Lane 2003, 64, 180; *HWC*, 483-484.

204   Lane 2003, 61; *HWC*, 490-500.

205   *HWC*, 501; Kolbas 2006, 108-109.

206   Buell 1979b, 143.

봉지의 일부로 소중히 여겼고, 트란스옥시아나 역시 자신의 정당한 몫으로 보았다.[207] 카안의 권위 아래 있는 인접한 정주 지역, 즉 얄라바치의 세심한 행정력이 미치는 구역에 대한 약탈은 제한되었는데, 차가다이는 여기에 불만을 가졌다.[208] 1238~1239년의 타라비(Ṭarābī) 반란이 야기한 혼란으로, 차가다이는 부하라의 일부 지역을 자신의 관리에게 이전할 기회를 얻었다. 그러자 얄라바치는 우구데이에게 이러한 차가다이의 무단 점유 사실을 보고했다. 카안은 형에게 그와 같은 행동에 대한 해명을 요구했다. 우구데이는 차가다이의 사과 편지를 받은 후, 결국 그 지역들을 그의 봉지로 허락했다.[209]

　이로 인해 얄라바치와 차가다이 사이에 감정의 골이 생겼다. 차가다이 왕자가 얄라바치를 제거하기 위해 타라비 사건 기간 동안 불화를 조장했을 수 있다. 얼마 지나지 않아 얄라바치는 중국으로 전출됐는데, 야율면사가도 함께 전출됐을 가능성도 있다. 그럼에도 불구하고 마흐무드의 아들 마수드 벡이 계속해서 투르키스탄에서 제국의 행정을 강화했다. 한편 차가다이는 여전히 자신의 동생인 카안의 충실한 지지자로 남아 있었다. 우구데이는 장남 구육을 보내 차가다이의 친위대에서 복무하도록 했고, 형과 자주 사냥하면서 상의했다. 칭기스 칸의 살아 있는 아들 가운데 가장 연장자였던 차가다이는 엄격한 성품, 몽골 역사와 법에 대한 지식,

---

207　일부 자료에 따르면, 위구르 지역과 베쉬발릭을 차가다이 울루스의 일부로 포함시키고 있다(예: *JT*/ Thackston, 375). Allsen 1983b, 248-285도 참고.

208　Buell 1979b, 144-145.

209　*JT*/Thackston, 380; Biran 2009, 47-48.

그리고 자삭과 몽골 의례에 대한 엄격한 해석으로 유명했다. 그가 무슬림에 대해 적대적이라는 평판은 아마도 부당한 것일 수 있다. 그는 자신의 울루스를 관리하기 위해 무슬림들도 고용했기 때문이다.[210]

1231년 북중국에 중국식 중앙 행정 조직인 중서성(中書省)이 처음 설립됐을 때, 친카이가 그 후원자인 야율초재 밑에서 우승상으로 임명됐다. 이는 이 기관이 실제로 칭기스 칸이 처음 만들고 친카이가 이끌던 "한-위구르 관청"의 "중국 부문"이라는 것을 보여준다.[211] 관청 직원 대부분이 케식(제국의 친위대) 소속이었으나 야율초재는 그렇지 않았다.

과거 북중국의 몽골 지휘관들과 다른 정복 지역의 제국 특사들 아래 설립된 행성(行省)의 주요 기능은 인구조사를 실시해 부과할 세금(한문으로는 차발(差發))과 군사적 의무가 어느 정도인지 가늠하고, 역참을 유지하는 것이었다.[212] 하지만 북중국에서는 금과의 계속되는 전쟁으로 인한 혼란과 주민들의 이주로 인구조사가 불가능했고, 세금 징수는 합법을 가장한 강탈에 불과했다. 1229년에 있었던 유명한 논의에서 북중국을 몽골 유목민들의 목초지로 바꾸는 것이 어떠냐는 의견이 나왔는데, 이 자리에서 야율초재가 카안에게 농업 인구를 제대로 관리하면 더 많은 부를 얻을 수 있다

---

210 Jūzjānī 1881, 1144-1148는 매우 창의적이면서도 과장된 표현으로 그를 비난한다. *JT*/ Thackston, 374-376, 379-380에 따르면 이 차가다이는 "위대했다."

211 *SH*, §151.

212 Allsen 1987, 145-146, 154; Buell 1979b, 133.

고 설득했다고 전해진다.[213]

야율초재는 몇 년 동안 북중국 정복 지역에 대한 행정 재조직을 자율적으로 수행했는데, 그 결과는 복합적이었다. 그는 먼저 10개 하위 행정 지역인 로(路)에 세무 관청을 설립하고 주로 전직 금의 문관들을 배치함으로써 군사와 민정 권한을 분리하려 했다.[214] 이전에 불규칙하게 징수하던 공납은 성인에 대한 인두세, 농가에 대한 토지세, 그리고 술, 소금, 철 등 전통적인 전매 상품과 무역에 대한 세금 등 등급별로 정규화된 세금으로 바꾸어야 했다. 유목 관습을 따라 주로 정(丁) 단위로 세금을 부과하자는 몽골인들의 주장을 야율초재는 수용하지 않았다. 하지만 불교 사원들이 누리고 있던 특권을 축소해야 한다는 자신의 주장도 제대로 관철시키지 못했다. 사원들은 칭기스 칸이 면세 특권을 직접 부여했다는 점을 강조했다.[215] 또한 지역 군사 지휘관들도 새로운 세무 관원들이 자신들의 수입원을 삭감하려는 시도를 반기지 않았다. 1231년 약속한 양의 곡물, 은, 비단을 납부할 수 있었던 덕분에 야율초재는 몽골인들의 의심을 피했고, 카안도 야율초재가 이끄는 한인 중국식 행정 기구(중서성)의 설립을 허가했다.[216]

세입을 늘려야 한다는 압박 속에서, 야율초재는 북중국에 거주하는 정복자들과 그들의 중앙아시아 동료들에게도 동일한 납

---

213 *YS*, 146.3458; de Rachewiltz 1993, 149.

214 *YS*, 2.30-31; Allsen 1994, 376; Schurman 1956b, 361-365.

215 장춘진인에게 최초로 하사된 면세 특권에 대해서는 Waley 1931, 119; Li Zhichang 1962, 下9a (361); de Rachewiltz 1993, 145 참고.

216 de Rachewiltz 1993, 150-152.

세 의무를 부과하려 했지만 헛수고였다. 몽골 지배자들에 의해 노예가 되는 것을 피한 평민들은 지역 권력자들이 빈번히 부과하는 특별세로 인해 세금 부담이 더 커졌다. 게다가 전쟁, 흉작, 질병으로 대규모 유동 인구가 발생하기도 했다.[217] 1234~1235년 금이 멸망한 후, 새로 북중국의 법관으로 임명된 시기 쿠투쿠는 야율초재 휘하의 관리들을 이용해 북중국에 대한 인구조사를 실시했다.[218] 보고된 전체 가구(173만)의 절반 이상(90만)이 몽골의 분봉지에 속했다. 우구데이는 쿠투쿠의 의견에 동의하여 나머지 가구들도 몽골에 복무하는 한인들을 포함한 정복 엘리트들에게 분배돼야 한다고 생각했다. 이 정복 엘리트들은 모두 정당한 보상을 요구했다.[219]

이러한 분권화 움직임에 대응하기 위해, 야율초재는 할당된 영토에서 세금 징수를 감독하고 그 수입을 중앙 국고로 보낸 후 봉지 소유자들에게 재분배하는 관리의 임명을 제안했다. 이 제안은 비록 승인을 받기는 했지만, 그 조치를 체계적으로 시행하려는 시도는 쿠빌라이(재위 1260~1294) 시대 이후로 미루어졌다. 1236년부터 야율초재가 카안에게 미치는 영향력이 줄어들면서, 중국과 카라코룸에서 활동하는 중앙아시아 상인들의 영향력이 커졌다. 이는 친카이의 후원과 카툰 투레게네의 지원 덕분이었다. 카안은 술

---

217 팽대아(彭大雅)와 서정(徐霆)의 보고를 바탕으로 작성한 『흑달사략(黑韃事略)』의 관련 부분을 번역한 Schurman 1956b, 313-318의 논의 참고. 1230년대 초의 상황에 대해서는 Olbricht and Pinks 1980, 142-150 참고.

218 Ratchnevsky 1993, 86-87; *YS*, 2.34.

219 de Rachewiltz 1993, 155; YS, 2.34-35. 몽골 통치 수단으로서 인구조사가 가지는 함의에 대해서는 Allsen 1987, 제5장 참고.

과 사냥에 빠져들었다.[220]

오르탁 상인들은 북중국에서 고리대금업과 재정 거래를 독점했고, 몽골 귀족들에게 투자 대비 높은 수익을 약속했다. 그들은 상품을 도난당하면 현지 주민들이 그 피해를 보상해야 한다고 주장하며, 종종 그 권리를 남용했다. 1239년 오르탁 상인들의 지도자 압둘 라흐만은 (투레게네를 통해) 우구데이를 설득하여, 야율초재의 개혁으로 부과된 세율 제한을 없애고 자신들이 직접 세금을 징수하면 수입을 크게 늘릴 수 있다고 주장했다.[221] 카안은 압둘 라흐만이 상인들을 새로운 세무 관청의 책임자로 임명하는 것을 승인했다. 이는 사실상 세금 청부제를 도입해 최고 입찰자에게 세금 징수 권한을 넘기는 것이나 다름없었다. 한인들은 야율초재가 거둔 세금의 두 배에 달하는 가혹한 세금으로 빚을 떠안았고, 바로 그 세금을 징수하는 상인들에게서 터무니없이 높은 이자로 돈을 빌려야 했다.[222]

그러나 1240년과 1241년 사이, 카안은 이 파괴적인 새 정책에 대한 비난에 대응하여 압둘 라흐만을 해임하고 마흐무드 얄라바치를 투르키스탄에서 북중국으로 전임시켰다. 하지만 얄라바치는 미움받던 압둘 라흐만이 남긴 혼란을 정리하기에 시간이 부족했고, 한문 사료에 따르면 일부 한인 관리들의 반감을 사 부정행위로 해임됐다고 한다.[223] 반면 페르시아어 기록에 따르면, 얄라바치

---

220   de Rachewiltz 1993, 156-159.

221   *YS*, 2.36. Allsen 1989, 101-102.

222   *YS*, 2.37; Yao Sui, 14/4a. Schurman 1956b, 361-362.

223   *YS*, 2.37; Allsen 1993, 123-125.

의 몰락은 그가 임명되고 몇 달 후 우구데이가 사망하면서 시작됐
다고 한다. 과부이자 섭정이 된 투레게네가 그를 자신의 사람인 압
둘 라흐만으로 교체했다는 것이다.[224] 결과적으로 북중국의 경제
상황은 개선되지 않았고, 야율초재는 1243년 카라코룸에서 사망
했다. 그의 명성은 그대로였지만, 그의 재정 개혁은 산산조각이 났
다.[225] 이런 상황에서도 야율초재는 북중국에서 유교 교육기관을
부활시키는 데 성공했고, 1237~1238년에 카안의 승인을 얻어, 관
리를 선발하고 한인 학자들을 노예 상태에서 구출하기 위한 과거
시험을 실시했다.[226] 얄라바치는 구육 치하에서 중국으로 복귀했
는데, 이 시기 구육은 서부 초원과 러시아 땅에서 몽골군과 함께
바쁘게 활동하고 있었다.

서방 원정, 1236~1242년

우구데이 치세 후반기에 몽골군은 제국의 국경을 유럽의 가장자
리까지 넓혔다. 1235년 우구데이가 파견한 몽골군은 1236년 볼가
강 하류의 초원 지대에서 합류했고, 루스 공국들의 동쪽과 남쪽에
서 체계적으로 저항을 무력화하기 시작했다.[227] (지도 1.2 참고) 수베
테이는 먼저 올베를리(Ölberli, 동부 킵착)에서 완강하게 저항하던 바

---

224 Allsen 1993, 125; *HWC*, 107-108, 241; *JT*/Thackston, 390.

225 야율초재는 연경(현재 베이징 동북 지역)에 묻혔으며, 최근 이 지역에서 그의 아들 야율
    주(耶律鑄)의 묘가 발견됐다. de Rachewiltz 2006, 270 참고.

226 de Rachewiltz 1993, 158-159.

227 Fennell 1983, 76-78, 84; and Cherepnin 1970, 185에 따르면 당시 몽골 군대의 규모는
    12만에서 14만 명 정도로 추산된다. Allsen 1987~1991, 16-17; *HWC*, 553-554.

흐만(Bachman)을 공격해 볼가강 유역에서 패퇴시켰다. 남은 킵착인들이 헝가리로 서진하면서 몽골군을 동유럽으로 끌어들였다.[228]

뭉케가 바흐만을 추격하는 동안, 수베테이는 북쪽으로 방향을 돌려 볼가강 중류에 있는 불가르의 수도를 포위했다. 이 도시는 1236~1237년 겨울에 몽골군에 함락됐다. 인근 집단들도 하나씩 차례로 항복했다. 불가르의 운명에 대한 소식은 볼가초원에서 킵착인(쿠만인)을 개종시키려 했던 헝가리 도미니코회 선교사들에게 전해졌다. 도미니코회가 동방의 유목민들에게 영향력을 확대하려 하자 이 지역을 지배하던 바투가 반감을 품었다.[229] 벨러 4세[헝가리와 크로아티아의 국왕]가 쿠만 난민들을 받아들이자 그의 신하들은 당혹해했고, 이로 인해 몽골에 대한 방어력이 약해졌다.

이제 볼가강 너머의 땅으로 들어가는 문이 침략자들에게 열렸다. 그들은 러시아 북동부로 진출했고, 도시가 항복 요구에 만족스러운 답을 내놓지 않자 1237년 12월 랴잔 성벽 아래에 나타났다.[230] 랴잔이 함락되자 주민들은 칼에 맞아 죽었고 도시는 불태워지고 약탈당했다. 루스의 공작들은 성채 방어를 강화하려고 급히 움직였지만, 1238년 초반 몇 달 동안 콜롬나, 블라디미르, 수즈달, 트베리, 모스크바, 로스토프와 많은 소규모 도시들이 비슷한 운명을 맞았다.[231] 봄이 되어 얼음이 녹자 전투는 소강상태에 접어들었고, 몽골군은 남쪽으로 철수하여 말을 쉬게 하고 정찰을 수행했

---

228 Christian 1998, 409; Morgan 1986 (1990), 138; *YS*, 3.43; *JT*/Thackston, 326.

229 Vásáry 2009, 69-71.

230 Fennell 1983, 78-79; Cherepnin 1970, 185-191; Vernadsky 1953, 49-58.

231 Dmytryshyn 1967, 87-91; Zenkovsky and Zenkovsky 1984, 308-318; Fennell 1983, 77-81.

다. 1238년과 1239년 몽골군은 카스피초원, 크림반도, 북캅카스에서 활동하며 시르카시안과 알란인(Alans, 오세티야인(Ossetian) 또는 아스인(As))의 저항을 무력화했다.[232] 일부 알란인들이 항복하여 몽골군이 알란의 요새 마가스(Magas)를 함락하는 데 도움을 주었다. 데르벤드는 1240년 초에 공격을 받았다.[233] 여러 종족이 복잡하게 섞여 있는 북캅카스 지역에서는 불안한 분위기 속에서 몽골에 대한 저항이 지속됐다.

뭉케는 1239년 키예프 동쪽의 도시들을 공격하기 위해 폰투스초원의 주둔지에서 또 다른 군대를 파견했다. 이는 키예프 공격을 위한 준비 작업이었다.[234] 1240년 가을, 재결집한 몽골군은 러시아 남서부로 진군하여 1240년 12월 키예프를 함락시켰다.[235] 이후 군대는 둘로 나뉘었다. 바투, 수베테이, 카단(우구데이의 아들), 부리(차가다이의 아들)가 이끄는 두 부대는 헝가리로 가서 킵착과 루스에서 도망치던 귀족들을 추격했다. 오르다(바투의 형제)와 바이다르(차가다이의 아들)가 이끄는 두 부대는 폴란드로 진격했다.[236] 폴란드 원정은 1241년 4월 절정에 달했다. 침략자들은 레그니차에서 폴란드군과 튜턴기사단을 크게 물리치고 현지 주민들을 공포에 떨게 했다. 그 후 그들은 남쪽으로 방향을 돌려 헝가리에서 집결 중인 다른 몽골군과 합류했다. 벨러 4세의 허술한 요새와 체계적이지 못

---

232 Allsen 1987~1991, 17-18; 수베테이의 활약에 대해서는 Buell 1993, 23-24.

233 Allsen 1987~1991, 21-22.

234 Fennell 1983, 82. 이 서술은 루스의 연대기에 기록된 체르니고브와 페레야슬라블 함락 기록에 따른 것이다.

235 Zenkovsky and Zenkovsky 1984, 320-323; Sweeney 1994, 34-55.

236 Jackson 2005b, 62-75; Buell 1993, 24-25.

한 방어를 무너뜨린 몽골군은 1241년 12월 얼어붙은 다뉴브강을 건넜다. 그들은 부다와 페스트의 요새를 파괴하고 1242년 초 오스트리아를 향해 진군했다.

1241년 말, 바투는 마침내 몽골에서 우구데이가 사망했다는 소식을 받았다. 유럽인들이 어리둥절해하면서도 깊이 안도하는 가운데, 몽골 지휘관들은 향후 상황을 지켜보기 위해 자신의 오르도로 철수했다.[237] 서유라시아에서 펼친 6년간의 군사 작전은 몽골과 유라시아에 광범위한 영향을 미쳤다. 러시아 역사의 새로운 단계가 시작됐고, 유럽인들은 신비롭고 두려운 전사들과 직접 마주했다. 그들에 대한 오랜 소문은 공포스럽고 긴급한 현실이 됐다. 폴란드와 헝가리가 더 이상 몽골의 군사적 목표가 되지 않은 것은 주로 몽골 내의 사정과 지리적 고려 때문이었다. 더욱이, 유럽에 대한 공격은 정복보다는 징벌적 성격이 강했을 것이다.[238] 유럽은 몽골이 이미 차지한 다른 지역들에 비해 전략적 또는 경제적 중요성이 작아 보였을 것이다.

몽골에 더 중요했던 것은 바투의 전투 수행을 두고 지휘관들 사이에 격렬한 불화가 발생한 점이다. 이는 구육과 그의 사촌 형 사이에 깊은 반목을 낳았고, 구육은 공개적으로 바투를 "늙은 여자"라고 비하했다(당시 바투는 통풍을 앓고 있었을 수도 있다). 수베테이와 바투도 헝가리 원정을 두고 다퉜다.[239] 분노가 담긴 전갈들이 카

---

237 *YS*, 2.37.

238 Christian 1998, 410-411와 Jackson 2005b, 71-74에서 이와 관련된 내용을 요약 정리했다.

239 *JT*/Thackston, 327; *SH*, §206-209; Buell 1993, 35.

라코룸을 오갔고, 1240년 말 병약한 카안은 바투가 가진 연장자로
서의 권한을 인정하며 경솔한 아들 구육에게 귀환을 명령했다. 더
이상 카안의 후계자로 지목되지 않는 구육과 뭉케는 폴란드와 헝
가리 원정 전에 러시아에서 철수했다. 그러나 구육은 1241년 12월
우구데이가 사냥 여행 중 과도한 음주로 죽은 뒤에야 몽골에 도착
할 수 있었다.

바투는 볼가강 동쪽 카스피초원에 있는 자신의 오르도로 돌
아왔다. 수도 사라이가 있는 이곳에서 그는 광대한 주치의 영역을
조직하고, 굴복한 러시아 공작들과 간혹 찾아오는 대담한 유럽 여
행자들을 맞이했다.[240] 그는 다시는 몽골로 가지 않았지만, 살아 있
는 칭기스 일족의 최고 연장자로서 계속해서 영향력을 행사했다.
그의 서열은 형제인 오르다(1251년경 사망)에 이은 두 번째였다. 오르
다는 바투를 지지했고 동쪽에서 열리는 칭기스 일족 회의에서 바
투를 대표했다.[241]

계승 문제의 혼란, 1241~1251년

몽골의 계승 과정이 유동적이고 종종 유혈사태가 일어나는 데는
여러 원인이 있었다. 장자 상속제의 부재는 여러 이유 중에 하나일
뿐이었다. 장자 상속제로는 모든 칭기스 일족 왕자를 중심으로 형
성된 복잡한 관계 네트워크, 즉 정치권력이 구성되는 방식의 원활

---

240 Allsen 1983a, 11-14. 카르피니는 바투의 군영을 상세히 묘사했다. Dawson 1980, 56-57
참고.
241 Allsen 1983a, 14.

한 이전을 보장할 수 없었다.[242] 우구데이의 사망은 몽골 특유의 정치 양상을 야기했고, 이는 여러 층위에서 잠재된 차이와 갈등을 드러냈다. 물질적 차원에서는 인력을 포함한 경제적 자원에 대한 접근성, 사회적·정신적 차원에서는 몽골 정체성, 그리고 이념적 또는 구조적 차원에서는 창건자의 유지에 대한 해석과 심지어 그 표현 등을 두고 갈등이 있었다. 이러한 투쟁의 결과는 역사가들이 몽골 역사를 쓸 때 사용하는 사료들에 깊이 영향을 미쳤다. 그러나 당시 시점에서 제국의 미래가 아무리 불확실했다고 해도, 그것은 전적으로 우구데이 재임 기간에 발생한 문제이다.

지배 집단 내부의 다툼은 오랫동안 작용해온 역학, 즉 강력한 카툰들이 자신의 아들(또는 대리인)을 왕좌에 앉혀서 자신들의 영향력을 보호하려는 욕구, 계승 절차를 규정할 수 있는 권한을 가진 황금씨족의 선임 지도자들(아카)인 주치계 칸 바투와 오르다, 그리고 톨루이계 카툰 소르칵타니 베키의 입장, 정치적으로 밀려나고 (자원의 감소와 함께) 영토가 제한되는 상황에 대한 차가다이계와 우구데이계 왕자들의 점점 커지는 경계심 등이 표면화한 것이었다. 1244년 차가다이의 사망으로 바투가 사실상 칭기스 일족 왕자들 중에서는 최고 연장자가 됐고, 오르다는 바투의 대리인 역할을 했다. 소르칵타니의 자매인 벡투트미시 푸진(Begtutmish Füjin)은 주치의 정실부인이었지만, 그의 장남들의 어머니는 아니었다.[243] 칭

---

242 이와 관련해서는 플래처의 연구가 여전히 고전의 위치를 점하고 있다. Fletcher 1986 참고.

243 *JT*/Thackston, 148, 175, 348. 그녀는 주치의 장남들을 낳지 않았고, 소르칵타니보다 먼저 사망한 것으로 보인다. Lane 2003, 66; Jackson 1976, 196.

　　　　　　　　　　제1권 정치사

기스의 막내 동생이자 창업 가문의 원로 구성원이었던 테무게 옷치긴은 칭기스의 정실부인의 후손이 아니었기 때문에 왕위 계승 후보에서 제외됐다. 그러나 그는 제국의 동북부에 강력한 기반을 가지고 있었고 야망이 한 번 좌절된 경험이 있었기 때문에 우구데이 사망 후 칸의 자리를 노렸다. 구육이 테무게 옷치긴을 처벌한 적이 있었는데, 이는 바투와 톨루이 가문에게 유리하게 작용했다.[244]

주치와 그의 후손들도 암묵적으로 계승에서 제외됐는데, 그로 인해 바투는 톨루이 가문의 대리인을 최고 권력자로 밀어붙일 수 있었다. 따라서 이 두 가문의 혼인과 정치적 동맹은 혼란의 10년이 끝날 무렵, 톨루이의 장남 뭉케의 선출을 (많은 이들의 눈에는 찬탈로 보였다) 정당화했으며, 이 과정에서 둘째 아들과 셋째 아들 계보의 운명을 결정지었다. 그러나 주치 가문과 톨루이 가문의 이해관계가 완전히 일치한 것은 아니었고, 뭉케의 후보 지명이 초래할 결과가 1250년 당시에 보였다고 할 수도 없다. 게다가 누가 차기 최고 통치자가 되어야 하는지를 두고 벌어진 투쟁에도 불구하고, 초기 몽골 칸들은 일단 자리에 오르면 모두 영토를 최대화하고, 자원에 대한 중앙의 통제를 강화하며, 다른 왕자들의 권력을 조절하고 제한하는 등 기본 정책들을 동일하게 따르는 경향이 있었다.

투레게네 카툰의 섭정

몽골의 관습에 따라, 과부는 남편의 후계자가 성인이 될 때까지 남

편의 재산에 대한 권한을 가지며, 이런 경우에는 쿠릴타이에서 확인을 받아야 했다. 메르키트(또는 나이만?) 귀족 출신의 포로였던 투레게네는 카안의 둘째 부인이었고, 라시드 앗 딘에 따르면 그의 다섯 아들의 어머니이자 그의 오르도의 통치자였다.[245] 지적이고 의지가 강한 그녀는 우구데이가 사망하기 전에도 그의 이름을 빌려 권력을 행사하고 있었다. 우구데이가 사망했을 때 구육이 부재중이었기 때문에, 투레게네는 카안의 죽음과 섭정의 필요성을 다른 왕자들에게 알리기 위해 사신을 보냈다. 가문의 원로들은 새로운 카안이 지명될 때까지 카툰이 "국사를 지휘해야 한다"는 데 동의했다.[246] 몽골의 관습에 따라 우구데이, 그리고 이후에 그의 아들 구육은 이르티시강 상류에 있는 그들의 오르도에서 가까운 산(아마도 우구데이의 총애를 받던 부인 모게가 관장하던 산)에 묻혔다.[247]

1236년 우구데이가 가장 총애하던 셋째 아들 쿠추가 사망했고, 그 이후 우구데이는 공식적으로 후계자를 지명하지 않았다. 그럼에도 우구데이가 말년에 쿠추의 어린 아들 시레문이 자신을 계승했으면 한다는 뜻을 표현한 것으로 보인다.[248] 한문 연대기에 따

---

245 *JT*/Thackston, 304; YS, 2.38에 따르면, 그녀는 육황후(六皇后) 내마진(乃馬眞)이다. Tu Ji, 37.1a는 그녀의 어머니가 나이만일 것으로 추정했다. de Rachewiltz는 두 가지 모두 오류라고 보았다(*SH*, §728-729; de Rachewiltz 1999). 이에 대한 카르피니의 기록은 다음을 참고. Dawson 1980, 60. Zhao 2008, 63-66; Hu 1990.

246 *YS*, 2.38; *HWC*, 240; 라시드 앗 딘은 투레게네가 아카 및 이니와 협의 없이 권력을 잡았다고 비난했다(*JT*/Thackston, 390). Broadbridge 2018, 제6장 참고.

247 *JT*/Thackston, 330; Boyle 1970은 *YS* 2.37, 39에 있는, 이른바 우구데이와 구육이 다른 칸들과 더불어 기련곡(起輦谷, 몽골 헨티산맥 내)에 묻혔다는 기록에 대해 의문을 제기한다. 몽골의 매장 풍습과 우구데이의 묘역에 대해서는 Dawson 1980, 12-13 참고. Irinchin(Yilinzhen) 1989도 참고.

248 Kim 2005, 320-326; *JT*/Thackston, 304, 329-330.

르면, 투레게네는 첫째 아들 구육을 선호했고, 1245년 달란 다바스(Dalan Dabas)에서 열린 회의에 참석한 다른 칭기스 일족들(소르칵타니 베키 포함)의 생각도 마찬가지였다.[249]

그러나 구육과 그의 군대가 킵착 원정에서 돌아오기 전 어느 시점에, 칭기스의 동생이자 좌익에서 가장 나이가 많은 왕자인 테무게 옷치긴이 군대를 이끌고 우구데이의 오르도로 진군하며 자신의 주장을 밀어붙였다. 하지만 그는 굴욕을 당한 채 철수하고 말았다.[250] 몇 년 전, 우구데이가 이 삼촌의 울루스에서 젊은 여성들을 빼앗아 그에게 상처를 입힌 적이 있는데, 이 사건은 주베이니에 의해 불편한 세부 사항까지 기록됐고, 『몽골비사』의 마지막 부분에도 우구데이가 이 "잘못"(그는 그 책임을 한 여성에게 돌렸다)에 대해 사과한 내용이 언급됐다.[251] 당시 사건이 남긴 악감정이 테무게 옷치긴에게 어떻게 작용했든, 그는 이번 공격의 대가를 치를 것이다.

차기 칸 계승권을 확보하기 위해 귀환한 구육은 카라코룸에 있는 아버지의 오르도 근처에 거주했는데, 그곳은 투레게네가 관장하고 있었다. 페르시아 역사서에 따르면 구육은 투레게네의 섭정 기간 동안 그녀의 의사 결정에 영향을 미치려 하지 않았다. 아마도 그녀의 분열적인 행동과 그것을 지지하는 동맹자들로부터 거리를 두어 자신의 지지층을 확보하려 했던 것으로 보인다.[252] 구

---

249 *YS*, 2.37; *HWC*, 251; Kim 2005, 320.
250 *HWC*, 248; *YS*, 146.3464; Dawson 1980, 25. 카르피니의 기록에 따르면, 칭기스의 조카가 칸의 지위를 빼앗으려다 처형됐다.
251 *SH*, §217, §1034–1035; *HWC*, 235–237; *YS*, 2.35.
252 *HWC*, 248; JT/Thackston, 391.

육이 후보가 되는 것을 격렬히 반대하는 몇몇 왕자들은 바투의 지도 아래 모였고, 바투가 우구데이 사망 후 소집된 쿠릴타이에 참석을 거부함으로써 1246년까지 새 통치자의 선출이 지연됐다.[253] 그러나 바투는 몇몇 루스의 공작들을 투레게네의 궁정에 보내 복종을 표시하게 했다.[254]

그 기간 동안 섭정은 약간의 행정적 변화와 제한적인 군사 작전을 감독했다. 우구데이가 아버지의 관리들이 직위를 계속 유지할 수 있도록 했던 것과 달리, 투레게네는 자신의 권위를 공고히 하기 위해 개인적인 적들을 제거하려 했다. 첫 번째 목표는 친카이와 마흐무드 얄라바치였다. 두 사람은 우구데이의 건강이 악화되는 동안 그녀를 배제하려 했던 강력한 인물들이었다. 그녀는 두 대신의 체포를 명령하고, 압둘 라흐만을 북중국의 최고 재무관으로 재임명했다. 친카이는 코코노르 지역에 있던 투레게네의 둘째 아들 쿠텐에게 피신했고, 얄라바치도 곧 친카이와 합류했다. 격분한 카툰은 두 대신을 범죄자로 지목하고 송환을 요구했지만, 쿠텐은 차후에 예정된 쿠릴타이가 아니라면 그들을 넘길 수 없다며 거부했다. 이 사건은 투레게네가 가진 권력의 한계를 보여주었다.[255]

투레게네의 인사 변경 소식이 투르키스탄에 있던 얄라바치의 아들 마수드 벡에게 전해지자, 그는 구육이 선출될 때까지 바투

253　*JT*/Thackston, 360은 바투가 1246년 모임에 직접 참가하려 했다고 주장을 하나, 다른 쪽(392쪽)에서는 그의 형제들이 그를 대신해서 참석했다고 기록했다.

254　Fennell 1983, 99; Vernadsky 1953, 142.

255　Tu Ji, 37.1b에 따르면, 쿠텐의 어머니는 투레게네가 아니라 비교적 잘 알려지지 않은 세 번째 황후 걸리길홀첩니(乞里吉忽帖尼)였으며, 그녀는 쿠텐이 사망한 뒤 쿠텐의 아들 뭉게두(*YS*, 3.45)와 함께 코크노르 지방으로 이동했다. Rachewiltz 1999 참고.

의 오르도에 머물렀다. 구육은 바투를 증오했지만 마수드 벡의 행동을 문제 삼지는 않았다.[256] 다른 관리들은 그렇게 운이 좋지 않았다. 친 테무르의 유능하지만 논란이 많았던 후계자 쿠르구즈가 보호자인 친카이를 잃자, 쿠르구즈로부터 소외되었던 차가다이 귀족들은 그의 밑에서 일하던 젊은 오이라트 서기 아르군(Arghun)에게 쿠르구즈를 체포해 섭정에게 넘기라고 명령했다.[257] 이후 쿠르구즈를 인도받은 투레게네는 그를 차가다이의 후계자인 카라 훌레구(Qara Hülegü)에게 보내 처형하도록 했고, 아르군(아미르 또는 아카로 불림)에게는 보상으로 후라산과 마잔다란의 총독직을 주었다.

제국의 변경에서는 몽골의 장군들이 섭정기에도 평상시처럼 행동했다. 1242년 초르마간을 대신해 바이주가 동아나톨리아에 있는 룸 셀죽 술탄의 주요 도시 에르주룸을 포위했고, 두 달 후 함락시켰다. 그는 전리품을 가지고 아제르바이잔의 겨울 주둔지로 철수했다가, 1243년 여름 쾨세다에서 셀죽을 물리치고 아나톨리아를 몽골의 영향권 안으로 끌어들였다.[258] 바이주는 중앙의 이익보다는 주치 가문의 이익에 더 충실했고, 주베이니는 이를 그와 초르마간이 "그 영토(마잔다란)를 자신들의 소유물로 여겼다"[259]고 보았다. 1243~1244년 후라산에서 쿠르구즈를 대신한 아르군 아카는 1275년 투스에서 사망할 때까지 주치 가문과 긴밀한 관계를 유

---

256 *HWC*, 241-242, 257.

257 *HWC*, 243, 493-507은 그의 아버지의 상관이자 식견 있는 위구르인인 쿠르구즈에게는 호의적이며, 미천한 출신의 투르키스탄 신흥 세력은 경멸한다. Kolbas 2006, 114-116.

258 Melville 2009, 53-54; Dashdondog 2011, 60-63; Lane 2003, 61-62; *JT*/Thackston, 41-42; Jackson 1976, 216.

259 *HWC*, 507-508.

지했다. 1250년대까지는 주치 가문의 세금 징수원들이 이 지역 전체에서 마음대로 활동할 수 있었다.[260] 1250년대 이후 아르군은 제국의 승인을 받아 징세를 재개했다. 이를 위해 1244년 당시 복속한 셀죽과 조지아의 궁정에서 한 면에 "위대한 몽골 제국의 벡"이라는 튀르크어 문구(문자는 아랍 문자)를 새긴 새 주화를 주조했는데, 이는 분명 아르군이나 초르마간을 가리키는 것이었다.[261] 총독 아르군은 장군 바이주와 협력해 남캅카스와 아나톨리아에 대한 몽골의 통제를 공고히 했다. 주디스 콜바스는 그들이 섭정과 거의 무관하게, 혹은 완전히 독립적으로 행동했다고 보았다.[262]

쿠텐은 투레게네와 거리를 유지하면서, 구육 및 톨루이 가문과 우호적인 관계를 유지했다.[263] 1232년 톨루이가 사망한 뒤 우구데이는 원래 톨루이에게 할당됐던 세 개의 천호를 아들 쿠텐에게 이전했다. 이는 쿠텐의 원정군을 강화하고 아마도 톨루이의 미망인 휘하에 있는 병사 수를 줄이기 위한 것으로, 왕자들 사이에 분배된 군사력의 균형을 맞추려는 의도였다. 카안 및 그의 아들들과의 평화를 유지하기 위해, 소르칵타니 베키는 시기 쿠투쿠를 포함한 톨루이의 지휘관들을 설득해 불평을 제기하지 않게 했다.[264] 그녀의 영리한 외교는 쿠텐과의 좋은 관계를 보장했는데, 쿠텐은 1236년 쿠추가 사망한 뒤 스스로 후계자가 되기를 바랐을지도 모른다.

---

260 *JT*/Thackston, 460; Lane 2003, 63.

261 *HWC*, 500-507; Allsen 1987, 176-177; Allsen 2001a, 18-19; Kolbas 2006, 102-116, 122-123.

262 Kolbas 2006, 122-123.

263 *HWC*, 251.

264 *JT*/Thackston, 282, 387; Yu Ji, 16.277.

우구데이 사망 직전 또는 직후인 1240년 쿠텐은 중앙 티베트를 탐사하고 이어서 도르다를 보내 연로한 사꺄파의 승려 빤디따 뀐가 갤챈을 소환했다. 빤디따는 1244년 중앙 티베트를 떠나 1246년 그의 두 조카 팍빠, 착나 도르제와 함께 양주(涼州)에 도착했는데, 이때 쿠텐은 구육을 왕좌에 앉힌 쿠릴타이에 참석 중이었다.[265] 그들의 첫 만남은 1247년에 이루어졌고, 연로한 티베트 승려는 1251년 사망할 때까지 주로 양주에 거주하면서 쿠텐과 티베트 문제를 조정하는 서신을 교환했다. 이때 쿠텐은 몽골 조정을 대표했다.

구육의 즉위와 재위, 1246~1248년

마침내 1246년 여름, 다양한 황금씨족의 대표들이 카라코룸 동쪽에 위치한 케룰렌강의 쿠케나우르에서 모였다. 톨루이 가문을 대표해 소르칵타니 베키가 가솔과 함께 도착했고, 하서에서 온 쿠텐, 테무게 옷치긴이 이끄는 북동쪽의 좌익 왕자들, 그리고 차가다이 가문의 왕자들이 그 뒤를 따랐다. 바투는 오르다와 다른 형제들을 보내 주치 가문의 우익 왕자들을 대표하게 했다. 케식 관원과 고위 관리들이 수행원, 가축 떼, 짐수레와 함께 도착했고, 상인 무리도 가세해 인파가 크게 붙었다.[266] 플라노 카르피니 같은 사신이

---

265 Okada 1962; Petech 1983, 181-182; 특히 Petech 1990, 7-10, 11에서 언급한 쿠텐의 죽음과 그의 후손들에 대한 내용에는 오류가 있다. 쿠텐에 대해서는 Sugiyama 2004, 425-489; Hu 1992 참고.

266 *HWC*, 249-250; *JT*/Thackston, 392.

나 여행자들은 실제 즉위 의식이 거행되기 전에 4주 이상 그 진행 과정을 지켜보았다. 새 통치자에게 선물을 바치고 귀족들에게 그 것을 분배하는 호화로운 천막들과 귀중품들(특히 직물)이 공개되기 도 했다. 의례적인 예복 교체도 있었는데, 첫째 날은 흰색 벨벳을 입었고 둘째 날은 붉은색, 셋째 날은 푸른색을 입었다. 러시아 장 인이 만든 새 황제의 보석 장식 상아 왕좌도 그들의 눈에 띄었다.[267]

무대 뒤에서 구육은 몽골식 정의를 집행하여 지지자들에게 승진과 보상을 제공했다. 테무게 옷치긴은 오르다와 뭉케가 이끄 는 재판소에서 비밀리에 재판을 받고 "야사에 따라" 처형됐다.[268] 올슨은 이 "왕족의 일원"이 처형된 첫 사례는 앞으로 다가올 대량 학살의 전조에 불과했다고 지적한다.[269] 주베이니의 관점에서 보 면, 섭정 기간 동안 주치 가문과 특히 톨루이 가문은 부패를 행하 지 않았다. 더 중요한 것은, 러시아에서 구육과 함께 원정을 했던 뭉케와 그의 어머니 소르칵타니 베키가 새로운 카안과 우호적인 관계를 유지했다는 점이다. 그 후 구육은 우구데이와 차가다이 모 두가 지지했던 차가다이의 손자 카라 훌레구를 차가다이 울루스 칸의 자리에서 폐하고 그 자리에 차가다이의 아들이자 톨루이 가 문에 적대적인 이수 뭉케를 임명했다. 이어서 8월 24일 산기슭에 세워진 별도의 황금 천막에서 즉위식이 거행됐다. 우익의 왕자 오 르다와 중앙의 왕자 이수 뭉케가 구육의 양쪽에서 그를 이끌어 왕

---

267 Dawson 1980, 61-67; *HWC*, 251-254.

268 *HWC*, 255.

269 Allsen 1994, 386; Allsen 1987, 20. Broadbridge 2018, 제6장에서는 또 다른 황금씨족의 일
     원인, 칭기스의 딸 알 알탄 역시 같은 이유로 비밀리에 처형됐다고 보았다.

제1권 정치사

좌에 앉혔다. 좌익의 왕자들은 참여하지 않았다.[270]

친카이는 지위를 되찾았고, 마흐무드 얄라바치는 북중국 행정의 수장이자 대재판관인 예케 자르구치로 재임명됐다.[271] 마수드 벡은 투르키스탄에서 직위를 다시 맡았다. 아르군 아카 역시 우구데이가 사망한 뒤 기회주의적 왕자들이 무단으로 발급한 패자와 성지를 명령대로 압수해 구육에게 전달한 뒤 자신의 지위를 다시 확인받았다.[272] 투레게네가 임명한 사람들은 해임됐다. 일부는 체포되어 처형됐는데, 그중에 압둘 라흐만과 파티마가 있었다. 파티마는 투레게네의 영향력 있는 측근이었는데, 그녀가 처형당한 방식을 보면 혐의가 얼마나 심각했는지 알 수 있다. 주된 혐의는 중상모략과 주술이었다. 파티마와 가까이 연관됐거나 주술 혐의를 받은 사람은 모두 죽었다.[273] 1220년대에 몽골로 온 후라산 출신 포로 파티마는 재치와 정치적 수완을 발휘해 투레게네에게 자신의 유용함을 입증했고, 투레게네의 측근이 되어 권력을 키웠다. 연대기 작가들이 투레게네의 더 도발적인 행위들, 심지어 쿠텐의 죽음(그는 거의 확실히 파티마의 처형 이후인 1250년이나 1251년에 사망했다)에 대한 책임까지 그녀에게 덮어씌운 것은 놀랄 일이 아니다. 이러한 기록에 따르면, 쿠텐의 사망이 파티마의 체포와 처형으로 이어졌다.[274]

---

270 Dawson 1980, 62-63; *HWC*, 251-252.

271 Allsen 1993, 125-126.

272 *HWC*, 255-256, 509.

273 *HWC*, 245-246.

274 *HWC*, 245-246; 쿠텐의 둘째 아들 뭉게두는 1251년 뭉케의 즉위식에서 쿠텐을 대표해 참석했다(*JT*/Thackston, 403). Hu 1992, 55에 따르면 쿠텐의 사망 연도를 1247년과 1250년 사이로 보았다. 쿠텐의 마지막 영지(令旨)는 1247년에 반포됐고, 쿠텐의 첫 계승자 메르키다이의 첫 영지는 1250년에 반포됐다. Cai 1955, 16 참고.

주베이니에 따르면, 파티마의 후원자이자 보호자였던 투레게네는 파티마를 구육에게 넘긴 직후 사망했다. 한문 사료에서는 황후 투레게네가 정부에 대한 통제권을 놓기를 꺼렸고, 그래서 제거될 필요가 있었다고 암시한다. 그녀의 사망은 한문 사료에는 기록되어 있지 않다.[275] 투레게네와 구육의 미망인 오굴 카이미시 모두 1266년에 시호를 받았다. 이는 또 다른 내전을 거쳐 새로 권력을 잡은 쿠빌라이가 그의 새 수도 대도에 조상을 기리기 위한 대사원을 건립했을 때의 일이다.[276]

세 번째 몽골 카안은 중앙 권력을 재확립하기 위해 여러 가지 조치를 취했다. 특히 모든 위조된 문서와 칙령을 회수하고, 테무게 옷치긴을 시작으로 더 강력한 지역 왕자들을 억제하려 했다. 카안은 후라산 출신 관리인 엘지기데이에게 아나톨리아, 조지아, 아르메니아와 인근 지역을 통치하는 아르군과 바이주를 감독하게 했다. 그는 이 지역에서 활동하는 주치 가문의 대리인들을 억제하거나 체포하라는 명령을 받았다(아마도 바이주를 제거할 의도도 있었을 것이다). 엘지기데이는 호전적인 이스마일파를 평정하라는 임무도 받았다.[277] 그러나 구육은 자신의 추종자들에게 후한 선물을 베풀어 아버지보다 더 관대하게 보이려다가 오르탁 상인들에게 빚을 많이 졌다.[278] 빈 국고를 채우기 위해서는 더 많은 정복 활동이 필요하다

---

275 *HWC*, 244-245; *JT*/Thackston, 391. *YS*, 2.39.

276 *YS*, 3.45; 106.2694, 2702.

277 Lane 2003, 62, 64, 66; *YS* 2.39; 아르군과 엘지기데이의 관계에 대해서는 *JT*/Thackston, 39; Jackson 1976, 216-218 참고.

278 Allsen 1989, 103-104; *HWC*, 259-260.

고 생각했을 것이다.

구육은 아버지의 주요 관리들을 복귀시키고 차가다이계 궁정 인사들을 자신과 밀접하게 결합시킨 후, 마침내 자신의 군사 계획을 발표했다. 구육은 유럽의 교황청과 바그다드의 아바스 칼리프에게 사신을 보내고, 탐마(tamma, 전위대 또는 주둔군)를 창설했으며, 제국의 동서 확장을 재개하기 위해 군대를 파견했다.[279] 당시 구육의 정확한 의도를 보여주는 증거까지는 아닐지라도, 몽골의 세계 지배 이념을 가장 명확하게 표현한 것은 아마도 1246년 카르피니에게 교황 인노켄티우스 4세(재위 1243~1254)에게 전달하라고 맡긴 서신일 것이다. "만약 주(主)의 명령을 듣지 않고 짐의 명령을 어긴다면, 너희들을 짐은 반역자로 알 것이고 또한 [그러하다는 것을] 너희들에게도 알려주리라."[280]

1247년 가을에 카안 자신이 서쪽으로 출발했을 때, 그의 목적지와 의도는 다양하게 보고됐고 추측의 대상이 됐다. 그는 1248년 3월, 베쉬발릭에서 서쪽으로 약 일주일 거리에 있는 쿰 셍기르(Qum Sengir)에서 43세의 나이로 갑자기 사망했다.[281] 라시드에 따르면, 구육은 건강상의 이유로 에밀강에 있는 자신의 오르도로 향했다고 한다. 그러나 소르칵타니 베키는 그의 행동을 다르게 해석하고 비밀리에 바투에게 카안의 이동을 알렸다.[282] 올슨은 구육

---

279 *HWC*, 256-258; *JT*/Thackston, 394; 구육이 교황 인노켄티우스 4세에게 보낸 서신에 대해서는 Dawson 1980, 65-67, 85-86 참고. 탐마치에 대해서는 *SH*, §1002-1003; Hsiao 1978, 16, 137 각주 119 참고.

280 Dawson 1980, 67-68, 86.

281 Kim 2005, 329-331 각주 97; *YS*, 2.39; *HWC*, 261.

282 *JT*/Thackston, 394-395; Yuan Jue, 34.10b.

이 주치의 영토를 공격하기 위한 준비를 하려고 자신의 오르도로 갔다고 추측한다. 그곳에 도착한 후, 그는 엘지기데이를 서남아시아로 보냈고, 몽골의 모든 100가구마다 한 명의 바아투르(ba'atur, 용사)를 카안의 전위대로 보내라고 명령했다.[283] 바투는 이때 우연히도 발하슈호 남서쪽의 알라 카막 근처, 즉 자기 울루스의 서부 지역에 있었다. 이것이 구육의 즉위식에 늦게나마 참석하기 위해 출발한 것인지, 아니면 소르칵타니의 경고를 받고 대결을 예상하여 출발한 것인지는 불분명하다.[284]

구육의 사망 원인 역시 모호하다. 아마도 카안과 톨루이-주치 동맹 사이의 긴장 관계를 고려하면 의도적으로 모호하게 처리되었을지도 모른다. 김호동의 연구에 따르면, 구육의 선출과 통치의 정당성에 의혹이 제기된 것은 뭉케가 즉위한 이후였다. 이는 우구데이 가문에 대한 톨루이 가문의 처벌을 정당화하기 위한 프로파간다가 성공한 결과였다. 주베이니와 그를 따른 라시드 앗 딘은 구육에게 카안의 칭호를 부여하지 않았다. 구육과 그의 짧은 통치 기간은 역사적으로 긍정적인 평가를 거의 받지 못했다. 그러나 지도자로서 구육은 상당한 잠재력을 지녔고, 전임자들과 연속성 있는 목표를 보여주었다. 그의 형제 쿠텐과 마찬가지로, 구육도 "허약한 체질"로 고통받았는데, 몽골 엘리트층의 알코올 중독 때문일 가능성이 크다. 라시드는, 아마도 부당하게도, 무기력한 구육이 우울한 음주로 시간을 보냈다고 주장한다.[285]

---

283 Allsen 1994, 389; *YS* 2.39.

284 *HWC*, 263, 557.

285 Kim 2005; *HWC*, 251, 254, 259; *JT*/Thackston, 395–396.

구육이 기독교에 호의적이었다는 점은 특히 많은 추측을 불러일으켰는데, 이는 카르피니에게 낙관적인 정보를 제공한 몽골 측 정보원들 덕분이었다. 그들은 교황청의 밀정을 무장 해제시키려는 의도가 있었을지도 모른다.[286] 구육은 기독교도 시종들과 함께 자랐고, 그의 최고 관리인 친카이와 카다크(나이만 출신)는 네스토리우스파 기독교도였다.[287] 많은 몽골 귀족들이 후원한 네스토리우스 교회는 동방 유목민들 사이에서 영향력이 컸다. 그러나 유목 사회의 맥락에서 개종은 이전의 종교나 이념적 정체성을 포기하거나 부인하는 것을 의미하지 않았다.[288]

오굴 카이미시의 섭정

구육의 사망과 뭉케의 즉위 사이 거의 3년의 공백기 동안 바투가 실권을 쥐고 있었다. 구육의 정실부인인 메르키트 출신 오굴 카이미시는 사망 통지를 보내고 매장을 위해 남편의 시신을 에밀강에 있는 그의 오르도로 돌려보냈다. 조문이 쇄도했다. 소르칵타니 베키로부터는 의복과 복탁(boghtaq) 모자가 선물로 왔고, 기뻐한 바투로부터는 후계자가 지명될 때까지 "친카이와 대신들과 상의하여" 국사를 처리할 수 있는 미망인의 권한을 확인하는 위로의 메시지가 왔다.[289] 주베이니는 바투가 "말들이 여위었다는 구실로" 카얄

---

286   Dawson 1980, 68.

287   카다크에 대해서는 *HWC*, 511.

288   Jackson 2005a와 Atwood 2004b는 각각 몽골이 종교에 대해서 가졌던 태도에 대해 상반된 시각을 제시한다.

릭에서 서쪽으로 일주일 거리인 알라 카막에 진을 치고 있었다고 기록한다. 그곳에서 바투는 모든 왕자들과 아미르들이 모여 후계 문제를 논의하자고 제안했다.[290]

놀랍지 않게도, 우구데이 가문과 차가다이 가문의 핵심 인사들은 몽골이 아닌 바투의 진영에서 쿠릴타이를 여는 것이 부적절하다고 생각했다. 그럼에도 오굴 카이미시의 두 큰아들인 호자 오굴(Khwāja Oghul)과 나쿠(Naqu)는 그들의 대표를 바투에게 보내면서 현장의 결정을 따르라고 지시했다. 소르칵타니 베키는 아들 뭉케와 그의 형제들에게 서둘러 병든 아카에게 가라고 촉구했다. 차가다이의 밀려난 후계자 카라 훌레구도 카안의 자리를 되찾으려고 참석했다. 회의는 1250년 여름에 시작됐다.[291]

상당한 논쟁 끝에, 톨루이 가문은 반대 세력을 물리쳤다. 그 중에는 오굴 카이미시를 대표해 뒤늦게 도착한 위구르인 서기 발라(Bala)도 포함되어 있었는데, 그는 시레문의 입장을 대변했다. 참석한 귀족들 사이에서 뭉케가 선택을 받았고, 바투는 톨루이의 장남이 카안이 되는 데 필요한 경험, 재능, 지혜, 판단력에서 모두를 능가한다는 견해를 표명했다.[292] 뭉케가 겸손하게 거절 의사를 밝혔지만, 이복동생 무게(Möge)가 이를 뒤집었다. 카안 선출자에 대한 집단 의례로 회의가 마무리됐고, 참석한 고위 인사들은 다음 해

---

289 *JT*/Thackston, 395; *HWC*, 262-263.

290 *YS*, 3.44; *HWC*, 263-264; *JT*/Thackston, 401-402에서는 바투가 각 왕자들과 만난 위치를 특정하지 않는다.

291 *HWC*, 274, 588, 595; *YS*, 3.44.

292 Kim 2005, 324-325에서는 이상의 주장을 요약 제시했다. *YS*, 3.44; *HWC*, 558-560.

케룰렌강에서 있을 공식 즉위식을 위한 쿠릴타이를 준비하기 위해 각자의 거주지로 떠났다. 바투는 예방책으로 뭉케를 주치 가문의 군사 호위대와 함께 몽골로 보냈다.[293]

우구데이 가문의 궁정은 톨루이 가문의 거센 물결 앞에서 무력하게 허우적거렸다. 오굴 카이미시는 남편의 후손들을 시레문이나 다른 대안으로 결집하지 못했고, "캄(qam, 점쟁이들)이 행하는 환상과 터무니없는 행위들"로 스스로를 위로했다. 호자 오굴과 나쿠는 "어머니에 반대해 각자의 독립 세력을 세웠다". 그들은 구육의 차가다이 가문 동맹인 이수 뭉케의 부추김을 받아 바투에게 도전적인 메시지를 보냈고, 평화의 길을 따르라는 톨루이와 주치 가문 친척들의 간청은 무시했다.[294]

뭉케의 권력 장악 과정

1251년 6월, 반대 세력을 설득하기 위한 치열한 노력 끝에 칭기스 일족과 그들의 수행원들이 동몽골에 모였다. 그들은 42세의 뭉케를 새로운 지도자로 추대했다. (표 1.1 참조) 바투의 형제 베르케와 툭 테무르가 주치 가문을 대표했고(오르다는 이미 사망한 것으로 보인다), 우구데이의 아들 카단(카다칸(Qadakhan))과 차가다이 가문의 왕자 카라 훌레구도 (비록 늦게 도착했지만) 참석했다. 쿠텐의 아들 뭉게두처럼 톨루이 가문과 좋은 관계를 유지해온 이들도 함께 왔다. 칭

---

293 *JT*/Thackston, 402.

294 *HWC*, 265-266. 저자 주베이니는 오굴 카이미시는 물론, 1251~1252년 아르군의 휘하에 있던 이수의 궁정 모두에서 상당한 시간을 보냈다 (275).

기스의 조카들과 테무게 옷치긴의 아들들이 좌익의 왕자들을 대표했고, 소르칵타니 베키의 가문이 회의를 주도했다.[295] 여전히 화가 안 풀린 채 불참한 오굴 카이미시, 그녀의 아들들, 두 번이나 거절당한 후보 시레문, 그리고 그들의 협력자들은 시간을 흘려보냈다. 참석한 왕자들이 이들의 결정을 기다리는 동안 즉위식을 위한 길일이 정해졌고, 즉위 의식이 거행됐다.

이러한 정치적 사건들과 함께 벌어진 축제의 날들 동안 더 어두운 일들이 펼쳐지고 있었다. 노대신 얄라바치가 밤하늘의 별들로 장식된 풍성한 정원을 연상케 하는 화려한 천막 안에서 왕족 후원자들을 대접하고, 하급 관리들이 다른 곳에서 연회를 즐기며 흥겨워하는 동안, 재치 있는 한 매사냥꾼이 길 잃은 낙타를 찾다가 우연히 시레문과 나쿠를 발견했다. 그들은 수일 거리에 진을 치고 있었는데, 겉보기에는 쿠릴타이에 가는 길이었다. 하지만 톨루이 가문의 기록에 따르면 기습 공격을 계획하고 있었던 것 같다.[296] 매사냥꾼은 급히 돌아와 이 사실을 모임에 알렸다. 몽골의 대판관 멩게세르(Menggeser)가 조사를 위해 파견됐고, 곧 불한당들의 무장을 해제하고 체포했다.[297] 이로써 대숙청이 시작됐고, 이는 우구데이 가문을 거의 전멸시키고 그들의 사촌인 차가다이 가문을 무력화시켰다.

---

295 *HWC*, 562-568에서는 쿠텐과 쿨겐이 옷치긴의 아들이라고 568쪽에서 명시를 하나, 실제로는 그렇지 않았으며, 쿠텐 역시 참가하지 않았다. *JT*/Thackston, 403에서는 쿠텐의 아들 뭉게두가 참석자 명단에 있었다고 하지만 칭기스의 아들 쿨겐은 빠져 있다.

296 *HWC*, 574-576.

297 *YS*, 3.44-45; 124/3056; *HWC*, 574-579; Allsen 1987, 26-27.

뭉케의 혁명: 톨루이 가문의 정당화

제국의 사법(자르구(jarghu), 법정)이 망을 던지자, 수백 명의 의심되는
공모자나 협력자, 심지어 유죄 판결을 받은 이들의 지역사회 후원
자들까지 걸려들었다. 뭉케의 계승이 정당하다는 것을 입증하기
위해서는 두 가지, 즉 그의 선출이 자삭을 준수했다는 것과 칭기
스 일족의 아카와 이니 대다수가 이를 지지했다는 점을 보여주어
야 했다. 동시에 뭉케의 반대자들이 오히려 자삭을 위반했다는 점
을 강조했다.[298] 제국은 재판, 고문, 자백 등을 통해 자삭 위반의 증
거를 수집했고, 그 결과 많은 이들을 처형하거나 추방했다. 한편
뭉케의 선출을 정당화하기 위해 사건의 서술과 재서술을 장려했
다. 이는 선출 결과를 정당화하고, 뭉케를 처음에는 암살 음모 보
고를 믿지 않았고, 그다음에는 유죄 판결을 받은 왕자들을 용서
하려 했으며, 마지막으로는 그들의 조언자들을 처형하라는 조언
을 받아들인 인물로 묘사하기 위해서였다. 따라서 일부 학자들은
『몽골비사』가 뭉케 카안의 선전 활동의 결과물로 1252년에 완성
되었다고 보기도 한다.[299]

　　왕자들과 카툰들은 동료들 앞에서 재판을 받았는데, 이는 참
여자들의 반역 활동을 규정하고 그들의 기만을 폭로하는 결정적
인 선전의 장이 됐다. 뭉케는 직접 시레문과 나쿠를 심문했다. 음
모의 핵심 인물들은 유배됐다. 윌리엄 루브룩은 그들이 처형됐다
고 전하지만, 중국과 페르시아 사료 어느 쪽도 이 시기 나쿠, 호자

298　Allsen 1987, 34-44; Hope 2012, 92-94는, 아카가 칸과 가깝고 자삭에 조예가 깊은 경험
　　많은 비칭기스 혈통 인물들을 포함했다고 주장한다.

299　*JT*/Thackston, 406; Atwood 2007a.

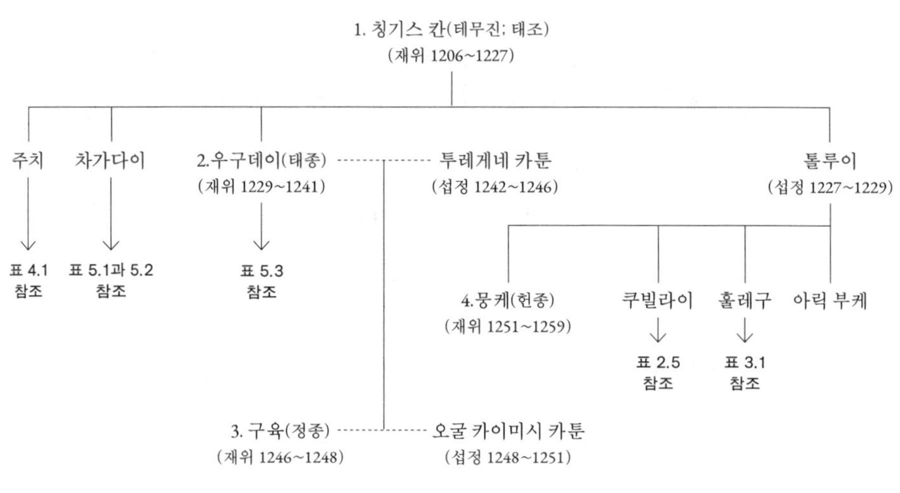

표 1.1　카안과 섭정, 1206~1259년

오굴, 시레문의 사망을 기록하지 않고 있다.[300] 차가다이의 손자 부리는 수년 전 킵착 원정 중 바투를 모욕한 적이 있었다. 뭉케는 그를 바투에게 넘겨 처형하도록 했는데, 이는 바투의 지지에 대한 보답이었다(같은 맥락으로 뭉케는 주치 가문이 캅카스 남부 영토를 점령한 것을 묵인했는데, 훗날 이 지역은 홀레구 울루스와 주치 울루스 사이에 영원한 분쟁의 씨앗이 됐다).[301] 시레문은 중국에서 연금 상태로 지내다가 1258년 봄 쿠빌라이의 남중국 원정에 동행했는데, 그곳에서 뭉케의 명령으로 "강에 던져졌다". 오굴 카이미시는 소르칵타니 베키의 오르도에서 재판을 받았다. 그녀와 시레문의 어머니는 굴욕적인 학대

300　Allsen 1987, 31; William of Rubruck 1990, 169 각주 1.

301　*JT*/Thackston, 368-369; William of Rubruck 1990, 144-145 n. 부리의 형제 이순토아는 "다른 곳", 아마도 바투에게 갔다. Jackson 1976, 208-209.

제1권　정치사

를 받았고, 주술 행위를 했다는 의혹으로 죽임을 당하거나 자살을 강요당했다.[302]

　주목할 점은, 사료들이 잘못을 저지른 왕자들의 어머니들과 친카이, 카다크와 같은 고위 아미르들의 재판과 처형은 생생하게 상세히 기록하고 있는 반면, 칭기스 일족의 죽음에 대해서는 함구하거나 모호하게 처리하고 있다는 것이다. 결국 이 숙청은 우구데이의 울루스를 해체하는 결과를 낳았고, 이는 카이두가 중앙아시아에서 국가 건설 프로젝트를 시작하는 씨앗이 됐다. 카이두는 이후 수십 년 동안 톨루이 가문의 제국 지배에 맞서게 된다.[303]

　우구데이 가문의 지역 대리인들도 고통을 받았다. 베쉬발릭에 있는 위구르의 이두쿠트 살린디(Salindi)도 그중 하나였는데, 그는 오굴 카이미시에게 시레문에 대한 지지를 약속한 바 있었다.[304] 그는 자신의 형제이자 후계자인 오그룬치에 의해 참수됐다. 오굴 카이미시의 위구르인 서기 발라는 선고 예정일에 사면됐는데, 소르칵타니 베키의 건강이 나빠졌기 때문이다(소르칵타니 베키는 곧 사망했다). 발라는 가족과 재산을 잃었고 기후가 좋지 않은 시리아로 파견됐는데, 이는 아마도 훌레구의 서남아시아 원정과 관련이 있을 것이다.[305] 몽골 제국 내 세력의 흥망성쇠는 그들이 후원하는 속국 지배자들의 운명에도 직접적인 영향을 미쳤다. 이란의 몽골 속국 중 하나인 키르만(Kirman)이 그 좋은 예이다. 키르만을 통치하던

302　*JT*/Thackston, 306; YS, 3.45; *HWC*, 580-592.

303　Biran 1997 참고.

304　*HWC*, 48-53; Allsen 1983b, 250-251.

305　*YS*, 3.45; *HWC*, 53.

카라 키타이 술탄 가문 내에서 권력을 다투던 사람들은 자신을 후원하는 몽골 제국 고위 인사들의 처지에 따라 자신들의 운명이 결정되는 것을 경험했다.[306] 이 경우, 마흐무드 얄라바치의 부하이 자 승자가 된 쿠틉 앗 딘이 친카이의 피보호자이자 그의 사촌이자 경쟁자인 루큰 앗 딘을 대체했을 뿐만이 아니라 그를 직접 처벌할 권한을 받았으며, 그 결과 거의 100명이 목숨을 잃었다.

뭉케의 승리로 인해 톨루이 가문의 미덕과 희생, 특히 자삭 준수에 대해 설명하는 일이 더욱 필요해졌다. 이러한 노력의 일환 으로 페르시아 측 사료에서 즐겨 다룬 주제는 소르칵타니 베키에 대한 찬사였다. 그녀는 이상적인 몽골의 어머니이자 카툰으로, 자 녀 교육에 전념하기 위해 재혼을 거부한 지혜로움을 지녔다고 묘 사됐다. 심지어 칭기스의 어머니 후엘룬보다도 더 높은 평가를 받 았다.[307] 또 다른 서사는 막내아들이자 아버지의 화로를 물려받은 톨루이가 칭기스의 유일하고 진정한 후계자였음을 강조하는 서사 이다. 『몽골비사』의 편찬과 개정, 중국과 몽골의 다양한 전통에서 보이는 권위를 상징하는 의례의 모습, 주베이니와 라시드 앗 딘의 연대기 등은 모두 뭉케의 집권을 '칭기스 칸 그 자체'라는 자삭의 원천에서 자연스럽게 흘러나온 사건으로 재해석하려는 이데올로 기적 노력을 지속적으로 보여준다. 따라서 오직 뭉케만이 칭기스 의 유산을 가장 잘 보호할 수 있다는 주장이다.[308] 실제로 뭉케는

---

306 키르만 왕조들에 대해서는 Lane 2003, 104-105; *HWC*, 476-482 참고.

307 *HWC*, 550-553; *JT*/Thackston, 386-388; Rossabi 1979.

308 Allsen 1987, 36-43; Kim 2005, 313, 321-326은 물론이고, 여기에 제시된 자삭에 대한 여 러 연구 성과를 참고. Hope 2012.

자신에게 부여된 주장에 상당 부분 부합하게 살았다. 그는 목적의 식과 비전, 그리고 활력을 가지고 왕위에 올랐고, 9년의 통치 기간 동안 많은 업적을 이룩하며 흔들리던 제국을 구했다.

제국 정부의 재중앙집권화

지지자들에 대한 보상은 관직, 승진, 선물 등의 형태로 이루어졌고, 이를 통해 자연스럽게 제국의 강력한 통제가 회복되었다. 뭉케는 제국의 확장에 필요한 자원을 중앙집중화하고 세입을 늘리기 위한 개혁을 도입했다. 그는 이전에 발행된 모든 칙령과 권한 문서를 즉시 회수하고 무효화했다. 카안은 잠(우편 제도)의 무단 사용을 제한하는 규정을 발표했고, 이로 인해 오르탁 상인들과 왕족 가문들이 자신들의 봉지에서 행사하던 특권에 대한 조사가 강화됐다. 뭉케는 구육이 상인들에게 진 부채를 갚은 후, 그들을 규제하고 과세하려 했다. 칭기스와 우구데이가 면세 혜택을 준 종교 지도자들을 제외하고, 상인들을 포함한 모든 유산계층은 적절한 종류의 누진세 대상이 됐다.[309] 시행에는 흔들림이 있었을지 모르나, 그 의도는 결코 변하지 않았다.

이전의 구육처럼, 뭉케도 카라 훌레구를 차가다이 울루스의 칸으로 재임명함으로써 차가다이 궁정에 대한 통제를 강화하려고 했다. 카라 훌레구가 1252년 귀향길에 사망하자, 뭉케는 그의 미망인이자 칭기스의 외손녀인 오르기나 카툰이 어린 아들 무

---

309 *YS*, 3.45; *HWC*, 598-600, 605-606. Allsen 1989, 105-109.

바락 샤의 섭정으로 통치하며 남편의 경쟁자 이수(Yesü)에게 복수할 수 있도록 허락했다.[310] 오르기나는 10년 이상 권력을 유지했고, 1260~1264년 아릭 부케가 칸위에 도전했다 실패하는 동안, 아릭 부케의 대리자가 된 남편의 사촌 알구와 결혼했다.

구육의 동생 쿠텐은 뭉케를 지지했을 뿐만 아니라 뭉케의 어머니와 우호적인 관계를 유지했기 때문에, 그의 아들들은 양주와 코코노르 지역에 있는 쿠텐의 봉지에 주둔한 톨루이 가문의 천호와 함께 정식으로 그 지위를 재확인했다.[311] 1252년 뭉케는 살아남은 우구데이 가문 왕자들에게 그들 아버지의 이전 울루스를 거주 영역으로 할당했고, 우구데이의 아들 카단과 말릭에게는 각각 아버지 군대의 투멘을 주었다. 뭉케는 중국에서 작전을 맡은 동생 쿠빌라이에게 북중국에 위치한 또 다른 봉지를 주었다. 쿠빌라이는 자신의 한인 측근 요추(姚樞)의 추천으로 변량(카이펑) 대신 관중 지역의 경조(京兆, 시안)를 선택했고, 요추를 보내 군사 본부의 기반 시설을 구축하게 했다. 1254년에는 위구르인 염희헌(廉希憲)을 경조 안무사로 임명했다.[312]

쿠빌라이는 이전에 하북의 진정(眞定)현에 기반을 마련했는데, 이곳은 1236년 우구데이가 톨루이의 부인 소르칵타니 베키에게 남편의 분봉지 일부를 하사했던 곳이었다. 진정에서 거둔 세수로 카툰은 자신의 장남을 카안으로 선출하기 위한 정치 자금을 확

---

310 *HWC*, 274; *JT*/Thackston, 55-56, 371, 376.

311 쿠텐의 장자이자 계승자였던 메르기데이(멸리길대(滅里吉歹))의 첫 영지에 대해서는 Cai 1955, 16. *JT*/Thackston, 306; Hu 1992, 55 참고.

312 *HWC*, 595; *YS*, 3.46, 4.58-59, 158.3713; Chan 1993, 392; Hsiao 1993, 482-483.

보할 수 있었다.[313] 쿠빌라이는 수년에 걸쳐 현지 한인들을 참모진으로 영입하여 더 효과적인 경제 정책과 징세 정책을 시행했다.[314] 1253년 뭉케가 동생에게 운남(雲南) 정복을 맡기자, 쿠빌라이의 군대는 그의 새 분봉지인 경조 북쪽 육반산 목초지에서 출발했다. 1243년부터 1250년 사이에 발행된 쿠텐의 영지에서 볼 수 있듯이, 쿠텐이 권위를 행사하는 영역이 커질수록 섬서에서 쿠빌라이의 권위가 점차 축소됐다.[315] 1250~1251년경 쿠텐이 사망하고 1251년 사꺄 빤디따가 사망한 후, 사꺄파와의 관계는 쿠빌라이에게 계승됐다. 뭉케는 승속(僧俗)의 혼합 사회로 이루어진 티베트를 몽골의 여러 왕족들에게 새로운 쿠비로 분배했다. 쿠텐의 후계자 뭉게두는 1253년 쿠빌라이의 초청으로 빤디따의 조카들을 쿠빌라이의 육반산 진영으로 호송했다. 당시 쿠빌라이는 그곳에서 대리국(大理國, 934~1254) 원정을 준비하고 있었다.[316]

뭉케 카안은 행정 영역에서 분할과 균형 정책을 펼치는 동시에 과세 체계를 통일하고자 노력했다. 그는 북중국, 투르키스탄, 후라산(이란)에 대한 중앙의 통제력을 재확인함으로써 이들 지역의 공동 행정을 강화했다. 뭉케는 마흐무드 얄라바치를 대심판관으로 임명해 북중국을 관할하게 하고 연경(燕京)에 본부를 두었으며, 마수드 벡은 투르키스탄의 베쉬발릭에, 아르군 아카는 후라산의

---

313 *YS*, 3.35; Rossabi 1979, 161.

314 *YS*, 4.57-58, 167.3929에 있는 장초(張礎)의 열전 참고. 1256년에 아릭 부케 역시 진정에 쿠비를 가지고 있었기 때문에, 쿠빌라이가 장출을 고용해 경조에서 일을 하게 한 것에 분개했다.

315 Hu 1992, 55; Cai 1955, 8, 13-16.

316 Nakano 1971, 33.

투스에 각각 배치했다.[317] 이들의 임무는 지역 경제를 회복시키고 전쟁 지역의 파괴를 최소화하며 세액 산정과 세금 징수 제도를 개혁함으로써 궁극적으로 지역의 생산량을 늘리는 것이었다. 이를 위한 작업이 바로 제국 전역에 걸친 인구조사로, 원래 구육이 명령한 것이지만 1250년대에 마침내 실시됐다.[318]

지방의 행성 혹은 지방과 중앙의 공동 관리 기구와 그 휘하의 관리들은 중앙의 요구와 지역 제왕들의 요구 사이에서 균형을 잡아야 했다. 그들은 지역 제왕의 관리로도 일했기 때문이다. 제왕이 개별적으로 임명한 대리인들과 제국 중앙에서 파견한 다루가치는 지방 권력 구조를 복잡하게 했고, 서로 경쟁하는 촘촘한 이해관계의 망을 만들어냈다. 북중국에서는 얄라바치와 그의 후계자 부지르(Bujir)가 제왕 쿠빌라이와 그의 한인 대리인들과 협력하며 일했다. 정책에 대한 이견은 당연히 있었다. 투르키스탄에서 마수드 벡은 오르기나 카툰의 섭정 기간 동안 자유롭게 활동하며 지역 경제 회복에 힘썼다. 아르군 아카 휘하의 관리들로는 뭉케와 그의 형제들, 바투, 그리고 소르칵타니 베키(그녀의 사후에는 그녀의 오르도 관리자들)의 대표들이 포함되어 있었다. 훌레구가 이란에 자리를 잡은 후에는 아르군도 그를 위해서 일했다.[319]

올슨에 따르면, 1230년대의 정복 이후 바투의 영토에서 지방-중앙 공동 관리 기구가 등장한 데는 구육이 사촌을 상대로 원정을 감행하기로 한 결정이 영향을 미쳤을 수 있다.[320] 주치 울루스

---

317   Allsen 1993, 127-128; Qarshī 2005, 127-128.
318   Allsen 1986, 500; Farquhar 1990, 367-367; *YS*, 3.45; Allsen 1994, 399; Allsen 1987, ch. 5.
319   *HWC*, 513, 523; Allsen 1994, 398.

는 사실상 중앙의 통제에서 벗어나 있었다. 지방-중앙 공동 관리 기구는 분명 정주민이 대부분이고 인구밀도가 비교적 높은 지역을 통치하기 위해 설계됐다. 그런 지역은 충분한 수입이 창출되기 때문에 몽골 관리들을 파견해 그 수집과 분배를 감독할 만한 가치가 있었다. 주치의 영토에는 지방-중앙 공동 관리 기구가 없거나 충분히 발달하지 않았다. 이 점이 그곳에서 공동 행정부의 흔적을 거의 찾아볼 수 없는 이유를 설명해줄 수 있다. 마찬가지로, 지역 제왕들은 다른 제왕의 대리인들이 자신의 영토에서 생산된 수입에 대해 요구하는 권리를 인정하면서도 제한하려 했을 것이다. 동시에 그들은 해외에서의 자신의 권리도 보호하려 했을 것이다.

몽골의 이익을 대변하는 관리들과 대리인들이 여전히 팽창 중인 제국 전역에 퍼져 있었다. 이들을 감독하려면 중앙의 영리한 관리가 필요했다. 뭉케의 카라코룸 궁정 수장은 멩게세르(1253/1254경 사망?)였다. 그는 톨루이 가문의 관리로, 우구데이, 구육, 뭉케 치하에서 대심판관을 지냈다. 멩게세르는 종교 집단의 규제, 제왕들의 봉토와 지방-중앙 공동 관리 기구, 재정과 카안의 국고, 공식 문서의 발행, 의례 행사 등을 감독했다.[321] 뭉케의 엄격한 통치 아래 아르군 아카와 같은 지방 관리 기구의 수장들, 심지어 쿠빌라이까지도 때때로 카라코룸으로 와서 회계 보고를 하고, 질문에 답하거나 자신에게 제시된 부정행위 혐의에 대한 결백을 변

---

320 Allsen 1987, 46.

321 Allsen 1986, 504, 511; *YS*, 3.44-45; 124.3054-3056; Yao Sui, 13.9a. William of Rubruck 1990, 192, 194, 221, 250, 252에서 볼 수 있듯이 루브룩은 그의 후계자 불가이가 일하는 모습을 지켜보았다.

호해야 했다.[322]

1254년 멩게세르의 후임으로 그의 측근 케레이트 기독교도 볼가이가 취임했다. 그는 (한자로는) 우승상, (몽골어로) 체르비(cherbi), 즉 카안의 친위대 시종장, 그리고 (몽골어로) 예케 자르구치, 즉 대심판관이라는 직함을 가지고 있었다.[323] 그해 카라코룸에서 윌리엄 루브룩은 볼가이와 여러 차례 만났는데, 볼가이는 뭉케의 신비로운 음료 분수를 만든 파리 출신의 은 세공 장인 기욤 부셰와 "매우 가까운 사이"였다.[324] 볼가이는 뭉케 통치 말기까지 자신의 직위에서 영향력을 유지했지만, 아릭 부케 편에 선 후 1264년에 숙청됐다.

특히 잘 알려진 것은 종교 공동체와 성직자 엘리트들의 활동, 그리고 이들에 대한 통제였다. 이들은 몽골과 밀접한 관계를 맺고 있었다. 몽골은 강연을 요청하고, 불교도, 도교도, 네스토리우스파 기독교도, 심지어 무슬림들 간의 집회와 토론을 후원했다. 북중국에서 불교도와 도교도의 경쟁이 치열했는데, 칭기스 칸이 도교의 대가 장춘진인에게 특권을 부여하면서 둘의 사이가 더욱 나빠졌다. 그 결과 1255년, 1256년, 1258년 세 차례에 걸쳐 상호 불만을 해소하기 위한 토론회가 열렸다.[325] 결국 불교가 그들을 비난하는

---

322 아르군 아카를 상대로 한 여러 음모는 *HWC*, xxx-xxxiii, 511-514, 521-524 참고.

323 *YS*, 3.44 또는 134.3266에서는 그의 아들 이순 테무르의 열전 참고. 여기에서 그의 이름은 발로환(孛魯歡, Pelliot and Hambin 1951, 72, 74에서는 이 이 이름을 *Borqōl이라고 복원)으로 기록돼 있다. Allsen 1986, 511.

324 William of Rubruck 1990, 192, 194, 196, 208.

325 Jagchid 1980; 1255년 카라코룸의 논쟁에 대해서는 William of Rubruck 1990, 229-235, 1258년 논쟁에 대해서는 Chan 1993, 393 참고.

도교를 이겼다.

제국의 동서 팽창

이제 아시아 전역을 정복하기로 결심한 뭉케는 쿠빌라이에게 중
국 작전을 맡기고, 훌레구에게는 페르시아, 이라크, 그리고 인접 영
역을 몽골의 확고한 통제 아래 두기 위한 새로운 원정을 이끌게 했
다. 몽골은 우구데이와 구육 시대에 북인도를 탐색했다.[326] 이제 뭉
케는 힌두스탄(라시드에 따르면 발흐, 바다흐샨, 카슈미르로 정의됨)을 아
르군의 권한 영역으로 넘기고, 타타르인 살리 노얀에게 군대를 이
끌고 그곳으로 가서 정착하라고 명령했다.[327] 이는 훌레구의 원정
과 연계된 것이었다. 살리의 주요 공헌은 훌레구 울루스의 노예 시
장을 카슈미르 포로들로 채운 것으로 보인다. 뭉케는 코리다이에
게 쿠텐의 티베트 정책을 이어받아 티베트 평정 임무를 맡은 몽
골·한 연합군을 지휘하게 했다. 코리다이는 티베트 자료에 나오는
도르다(Doorda. 도-르타(rDo-rta), 도르-톡(Dor-tog), 후르타[옹](Hurta[ng]))와
동일 인물일 수 있다. 도르다는 1247년 최초의 중앙 티베트 침공
을 이끌었다.[328] 또한 1253년에는 중앙 티베트로 진군했다고 추정

---

326 우구데이가 "카슈미르와 힌두스탄을 약탈"하기 위해 군대를 보낸 것에 대해서는 *JT*/
Thackston, 324을, 구육이 사리의 아버지 뭉게두를 우치(Uch)에 있는 인더스 계곡에 파
견한 것에 대해서는 "Jūzjāni 1881~1897/1970, 1152-1156 참고.

327 살리 노얀에 대해서는 *HWC*, 597; *YS*, 3.46-47; *JT*/Thackston, 49, 283, 478 참고.

328 *YS*, 3.45; Petech 1983, 182. 티베트어 사료에서는 뭉케 시기에 이루어진 코리다이의 원정
을 이전에 쿠텐(이미 사망)이 파견한 군대와 혼동하고 있다. 쿠텐이 파견한 군대의 지휘
관은 도베따(Do-be-ta)로, 아마도 도르다(Doorda)/코리다이(Qoridai)/후르타(Hurta)라
는 인물일 것이다.

되는데, 쿠빌라이의 대리 원정과 연계된 것이었다.

　뭉케는 또한 동방의 제왕들에게 고려 정복을 완수하라고 명령했다. 한편, 앞서 언급한 체계적인 과세와 인력 징집 방법을 통해 이러한 원정을 뒷받침할 기반을 개발하는 데 힘썼다. 몽골은 주변 영토를 장악하고 나면 주요 목표인 중국의 남송과 대적할 수 있는 위치에 설 것이라고 보았다.

고려 평정

구육의 죽음을 틈타 고려는 몽골에서 연이어 보낸 사절단을 계속 회피했다. 1252년 몽골 카안은 고려 왕에게 시간 끌기를 그만두고 즉시 카라코룸으로 오라고 요구했으며, 조정에는 섬에 위치한 피난처에서 나오라고 명령했다. 복종을 강요하기 위해 1253년 제왕 예쿠(Yekü, 카사르의 아들)의 군대가 북부 지방을 약탈하고 도시들을 공격했으며, 강화도를 습격했다. 겨울에 예쿠는 무례한 행동으로 해임됐고,[329] 1254년에는 잘라이르타이 코르치가 고려 원정군의 지휘를 맡았다. 홍복원이 그의 수행원으로 있었다. 몽골과 고려 당국 간에 협상은 계속됐다. 고려는 강화도에서 뭍으로 건너와 몽골 사신들을 만났지만, 몽골은 이를 항복의 충분한 증거로 여기지 않았다. 잘라이르타이의 군대는 남쪽으로 침공해 1255년 가을에는

329　YS, 3.46-47, 133.3223. 1963, 121-123. Henthorn 1963, 112-114, 124-125 각주 48-49; Yanai 1963, 124 각주 4, 125 각주 5에서는 『원사』가 예쿠의 복무와 해촉 일자를 잘못 기록한 것을 지적했다. 예쿠는 타가차르(타차르), 곧 테무게 옷치긴의 손자 아래에서 복무하게 된 것을 반기지 않았다. *JT*/Thackston, 135-137.

옛 수도 개경에 진을 치고 있었고, 한편으로 약탈 부대들은 시골 지역을 샅샅이 뒤졌다. 몽골군이 배를 만들고 해안 섬들에 대한 상륙 공격을 시도하며 한반도 전역의 상황은 악화 일로를 걸었다.

1257년 말의 짧은 소강상태는 고려 조정의 변화와 맞물렸다. 이때 최씨 무신정권이 무너지고 왕과 왕실이 부분적으로 권력을 회복했다. 그러나 고려는 여전히 버텼다. 1258년까지 고려를 정복하기로 결정한 몽골은 북동부에서 이를 위한 기반을 마련하기 시작했다.[330] 기근과 도적질로 더 이상 견딜 수 없게 된 고려 조정은 결국 1259년 3월 세자 왕전(王倎)을 인질로 보냈다. 세자는 뭉케를 만나지 못했다. 뭉케가 사천에서 원정을 하는 동안 고려의 세자는 육반산 쿠빌라이 진영에서 기다리고 있었기 때문이다.

중국 동남부: 대리와 그 너머

뭉케는 남송 전면전의 어려움을 인식하고, 남송을 우회해 남서쪽에서 공격하는 계획을 세웠다.[331] 이 계획은 현재의 윈난성(몽골어로 카라장) 지역에 있던 대리국의 복속을 전제로 했다. 대리국은 중국과 동남아시아를 연결하는 경로를 따라 말 시장에 말을 공급했다.[332] 남송에 대한 말 공급을 차단하고 풍부한 산지 목초지를 이용하는 것도 대리국 복속으로 얻을 수 있는 바였다. 경험이 부족한 쿠빌라이는 이 작전에서 전설적인 전사 수베테이의 아들 우랑카

---

330 Henthorn 1963, 127-138, 150-153; *YS*, 3.51.

331 Davis 2009, 869.

332 Herman 2002; Allsen 1994, 405-407; Rossabi 1988, 24-28.

다이의 도움을 받았다. 출정에 앞서 승리를 비는 희생제례를 치른 뒤에, 쿠빌라이는 육반산에서 남서쪽의 임조(臨洮)로 군대를 이동시켰다. 임조는 현재 간쑤성 린타오현에 위치한 도시로, 그곳에서 그는 대리국 왕 단흥지(段興智, 1273 사망)에게 사신을 보냈다.[333]

1253년 9월, 세 개의 몽골 부대가 출발했다. 우량카다이가 서쪽에서, 쿠빌라이가 중앙에서, 제왕 차카와 에질(야지열(也只烈))이 동쪽에서 부대를 이끌었다. 임조 군벌 가문 출신으로 쿠텐 휘하에서 사천 원정에 참여했던 왕전가(汪田哥, 혹은 왕덕신(汪德臣))가 선봉대를 이끌고 사천으로 가는 관문인 가릉강 유역의 이주(利州)에 전진기지를 설치했다.[334] 몽골군은 사천의 험준한 지형을 남쪽으로 통과해 1253년 12월 대리국 수도에 집결했다.

대리국의 지배자 단흥지는 실권을 쥐고 있던 고(高)씨 가문의 꼭두각시였는데, 적이 다가오자 동쪽의 선천(鄯闡, 몽골어로 야치(Ya-chi), 현재의 쿤밍)으로 도망갔다.[335] 대리국 승상 고상(高祥)이 몽골 사신 몇 명을 살해한 것에 대한 보복으로 쿠빌라이가 도시 주민들을 학살하려 했으나 쿠빌라이의 중국계 측근인 요추가 이를 말렸다고 전해진다. 대리에 손쉽게 입성한 몽골군은 범죄를 저지른 고씨들을 추적해 죽였다. 단흥지는 1년간 버텼지만, 1255년까지 몽골은 대리와 선천 정복을 완료했다. 이 과정에서 사천과 운남의 많은

---

333 *YS*, 4.58-59; Armijo-Hussein 1997, 151-154에서 이 부분에 대한 『원사』 세조 열전 부분의 영문을 번역했다.

334 *YS*, 4.59; *YS*, 3.46; 155.3650-3651. 제왕 에질에 대해서는 Hambis and Pelliot 1945, 31 각주 9 참고. Hu 1999, 153-154.

335 Chan 1993, 252-253; Herman 2002, 302; *YS*, 3.47에서는 대리국이 "평정"됐다고 했다. *JT*/Boyle, 283에는 운남에 대한 묘사가 있다.

인명과 말이 희생됐다.[336] 쿠빌라이는 1254년 겨울에 뭉케에게 보고하고 육반산으로 돌아가기 위해 출발했다. 그는 우량카다이에게 대리 주둔을 맡기고, 다루가치(한자로 선무사, 즉 평정 감독관)인 유시중(劉時中)에게 단(段) 왕조 조정의 감독을 맡겼다.[337] 단흥지는 체포된 후 1255년 뭉케 앞으로 끌려 가 금 패자를 받고 속국의 지배자로 임명됐다. 그는 1년 후 몽골로 돌아왔는데, 아마도 1256년 우량카다이가 카안을 알현할 때였을 것이다. 단흥지는 뭉케에게 지도를 바치고, 마하라자(maharaja, 산스크리트어로 '대왕')라는 칭호를 받았다.[338] 이후 그는 우량카다이의 북부 베트남 원정에서 정찰병 역할을 했다.

우량카다이는 대리와 주변 민족들을 확보하고 중경(重慶)에서 남송을 공격한 후, 1257년 가을 북부 베트남(교지)의 쩐(陳) 왕조 지배자를 처벌하라는 지시를 받았다. 이는 쩐 왕조가 몽골 사신을 투옥했기 때문이다.[339] 몽골군은 작전에 실패했음에도 불구하고 홍하(紅河) 강변에서 적의 코끼리 부대와 기병대를 물리쳤다. 하지만 쩐 왕조의 지배자 쩐까인(Tran Canh, 陳日煚)이 강을 따라 도망치는 것을 막지 못했다. 그는 이후 군대를 이끌고 침략자들에 맞서 싸웠다. 몽골군은 하노이(탕롱)를 잠시 점령했지만 곧 철수했다. 한문 자료에 따르면, 쩐까인은 결국 항복을 결정하고 나라를 아들에게 넘겼다. 그의 아들은 1258년 초 우량카다이의 손에 인질을 보

---

336 Yao Sui,15.9a-10a; 17.14b-15a에서는 여정의 어려움을 묘사했다.

337 *YS*, 3.47, 4.59, 121.2979-2980.

338 *YS*, 166.3910-3911에서는 단흥지의 친척인 신(信)[저일(苴日)]의 열전이 있다.

339 Han 2008, 792-793.

내고 몽골 조정에 조공을 바쳤다고 한다. 그러나 베트남 자료에서는 쩐의 군대가 몽골군을 후퇴시켰으며, 이 첫 번째 몽골 침략 기간 동안 항복하거나 인질을 보내지 않았다고 기록한다.[340] 남서부 전역에서 우량카다이와 그의 후계자들은 상당한 저항에 부딪혔다. 이는 저항 세력이 남송 당국의 지원을 받았기 때문이며, 몽골 당국은 이를 결코 완전히 극복하지 못했다.

훌레구의 서부 원정

뭉케의 어떤 계획보다도 더 중요했던 것은 훌레구가 1258년 아바스 왕조를 멸망시키고 이란과 아제르바이잔에 몽골 통치를 확립함으로써 이후 동방(이후 북중국)의 대칸에 종속된 '일 칸'의 왕조를 세운 것이었다. 뭉케가 훌레구에게 이란에 남으라고 했는지, 아니면 몽골에 있는 자신의 오르도로 돌아오라고 했는지는 불분명하다. 훌레구 울루스의 입장을 옹호하는 이들은 카안이 동생을 통해 이 지역에 항구적인 영향력을 미칠 기반을 마련하려는 비밀 계획을 가지고 있었다고 주장한다.[341] 원정의 본래 목적은 두 가지였다. 첫째는 카스피해 남부 해안의 산악 지대와 그 남동쪽의 쿠히스탄 지역 전체를 천혜의 요새에서 통치하던, 위험한 니자리 이스마일파(Nizari Ismāʿīlī, 시아파의 한 분파로 물라히다(Mulāhida), 이단자, 또는 암살자단으로도 알려짐)의 위협을 제거하는 것이고, 둘째는 바그다드의

---

340   *YS*, 3.50, 121.2981. Allsen 1994, 407; Rossabi 1988, 27; Taylor 2013, 124-125.

341   *CHI5*, 340-355에서 훌레구 원정을 상세히 서술한다. Jackson 1976, 221-222; *JT*/Thackston, 479도 참고.

칼리프 알 무스타심 빌라의 복종과 협조를 확보하는 것이었다. 이스마일파의 테러에 따른 불만의 목소리는 카라코룸에까지 도달했고, 변장한 암살자들이 암살 의도를 가지고 몽골 수도에 침투했다는 소문도 있었다.[342]

홀레구는 1253년 자신의 오르도로 돌아와 원정 준비를 시작했다.[343] 서몽골에 대규모 군대가 집결했다. 몽골 군대 전체에서 10명 중 2명을 배정해 그중 일부를 차출했고, 북중국의 공성 기술자 1000가구를 동원해 포함시켰다. 다른 칭기스 가문에서도 증원군이 왔다. 한 차가다이 가문의 제왕이 원정에 참여했고, 세 명의 주치 가문 제왕도 참여했는데, 이는 바투가 이 지역에서 주치 가문의 이익을 지키려 했다는 증거이다. 뭉케 가문 출신의 몽골 장교로서 실제 현장 작전을 지휘한 키트 부카가 1252년에 선발대와 함께 출발했다.[344] 전령들은 왕자의 이동 경로를 따라 목초지를 확보하기 위해 사방으로 퍼져나갔고, 이들이 군대의 가축 떼에 신선한 사료를 공급했다. 이 군대는 총 17만에 달하는 병력(그들의 가족을 포함하면 약 85만 명)과 수백만 마리의 말(일반적으로 병사 1명당 5마리)을 포함했을 것으로 보이며, 몽골에서 출발한 부대는 약 8000킬로미터를 이동했다.[345] 모든 대규모 몽골 군대와 마찬가지로, 이 군대도 분산된 형태로 전진했으며 말들이 풀을 뜯을 수 있도록 자주 멈추었다.

---

342 William of Rubruck 1990, 222.

343 Lane 2003, 18-20; *JT*/Thackston, 477-484.

344 Jackson 1976, 220-221; *HWC*, 607-613; *JT*/Thackston, 479-481.

345 Smith 2006, 113-118; Smith 1997, 249; Smith 1984, 334-337.

1253년 10월에 출발한 훌레구의 군대는 신중히 그리고 천천히 이동했다. 그들은 유용한 정보를 수집하고, 지나가는 영토의 주민들에게 이 군대의 주군이 지닌 엄청난 힘을 각인시켰다. 왕자의 행렬은 알말릭에서 차가다이 가문의 섭정 오르기나 카툰의 접대를 받았고, 1255년 가을에는 사마르칸드 외곽에서 마수드 벡이 주최한 길고 화려한 연회에 참석했다. 사마르칸드와 그 남쪽의 키시에서 훌레구는 현지 몽골 협력자를 접견하기 위해 정교한 천막에서 호화로운 축하 연회를 마련했다. 헤라트의 통치자 말릭 샴스 앗 딘 카르트 같은 인물들이 알현해 선물을 바쳤는데, 그는 한 노년의 이스마일파 지도자의 항복을 주선하기도 했다.[346]

원정군은 트란스옥시아나에서 아무다리야강을 건너 후라산으로 들어갔고 북부 아프가니스탄에서 겨울을 보냈다.[347] 아르군 아카는 키시에서 일행에 합류했고 후라산을 통과하는 동안 제왕들을 수행하다 뭉케를 만나러 카라코룸으로 떠났다. 1256년 봄, 훌레구 일행은 아르군의 본부가 있는 투스(Tus)에 도착했고, 부재 중인 아미르 대신 그들의 아내와 관리들의 접대를 받았다. 군대는 늦은 여름에 암살자들의 요새에 접근했다. 키트 부카의 선봉대가 길을 일단 확보한 상태였지만, 쿠히스탄 지역의 반란군 잔당들이 훌레구의 군대에 저항하기도 했다.

관례대로 훌레구는 새로운 이스마일파 지도자 이맘 루큰 앗 딘 후르샤에게 항복과 요새 해체를 설득하려 했다. 루큰 앗 딘은

---

346   *JT*/Thackston, 482.

347   *HWC*, 613-614.

실성한 아버지가 살해된 뒤 막 자리에 오른 상태였다.[348] 그는 진심이 넘쳐보이는 훌레구의 태도에 고무되어 항복을 준비할 시간으로 1년을 달라고 요청했고 대신 가짜 아들을 보냈다. 이맘의 지연전술을 간파한 몽골군은 알라무트 근처에 있는 그의 성을 공격하기 시작했다. 1256년 11월, 후르샤는 여러 대신들과 함께 항복했다. 이때 다방면에 뛰어난 저명한 학자 나시르 앗 딘 투시(1274 사망)도 함께 항복했다. 성채는 완전히 파괴됐다.[349] 훌레구는 군대를 이끌고 알라무트로 향하며 루큰 앗 딘이 동행하게 했고, 12월에는 이곳도 함락시켰다. 남아 있는 대부분의 이스마일파 거점들을 제거한 후, 훌레구는 이맘과 그의 가족을 카라코룸으로 보냈다. 뭉케는 아우가 쓸데없는 관용을 베풀었다고 생각했던지, 그들을 모두 처형하라고 명령했다. 시리아에서 지하로 숨어든 이스마일파는 19세기까지 거의 자취를 감추었다. 오늘날 이 종파는 현재의 이맘인 아가 칸(Aga Khan) 아래에서 명맥을 유지하고 있다.[350]

훌레구는 알라무트 남쪽 카즈빈 근처에서 겨울을 보낸 후, 1257년 3월 바그다드를 향해 남서쪽으로 진군했다. 카즈빈과 바그다드의 거의 중간 지점인 하마단에 진을 치고, 칼리프에게 사신을 보내는 한편 지휘관들을 모아 포위 공격을 준비했다.[351] 1256년 파괴적인 홍수를 겪은 바그다드는 혼란에 휩싸여 있었고, 칼리프의

---

348 *HWC*, 707-713.

349 나시르 앗 딘 투시에 대해서는 *JT*/Thackston, 459, 483, 485, 492-493; Allsen 2001a, 112, 163, 169, 173, 206, 209 참고.

350 Lane 2003, 24-26; *JT*/Thackston, 482-484; *HWC*, 618-638, 707-725. Morgan 1986, 151. 참고.

351 Smith 2006, 118-128; Boyle 1961; *JT*/Thackston, 486-491.

조정은 분열돼 있었다. 몽골에서 온 사신은 칼리프를 꾸짖으며 암살자들에 대한 원정을 지원하지 않고 훌레구의 요구를 따르지 않았으니 처벌하겠다고 위협했다. 몽골 사신은 칼리프에게 영토를 아들에게 넘기고 도시의 요새를 파괴한 뒤 몸소 몽골 칸을 알현하거나 최고위 대신들을 보내라고 요구했다. 칼리프는 자신의 주민들이 몽골인들을 적대시한다는 점을 감안해서 귀환하는 사신단에게 군사 호위를 제공했지만, 칼리프의 거만하고 상대를 무시하는 듯한 답변, 특히 칸을 "젊은이"라고 부른 것에 훌레구는 분노했다.[352]

추가 교섭에서 칼리프의 무모함이 더욱 드러나자, 훌레구는 점쟁이들과 상의했다. 한 점성술사가 왕자가 바그다드를 공격하면 여섯 가지 우주적 재앙이 일어날 것이라고 예언하자, 훌레구는 나시르 앗 딘 투시에게 두 번째 의견을 구했다. 투시는 이러한 끔찍한 경고를 비웃었다. 1257년 말, 몽골군의 세 부대는 각기 다른 경로로 출발했다. 바이주와 수군착이 이끄는 우익군은 주치 일족의 왕자들과 합류해 티그리스강을 건너 서쪽에서 도시에 접근했다. 키트 부카와 일게이 노얀 휘하의 좌익군은 남동쪽에서 전진했고, 훌레구는 중앙군을 이끌고 북동쪽 하마단에서 나아갔다.[353] 우익군 지휘관들은 큰 호수의 제방을 열어 수천 명의 바그다드 사람들을 익사시킴으로써 아바스 왕조의 선봉대를 무찔렀다. 1258년 1월 말 훌레구는 성문 밖에 진을 쳤다. 도시를 둘러싼 성벽을 쌓고

---

352 *JT*/Thackston, 488-489.

353 *JT*/Thackston, 495, 492-493; Boyle 1961, 154-155.

그 성벽 안쪽으로 해자를 파도록 명령했다. 몽골군은 진지를 구축하고 1월 29일 포위 공격을 시작했다.

일주일간의 치열한 전투 끝에 몽골군은 성벽에 올랐고 시민들에게 성벽 파괴를 도우라고 종용했다. 종교 지도자들은 안전을 보장받았으며, 기록에 따르면 기독교도 이베리아인이 열정적으로 몽골군을 도와 저항하는 이들을 제거했다고 한다.[354] 운명이 결정된 칼리프는 2월 10일 항복했다. 일주일간의 약탈과 살육이 이어지는 사이에 훌레구는 칼리프의 궁전과 국고를 점검했고, 하렘의 여인들과 내시들을 분배했다.[355] 알 무스타심과 그의 장자, 측근이 2월 20일에 처형되며 500년간 지속된 아바스 왕조의 통치가 막을 내렸다. 무슬림들은 이스마일파의 몰락을 대체로 환영했다. 그러나 약해지고 무력해진 상태였다 하더라도 칼리프 정권의 종말은 전 이슬람 세계에 충격을 주었다.

전장을 떠나기 전 훌레구는 칼리프의 전직 관리 두 명과 몽골 총독 한 명을 임명해 도시를 관리하도록 했다. 그들에게 시신을 치우고, 바그다드를 재건하고, 시장을 다시 열라고 명령했다. 이 정복자는 1262년 프랑스의 루이 9세에게 보낸 편지에서 당시 사망자 수가 20만 명이었다고 밝혔다.[356] 재건 임무를 위해 훌레구는 일게이 노얀과 카라 부카의 지휘 아래 3000명의 몽골군을 배치했다. 승리를 거둔 훌레구는 하마단으로 돌아가 휴식을 취하며 다음 행보를 고민했다. 그는 실력이 입증된 점성술사 나시르 앗 딘 투시를

---

354   Bar Hebraeus 1932, 제10장, 431.

355   *YS*, 3.51에 따르면 1258년 둘째 달에 뭉케에게 포로들이 헌상됐다고 한다.

356   Morgan 1986, 151; Meyvaert 1980; Jackson 2005b, 116.

파견해 타브리즈 남쪽 마라가에 천문대를 세우도록 했는데, 마라가는 훌레구의 새로운 수도가 됐다.[357]

1259년 9월 당시, 훌레구는 뭉케가 사천에서 사망했다는 소식을 아직 접하지 못했다. 그는 알레포와 다마스쿠스로 향했다. 키트 부카가 선봉에 섰고, 바이주가 우익, 수군착이 좌익을 이끌었다. 알레포는 1259년 12월에 함락되어 철저히 약탈당했다. 이란으로 철수한 훌레구는 키트 부카에게 다마스쿠스 점령을 명했다. 다마스쿠스는 이미 저항 없는 항복 의사를 밝힌 상태였다. 시리아가 몽골의 영향권 안에 들어온 것으로 보이자, 키트 부카는 이집트를 향해 나아갔다. 당시 이집트는 맘룩 술탄 쿠투즈가 다스리고 있었는데, 그는 대담하게도 카이로에 온 몽골 사신들을 반토막 내어 죽였다. 1260년 9월, 쿠투즈의 잘 훈련된 킵착 군대가 다마스쿠스 남쪽 아인 잘루트에서 키트 부카의 군대를 격퇴했다. 몽골 장군 키트 부카의 생애는 그 전장에서 죽어 끝났거나, 그의 불굴의 저항을 기록한 라시드에 따르면, 아인 잘루트에서 포로로 잡힌 뒤 처형당했다. 시리아는 몽골의 통제에서 벗어났다. 아인 잘루트에서 패함으로써 몽골의 진출 한계가 정해졌고, 맘룩과 훗날의 일 칸들 사이에 오랜 적대 관계가 형성됐다. 그 적대감은 카이로와 사라이 사이의 우호 관계를 촉진했고, 반(反)이집트 동맹 체결이라는 헛된 희망을 품은 훌레구 울루스는 유럽의 기독교 세력들과 접촉하는 방향으로 외교 정책을 전환했다.[358]

---

357 *JT*/Thackston, 498-499; Boyle 1961, 160.
358 Smith 1984; Amitai-Preiss and Morgan 1999, 57-72; Jackson 2005b.

　　뭉케의 동생 쿠빌라이와 아릭 부케가 1260년 후계자 자리를 놓고 경쟁하기 시작하며 몽골 왕족 간에 내전의 조짐이 보이자, 훌레구는 시리아 재정복 시도를 주저한 것으로 보인다. 이 과업은 그의 후계자들이 물려받았다.[359] 더 시급한 문제로, 훌레구와 새로운 주치 울루스의 칸인 베르케(재위 1257~1266) 사이에 긴장이 고조됐다. 바투는 1256년에 사망했고, 그의 후계자 사르탁과 그의 아들도 곧이어 세상을 떠났다. 훌레구가 정복 지역을 점령해 서남아시아를 툴루이 가문의 새로운 울루스로 변모시키자, 이는 필연적으로 남캅카스와 호레즘 및 아제르바이잔의 풍부한 목초지 지역에 대한 주치 울루스의 입지를 약화시켰으며, 몽골 카안과 주치 일족 간의 미묘한 균형을 무너뜨렸다.[360] 뭉케와 바투가 모두 사망하자 훌레구의 원정군과 여기에 가담한 주치 울루스 군대의 관계는 틀어졌다. 훌레구 군대에 있던 주치 일족의 왕자 두 명이 연회에서 의문의 죽음을 맞았다. 세 번째 왕자는 주술 혐의를 받아 베르케에게 보내졌고, 베르케는 그를 다시 훌레구에게 보내 처형당하게 했다.[361] 베르케와 훌레구 사이에 적대감이 생긴 것에는 베르케가 이슬람에 경도됐던 점(그는 공개적으로 이슬람을 받아들인 최초의 몽골 칸이었다)보다는 두 사람 사이에 놓인 지정학적 상황이 훨씬 크게 작용했다.

359　*JT*/Thackston, 502-506.

360　Lane 2003, 38-41.

361　*JT*/Thackston, 506, 511.

뭉케의 죽음과 유산: 쿠빌라이와 남송 원정

뭉케는 형제들을 몽골군 우익과 좌익의 지휘관으로 임명함으로 써 그들의 재능을 활용하는 동시에 제한된 범위 내에서 그들의 야 망을 충족시켜주었다. 그는 군 인사 임명에 대한 최종 권한을 유 지했으며, 형제들은 카안 하위의 칸으로서 상당한 자치권을 누리 며 자신의 영역을 다스렸다.[362] 그러나 훌레구는 서쪽으로 떠난 후 몽골로 돌아오지 않았고 형을 다시 만나지도 않았다. 반면 야심 찬 쿠빌라이는 뭉케와 가까이 지냈으나 형의 엄격한 통제에 불만 이 많았다. 카안은 쿠빌라이가 화북에서 시행한 여러 개혁을 자신 의 권력에 필적하는 세력을 구축하려는 시도로 여겼던 것이 틀림 없다. 쿠빌라이가 한인 측근들에게 보인 호의는 카라코룸 보수파 의 반감을 샀다. 1255년 뭉케는 쿠빌라이에게 연경 북쪽으로 10일 거리에 있는 초원 변경의 용강(龍岡)에 거처를 마련하고 그곳을 방 어하라고 명령했다. 이듬해 쿠빌라이는 그곳에 상도(上都, 개평)라는 도시를 건설하기 시작했다.[363] 카안은 권력의 균형을 조정하기 위 해 두 가지 조치를 더 취했는데, 모두 남송에 대한 협공 준비와 관 련이 있었다.

먼저 1257년 뭉케는 고위 관리 알람다르와 유태평(劉太平) 을 파견해 경조와 하남의 재정 상황을 조사하게 했다.[364] 쿠빌라 이 행정부에 제기된 142건의 위반 혐의에 대해, 조사관들은 그 진 위 여부와 상관없이 기록을 압수하고 관리들을 해임했으며 수십

---

362   Allsen 1994, 407-408.
363   Rossabi 1988, 31; *YS*, 3.60; *YS*, 58.1350의 지리지 참고.
364   *YS*, 4.60에서는 이를 봄, *YS*, 3.50에서는 열한 번째 달로 기록하고 있다.

명을 즉결 처형했다.[365] 쿠빌라이가 관중 지역에서 가지고 있던 조세 징수와 행정 권한은 박탈됐다. 쿠빌라이는 제국 중앙 권력의 힘을 상기시키는 이 일로 자존심이 상했지만, 요추의 조언을 수용해 1257년 말 또는 1258년 초에 형 뭉케 앞으로 나아가 잘못을 뉘우치고 앞으로 있을 남송 정벌에 전폭적으로 협력하겠다고 약속했다. 지정학적으로 민감한 경조는 여전히 제국의 골칫거리로 남았다.[366]

뭉케가 취한 두 번째 조치는 여전히 남송의 저항 거점인 사천으로 직접 군대를 이끌고 진군하는 것이었다. 1256년 남송 당국이 몽골 사신을 억류하자 뭉케는 남중국에 대한 삼면의 대규모 침공 전략을 수립하기 위해 쿠릴타이를 여러 차례 소집했다. 뭉케가 1257년에 쿠빌라이를 감사한 것은 분명 이 전략적으로 중요한 분봉지에서 더 많은 수입을 확보하고 이곳을 더 강력히 통제하기 위해서였다. 1257년에 전쟁 명령이 내려졌고, 화로의 주인 아릭 부케가 알람다르의 보좌를 받아 카라코룸을 관리하게 됐다.

우익군을 지휘하던 뭉케는 1258년 4월까지 남쪽으로 진군해서 쿠빌라이의 옛 봉지 육반산에서 여름을 보냈다.[367] 한문 사료에 따르면, 그의 군대는 10투멘, 즉 이론상 10만 명에 달했고, 세 부대로 나뉘어 1258년 여름 서로 다른 경로로 사천을 통과했다. 그해

---

365   Chan 1993, 393; Hsiao 1993, 434. Yao Sui, 15.10a–b에서는 이 조사가 1256년에 발생했다고 보고 있다.

366   Dunnell 2015.

367   *YS*, 3.51; *JT*/Thackston, 414–415. 색스턴은 좌익과 우익으로 원정에 참여하는 왕자들과 군 지도자들의 소속을 실수로 반대로 서술했다. *JT*/Boyle 224–226 참고. 라시드가 기록한 원정 연도는 2년이나 차이가 날 뿐만이 아니라, 뭉케의 군대 규모를 60투멘, 타가차르의 군대를 60투멘으로 기록하여 다소 과장된 듯하다. 같은 구절에서 그는 칸의 군대 규모가 10투멘이라고 하며, 이는 『원사』의 기록과 더 일치한다.

가을 뭉케는 이주에 도달해 가릉강을 건넜다. 몽골군은 사천을 휩쓸며 도시들을 점령했고, 항복한 남송 관리들을 책임자로 남겨두거나 남송 장교들을 몽골·한 연합군의 선봉에 세웠다.[368] 유런(紐璘)이 이끄는 선발대는 이미 성도를 점령한 상태였다.[369]

　　한편 좌익군은 창장 중·하류를 따라 공격하기로 되어 있었다. 이 군대를 지휘하던 타가차르는 먼저 한수이(漢水) 유역의 번성(樊城)을 공격했으나, 일주일 만에 폭우로 철수했다. 이에 분노한 뭉케는 쿠빌라이에게 모든 몽골·한 연합군을 이끌고 창장 중류 지역에 있는 현재 우한 동쪽의 악주(鄂州)를 공격하라고 지시했다.[370] 쿠빌라이는, 그해 1258년 여름 개평에서 불교도와 도교도 간의 논쟁을 주재한 후, 겨울에 출발해 1259년 초에 화이허와 창장 유역의 몽골 전선을 지키고 있던 한인 장군 장유와 합류했다. 그리고 8월에 다른 이들보다 앞서 악주에 도착했다.[371] 장유 휘하의 다른 부대들은 사천에 있는 뭉케를 지원하거나, 이제 악주 북서쪽 형산(荊山)을 공격하라는 임무를 받은 타가차르를 지원하도록 재배치됐다. 그러나 타가차르는 다시 철수해 뭉케와 합류했다.[372] 마지막으로 1259년, 남서쪽에서 우량카다이는 악주 남쪽의 장사(長沙)에서 몽골군과 합류하라는 명령을 받았다.[373]

368　*YS*, 3.52; Yao 1971, 4: 179-182.

369　*YS*, 129.3144-3145.

370　*JT*/Thackston, 415; *JT*/Boyle, 247에서는 쿠빌라이가 통풍으로 원정에서 빠졌다고 기록하며, 이는 다른 기록과 조금 다르다.

371　Jagchid 1980, 82-84; YS, 3.51, 3.53, 4.61, 147.3476; Hsiao 1993, 54-55.

372　Yao 1971, 4: 182; *JT*/Boyle, 247.

373　*YS*, 121.2981-2982; Rossabi 1988, 45-46.

　　1259년 초 뭉케는 신년 모임을 열고 술을 마시며 전쟁 전략을 논의했다. 병사와 말 들이 무더운 기후와 질병의 위협으로 이미 피해를 입고 있는데도 사천에서 철수해야 한다는 조언을 거부했다. 몽골군은 계속 전진해 현재 자링장(嘉陵江)과 취장(曲江)이 합류하는 언덕에 있는 합주(合州, 조어성(釣魚城))를 포위했다. 남송 사령관 왕견(王堅)은 뭉케의 사신을 죽이고 5개월간의 장마 속에서도 강력하게 방어했다. 그해 7월(8월 11일) 뭉케는 52세의 나이로 사망했다. 사인이 부상이든 역병이든, 그의 죽음으로 원정은 중단됐다.[374] 아들 아수타이는 아버지의 시신을 몽골로 호송해 부르칸 칼둔에 있는 칭기스와 톨루이 무덤 옆에 안장했다. 한편 동생 무게는 서둘러 쿠빌라이에게 이 소식을 전했다. 쿠빌라이는 8월 화이허를 건너다가 또는 9월 악주에서 이 비보를 접했다.[375] 쿠빌라이는 이제 막 시작한 도시 공격을 멈추길 꺼렸지만, 남송 증원군의 도착과 개평에 있던 아내 차비(Chabi, 察必)가 보낸 급보를 받고 결국 측근들의 말을 따라 남송과의 휴전을 받아들였다. 쿠빌라이는 11월에 북쪽으로 부대를 철수시켰다.[376]

　　구육과 마찬가지로 뭉케도 생전에 후계자를 명확히 밝히지 않은 것으로 보인다. 그러나 선대 카안들과 달리 뭉케는 카툰들의 영향력을 엄격히 제한했기 때문에, 그의 두 동생 간의 대립이 불가피해졌다. 쿠빌라이는 1260년 셋째 달(5월)에 개평에서 카안으로

374　*YS*, 3.54; 155.3652; *JT*/Thackston, 416; Yao 1971, 185; Allsen 1994, 410–411.

375　Yao 1971, 182; YS, 4.61에 따르면 이는 9월이었으며, *JT*/Thackston, 416에 따르면 8월이다. 여기에서 차비는 추비(*YS* 106.2694)의 오류이며, 그녀는 뭉케의 세 번째 황후로 1259년 9월 육반산에서 죽었다.

376　*YS*, 4.62–63; Rossabi 1988, 49–51.

추대됐다. 타가차르가 이끄는 좌익의 왕들, 우구데이의 아들 카단, 차가다이 가문의 왕자 아지키(Ajiqi) 등이 그를 지지했다. 얼마 지나지 않아 카라코룸에서는 뭉케의 최고 관리들이 대부분 참석한 가운데 비슷한 의식이 열렸고, 여기서 아릭 부케가 카안으로 선출됐다. 이 사건들은 통일 제국의 종말을 알리는 징조였다.

올슨은 "몽골 제국의 통일을 파괴한" 내전의 궁극적 책임이 뭉케에게 있다고 보았다.[377] 그 주요 요인으로 차가다이 가문과 우구데이 가문을 소외시킨 점과 후계자를 지명하지 않은 점을 꼽는다. 이를 잘못이라 하든 특징이라 하든, 전자는 실제로 중앙아시아에서 독립적인 울루스들이 형성되는 상황을 앞당겼다. 훌레구를 페르시아로 파견한 것도 마찬가지 영향을 미쳤음을 강조할 필요가 있다. 후계자를 지명했다고 해서 쿠빌라이와 아릭 부케 사이에 갈등을 막을 수 있었을지도 의문이다. 표면 아래에서 끓어오르던 적대감과 경쟁의식이 이전에도 터져나온 적이 있으며, 몽골의 활동 범위가 너무나 넓었고 카안이 중앙의 특권을 주장하는 태도를 일관되게 보였기 때문에 경쟁을 영원히 억누르기란 불가능했다. 1259년경에는 몽골의 정치적 통일성이 취약해졌고, 과도한 확장이 심각한 문제를 일으켰다. 오히려 놀라운 것은 뭉케가 제국의 영토를 가장 넓게 확장하면서도 동시에 이를 잘 통합해 유지했다는 점이다. 그는 불가피한 분열을 늦추었으며, 제국을 이루는 각 부분의 수명을 연장할 수 있었다.

뭉케의 통치는 대칸이 칭기스의 비전을 어떻게 역동적 청사

377　Allsen 1994, 411-413.

진으로 확립했는지를 보여준다. 이후 몽골인들이 분열을 어떻게 다루었는지는 몽골 제국의 역사적 우연성, 변화, 지속성에 대한 새로운 질문을 제기한다.

결론: 통일 제국 시대에 대한 평가

13세기 전반에 몽골이 만든 제국 정치 체제의 두드러진 특징들은 유라시아의 이전 역사에서 그 뿌리를 찾을 수 있다. 하지만 몽골 제국이 견고한 연결을 통해 이룬 배치, 개선, 통합의 규모는 전례가 없을 정도여서, 과거부터 현재에 이르는 모든 관찰자와 연구자들이 이것에 주목했다. 흔히 몽골의 시대는 과거의 종말이자 새로운 세계의 탄생으로 여겨졌으며, 최근에는 세계화를 향한 도약의 초기 형태로 평가받고 있다.

이러한 특징들은 광대한 영토를 하나의 소통 공간으로 엮기 위해 유목민의 사냥, 전쟁, 사회 조직 기술을 실용적인 통치 체제에 적용하면서 시작되었다. 상업의 장려와 인재의 광범위한 등용은 이 소통 공간(교역로, 상인 네트워크, 문화 협력자)의 채널을 넓히고 유지하는 데 도움이 됐으며, 인적·정치적 자원을 육성하는 데도 기여했다.[378] 이 모든 정책들은 칭기스 제국 특유의 문화적 핵심 가치를 구현하고 뒷받침했다. 이 문화는 통일 제국 시기에 제국의 성숙한 면모를 발전시켰다. 쿠릴타이는 몽골 제후들이 정책을 결정하거나 새로운 칸을 선출하는 정기적인 모임이었다. 이 모임은 제

___

378 Allsen 1997b.

국의 문화적 핵심 요소들을 구현하고 드러내는 장이었다. 예를 들어 의복과 축제에 대한 몽골인들의 선호는, 그들이 정복과 교류를 통해 접촉한 다양한 문명의 요소들을 자국의 문화적 문맥에 맞게 변용하고 이를 광범한 제국의 영역에 확산시키는 가운데 새롭게 형성된 전통의 일면을 잘 보여준다. 새로 고안된 전통들은 단순한 수용을 넘어, 제국 차원의 문화적 재구성과 정체성 형성의 일환으로 이해될 수 있다.[379]

칭기스 칸은 생전에 세계 정복과 모든 민족의 복속에 대한 의도나 명령을 직접 드러내지 않았을지도 모른다. 하지만 그의 후계자 우구데이의 치세가 끝날 무렵, 이러한 사명이 몽골의 이념으로 확립되어 창시자의 업적을 유지하고 확장하는 동력이 됐다. 몽골인들의 눈에는 텡그리(하늘)가 칭기스와 몽골 민족을 의로운 정복의 대리인으로 선택했고, 칭기스의 후손들에게 보편적 통치권을 부여했다.

제국 초기의 세 통치자 칭기스, 우구데이, 구육은 초원의 규범과 그들이 건설하고 있던 새로운 제국 사회 사이의 개념적, 실용적 관계를 의식적으로 표현했다.[380] 우구데이는 제국 행정과 정치 문화의 제도적 틀을 확장하고 공고히 했다. 그의 정책은 제국의 영향력을 확대했고, 특히 몽골의 이념과 정당성을 외교적, 법적으로 표현하는 것과 관련해서는 미래의 의사 결정을 이끄는 선례를 확립했다.[381] 정복의 기초를 다지기 위해 이미 시작한 도시와 정

---

379 Allsen 1997a; Allsen 2001a.

380 Buell and Kolbas 2016, 43-64.

381 Jackson 2006.

착지 건설은 카라코룸을 제국의 수도로 건설하면서 더욱 박차를 가하게 되었다. 이후 몽골의 수도들이 훌레구 울루스의 이란과 킵착초원에도 세워졌다. 중앙아시아에서는 사마르칸드와 부하라 같은 트란스옥시아나의 주요 도시들이 복구된 반면, 발하슈호 주변 초원의 도시들은 목초지로 변해 사라졌고 남은 자원들은 제국의 다른 지역으로 흘러갔다. 차가다이 울루스 궁정이 알말릭 근처에 위치한 덕분에 이 도시로 교역과 통행이 몰렸지만, 몽골 정복 이전 초원 도시의 삶을 지탱했던 농업이 회복되는 데 이르지는 못했다.[382] 게다가 전문 지식에 대한 몽골인의 수요가 다른 지역의 토착 지식인 엘리트들에게 새로운 기회를 제공했다.

몽골의 원정과 기반 시설 건설, 통치 프로젝트로 인해 유라시아 전역에서 인력과 자원이 모이고 또 이동했다. 또 전쟁으로 인해 대규모 난민이 발생했다. 그 결과 유라시아의 민족 지도와 인구 분포가 재편되어 중국 농민들이 중앙아시아와 훌레구 울루스로, 킵착인과 알란인, 러시아 병사들이 동북아시아로 이동했다.[383] 제국의 교통망으로 연결된 몽골 문명의 국제적 거점들이 유라시아 전역에 생겨났다. 이는 칭기스 일족 내부의 경쟁으로 지역 칸국들 사이, 또는 동아시아의 칸들과 대칸 사이에 간헐적 전쟁이 벌어진 후에도 몽골 세계를 소통의 공간이자 통합된 상태로 유지했다. 예를 들어, 다른 영토에서 발생한 수입 중 자기 군주의 몫을 거두기 위해 이 소통의 공간을 가로질러 파견되는 칭기스 일족의 대리인들

---

382   Biran 2013.
383   Allsen 2015.

이 있었다. 이들의 요구는 14세기까지도 지역에서 저항을 받기는 했지만 무시되지 않았다. 가족이 분열된 후에도 이 모든 것은 여전히 확대된 '가족사'의 일부였다.[384]

칭기스 일족의 사명이 너무나 성공적이었기에 몽골인들은 몽골을 떠났고, 쿠빌라이가 원 왕조를 세우면서 통일 제국 시대가 끝난 이후에는 몽골이 제국의 변방이 됐다. '몽골인'의 의미 또한 지속적으로 변화해서 오늘날 '몽골'이라 불리는 지역 출신이거나 그곳에 사는 것과 직접적인 연관이 없어졌다. 몽골인들은 여러 면에서 어디에 있든 정당하게 다른 민족을 통치하는 '문화와 관습'의 '상상의 공동체'가 됐다.[385]

---

384 Kim 2009.
385 Munkh-Erdene 2011, 224-225.

참고문헌

사료와 번역서

Bar Hebraeus. 1932. *The Chronography of Gregory Abû'l Faraj, 1225-1286, the Son of Aaron, the Hebrew Physician, Commonly Known as Bar Hebraeus*, tr. E. A. W. Budge, vol. 1. London. Available at http://rbedrosian.com/BH/bh62.htm.

Cai Meibiao蔡美彪. 1955. *Yuandai bai hua bei ji lu*元代白話碑集錄(A Collection of Yuan Dynasty Vernacular Stele Inscriptions). Beijing.

Dai Xizhang戴錫章. 1924. *Xi Xia ji*西夏記(Records of the Xi Xia), ed. Zhonghua wenshi congshu. Taipei.

Jin shi金史, ed. *Tuotuo*脫脫. 1975. Beijing.

JT/Boyle. 일러두기 6번 참조.

JT/Thackston. 일러두기 6번 참조.

Jūzjānī, Minhāj al-Dīn al-. 1881. *Tabaqāt-i Nāsirī*, tr. H. G. Raverty. Calcutta.

Olbricht, Peter, and Elisabeth Pinks. 1980. *Meng-Ta Pei-Lu und Hei-Ta Shih-Lüeh*. Wiesbaden.

Pelliot, Paul, and Louis Hambis. 1951. *Histoire des Campagnes de Gengis Khan*. Leiden.

Peng Daya彭大雅 and Xu Ting徐霆. 1962. *Hei-Da shilüe*黑韃事略(Biographical Sketches of the Black Tatars). In Wang 1962.

Qarshī Jamāl. 2005. *Al-Mulkhakāt bi-s-surākh*, tr. Sh. Kh. Vokhidov and B. B. Aminov, vol. 1 of Istoriia Kazakhstana v Persidskikh istochnikakh. Almaty.

Rashīd al-Dīn, Fadlallāh Abu'l-Khayr. 1952. *Sbornik letopisei*, vol. 1, book 2, tr. L. A. Khetagurov. Moscow and Leningrad.

Schurman, H. F. 1956a. *The Economic Structure of the Yüan Dynasty*. Translation of Chapters 93 and 94 of the Yüan Shih. Cambridge, MA.

SH. 일러두기 6번 참조.

*Shengwu qinzhenglu*聖武親征錄(The Campaigns of the Holy Martial Emperor). In Wang 1962.

*Song shi*宋史, ed. Tuotuo脫脫. 1977. Beijing.

Su Tianjue蘇天爵. 1335. *Yuanchao mingcheng shilüe*元朝名臣事略(Biographical Sketches of Famous Officials of the Yuan Dynasty). (Reprinted 1996.)

Su Tianjue蘇天爵. 1335. *Yuanchao mingcheng shilüe*元朝名臣事略(Biographical Sketches of Famous Officials of the Yuan Dynasty). (Reprinted 1996.)

Wang Guowei王國維. 1962. *Menggu shiliao si zhong*蒙古史料四種(Four Sources for Mongol History). Taipei.

William of Rubruck. 1990. *The Mission of Friar William of Rubruck: His Journey to the Court of the Great Khan Möngke 1253-1255*, tr. Peter Jackson and ed. Peter Jackson with David Morgan. London.

Yao Sui姚燧. 1975. *Mu'anji*牧庵集(Collected Works from the Shepherd's Hermitage), ed. Sikuquanzhu zhenben bieji.

Yu Ji虞集. 1968. *Daoyuan xue gulu*道園學古錄(Recordings of Antiquity from the Daoyuan Study), ed. Guoxue jiben congshu. Taipei.

Yuan Jue袁桷. *Qingrong jushi ji*清容居士集(Collected Works of the Qingrong Hermit), ed. Sibu beiyao.

Zenkovsky, Serge A., and Zenkovsky, Betty Jean, tr. 1984. *The Nikonian Chronicle*. Princeton.

연구서와 논문

Akasoy, Anna, Charles Burnett and Ronit Yoeli-Tlalim, eds. 2013. *Rashīd al-Dīn: Agent and Mediator of Cultural Exchanges in Ilkhanid Iran*. London and Turin.

Alexeev, Valery P. 1991. "Some Aspects of the Study of Productive Forces in the Empire of Chenghiz Khan". In *Rulers from the Steppe: State Formation on the Eurasian Periphery*, ed. Gary Seaman and Daniel Marks, 186-198. Los Angeles.

Allsen, Thomas T. 1983a. "Prelude to the Western Campaigns: Mongol Military Operations in the Volga-Ural Region, 1217-1237". *AEMA* 3: 5-24.

1983b. "The Yüan Dynasty and the Uighurs of Turfan". In Rossabi 1983, 243-280.

1986. "Guard and Government in the Reign of the Grand Qan Möngke, 1251-1259". *HJAS* 46.2: 495-521.

1987. *Mongol Imperialism: The Policies of the Grand Qan Möngke in China, Russia, and the Islamic Lands*. Berkeley, CA.

1985-1987. "The Princes of the Left Hand: An Introduction to the History of the Ulus of Orda in the Thirteenth and Fourteenth Centuries". *AEMA* 5: 5-40.

1987-1991. "Mongols and North Caucasia". *AEMA* 7: 5-40.

1989. "Mongolian Princes and Their Merchant Partners, 1200-1260". *Asia Major*, 3rd series 2.2: 83-126.

1993. "Mahmūd Yalavač(?-1254)…" In *ISK*, 122-129.

1994. "The Rise of the Mongolian Empire". In *CHC6*, 321-413.

1996. "Spiritual Geography and Political Legitimacy in the Eastern Steppe". In *Ideology and the Formation of Early States*, ed. Henri J. M. Claessen and Jarich G. Oosten, 116-125. Leiden.

1997a. *Commodity and Exchange in the Mongol Empire*. Cambridge.

1997b. "Ever Closer Encounters: The Appropriation of Cultures and the Apportionment of Peoples in the Mongol Empire". *Journal of Early Modern History* 1: 2-23.

1999. Review of *Muscovy and the Mongols: Cross-Cultural Influences on the Steppe Frontier, 1304-1589* by Donald Ostrowski. *JRAS*, third series 9.2: 301-303.

2001a. *Culture and Conquest in Mongol Eurasia*. Cambridge.

2001b. "Robing in the Mongolian Empire". In *Robes and Honor: The Medieval World of Investiture*, ed. Stewart Gordon, 305-313. New York.

2001c. "Sharing out the Empire: Apportioned Lands under the Mongols". In *Khazanov and Wink* 2001, 172-190.

2011. "Imperial Posts, West, East and North: A Review Article". *AEMA* 17.1: 237-276.

2015. "Population Movements in Mongol Eurasia". In Amitai and Biran 2015, 119-151.

Amitai, Reuven and Michal Biran, eds. 2005. *Mongols, Turks, and Others*. Leiden and Boston.

eds. 2015. *Nomads as Agents of Cultural Change: The Mongols and Their Eurasian Predecessors*. Honolulu.

Amitai-Preiss, Reuven and David O. Morgan, eds. 1999. *The Mongol Empire and Its Legacy*. Leiden.

Ao Tegen 敖特根. 2004. "Xi Xia Shazhou shoujiang Xili Gambu 西夏沙洲守將西里鈐部" (Xili Gambu, Garrison Commander at Shazhou in Xi Xia). *Dunhuang xue jikan* 敦煌學輯刊 1: 128-146.

Armijo-Hussein, J. M. 1997. "Sayyid 'Ajall Shams al-Din: A Muslim from Central Asia, Serving the Mongols in China, and Bringing 'Civilization' to Yunnan". PhD thesis, Harvard University.

Atwood, Christopher. 2004a. *Encyclopedia of Mongolia and the Mongol Empire*. New York.

2004b. "Validation by Holiness or Sovereignty: Religious Toleration as Political Theology in the Mongol World Empire of the Thirteenth Century". *International History Review* 26.2: 237-256.

2007a. "The Date of the Secret History of the Mongols Reconsidered". *JSYS* 37: 1-48.

2007b. "Informants and Sources for the Secret History of the Mongols". *Mongolian Studies* 29: 27-39.

2008. "How the Mongols Got a Word for Tribe - And What It Means". *Menggu shiyanjiu* 蒙古史研究 (Mongolian History) 10: 63-89.

2010. "The Notion of Tribe in Medieval China: Ouyang Xiu and the Shatuo Dynastic Myth". In *Miscellanea Asiatica: Mélange en l'honneur de Françoise Aubin*, ed. Denise Aigle, Isabelle Charleux, Vincent Gossert, and Roberte Hamayon, 593-621. Sankt Augustin.

2012. "Six Pre-Chinggisid Genealogies in the Mongol Empire". *AEMA* 19: 5-58.

2014. "The First Mongol Contacts with the Tibetans". In *Trails of the Tibetan Tradition: Papers for Elliot Sperling*, ed. Robert Vitali, 21-46. Dharamshala.

2014-2015. "Chikü Küregen and the Origin of the Xiningzhou Qonggirads". *AEMA*

21: 7-26.

2015. "Imperial Itinerance and Mobile Pastoralism: State and Mobility in Medieval Inner Asia". *Inner Asia* 17: 293-349.

Aubin, Françoise. 1987. "The Rebirth of Chinese Rule in Times of Trouble: North China in the Early Thirteenth Century". In *Foundations and Limits of State Power in China*, ed. Stuart Schram, 113-146. Hong Kong.

Bai Bin白濱 and Shi Jinbo史金波. 1979. "Da Yuan Suzhoulu yeke daluhuachi shixi zhi bei 大元蘇州路也可達魯花赤世襲之碑(The Suzhou Hereditary Darughachi Stele of the Great Yuan)". *Minzu yanjiu*民族研究(Nationality Studies) 1: 68-80.

Barfield, Thomas J. 1989. *The Perilous Frontier: Nomadic Empires and China, 221 BC to AD 1757*. Oxford.

Bartold, W. 1977. *Turkestan Down to the Mongol Invasion*, tr. Tatiana Minorsky, ed. C. Edmond Bosworth. 4th ed. London.

Biran, Michal. 1997. *Qaidu and the Rise of the Independent Mongol State in Central Asia*. Surrey.

2005a. *The Empire of the Qara Khitai in Eurasian History*. Cambridge.

2005b. "True to Their Ways: Why the Qara Khitai Did Not Convert to Islam". In Amitai and Biran 2005, 175-200.

2007. *Chinggis Khan*. Oxford.

2009. "Central Asia from the Conquest of Chinggis Khan to the Rise of Tamerlane: The Ögodeied and Chaghadaid Realms". In *CHIA*, 46-66.

2013. "Rulers and City Life in Mongol Central Asia (1220-1370)". In *Turko-Mongol Rulers, Cities and City Life, ed. David Durand-Guédy*, 257-279. Leiden and Boston.

2021. "The Mongols' Imperial Space: From Universalism to Glocalization". In *Universality and Its Limits: Spatial Dimensions of Eurasian Empires*, ed. Yuri Pines, Michal Biran, and Jörg Rüpke, 220-256. Cambridge.

Bold, Bat-Ochir. 2001. *Mongolian Nomadic Society*. New York.

Boyle, J. A. 1961. "The Death of the Last 'Abbasid Caliph: A Contemporary Muslim Account". *Journal of Semitic Studies* 6.2: 145-161.

1970. "The Burial Place of the Great Khan Ögödei". *AOH* 32: 45-50.

1972. "The Seasonal Residences of the Great Khan Ögödei". *CAJ* 16: 125-131.

Broadbridge, Anne. 2018. *Women and the Making of the Mongol Empire*. Cambridge.

Brose, Michael C. 2007. *Subjects and Masters: Uyghurs in the Mongol Empire*. Bellingham, WA.

Buell, Paul. 1979a. "The Role of the Sino-Mongolian Frontier Zone in the Rise of Cinggis-Qan". In *Studies on Mongolia, proceedings of the First North American Conference on Mongolian Studies*, ed. Henry G. Schwarz, 63-76. Bellingham, WA.

1979b. "Sino-Khitan Administration in Mongol Bukhara". *Journal of Asian History* 13.2: 121-151.

1992. "Early Mongol Expansion in Western Siberia and Turkestan (1207-1219): A Reconstruction". *CAJ* 36.1-2: 1-32.

1993. "Sübötei Ba'atur," "Činqai," "Yeh-lü A-hai, Yeh-lü T'u-hua". In *ISK*, 13-26, 95-111, 112-121.

1994. "Chinqai (ca. 1169-1252): Architect of Mongolian Empire". In *Opuscula Altaica: Essays Presented in Honor of Henry Schwarz*, ed. Edward H. Kaplan and Donald Whisenhunt, 168-186. Bellingham, WA.

2007. "A Cautionary Tale: Činggis-qan as the Third Man". *Mongolian Studies* 24: 57-68.

Buell, Paul and Judith Kolbas. 2016. "The Ethos of State and Society in the Early Mongol Empire: Chinggis Khan to Güyük". *JRAS*, 3rd series, 26.1-2: 43-64.

Chan, Hok-lam. 1993. "Wang E (1190-1273)". In *ISK*, 300-315.

CHC6. 일러두기 6번 참조.

Cheng, Chih-Shu Eva. 1996. "Studies in the Career of Chinggis Qan". PhD dissertation, School of Oriental and African Studies, University of London.

Cherepnin, L. V. 1970. "Mongolo-Tatary na Rusi (X I I Iv.)". In *Tataro-Mongoly v Azii i Evrope*, ed. S. L. Tikhvinskii, 179-203. Moscow.

CHI5. 일러두기 6번 참조.

CHIA. 일러두기 6번 참조.

Christian, David. 1998. *A History of Russia, Central Asia and Mongolia*, vol. 1, *Inner Asia from Prehistory to the Mongol Empire*. Oxford.

Cleaves, Francis Woodman. 1955. "The Historicity of the Baljuna Covenant". *HJAS* 18.3-4: 357-421.

Dashdondog, Bayarsaikhan. 2011. *The Mongols and the Armenians*. Leiden.

Davis, Richard L. 2009. "The Reign of Li-tsung". In *The Cambridge History of China*, vol. 5, part 1, The Sung Dynasty and Its Precursors, 907-1279, ed. Denis Twitchett and Paul Jakov Smith, 839-912. New York and Cambridge.

Dawson, Christopher. 1980. *Mission to Asia*. Toronto and Buffalo.

de Rachewiltz, Igor. 1962. "The Hsi-yu Lu西遊錄 by Yeh-lü Ch'u-ts'ai耶律楚才". *Monumenta Serica* 21: 1-128.

1966. "Personnel and Personalities in North China in the Early Mongol Period". *JESHO* 9: 88-144.

1983. "Qan, Qa'an and the Seal of Güyüg". In K. Sagaster and M. Weiers (eds), *Documenta Barbarorum: Festschrift für Walther Heissig zum 70. Geburtstag*, 272-281. Wiesbaden.

1989. "The Title Chinggis Qan/Qayan Re-examined". In *Gedanke und Wirkung: Festschrift zum 90. Geburtstag von Nikolaus Poppe*, ed., Walther Heissig and Karl Sagaster, 281-298. Wiesbaden.

1993. "Some Reflections on Činggis Qan's Ĵasaq". *East Asian History* 6: 91-104.

1996. "The Name of the Mongols in Asia and Europe: A Reappraisal". *Études mongo-*

les et sibériennes 27: 199-210.

1999. "Was Töregene Qatun Ögödei's 'Sixth Empress'?" *East Asian History* 17-18: 71-76.

2006. "A Note on Yelü Zhu耶律鑄 and his Family". In *Meng-Yuan shi ji minzu lunwen-ji*蒙元史暨民族史論集(Festschrift on the History of the Mongol-Yuan Period and Ethnohistory, in Commemoration of the Centenary of the Birth of Prof. Wen Dujian), edited by Hao Shiyuan郝時遠, 269-281. Beijing.

2013. *The Secret History of the Mongols*, vol. 3, Supplement. Leiden and Boston.

Di Cosmo, Nicola. 1999. "State Formation and Periodization in Inner Asian History". *Journal of World History* 10.1: 1-40.

2002. *Ancient China and Its Enemies: The Rise of Nomadic Power in East Asian History*(니콜라 디 코스모, 이재정 옮김,『오랑캐의 탄생』, 황금가지, 2005). Cambridge.

Dmytryshyn, Basil, ed. 1967. *Medieval Russia: A Sourcebook, 900-1700*. New York.

Dunnell, Ruth. 1989. "Naming the Tangut Capital: Xingqing, Zhongxing and Related Matters". *Bulletin of Sung & Yuan Studies* 21: 52-66.

1991. "The Fall of Xia: Sino-Steppe Relations in the Late 12th-Early 13th Centuries". In *Rulers from the Steppe: State Formation on the Eurasian Periphery*, ed. Gary Seaman and Daniel Marks, 158-185. Los Angeles.

1992a. "The Hsia Origins of the Yüan Institution of Imperial Preceptor". *Asia Major*, 3rd series 5.1: 85-111.

1992b. "Locating the Tangut Military Establishment". *Monumenta Serica* 40: 219-234.

1994. "The Hsi Hsia". In *CHC6*, 154-214.

1996. *The Great State of White and High: Buddhism and State Formation in Eleventh-Century Xia*. Honolulu.

2010. *Chinggis Khan, World Conqueror*. Upper Saddle River, NJ.

2015. "The Anxi Principality: [Un]Making a Muslim Mongol Prince in Northwest China during the Yuan Dynasty". *CAJ* 57: 185-200.

Endicott-West, Elizabeth. 1989a. "Merchant Associations in Yüan China: The Ortoγ". *Asia Major*, 3rd series 2.2: 127-154.

1989b. *Mongolian Rule in China: Local Administration in the Yuan Dynasty*. Cambridge, MA.

1999. "Notes on Shamans, Fortune-Tellers and Yin-Yang Practitioners and Civil Administration in Yüan China". In Amitai-Preiss and Morgan 1999, 224-239.

Erdenebat, Ulambayar and Ernst Pohl. 2009. "The Crossroads in Khara Khorum". In Fitzhugh, Rossabi, and Honeychurch 2009, 137-145.

Farquhar, David. M. 1990. *The Government of China under Mongol Rule: A Reference Guide*. Stuttgart.

Fennell, John. 1983. *The Crisis of Medieval Russia, 1200-1304*. London and New York.

Fitzhugh, William W., Morris Rossabi, and William Honeychurch, eds. 2009. *Genghis Khan and the Mongol Empire*. Washington, DC.

Fletcher, Joseph. 1986. "The Mongols: Ecological and Social Perspectives". *Harvard Journal of Asiatic Studies* 46.1: 11-50.

Franke, Herbert. 1975. "Chinese Texts on the Jurchen (I): a Translation of the Jurchen in the San ch'ao pei-meng hui-pien". *Zentralasiatische Studien* 9: 119-186.

1994. "The Chin Dynasty". In *CHC6*, 215-320.

Franke, Herbert and Hok-lam Chan. 1997. *Studies on the Jurchens and the Chin Dynasty*. Aldershot and Brookfield, VT.

Gillman, Ian and Hans-Joachim Klimkeit. 1999. *Christians in Asia before 1500*. Richmond.

Golden, Peter B. 1983. "The Turkic Peoples and Caucasia". In *Transcaucasia, Nationalism, and Social Change: Essays in the History of Armenia, Azerbaijian, and Georgia*, ed. R. G. Suny, 45-67. Ann Arbor.

1985 [1987]. "Cumanica II: The Ölberli (Ölperli): The Fortunes and Misfortunes of an Inner Asian Nomadic Clan". *AEMA* 5: 5-29.

1992. *An Introduction to the History of the Turkic Peoples*. Wiesbaden.

2003. *Nomads and Their Neighbours in the Russian Steppe*. Aldershot.

2006. "The Türk Imperial Tradition in the Pre-Chinggisid Era". In Sneath 2006, 23-62.

2009. "Inner Asia c. 1200". In *CHIA*, 9-25.

Halbertsma, Tjalling H. F. 2008. *Early Christian Remains of Inner Mongolia*. Leiden and Boston.

Hambis, Louis and Paul Pelliot, tr. 1945. *Le chapitre CVII du Yuan che: Les généalogies impériales mongoles dans l'histoire chinoise officielle de la dynastie mongole*. Leiden.

Han Rulin韓儒林 and Chen Dezhi陳得芝. 2008. *Yuanchao shi*元朝史(Yuan Dynasty History), rev. ed., 2 vols. Beijing.

Henthorn, W. E. *Korea: The Mongol Invasion*. Leiden, 1963.

Herman, John E. 2002. "The Mongol Conquest of Dali: The Failed Second Front". In *Warfare in Inner Asian History (500-1800)*, ed. Nicola Di Cosmo, 295-336. Leiden.

Hope, Michael. 2012. "The Transmission of Authority through the Quriltais of the Early Mongol Empire and the Īlkhānate of Iran(1227-1335)". *Mongolian Studies* 34: 87-115.

2016. *Power, Politics, and Tradition in the Mongol Empire and the Īlkhanâte of Iran*. Oxford.

Hsiao, Ch'i-ch'ing(also see Xiao Qiqing). 1978. *The Military Establishment of the Yuan Dynasty*. Cambridge, MA.

1993. "Chang Rou (1190-1268)". In *ISK*, 46-59.

Hüttel, Hans-Georg. 2009. "The Search for Khara Khorum and the Palace of the Great Khan". In Fitzhugh, Rossabi, and Honeychurch 2009, 146-149.

Hu Wu 胡務. 1990. "Meng-Yuan huanghou yu Yuanchao zhengzhi蒙元皇后與政

治"(Mongol-Yuan Empresses and Yuan Dynasty Politics). *Qiusuo*求索 3: 121-125.

Hu Xiaopeng胡小鵬. 1992. "Lue lun Yuandai Hexi de Kuoduan xi zhuwang略論元代河西的闊端系諸王(Discussion of the Lineage of Prince Köten in Hexi during the Yuan Dynasty)". *Xibei minzu xueyuan xuebao*西北民族學院學報1: 54-60, 20.

　　1999. *Yuandai xibei lishi yu minzu yan jiu*元代西北歷史與民族研究(Historical and Nationality Studies of the Peoples of the Northwest during the Yuan Dynasty). Lanzhou.

　　2004. *Xibei minzu wenxian yu lishi yanjiu*西北民族文獻與歷史研究(Research on the History and Sources of the Northwest Nationalities). Lanzhou.

Irinchin(Yilinzhen亦鄰眞). 1989. "Qiniangu he Gulianleigu起輦谷和古連勒古"(Qiniangu and Gulianleigu). *Neimenggu shehui kexue*內蒙古社會科學, 1989.3: 88-91.

ISK. 일러두기 6번 참조.

Jackson, Peter. 1976. "The Dissolution of the Mongol Empire". *CAJ* 22.3-4: 186-244.

　　1990. "Jalāl al-Dīn, the Mongols, and the Khwarazmian Conquest of the Panjāb and Sind". *Iran* 28: 45-54.

　　1999. "From Ulus to Khanate: The Making of the Mongol States". In Amitai-Preiss and Morgan 1999, 12-38.

　　2005a. "The Mongols and the Faith of the Conquered". In Amitai and Biran 2005, 245-290.

　　2005b. *The Mongols and the West*. Harlow.

　　2006. "World-Conquest and Local Accommodation: Threat and Blandishment in Mongol Diplomacy". In *History and Historiography of Post-Mongol Central Asia and the Middle East*, ed. Judith Pfeiffer and Sholeh A. Quinn, 3-22. Wiesbaden.

　　2009. "The Mongol Age in Eastern Inner Asia". In *CHIA*, 26-44.

Jagchid, Sechin. 1980. "Chinese Buddhism and Taoism during the Mongolian Rule of China". *Mongolian Studies* 6: 61-98.

Janhunen, Juha. 1996. *Manchuria: An Ethnic History*. Helsinki.

Ke Shaomin柯紹忞(1850-1933). 1989. *Xin Yuan shi*新元史(A New Yuan History). In Yuan shi erzhong 元史二種(Two Varieties of Yuan History). Shanghai.

Khazanov, Anatoly M., and André Wink. 2001. *Nomads in the Sedentary World*. Richmond.

Kim Hodong. 2005. "A Reappraisal of Güyüg Khan". In Amitai and Biran 2005, 309-338.

　　2009. "The Unity of the Mongol Empire and Continental Exchanges over Eurasia". *Journal of Central Eurasian Studies* 1: 15-42.

　　2013. "A Re-examination of the 'Register of Thousands'(hazārd) in the Jāmiʿ al-tawārīkh". In Akasoy, Burnett and Yoeli-Tlalim 2013, 89-114.

Kolbas, Judith. 2006. *The Mongols in Iran: Chingiz Khan to Uljaytu 1220-1309*. London and New York.

Kuchera, S. 1970. "Mongoly i Tibet pri Chingiskhane i ego preemnikakh". In Tikhvinskii 1970, 255-270.

Lane, George. 2003. *Early Mongol Rule in Thirteenth-Century Iran: A Persian Renaissance*.

London and New York.

Lattimore, Owen. 1940. *Inner Asian Frontiers of China*. New York.

Ledyard, Gari. 1964. "The Mongol Campaigns in Korea and the Dating of the the Secret History of the Mongols". *CAJ* 9: 1–22.

Li Fanwen李范文. 2005. *Xi Xia tongshi*西夏通史(A Comprehensive History of Xi Xia). Yinchuan.

Li Zefen 李則芬. 1970. *Chengjisihan xinzhuan*成吉思汗新傳(A New Biography of Chinggis Khan). Taipei.

Li Zhichang李志常. *Xiyou ji*西遊記(Record of a Journey to the West). In Wang 1962, 225–429.

Liang Songtao梁松濤 and Yang Fuxue楊富學. 2008. "'Sheng wei ping yi ge' zhong suo jian Xi Xia yu Kelie heqin shi xiaokao'聖威平夷歌'中所見西夏與克烈和親事小考"(A Note on the Marriage Alliance between Xi Xia and the Kereits as Seen in the 'Ode to the Awesome Majesty Pacifying the Barbarians'). *Nei Menggu she hui ke xue*內蒙古社會科學 29.6: 46–48.

Manz, Beatrice. 1989. *The Rise and Rule of Tamerlane*. Cambridge.

May, Timothy. 2007. *The Mongol Art of War*(티모시 메이, 신우철 옮김, 『몽골 병법』, 코리아닷컴, 2009). Yardley, PA.

Meyvaert, P. 1980. "An Unknown Letter of Hulagu, Il–Khan of Persia, to King Louis IX of France". *Viator* 11: 245–259.

Melville, Charles. 2009. "Anatolia under the Mongols". In *The Cambridge History of Turkey*, vol. 1, Byzantium to Turkey, 1071–1453, ed. Kate Fleet, 51–101. Cambridge.

Meng Nan孟楠. 1998. "Lun Kelie ren yu Xi Xia de guanxi論克烈人與西夏的關係"(On the Relationship between the Kereyits and Xi Xia). *Nei Menggu shehui kexue*內蒙古社會科學 3: 37–42.

2003. "Luelun Yuandai de Chahan ji qi jiazu 略論元代察罕及其家族"(A Brief Discussion of Tsaghan and His Clan under the Yuan Dynasty). *Neijmenggu daxue xuebao*內蒙古大學學報 35.3: 45–51.

Morgan, David O. 1986. *The Mongols*(데이비드 O. 모건, 권용철 옮김, 『몽골족의 역사』, 모노그래프, 2012). Oxford.

2005. "The 'Great Yasa of Chinggis Khan' Revisited". In Amitai and Biran 2005, 291–308.

Munkh–Erdene, Lhamsuren. 2011. "Where Did the Mongol Empire Come From? Medieval Mongol Ideas of People, State and Empire". *Inner Asia* 13.2: 211–237.

Nakano, Miyoko. 1971. *A Phonological Study in the 'Phags-pa Script and the Meng-ku Tzu-yün*. Canberra.

Okada Hidehiro. 1962. "Mōko shiryō ni mieru shoiki no Mō-Zō kankei蒙古史料に見える初期の蒙藏關係"(Early Mongol-Tibetan Relations as Seen in Mongol Historical Sources). *Tōhōgaku*東方學(Studies of the Orient) 23: 95–108.

Petech, Luciano. 1983. "Tibetan Relations with Sung China and with the Mongols". In Rossabi 1983, 173–203.

1988. "Yüan Organization of the Tibetan Border Areas". In *Tibetan Studies, proceedings of the 4th Seminar of the International Association for Tibetan Studies*, Munich 1985, ed. Helga Uebach and Jampa L. Panglung, 369-380. Munich.

1990. *Central Tibet and the Mongols: The Yüan Sa-Skya Period of Tibetan History*. Rome.

1993. "'P'ags-pa (1235-1280)". In *ISK*, 646-654.

Pikulin, M. G. 1970. "Chingiskhan v Afganistane". In Tikhvinskii 1970, 134-141.

Pohl, Ernst. 2009. "Interpretation without Excavation: Topographic Mapping on the Territory of the First Mongolian Capital Karakorum". In *Current Archaeological Research in Mongolia*, ed. Jan Bemmann, Hermann Parzinger, Ernst Pohl, and Damdinsüren Tseveendorzh. Bonn. 505-533.

Ratchnevsky, Paul. 1991. *Chinggis Khan, His Life and Legacy*, tr. and ed. Thomas Nivison Haining. Oxford.

1993. "Šigi Qutuqu(ca. 1180-ca. 1260)". In *ISK*, 75-94.

Rossabi, Morris. 1979. "Khubilai Khan and the Women in His Family". In *Studia Sino-Mongolica: Festschrift für Herbert Franke*, ed. Wolfgang Bauer, 153-180. Wiesbaden. ed. 1983. China among Equals. Berkeley, CA.

1988. *Khubilai Khan, His Life and Times*. Berkeley, CA.

Schneider, Julia. 2011. "The Jin Revisited: New Assessment of Jurchen Emperors". *JSYS* 41: 343-404.

Schuh, Dieter. 1977. *Erlasses und Sendschreiben mongolischer Herrscher für tibetische Geistliche*. St. Augustin.

Schurman, H. F. 1956b. "Mongolian Tributary Practices of the Thirteenth Century". *HJAS* 19.3-4: 304-389.

Schwarz, Henry G. 1998. "Otrar Revisited". In *Essays on Mongol Studies* (Mongol sudlalyn oguulluud), ed. Ts. Batbaiar, Ts. Ishdorzh, and E. Puntsag, 182-193. Ulaanbaatar.

Shiraishi, Noriyuki. 2004. "Seasonal Migrations of the Mongol Emperors and the Peri-urban Area of Kharakhorum". *International Journal of Asian Studies* 1.1: 105-119.

2009. "Searching for Genghis: Excavations of the Ruins at Avraga". In Fitzhugh, Rossabi, and Honeychurch 2009, 132-136.

Silverstein, Adam J. 2007. *Postal Systems in the Pre-modern Islamic World*. Cambridge.

Skaff, Jonathan Karam. 2012. *Sui-Tang China and Its Turko-Mongol Neighbors*. Oxford and New York.

Smith, John Masson Jr. 1984. "'Ayn Jālūt: Mamlūk Success or Mongol Failure?" *HJAS* 44.2: 307-345.

1997. "Mongol Society and Military in the Middle East: Antecedents and Adaptations". In *War and Society in the Eastern Mediterranean, 7th-15th Centuries*, ed. Yaacov Lev, 249-266. Leiden and New York.

1999. "Mongol Nomadism and Middle Eastern Geography: Qīshlāqs and Tümens". In *The Mongol Empire and Its Legacy*, ed. Reuven Amitai-Preiss and David O. Morgan,

39–56. Leiden.

    2006. "Hülegü Moves West: High Living and Heartbreak on the Road to Baghdad". In *Beyond the Legacy of Chinggis Khan*, ed. Linda Komaroff, 111–134. Leiden.

Sneath, David, ed. 2006. *Imperial Statecraft: Political Forms and Techniques of Governance in Inner Asia Sixth-Twentieth Centuries*. Bellingham, WA.

    2007. *The Headless State: Aristocratic Orders, Kinship Society, and Misrepresentations of Nomadic Inner Asia*. New York.

Standen, Naomi. 2007. *Unbounded Loyalty: Frontier Crossing in Liao China*. Honolulu.

    2018. "Followers and Leaders in Northeastern Eurasia, ca. Seventh to Tenth Centuries". In *Threaded Histories: Rome, China, Iran, and the Steppe*(c. 250-750 CE), ed. Nicola Di Cosmo and Michael Maas. 400–418. Cambridge.

Sugiyama Masaaki杉山正明. 1996. *Yaritsu Sozai to sono jidai*耶律楚材とその時代(Yelü Chucai and His Times)(스기야마 마사아키, 임대희 외 옮김, 『몽골 세계제국』, 신서원, 2012).. Tokyo.

    2004. *Mongoru teikoku to Dai Gen Urusu*モンゴル帝國と大元ウルス(The Mongol Empire and the Great Yuan Ulus). Kyoto.

Sweeney, James Ross. 1994. "'Spurred on by the Fear of Death': Refugees and Displaced Populations during the Mongol Invasion of Hungary". In *Nomadic Diplomacy, Destruction and Religion from the Pacific to the Adriatic*, ed. Michael Gervers and Wayne Schlepp, 34–62. Toronto.

Szerb, Janos. 1980. "Glosses on the Oeuvre of Bla-ma 'Phags-pa: I I. Some Notes on the Events of the Years 1251-1254". *AOH* 34.1-3: 263-285.

Tang, Li. 2011. *East Syriac Christianity in Mongol-Yuan China*. Wiesbaden.

Taylor, Keith Weller. 2013. *A History of the Vietnamese*. Cambridge.

Tikhvinskii, S. L. 1970. *Tataro-Mongoly v Azii i Evrope*. Moscow.

Togan, Isenbike. 1998. *Flexibility and Limitation in Steppe Formations*. Leiden.

Tomoyasu, Iiyama. 2010. "Maintaining Gods in Medieval China: Temple Worship and Local Governance in North China under the Jin and Yuan". *JSYS* 40: 71-102.

Tu Ji屠寄. 1989. *Mengwu'er shiji*蒙兀兒史記(Records of Mongol History). In *Yuan shi erzhong* 元史二種(Two Varieties of Yuan History). Shanghai.

Twitchett, Denis, and Klaus-Peter Tietze. 1994. "The Liao". In *CHC6*, 43-153, 665-674.

Vásáry, István. 2009. "The Jochid Realm: The Western Steppe and Eastern Europe". In *CHIA*, 67-85.

Vernadsky, George. 1953. *The Mongols and Russia*. New Haven.

Waley, Arthur. 1931. *The Travels of an Alchemist*. London.

Weatherford, Jack. 2004. *Genghis Khan and the Making of the Modern World*(잭 웨더포드, 정영목 옮김, 『칭기스칸, 잠든 유럽을 깨우다』, 사계절, 2005). New York.

Wink, André. 2001. "Conclusion". In Khazanov and Wink 2001, 285-295.

Xiao Qiqing蕭啓慶. 1985. "Yuanchao jianhao qian Menggu de Hanwen guohao-jian lun

Meng-Yuan guohao de yanbian元朝建號前蒙古的漢文國號—兼論蒙元國號的演
變"(The Chinese Name of the Mongols before the Establishment of the Yuan-and the Change
in the Mongol-Yuan State Name). *Hanxue yanjiu*漢學研究 3.1: 23-40.

1994. *Meng-Yuan shi xin yan*蒙元史新研(New Studies on Mongol-Yuan History). Taipei.

Yanai Watari箭內亙. 1963. *Yuandai jinglüe dongbei kao*元代經略東北考(Research on the Con-
quest of the Northeast under the Yuan), tr. Chen Jie陳捷 and Chen Qingquan陳清泉.
Taipei.

Yang Ruowei楊若微. 1991. *Qidan wangchao zhengzhi junshi zhidu yanjiu*契丹王朝政治軍事
制度研究(Research on the Political and Military Institutions of the Khitan Dynasty). Beijing.

Yang, Shao-yun. 2019. *The Way of the Barbarians: Redrawing Ethnic Boundaries in Tang and
Song China*. Seattle.

Yao Congwu姚從吾. 1971. *Yao Congwu xiansheng quanji(si)-Liao Jin Yuan shi jiangyi-bing,
Yuanchao shi*姚從吾先生全集(四)—遼金元講義—丙,元朝史(Professor Yao Congwu's
Collected Works, vol. 4, Lectures on the Liao, Jin and Yuan – part 3, Yuan Dynasty History).
Taipei.

Zhao, George Qingzhi. 2008. *Marriage as Political Strategy and Cultural Expression: Mongo-
lian Royal Marriages from World Empire to Yuan Dynasty*. New York.

제 2 장

대칸의 제국

: 대원 울루스, 1260~1368년

크리스토퍼 애트우드

크리스토퍼 애트우드　　　Christopher P. Atwood

현재 펜실베이니아대학 동아시아 언어 및 문명학과 학과
장을 맡고 있으며 몽골의 역사, 민족지학, 언어학 및 정치
를 주제로 여섯 권의 저서와 다양한 주제의 논문을 발표
했다. 그 공로로 몽골국 북극성 훈장과 케임브리지대학
오논상 등을 수상했다.

새로운 권력 중심지의 형성

권력 중심지의 전사(前史)

몽골 제국 내에서 '원 왕조'라는 개념은 두 가지 경향이 함께 발전했다. 하나는 북중국을 중심으로 한 권력 기반 구축이었고, 다른 하나는 중국 유학자들을 등용해 권력을 준 제왕들의 등장이었다. 이 두 가지 요소는 1251년 쿠빌라이가 북중국의 총독으로 부임하면서 결합됐지만, 그 이전에도 맹아를 찾아볼 수 있다.

북중국이 잠재적 권력 기반으로 부상한 것은 우구데이 카안 통치 후반기였다. 몽골의 깃발 아래 여러 민족으로 구성된 군대들이 북중국을 분할해 분봉지로 삼았다. 가장 중요한 것은 무칼리 가문이 지휘하는 탐마치(tammachi)군으로, 거란, 한(漢, 중국인), 그리고 몽골 지휘관 아래의 다른 부대들로 구성됐다. 이들과 함께 한인 만호(군인 1만 명의 지휘관)들도 있었다. 만주에는 칭기스 칸의 형제들과 그 후손인 우익 왕자들의 분봉지가 있었고, 내몽골은 무칼리의 통치 아래 옹구트, 콩기라트, 이키레스 등 몽골 가문들에게 분할됐다. 모든 부대는 폐허가 된 중국 땅에서 잡아온 수많은 기술자, 노예, 민간 징발군(한문으로 탄압(彈壓))도 끌어들였다. 하지만 1251년 이전에 황금씨족의 왕자들은 화북 평원에 주둔하지 않았다.[1]

1234년 몽골이 남송에 대한 전쟁을 선포한 이후, 우구데이의

---

1 탕구트의 영역에서 우구데이의 아들 쿠텐의 위치는 예외적이었다. 이는 탕구트의 영역이 북중국의 일부로 간주되지 않았음을 보여준다.

아들 쿠텐과 쿠추가 각각 한중·사천과 하남·강북(江北)에서 전투를 벌였다. 전장에서 대체로 우세했음에도 불구하고, 계절에 따른 전투 양상의 차이와 병참 시설의 부족으로 두 부대, 특히 쿠추의 진군은 결과가 매우 실망스러웠다. 쿠추는 1238년경 사망했고, 탕구트 출신 지휘관 차간이 그 뒤를 이어 북중국 전체 군대의 지휘관이 됐다.[2] 실망스러운 전투 결과에 대응하여, 차간과 장유 등 그의 부하 한인 장군들은 하남에 방어선을 구축하고 수상 방어 시설과 둔전을 만들기 시작했다.[3] 훗날의 쿠빌라이 정권과 관련이 있는 많은 정책들이 1230년대와 1240년대에 대송 전쟁의 전반적 실패에 대한 대응으로 이미 나타나고 있었던 것이다.

이 퍼즐의 두 번째 조각은 당시 30대 초반이던 잠저 시기의 쿠빌라이가 중국 사상에 관심을 가졌다는 점이다. 1240년대 중후반, 쿠빌라이는 중국의 유학자와 불교도를 자신의 몽골 영지로 초청하기 시작했다. 그들과 정부의 여러 가지를 의논했는데, 그의 질문에서 볼 수 있듯이 이미 중국 역사에 해박했다.[4] 이때부터 그는 자신의 측근 집단을 구성하기 시작했다. 여기에는 유병충(劉秉忠, 1216~1274, 법명 자총(子聰)), 장문겸(張文謙, 1216~1282), 그리고 맹자의 열렬한 지지자였던 위구르·거란 혼혈 출신의 염희헌 등이 포함됐다. 이들 중 몇 명은 중원의 형주(邢州, 현재의 싱타이(邢臺)) 출신이었다. 이 지역은 1203년 칭기스 칸에 대한 기습 공격을 사전에 미리 경고한 것으로 유명해진 두 마부(馬夫) 바다이(Badai)와 키실릭(Kishi-

---

2 *JT*/Thackston, 73-74; *YS*, 120.2956-2957, 2.38.

3 *YS*, 2.38, 3.46, 48.

4 Su 1996, 10.206; Erdemtü 1994, 83-91, 101-110, 181-182, 184.

liq)의 후손들에게 속한 분봉지였다. 쿠빌라이는 유병충과 다른 고문들에게 받은 도움을 분봉지 소유자들에게 "빌려주었고", 행정 개혁을 통해 호구 수가 증가하기 시작했다. 이로써 중국식 행정이 분봉지 소유자의 수입을 늘려줄 수 있음을 보여주었다.

1251년 쿠빌라이의 형 뭉케가 권력을 장악하고 새로운 대칸이 되면서, 쿠빌라이의 실험 범위는 극적으로 확대됐다. 이전의 몽골 제국은 정책상 황금씨족 출신의 왕자들이 북중국, 중앙아시아, 이란과 같은 부유한 지역의 행정을 직접 감독하는 것을 피했다. 하지만 뭉케는 그의 두 동생 쿠빌라이와 훌레구를 각각 북중국과 이란의 총독으로 임명했다. 훌레구의 임명은 직접적으로 새로운 울루스의 형성으로 이어졌고, 쿠빌라이의 임명은 조금 더 우회적인 경로를 거쳐 중국 중심의 원 왕조 형성으로 이어졌다.

두 형제는 임명되자마자 총독으로서 무엇을 성취해야 하는지를 놓고 의견 충돌을 일으켰다. 뭉케 카안은 중도에서 다수의 무슬림 관리를 임명했는데,[5] 중국 관리들은 이들이 무책임하고 폭력적이라고 여겼다. 뭉케의 관점에서 쿠빌라이의 임무는 동생 훌레구가 서방을 정복하는 것과 마찬가지로 남방을 정복하는 것이었다. 뭉케는 티베트고원 동쪽 끝을 경유해 현재의 윈난 지역에 있던 대리국에 도달한 뒤, 남서쪽에서 송을 공격하는 전략을 세웠다. 쿠빌라이는 이에 따라 1253년 가을부터 1254년 봄까지 대리국을 정복했다.

---

5 몽골인들은 이를 "중두"라고 발음했다. 이는 금에서 정한 이름, 즉 "중심 수도(中都)"를 의미하는 Zhongdu의 위구르어 발음에 따른 것이었다.

그러나 쿠빌라이가 진정 관심을 가진 것은 행정 개혁이었다. 그는 전쟁이 끝나기 전에 카라장에서 돌아와 우량카다이에게 베트남 정복과 남송의 남쪽 국경에 대한 경계 임무를 맡겼다.[6] 자신은 중도의 관할이 아닌 섬서 지역에서 일련의 개혁을 시작했다. 새로 평정한 지역의 사무를 담당한 기구들(선무사)은 세금을 납부할 때 모두 비단과 은으로 내는 것이 아니라 일부는 곡물로 납부할 수 있도록 개혁책을 마련했고, 지폐를 발행하며, 이자 수수를 제한했다. 또한 불교 승려와 도교 사제들이 누리던 전쟁 포로 면제 특권을 유학자들에게도 부여하고 내몽골에 새로운 거주지를 마련했으며,[7] 서방에서 온 이주민 대신 북중국 출신의 유학자들을 관직에 임명했다.[8] 일련의 조치로 쿠빌라이의 인기가 높아졌고, 그의 개혁은 형의 통치를 전복하려는 시도로 의심받기 시작했다. 한편 남송 정복은 영구적으로 중단된 것처럼 보였다.

뭉케의 죽음과 새로운 권력 중심의 부상

1257년 봄, 뭉케는 쿠빌라이의 행동이 상당히 불만족스러웠다. 카안은 섬서에 행정부를 설치하고 이주민 알람다르가 이끄는 조직을 임명해 쿠빌라이 관리들의 장부를 감사하게 했다. 쿠빌라이는

---

6 Herman 2002; Haw 2013, 364-366.

7 당시 개봉부(開封府)라 불렸으며 나중에는 상도(上都, "북부 수도")로 불렸다.

8 본문에서 "이주민"은 전통적으로 한인들이 거주하는 지역의 외부(주로 서방)에서 온 이들 중에서 중국에 거주하는 이들을 지칭하는 용어로 사용한다. 이는 한문의 색목인과 용례가 비슷하다. 사르타울(Sarta'ul, 즉 몽골인이 서방에서 온 무슬림을 지칭하는 용어)은 물론이고 위구르, 옹구트, 티베트인 등을 모두 지칭한다.

   제1권 정치사

모든 군사 권한에서 해임됐는데, 표면적으로는 통풍을 이유로 들었다. 그 자리에는 좌익의 제왕[9] 타아차르가 임명됐다. 쿠빌라이의 운명은 9개월 동안 불확실한 상태로 남아 있었고, 1258년 1월이 되어서야 두 형제가 옛 탕구트 영토에서 만나 신뢰를 회복했다. 쿠빌라이는 별 성과를 거두지 못하던 호북(창장 중류) 지역의 남송 공격에서 타아차르를 대신했고, 뭉케는 주력군을 이끌고 사천분지의 중경을 공격했다.

결국 두 부대 모두 목표 달성에 실패했다. 주력군은 전염병으로 5000명의 병사가 사망했고, 1259년 8월 11일에는 뭉케 자신이 목숨을 잃었다. 한편 쿠빌라이는 창장을 건너 남쪽 강변의 악주(현재 우한시의 일부)를 포위하고 있을 때 형의 죽음과 송의 증원군 집결 소식을 들었다. 우량카다이가 베트남과 남송 영토를 관통해 남쪽에서 예기치 않게 도착한 것은 환영할 만했지만,[10] 남송으로부터의 압박을 덜어주지는 못했다. 광활한 창장 남안에 갇힌 쿠빌라이의 군대도 기아와 질병으로 피폐해져 결국 40~50퍼센트의 병력을 잃었다.[11] 한편 쿠빌라이의 정실부인 차비는 막내 동생 아릭 부케가 임명한 관리들이 몽골과 북중국에서 군사를 모집하고 있다는 소식을 전했는데, 그중에는 쿠빌라이의 오랜 적 알람다르도 포함되어 있었다. 이 위기 상황에서 쿠빌라이는 자신의 군대가 최대한

9　본문에서 이 용어는 칭기스 칸 동생들의 후손들을 지칭한다. 이들은 원의 역사에서 특이하면서도 중요한 위치를 점했다.

10　Haw 2013, 366.

11　강남 공성전에 참여한 병사들이 식량 부족으로 고생하고 있었다는 기록은 *YS*, 169.3977-3978; Hao 1997, 84 참고. 이 예시를 인지하도록 도와준 난징대학 홍쉐둥에게 감사를 표한다.

빠져나갈 수 있게 조치하고 본인은 중도로 도망쳤다. 그리고 그는 1260년 4월 15일 내몽골의 개평부에서 왕자들과 지휘관들이 개최한 쿠릴타이(회의)를 통해 새로운 카안으로 즉위하는 절차를 밟았다.

정당성이 빈약한 즉위식을 주도한 것은 대부분 쿠빌라이 측근의 한인 유학자들이지만, 즉위식의 성공 여부는 몽골고원의 동부와 만주 대부분을 통제하던 좌익 왕자들의 지지에 달려 있었다. 우익에서 쿠빌라이는 지위가 낮은 몇몇 차가다이계와 우구데이계 왕자들의 지지를 받았다. 다음 달(1260년 5~6월), 쿠빌라이의 막내동생 아릭 부케는 몽골 통치의 전통적 근거지인 카라코룸 근처에서 자신의 즉위를 위한 쿠릴타이를 조직해 쿠빌라이의 행동에 대응했다.

아릭 부케와의 경쟁을 통해 쿠빌라이가 과거와 단절한 점이 부각됐다. 인사와 정책 면에서 아릭 부케의 정권은 뭉케 정권의 연장이었다. 지리적으로 그는 몽골의 중심부를 통제했고, 서방 칸국들과 뭉케의 아들들의 지지를 받았다. 군사적으로 그는 남방 침공군의 우익을 통제했는데, 60투멘으로 조직된 이 군대는 사천 서부에서 북쪽으로 육반산맥 지역(현재 간쑤와 닝샤 경계)까지 뻗어 있어 쿠빌라이의 서북 지역 진출을 막았다.

그와 대조적으로 쿠빌라이의 중심부는 화북평원과 인접한 내몽골 지역에 있었으며, 나머지 몽골 세계와는 분리되어 있었다. 보르지긴 왕자들 중에서는 오직 좌익의 왕자들만이 일제히 그를 지지했다. 악주의 불리한 위치에서 탈출한 후, 쿠빌라이는 남송과 휴전을 맺어 남방 원정군의 좌익을 빼냈는데, 이는 뭉케의 우익의 절반 규모였다.[12] 하지만 그는 제국의 재정 기반을 장악했고, 그 기반을 운영할 수 있는 중국 관리들의 지지를 받았다. 장기적으로 볼 때 이 재정적 이점 한 가지가 아릭 부케의 모든 강점을 압도했다.

쿠빌라이의 전략적 방비는 네 가지 요소로 구성됐다. (1) 충성스러운 관리들을 이용해 아릭 부케의 전령들이 북중국에서 징병하려 했던 사람들을 장악한다. (2) 몽골을 봉쇄해 제국의 전통적 중심부로 향하는 조공과 무역의 흐름을 차단한다. (3) 후한 보상을 통해 자신을 지지하는 제왕들의 지원을 유지한다. (4) 서북중국의 민정을 장악하고 우익군의 지휘관을 가능한 한 많이 포섭한다. 1260년 여름 동안 이 네 가지 준비가 완료됐다. 쿠빌라이는 염시헌을 서북 지역의 선위사로 임명했고, 유흑마(劉黑馬) 같은 북중국 지휘관들과 감숙 남서부의 현지 옹구트(동튀르크계 기독교도) 지휘관 왕유정(汪惟正)을 동원해 사천의 몽골군을 포섭하고 육반산맥의 군대를 고립시켰다. 이들은 서쪽 탕구트 지역으로 후퇴해 알람다르가 몽골에서 새로 모집한 군대와 합류했다. 가을에 전쟁이 시작되자 쿠빌라이는 자신의 몽골군을 보내 이미 섬서·감숙에 있던 군대에 합류시켰고, 그 연합군은 1260년 10월 27일 고장(姑藏)에서 아릭 부케의 군대를 결정적으로 물리쳤다.

이어서 쿠빌라이는 1260년 가을과 이듬해에 몽골인과 한인으로 구성된 군대를 직접 이끌고 두 차례에 걸쳐 몽골 본토 원정에 나섰다. 1260~1261년 가을과 겨울에 있었던 첫 번째 원정에서

---

12 남송과의 강화에 대해서는 Jay 1991, 15-17 참고.

는 투바 지역에서 겨울을 난 아릭 부케에 맞서 별다른 성과를 내지 못했다. 1261년 11월 27일 두 번째 원정에서는 "모기호수(시물투 나우르)"에서 큰 승리를 거뒀지만, 아릭 부케는 곧장 북서쪽으로 도주했다. 쿠빌라이 군대는 기동성이 뛰어난 초원의 적을 포위하는 데 어려움을 겪었다. 게다가 남송과의 남방 국경 문제(이하의 서술을 참고)로 북중국 군대를 전면 동원할 수 없어서 상황은 더욱 나빠졌다.

그러나 쿠빌라이가 실시한 장기 봉쇄 작전이 결국 그를 곤경에서 구해냈다. 봉쇄를 당한 아릭 부케는 자신에게 충성하는 지역, 특히 차가다이 영토를 무자비하게 착취할 수밖에 없었다. 처음에는 쿠빌라이가 차가다이 칸으로 지명한 인물을 붙잡아 죽였다. 하지만 아릭 부케가 차가다이 칸으로 내세운 알구마저 결국 쿠빌라이 편으로 돌아섰다. 아릭 부케는 두 개의 전선에서, 즉 차가다이 세력을 공격하는 동시에 쿠빌라이와도 싸워야 했고, 그 결과 지지 세력을 꾸준히 상실했다. 쿠빌라이의 추가 원정 없이도 1264년 8월 21일 아릭 부케와 뭉케의 세 아들이 투항했다. 이제 서방의 주요 칸들이 모두 쿠빌라이를 카안으로 인정함으로써 명목상 몽골 제국의 통일이 회복됐다. 이 승리는 북중국의 자원이 몽골이나 중앙아시아에서 동원할 수 있는 그 어떤 것보다 월등하다는 점을 명확히 보여줬다.

그러나 내전 상황에서 쿠빌라이가 측근의 지지를 얻기 위해 제시한 인정(仁政)이라는 비전이 손상됐다. 전쟁의 긴급한 필요와 신규 군대의 창설 때문에 그의 문관들조차 북중국에서 병력과 말, 세금을 가차 없이 징발해야 했다. 사천과 서북 지역 같은 전략적 요충지에서는 니우린과 왕씨(王氏) 군벌 같은 지방 사령관들이 자유롭게 권력을 행사했다. 따라서 수익과 전쟁 수행 능력을 극대화하는 대신 민생 증진에 힘쓰는 '소극적 공급 국가'로 몽골 제국을 변모시키려던 유교적 비전은 쿠빌라이가 승리하는 순간에 오히려 훼손됐다.[13]

전쟁으로 가혹한 상황이 지속되는 한편, 남방 국경에서 동시에 발생한 문제들도 상황을 악화시켰다. 쿠빌라이는 남송과 화평을 맺고 군대를 빼냈지만, 결국 남송이 국경의 여러 주(州)를 공격했다. 1261년 8월 26일 쿠빌라이는 다시 전쟁을 선포했지만, 실제로는 유화 정책을 펴고 최소한의 반격만 했다. 이런 방어적 태도는 도전에 직면했다. 1261년 2월 22일 국경 지역의 한인 사령관 이단(李璮)이 반란을 일으켜 전략적 요충지들을 남송에 넘긴 것이다. 다행히 이단의 반란은 기회주의적이고 계획이 허술해 쿠빌라이에게 큰 위협이 되지 않았다. 이단이 근거지로 삼은 산동(山東)의 주변 지역에서 중국인과 몽골인 국경 수비대를 대규모로 동원한 결과, 반군은 야전에서 패배하고 제남부(濟南府)에서 포위당했다. 지지자들이 하나둘 이탈했고, 결국 5월 24일 이단은 체포돼 처형당했다.

이단의 반란으로 쿠빌라이와 그의 측근들이 즉위 전에 꿈꿨던 이상은 더욱 퇴색됐고, 쿠빌라이가 한인 유학자 관리들에게 가졌던 신뢰에 심각한 균열이 생겼다. 이단의 빙부 왕문통(王文統)은 새 정권의 중앙 행정 체계 대부분을 만들어낸 인물인데, 쿠빌라이는 왕문통이 반란에 연루됐다고 확신하고 3월 14일 신속히 그

---

13 이 '소극적 공급 국가'에 대해서는 Wong 1994, 59-60 참고.

를 처형했다. 이민족 출신 관리들은 이단의 반란을 계기로 유학자들이 말하는 인륜이라는 것은 정권에 대한 불충을 가리는 위장일 뿐이라고 주장했다. 어떤 사람들은 애초에 왕문통을 추천한 염희헌 같은 측근들에게 책임이 있다고 비난했다.[14] 쿠빌라이는 한인 측근들에 대한 숙청은 허용하지 않았지만, 그들이 반역자에 대한 처형을 적극 지지하지 않는 모습을 보고 눈에 띄게 괴로워했다.[15] 한인 군인들이 반란 진압에 핵심 역할을 했음에도 불구하고, 이듬해에 한인 최고 장군 사천택은 자신과 같은 사람은 더는 문무관직을 맡지 않아야 한다고 먼저 건의함으로써, 자신에게 향할지도 모르는 의심들을 사전에 차단했다.[16]

원 초기의 행정, 1260~1272년

1264년경 자신과 경쟁한 아릭 부케 세력은 물론 이단의 반란도 진압하면서 쿠빌라이의 새 정권은 첫 번째 형태를 갖추었다. 남송과의 긴장 및 국경 분쟁은 계속됐지만, 이 시기에 남송 정복을 시도하지는 않았다. 고려 평정도 큰 진전을 보였다. 이전에 몽골 궁정에 인질로 왔던 왕전이 고려로 돌아가 왕위에 올랐기 때문이다. 티베트 역시 초기에 평정됐는데, 이는 팍빠 라마가 개입한 덕분이었다. 팍빠 라마는 쿠텐의 오르도에 인질로 있다가 후에 쿠빌라이 궁정

---

14 Su 1996, 8.161; 7.132-133; Atwood 2010, 121-122. Marco Polo, §134(Polo 2015, 177; Polo 2016, 118).

15 *YS*, 208.4596.

16 Su 1996, 7.120.

에서 높은 지위를 얻었다.

쿠빌라이의 새 정권은 수도가 두 개였다. 하나는 내몽골에, 다른 하나는 현재의 북경 지역에 있었다. 1263년 6월, 내몽골에 있던 쿠빌라이의 근거지 개평부는 상도(최고의 수도)로 개명됐다. 이듬해 아릭 부케가 항복하고 한 달 뒤, 옛 금의 수도(현재 베이징 남동부 중심)가 중도라는 이름으로 다시 수도의 지위를 얻었다. 그러나 이 오래된 도시는 부족함을 드러냈고, 1267년 풍수의 대가 유병충의 감독 아래 대규모 건설 프로젝트를 시작했다. 부지를 약간 북동쪽으로 옮기고 그 지역의 수로를 비롯한 여러 수리(水利) 구조를 완전히 재정비하는 것이 목표였다. 1272년 3월, 새 수도는 공식적으로 대도라 명명됐고 주요 행정 기관들이 이곳으로 자리를 옮겼다.[17]

새 수도는 11개의 성문이 있는 28.6킬로미터 길이의 직사각형 성벽으로 둘러싸였다. 각 성문은 약 37미터 너비의 거대한 대로로 연결되어 격자 모양을 이루었다. 도시 남쪽의 또 다른 구역에는 주요 행정 기관들이 자리 잡았다. 그 안쪽에 황제가 거주하는 '대내(大內)'라고도 불리는 '대내궁(大內宮)'이 있었다. 두 개의 큰 인공 호수가 만들어졌고, 그중 하나의 중앙에는 인공 섬이 조성됐다.[18] 성벽 내 인구에 대한 정확한 인구조사 수치는 없지만, 통상 약 10만 가구가 거주한 것으로 보인다. 원 중기와 말기에 이르러서는 도시 인구가 두 배로 늘어 약 23만 가구에 달했을 것으로 추정된다. 1270년의 인구조사에 따르면 상도로(上都路)의 평민 수는 4만

---

17 Chen 2015. 원대의 건축에 대해서는 Watanabe 2017. 관련된 전설은 Chan 2008, 1-85.
18 Steinhardt 1990, 154-160.

1062가구, 11만 8191명인데, 주변의 농촌 지역을 포함한 수치다. 여기에 군인, 역참, 기타 비과세 가구 2만 8000호가 추가로 있었을 것으로 추정된다.[19] 공식적으로 중앙 행정부는 세 개의 주요 관청으로 나뉘었다. 엽자기(葉子奇)의 이상화된 설명에 따르면 다음과 같았다.

> 국정 관리를 위해 중서성을 설립하고, 군사 업무 처리를 위해 추밀원을 세우고, 관리들을 감찰 및 탄핵하기 위해 어사대(御史臺)를 두었다. 쿠빌라이는 이렇게 말했다. "중서성은 내 왼손이고 추밀원은 내 오른손이며, 어사대로 나는 이 두 손을 건강하게 유지한다."[20]

세 관청은 몽골어와 다른 비한족 자료에서 각각 싱(Shing, 한문 省에서 유래), 온(Ön, 한문 院에서 유래), 타이(Tai, 한문 臺에서 유래)로 나타난다. 싱은 이름은 중국식이지만 사실은 이전 몽골 정부에서 물려받은 것이다. 이전 정부는 중도, 중앙아시아의 베쉬발릭, 그리고 후에 이란의 아무다리야강 너머에 이러한 부서 혹은 관청을 설립한 적이 있었다. 싱은 두 명의 "칭상(chingsang)"(한문의 승상(丞相)에서 유래)이 지휘했고, 이들을 두 명의 "빙장(bingjang)"(한문의 평장(平章)에서 유래)이 보좌했다.

온과 타이는 몽골 정부에 새로 도입된 부서로, 온은 1264년,

---

19 Wu 2000, 288-291; Chen and Shi 2010, 37-38, 190-192. 수도 지역을 하나의 지역으로 보는 혁신적인 연구에 대해서는 Ding 2016 참고.
20 Ye 1959, 3B.61; *YS*, 31.697.

타이는 1268년에 만들어졌다. 하지만 몽골이 군사 작전에 대해 철저히 비밀주의를 유지했기 때문에, 온의 내부 운영 방식은 지금까지도 제대로 알려져 있지 않다. 온의 수장은 단순히 "지원(知院)" 즉 "추밀원의 장"이라는 직함을 가졌지만, 이 자리는 기록에 드물게 나타나는 것과는 달리 실제로는 훨씬 더 중요했을 것이다. 온의 조직도에 중국식 직함과 관직이 보이긴 하지만, 실제로는 원래 몽골의 군사 조직에 다른 이름을 붙였을 가능성이 높다.[21] 반면에 타이 또는 어사대는 전통적인 중국 제도였다. 이 기관은 황제 자신의 비위까지 탄핵할 수 있는 권한을 가졌다. 하지만 쿠빌라이의 손에 대한 비유에서 알 수 있듯이, 그는 그렇게 생각하지 않았으며, 관리와 민간과 군사를 조사하는 것만을 타이의 기능으로 여겼다.[22]

　타이가 설립될 무렵, 쿠빌라이는 이미 순수 유교적인 한족 정부는 불가능하다고 판단했다. 1265년 9월 조정에서 한족 학자들과 외국인 관리들 간에 갈등이 너무 격렬해지자, 쿠빌라이는 그들을 모두 해임하고 한툼(Hantum, 安童)과 바얀(Bayan, 伯顔)이라는 두 명의 몽골 출신 젊은 고관을 임명했다.[23] 나중에 그는 마음을 바꿔 관리들을 다시 불러들였지만, 그 자리를 고귀한 신분의 몽골인들로 전환하는 추세는 계속됐다. 그의 주요 한인 신하들 가운데, 고집 센 염희헌은 1270년에 해임됐고 유연한 장문겸은 싱 밖의 덜 중요한 자리로 밀려났다. 승려이자 유학자였던 유병충은 1274년

21　원대 후반기에는 온의 관료들이 쿠데타에 결정적인 역할을 했다. 가령 에센 부카(1323), 엘 테무르 타이시(1328), 바얀 타이시(1332).

22　Polo §97(2015, 126-127)에서는 타이의 역할이 오직 인사 승진과 강등에만 관련돼 있음을 볼 수 있다.

23　*YS*, 6.108; Zhang 2014.

에 사망했으며, 1269년 이후로는 정책에 영향을 미친 기록이 없다. 장군 사천택은 1275년에 사망했고 말년에는 거의 역할을 하지 못했다.

3대 최고 관직 외에도 다른 관직이 무척 많았는데, 그중 상당수는 황제에게 더 가까이 접근할 수 있었고, 그만큼 실권도 컸다.[24] 여기에는 몽골의 가산제적 기관들과 관련된 직책들이 포함됐다. 오르도(ordo, 순행 궁정), 케식(케식텐(keshigten)), 황실 경호대 겸 인질군), 오르톡(ortoq, 斡脫, 상인), 그리고 무엇보다 황실 구성원들이 그러했다.

1271~1272년경 쿠빌라이는 새로운 체제가 대체로 완성됐다고 보고, 그 보편성을 과시하기 위한 일련의 마무리 조치들을 공포했다. 1271년 12월 18일 국호를 원(元)으로 정한 것 외에도, 패망한 금 왕조의 법전 태화율(泰和律)에서 유래한 모든 선례의 사용을 금지했다.[25] 이듬해 3월에는 수도의 한자 명칭을 금의 중도에서 대도로 바꾸었다.

1271~1272년 혼인 및 상속 제도에 대한 규정들이 대대적으로 시행되면서, 한족은 몽골의 전통인 수계혼과 생전 균분 상속 관습을 강요받았다.[26] 이에 앞서 2년 전에는 팍빠가 창조한 방형 문자가 몽골어, 티베트어, 중국어를 포괄하는 보편 문자로 고안됐다.

---

24 원칙적으로는 싱, 온, 타이 외에 황제에게 직접 보고할 수 있는 권한을 가진 것은 황후 전담 기관(휘정원)과 불교 담당 기구(선정원)뿐이었다. *YS*, 2616(Ratchnevsky 1985, 117). 그러나 각종 비공식적인 사교 행사 등을 통해 황제의 생각에 영향을 미칠 기회는 많았다.

25 *YS*, 7.138; Ch'en 1979, 3-16.

26 Birge 2017b, 90-98, 218-219; Birge 2017a, 97-100.

이는 즉시 제국 전역에 공포됐고 이를 가르치기 위한 학교들이 설립됐으며, 국호 선포 후에도 팍빠 문자의 사용이 강조됐다.[27] 소극적인 저항은 있었지만, 쿠빌라이는 계속해서 한인들에게 수계혼과 팍빠 문자 사용을 강요했다.[28]

---

27   Yuan dianzhang, 1.7; *YS*, 6.121, 122, 7.129; 이를 재차 선포한 것은 *YS* 7.139.

28   팍빠 문자에 대해서는 *YS*, 7.142, 102.2615; 수계혼에 대해서는 Birge 2017b, 219~228.

균형을 잃은 제국

1272년은 원 제국 형성의 중요한 전환점이 됐다. 1271년 12월 원이라는 새 국호를 공포하고 1년도 채 지나지 않아, 쿠빌라이와 그의 장군들은 대대적인 팽창을 구상했다. 곧 군대와 함대가 남중국, 일본, 베트남, 참파, 버마, 심지어 자바까지 물밀듯이 진출했다. 한편 원 정부가 발행한 화폐의 양도 폭발적으로 증가했다. 하지만 원 제국은 오직 남중국 정복에서만 지속적인 국고 수입을 얻을 수 있었다. 군비가 계속 늘어나면서 결국 혹독한 대가를 치렀고, 이는 쿠빌라이의 손자 테무르가 해결해야 할 어려운 숙제로 남았다.

남송 정복

쿠빌라이의 남송 정복은 1260년 제국의 결속력이 약해진 이후 몽골 계승 국가가 이룬 유일하게 의미 있는 정복이었다. 인구와 부의 획득 측면에서 볼 때, 몽골 제국 역사상 가장 큰 단일 정복이기도 했다. 쿠빌라이 정권의 몽골적 요소와 한인적 요소 양쪽 모두를 통해 이를 달성할 수 있었다.

남송은 1273년 초까지 40년간 이어진 몽골 제국과의 전쟁에서 잘 버티며, 한중 지역과 사천 서부만을 상실했다. 1257년 뭉케 카안이 남송을 공격했을 때 몽골이 얻은 것이라고는 뭉케의 죽음, 그리고 쿠빌라이가 창장을 건너서 겪은 재앙에 가까운 결과뿐이었다. 쿠빌라이는 1272~1276년 전쟁 중에 요추에게 이렇게 말했다. "송 황실은 300년 동안 통치해왔고, 천명이 우리 가문에 오기 전에는 그들의 것이었소. 이는 쉽게 생각할 문제가 아니오."[29]

이단의 반란 이후 남송과의 관계는 지속적인 저강도 국경 분쟁 상태로 접어들었다. 1266년 남송에서 귀순한 유정(劉整)이 남송의 주요 수상 방어선에서 가장 취약한 요새인 양양부(襄陽府)를 공격하는 계획을 제안했다. 이 도시는 우구데이 시대에 잠시 몽골 제국에 함락된 적이 있었기 때문에, 전면전 계획 없이도 정당한 공격 대상으로 여겨졌다. 이듬해 쿠빌라이는 우량카다이의 아들 아주(Aju)에게 이 계획을 실행하라고 지시했다. 1270년경 아주와 유정은 양양부를 점령하기 위한 해군 창설을 승인받았다. 2년 후 하남행성(河南行省)을 관할하던 가난한 농민 출신의 위구르인 아릭 카야가 강 가까이에 있는 번성 공격을 제안했다. 이라크 출신의 투석기 운영자 이스마일의 도움으로 이 작전은 성공을 거두었고, 결국 1273년 3월 14일 양양부 사령관이 항복하며 도시가 함락됐다. 이로써 몽골 제국은 한수이 하류에 거점을 확보했다.

아주는 남송 측이 싸울 의지를 잃어가고 있으며 그들을 완전히 제압할 때가 되었다고 주장했다. 쿠빌라이도 분명 그의 제안에 찬성했지만, 이 문제는 1년에 걸친 논쟁을 불러일으켰다. 안타깝게도 논쟁의 대부분은 기록으로 남아 있지 않다. 유학자 허형(許衡)은 반대 입장을 공개적으로 밝히다가 은퇴를 강요받았지만, 당시 반대 의견이 상당히 퍼져 있어서 1년 동안 침공이 지연된 것으로 보인다. 그러나 1273~1274년 겨울, 쿠빌라이는 10개의 투멘을 새로 동원하는 데 필요한 암묵적인 동의를 마침내 확보할 수 있었다. 원

29　Su 1996, 8.163.

정에 동원된 몽골군 병력은 20만 명이었다. 아주가 10만 명을 지휘했고, 온의 수장 바얀이 나머지 10만 명을 이끌며 전체를 총지휘했다. 다른 부대들은 중경을 포위했고, 아릭 카야는 악주를 함락한 후 호남과 광동으로 파견됐다.

이 원정은 결과적으로 대성공을 거두었다. 1274년 10월 양양에서 원정군이 출발한 때부터 1276년 2월 19일 임안(臨安, 현재의 항저우)에서 남송 황제와 신하들의 항복을 받아내기까지 단 두 차례 대규모 원정을 했고, 시기적으로 1년 반도 채 걸리지 않았다. 쿠빌라이가 그토록 걱정했던 악주와 그 쌍둥이 도시 한양(漢陽)은 몽골의 육군과 수군이 나타나자마자 항복했다. 1275년 3월 18일 정주(定州) 해전에서[30] 몽골의 연합 육해군은 남송의 총사령관 가사도(賈似道)를 크게 물리쳤다.[31] 7월 26일 교산(焦山, 양주와 진강 사이 창장에 위치) 전투에서 아주는 따닥따닥 붙은 채로 정박해 있던 남송 전함들을 모조리 불태우는 데 성공했다. 이는 원래 남방인이 북방인에게 써야 할 계책이었지, 그 반대가 아니었다.[32]

교산 전투가 일어난 계절적 시기는 중요한 의미가 있다. 몽골군이 여름에 남송을 계속해서 공격한 마지막 사례는 1259년 뭉케의 비운의 공격이었다. 페르시아 사료에 따르면 1274~1276년의 침공군 구성은 몽골인이 약 30퍼센트, 한인이 약 70퍼센트였다.[33] 이

---

30   정주섬은 오늘날 퉁링(銅陵)시 근처의 섬이나, 현재 창장의 수역이 변하여 더는 섬이 아니다.

31   *YS*, 8.162.

32   *YS*, 8.168; Su 1996, 2.29-30; Davis 1996, 80-82.

33   *JT*/Boyle, 271.

러한 구성 덕분에 군대는 무더위로 인한 질병에 훨씬 덜 취약했다. 군대의 규모 자체도 또 다른 중요한 요인이다. 정확한 숫자는 알 수 없지만,[34] 몽골의 기준으로 볼 때 이는 매우 거대한 군대였다. 그럼에도 교산 전투에서는 여전히 수적 열세에 놓여 있었다.

남송 정복은 1272년 번성 대학살로 시작됐지만, 쿠빌라이는 1274년의 진군을 새로운 형태의 몽골식 정복의 본보기로 삼으려 했다. 구체적으로 말해, 사회적 혼란을 최소화하는 데 중점을 두어 저항하는 이들만 공격하고 그 밖의 평민들은 일상생활을 영위할 수 있게 하는 것이었다. 항복 후 다시 반란을 일으킨 도시들만 명시적 학살 대상이 됐으며, 그중 가장 악명 높은 사례는 상주(常州)였다.[35] 전반적으로 남방 정복은 앞선 북중국 정복에 비해 훨씬 덜 파괴적이었다.

남송 사람들의 반응은 모순적이었다. 범문호(范文虎)를 비롯한 많은 남송 장군이 몽골에 항복하고 원 측에서 복무했다. 태후가 이끄는 남송 조정 역시 평화롭게 항복하는 길을 택해 임안을 전쟁의 공포에서 구했다. 그러나 양주, 중경, 합주와 같은 포위된 도시들은 수도가 함락된 후에도 오랫동안 버텼고, 수천 명의 남송 관리들과 그들의 가족, 하인들은 원군에 항복하기보다는 자살을 선택했다. 담주(潭州, 현재 샹탄(湘潭))의 경우, 자살한 사람이 너무 많아서 지휘관 아릭 카야가 충격을 받고 계획했던 학살을 취소했다.[36]

한편, 사태후(謝太后)는 재위 중이던 남송 황제를 데리고 항

---

34 Su 1996, 2.23; cf. *JT*/Boyle, 271.

35 Davis 1996, 98-101.

36 Davis 1996, 110-112.

복하러 가면서 황제의 동생 중 두 명을 남쪽으로 탈출시켰다. 1276년 6월, 남송의 충신들은 이 형제 중 한 명을 복주에서 황제로 즉위시켰다. 이후 3년간 문천상(文天祥) 같은 남송의 해군 사령관들과 유학자 충신들이 복건(福建)과 광동에서 활동하면서 원 제국이 승리를 공식화하는 것을 막았다. 결국 1279년 3월 19일, 원의 육해군이 남아 있던 1000척의 남송 함대를 애산(崖山)에서 포위했다.[37] (지도 2.1 참고)

남부 통합, 화폐 확대, 그리고 아흐마드의 정책

1294년 쿠빌라이의 통치가 끝날 때까지 남중국에서는 여러 형태의 소요가 계속됐지만, 주요 군사 작전은 남송 수도의 함락으로 종료됐다. 남송 정복에 파견된 부대들의 동원 해제는 1278년에 이미 시작됐다.[38] 남송 군대는 재편성되어 "신부군(新附軍)"이라는 이름으로 몽골군에 편입됐고, 남송 화폐는 회수되어 원의 지폐인 초(鈔)로 대체됐다.

지폐는 당나라(618~907) 때 중국 국가 재정 정책의 하나로서 등장했다. 이는 전통적인 중국 화폐인 무거운 동전 꾸러미를 운반하는 불편함을 해결하기 위해 도입됐다. 몽골의 정복 당시, 이미 널리 사용되고 있었지만 지폐마다 유효기간이 있었고 사용 가능 지역이 제한적이었다. 1260년 쿠빌라이의 싱은 새로운 형태의 지폐

---

37   Davis 1996, 109-110, 123, 167-174, 1-5.

38   Hsiao 1978, 84-85.

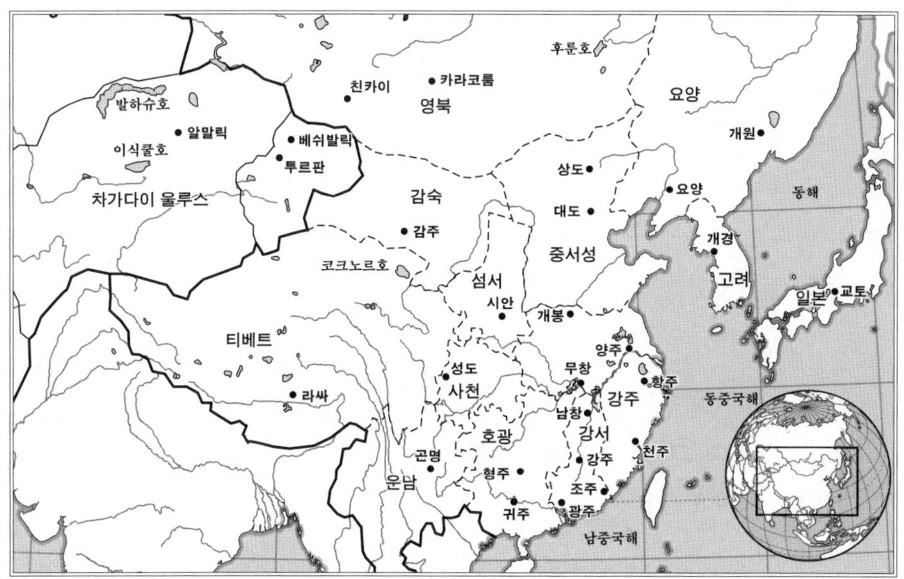

지도 2.1 대원 제국(카안 울루스)(Joe LeMonnier, httpsmapartist.com)

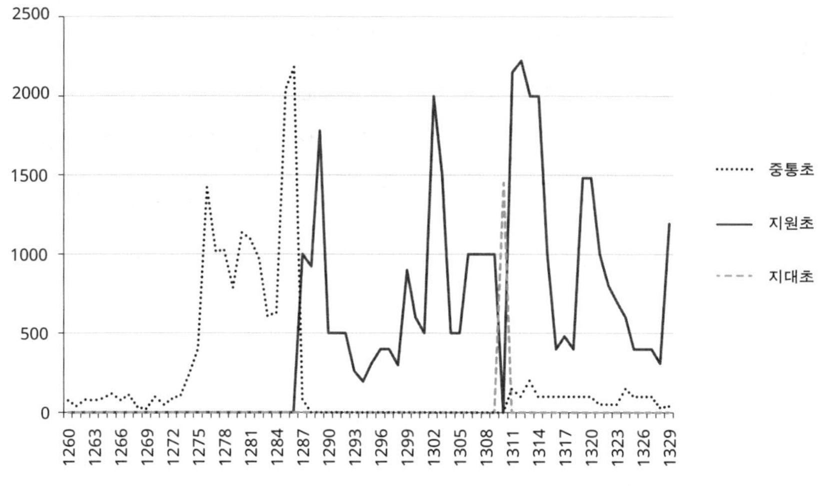

표 2.1 원대에 발행한 화폐의 양

를 발행하기 시작했는데, 이 지폐는 유효기간이 없었고 중앙과 지방 정부가 관할하는 지역 어디서나 사용할 수 있었다. 더욱이 이 화폐의 액면가는 동전이 아닌 은 야스툭(yastuq, 몽골어 수케(süke), 중국어 정(錠))으로 표시됐는데, 1야스툭은 은 1.9킬로그램에 해당하는 단위로 몽골 중앙 정부의 회계 단위였다. 싱에서는 이 지폐를 은으로 교환하거나 세금 납부에 사용할 수 있게 함으로써 그 안정성을 보장했다.

매년 인쇄된 초의 양을 통해서 정권의 재정 상황을 명확히 볼 수 있다.(표 2.1 참조) 1274년 이전까지는 1265년에 발행된 약 11만 6000야스툭이 연간 최대 발행량이었다. 남송과의 전쟁(그리고 동시에 일본을 상대로 한 소규모 전쟁)으로 1275년 연간 발행액은 거의 40만 야스툭까지 급증했다. 정복 전쟁의 최종 비용과 남송 화폐의 폐지로 1276년부터 1278년까지 매년 발행되는 화폐의 양이 100만 야스툭 이상으로 급증했다. 그 후에도 발행량은 매우 높은 수준을 유지하여, 1280년대 중반에는 200만 야스툭을 넘어섰다. 이는 원 조정이 통일된 중국 경제의 최소 필요량으로 추정한 50만 야스툭의 네 배에 달하는 규모였다.[39] 이렇게 엄청난 액수의 화폐 발행은 유라시아 전역의 통화 공급량 증가, 쿠빌라이의 추가적인 군사 모험, 그리고 아흐마드의 재상 역할과 복잡하게 연결되어 있다. 하지만 이들 사이의 인과관계는 아직 명확히 밝혀지지 않았다.

아흐마드의 출신에 대해서는 그가 페르가나계곡의 파나카트

---

39 『원사』에서 매년 언급되는 종이 야스툭의 양으로 이 50만 야스툭이 자주 언급되는 것을 보면, 이 숫자는 상당히 중요한 의미를 가졌던 것으로 보인다(Schurman 1967, 141-143).

　　　　　　　　　　　　제1권 정치사

출신이라는 것 외에는 거의 알려진 바가 없다. 그는 초기에 금속 제련과 소금 전매 분야에서 전문성을 인정받았고, 이를 바탕으로 싱(중서성)에서 빙장, 즉 관리자 직위(평장)까지 올랐다. 그의 승진은 곧바로 양극화를 불러일으켜 정부 내 균형을 깨뜨렸다. 1272년까지 쿠빌라이는 이러한 파벌 갈등에 대응하기 위해 정부의 일반적인 체계 밖에 아흐마드를 위한 특별 직책을 만들었다. 아흐마드가 장악한 상서성은 1270년에 인구조사를 통해 단 1년 만에 20만 가구 이상을 과세 대상에 추가했다.[40] 한편 대사농사(大司農司)는 유학자 장문겸의 손에서 떠나 몽골의 두르벤 가문 출신인 볼라드에게 맡겨졌다.[41] 1272년 음력 설 무렵, 아흐마드의 상서성은 중서성과 통합됐고, 아흐마드가 관리자 직위(평장)를 맡았다. 이후 아흐마드는 죽기 전까지 원 재정을 장악했다.

남송 정복으로 정부 재정과 개인 재산을 모두 늘릴 수 있는 특별한 기회가 제공되었다. 1275년 정책 회의에서 쿠빌라이는 유학자 측근들의 의견을 무시하고 아흐마드의 견해를 받아들였다. 이에 따라 남송의 지폐를 폐지하고, 북방의 소금과 금속 전매제도를 가능한 한 빨리 남방으로 확대하기로 결정했다. 탕구트인과 무슬림 관리들은 행대사농사(行大司農司)와 권농영전사(勸農營田司)를 설립할 계획도 세웠다. 남중국의 농업을 원의 우선순위에 맞게 재편하고 국유지를 원의 재정으로 흡수하기 위한 방책이었다. 아흐

---

40   아흐마드인 인구조사에서 한 역할에 대해서는 YS, 205.4559, 7.129-130. Wu 2000; Wen 2012 참고.

41   YS, 6.122 (Zhiyuan 6, VIII), 7.132(Zhiyuan 7, X I, XII), 7.138(Zhiyuan 8, X). 볼라드에 대해서는 Allsen 1996, 2001, 59-80. 장문겸에 대해서는 Su 1996, 7.145. 농업과 관련된 새로운 규정에 대해서는 Schurman 1967, 50-53; Tongzhi tiaoge, 16.457-466 (§324) 참고.

마드가 전매제도를 비롯한 여러 업무를 수행하는 관리들을 통제하기 위해 남쪽으로 파견한 재정 관료의 수가 1278년까지 500명을 넘어섰다.[42] 관리들과 상인들의 유착을 통해 군복용 목화 재배가 빠르게 촉진됐다. 더욱이 남송 화폐의 가치 상실이 중통초(中統鈔)의 태환성(convertibility)을 제한하면서 적자가 빠르게 증가하기 시작했다.

1282년 4월 10일, 몽골 원 정치사에서 가장 수수께끼 같은 일 중 하나가 일어났다. 대도 궁궐에서 벌어진 무장 공격으로 아흐마드가 사망한 사건이다. 이 공격은 익도(益都, 현재 산둥성 칭저우시)에 주둔하던 천호장 왕저(王著)와 군대에서 불사(不死)의 기술을 가르치던 고화상(高和尚)으로만 알려진 불승이 주도했다. 당시 쿠빌라이와 황태자 진김(眞金, 1242~1286)은 상도에 머물고 있었다.[43] 공격자들은 진김과 그의 수행원으로 위장해 대도의 궁궐을 점령하려 했다. 그날 밤 수도 경비를 담당하던 추밀원의 고위 관리 장이(張易)는 의도하지 않게 그들이 궁궐 구역으로 들어가는 것을 허용했다. 공격자들은 아흐마드와 또 다른 고위 관리 한 명을 죽인 뒤, 붙잡혀 무장 해제되었다.[44]

마르코 폴로는 직접적으로, 라시드 앗 딘은 암시적으로, 이 공격이 몽골의 중국 통치에 저항하는 계획된 봉기의 일부였으며, 아흐마드는 대도에서 몽골 지배의 핵심 인물로서 살해됐다고 전하

---

42 *YS*, 205.4561; Chen 1979, 7.42.

43 쿠빌라이의 차남으로, 한문으로는 진금(眞金), 곧 "진정함 금"이라 썼다. 원대에는 진김이라고 발음했으며, 당시 위구르-몽골어로는 "칭김"으로 읽었다.

44 *YS*, 205.4562-4563; Su 1996, 11.228에서는 이 사건에 대한 각기 다른 버전을 제시한다. *JT*/Boyle, 291-293; Marco Polo §85(2015, 104-108)도 참고.

고 있다. 같은 해, 반란을 일으키고 대도의 갈대 덮인 성벽에 불을 지르는 계획을 담은 소문들과 익명의 편지들이 돌았다. 이름을 알 수 없는 반대파들은 장이가 고화상과 공모해 몽골을 전복시키려 한다고 고발했고, 그는 신속히 처형됐다. 진김은 추가 조사를 중단 시켰고, 아흐마드의 반대파 한인들은 이 사건을 계기로 그의 사치 스러운 생활과 그가 황제에게 진상된 선물을 횡령한 사실을 폭로 했다. 당시 황제는 1262년 이단의 반란 이후 그랬던 것처럼 한인 관리들에 대한 또 한 번의 숙청을 계획하고 있었는데, 이 사건으로 인해 관심을 다른 곳으로 돌렸다. 만일의 사태를 대비하기 위해, 쿠빌라이 카안은 1283년 초 수도에 구금돼 있던 남송의 유명한 충 신이자 반란의 중심 인물일 가능성이 있다고 소문이 난 문천상을 처형하라고 명령했다.[45]

아흐마드의 삶과 죽음은 원 정부 내에 있었던 민족, 이데올로 기, 파벌주의의 복잡한 관계를 보여준다. 그는 한인과 유교 지식인 들로부터 성격이 탐욕스럽고 측근만 총애한다는 비난을 받았다. 심지어 라시드 앗 딘 같은 무슬림 공동체 내의 옹호자들조차 그의 물자 횡령을 인정했다. 하지만 이념적으로 볼 때, 아흐마드가 그의 비판자들과 유일하게 다른 점은 타이(어사대)의 설립에 따른 책임 분담에 대해 회의적이었다는 것뿐이다.[46] 그가 행정에 접근하는 방 식은 납세자의 부담 능력을 초과하지 않는 적정 수준의 과세가 정 부 수입을 늘리기에 가장 좋은 방법이라는 쿠빌라이 정권의 생각

---

45 반란에 대한 소문과 문천상의 처형에 대해서는 *Song shi*, 418.12539-12540. 대도의 성벽
에 있는 갈대에 대해서는 Chen 2015, 72, 38-40 참고.

46 *YS*, 205.4561; Su 1996, 7.135.

과 명확히 일치했다. 동시에 아흐마드는 군주의 뜻에 따라 모든 과세 대상자를 등록하고 모든 전매 품목을 빠짐없이 관리하려 노력했다.[47] 무슬림 이주민 출신인 아흐마드의 지지자들은 절대 다수가 무슬림 이주민들이었지만, 그는 현지 북중국 출신 관리도 많이 추천하고 승진시켰다.[48] 실제로 아흐마드가 살아 있는 동안 쿠빌라이는 그가 폭넓은 교양과 실용적 지식을 겸비했다는 점에서 다른 관리들과는 다르다고 여겼다.[49] 아흐마드의 사후 불명예는 쿠빌라이의 말년을 비참하게 만들고 조정에 심각한 불안정을 초래했다.

쿠빌라이의 해외 원정

허형과 같은 유학자들의 반대에도 불구하고 남송 정복 원정이 놀라운 성공을 거둔 것은 쿠빌라이 카안에게 위험한 자만심을 안겨주었다. 1269~1270년 고려에서 몽골이 선택한 왕에 반대하는 세력이 일어나서, 쿠빌라이는 이를 마지막으로 진압해야 했다. 1264년 고려를 넘어 일본의 존재를 알게 된 쿠빌라이는 이 섬나라와 관계를 맺고 그들을 복속시키려는 헛된 시도를 했다.[50] 결국

---

47 상서성이 과세 대상을 확대하기 위해 새로운 인구조사를 실시하는 동안(*YS*, 205.4559), 어사대에서는 이러한 정책이 인구조사를 통해 백성을 괴롭히는 행위라고 비난했다. 그러나 상서성은 민간에서 납부하기 어려운 실정을 고려해 5만 야스툭의 은세를 10퍼센트 감면하는 안을 제안했다(*YS*, 7.129).

48 이름만 보면, 그가 남송으로 파견한 전매 담당 관리자 중 무슬림 다섯 명, 여진 출신 두 명, 그리고 한인 네 명이 포함된 것으로 보인다(*YS*, 205.4560).

49 *YS*, 205.4561.

50 일본 자료에 기록된 당시의 침략에 대해서는 Conlan 2001 참고. 원대 자료에 대한 내용으로는 Su 1958, 41.561-563; Chen 1979, 4.25-29. 관련 고고학 증거물에 대해서는 Delgado 2010 참고.

제1권 정치사

1274년 그는 몽골 사령관 힌두(Hindu)와 몽골에 복무하는 고려인 장수 홍차구(洪茶丘)에게 1만 5000명의 병력으로 고려를 통과해 일본을 침공하라고 명령했다. 하지만 해군은 진전을 보이지 못하고 패배해 돌아왔다.

1280년까지 외교 교섭이 계속되었지만, 그해 일본 측이 몽골 사신들을 처형하자 힌두와 홍차구는 일본 재정복 시도를 허가해달라고 요청했다. 쿠빌라이는 10만 명으로 추산되는 훨씬 규모가 큰 군대를 편성했는데, 그중 단 3만 명만 무사히 원으로 돌아왔다. 몽골 지휘관 아타가이(Ataghai)와 전 남송 지휘관 범문호의 총지휘 아래, 몽골 함대는 남중국과 고려의 여러 지점에서 출항해 규슈섬의 다자이후(大宰府) 인근 해안에서 합류하는 것을 목표로 했다.

일본 불교 연대기에서 가미카제, 즉 '신풍(神風)'으로 불리면서 유명해진 폭풍으로 인해 몽골의 함대는 산산조각 났고, 배의 70~80퍼센트가 침몰했다. 진이 빠진 채로 일본 본토에 도달한 수군은 일본군에게 모두 생포되어 처형(몽골인, 한인, 고려인)되거나 노예로 전락("당인(唐人)" 즉 일본에서 중국인을 가리키는 용어, 혹은 과거 남송 병사들)했다. 쿠빌라이는 이 패배를 결정적인 것으로 받아들이지 않고 고려와 남중국에서 곡물, 배, 병력을 1286년까지 계속 모았는데, 그해 유선(劉宣)이 그렇게 모은 전쟁 준비 물자를 당시 진행 중이던 참파와 안남 전쟁에 전용하는 것이 낫다고 주장하자, 그 의견을 수용했다.

몽골과 안남의 관계는 1254년 잠저 시기 쿠빌라이가 운남 지역의 대리국을 처음 정복했을 때로 거슬러 올라간다. 쿠빌라이가 떠난 뒤, 우량카다이는 당시 쩐 왕조의 지배 아래 있던 그 왕국을 통과하면서 군대를 격파한 뒤 남송 영토를 가로질러 갔다. 그 이후로 외교적 교류가 계속됐다. 하지만 초기 쿠빌라이 조정은 안남 정복을 실행할 계획이 없었다. 그러나 원 조정은 이미 1267년에 다소 이상적인 목표를 밝힌 적이 있는데, 소위 '육사(六事)'라는 여섯 가지 요구 사항이 그것이다. 이 요구들이 충족되면 안남은 몽골 제국의 완전한 속국이 될 터였다.[51] 그들은 '소국(小國)'을 자처하며 원의 종주권을 인정할 의향이 있었지만, 몽골의 전면적인 요구에는 저항했다. 그러나 남송이 정복된 이후에는 그 문제를 회피하기가 점점 어려워졌다.

결국 안남은 몽골의 침략을 받았다. 그러나 몽골에게 베트남 침략은 그 자체가 목적이 아닌, 참파 원정을 용이하게 하기 위한 수단이었다. 참파는 현재의 중부 베트남 지역을 차지하고 있던 힌두·불교 왕국으로, 말레이-폴리네시아어를 사용했다. 1280년부터 몽골에 조공을 바치고 있었지만 1282~1283년 겨울 왕세자가 참파의 정책 변화를 주도하자, 쿠빌라이는 5000명의 병력과 함대를 파견하면서 더 순종적인 노왕(老王)을 다시 왕위에 앉히라고 지시했다. 몽골군 사령관 수게투/수이게투(Sögetü/Sodu)는 부하들과 함께 수도에 진입했지만, 왕이나 그의 아들에게 통상적인 조공 관계 이상을 강요할 수 없었다.

이에 쿠빌라이는 1284년 아들 제왕 토간(Toghan)에게 1만 5000명의 군대를 이끌고 안남과 참파를 통과해 수이게투의 군대에 합류하라고 명령했다. 두 나라가 항복을 거부하자 그들을 복속

51　*YS*, 209.4635.

시키기 위한 또 다른 길고 부질없는 전쟁이 시작됐다. 제왕 토간의 군대는 질병과 적의 반격으로 무너졌고, 수이게투는 안남과 참파 연합군과 싸우다 사망했다. 1286년 쿠빌라이는 일시적인 철수를 승인했지만, 이듬해에 원정이 재개되어 쿠빌라이의 치세가 끝날 때까지 지속됐다. 제왕 토간과 여러 장군들은 승전보 없이 귀환했다는 이유로 수도 출입을 금지당했다.[52]

쿠빌라이가 초기에 대리국을 정복한 것을 계기로 주변 지역을 평정하기 위한 여러 원정이 추가로 이어졌다. 카라장, 즉 중국어로 '구름 남쪽'을 뜻하는 운남(雲南)으로 알려진 이 지역은 지형과 민족 구성이 매우 다양했다. 집약적으로 경작되는 작은 저지대 주변으로 고지대가 있었는데, 여기에 정착한 민족들은 대개 저지대와 느슨한 조공 관계를 맺거나 저지대의 통제에 완강히 저항했다. 따라서 카라장과 야치의 중심부를 정복한 것은 완전한 통제권을 확보하는 긴 과정의 시작에 불과했다.[53]

카라장계곡에서 주변 산악 지대로 나아가는 원정은 남서쪽으로 버마(현재의 미얀마)로 향하는 교역로를 따랐다. 1275년부터 대리국 군대와 관리들은 자신들의 중심지 카라장과 당시 바간 왕국의 수도 바간 사이의 국경 지대를 탐사하기 시작했다. 그 사이에 있던 자르단단(Zardandan, 금니(金齒)), 즉 타이 부족장들이 차례로 원에 항복했다. 사천의 남송 최후의 요새 중경이 항복한 후, 미얀마 정복을 제안한 나스르 앗 딘 원수의 요청이 승인됐다. 원정대는

---

52 Su 1958, 41.563-564, 570-572; Chen 1979, 5.31-34.
53 Su 1958, 41.564-569; Chen 1979, 6.35-39.

1283~1284년 겨울에 출발했지만 정규군은 현지 전투 환경에서 고전을 면치 못했고, 그런 상황을 타개하기 위해 남중국 고원 지역의 군대가 동원됐다. 1287년 봄, 원군은 파간에 도달했다. 이곳에서 아버지를 폐위시킨 바간 왕국의 새 왕이 조공을 바치기로 약속하자 원군의 잔존 병력은 철수했다.

쿠빌라이가 정복을 시도한 목표 지역 가운데 가장 먼 곳은 자바였다. 몽골 사신에 대한 부당한 대우에 대응해 1292년 봄에 복건에서 원정을 시작하라는 명령이 내려졌다. 이 원정은 훗날 베트남에서 복무할 이그미시(Yigmïsh, 亦黑迷失) 빙장의 지휘 아래 진행됐다. 1293~1294년 겨울 마침내 원정대가 출발했는데 규모가 상당했다. 2만 명의 병력과 1년 치 식량이 준비됐다. 원정대는 전략적으로 왕위 경쟁자를 지원했고 수도 마자파힛을 점령했다. 하지만 결국 왕국이 다시 반란을 일으켰고 몽골군은 패배한 왕의 부인과 100명이 넘는 자바 관리들을 데리고 퇴각해야 했다. 그해 말 쿠빌라이가 사망하자 추가 원정 계획은 흔적도 없이 사라졌다.[54]

쿠빌라이 치하에서 이루어진 이 다양한 대규모 원정들을 어떻게 설명해야 할까? 대부분이 실패로 끝났고, 어느 것 하나 초기 몽골의 정복에서 흔히 볼 수 있었던 최종적인 정복으로 이어지지 않았다. 가장 중요한 점은 일본에 대한 1차 원정을 제외한 모든 대규모 해외 원정이 남중국 정복 이후에 이루어졌다는 것이다. 남중국 정복은 몽골 원의 영토가 아직 최종 형태에 이르지 않았음을 보여준다. 이로 인해 쿠빌라이는 막대한 재원과 인력, 항해 기술을

---

54 Su 1958, 41.572 (*YS*, 215.4664~4667에도 인용); Bade 2002.

쏟아부어 앞서 언급한 매우 야심 찬 원정들을 실행에 옮겼다.

원 조정은 남송의 광범위한 상업적, 외교적 관계를 남중국해에서 물려받았다. 그러나 고려의 경우에 그랬던 것처럼, 몽골은 이러한 기존의 관계를 결국 몽골 제국에 항복한 모든 이들에게 기대되는 종속국 지위로 전환하려 했다.[55] 이 요구는 중국과의 전통적 조공 관계를 크게 넘어서는 것이었고, 압도적인 힘으로만 강제할 수 있었다. 하지만 결국 원은 고려 이외의 지역에서는 이를 실현할 수 없었다. 예를 들어 맘룩 이집트와 몽골·훌레구 울루스의 전쟁과 같은 해외 원정을 보면 전 세계가 몽골의 지배 아래 들어올 때까지 원정을 계속해야 한다는 몽골 이데올로기가 지속적으로 작동했음을 알 수 있다.[56]

동시에 이것은 중국 유학자들의 일시적 패배를 의미했다. 그들은 쿠빌라이와 처음 접촉한 이후, 몽골 제국이 북중국에서 최종적인 영토 형태에 도달했으며, 따라서 몽골의 지배가 곧 민간 체제로 전환될 거라고 예상해왔는데 그렇게 되지 않았기 때문이다. 이러한 전환은 남송 정복으로 인해 쿠빌라이의 손자이자 후계자의 통치 시기까지 연기됐다. 1294년 후계자 테무르는 새로운 통치자로서 초기에 몇 가지 정책을 펼쳤는데, 베트남과의 관계를 정상화하고 일본에 대한 또 다른 공격 준비를 취소했다. 이때를 기점으로 몽골은 세계의 자원을 동원해 추구하던 몽골식의 실질적 세계 정복이라는 개념에서 벗어나, 중국식 외교 정책의 특징이라 할 수 있

---

55 Henthorn 1963, 194; *YS*, 209.4635-4636; Allsen 1987, 114.

56 Amitai-Preiss 1995, 230-232.

는 상징적 세계 정복 개념을 받아들였다. 이 개념에서는 조공국들이 중앙 제국의 우월성을 인정하되, 관대하게도 자국의 일을 스스로 관리할 수 있도록 허용받았다.

운남과 버마 원정은 약간 다른 양상을 보였다. 이 지역에서 몽골과 마주한 정치체들은 대체로 규모가 훨씬 작았고, 벼농사를 짓는 저지대 정권은 거의 영구적인 반란 상태를 유지하고 있는 많은 고지대 정권으로 둘러싸여 있었다. 몽골이 교통로에 대한 지배권을 확보하기 위해 저지대 지역과 치른 초기 원정은 자연스럽게 더 먼 저지대 왕국들을 정복하는 전쟁으로 이어졌다. 저지대 왕국들에게 운남의 고산 지대 주민들이 정치적 충성을 바칠 수 있었기 때문이다. 이러한 원정은 쿠빌라이가 사망한 뒤 테무르의 치세를 거쳐 1330년대까지 계속됐다. 그러나 그 시기에는 조공 강요와 상징적 굴욕만을 목표로 했는데, 이것이 동남아시아 국제정치에 영향을 미쳤다.

몽골 내의 반대파 등장

쿠빌라이의 통치 영역이 아닌 몽골과 투르키스탄에서도 이 시기에 원의 통치에 반발하는 움직임이 나타나기 시작했다. 이로 인해 지속적인 군사 활동이 필요해졌고, 황제가 두 차례나 친정을 해야 했다.[57] 반대파 활동의 상당 부분은 통일 제국의 붕괴로 이어진 정치적 갈등의 여파였다. 반대 세력들은 우구데이 계열을 축출한 1251년 쿠데타와 아릭 부케가 패배한 1264년의 결과를 뒤집으려 했다. 그러나 원이 차가다이 울루스의 영역을 통제하려는 과정에서 생긴 긴장감 역시 그만큼 지속적이었다.

원 조정은 자신들이 몽골 제국 전체의 계승자라고 여겼다.[58] 따라서 원 조정의 시각에서는, 투르키스탄의 차가다이계 왕자들은 원 조정의 엄격한 감독 아래 있던 섬서와 감숙의 왕자들과 원칙적으로 다를 바가 없었다.[59] 바레인, 데르벤드, 시르카시아, 오로스(루스)에 이르는 "서북제왕(西北諸王)"의 모든 영토가 제국의 영역으로 간주됐다.[60] 그러나 투르키스탄, 마와라안나흐르(트란스옥시아나), 원의 권력 중심부와 가까운 중앙 시베리아의 차가다이와 우구데이 계열 왕자들에게만 실제로 통제력을 행사하는 것이 가능했다. 국경 분쟁은 때때로 전면전으로 확대되어 몽골 제국 시대 내내 계속됐다.

쿠빌라이의 통치 말기에는 칭기스 칸 형제들의 후손인 좌익 제왕들 사이에서도 불만이 나타났다. 이들은 몽골고원과 만주 동부 지역의 봉지를 받았다. 이 가문들의 여러 제왕, 특히 테무게 옷치긴의 후손 타아차르는 쿠빌라이 카안 통치 초기에 중요한 역할을 했다. 그러므로 1287년 그의 후손 나얀이 일으킨 반란은, 쿠빌라이를 반대해온 제왕들이 지속적으로 표출한 단순한 적대감이 아니라 몽골 제왕들 사이에 쌓여 있던 더 심각한 불만의 징후였다고 할 수 있다.[61]

---

57 Chen 1979, 2.13-20.

58 Kim 2015.

59 중국 서북 지역(현재의 산시, 간쑤, 닝샤, 칭하이)에 대해서는 Atwood 2020; Matsuda 1992, 1993, 2003; Daobu, Zhaonasitu, and Liu 1998 참고.

60 *YS*, 63.1567-1574; Lin Meicun 2007, 279-304; Miya 2007, 113-130.

61 여기서 나는 투지(屠寄)와 펠리오의 견해를 따른다(Hambis and Pelliot 1945, 39-40). 그들

반(反)쿠빌라이 입장을 지닌 제왕들 중 가장 유명한 인물은 우구데이의 손자 카이두였다. 그는 차가다이 가문과 연합해 결국 타림분지를 장악했다. 뭉케 카안이 카얄릭 지역에 봉지를 하사한 카이두는 1260년부터 쿠빌라이 조정과 접촉했지만, 카안이 요구한 친조를 거부했다. 1269년 카이두는 자신과 주치 가문의 수장 뭉케 테무르, 그리고 차가다이 가문의 수장 바락의 회맹을 중재했다. 이 동맹은 톨루이 가문이 제국의 핵심 지역을 지배하는 상황에 대한 적대감에서 비롯했다. 바락은 훌레구 울루스를 침공했다가 실패한 뒤 곧 사망했다. 이로 인해 카이두가 차가다이 영역을 사실상 장악하게 됐다.[62]

1269년 회맹 참여자들이 원했던 목표는 다양했다. 마르코 폴로에 따르면 이 갈등의 핵심은 결국은 돈과 신뢰의 문제였다. 이는 쿠빌라이 조정에 있으면서 깨달은 바를 기록한 것이라고 할 수 있다. 카이두는 중국에서 나오는 수입 중 자신의 몫을 요구할 권리가 있다고 여겼고, 쿠빌라이의 조정에 위험을 무릅쓰고 가지 않아도 정기적으로 그 몫을 받아야 한다고 생각했다.[63] 그러나 1269년의 쿠릴타이에서는 더 광범위한 불만이 제기됐다. 당시 "서북의 제후들"이 사신을 보내 쿠빌라이가 중국의 방식을 채택한 것에 이의

에 따르면 반란을 일으킨 나얀은 타아차르의 후손이며 테무게 옷치긴의 혈통을 이어받은 인물로, 벨구테이 가문의 나얀과는 별개의 인물이다.

62 카이두와 조정의 접촉에 대해서는 *YS*, 4.68-69, 6.107, 134.3247-3248. 동맹과 바락의 원정에 대해서는 *JT*/Thackston, 520-535.

63 Marco Polo, §199(Polo 2015, 302-303; Polo 2016, 193-194). 폴로에 따르면 카이두는 "키타이"와 "만지" 정복에 대한 자신의 몫을 요구했다고 한다. 전자는 하북에 있는 우구데이의 영지로부터 오는 수입, 후자는 하남에 있는 채주(蔡州)를 지칭한 것으로 보인다.

를 제기했다. "우리 제국의 옛 풍습은 한법(漢法)과 달랐습니다. 지금 한지(漢地)에 머물며, 도읍을 세우고 성곽을 쌓으며, 의례와 제도는 한법을 따르고 있는데, 그 까닭이 무엇입니까?"[64] 이는 뭉케와 아릭 부케의 지지자들이 오래전부터 제기한 불만으로, 당시에도 사라지지 않은 상태였다. 그러나 주목할 만한 점은 1269년 쿠릴타이에서 쿠빌라이를 폐위시키거나 새로운 카안을 선출하지 않았다는 것이다. 양측 모두 전면전을 벌일 준비가 되어 있지 않았다.

1266년 쿠빌라이는 서북 지역에서 나오는 불만에 대응하기 위해 아들 노무간을 북평왕에 봉하고 카이두와 접경한 몽골 변경 지역에 주둔시켰다. 1274년 노무간의 군대는 카이두의 차가다이 동맹인 네구베이를 물리쳤고, 추베이와 같은 차가다이 제왕들은 쿠빌라이 편으로 귀순했다. 1275년경 몽골 정세가 안정되어 보이자, 무칼리의 후손인 우승상 한툼이 노무간과 함께 전선을 순시할 수 있었다. 쿠빌라이는 화해의 제스처로 바락의 사망을 기려 그와 카이두를 추증했다.[65] 중국 남부의 정복으로 엄청난 부가 쿠빌라이의 국고로 들어오려는 바로 그 순간, 평화가 손에 닿을 듯했다.

그러나 1276년 말, 원군이 남송 정복을 마무리하느라 여념이 없을 때 상황이 갑자기 반전됐다. 몽골에서 노무간과 함께 복무하

---

64 *YS*, 125.3073. 그의 열전에는 이상의 내용이 정확히 언제 있었는지 기록돼 있지 않으나, 아마도 1268년이 얼마 지나지 않아서일 것으로 보인다. Biran 1997, 27-28, 144 및 본서에서 비란의 장 참고.

65 *YS*, 6.111, 7.144, 8.152, 8.160. 라시드 앗 딘은 추베이와 카단의 배신에 대해 언급한다. *JT*/Boyle, 266; *JT*/Thackston, 535. 마르코 폴로는 이 사건이 큰 전투의 결과라고 기록하고 있는데(Marco Polo §199, Polo 2015, 303-304; Polo 2016, 194), 필자는 이것이 차가다이계 지도자 네구베이가 패배한 전투라고 언급한 *YS*, 8.152의 전투로 추정한다. 이상의 사건에 대해서는 Biran 1997, 38-39, 147-148 참고.

던 뭉케의 아들 시리기가 다른 제왕들과 공모해 노무간과 한톰을 붙잡고, 여전히 제국의 정신적 핵심으로 여겨지고 있던 칭기스 칸의 오르도(이동식 궁정)까지 장악한 것이다.[66] 몽골의 군사력과 정신적 권위를 손에 쥔 그들은 좌우익의 제왕들을 불러 모아 쿠빌라이를 폐위하고 새로운 톨루이계 카안을 옹립하고자 했다. 새 카안 후보로는 시리기 자신이나 뭉케의 손자 사르반이 거론됐다. 가장 중요한 잠재적 동맹 세력들을 끌어들이기 위해 노무간은 뭉케 테무르에게, 한톰은 카이두에게 보내졌다.[67]

쿠빌라이에게는 다행스럽게도, 카이두와 뭉케 테무르는 쿠릴타이 소집에 응하지 않았다. 원의 좌익 제왕들도 마찬가지였다. 그러나 서몽골의 우익 제왕들은 반란에 가담했고, 옹기라트의 일부 지휘관들 가운데 대도에서 멀지 않은 내몽골 중남부의 응창부(應昌府)에 있던 이들도 합류했다. 쿠빌라이는 대규모 부대가 준비되지 않아 킵착 출신 카라친(qarachin), 즉 맑은 쿠미스 제조공들을 전투에 투입했다. 9월까지 그들은 칭기스 칸 사당을 되찾고 오르콘 강에 방어선을 구축했다. 1278년 2월, 남방 정복을 마친 바얀 칭상이 대군을 이끌고 도착했다. 반란군은 시간을 약간 끌다가 패배했고, 이전의 아릭 부케처럼 시베리아로 쫓겨났다. 그곳에서 그들의 지지 기반은 와해했다. 1282년 사르반(사르만)은 시리기를 사로잡아 조정에 투항했다. 노무간은 계속 주치 가문의 궁정에 억류되어

---

66 모든 중국 자료에 따르면 노무간이 잡힌 곳은 "알말릭"이라고 한다. 일반적으로 이곳은 톈산산맥 북쪽, 일리계곡에 있는 알말릭으로 간주됐다. 그러나 투트칵의 열전에 보이는 지리 관련 기록을 보면 노무간이 잡힌 곳은 몽골임이 분명하다. 따라서 알말릭, 즉 "사과 과수원"은 분명 서부 몽골의 어떤 지역을 지칭하는 것으로 보인다.

67 YS, 6.111, 7.144, 8.152, 9.191, 12.239, 128.3132; Su 1996, 3.48; JT/Boyle, 266-267.

있다가, 뭉케 테무르가 사망한 뒤 1284년 주치 가문의 제왕들에
의해 돌아왔다. 그들은 같은 시기에 카이두에게 한툼도 송환하도
록 유도했다.[68] 한편 1278년부터 원의 별도 부대가 호탄 지역에 대
규모로 주둔하기 시작했다.[69]

그러나 바얀의 진군은 매우 신중했고, 승리한 지휘관 중 한
명은 그가 적과 공모했다고 고발한 것으로 보인다. 결국 바얀을 고
발한 자는 오히려 자신이 사형에 해당하는 죄로 고발당해 이듬해
처형됐다. 쿠빌라이가 바얀의 충성심을 높이 평가하는 것은 변함
이 없었지만, 이 사건은 쿠빌라이가 갖고 있던 몽골군에 대한 태도
가 바뀌는 전환점이 된 것으로 보인다. 킵착 출신 카라친의 지휘관
투트칵[70]이 이 갈등의 진정한 영웅으로 칭송받았고, 쿠빌라이는
몽골군의 대안으로 킵착 전쟁 포로 출신들을 카라친 부대원으로
보내기 시작했다.[71]

점차 변경 지역의 긴장이 완화됐다. 1281년에는 몽골 전선이
충분히 안정되어 쿠빌라이가 다시 한번 왕자를, 이번에는 태자인
진김을 순시 보낼 수 있을 정도가 됐다.[72] 1284년 노무간과 한툼의
귀환은 쿠빌라이와 서북 제왕들 사이의 관계가 더욱 해빙됐음을
보여준다. 노무간과 한툼의 구금은 비교적 온건한 방식으로 이루
어졌으며, 이는 칭기스 가문의 구성원들이 서로를 대할 때 보였던

---

68 *YS*, 12.239, 13.265, 127.3113, 128.3132; Su 1996, 1.11, 3.48; *JT*/Boyle, 267-269.

69 *YS*, 7.197, 210, 216, 226, 123.3024, 133.3226, 3231, 166.3896, Liu Yingsheng 2012, 481.

70 라시드 앗 딘의 책에는 이름이 투크탁(Tūqtāq)으로 나오지만 와사프의 기록에는 투트
칵(Tutqāq)으로 기록돼 있다. 몽골 자료를 보면 투트칵이 맞는 표기임을 알 수 있다.

71 Su 1996, 2.20-21, 3.48; *YS*, 127.3113.

72 *YS*, 11.222, 234, 127.3113, 128.3132-3133.

절제된 태도를 잘 보여주는 사례였다. 심지어 황제의 아들을 붙잡고 스스로 카안이 되려 한 시리기조차 처형되지 않고 베트남 남방 전선으로 보내졌다.

1286년 알타이와 투르판 지역에서 충돌이 발생하면서 국경 지역의 긴장이 다시 고조됐다.[73] 같은 해 쿠빌라이는 투트칵 휘하의 새로운 킵착군을 공식적으로 친군위(親軍衛) 수준으로 승격시켰다. 이 새 부대는 1만 9000명의 친위병과 함께 수도 지역에 많은 영지와 거대한 가축 떼를 보유했고, 강서, 안휘, 강소 지역에 있는 투트칵 농장의 농민들, 가축, 목화밭도 관할했다. 1281년에는 투르키스탄 지역에서 징벌 원정을 수행하기 위해 소규모 친위대가 편성됐고, 그보다 앞선 1270년대에는 남방에서 임무를 수행할 아수드(Asud), 즉 오세트(Osset) 친위대가 창설됐다. 이름과 달리 이 부대들은 황제 개인의 보호만을 위한 것이 아니라, 반쿠빌라이 세력에 대항해 제국의 권위를 과시하기 위한 목적도 있었으며, 그중 가장 위협적인 존재로 몽골 제왕 귀족들이 부상하고 있었다.[74]

투트칵의 킵착 부대들은 곧 실전에 투입됐다. 1287년 원의 북부 지역에서 현재의 랴오닝에서 몽골 서부 국경에 이르는 지역을 포괄하는 복잡하고 다면적인 반란이 폭발했다. 쿠빌라이가 직접 두 차례 원정을 나가고, 그의 아들 캄말라와 손자이자 후계자인 테무르도 출정한 끝에 3년 만에 몽골과 만주에서 제국의 권위를 재확립할 수 있었다. 반란의 주모자는 나얀이었지만, 그의 동맹에는

---

73 Su 1996, 2.31, 3.49; *YS*, 128.3124, 3132.

74 Su 1996, 3.48-49; *YS*, 128.3132-3133, 3134; Hsiao 1978, 96-97, 99-100.

테무게 옷치긴과 카치운의 후손인 좌익의 여러 제왕들도 포함돼 있었다. 나얀의 영향력은 반란 직전 그의 행동에서 잘 드러났다. 그는 자신의 사회적 연줄을 이용해 바얀, 투트칵 등 몽골 지역의 유력 지휘관들로부터 정보를 수집하고 그들을 포섭하거나 생포하려 했다. 그는 이런 방식으로 1287년 3월 공식 채널을 통해 좌익의 모든 왕자들과 만주 지역의 일부 관청을 동원할 수 있었지만, 그의 명령은 곧 취소되고 말았다.

나얀이 5~6월경 공개적으로 반란을 일으키자 조정은 매우 신속하게 대응했다. 다음 달 상도에서 출발한 쿠빌라이는 7월 14일에는 현재의 내몽골 동남부 어딘가에서 코끼리 가마를 타고 나얀과 그의 4만 군대를 내려다보고 있었다. 쿠빌라이의 군대에는 당연히 칭기스 칸의 동료였던 보오르추의 후손 오스 테무르(또는 울룩 노얀으로도 알려짐)가 지휘하는 케식들이 포함돼 있었다. 그러나 쿠빌라이는 바얀의 조언에 따라 이정(李庭)과 동사선(董士選)이 지휘하는 한인 친위대를 주력으로 삼았다. 카안의 군대가 수적으로 열세였음에도 불구하고, 나얀의 군사들은 경험이 부족하고 규율이 없어서 쉽게 흩어지고 말았다. 코끼리 가마를 탄 쿠빌라이의 모습은 카안이 남방 정복에서 새로 얻은 자원을 과시하는 것이었으며, 마르코 폴로와 라시드 앗 딘 모두 언급할 정도로 당대인들에게 깊은 인상을 남겼다. 이후 나얀과 그의 동맹자들을 추적하고 생포하는 과정에서 몽골과 킵착 군대가 주된 역할을 했지만, 한인 군대의 여름 전투 승리는 정권의 다민족적 발전에 중요한 이정표가 됐다.

나얀의 반란은 동몽골과 만주의 여러 제왕과 백성들 사이에 깊이 자리 잡은 불만을 건드렸고, 이에 대한 진압 작전은 1289년까지 계속됐다. 1288~1289년 겨울이 끝날 무렵, 카이두의 군대가 뒤늦게 전장에 모습을 드러냈다. 나얀은 처음부터 카이두와 접촉했다고 전해지지만, 카이두는 즉각 반응하지 않았다. 적어도 한 자료에 따르면, 카이두는 아릭 부케의 아들이자 시리기의 반란을 겪어본 말릭 테무르의 촉구로 개입했다고 한다. 카이두는 서몽골에 들어선 뒤에는 1289년 봄까지 거의 자유롭게 활동했는데, 이때 투트칵과 그의 킵착 병사들이 쿠빌라이의 손자 제왕 캄말라[쿠빌라이의 아들 진김의 아들]와 함께 서몽골로 돌아왔다.

그해 7월에 쿠빌라이가 마지막으로 친정에 나섰을 때, 카이두는 이미 서쪽으로 퇴각한 뒤였다. 투트칵이 적시에 개입한 덕분에 항가이산맥에서 벌어진 전투에서 캄말라 왕자를 안전하게 지킬 수 있었다. 이후 수도에서 열린 연회에서 쿠빌라이는 킵착인들이 몽골인들에 비해 우선권을 가져야 한다고 주장했는데, 이는 민족 간 위계질서의 변화를 보여주는 또 하나의 주목할 만한 이정표였다.[75]

쿠빌라이 통치 말기의 재정

쿠빌라이 통치 마지막 15년 동안, 그가 수립한 체제는 계속 기능했고 여러 방면에서 진전을 보였다. 남송 영토의 통합 작업은 1283년

---

75 Su 1996, 2.21-22, 3.42, 49-50, and *YS*, 127.3114-3115, 119.2947-2948, 128.3133-3134, and 162.3797-3798.『원사』본기에 있는 관련 내용도 참고.

제1권 정치사

남북 간 조공미의 해상 운송 개시, 1287년 대운하 재건, 1291년 남방 인구 등록, 1292년 임시 법전 편찬 등으로 이어졌다.[76] 그러나 이러한 조치들은 대부분 관료제 내에서 만들어진 산물 혹은 영향력 있는 관리들의 독려로 수행됐을 뿐, 황제의 개인적인 관심을 끌지는 못했다.

아흐마드의 죽음과 그의 사후에 닥친 정치적 변동으로 쿠빌라이와 유교 관료들 사이에 새로운 화해의 길이 열렸다. 1282년 5월 쿠빌라이는 코르고순을 우승상에 임명했다. 황태자 진김은 아흐마드의 몰락과 직접적인 관련이 없었지만, "아흐마드가 두려워한 유일한 인물이 바로 황태자였다"는 사실은 널리 알려져 있었다.[77] 따라서 아흐마드의 사후 실각은 그의 영향력에 계속 반대해온 진김의 입지를 오히려 강화시켰다. 이후 2년 동안 코르고순은 진김 및 황태자부에 설치된 정책 심의기구 첨사원(詹事院)과 협력해 정권의 '새로운 바람'을 추진했다. 중국 역사서 전통에서 '갱신(更新)'이라는 용어는 잘못된 길을 가고 있는 왕조를 구하기 위한 중도 개혁을 지칭하는 데 흔히 사용됐다. 이 용어를 사용한다는 것은 남방 정복이라는 최대의 승리 이후 10년도 채 지나지 않아 새 정권이 전면적인 쇄신과 새로운 정책 노선을 절실히 필요로 한다는 것을 공개적으로 인정하는 것과 같았다. 유교 학자들이 정권의 가장 이질적인 특징으로 여기던 오르톡 또는 "동업" 상인 제도와 같은 전통적인 몽골 관행들에 대해 문제를 제기했는데, 코르

---

76 1292년에 반포된 법률에 대해서는 Ch'en 1979 참고.

77 *YS*, 115.2890.

고순 역시 이것들을 겨냥했다.

코르고순은 유교에 우호적인 새로운 세대의 몽골 관료 중 한 명이었다. 쿠빌라이는 칭기스 칸의 옛 누케르들의 젊은 후손들을 주변에 두었는데, 무칼리의 차아드 잘라이르 가문 출신 한툼, 보오르추의 아를라드 가문 출신 오스 테무르, 보로굴의 후우신 가문 출신 오치체르, 그리고 주로 다르칸으로 불리며 오로나르 가문의 유명한 두 다르칸 바다이와 키실릭의 후손 하르가순 등이 그들이다. 쿠빌라이는 자신의 케식 순번제 4교대 중 세 조를 이 가문들에게 맡겼다.

이 인물들은 한인 유교 관료들과 우호적인 관계를 유지했으며, 아흐마드 같은 이주민들이 신흥 세력의 야망을 가지는 것을 못마땅하게 여겼다. 조상을 존경하는 전통을 지키고 있었던 한인들은 칭기스 칸의 오테구 보올, 즉 세습 노예의 후손인 이러한 몽골인 귀족들이 원의 체제에서 어느 정도 역할을 가지는 것을 인정했다. 하지만 이들은 재정 또는 군사 분야에 대한 전문성이 없었기 때문에, 실제로는 명목상의 역할 또는 실무적이라기보다는 정치적인 역할을 맡았다. 쿠빌라이가 세상을 떠난 후에야 이 몽골인 귀족들과 그들이 펼친 정책을 방임한 후과가 제대로 드러났다.

그러나 당시 쿠빌라이는 너무나 강력해서 자신의 기본 목표에 공감하지 않는 칭상이 권력을 가지도록 놔두지 않았다. 코르고순의 개혁은 광범위한 반대에 부딪혔고, 약 2년 만에 쿠빌라이는 그를 해임했다. 카안의 가장 큰 불만 요소는 재정 긴축이었다. 아흐마드조차도 죽기 전에 지출을 제한하려 했고, 코르고순 치하에서는 연간 지폐 발행량이 65만 야스툭으로 제한됐다. 이는 군사 원정을 지속하기에는 턱없이 부족한 액수였다. 1285년 쿠빌라이는 자신의 추종자들에게 다음과 같은 타협안을 강제했다. 한툼이 싱의 명목상 수장으로 남되, 남방에서 전매 사업을 운영한 경험이 있는 한인 관료 노세영(盧世榮)을 중서성의 명목상 3인자이자 실질적인 정책 주도자로 두기로 한 것이다.

쿠빌라이 정권의 악명 높은 간신 중에서도 대명부(大名府) 출신 한인 관료 노세영이 경제적 이익을 창출하는 데 사회 전체를 동원한다는 목표를 가장 잘 구현했다. 그는 정규 세금에서 얻는 93만 2600야스툭의 예산만으로도, 정부 자금을 다양한 투자에 활용하면 연간 300만 야스툭의 지폐를 추가로 얻을 수 있다고 주장했다. 아흐마드가 경력 초기에 그랬듯이, 노세영도 감찰 기관의 감독을 받지 않는 자율 기구의 전권을 요구했다. 그러나 한인이라는 점에서 그의 정치적 입지는 취약했다. 1285년 12월 24일, 1년도 채 되지 않아 쿠빌라이는 오랜 몽골 신하들이 제기한 고발을 수용했다. 그들은 노세영이 도입한 새로운 조치들이 부패를 은폐하기 위한 것이며, 혹 그렇지는 않더라도 그 조치들로 인한 세수 증가가 약속에 훨씬 못 미친다고 주장했다. 노세영은 처형됐다.

한편, 황태자 진김은 상황이 매우 위험해졌다. 그는 몽골식 교육과 함께 중국식 교육을 받았으며 "공자의 말씀이 [왕조의] 성스러운 선조들의 말씀과 일치한다"고 믿는 것으로 잘 알려져 있었다.[78] 1285년 말 남방 출신의 한 어사가 황제를 고발했는데, 고령이어서 더 이상 통치할 수 없으니 아들에게 양위해야 한다는 내용이었다.

---

78 *YS*, 115.2888.

어사대는 이 폭탄급 고발을 무마하려 했지만, 아흐마드의 오랜 동맹인 타지쿠 아산이 이를 알아차렸다. 타지쿠의 개입으로 이 내용을 알게 된 쿠빌라이는 격노했고, 진김은 공포에 떨었다. 결국 한인 관료들은 황제에게 타지쿠의 목적이 이 상소를 이용해 황제와 신하들 사이에 맞춰진 여러 민족 간 균형을 뒤엎으려는 것이라고 설득했다. 1285년 12월 30일, 노세영이 처형된 지 일주일 만에 타지쿠도 처형됐다. 그로부터 일주일 후인 1286년 1월 5일, 황태자 진김이 아직까지 밝혀지지 않은 원인으로 갑자기 세상을 떠났다.[79]

두 차례의 처형과 진김의 죽음으로 궁정 내에서 쿠빌라이의 절대적 권위가 다시 확립됐다. 쿠빌라이는 다시 베트남에 군대를 보냈고, 지출은 계속 통제 불능 상태가 되었으며, 1286년에는 지출이 218만 1600야스툭까지 치솟았다. 쿠빌라이는 다시 한번 자신의 정책을 실현할 수 있는 관리를 찾았다. 마지막으로 선택한 사람은 통역관 출신으로 제사(帝師) 담바(Damba)의[80] 조카 상가(Sangga)였다.[81] 상가는 불교계의 입지를 이용해 먼저 정권의 행정을 정비하고 화폐 개혁을 단행했다. 그리고 마침내 1272년 이후 아무도 하지 못했던 일을 해냈다. 바로 쿠빌라이에게 어느 정도의 긴축이 불가피하다는 점을 설득한 것이다.

가장 중요한 첫 번째 개혁은 새로운 지원(至元) 화폐(至元鈔)를 발행한 것이었다. 이 화폐도 교환이 가능했지만 85퍼센트의 할인

---

79 Miya 2016 참고. 단, 그녀가 묘사하는 갈등의 모습은 조금 과한 듯하다.

80 한문으로는 상가(桑哥)이며 산스크리트어의 sangha, 즉 승(僧)을 어원으로 두고 있다. 몽골어로는 상가라고 발음한다.

81 담바에 대해서는 Debreczeny 2014 참고.

율이 적용됐다.[82] 추가 조치들은 특히 상당한 저항과 사회적 혼란이 있었던 남방에서 징세를 개선하는 데 초점을 맞췄다.[83] 세수 증대 방안 마련과 함께 반체제 세력 진압, 면화와 같은 국가에 유용한 작물 재배 장려, 그리고 멸망한 남송의 조(趙)씨 가문 잔존 세력의 영향력 제거를 위한 노력이 이어졌다.[84] 1288년 남방에서 해로를 통해 운송되는 곡물 공납의 할당량은 40만 단(dan, 석(石))이었다. 상가는 이듬해에는 이를 반드시 100만 단으로 늘려야 한다고 주장했다.[85] 그럼에도 1289년 지원초 발행량이 178만 야스툭에 달하자, 상가는 쿠빌라이에게 이 정도 규모의 지출은 지속 불가능하다는 나쁜 소식을 전해야 했다. 소금과 술, 그리고 다른 전매품의 할당량이 대폭 증가했음에도 1290년부터 지원초의 연간 발행량은 50만 야스툭으로 제한됐다. 다행히 1288년 쿠빌라이는 베트남 지역에서 군대를 철수했고 몽골과 만주의 왕족들도 평정됐다.

쿠빌라이는 1272년 이후 그 누가 제안해도 받아들이지 않았던, 즉 팽창 욕구를 제한해야 한다는 상가의 주장을 마침내 수용했다. 하지만 이후 그는 상가에 대해 싫증이 난 듯했다. 1290년 가을 쿠빌라이가 사냥을 나갔을 때 몽골 귀족들이 그에게 상가의 부정부패에 대해 이야기했다. 이듬해 3월 말, 상가는 목숨을 잃었다.

---

82 이 해석은 Vogel 2013, 163-164, 374를 바탕으로 하고 있다. von Glahn 1996, 63-65; Peng 1994, 478-481; Schurman 1967, 135 등도 참고.

83 Chen 1979, 1.7-12.

84 이 사건은 탕구트 승려 양린첸갑(한문으로 양력진가(楊璉眞加))이 송대 무덤을 약탈한 것의 배경이 됐을 것이다. Franke 1981, 321-325. 참고. 이 시기에 송 황실의 성씨인 조씨 일족들이 대도로 강제 이주됐다. YS, 15.328.

85 YS, 15.316. 1단은 95리터에 해당한다.

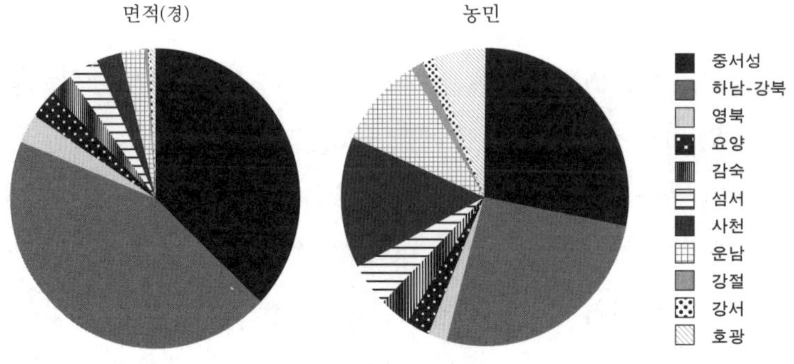

표 2.2　원대의 둔전, 1328년

그러나 쿠빌라이는 남아 있는 얼마 안 되는 생애 동안 과거의 사치로 즉각 돌아갈 수는 없었다. 티모시 브룩이 원명 교체기 '아홉 번의 늪'이라고 부른 것 중 첫 번째인 심각한 생계 위기의 징후가 제국 전역에서 나타나기 시작했다.[86] 이미 1291년 봄, 산서와 하북 그리고 인접한 내몽골 지역에 기근이 닥쳤다. 대동(大同)에서는 식량을 찾아 6만 7000호의 난민이 구호창으로 몰려들었다.[87] 기근 보고는 이듬해에 더욱 증가했다. 1293년이 되자 긴급한 위기는 지나갔지만, 곡물 비축량은 크게 줄어들었다. 더욱이 1290년부터 1292년까지 매년 140만~150만 단의 곡물을 해로로 수송했던 남방은 1302년이 되어서야 다시 100만 단을 넘길 수 있었다.

쿠빌라이는 자기 세대의 모든 중요 인물들보다 오래 살았다.

86　2010, 71-74 참고. 브룩은 이를 "원정 연간의 늪"이라고 불렀다. 이후 브룩은 다른 논문(Brook 2017, 특히 54)에서 "원정 연간의 늪(1295~1297)"을 "지원 연간의 슬럼프(1268~1272)"로 바꾸었다. 필자는 이전 연구에서 제시한 시기가 더 설득력이 있다고 본다.

87　*YS*, 16.344, 345.

그가 1294년 1월 18일 사망했을 때, 한 시대가 지나갔다고 말할
수 있었다. 그러나 실제로는 그 시대, 즉 칭기스 칸 손자들의 시대
는 이미 10년 혹은 그보다 더 전에 지나갔다고 볼 수 있다. 쿠빌라
이가 몽골 제국에 남긴 유산은 두 가지 모순된 결정에서 비롯했다.
첫째는 한법, 즉 중국의 법을 채택한 것이고, 둘째는 몽골의 정복
사명을 따라 남방을 제국에 편입한 것이다. 이 두 가지 결정은 제
국의 지배층에 막대한 재정적, 행정적 이익을 가져다주었다. 쿠빌
라이의 관리들은 이 두 유산을 어떻게 조화롭게 결합해 남북을 통
일하는 안정된 왕조로 만들 수 있을지를 이미 상당 부분 구상해놓
았다. 마르코 폴로와 같은 방문객들은 남중국의 엄청난 부가 어떻
게 카안을 세계에서 가장 부유한 통치자로 만들고 있는지 경험할
수 있었다. 그들은 성대한 사냥, 호화로운 연회와 더불어 지폐와 같
은 혁신을 높이 평가했고, 남중국의 옛 수도 항주(杭州)와 대규모
항구 도시 천주(泉州)의 화려함에 감탄했다. 이 모든 것을 주관한
것은 엄청난 카리스마를 지닌 카안이었다. 이쯤에는 원이 덜 '역동
적'이고 개인에 휘둘리는 통치로 변했을 법도 한데, 카안의 완고한
육체적, 정신적 활력이 오히려 그 전환을 10년 이상 지연시켰다. 결
국 이 과제는 그의 손자이자 후계자인 테무르에게 남겨졌다.

쿠빌라이 카안이 진김의 막내아들 테무르(1265~1307)를 후계
자로 지명했음에도, 쿠릴타이에서 새로운 카안을 선출하는 오랜
전통은 피할 수 없었다. 진지하게 고려한 다른 후보가 딱 한 명 있
었는데, 그는 진김 왕자의 장남 캄말라(1263~1303)였다. 테무르와
캄말라 모두 몽골의 변경에서 근무했지만, 카이두와의 전투에서
는 캄말라의 전과가 더 인상적이었다. 카안 선출 과정은 바얀 칭상

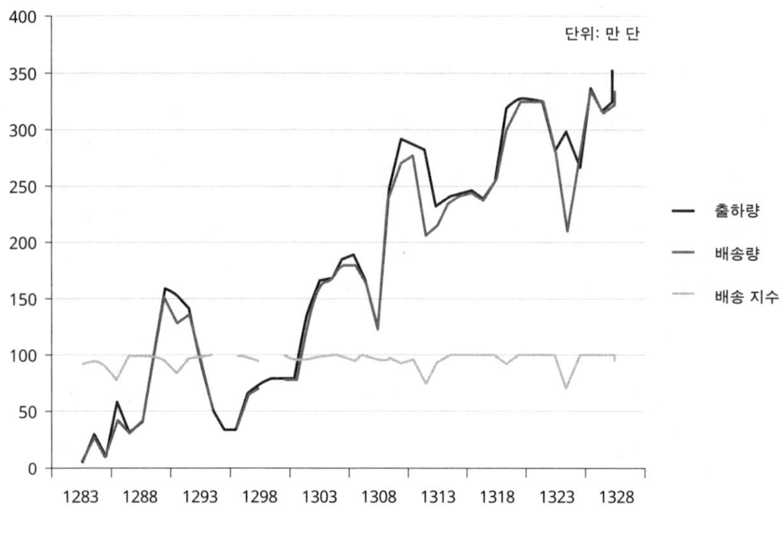

표 2.3　곡물의 해운 운송량

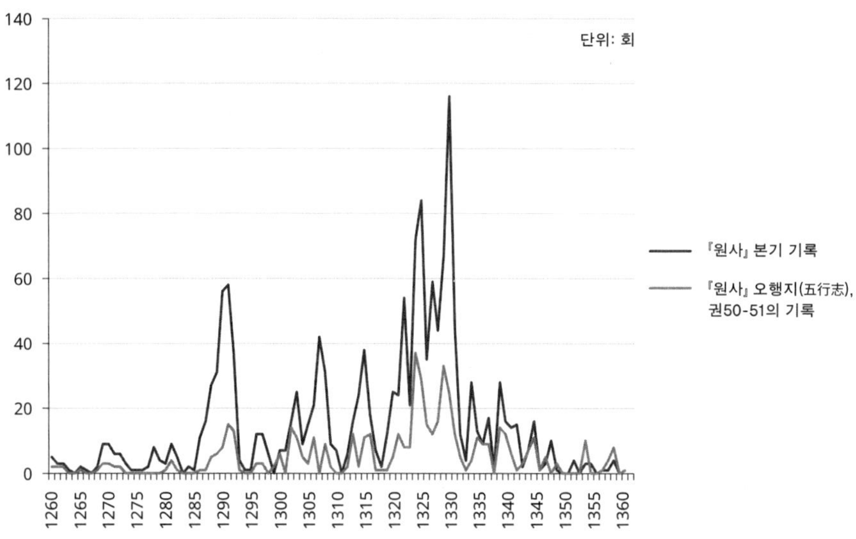

표 2.4　원대에 보고된 기근

과 진김의 미망인(1301 사망)이 감독했다. 그들이 빌릭(bilig, 몽골어 격언)을 누가 더 유창하게 암송하는지를 보고 결정하자고 제안했을 때, 테무르의 선출은 확실해졌다.[88] 캄말라는 언어 장애가 있었기 때문이다. 테무르가 캄말라보다 지지받은 것은 순응적인 성격 때문일지도 모른다. 혹시라도 그랬다면 그것은 올바른 선택이었다. 테무르의 아버지 진김은 격동과 야망이 넘치던 시기 이후 천하에 평온을 제공한 중국 황제들을 본받아 통치하기를 꿈꿨다. 그의 막내 아들은 바로 그렇게 했고, 그 결과 제국의 체제를 공고히 했다.

계승과 정치적 혼란, 1302~1340년

전통적인 역사 서술에서는 1260년 쿠빌라이가 수도를 중도로 옮긴 것을 제국의 결정적인 '한화'로 보았다. 다른 학자들은 그 시기를 1294년, 즉 칭기스 칸을 직접 기억하는 마지막 몽골 통치자인 쿠빌라이가 사망한 때로 보았다. 존 다데스는 자신의 선구적인 저서 『정복자와 유학자(*Conquerors and Confucians*)』에서 '위대한 카간'에 대해 '원 황제'가 최종적으로 승리한 시기를 1329년으로 제시했다. 초원에서 태어나 1317년부터 중가르분지에 거주하던 카이샨의 아들 코실라는 1328년 초원의 군사력을 이용해 한 번 더 왕위를 차지했다. 그러나 몽골에서 1년도 안 되는 짧은 재위 기간을 거친 뒤 중국에서 자란 동생의 측근들에게 살해당했고, 그들은 중국에 근거를 둔 관리들에게 권력을 되돌려주었다. 이로써 "원 정치

---

88 *JT*/Boyle, 321.

에서 초원의 쇠퇴"가 확인됐다.[89]

다데스의 견해는 장점이 많다. 그중에서도 지배 세력이 코실라의 죽음을 묵인했음에도 결국 코실라의 장남 토곤 테무르가 왕위를 계승한 사실에 주목할 만하다. 토곤 테무르는 1320년 중가리아에서 태어났는데, 그의 어머니는 현지 카를룩 왕조의 아르슬란 칸 가문 출신으로, 코실라가 그곳에 유배돼 있는 동안 그와 결혼했다. 1340년까지는 부친 코실라의 측근들이 권력을 유지했다. 따라서 토곤 테무르가 1368년 수도 대도를 떠나 돌아간 몽골은 역사책에서만 알고 있던 먼 조상들의 땅이 아니었다. 오히려 그곳은 그가 태어나 생후 8년 동안 살았던 익숙한 환경이었다. 분명 그 중요성이 줄어들기는 했지만, 초원의 역할이 완전히 사라지지는 않았다. 제국의 거의 모든 위기 상황에서 몽골에 기반을 둔 인물들이 영향력을 행사했다.

우구데이계의 평정

테무르가 처음 한 결정은 할아버지의 뜻을 따라 현재 및 미래의 해외 원정을 중단한 것이다. 하지만 이 결정은 육로를 통한 원정에는 적용되지 않았다. 카이두 및 두아와의 갈등이 계속되던 서북 변경이나, 현재의 미얀마와 라오스 국경과 맞닿은 운남행성과 호광행성의 모호한 경계 지역에서는 그곳에서 활동하는 부족장들을 제압하려는 노력이 계속됐다. 전통적인 교육을 받은 중국 역사가들

---

89 Dardess 1973, 30.

제1권 정치사

은 남방 원정을 쓸데없는 군사 모험으로 여긴 반면, 북서쪽 원정은
왕조의 정통성을 유지하기 위해 필요하다고 인정했다. 중앙 시베
리아를 평정하고 차가다이 울루스를 통제하기 위한 원정은 몽골
의 핵심 지역을 지키는 데 중요한 역할을 했을 뿐 아니라, 제위 계
승 문제에도 결국에는 영향을 미쳤다.

쿠빌라이 통치 말년에 차가다이 울루스의 통치자 두아는 타
림분지 장악에 주력했고, 카안 세력은 제대로 대응하지도 못해 이
지역을 잃고 말았다. 라시드 앗 딘에 따르면, 두 칸국 사이의 투르
판 지역을 차지하고 있던 위구르 왕국들은 "양측과 좋은 관계를
유지하며 두 편 모두에게 봉사했다."[90] 하지만 많은 왕자들을 반
대 진영에 머물게 했던 원한과 불안의 끈이 쿠빌라이의 사망으로
느슨해졌다. 1296년 가을, 반체제 톨루이계 왕자인 울루스 부카
와 요무쿠르가 당시 테무르를 위해 변경을 지키고 있던 킵착 출신
카라친 지휘관 투트칵에게 항복했다.[91] 투트칵은 얼마 후 사망했
지만, 이 새로운 군대의 합류로 카안의 군사력이 강화됐다. 왕조의
유일한 활동 전선인 이 지역에서 군사력 증강이 꾸준히 이어졌다.
옹구트 출신의 코르기스 구레겐과 여러 다른 장군들이 몽골 지역
에 주둔하게 됐다. 이듬해 투트칵의 아들 충우르는 시베리아의 이
마르강(현재의 오비강) 유역을 따라 바아린과 바야드 영토 깊숙이 진
격했다.[92] 하지만 1298~1299년 겨울, 지나치게 자만한 이 장군들

---

90 *JT*/Boyle, 286; Liu 2011, 361-362.

91 Yan 1999b, 267-268 (참고. *YS*, 128.3134); Rashīd al-Dīn 1971, 327-328. 『원사』 본기에서
    울루스 부카가 어떤 포상을 받았다는 기록은 1296년 아홉 번째 달(1월)에만 나온다
    (*YS*, 19.406). 울루스 부카는 시리기의 아들이며, 요무쿠르는 아릭 부케의 아들이다.

92 충우르는 라시드 앗 딘의 번역서에서는 중쿠르(Jungqur)로 표기되며, 류잉성(刘迎胜)이

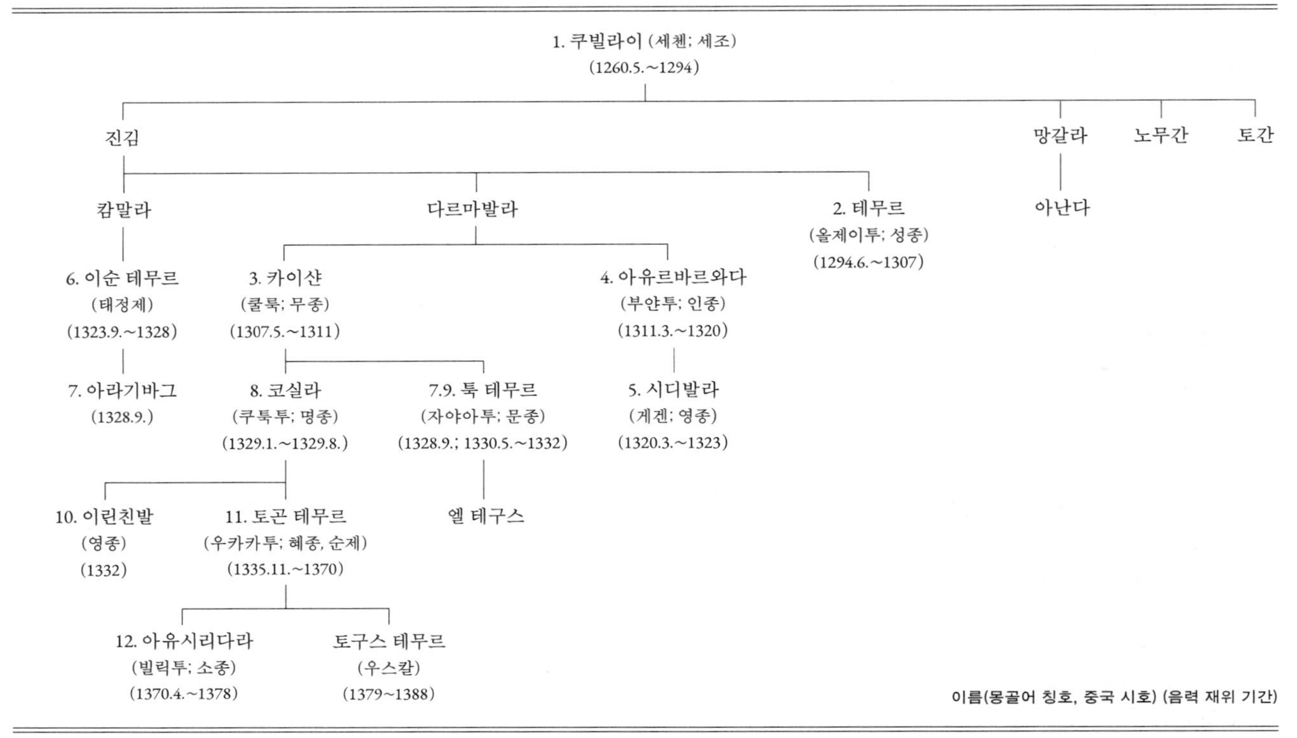

표 2.5　대원 울루스의 카안 계보도

은 두아 군대의 기습 공격에 허를 찔렸고 코르기스가 포로로 잡혔다.[93]

이 참패로 드러난 군기 문제로 조정에서 새 사령관들을 임명했다. 황제의 조카 카이샨이 쿠빌라이의 아들 쿠케추 왕자를 대신해 총사령관이 됐다. 새로 태사로 임명된 오치체르는 전장에서 지휘하고 싶다는 소원을 이루고, 병든 캄말라를 대신해 야전 사령관이 됐다.[94] 1300~1301년 전투에서 카이샨과 충우르는 반체제 왕자들을 알타이산맥 서쪽으로 밀어냈다. 이듬해 카이두와 두아 자신이 알타이를 넘어왔고, 카안의 다섯 개 군대 전부가 이들과 교전했다. 1301년 9월 3~6일 테켈구와 카라가탁에서 공방전이 벌어져 거의 모든 지휘관들이 직접 백병전을 벌였다.[95] 카안 측 지휘관들은 무사했지만 카이두와 두아는 부상을 입었고, 특히 카이두는 치명상이었다.[96]

인용한 카샤니(Qāshānī)의 기록에서는 춘쿠(Chūnqū)로 기록됐다(Liu 2005).

93　*JT*/Boyle, 326-328; Yan 1999a (*YS*, 118.2925-2926 참고). 카안 울루스 측의 군사 배치에 대해서는 *JT*/Boyle, 285-286 참고. 코르기스 구레겐이 등장하고 충우르가 아버지 투트카을 대신하는 것을 통해 볼 수 있듯이, 이 부대 배치는 쿠빌라이가 아닌 테무르 시기의 일로 보아야 한다. 코르기스가 잡힌 전투에 대한 유일한 언급은 대규모 패배를 막은 도르도카이(라시드 앗 딘의 번역에서는 두르다카)에 대한 포상이다. *YS*, 19.421, 대덕(大德) 2년 12월(1299. 1)에 기록돼 있다.

94　라시드 앗 딘 외에는(*JT*/Boyle, 326) 코르기스 구레겐의 생포에 대해 언급한 자료가 없다. 그러나 다른 자료에서는 군대의 기강에 문제가 있다고 암시되어 있다. *YS*, 22.477 Su 1996, 3.45 참고.

95　전투가 벌어진 곳은 테켈구(한문으로는 질겁리고(迭怯里古) 혹은 철견고(鐵監古), *YS*, 22.477, and Yu 2004, 233 참고). 그러나 『원사』에서는 카라카타(合剌合塔)라는 곳에서 두 번째 전투가 있었다고 기록하고 있다. 탄치샹(譚其驤)에 따르면, 테켈구는 알타이에 위치했다.

96　*YS*, 22.477, 119.2950-2951, 128.3136; Yu 2004, 233; Su 1996, 3.45-46; *JT*/Boyle, 24, 154, 329.

　이전에 쿠빌라이의 죽음이 평화적 해결을 위한 하나의 장애물을 제거했듯이, 카이두의 죽음도 또 다른 장애물을 없앴다. 전투 직후 두아는 혼인 관계를 이용해 오치체르와 협상을 시작했다. 협상은 빠르게 진행됐다. 1303년 9월 두아와 카이두의 아들 차파르, 그리고 아릭 부케의 후손 말릭 테무르의 사신이 도착해서 화해를 요청했다.

> 우리 자손들은 [칭기스 칸의] 업적을 평화롭게 누릴 만한 충분한 평온과 존경심이 부족했고, 수년간 끊임없이 군대를 일으켜 서로를 살육해왔습니다. … 한 가족으로서 우정의 길을 열어 우리 백성들 중 노인들은 보살핌을 받고, 젊은이들은 성장하며, 부상자들과 지친 이들은 휴식을 취할 수 있게 하는 것이 더 나을 것입니다.[97]

　협상은 빠르게 진행됐고,[98] 1305년 5월 훌레구 울루스의 울제이투는 프랑스 국왕에게 다음과 같이 편지를 보냈다. "형제들이 화해했고, 해가 뜨는 남중국에서부터 해가 지는 바다에 이르기까지 영토가 다시 하나로 모였으며, 역참 도로망이 다시 연결됐습니다."[99]

　하지만 이 선언은 시기상조였다. 오직 차가다이 가문만이 평

97　Yu 2004, 233-234 참고. *YS*, 128.3136-3137의 표현은 조금 변용돼 있다. 이상의 내용은 분명히 테무르에게 직접 보낸 문서에서 따온 것으로 보인다.

98　두아가 파견한 사절은 *YS*, 21.454, 462, 463에 기록돼 있다.

99　번역문은 Mostaert and Cleaves 1962, 55 참고. 이 업적은 17세기 몽골인들 사이에서도 계속 기억됐다. 그(테무르)는 사대국을 위해 대울루스 전체를 평온하고 평화롭게 만들었다. Sayang 1990, 45r.

화를 위한 결정을 계속 견지할 만큼 충분히 단결돼 있었다. 카이두의 후손들과 아릭 부케의 후예들은 서로 단합하지 않았고, 태도도 일관되지 않았다. 1306년 8월 카이샨과 오치체르가 다시 알타이산맥을 넘었다. 이르티시강에서 큰 전투가 벌어진 후 말릭 테무르와 그의 동맹군들이 항복했다. 비록 차파르와 토크메는 도망갔으나, 그들의 추종자들은 사로잡혔다. 카이샨은 이르티시강에서 겨울을 보낸 뒤 몽골로 돌아가 자신이 포로로 잡은 사람들을 그곳에 정착시켰다.[100]

테무르는 무엇을 하고 있었는가? 라시드 앗 딘에 따르면, 테무르는 1300년에 직접 변경을 장악할 계획이었지만 어머니 쿠케진이 만류해 실행에 옮기지는 않았다.[101] 대신, 버마에서 일어난 쿠데타를 구실 삼아 이 왕국을 응징하기로 했다. 원정은 예상보다 순조롭게 진행됐지만, 귀환 도중 많은 병사들이 국경 지대의 타이 금치(金齒, 자르단단) 부족의 매복 공격으로 목숨을 잃었다.[102]

그러나 테무르의 치세를 대표하는 원정은 란나(Lan Na, 현재 타이의 치앙라이) 타이 왕국을 향한 것이었다. 이 왕국은 카안의 조정에서 "팔백식부국(八百媳婦國)"으로 알려져 있었다.[103] 쿠빌라이의 남송 정복과 참파 원정에 참여했던 베테랑 유심(劉深)은 황제에게 이 나라의 정복을 제안하면서, 쿠빌라이의 세계 정복과 테무르의

---

100 *YS*, 22.477-478; Su 1996, 3.46.

101 *JT*/Boyle, 329.

102 *YS*, 215.4659, 176.4107, 20.431, 432, 436-437.

103 이 명칭은 왕의 하렘에 신부를 바치는 800명의 조공 집단에서 유래했다. 이에 관해서는 Grabowsky 2004. 참고.

실패를 대비했다. 분명 몽골에서 카이샨이 거둔 승리는 테무르의 것으로 간주되지 않았던 것이다. 쿠빌라이가 한때 "팔백식부국"을 정복하려 했지만 실패했기에, 이곳은 테무르가 할아버지를 능가할 수 있는 가능성을 가진 전장이었다. 제안 자체는 성공적이었으나, 원정은 참패로 끝났다. 유심과 그의 카를룩 동료 카라다이는 란나 정복에 실패했을 뿐만 아니라, 2만 명 규모의 군대를 잃었다. 게다가 그때까지 복속했던 운남 지역의 지방 수장들이 전쟁 보급품과 운반인 징발에 불만을 품고 반란을 일으켰다. 1302년 3월 원정은 취소됐고, 이듬해 유심과 카라다이 그리고 그들의 동료 몇 명이 본보기로 처형됐다.[104]

1305년 이후 테무르는 궁중 내시들의 병약한 포로라는 평판을 얻은 반면, 그의 사촌 카이샨은 충우르와 그의 카라친 친위대, 그리고 오치체르와 강한 유대 관계를 맺어갔다. 또한 그는 테무르의 최고 문관이자 란나 원정의 강력한 반대자였던 하르가순 다르칸의 지지도 받고 있었다. 테무르가 후사 없이 사망했을 때, 카이샨은 왕위를 차지하기에 유리한 위치에 있었다.

몽골에서 지내며 얻은 경험을 통해 카이샨은 "서북의 왕자들"을 지배하고 정치에서 더 큰 역할을 하려면 몽골에서 원활한 물자 수급이 필수적이라는 것을 알고 있었다. 1306년 이르티시강 전투 이후 항복한 수많은 가구들로 인해 몽골의 목초지가 과부하

---

104 천방잔(陳邦瞻)이 정리한 라나 정복의 내용(Chen 1979, 36-39)은 이하의 자료를 바탕으로 했다. (1) *YS* 132.3217에 있는 카라다이의 열전, (2) 본기의 기록들(*YS*, 20.433, 434, 435, 436, 439, 440, 21.450), 그리고 (3) 이 원정에 반대한 이들의 기록, 가령 하라가순 다르칸(Su 1996, 4.58 and *YS*, 136.3293), 한인 만호장 동사선(Wu 1999, 386, 와 *YS*, 156.3678), 그리고 감찰어사 진천상(陳天祥)(*YS*, 168.3948-3950)의 기록 참고.

                                          제1권 정치사

상태가 되어 혼란이 다시 불거질 위험이 있었다. 1307년 카이샨이 즉위하자, 그는 오치체르와 하르가순의 계획에 따라 몽골의 경제를 중앙의 싱과 더욱 긴밀히 통합하고, 몽골을 "코룸(Qorum)과 친카이(Chinqai)"라는 이름을 가진 싱으로 만들었는데, 훗날 이를 영북행성(嶺北行省)으로 개명됐다.

1307년 하르가순과 오치체르는 대규모 구제 계획을 실행했다. 이 자금으로 빈곤층을 위한 가축과 어망을 구입하고, 노예로 팔린 몽골 가장들의 아내와 자녀를 되찾아왔으며, 농업 정착지를 확장했다. 항가이산맥과 알타이산맥 사이의 대호수 분지에 있는 둔전들이 활성화됐지만, 카라코룸에 주둔한 대규모 군대를 먹여 살리기 위해서는 대동과 내몽골의 군량 농장에서 정기적으로 곡물을 공급받는 것이 여전히 필수적이었다. 국가 지원 양조업과 고리대금업의 수익으로 현지에서 자금을 조달하는 혁신적인 방법들이 적용됐다.[105]

어떤 면에서 이 정책은 성공을 거두었고 투항자들은 계속 늘어났다. 1308년에는 우구데이 가문의 후예인 투멘(Tümen)이 우구데이 가문의 인장을 가지고 항복했고, 카이두의 아들이자 후계자인 차파르도 마침내 1310년 조정에 모습을 드러냈다.[106] 불행히도 카라코룸에 대한 물자 공급은 오래전부터 공식적, 비공식적 부패

---

105 Su 1996, 4.58-59, 3.46; *YS*, 22.483-484, 492, 496, 23.510. 재정 문제에 대해서는 *YS*, 21.460, 22.485.

106 투멘에 대해서는 *YS*, 22.503, 차파르에 대해서는 *YS*, 23.523, 525, 117.2909-2910, 138.3323-22와 Liu Yingsheng 2011, 343-348 참고. 투멘의 가족은 양적왕(陽翟王)으로 분봉됐으며, 황실의 정치에서 중요한 역할을 했다. *YS*, 108.2737, 206.2597.

의 온상이었다.[107] 1308년 카이샨은 오치체르와 하르가순에게 현금 분배를 중단하라고 명령했다.[108] 그러나 2년 뒤인 1310년 코룸 싱(Qorum shing)에서는 새로 정착한 난민들이 곡물, 화폐, 어망, 농기구를 사용할 수 없거나 사용하지 않아 "낭비"됐다고 보고됐다. 카이샨은 조사를 명령했지만,[109] 그의 정책이 지지를 매수하는 방식으로 이루어졌기 때문에, 지원금을 너무 빡빡하게 관리할 수는 없었다.

카안과 차가다이 가문

1308년부터 카이샨은 차가다이 가문과 우호 관계를 유지했다. 실제로 1312년에는 관리들이 차가다이 울루스의 사신이 지나치게 많다고 불평할 정도였다.[110] 이후 10년간 차가다이 울루스와 대칸의 울루스는 1260년 쿠빌라이 카안 즉위 이래 전례 없는 수준의 정치적 통합을 향해 나아갔다.

하지만 이러한 통합은 새로운 긴장을 야기했다. 차가다이 사신들이 자신들의 칸 에센(1309~1320)이 야를릭(칙령)을 내린다고 말하자, 카안의 국경 사령관 토가치는 오직 카안만이 야를릭을 내릴 수 있다고 주장했다. 그는 차가다이 칸의 명령은 왕자의 명령과 같

---

107 가령 상인 파르크 앗 딘에 대해서는 *YS*, 21.452-453, 454, 그리고 20.442, 176.4100도 참고. Xie and Yao 1960, 19,425.9b.

108 *YS*, 22.496-497.

109 *YS*, 23.525. 각 호구가 거짓 평계로 과도한 구호물자를 챙겼는지, 아니면 단순히 정부 지원을 받아 재판매하려는 상인들의 대리인 역할을 했는지는 불분명하다.

110 Liu 2005, 342; Liu 2011, 349-350.

제1권 정치사

아서 단지 링지(lingji, 중국어 영지에서 유래)일 뿐이라고 했다. 이에 대해 차가다이 사신들은 "에센 부카는 [칭기스 칸의] 우루크(혈통)에서 나왔기 때문에, 우리에게는 카안을 대신하는 존재"[111]라고 대응했다.

차가다이 가문을 통제하고자 하는 카안 측근들의 의욕은 카이샨의 동생이자 후계자인 아유르바르와다(인종, 재위 1311~1320) 치하에서 더욱 커졌다. 1312년 오치체르는 일 칸 울제이투에게 "사냥원의 두 끝"처럼 합류하여, 문제 많은 차가다이 칸국을 함께 격파하자고 제안했다. 이 계획이 성공했다면 카안은 몽골 지역의 군사를 줄이고 수많은 유목민을 보조하는 비용을 투르키스탄의 오아시스 도시들에 떠넘길 수 있었을 것이다.

우연인지 의도한 것인지는 모르겠지만, 카안의 궁정에서 일 칸의 궁정으로 가던 전령이 술에 취해 이 계획을 누설했다. 에센 부카는 국경을 폐쇄하고 1314년 초 코박(현재의 호북사이르) 지역에서 선제공격을 감행했다. 카안의 군대는 1316년까지 압도적인 병력으로 대응했다. 충우르가 이끄는 부대는 알타이에서 탈라스로 진군했고, 차가다이 왕자 쿤첵이 이끄는 또 다른 부대는 카밀에서 카슈가르를 거쳐 이식쿨로 향했다. 이에 대응해 에센 부카는 일 칸국의 후라산을 침공함으로써 손실을 만회하려 했다.

제국 전체에 대한 카안의 권력을 완전히 회복하려는 이 대규모 군사 작전은 실패로 끝나는데, 그 정확한 이유는 수수께끼로 남아 있다. 에센 부카는 후라산 전투와 왕자 야사우르의 반란

---

111   Liu 2011, 364-365.

에 너무 골몰한 나머지 카안의 군대에 저항할 여력이 없었다.[112] 1320년 에센 부카와 아유르바르와다가 사망하자, 각각의 후계자인 차가다이 울루스의 케벡과 카안 시데발라는 신속히 평화를 회복했다. 다만 어떤 조건이었는지는 명확하지 않다.[113]

이 주요 분쟁이 의외로 일찍 끝난 이유는 차가다이 가문이 카안의 영토에서 일어난 왕위 계승 문제를 이용할 수 있었기 때문이다. 테무르가 사망한 후 왕위를 차지한 카이샨은 중앙의 싱에 대한 통제권을 확보하는 과정에서 동생 아유르바르와다에 의존할 수밖에 없었다. 그 결과 카이샨이 아유르바르와다를 후계자로 삼되, 아유르바르와다 사후에는 카이샨의 아들이 뒤를 잇는다는 협약이 이루어졌다. 아유르바르와다는 1311년에 형을 이어 즉위했지만, 1316년 자신의 아들을 황태자로 임명했다. 당시 16세였던 카이샨의 장남 코실라는 운남왕으로 유배될 예정이었다. 코실라는 1316년 겨울에서 1317년 초 사이에 몽골을 거쳐 북쪽으로 도주한 뒤 차가다이 칸에게 피신했다.[114]

이 도주로 인해 아유르바르와다의 차가다이 가문에 대한 전쟁에서 정치적 계산이 즉시 바뀌었다. 코실라는 몽골의 카라친 군대와 우구데이 가문 왕자들과 긴밀한 관계를 맺고 있었다. 차가다이 가문이 그를 이용해 카안을 위협하겠다고 하면 매우 유리해질

---

112 1314~1320년 전쟁을 계기로 형성된 잔혹한 결과에 대해서는 Katō 1991; Allsen 2015, 135-136 참고.

113 이 충돌과 관련된 사건과 시간별 전개에 대해 필자는 Liu 2005와 2011, 359-405의 설명을 따르나, 이 충돌의 정치적 맥락에 대해서는 다소 의견을 달리한다.

114 이상의 도주가 언급되는 기록은 단 두 가지뿐이다. *YS*, 31.693-694와 138.3286. Liu 2011, 308-400.

터였다. 자세한 내용은 불분명하지만, 분명히 거래가 성사됐다. 차가다이 가문은 현상 유지를 대가로 코실라를 중가리아에 편안히 구금하기로 했다.[115]

1323년 테그시에 의해 카안 시데발라가 살해되자 다시 한번 상황이 바뀌었는데, 이는 뒤에서 다룰 것이다. 테그시는 코실라가 아닌 또 다른 황족 이순 테무르와 공모했다. 이순 테무르는 진김의 장남 캄말라의 아들이었다. 이순 테무르의 즉위로 카이샨의 유산을 둘러싼 분쟁은 무의미해졌다. 이순 테무르는 코실라와 혼인 동맹을 맺었고, 1327년에는 코실라와 새로운 차가다이 칸 엘지기데이가 보낸 공동 사절을 후하게 맞이했다.[116]

하지만 차가다이 칸은 곧 카안의 궁정에 개입할 더 좋은 기회를 얻었다. 1328년 8월 이순 테무르가 상도에서 사망하자, 킵착 사령관이자 충우르의 아들 엘 테무르가 대도에서 쿠데타를 일으켜 카이샨의 아들들을 위해 황위를 장악하려 했다. 대도의 반란군과 상도에 있던 이순 테무르의 조정 사이에 잔혹한 내전이 뒤따랐다. 대도 측이 승리하자, 코실라는 중가리아에서 소환되어 12명의 케식텐 대장이 이끄는 1830명의 수행원과 함께 출발했다.[117] 차가다

---

115 *YS*, 30.680을 보면, 코실라와 차가다이 칸 엘지기데이가 카안 이순 테무르로부터 같이 선물을 받는 것을 볼 수 있다. 필자는 코실라의 영역에 대해서는 투지(屠寄)의 설명을 따라, 찰안(扎顏)과 알라알찰(斡羅斡察)은 현재 타르바가타이에 있는 자이르산과 알타이에 있는 에르호추산으로 본다.

116 *YS*, 31.694, 30.680. 이순 테무르는 코실라에게 바부샤 공주를 호위해 데려갔다. 바부샤는 이순 테무르의 후궁 중 한 명인 사다발라의 누이였다. 바부샤와 사다발라는 모두 수녕공주(壽寧公主, 1331 사망)의 딸이었고, 수영은 테무르 울제이투 카안의 조카였다(*YS*, 106.2700, 114.2877).

이 칸 엘지기데이가 그와 동행했고, 변경의 왕자들이 대거 그의 깃발 아래 모였다. 이 제왕들의 행렬은 몽골을 거쳐 천천히 동쪽으로 이동했다. 엘 테무르는 1328년 10월 대도에서 코실라의 이복동생 툭 테무르를 즉위시켰지만, 코실라와 왕자들은 2월 말까지 기다렸다가 몽골 서부 어딘가에서 자신들만의 즉위식을 가졌다. 본래 차가다이 칸도 즉위식에 참석할 예정이었지만 일찍 떠났다.[118]

엘지기데이는 이상의 사건들에 참여함으로써 무엇을 얻었을까? 분명한 것은, 그가 원한 만큼에는 못 미쳤을 것이다. 8월 말 코실라는 동생의 수행원들과 연회를 즐긴 지 나흘 만에 살해당했다. 하지만 툭 테무르는 형의 수행원들 속에서 엘지기데이가 갖는 존재감이 대단하다는 것을 인정했고, 차가다이 칸이 9월에 귀국하자 후한 선물을 보냈다.[119] 우리는 원이 위구리스탄(현재의 투르판) 전역에 대한 차가다이의 통치를 인정했다는 것을 알고 있다. 카안의 국경 장군들은 다시 한번 카밀(현재의 쿠물 또는 하미)의 국경을 지켰다.[120] 이것과 더불어, 당시 보낸 선물들은 아마도 엘지기데이가 코실라의 대의를 포기한 대가였을 것이다.

우리가 가진 사료들을 보면, 이후 카안과 서방 칸국들 간의 관계에 관한 이야기는 사절단 교환, 지역 특산품 헌상, 그에 대한 답례품 수령 등 상당히 일상적인 것들로 보인다. 하지만 관계는 계

---

117   이 숫자의 근거는 *YS*, 33.739.

118   *YS*, 31.696, 699에는 차가다이 칸에게 보낸 선물들이 기록돼 있는데, 아마도 작별 선물이었을 것이다.

119   *YS*, 33.728, 740.

120   Liu 2011, 575–619; Lin 2007, 293–301.

제1권 정치사

속 이어졌고, 토곤 테무르가 몽골로 도주한 후 14세기 말~15세기 초에 차가다이 가문과 쿠빌라이 가문은 서로의 영역에 간섭하는 옛 습관으로 돌아갔다.[121]

반복되는 계승 분쟁

보다시피 쿠빌라이 가문 내부의 갈등은 차가다이 가문과의 정치와 불가분의 관계에 있었다. 테무르의 즉위는 평화롭게 결정됐지만, 가문의 다른 구성원들의 야심은 분명 사라지지 않았다. 결국 진김의 세 아들의 후손들이 모두 최소한 한 번씩은 통치했다. 진김의 후손들을 지지하는 이들은 항상 쿠빌라이의 유언에 따라 방계 가문은 왕위 경쟁에 나설 권리가 없다고 주장했지만,[122] 쿠빌라이의 다른 아들들의 많은 후손들은 이 "법"에 맞서서 야심을 굽히지 않았다.

반복되는 왕위 계승 분쟁의 원인 중 하나는 자식이 없거나 자식이 어릴 때 죽은 황제가 자주 나왔기 때문이다. 쿠빌라이는 80세까지 살고 아들이 많았으나, 대도에서 쿠빌라이를 계승한 이들 중에서 50세까지 생존한 이는 마지막 후계자 토곤 테무르뿐이었다. 대부분은 20대 후반 혹은 30대에 죽었다. 그리고 쿠빌라이의 후계자들 중에서 아들이 넷인 이는 없었으며, 황태자로 임명됐던 이들 중에서 성인까지 살아남은 이도 두 명뿐이었다. 조지 자오는

---

121 Honda 1958; Kim 1999.

122 *YS*, 117.2909에 있는 야쿠드의 진언, 혹은 *YS* 175.4085에 있는 이맹(李孟)의 발언을 예로 들 수 있다. "지자(支子)는 승계하지 않는다는 것이 쿠빌라이의 가르침이다."

이러한 황실의 허약함이 근친혼의 결과일 수 있다고 주장했다.[123] 토머스 올슨은 황실의 수명 감소가 알코올에 노출된 적이 없는 집단이 알코올 중독에 취약하다는 점에 대한 하나의 예일 수 있다고 제시했다.[124] 이 현상을 만족스럽게 설명할 수 있는 분석은 제시되지 않았지만, 원 칸들의 수명과 생식 능력 감소는 반복되는 황위 계승 위기의 주요한 숨은 원인이었다.

1307년 오랫동안 병을 앓던 테무르가 사망하면서 원 제국의 첫 번째 계승 분쟁이 시작됐다.[125] 테무르의 정실 황후인 콩기라트 씨족 출신의 시린다리는 자식 없이 세상을 떠났다. 1305년 이후 테무르의 병세가 악화되자 덜 유력한 바야우드 씨족 출신의 제2황후 불루간이 정무를 관장했다.[126] 1306년 불루간의 아들 더쇼우가 사망하면서 후계 구도가 불투명해졌다. 불루간의 입지는 불안했다. 그녀는 소수 씨족 출신이었고 테무르는 생전에 그녀를 공식 황후로 책봉하기를 꺼렸다. 군공을 세운 테무르의 조카 카이샨이 유력한 후계자로 떠올랐다. 이를 견제하기 위해 불루간은 카이샨의 어머니이자 콩기라트 씨족 출신인 다구이(쏘리)를 황허 유역에 있는 둘째 아들 아유르바르와다의 봉지로 떠나게 했다.

1307년 2월 10일 테무르가 대도에서 사망하자 불루간은 고

---

123 Zhao 2008, 215-218.

124 Allsen 2007, 10.

125 이 갈등에 대해서는 와사프의 기록이 큰 도움이 된다. Qiu 2018. 카이샨과 아유르바르와다의 승계를 시간별로 정리한 것으로는 Chen 1979, 151-156을 볼 수 있다.

126 필자는 여기서 라시드 앗 딘의 주장을 따른다(*JT*/Boyle, 319). 라시드 앗 딘은 '더쇼우'[티쉬(Tishi)]가 불루간의 아들이라고 했는데, 이는 『원사』에서 시린다리의 아들이라고 한 것과 다르다(*YS* 114.2873). 루스 던넬(개인 교신)은 1307년의 당파 갈등에서 불루간이 패배하고 실각한 후에 더쇼우의 모계가 사후에 변경됐다고 결론지었다.

위 관료들과 아릭 부케의 아들 말릭 테무르의 지지를 얻어냈다. 그리고 쿠빌라이의 셋째 아들 망갈라의 아들 아난다를 수도로 초청해 새 카안으로 삼으려 했다.[127] 교활한 하르가순 다르칸은 병을 가장하며 카이샨이 보낸 사신들을 접대하는 동시에 다구이와 아유르바르와다를 수도로 불러들였다. 그들은 3월 20일에 도착했다. 다구이 측은 더 나은 정보력을 바탕으로 먼저 행동에 나섰다. 4월 4일 아난다와 말릭 테무르를 체포해 상도에 가두고 지지자들을 처형했다.

이제 카이샨의 즉위를 위한 준비가 모두 끝난 듯했다. 하지만 다구이는 점쟁이들의 말과 일부 변경 제왕들의 지지를 등에 업고 더 다루기 쉬운 동생 아유르바르와다를 옹립하려 했다. 카라코룸에서 대기 중이던 카이샨은 이 소식을 듣고 세 투멘의 부대를 이끌고 대도로 진군했다. 다구이와 그의 동맹 세력은 감히 저항하지 못했고, 6월 21일 카이샨은 상도에서 즉위했다. 앞서 언급했듯이 카이샨이 먼저 통치하고, 그다음에 아유르바르와다, 그리고 카이샨의 아들 코실라 순으로 제위를 잇기로 합의했다.

결국 카리스마 넘치는 재앙으로 판명난 카이샨의 통치는 1311년 정월에 막을 내렸다. 그의 동생과 그 뒤에 있던 어머니 다구이가 칸위를 장악했다. 1307년 봄, 아유르바르와다의 스승 이맹(李孟) 등 자신의 제자를 즉위시키려 했던 문인 세력들이 다시 권력을 잡았다. 문인 세력은 코실라보다 시데발라가 계속 통치하기를

---

127 아난다와 망갈라의 분봉지는 현재의 산시성과 간쑤성에 해당하는 지역이었다. Shura-
ny 2017; Dunnell 2014; Matsuda 1979.

바랐다. 이 문인 세력에 다구이와 그의 지지자들, 그리고 1315년 아유르바르와다 치하에서 과거제 부활을 환영했던 유학자들이 포함돼 있었다. 그들은 아버지의 길을 따를 것 같아 보이는 코실라보다 황제의 온화한 어린 아들 시데발라를 더 선호했다. 황제는 이에 동의했고, 어머니의 총애를 받는 테무데르를 신뢰해 시데발라를 황태자로 책봉하고 카이샨의 아들들을 유배 보냈다. 테무데르의 개인적 행태는 사방의 비난을 샀다. 대신들은 그를 제2의 아흐마드나 상가라고 비난했고, 그는 파면됐다. 하지만 테무데르는 다구이와 조정을 연결하는 핵심 인물로 드러났고, 황제는 그를 다시 임명할 수밖에 없었다. 권력을 되찾은 테무데르는 이전에 자신을 반대했던 이들을 용서하지 않았고, 여러 명에게 사형을 선고했다. 1322년 10월 테무데르가 사망하고 한 달 뒤 다구이마저 세상을 떠나자, 21세의 어린 시데발라는 홀로 남겨졌다. 카이샨의 아들들은 이미 배제된 상태였다. 코실라는 중가르와 차가다이 울루스로 도망갔고, 툭 테무르는 남쪽 끝 해남도(海南島)로 유배됐는데, 그곳의 기후가 그를 해칠 것이라는 기대가 있었다.

그때 쿠데타가 일어났다.[128] 『원사』는 그 원인을 테무데르 파벌의 잔당들 탓으로 돌렸다. 그들이 자신의 길을 가려는 황제에게 숙청될까 우려했다는 것이다. 하지만 쿠데타의 주동자 테그시는 시데발라가 새로 등용한 인물이었고, 그가 테무데르와 연관됐다는 주장에 대한 구체적인 근거는 제시되지 않았다. 알려진 바로는

---

128 이 쿠데타에 대한 『원사』의 기록은 Chen 1979, 163-165에서 연대순으로 정리되어 있다.

제1권 정치사

공모자들이 일찍부터 몽골에 있던 이순 테무르와 그의 최고 관리 다울라트 샤에게 접근했다는 것이다. 이순 테무르는 진김의 장자 캄말라의 아들로, 1302년부터 아버지의 직위인 진왕(晉王)을 이어받아 칭기스 칸의 4대 오르도를 관리하는 임무를 맡고 있었다. 테그시는 무칼리의 후손으로 당시 시데발라의 조정을 장악하고 있었는데, 유교적 가치관을 지지하는 몽골인 바이주가 왕자에게 적대적이라고 주장했다.

테그시를 비롯한 공모자들은 유리한 위치에 있었다. 나아가 시데발라가 아수드 친위대를 맡긴 테그시와 온의 장관 에셴 테무르가 한 편이었다. 1323년 9월 4일 황제가 상도에서 대도로 돌아오는 길에 공모자들이 공격을 감행했다. 그들은 바이주를 죽인 데 이어 황제를 그의 오르도에서 살해했다. 온의 장관 에셴 테무르는 제국의 옥새를 몽골의 케룰렌강 강가에 있던 이순 테무르 왕자의 거처로 가져갔다. 10월 4일 이순 테무르는 그곳 칭기스 칸의 대오르도 앞에서 황제로 즉위했다. 새 카안의 즉위 조서는 당당히 이렇게 선언했다. "선례에 따라 정당하게 왕위에 오를 수 있는 세첸 카안(쿠빌라이)의 아들 진김 카안의 장자는 나 하나뿐이다. 왕위를 다투던 모든 형제들은 이제 없다."[129] 캄말라 가문은 자신들이 쿠빌라이 카안의 장자 가계로서의 권한을 잃었다고 보는 시각을 마음속으로 수용한 적이 없었던 것이다.

물론 다른 모든 경쟁자가 "이제 더는 존재하지 않는다"는 말은, 이번에는 후계자 책봉이 멀리 있는 경쟁자들을 언급할 틈도 없

---

129 *YS*, 29.638.

이 신속하게 진행됐기에 사실이 될 수 있었던 것이다. 그러나 쿠데타를 처음 기획한 사람이 테그시든 새로운 카안의 측근이든, 결국 이득을 본 것은 후자였다. 처음에 이순 테무르는 분명 다울라트 샤의 조언을 받아 몽골에 머물면서 쿠데타의 주요 가담자들에게 고위직을 수여했다. 동시에 자신의 즉위 소식을 수도의 종묘사직에 알리기 위해 신뢰할 만한 사람들을 대도로 보냈다. 그러나 11월 4일 몽골과 대도에 있던 모든 공모자들이 체포돼 처형당했다. 시데발라 살해에 가담한 왕족들은 누르켈(Nurkel),[130] 운남, 해남, 그리고 더 먼 섬들로 유배 보냈다. 12월 10일 이순 테무르가 대도에 도착했을 때는 모든 지저분한 일들이 끝난 뒤였다.

새로운 계통의 통치자였던 이순 테무르는 과거의 불만 사항들을 일부라도 해결함으로써 반대 세력을 모두 포용하려 했다. 그는 테무데르가 사람들을 처형한 것에 대한 보복으로 테무데르 파의 잔당들을 처형함으로써 유학자들의 지지를 얻었다. 또한 카이샨의 자녀들에 대한 정책을 완화해 코실라와 사신을 교환하고 툭 테무르가 해남을 떠나 강릉(江陵, 현재 후베이성 창장에 위치)에 거주할 수 있게 허락했다. 이순 테무르는 네 명의 아들이 있었고, 이들을 통해 쿠빌라이 계통의 새로운 지배 세력을 확립할 수 있었을 것이다. 하지만 두 가지 불운한 일이 겹쳤다. 첫째는 끊임없이 이어지는 자연재해이고, 둘째는 재위 5년 만인 1328년 8월, 36세의 나이로 그가 상도에서 사망한 것이다.

130　한문으로는 노아간(奴儿干)으로, 오호츠크해와 맞닿은 아무르강 하구에 있던 몽골의 주둔지이다.

그 후에 일어난 일들은 마치 역사가 되풀이되는 듯했다. 다시 한번 두 형제, 즉 북방에서 유목 생활을 하는 형과 남방에서 중국 문인 문화에 통달한 동생이 쿠빌라이 계통의 사악한 대표자들과 맞섰다. 이번에도 형제가 승리했지만, 몇 가지 중요한 차이점으로 인해 이후의 장기적인 승계 투쟁의 결과는 매우 달랐다.[131]

이순 테무르가 상도에서 사망했다는 소식이 알려지자, 엘 테무르는 1328년 9월 8일 군대를 동원해 대도에서 권력을 장악했다. 수도를 장악한 엘 테무르와 그의 아내 차키르(원래 엘 테무르 형의 아내로, 몽골의 수계혼 관습에 따라 결혼했으며 칭기스 가문의 공주였다)는 지방 권력도 장악하려 했다. 가장 중요한 것은 하남강북행성을 통제해 카이샨의 아들 툭 테무르를 구출하여 수도로 데려오는 일이었다. 한편 다울라트 샤는 상도의 몽골군과 케식군을 동원해 대도의 반란군을 공격하려 했다. 툭 테무르는 10월 1일 수도에 도착했고, 며칠 후 상도군과 대도군은 대도 주변 산악 지대에서 처음 충돌했다. 전투가 화북 전역으로 확산되자, 툭 테무르는 엘 테무르의 강력한 요구에 따라 10월 16일 즉위했다. 이어진 내전에서 엘 테무르는 주로 화북의 탐마치군과 수비대를 동원했고, 상도 측은 황제 주변의 주요 몽골군과 친위대, 그리고 요양과 섬서의 수비대를 동원했다. 상도군은 여러 차례 대도로 향하는 관문을 돌파하려 했으나 번번이 큰 손실을 입고 격퇴당했다. 요양군도 대도 서쪽 교외까지 진출했지만 물러나야 했다. 엘 테무르는 도시 주민들을 화살받이로 동원했다.[132] 한 달간 적군의 공세를 막아낸 대도군은 공세로 전환해

---

131 Chen 1979, 167-184.

상도를 포위했다. 다울라트 샤는 11월 15일 불필요한 인명 피해를 막고자 항복했다. 그러나 그의 지휘관들과 이순 테무르의 아들이자 후계자인 아라기바그, 그리고 마지막으로 다울라트 샤 자신까지 모두 처형당했다. 섬서군은 12월 7일 휴전 소식을 받을 때까지 엘 테무르 타이시의 추종자들과 계속 싸웠다.

승리한 대도 조정이 중가르에 있던 코실라를 소환하기 위해 서북 지역으로 사신을 보낸 것은 그로부터 보름이 지난 12월 23일이었다. 1329년 2월 27일, 코실라는 카라코룸 북서쪽 어딘가에서 카안으로 즉위했고, 툭 테무르는 타이지(taizi), 곧 '태자'라는 새로운 칭호와 인장을 받아들였다. 6월, 툭 테무르는 이복형을 만나기 위해 북쪽으로 출발했다. 8월 26일, 코실라와 툭 테무르는 옹구차투(그들의 아버지 카이샨이 상도 남서쪽에 잠시 있었던 제3의 수도 중도를 세웠던 장소)에서 왕족들과 관료들을 위한 대연회를 열었다. 4일 후, 코실라의 오르도에서 갑작스러운 폭력 사태가 벌어졌다. 엘 테무르 타이시, 카안 툭 테무르, 그리고 그의 케식텐과 관료들이 코실라를 죽게 놔둔 채 옥쇄를 가지고 상도로 도망갔다.[133]

도대체 무슨 일이 있었던 것일까? 코실라의 아들 토곤 테무르는 툭 테무르가 관리 세 명과 공모해 아버지를 살해했다고 훗날 공개적으로 주장했다. 그중 한 명인 밍릭 통아는 일찍이 툭 테무르를 강릉에서 데려오는 극비 임무를 맡았던 인물이었다.[134] 이 세 사람

---

132 Chen 2015, 74.

133 이는 현재는 소실된 후추이중(胡粹中)이 쓴 자료에서 나오는데 틀림없는 사실로 보이며, Chen 1979, 179에서 인용되고 나아가 코실라의 본기(*YS*, 31.701), 툭 테무르 행적(*YS*, 33.737), 그리고 엘 테무르의 열전(*YS*, 138.3322)에서 확인할 수 있다. 이들은 9월 2일 상도에 도착했는데, 옹구차투를 떠난 지 사흘째 되는 날이었다.

이 실제로 코실라를 살해한 범인이었고, 툭 테무르와 엘 테무르 타이시가 배후였을 것이다. 그러나 양측 모두 보복 조치를 취하지 않은 것으로 보아, 양측의 주요 인물들 사이에 모종의 합의가 이루어졌음이 분명하다. 엘 테무르 타이시는 5월 5일 코실라의 진영에 도착했고, 5월 21일까지 차가다이 칸 엘지기데이는 선물을 받았는데, 이는 아마도 그가 투르키스탄으로 귀환하는 것을 기념하는 자리였을 것이다. 엘 테무르 타이시는 엘지기데이가 만족한 채 귀국할 수 있도록 충분한 약속을 해주었을 것이다. 엘지기데이의 지원 없이는 코실라 측이 군사적으로 너무 약해 저항할 수 없었고, 코실라 자신도 통치 업무를 할 준비가 전혀 되어 있지 않은 것 같았다. 따라서 그가 왕조의 통치를 또 다른 재앙으로 끌고 가는 것을 막을 유일한 방법은 그를 죽이고 이를 돌이킬 수 없는 기정사실로 만들어 제국 전체가 받아들이도록 하는 것이었다. 공식 기록에 따르면 그 운명의 날 코실라의 부인 바부샤가 제국의 옥새를 엘 테무르에게 넘겨주었는데, 이는 그녀가 엘 테무르 타이시의 주요 접촉책이었음을 의미할 수 있다. 만약 그렇다면 그녀 가족의 안전과 그녀의 아들들을 위한 왕위가 아마도 조건의 일부였을 것이다.

툭 테무르가 다시 즉위하자, 아유르바르와다 때와 마찬가지로 차기 대권이 사망한 형의 계통으로 갈 것인지 여부가 조정에서 주요 쟁점이 됐다. 1328년 툭 테무르는 동생에게 자신의 왕위 계승권을 빼앗겼다고 주장했는데, 1330년부터 자신에게도 동일한 비

---

134 *YS*, 40.856–857, 858, 186.4266. *YS*. 41.883에 같은 내용이 반복된다. 엘 테무르가 주동자였던 것으로 추정된다. *YS*, 138.3333; 툭 테무르도 공모에 가담했던 것에 대한 심정은 Quan n.d., I, §1 참고.

난이 제기되었다. 이듬해 툭 테무르의 콩기라트족 황후 부다시리
는 코실라의 가족을 공격했다. 그녀는 코실라의 미망인을 죽음으
로 몰아넣고, 코실라의 맏아들 토곤 테무르를 처음에는 고려, 그다
음에는 광서로 유배 보냈다. 심지어 코실라가 토곤 테무르가 자신
의 아들이라는 사실을 부인했다는 소문까지 퍼뜨렸다.[135]

    1332년 1월 툭 테무르와 부다시리는 아들 아라드나다라를
황태자로 공식 지명했다. 하지만 6개월도 채 지나지 않아 황태자
가 죽고 말았다. 이 부고에 대한 대책으로, 툭 테무르와 부다시리
는 엘 테무르와 아들을 교환하는 극단적인 방법을 택했다. 그러나
1332년 여름 말, 툭 테무르는 불과 29세의 나이로 세상을 떠났다.
임종 직전의 툭 테무르와 그가 죽은 뒤의 부다시리는 코실라 가
문에 닥친 불행에 대한 책임에 두려움과 죄책감을 드러냈다. 그들
은 엘 테무르의 반대에도 불구하고 자신들의 아들 엘 테구스가 아
닌 코실라의 아들 중 한 명이 후계자가 되어야 한다고 주장했다. 유
배를 가지 않았던 코실라의 둘째 아들 이린친발이 먼저 선택됐으
나, 그는 즉위 43일 만에 죽고 말았다. 1333년 여름, 부다시리는 다
시 한번 엘 테무르의 뜻을 무시하고 11세의 토곤 테무르를 황제로
즉위시켰다. 결국 토곤 테무르는 이들은 물론, 쿠빌라이 카안보다
도 더 긴 35년 동안 통치했다. 1340년, 성년이 된 토곤 테무르는 분
노와 복수심에 불타 엘 테무르 가문의 생존자들을 처형하고 부다
시리를 유배 보냈다. 또한 툭 테무르가 자신의 가족을 박해한 사실
을 공개적으로 비난했다. 그의 조카 엘 테구스는 고려로 유배 가던

---

135   *YS*, 38.815, 114.3877; Dardess 1973, 58-59.

중 살해당했다. 이렇게 쿠빌라이 사후 50년이 지난 시점에 진김 가문에서 살아남은 사람은 단 한 명뿐이었다.[136]

정책과 지지층

1294년 이후 모든 카안 위 계승은 경쟁 구도를 띠었고, 따라서 모든 황제는 다른 후보들이 있다는 사실을 인식하고 있었다. 이러한 상황에서 원 황제들은 지지 세력을 결집해야 했고, 이를 위해 특정한 정치적 지지 기반에 호소했다. 정치적 지지 기반은 민족에 따라 뚜렷하게 나뉜 것이 아니라, 정당한 정치적 권위에 따라 구분됐다. 그러나 그 원천 자체가 민족적 특성을 띠고 있었다. 한인들도 칭기스 칸과 쿠빌라이 카안의 유산에 호소할 수 있었고 실제로 그렇게 했다. 마찬가지로, 몽골인들 역시 한나라와 당나라의 유산에 호소할 수 있었고, 실제로 그렇게 하기도 했다. 그러나 한나라와 당나라를 권위의 원천으로 내세우는 것은 한인과 남방 학자들에게 유리했고, 칭기스 칸 숭배를 내세우는 것은 몽골에 거주하는 왕족들에게 유리했다. 원 궁정의 지배 이데올로기의 기본 전제를 진김이 다음과 같이 설명했다. "공자의 말씀이 [왕조의] 성스러운 선조들의 말씀과 일치한다."[137] 물론 이에 동의하지 않는 한인들도 있었다. 그들은 타타르의 통치는 곧 "양과 개"의 통치라면서, 본질적으로

---

136 타르마바라와 후처 사이에 태어난 아들 아무가의 아들들은 정치권력과 함께 딸려오는 유혹과 위험을 회피했다. 근거가 다소 불분명한 1357년의 기록 외에, 아무가의 아들일 가능성이 있는 아루크라는 인물에 대해서는 타르마바라 후손의 마지막 왕자로 1331년에 언급된 기록이 있을 뿐이다.

137 *YS*, 115.2888.

싱/행정	온/군사	타이/감찰	주요 제왕 및 구르겐
중앙(복리)	추밀원	어사대	콩기라트 노왕(魯王)/옹구트 조왕(趙王)/이키레스 창왕(昌王)
영북	영북행추밀원		진왕(晉王)/카사르 가문/카치운 가문/벨구테이 가문
			오이라트 가문
요양			옷치킨 가문
			고려 심왕(瀋王)
하남·강북	하남행추밀원		
섬서		섬서행어사대	안서왕(安西王)/진왕(秦王)
사천	사천행추밀원		
감숙	감숙행추밀원		우구데이 가문(지빅-테무르)/차가다이 가문(츄베이)
			콩기라트 제왕(齊王)/위구르 고창왕
운남			양왕(梁王)/운남왕(雲南王)
강절	강남행추밀원	강남행어사대	진남왕(鎭南王)
강서			
호광			
고려			고려국왕
싱-온-타이 체제 외부			
티베트와 황하 원류			서평왕(西平王)
(시베리아)키르키즈 지역			우구데이 가문
서북 제왕			차가다이 가문/주치 가문/훌레구 가문
안남			안남왕(安南王)
조공국			참파오/꺼라오

(출처: 『원사』 권58-63, 86, 108. 제왕의 명단은 일부로 제한됨. 구레겐은 음영 표시. 쿠빌라이계
제왕들은 한문 칭호로 표시.)

표 2.6 원대의 행정 체계, 1295~1330년경

"공자의 말씀"과 다르다고 보았다. 또한 서북 지역의 몽골 왕족들은 쿠빌라이가 "한인 제도"를 채택함으로써 몽골의 유산을 훼손했다고 비판했다. 하지만 당대의 신뢰할 만한 사료에는 이런 목소리가 거의 기록되지 않았고 원의 정치 담론에서도 원칙적으로 배제되었기 때문에, 실제 원 정치에서 드러나지 않았다.

실제로 몽골 원의 체제 내에서 혹시라도 쿠빌라이 카안의 권위에 호소한다면 사실상 개혁에 저항하라는 뜻으로 받아들여졌다. 쿠빌라이 카안의 정책으로 여겨진 것들, 예를 들어 정부를 싱, 온, 타이로 나누거나, 몽골인을 다루가치로 파견하고 한인은 각 단위의 최고 책임자인 숭온(sunggon, 한문으로 총관(總管)), 서역인은 각 단위의 이인자인 퉁지(tungji, 한문의 동지(同知))로 임명하는 것은 이른바 "한인적" 특징들로 여겨졌다.[138] 1300년 이후에는 이와 같은 "한인적" 제도들은 당연하게 받아들여졌으며, 가장 먼 서북 초원 출신의 몽골 왕자들조차도 이를 의문시하지 않았다. 그러나 그들은 쿠빌라이의 선례를 내세워 이전 중국 왕조의 선례를 더는 사용하지 못하게 막을 수 있었고, 이를 통해 중국 왕조들의 역사에 통달한 학자들의 목소리와 권위를 약화시킬 수 있었다.

쿠빌라이 카안의 유산을 정치적 무기로 처음 사용한 사람은 카이샨이었다. 정복자로서 권력을 잡은 그는 자신을 지지하는 왕족들의 환심을 사기 위해 계속 돈을 써야 했기 때문에 긴급한 재정 위기에 직면해 있었다. 그는 또한 동생 아유르바르와다를 지지

---

138 *YS*, 31.697, 6.106. 다루가치와 지방 행정에 대해서는 Birge 2017b, 36-56; Endicott-West 1989 참고.

한 이들의 침묵 속에 담긴 불만에도 직면해 있었다. 이러한 상황에서 카이샨은 쿠빌라이식 화려한 수사를 활용해 지지 기반을 형성했다. 쿠빌라이 이후 원 황제들은 특별한 연호를 선포하는 관행을 따랐다. 카이샨은 '지대(至大, 완벽한 웅장함)'라는 연호를 선포했는데, 이는 쿠빌라이의 '지원(至元, 완벽한 으뜸)'을 연상시켰다. 또한 자금 부족에 직면하자, 쿠빌라이처럼 정부의 세 가지 정규 부서와는 독립된 상서성을 다시 만들었다. 마찬가지로 카이샨은 쿠빌라이가 지원초를 도입해 중통초의 태환성을 떨어뜨린 것처럼 지대초를 도입해 지원초의 태환성을 떨어뜨리려 했으나 실패하고 말았다. 그의 즉위 조서는 칭기스 칸과 쿠빌라이 카안을 찬양하고 자신이 진김의 정통 후손임을 강조했다. 특히 초기 몇 년 동안 그의 본기에 기록된 정책 논의들을 보면 쿠빌라이의 '정제(定制)' 또는 '구제(舊制)'를 출발점으로 삼았음을 알 수 있다.[139]

카이샨이 죽고 정권을 잡은 그의 동생의 즉위 조서에서는 갑자기 새로운 이데올로기가 강조됐다. 아유르바르와다는 '상서성'의 사악한 관리들을 바로 처형했다고 선언했을 뿐만 아니라, 이전 몽골 황제들의 이름을 단 한 명도 언급하지 않았다. 대신 그는 '선대 황제들'이 어떻게 효성과 자애로 태후들과 하늘을 섬겼는지를 상기시켰다. 이어서 "우리는 과거 주(周), 한(漢), 진(晉),[140] 당(唐) 왕조의 정책을 살펴보고 왕좌와 궁정을 바로잡아야 한다"고 선언했다. 그의 즉위 조서는 이렇게 두 영역, 즉 왕조 창시자들의 뛰어났던

---

139   *YS*, 22.479, 480-481, 481, 492, 506.

140   265~420년에 존재한 진(晉)을 가리키며, 몽골 직전에 화북을 지배한 금과 혼동하면 안 된다.

도덕의 영역과 이전 중국 왕조들을 참고할 필요가 있는 제도의 영역을 분리했다. 인사는 확실할 것이나(다구이 황후, 이맹, 테무데르가 모두 즉위 조서에 언급됐다) 정책은 유연할 것이라는 의미였다.[141]

아유르바르와다는 1316년 『대원통제(大元通制)』(대원의 종합 규정)라는 주요 행정 프로젝트를 후원하기 시작했고, 이는 그의 사후 1323년에 완성됐다.[142] 오늘날 이 작업의 법률 부분이 『통제조격』(종합 규정의 조항들)으로 남아 있는데, 이는 쿠빌라이의 유산을 암묵적으로 수정한 것이나 다름없었다. 쿠빌라이는 생전에 줄곧 공식적인 법전으로 자신을 구속하는 것을 거부했기 때문이다. 실제로 『통제조격』 서문에서는 이전 황제들의 이름을 언급하지 않고 단순히 "100년이 넘는" 황위 계승에 대해 언급했다. 이 점을 강조하기 위해 서문을 쓴 보주루 충(孛术鲁翀)은 시대에 맞춰 변화하는 것이 중요하다고 강조했다. "성조(聖朝)는 일에 따라 적절히 대응하고 시대에 맞춰 제도를 세운다. 시대는 변천하고 사무는 변화한다."[143] 따라서 쿠빌라이가 시기상조라고 판단한 일들, 예를 들어 과거제 공식 도입은 그것을 "시대에 맞춘다면" 선하고 옳은 정책일 수도 있다고 보았다. 아유르바르와다가 왕조의 역사에 관심이 없었던 것은 아니다. 그는 두 개의 주요 왕조사 편찬을 후원했고, 특히 제대로 평가받지 못한 막내 동생인 톨루이의 생애에서 큰 영감을 받았다.[144] 하지만 아유르바르와다에게 몽골의 역사는 "확립된 규정"이 아니었다. 오히려 그에게 몽골의 역사란 좋은 가문 출

---

141   *YS*, 24.539-540.

142   Ch'en 1979, 23-30.

143   Bozhulu 2001, 1, 2.

신의 훌륭한 통치자들이 새로운 상황에 어떻게 대응했는지가 주
요 관심사였다.

　　1323년 테그시의 쿠데타와 이순 테무르의 즉위로 정치적 흐
름은 다시 칭기스 칸과 쿠빌라이 카안의 유산 쪽으로 기울었다. 이
순 테무르는 칭기스 칸의 4대 오르도를 책임지던 왕자들의 2세대
였으며, 쿠빌라이의 후손들 중에서 가장 연장자 계열이라는 자부
심을 가진 가문의 대표였다. 이런 배경은 이순 테무르가 몽골의 전
통적 권력 구조와 더 밀접하게 연결되어 있음을 보여준다. '4대 오
르도'는 칭기스 칸의 네 아들에게 분봉된 영역을 의미하며, 이를
관리하는 위치에 있었다는 것은 그가 몽골 제국의 핵심 권력 구
조 내에 있었음을 나타낸다. 그의 즉위 조서는 현재 남아 있는 것
가운데 몽골어 원문을 직역한 유일한 조서인데, 여기서 그는 자신
과 아버지가 "칭기스 황제의 4대 오르도를 다스렸고", "광대한 영
토(즉 몽골)를 지켰다"고 강조했다. 이 조서는 아유르바르와다가 몽
골의 전통과 유산을 중요하게 여겼음을 보여준다. '오르도'는 몽골
어로 '궁정' 또는 '황실 천막'을 의미하는데, 여기서는 칭기스 칸의
네 아들에게 분봉된 영역을 가리킨다. 그가 이를 언급한 것은 자
신의 통치가 칭기스 칸의 유산을 계승하고 있음을 강조하기 위함
이었다. 더욱이 이순 테무르는 쿠빌라이 치하에서 "백성들이 군대
와 백성의 모든 일에서 올바른 길을 지켰기 때문에 평화로운 삶을
얻었다"고 강조했다.[145] 그의 본기에 따르면, 이순 테무르는 대도에

144　아유르바르와다와 톨루이에 대해서는 *YS*, 68.1699, 24.553 외에도 *YS*, 144.3434에도 인
　　용된 Wei Su, "Yuelu-Tiemu'r," 1477.411 참고.

145　*YS*, 29.638-639.

　　　　　　　　　　　　　　　　　　제1권 정치사

도착한 후 관리들에게 내린 첫 조서에서 "모두가 세첸 카안(쿠빌라이)의 확립된 규정을 따라야 한다"고 정리했다.[146]

하지만 "광대한 영토" 안에 있는 이순 테무르의 거대한 영지는 더 큰 제국의 사회경제적 세계와 긴밀히 연관돼 있었다. 이 영지에는 한인과 서방에서 온 이주민들과 정착민들이 살고 있었고, 오르톡 상인들, 즉 동업 상인들이 물자를 공급했다. 그는 뛰어난 한시 작가였다. 출신이 불분명하지만 무슬림 이름을 가진 인물들이 그의 즉위 전후로 측근에서 두드러진 역할을 했다. 그의 최고 관리였던 다울라트 샤와 우바이달라는 이주민과 무슬림 또는 기독교인으로 정의되는 도시 구성원들에게 많은 관심을 기울였다.[147]

이러한 정책은 가장 좋은 시기에도 문제가 될 수 있었을 것이다. 하지만 당시 중국 농촌을 강타한 가뭄을 고려하면, 이순 테무르 정권이 지지 기반을 굳히지 못한 것은 전혀 놀라운 일이 아니었다. 그의 후계자 툭 테무르의 즉위 조서는 그때까지 발표된 것 가운데 가장 격렬한 논란을 일으킬 만한 내용을 담고 있었다.[148] 다른 곳에서는 회회(回回, 몽골어로 사르타울)인, 즉 서방 이주민들에게 특별한 경고가 내려졌다. "다울라트 샤와 우바이달라의 일에 가담하지 않은 모든 회회 종족은 두려워하지 말고 평화롭게 자신들의 일을 할 수 있다. 하지만 다른 이들을 현혹하는 자들은 법의 심판을 받을 것이다."[149] 이로써 무슬림 종교 공동체에게 인정되던 법적 자

---

146 *YS*, 29.642.

147 Atwood 2016, 310-313.

148 툭 테무르의 즉위 조서에서 이들을 힐난하는 내용을 볼 수 있다. *YS*, 32.709; Langlois 1978, 105도 참고.

치권과 서방인들 전체에 대한 사실상의 면세 특권이 모두 축소됐
다. 정부 제도에 대한 각종 문건들은 몽골에서 보통 언급되던 4대
종교 대신, 이제 중국의 전통적인 "삼교(三敎)"를 강조했다.[150]

툭 테무르의 즉위 조서는 강서 출신 학자 우집(虞集)이 작성했
다.[151] 툭 테무르는 당대 가장 유명한 학자들을 한데 모으기 위해
그에게 새로운 규장각(奎章閣, "문예의 별이 빛나는 건물")을 조직하는
임무를 맡겼다. 또한 웅구트 출신의 조세연(趙世延)과 함께 왕조의
제도에 대한 새로운 편람인 『경세대전(經世大典)』의 공동 편찬을 맡
겼다.[152] 제도사(制度史) 방면에서 우집이 이 새로운 편람을 자리 잡
게 한 방식은 1323년의 『대원통제』와 크게 달랐다. 『대원통제』는
쿠빌라이 시대의 선례가 가진 제한적인 힘을 완화하기 위해서는
유연성이 필요하다는 점을 강조했다. 이와 달리 우집은 원 왕조를
새로 규정된 제도적 체제의 하나로서, 이전 왕조들의 제도와 나란
히 위치시켰다. 이 작업을 진행하면서, 편찬자들은 "당송(唐宋)의
회요(會要) 체계를 참고해 국조의 옛 문서를 모았다"고 서술했다.
비록 그들이 "삼가 살펴보건대, 어찌 감히 당송이 우리 [원의] 조종
(祖宗)의 대업에 견줄 수 있겠는가?"라고 하며 원대의 성과에 자부
심을 느끼고 있었던 것은 사실이지만, 원의 여러 제도는 기존 한인
왕조의 기준으로 하나하나 평가되고 있었다.[153] 『대원통제』와 『경

---

149 *YS*, 32.711.

150 Atwood 2016, 313-314.

151 Langlois 1978.

152 현재는 전해지지 않는 이 자료에 대해서는 Su 1984의 연구가 가장 포괄적이다. 그 외에
     Ch'en 1979, 33-35; Hsiao 1978, 67-71; Schurman 1967, ix-xiv도 참고.

153 이상은 『원문류(元文類)』에 남아 있는, 우집이 작성한 『경세대전』 서(序)를 인용. Su

세대전』의 또 다른 중요한 차이는, 전자는 몽한 직역체를 많이 사용했다면 후자는 전통 한문식 문체를 사용한 것이다.

1332년 툭 테무르의 사망과 1334년 그의 중신 엘 테무르 타이시의 사망은 순수한 쿠빌라이 계통의 담론이 마지막으로 부활하는 계기가 됐다. 엘 테무르가 사망하자 부다시리 태후는 메르키트 출신 지휘관 바얀을 새로운 타이시로 임명했다. 바얀은 뭉케 카안의 후손 체첵투 제왕의 신하였다. 그는 북서부에서 카이샨 휘하에서 복무했고, 1328년에는 하남행성의 빙장이었다. 그곳에서 반군 측으로 넘어가 엘 테무르 밑에서 이인자 자리까지 올랐다. 어린 토곤 테무르를 대신해 통치하던 부다시리와 바얀 타이시는 1335년 가을, 기존의 연호 반포 관례를 대놓고 무시하며 새로운 정권을 열고자 했다. 이전 황제들 중에서 쿠빌라이의 "지원"을 연상시키는 연호를 반포한 적도 있었지만, 이제 바얀 타이시는 카이샨보다 한 걸음 더 나아가 실제로 지원 연호를 다시 선포하고 1335년을 지원 1년으로 정했다.

같은 시기에 그는 과거제를 폐지했다. 아유르바르와다 치세에 재개된 과거제를 통해 관직에 오른 문인들의 수는 적었지만, 그것의 상징적 의미는 매우 컸다. 과거제 폐지로 바얀은 근거 없는 여러 풍문의 중심에 서게 됐으며, 그중 가장 극단적인 소문은 그가 장(張), 왕(王), 유(劉), 이(李), 조(趙)씨 성을 가진 이들을 모조리 처형할 계획이라는 것이었다. 실제로 반란이 일어나자 바얀은 충성스러운 한인 관리들을 숙청했다. 게다가 그는 숙청 대상을 몽골 관리

1958, 40.527-528.

들과 제왕들로 확대했고, 심지어 자신이 이전에 모신 체첵투도 처치했다. 이 시점에 20세가 된 황제는 바얀의 유능한 조카 톡토아(톡토)와 연합해 바얀, 부다시리, 엘 테구스 세 사람을 한 번에 제거했다. 이순 테무르 때와 마찬가지로, 쿠빌라이의 유산을 복원하려는 시도는 "옛 법령을 훼손한다"는 비난을 받았다.[154]

장기 지속된 토곤 테무르의 지정(至正, '완벽한 정통성') 연간은 (1341~1368) 어떤 거창한 이념 선언으로 특징지어지지는 않았다. 하지만 황제와 고위 관리들은 쿠빌라이식 접근법과 보다 전통적인 유교적 접근법 사이의 긴장을 해소하고자 했다. 바얀의 집권기에 가장 뛰어난 유학자들 중 다수가 조정을 떠났다. 이 중요한 지지 기반을 되찾기 위해 규장각을 선문각(宣文閣, '문화 전파의 전각')으로 개명하고 막대한 자금을 투입했다. 당대의 가장 큰 문화 기획이자 실제로 원 왕조 전체에서 국가가 주도한 가장 큰 문화 기획은 이전 세 왕조, 즉 거란 요, 송, 여진 금의 정사 편찬이었다. 기존의 자료를 바탕으로 1343~1345년 세 왕조의 정사를 완성했다.

그러나 역설적으로 이 성과는 법적으로 다양하게 정의된 민족들의 긴장을 고조시킨 것으로 보인다. 원 후기의 가장 유명한 유학자 게혜사(揭傒斯, 1274~1344), 구양현(歐陽玄, 1283~1357), 황진(黃溍, 1277~1357), 허유임(許有壬, 1287~1364) 중 오직 허유임만 북중국인 또는 한인이었고, 나머지 세 명은 모두 남방 출신이었다. 남방 문인들은 종종 거란 요와 여진 금은 실제로 정통성 있는 왕조가 아니며, 그들의 역사는 『송사』의 부록이나 별전에 수록해야 한다고 생각

---

154 Ye 1959, 3A.49.

했다. 그러나 북중국 출신의 한인 문인들이 너무 많아서 그것은 효과적인 해결책이 될 수 없었다. 결국 톡토아는 편찬자들에게 정통성 있는 왕조들이 공존했다는 관념을 강요했다. 이 방책은, 의도한 것인지는 몰라도, 분열된 세계를 재통일한 몽골 원의 공적을 한층 부각시켰다. 하지만 정통성을 둘러싼 논쟁은 몽골의 정복 문제와 남방인에 대한 몽골 조정의 불신을 다시 한번 부각시켰다.

다른 어떤 시기보다도 지정 연간에 조정에서 벌어진 논쟁에서는 '조종'의 개념이 부각됐다. 원 왕조의 운영 원칙 중 하나가 계급과 민족 위계였기 때문에, 귀천을 구분하는 '출신'이 중요한 문제로 남아 있었다는 것이 놀라운 일은 아니다. 그러나 바얀 정권이 남긴 민족 간 양극화의 유산이 '조종'에 대한 관심에 새로운 긴장감을 더했다. 바얀이 타이시로 있던 시절부터 남방의 무질서가 점점 심해지고 유학자들 중 남방 출신의 비중이 높아지면서, 원 왕조의 각종 공식 담화에서도 민족 간 우열 문제가 더욱 부각됐다.

톡토아 같은 유력한 신하들은 조종의 체제를 어지럽히지 않을까 하는 두려움을 극복할 수 있었지만, 그들이 정책을 결정하기 위해서는 군주의 지지와 허용이 필요했다. 직접 전장에 나간 경험이 있는 마지막 황제는 카이샨이었으며, 그 이후 야전 지휘는 대신들이 맡았다. 코실라의 옛 친신 알쿠이 테무르는 토곤 테무르가 즉위할 때 이렇게 조언했다. "천하의 업무는 매우 중하기 때문에 대신들에게 맡겨 결정하게 해야 합니다. 대중들이 그들의 업적을 비판하게 두십시오. 그렇게 하지 않고 폐하께서 직접 최종 결정을 내리신다면, 그로 인한 악명을 감당하셔야 할 것입니다."[155] 토곤 테무르는 선대 황제들처럼 이 조언을 따랐고, 이는 카이샨 이후의 황

제들에게 꽤 잘 들어맞았다. 하지만 14세기에 위기가 지속되는 동
안, 사소한 일로 트집 잡기를 좋아하는 관리들 "무리"의 비판을 황
제가 용인하려 한 것이 결국 재앙으로 이어졌다.

155 *YS*, 38.817.

14세기의 위기와 원의 몰락

원 왕조는 몽골 제국 전체를 괴롭힌 위기와 함께 무너졌다. 이 위기는 몽골이 아닌 유럽과 중동에서는 흑사병의 형태로 나타났다. 동시에 이 왕조의 몰락은 한인 왕조들의 혼란스러운 종말을 상징하는 전형적인 붕괴 사례이기도 하다. 도적의 증가, 종파적이고 말세적인 반란, 유랑 무장 집단과 도시 학살, 기근, 역병, 군벌 정권들에 의한 영토 분열, 그리고 마침내 인구가 감소한 강역에 새로운 질서를 부여할 새 황제의 출현. 이전의 한, 진, 수, 당 혹은 이후의 명과 다른 점이 있다면, 이전 왕조들은 새로운 정권에 의해 완전히 멸망했지만, 원 왕조는 북쪽 초원으로 탈출했다는 것이다.

만성적 재정 적자, 주기적 수렁

쿠빌라이 말기부터 테무르 초기까지 이어진 이른바 "원정(元貞) 연간의 수렁"은[156] 예산 긴축을 야기했다. 이는 화폐 가치를 유지해야 할 필요성과 짧지만 심각했던 생계 위기에서 기인했다. 생계 위기가 해결된 후, 세금과 지출이 다시 증가하기 시작했다. 1297년 그리고 1302년에, 황제의 명령으로 남방의 곡물 할당량이 두 배로 늘어났다.[157] 새 황제가 된 테무르는 왕자들과 인척들에게 후하게 선물을 하사해야 했고, 왕자들에게 주던 연간 기본 선물을 금 50냥

---

156 Brook 2010, 71.

157 *YS*, 19.407, 20.437.

과 은 50냥에서 금 250냥과 은 150냥으로 늘렸다.[158] 1298년에 이르러 제국의 예산은 다시 적자를 기록하기 시작했다. 처음에는 연간 20만 야스툭의 지폐로 적정한 수준이었지만, 점차 늘어나더니 카이샨 때 절정에 이르렀다.[159]

비록 원대의 황제들이 사치품을 즐겼던 것은 사실이지만, 가장 지출이 큰 항목은 제왕과 케식에게 쓴 비용이었다. 1311년 검소하고 '유교적인' 황제 아유르바르와다를 즉위시킨 쿠릴타이를 위해 금 3만 9650냥, 은 84만 9050냥, 화폐 22만 3279야스툭, 비단 47만 2488필을 국고에서 지출했다.[160] 선물 하사는 재위 기간 내내 지속되어 황실 기관에 해마다 지급하는 비용이 총 20만 야스툭에 달했다. 그러나 각종 재정 문제에도 불구하고, 황제들이 과도한 원조를 약속하는 일도 흔했다. 연초에 황제의 하사품을 약속받은 사람들은 연말에 약속받은 이들보다 그것을 확보할 가능성이 훨씬 높았다. 다만 필요한 경우 황제는 영향력이 큰 한 제왕에게 다른 행성에서 미지급된 하사품을 가져가라고 요청할 수도 있었다.[161]

기근 구제를 통해 민심을 얻는(사실상 매수하는) 것도 지지를 확보하는 또 다른 방식이었다. 쿠빌라이 시기에 기근을 호소하는 사람들에게 곡물이나 현금을 지급하는 관행이 시작됐다. 여기에는 지방 정부뿐만 아니라 중요한 제왕들, 황제의 부마들, 그리고 변

---

158 *YS*, 22.480-481.

159 원대에 적자 지출은 화폐 준비금에서 차입하는 것으로 간주됐다. 이후 지방 준비금 창고의 재고를 보충하기 위해 평소보다 더 많은 화폐를 발행해 빚을 갚아야 했다. 테무르 시기 이러한 현상에 대해서는 *YS*, 19.417, 20.426 참고.

160 *YS*, 24.538.

161 *YS*, 17.367-368, 22.488.

경 지역의 군대 지휘관들도 포함됐다. 황제들은 몽골 귀족들의 요청이 종종 거짓임을 알고 있었지만, 어쩔 수 없이 지급해야 했다. 1296년, 아직 어리고 순진했던 테무르는 사촌 아난다 왕이 2년 연속으로 자신의 지역에만 기근이 있다고 보고하자 이렇게 항변했다. "당신에게 주면 다른 왕자들이 불공평하다고 생각할 것이고, 주지 않으면 당신이 많은 사람들이 굶어 죽을 거라고 말할 것입니다." 그는 1만 단의 곡물을 보내면서 왕이 정말 필요한 사람들에게 주기를 바랐다.[162]

건축 분야에서도 막대한 지출이 발생했다. 수도와 산서의 불교 성지 오대산(五臺山)을 비롯해 여러 지방에 건설된 티베트 불교 및 황제 숭배 사원들에 관심이 집중됐다. 이러한 사원 건설을 중단하면 일시적이나마 비용을 줄이는 것처럼 보일 수 있었다. 이런 건설 현장에는 주로 군인들이 노동력으로 투입되기 때문에, 경제를 중시하는 관리들은 이런 작업이 군사 대비 태세에 해를 끼친다는 점을 지적할 수도 있었다.[163] 카이샨은 오대산에서 대규모 건설 사업을 시작했는데, 그 일이 1307년부터 기근이 든 1326년까지 이어졌다.[164]

군사비 자체도 또 다른 주요 예산 항목이었다. 다만, 이와 관련해 정규적인 지출에 대한 수치는 남아 있지 않다. 1308년 카이샨이 북부 국경에서 군사력을 대규모로 증강할 당시, 카라코룸, 감숙, 대동, 내몽골, 그리고 두 수도의 연간 군사비 지출이 820만 야스툭

---

162 *YS*, 19.403−404.

163 *YS*, 30.676, 102.2616; Ratchnevsky 1985, 134−135도 참고.

164 Wang, 2018, 132, 140−141; Sayang 1990, 45v.

을 넘었다. 3년 뒤 그의 동생 아유르바르와다의 통치 초기에도 군사비로 연간 600만에서 700만 야스툭이 소요됐다.[165]

무분별한 지출은 카이샨 때 절정에 달했다. 앞서 언급한 군사비 지출 외에도, 카이샨은 100건이 넘는 새로운 건설 사업을 시작했다. 여기에는 대도와 상도 사이에 위치할 새로운 중도 건설도 포함됐다. 연간 세금 수입은 약 400만 야스툭이었고, 그중 70퍼센트가 수도로 보내졌다. 그러나 1307년 즉위 첫해에만 카이샨은 520만 야스툭의 지폐를 하사품으로 약속했다. 1309년에는 1000만 야스툭의 현금을 발행하고 300만 단의 구호 곡물을 분배했다. 1308년까지 유일한 해결책은 통화 준비금을 털어내는 것이었고, 이에 따라 1309년까지 800만 야스툭 이상을 소진했다.[166] 이 상황이 지속 불가능하다는 점이 분명해지자, 해결책으로 새로운 화폐 체계를 만들어 지대초를 새로운 동전 화폐와 함께 유통시키려 했다. 이 실험은 단 2년밖에 지속되지 않았다. 1311년 초 아유르바르와다의 첫 조치 중 하나는 카이샨의 실험을 취소하고 건설 사업을 중단하며, 그가 향수를 느끼며 언급한 쿠빌라이 카안 시대의 재정 안정기로 돌아가는 것이었다.[167]

정권은 재정적으로 카이샨의 낭비에서 벗어났지만, 치러야 할 대가는 상당했다. 1311년 이후에는 예산에 관한 대략적 수치조차 없지만, 재정 적자는 만성적으로 지속됐다.[168] 카이샨의 재정적

---

165 *YS*, 22.495, 24.547-548.

166 Chen and Shi 2010, 753-757; Franke 1949, 137-138; 이상의 연구는 모두 *YS*, 22.495, 22.510, 23.516를 근거로 했다.

167 Von Glahn 1996, 66; Peng 1994, 481-482, 509.

제1권 정치사

재앙 이후 화폐에 대한 신뢰를 유지하기 위해, 완전 태환이 가능한 중통초를 소량의 지원초와 함께 재발행했다. 또한 아유르바르와다 정부는 발행된 지 오래된 지폐를 빠르게 회수하기 시작했다.

결국 아유르바르와다는 카이샨으로 인한 긴축 부담을 떠안았다. 1328년 내전에 관한 기록을 보면, 특히 수도 지역에서 카이샨에 대한 향수가 컸음을 알 수 있다. 이 향수는 그의 남쪽에 있는 아들 툭 테무르가 아니라 북서부 변경 너머로 망명한 코실라에 집중됐다. "두 수도에 사는 사람들이 (코실라)의 사신들이 도착했다는 소식을 듣고, 춤추고 노래하며 환영했다. '우리의 천자가 정말로 북쪽에서 오고 있다!'고 외쳤다."[169]

카이샨의 영웅적 관대함에 대한 수도 사람들의 열광은 기근 구호가 북중국 전반, 특히 수도 지역에서 대규모 보조금 역할을 했음을 상기시킨다.[170] 카이샨의 하사품 중 상당 부분이 곡물로 지급됐고, 그의 재위 기간에 남방에서의 곡물 운송량이 160만 단에서 270만 단으로 급증했다. 원 전체를 통틀어 볼 때, 대도는 단연코 가장 빈번하게 곡물 구호를 받은 도시였다. 또한 옛 금의 영토로 정의되는 북중국의 민간 가구 수는 제국 전체에 등록된 가구

---

168 *YS*, 35.777.

169 *YS*, 31.695. 이 시위는 툭 테무르가 이미 양도(兩都)에서 권력을 장악하고 평화를 회복한 시기에 일어났다. 이븐 바투타는 차가다이 울루스에서도 이와 비슷하게, 망명한 황제를 열광적으로 지지하는 모습을 보았다고 했으며, 특히 그가 "야사의 교훈을 따랐다"고 언급했다. 이븐 바투타의 서술에서 '피루즈'는 분명히 코실라를 가리키며, 이 피루즈를 상대로 원정을 한 인물에 대해서는 이순 테무르와 툭 테무르를 혼동해서 서술하고 있다(Baṭṭūṭa/Gibb, 4: 907-911, 직접 인용은 908).

170 Chen 2015, 76-77은 대도가 제국 내에서 가장 착취가 심한 지역이라고 주장하지만, 경기 지역이 지역 간의 물자 이동을 통해 이득을 보았다는 딩차오(丁超)의 주장이 더 설득력이 있다(Ding Chao 2016, 333-342).

의 16.5퍼센트에 불과했지만, 기근 구호 빈도 상위 20개 행정 구역이 모두 이 지역에 집중되어 있었다.

수입 측면에서, 아유르바르와다는 토지세 할당량이 남부의 경제와 인구 증가를 따라가지 못했음을 깨달았다. 반면 간접세를 통한 수입은 강남 정복에 따른 증가분이 어느 정도 반영됐다. 1289년에 상가는 강남 지역에 주류 전매 10만 야스툭, 중서성 지역에는 5만 야스툭을 할당했다. 1330년까지 중서성의 할당량은 5만 9800야스툭으로 소폭 인상된 반면, 강남 할당량은 32만 8300야스툭으로 세 배 이상 증가했다.[171] 1314~1315년에는 하남, 강절, 강서 지역에서 토지 직접세를 올리려는 정책들이 도입되기도 했다. 불가피하게도 폐단이 발생했고 저항도 거셌다. 강서 지역에서는 채오구(蔡五九)의 반란이 일어났다. 조정은 결국 자발적 신고 방식으로 물러섰다.[172] 이를 계기로 전체 경제를 국고 감독 아래 두려던 쿠빌라이식 시도는 끝났으며, 간접세에 대한 의존도가 확실하게 높아졌다.

아유르바르와다가 사망하면서 또 다른, 전보다 훨씬 더 심각한 위기가 시작됐다. 이전의 위기와 마찬가지로 중서성은 지폐 발행을 줄이는 조치로 대응했다. 지폐 발행량은 1320년 최고치인 지원초 48만 야스툭과 중통초 10만 야스툭에서 꾸준히 감소해 1328년에는 각각 31만과 3만 5000야스툭으로 최저치를 기록했다. 기근과 긴축이 결합된 결과 물가가 또 한 차례 짧지만 큰 폭으로

171　*YS*, 205.4575와 *YS*, 94.2395-2397(Schurman 1967, 210-211) 비교. 전자, 즉 *YS*, 205에 있는 "강남"과 후자, 즉 *YS*, 94의 강절, 강서, 그리고 호광에 제시된 수치를 비교했다.

172　*YS*, 93.2352-2354; Schurman 1967, 36-38.

하락했는데, 티모시 브룩은 이를 "태정(泰定) 연간의 수령"이라고
했다.[173]

1320년경부터는 아유르바르와다 통치 기간에 감소했던 기근
이 다시 증가하기 시작했다. 이순 테무르의 쿠데타 이후 상황은 급
격히 나빠졌다. 1325년 섬서에 가뭄이 강타했고 1326년 봄에는 하
남에 홍수가 덮쳤다. 그해 8월 이순 테무르의 최고위 관리 우바이
달라와 서사경(徐師敬)이 "기근은 하늘의 분노를 보여주는 것"이라
며 사직하겠다고 했지만 거절당했다. 1328년 9월까지 섬서에서는
식인 행위가 보고됐고, 강남에서는 대규모 홍수로 80만 평방킬로
미터가 넘는 농경지가 황폐해졌다.[174]

1328년 전 카안의 복권 세력은 이순 테무르 정권의 불법 찬
탈이 재해의 원인이라고 비난했지만, 뒤이은 내전은 소규모 기근
을 대규모 기아로 악화시켰다.[175] 실제로 1329년 6월 이미 섬서에
서 민간인과 군인 123만 명이 고통받고 있었고 10만 명의 난민이
발생했다. 하남의 낙양에서는 51건의 식인 사례가 보고됐고, 2만
7400명이 굶주렸으며, 7950명이 기아로 사망했다. 관청의 금고가
비면서, 평소 출입이 금지된 황무지를 개방해 식량을 구하도록 하
고 불교와 도교 사원에서 여분의 곡물을 모으는 것이 유일한 대
책이었다.[176] 섬서의 한 주둔지에서는 군인 650명이 굶어 죽었고,
한 둔전지에서는 부대 내에서 식인 행위가 보고됐으며, 둔전지에

---

173 Brook 2010, 71~72; Brook 2017, 54.

174 *YS*, 32.723~724, 50.1071, 1079, 30.668, 672.

175 *YS*, 31.700.

176 *YS*, 33.733, 50.278, 50.1071, 175.4092.

배치된 농민의 70~80퍼센트가 기아로 사망하거나 도주했다.[177]
1329년 봄에도 곡물 창고가 채워지지 않자 툭 테무르는 섬서의 기
근이 끝나기를 기원하며 7일 동안 불교 의식을 행하라고 명령했
다.[178]

이 의식이 기우제였다면 분명히 효과가 있었다. 다만 이번에
는 홍수가 문제였다. 태호(太湖) 주변에서 2000평방킬로미터 이상
이 침수되고 40만 명이 굶주렸다. 정부가 할 수 있는 일은 3000장
의 지폐 야스툭을 발행하고 부자들에게 10만 단의 곡물을 제공하
도록 "권장"하는 것이 전부였다.[179] 결국 1329~1330년은 최악의 기
근으로 기록되었다. 1331년에야 비로소 기근 보고 지역이 절반으
로 줄었고, 섬서로 돌아온 난민들에게는 생계를 이어갈 수 있도록
곡물을 제공했다.[180] 그 후 약 10년 동안 기근은 간헐적으로만 보고
됐다.

기근으로 인한 사망자 수는 19세기 말과 20세기 초 화북 지
방의 엘니뇨 가뭄과 기근 때의 경험에 비하면 상대적으로 적어 보
인다.[181] 당시는 인구가 훨씬 적고, 야생 자원이 풍부해서 최악의 결
과는 피할 수 있었을 것이다. 그러나 몽골 원 정부가 중국의 전통
적인 기근 구제 메커니즘을 효과적으로 사용한 점도 분명 인정받
아야 한다. 그럼에도 1329년 여름에는 카이샨 통치 시기에 바닥을

---

177   *YS*, 33.735, 65.1631.

178   *YS*, 34.756.

179   *YS*, 34.764, 35.780. 이 "권고"는 비축된 식량의 강매 형태로 진행됐을 것이다.

180   *YS*, 35.781.

181   Davis 2001; Li 2007; Edgerton-Tarpley 2008.

드러낸 기금 구제용 '비상금'이 기근으로 완전히 소진됐고, 남중국의 지방 곡물 창고마저 사실상 비어 있었다. 중앙 정부가 경제에 적극 개입하던 정책에서 후퇴한 이상, 한 번 빈 거대한 곡물 창고들은 다시 차지 않았을 것이다. 다시 말해 다음 기후 재해를 견딜 힘이 남아 있지 않았다는 뜻이다.

1328년의 내전은, 카이샨의 짧은 통치기와 마찬가지로 통화 보유고를 고갈시켰다. 군사 비용과 군대에 대한 보상은 연간 수입의 몇 배에 달하는 것으로 추정됐다. 따라서 중서성은 1329년에 119만 2000장의 지원초 야스툭을 발행하기로 했다. 이는 이전 태정 시기보다 훨씬 많은 양이었지만, 1311~1314년 최고치와 비교하면 절반에 불과했다.[182] 통화 발행을 제한하는 정책과 함께 지속된 재정 적자가 양 방면에서 최악의 상황을 만들어냈다. 즉, 1330년경부터 생계 환경이 개선된 이후에도 인플레이션이 이어지며 남중국 대부분 지역에서 통화가 사라졌다.[183] 카이샨 치하에서는 통화의 적절한 기능을 위해 500만 야스툭의 태환 가능한 중통초 준비금이 필요하다고 여겼다. 그러나 1341년에는 중통초와 지원초를 합쳐서 282만 2488야스툭을 보유했음에도 2년간의 유통을 충분히 감당할 수 있다고 여기고, 다음 해의 화폐 발행을 중단시켰다.[184] 분명한 것은, 중앙 정부는 통화 유통을 점차 제한하는 방식으로 재정 비축 목표를 달성하고 있었다는 점이다.

---

182   *YS*, 32.719, 31.700.

183   이상의 내용은 현재는 유실된 1353년 Wu Qi의 연구를 따른다. 이 내용은 『사고전서총목제요』(1758)에 수록돼 있다. 또한 이상의 인플레이션에 대해서는 마에다 나오노리(前田直典)의 연구(1993) 결과도 참고했다. 그 외에 von Glahn 1996, 65-70도 참고.

184   *YS*, 40.862; cf. *YS*, 23.516.

14세기의 위기

1342년 2월, 대동에서 식인 행위가 보고됐다. 그 계절에 강수량이 급감했기 때문인데, 이는 대동뿐 아니라 장덕(彰德)과 태원(太原) 주변 지역도 마찬가지였다. 하북의 다른 지역에서도 강도는 덜했지만 기근이 보고됐다.[185] 이는 중국 역사상 가장 큰 기근 재해 가운데 하나가 될 "지정의 수렁"이 시작된 것으로, 1326~1330년 섬서 기근보다 훨씬 더 심각했다.[186] 안타깝게도 원 왕조의 마지막 치세인 1333~1368년을 다루는 『원사』 본기는 명 왕조 때 급하게 편찬되어 전보다 기록이 부실하다. 나쁜 기상 조건은 신경 써서 기술했지만 피해 인원이나 정부의 대응에 대한 정량적 데이터는 훨씬 적다. 본기에서 기근 사건을 나열할 때는 '대기(大饑)'와 같은 관용구로 표현하거나, 가장 심각한 경우 '인상식(人相食)', 즉 '식인' 행위를 명시적으로 기록했다. 후자는 기근이 가장 심각한 상태를 나타내는 표현으로, 인간의 사회관계가 완전히 파탄 났음을 의미했다.

원 왕조 전체를 통틀어 기아로 인한 식인이 보고된 사례는 단 두 번이다. 하나는 화북 정복전 초기였고, 다른 하나는 1328~1329년 섬서에서 최악의 기근이 발생했을 때였다. 그러나 1342~1349년에는 1346년을 제외한 매해 화북의 어딘가에서 식인 행위가 보고됐다. 때로는 기근의 원인을 다음과 같이 구체적으로 명시했다. 1342년과 1343년에는 산서의 가뭄, 1344년에는 하남과 서부 산동의 대규모 황허 범람, 그리고 1348년에는 황허를 따라 위

---

185 *YS*, 40.863, 51.1106.

186 Brook 2010, 72; Brook 2017, 54–55.

휘(衛輝) 지역에 출현한 메뚜기 떼를 기록했다.[187] 1344년 여름에는 20일간 지속된 비로 황허의 제방이 무너졌다. 제방은 이후 몇 년 동안 계속 무너졌고, 1346년에는 이 문제를 해결하기 위한 정부 기관이 설립됐다.[188]

식인은 기근으로 인한 피해의 빙산의 일각에 불과했다. 희생자들에 대해서는 거의 알려진 바가 없지만, 하남 싱에서 발생한 한 일화에 주목해보자. 한 이주민 농가가 호주(濠州, 현재의 안후이성)에 살고 있었는데, 1344년 가뭄과 메뚜기 떼, 그리고 질병이 이 지역을 강타했다. 아버지, 어머니, 형이 차례로 사망했다. 살아남은 사람들은 한 마을 사람의 도움을 받아 시신을 매장했다. 이 가족의 17세 작은 아들은 한 달 동안 사원에 머물다가 현치소(縣治所)로 가서 구걸을 했다. 이와 같은 이야기는 너무나 흔한 것이었지만, 그의 운명은 그렇지 않았다. 주원장이라는 이름의 이 탁발승은 훗날 명의 초대 황제가 됐다.[189]

이 예시는 1342~1349년의 끔찍한 기근이 원 몰락에 미친 영향을 보여준다. 두 가지 요인이 이 기근을 초래했다. 첫째는 전례 없는 '대규모 가뭄'이다. 이 가뭄은 전 세계에 영향을 미쳤는데, 어떤 곳에서는 좋게 작용했지만, 인도와 동남아시아, 중국 등에서는

---

187 1342년의 경우, *YS*, 40.863, 51.1106(대동, 산서, 하북 중부) 참고; 1343년의 경우, *YS*, 51.1110(위휘, 산서) 참고; 1344년의 경우 *YS*, 41.870, 51.1095, 1104(산동, 하남, 북부 하북에 있었던 홍수와 강우의 경우, 그리고 *YS*, 51.1110의 경우 다시 하북 북부) 참고; 1345년의 경우, *YS*, 51.1110(서부 산동, 북부 강소) 참고; 1347년의 경우 *YS*, 41.878(하북); 1348년의 경우, *YS*, 192.4374(메뚜기, 위휘로, 그리고 인구 절반 사망) 참고; 1349년의 경우 *YS*, 51.1110(산동) 참고

188 *YS*, 66.1749, 41.869, 870, 875-876.

189 Taylor 1975, 31.

재앙을 일으켰다.[190] 이러한 기후 현상이 비록 그 강도는 조금 약했지만, '원정의 수령'과 '태정의 수령' 때도 역할을 했다. 가뭄과 홍수가 연이어 발생하는 기상 이변은 북중국 지역의 역사에서 흔히 볼 수 있는 현상이다.[191]

지정 연간에 발생한 기근의 두 번째 원인은 왕조 전반에 걸쳐서 기근에 대비한 비축 물자가 소진된 데 있다. 이러한 비축물의 첫 번째 유형은 농업 위기 시 활용할 수 있는 자연적 비축물(채집할 수 있는 천연 식량 자원)이며, 화폐와 곡물 같은 정부 차원의 비축물이 두 번째 유형이다. 역설적으로 평화와 번영, 효과적인 기근 구제로 인한 인구 증가가 첫 번째 유형의 비축물을 감소시켰고, '태정의 수령'과 더불어 정부 기능 및 의욕 상실이 두 번째 유형을 감소시켰다. 정확한 정보는 부족하지만, 섬서 지역에서는 가뭄 4년 차에 이르러서야 식인 사태가 발생한 반면, 대동에서는 2년 만에 그런 상황에 이르렀다는 점이 주목할 만하다.

이러한 사망자 발생에 흑사병이 역할을 했을까? 거의 같은 시기에 킵착 칸국, 중동, 유럽에서 흑사병이 발생했기 때문에 많은 학자들이 원 말기에도 흑사병이 있었는지 살펴보았다. 실제로 대규모 사망을 초래한 전염병처럼 보이는 기록도 있다. 그러나 이런 전염병들은 대체로 가뭄, 홍수, 전쟁 등의 재해와 동반해 발생했다. 아래에 제시한 1331년의 예시가 가장 전형적인 기록 중 하나이다.

---

190 Zhang et al. 2008; Buckley et al. 2010; Sinha et al. 2011; Campbell 2016, 11, 44-45, 283 참고.

191 Davis 2001, 264-265; Li 2007, 286.

  제1권 정치사

형주로에 속한 현들이 연이어 가뭄과 메뚜기 피해를 겪었고, 거기에 큰 홍수까지 덮쳤다. 백성들은 풀과 나무를 거의 다 먹어치웠고, 전염병까지 돌아 열 중 아홉이 죽었다. 호남도선위사(湖南道宣慰司)가 구제용 곡식 1만 석을 요청하니, 이를 허락했다.[192]

반복적으로 발생하는 대규모 전염병에 대한 언급은 드물거나 찾아보기 힘들다. 있다 해도 명확히 특정 지역에 한정(가령 남부의 유명한 장기(瘴氣)나 말라리아)되었거나 외부의 촉발 요인이 보이지 않는다.

정부는 처음에 이 난제의 규모를 제대로 파악하지 못했다. 재상 톡토아는 황제를 도와 바얀을 축출하고 몇 년 뒤인 1344년 아버지의 뒤를 이어 은퇴했다. 그의 후임자들은 유교 교육을 받은 몽골 귀족들로, 지방 관리들의 규율과 도덕성을 관리하여 위기에 대처하려 했다. 상평창과 의창을 설립하려고 노력했지만 효과가 미미했고 시기도 늦었다.[193] 1345년 황제는 하남과 산동의 홍수와 날로 증가하는 도적 문제를 해결하고자 20일 동안 단식하며 자아성찰을 했다.[194] 1349년 황제는 활력과 야심이 넘치는 톡토아를 다시 불러서 이렇게 말했다. "사람 중에는 톡토아가 있고, 말 중에는 프랑스의 말(佛郎國馬)이 있으니, 둘 다 이 시대 최고의 존재다." 다행

---

192 *YS*, 35.784; 참고로 이 내용에 대한 오류가 있는 요약에 대해서는 McNeill 1976, 301 참고.

193 *YS*, 41.869, 870, 96.2467; Quan n.d., I, §33, §36. 상평창과 의창은 쿠빌라이 시대 이래로 원 정부에서 시행-폐지-재시행을 오간 정책이다. 그러나 대체로 지역적인 기근이 발생한 뒤에야 설립됐고, 다음 위기가 닥칠 때까지는 방치되는 경향이 있었다.

194 Quan n.d., I, §39.

히 이후 3년간 비교적 풍작이 들며 톡토아는 위기에 대처할 시간을 얻었다.

톡토아는 무너져가는 쿠빌라이 시대 제국의 기반을 강화하기 위해 매우 대담한 프로그램을 마련했다. 남중국은 정치적·재정적으로 대도에 위치한 몽골 정부의 손아귀에서 빠져나가고 있었으며, 이는 수도의 경제적 생존을 위협했다. 전통적으로 남부는 기근에 덜 취약했기에, 이 생명선을 유지하는 것이 매우 중요했다. 그러나 연안 지역에서 해적 활동이 늘어나 곡물을 해상으로 운송하는 데 어려움을 겪고 있었다. 툭 테무르 시대에는 해상 운송량이 항상 300만 단을 넘었으나, 1341년에는 280만 단, 이듬해에는 260만 단으로 감소했다. 1344년에는 전체 운송량의 40퍼센트를 차지하던 강절 지역의 운송량이 계획보다 50만 단 적었다.[195] 해적 소탕이 불가능해지자 남부와의 연결은 대운하를 통해 이루어져야 했다. 대운하는 강남과 수도를 잇는 또 다른 생명선이었다. 하지만 황허가 범람하며 통행이 불가능해졌다.[196] 게다가 남중국 대부분 지역에서 위조 화폐와 다른 화폐 수단들이 지원초를 대체하면서 정부의 자원 확보가 어려워졌다.[197]

톡토아는 대운하 재개통을 위해 20만 명을 동원해 황허를 옛 수로로 되돌리려 했다. 인부들은 지방 유력자들을 통해 모집되어 새로운 지정초로 급여를 받을 예정이었다. 이를 위해 600만 야스

---

195 *YS*, 97.2481-2482, 39.843. 강절이 차지하고 있는 비율에 대해서는 Quan n.d., II, §19; Dardess 1973, 87-89 참고

196 Dardess 1973, 87; *YS*, 186.4280, 187.4290-4291, 42.887-888, 97.

197 *YS*, 97.2483-2485; Dardess 1973, 97-99.

툭 규모의 지폐가 발행될 것이었는데,[198] 이는 화폐경제를 되살리기에 충분한 양이었다. 건설 사업과 급여 지급은 홍수로 인한 재앙을 막고 노동자와 백성을 구제할 것이었다. 남부가 다시 북부와 더 단단히 연결되면 해적도 진압할 수 있을 터였다. 1351년 봄부터 하북과 하남 지역에서 모집된 2만 명의 군인과 17만 명의 민간 노동자가 4월부터 10월까지 작업에 동원됐고, 19세기까지 사용할 새로운 황허 수로를 성공적으로 준설했다. 비용은 184만 5000야스툭 이상으로 추산됐다.[199]

홍건적의 난

하지만 이 승리는 값비싼 대가를 치렀다. 하남에서 연이어 반란이 일어났기 때문이다. 가장 먼저 성공을 거둔 반란군들은 수 세기 동안 금서의 지하세계에서 떠돌던 예언들에 고무됐다. 예언서 중 하나인 『오공부(五公符)』는 원대에 한문과 몽골어로 유포됐다. 이 책은 원숭이해와 닭해에 시작될 재앙과 역병을 예언했다. 인구의 10분의 9가 사라질 것이며, 호랑이해나 토끼해에 '명군(明君)'(몽골어로 게겐 카안(gege'en qa'an))이 나타날 것이라고 했다. 이 '명군'은 남중국에서 북중국과 몽골로 와서 열 번째 황제를 대체할 것이라고 예언했다. 토곤 테무르가 바로 그 열 번째 황제였다. 1344년은 원숭이해였고, 톡토아가 대규모 하천 공사를 시행한 1351년은 토끼해였

---

198 Yongrong 1933, 1758; *YS*, 186.4271, 186.4280 참고.

199 *YS*, 66.1646, 1653.

다.[200]

　　반란의 주모자 한산동(韓山童)은 그해 초에 체포됐지만, 그의 동료 유복통(劉福通)이 한산동의 아들 한림아(韓林兒)를 옹립하고 영주(潁州)에서 봉기를 일으켰다. 치수 사업이 계속되는 동안에도 화이허와 황허 하류 전역, 그리고 산동, 섬서, 강서, 사천에서 대규모 봉기가 일어났다. 반란군은 붉은 두건을 쓰고 향을 피워 악한 시대의 재앙을 피하려 했다.[201] 반란군의 다수가 천년왕국 신앙을 공유했으며, 1348년에 반란을 일으킨 해적 두목 방국진(方國珍) 같은 이들도 홍건적에 가담했다.[202] 이들이 서주(徐州), 양양, 항주 같은 주요 도시를 함락시키고 진압군을 여러 차례 크게 물리치면서 왕조의 위신은 산산조각 났다. 하남의 반란군들은 6000명의 정예 아수드(오세트인) 친위대가 "야부! 야부!(Yabu! Yabu!)"(몽골어로 "가자! 가자!")를 외치며 전장에서 도망치던 모습을 즐겨 회상했다.[203] 왕조의 종말이 임박한 것처럼 보였다.

　　실제로 정권은 아직 무너지지 않았다. 하지만 바얀 타이시 집권 시기부터 도적 행위가 늘어났고, 1351년에 이르면 제국은 평화로운 문관 통치 사회에서 여러 무장 진영으로 재군사화된 사회로 변모했다. 일부는 왕조의 깃발을 들었고, 다른 이들은 반군의 깃

200　Tongzhi tiaoge, 28.690-695; Yuan dianzhang, 32.1122-1125; Ter Haar 2015; Ter Haar 1999, 115-123. 테르 하가 보여주듯이, 명나라 이후 종교적 성향을 띤 모든 반란군을 비난하는 포괄적 용어로 사용된 이른바 "백련교" 혹은 마니교는 홍건군의 봉기와 아무 관련이 없었다. "오공(五公)"에 대한 몽골어 버전은 Sárközi 1992, 19-43 참고.

201　Quan, I, §52; Ye 1959, 3A.50-53; *YS*, 42.891 ff.

202　*YS*, 47.883, 889, 890-892.

203　Quan, I, §53, §55.

발을 들었다.[204] 역설적으로 초기 반란군의 평민적이고 종교적이며 말세론적 요소들이 정권의 구명줄이 됐다. 지역 사회의 존숭을 받은 한인들과 남부 관리들, 그리고 유력자들이 이 반란에 대응하기 위해 조정 주위로 결집했기 때문이다. 톡토아는 처음에는 몽골인과 이주민을 한인 및 남방인과 분리하려 했지만, 곧 반란군에 위협받은 몽골과 한인 지주들, 관리들이 민병대를 조직하기 시작했다. 이 민병대에서는 우정과 동맹 관계가 민족적 계급 구분보다 우선했다.

1352년부터 원의 장군들, 관리들, 민병대원들이 반란군에 점차 우위를 점하기 시작했다. 톡토아는 새로운 정세에 대응하기 위해 한인 소금 노동자들과 도시 불량배들을 모집해 '황군'(노란 제복 색깔에서 유래)을 조직했다. 이렇게 지형에 익숙한 병사들로 3투멘 규모의 부대를 이루었다. 1352년 8월, 그는 유명한 홍건군 지도자 지마리(芝麻李, 그의 가족이 하나밖에 없는 참깨 창고를 사람들에게 나누어주어서 생긴 별명)와 함께 서주를 탈환했다.[205] 1353년에는 원군이 양양부와 항주를 수복했다.[206] 양양부의 몽골 지휘관 타시 바아투르[207]는 지원자, 아문 직원, 지주, 탈영병을 모집해 병력을 3000명에서 3투멘으로 늘렸다. 그가 끌어들인 인물들 중에는 탐마치 병사 차간 테무르와 그의 동향인 한인 평민 이사제(李思齊)가 포함됐다. 이들은 민병대를 조직해 하남 남부에서 홍건군을 물리쳤다.[208]

204　Ye 1959, 3A.47, 51에서는 이 차이를 구체적으로 보여준다.

205　Quan, I, §55, §61.

206　Quan, I, §59; *YS*, 42.900, 42.903, 43.908; 44.931, 932.

207　참고로 다데스의 Dash-Badulugh 표기는 오류이다(Dardess 1973, 211 n. 61).

한편, 재앙이 다시 찾아왔다. 이번에는 가뭄, 메뚜기 떼, 그리고 이에 따른 전염병이었다. 1352년, 1354년, 1358년, 1359년에는 식인 행위도 보고됐다. 기이한 한파도 이어졌다. 1350년 4월 하북에는 눈이 1미터나 내렸고, 1354년 1월 말에는 변량 동편의 변하(汴河)가 3일 동안 꽁꽁 얼었다. 1352년에는 하북 중부의 대명부(大名府)에 71만 6980가구가 굶주리고 있다는 보고가 올라왔다.[209] 약 10만 야스툭의 지폐가 제공됐지만, 이것이 새로 발행된 것인지, 실제로 화폐 가치가 있었는지는 알 수 없다.[210] 1354년에는 기근이 수도에까지 미쳐 전염병이 돌고 아버지가 자식을 먹는 일까지 보고됐다. 더 불길하게도 이제 가뭄은 하남을 넘어 남중국의 광범위한 지역까지 황폐하게 만들었다. 천주(泉州)에서는 땅이 너무 단단해져 씨를 심을 수 없었다.[211] 이런 상황에서 남부와 다시 연결된다 해도 과연 곡물을 구할 수 있을까?

수도의 식량난을 해결하기 위해 둔전을 만들고 내한성 있는 벼 품종을 재배했다. 1353년에 대책을 실행하고, 산동에서 온 정착민들에게 새로 발행된 지정초 500만 야스툭을 지급했다. 하지만 이들은 이듬해에 대부분 도망쳤다.[212] 수도의 식량 공급이 위태로워지자 톡토아는 고우(高郵)를 공격했다. 얼마 전 소금 밀수업자

---

208 *YS*, 142.3395, 141.3384; Quan, I, §62, II, §9. 그의 배경에 대해서는 Dardess 1973, 132-133 참고.

209 Quan, I, §50, 64; *YS*, 43.913, 51.1097.

210 *YS*, 51.1107, 143.3427(화이허 계곡), 42.900(하북).

211 *YS*, 43.918(경기), *YS*, 51.1110(절동, 강동, 복건, 강서, 광서), *YS*, 51.1107(회경, 하남, 복건, 호남, 광서) 참고.

212 *YS*, 43.907; Quan, I, §58: Dardess 1973, 212 n. 79.

장사성(張士誠)이 점령한 도시로, 그로 인해 장사성은 대운하상에 위치한 최후의 적대 세력이 되었다.[213] 톡토아는 다민족 군대를 모아 11월 말에 포위를 시작했다. 최종 승리를 눈앞에 둔 1355년 1월 7일, 그는 황제에 의해 해임됐다. 성을 점령한 뒤 명령을 따르자는 장교들의 조언을 거부하고 톡토아는 자리를 떠났다. 그의 군대는 와해됐고, 원은 다시는 대운하를 열지 못했다.[214]

톡토아의 해임은 황제의 총애를 받던 카막의 음모였다. 카막과 그의 형제 소삭은 사망한 전 황제 이린친발의 유모의 아들로, 세 사람은 같은 젖을 먹었다. 이는 몽골 문화에서 중요한 관계였다. 카막은 10명으로 구성된 파벌을 만들었는데, 이들은 '총신(몽골어로 이나크(inaq))'이라 불렸다. 황제의 건강과 정력, 수명을 개선한다는 명목으로 성적 수련을 장려하며 내정을 장악했다. 과거의 원한에도 불구하고 카막은 1349년 "사실, 톡토아가 적임자"라고 말하면서 그의 임명을 지지한 바 있다. 하지만 반란군 진압이 확실해지자, 지금이 정적을 처리할 적기라고 여겼다. 하지만 카막과 황제는 잘못 판단했고, 총신 파벌이 권력을 잡자 반대 세력은 오히려 새로운 활력을 얻었다. 카막의 쿠데타 실패는 불 보듯 뻔했고, 그와 소삭은 1년 만에 처형당했다.[215]

---

213 *YS*, 43.909.

214 *YS*, 138.3346-3348; Quan, I, §67.

215 *YS*, 205.4581-4585; Quan, I, §47, §55, §60, §67; II, §2, §6.

몽골의 중국 지배 종말

톡토아가 물러나면서 홍건군이 다시 활기를 띠었다. 이번에는 예언적 꿈과 더불어 왕조 수립의 야욕을 직접 드러냈다. 유복통이 박주(亳州, 안후이성 북부)에서 송 왕조를 선포하고 한림아를 "소명왕(小明王)"으로 추대했다. 한편 하남에서는 원군 사령관 타이부카가 휘하 군대의 잔혹함 때문에 불신을 받았고, 타시 바아투르는 먼저 북쪽으로 철수한 뒤 1357년에 사망했다. 유복통과 한림아는 남강(오늘날 카이펑)을 점령하고 장수들을 북쪽으로 파견해 수도에서 집결하도록 했다. 산동에서 진격해온 모귀(毛貴)는 1358년 4월 수도에 접근했다. 대도는 혼란에 빠졌지만, 반격을 시도해 모귀의 군대를 패퇴시켰다.[216] 대도 주변의 방어 체제는 강화됐고, 모귀는 힘을 모으기 위해서 산동으로 퇴각했다. 한편 서쪽에 있던 "관선생(關先生, 관탁(關鐸))"과 "파두반(破頭潘, 반성(潘誠))" 무리는 산서를 경유해서 북쪽으로 올라갔다. 모귀의 교훈을 되새긴 그들은 대도를 피해 기동부대를 상도로 진군시켰고, 1359년 1월 8일 상도를 불태운 후 만주를 거쳐 고려로 진격했다.

대재앙을 완성하듯 1358년과 1359년에 기근이 한 번 더 찾아왔다. 전쟁으로 인한 파괴가 기근을 더욱 악화시켰다. 화북 평원의 상황은 다음과 같았다.

메뚜기 떼가 농작물과 식물을 전부 먹어치웠다. 하늘을 뒤덮어 햇빛을 가릴 정도였고, 사람과 말이 앞으로 나아갈 수 없게 하고

216　Chen 2015, 121–122.

도랑과 해자를 메웠다. 사람들은 메뚜기를 잡아서 먹거나 건조
시켜 보관하기도 했다. 하지만 이마저도 다 떨어지면 다시 서로를
잡아먹기 시작했다.[217]

보정(保定)과 탁주(涿州)에서는 군인들이 허약하고 야윈 사람
들을 죽여서 먹었다.[218]

이 무렵 원은 이미 남중국을 잃은 상태였다. 1356년이 됐을
때, 유복동과 한림아는 자신의 장수이자 차후에 명 황제가 되는
주원장을 건강(建康, 오늘날 난징)으로 파견해 원 충성파로부터 도시
를 탈환했다. 다른 지역 군벌들은 1359년 말까지 창장 유역에 남
아 있던 원의 마지막 저항 세력을 제거했다. 동남부 항구 도시 천
주에서는 이란계 이스파히(몽골화된 페르시아어로, 군인 무리라는 뜻이
다)가 1357년 도시를 점령하고 10년간 통치했다. 1367년 지역 한인
군대가 도시를 탈환하고 서역인들을 학살했다.[219] 광주는 여전히
원에 충성하는 군벌이 장악하고 있었다. 운남에서는 쿠빌라이 가
문의 왕자 바즈라바르미(몽골어로 바사라와르미)가 카라장 사람들의
지지를 받아 별다른 도전 없이 그 지역을 통치하고 있었다. 그러나
그들은 원 조정과 이미 단절된 상태였다.

같은 시기에 몽골 본거지도 쿠빌라이 후손들의 손에서 떠났
다. 1359년 상도가 불타자, 카안은 내몽골 쪽에 있는 산으로 매년

---

217 1358년의 경우 *YS*, 51.1107, 51.1108, 51.1110 참고. 1359년의 경우에는 *YS*, 51.1107,
     51.1108, 51.1110 참고. 인용구는 *YS*, 51.1108 참고.

218 *YS*, 51.1110. 중국 역사에서 식인의 사례는 상당히 보편적으로 보인다. 이 경우 자료에
     기록된 세부 묘사가 상당한 진실성을 부여한다. Robinson 2009, 88, 278-279 참고.

219 Chaffee 2018, 157-161; So 2000, 122-125.

가던 북행을 더는 실시하지 못했다.[220] 1360년 우구데이계 후손 제왕 양디와 알쿠이 테무르가 토곤 테무르에 도전하며 "선조들은 너에게 천하를 맡겼는데, 어찌하여 너는 그 태반을 잃었는가? 너는 조종의 대위에 거할 자격이 없다"면서 옥쇄를 요구했다. 토곤 테무르의 군대는 흩어졌으며 장군들은 다시 상도로 도망쳤다.[221] 알쿠이 테무르가 이 승리의 후속 조치를 취하지 않았음에도 쿠빌라이 왕조는 더는 몽골을 통제하지 못했다. 몽골은 우구데이와 아릭 부케 가문의 왕자들, 그리고 칭기스 가문이 아닌 오이라트 가문 지휘관들의 지배 아래 들어갔다.

쿠빌라이 왕조는 이제 화북과 내몽골 지역에 국한됐다. 타시 바아투르가 죽은 뒤 그의 군대는 아들 볼라드 테무르에게 계승됐지만, 섬서에 있던 이사제와 차간 테무르는 각자 독자적인 통솔권을 확립했다. 섬서에 주둔하고 있던 차간 테무르의 군대는 산서 지역의 통제권을 두고 볼라드 테무르와 대치했다. 산서는 전란의 피해를 입지 않은 몇 안 되는 지역 중 하나였다. 차간 테무르는 1359년 송 왕조으로부터 남경을 탈환하고, 1360년 가을에 산동 익도부(益都府)에 남아 있던 모귀의 군대를 포위했다. 차간 테무르는 포위 공격 중 배신당해 죽었지만, 그의 한인 혼혈 조카이자 양자인 왕보보(王保保)가 도시를 함락하고 적들을 학살했다. 왕보보는 쿠케 테무르라는 몽골 이름을 사용했다.

쿠케 테무르와 볼라드 테무르는 계속 경쟁했는데, 각자 궁정

220　Chen Gaohua 2015, 121.

221　Quan, II, §28; *YS*, 45.952-953.

의 두 파벌과 연계돼 있었다. 토곤 테무르의 후손 중에서 살아남은 아유시리다라는 고려인 기황후의 아들이었다. 대도에서 고려인은 주로 후궁과 내시가 됐기에, 기씨를 황후로, 그리고 그 아들을 황태자로 인정하는 것에 반대가 심했다. 따라서 토곤 테무르가 퇴위하고 아유시리다라를 즉위시키려는 생각은 1358년부터 심각한 파벌주의를 낳았다. 기황후와 케레이트족 관료 초스겜을 지지하는 세력은 황제를 지지하는 옛 이나크 파벌의 카를룩 출신 라오디샤와 대립했다. 쿠케 테무르는 초스겜과 황태자를 지지했고, 볼라드 테무르는 황제와 라오디샤를 지지했다.

1364년 볼라드 테무르는 수도로 진군해 초스겜 파벌을 숙청했으나, 황제의 밀사에게 살해당했다. 이제 쿠케 테무르가 수도를 장악했고, 조정은 그를 남방 재정복의 최고 사령관으로 임명했다. 하지만 쿠케 테무르는 남방 정복보다 북중국 통일에 더 관심이 있어 보였고, 따라서 조정은 남방 군대보다 쿠케 테무르를 걱정해야 했다. 1367년 10월, 곧 명으로 불리게 될 주원장 정권의 군대가 창장 유역을 통일했고 다음 달 산동으로 진격하기 시작했다. 하남에서도 작전이 이어졌고, 원 조정은 쿠케 테무르를 이용할지 아니면 제거할지 결정하지 못했다. 원에 충성하는 지역 세력들이 하나씩 패배했고, 결국 1368년 9월 9일 대도 인근의 주요 지역인 통주(通州)가 함락됐다. 9월 10일 밤, 황제는 황후들과 황태자 아유시리다라를 포함한 모든 조정 신하들을 모아 폐허 상태인 상도로 떠났다. 4일 후 명의 군대가 대도에 입성해 도시의 이름을 북평(北平, '평정된 북방')으로 바꿨다.

대도가 함락됐음에도 불구하고 원은 여전히 북중국의 일부

영토를 통제하고 있었다. 그해 겨울 쿠케 테무르와 그의 10만 군대
는 산서로 쫓겨났다. 이듬해 명군은 북평 북쪽 산악 지대를 통과
해 1369년 8월 29일 상도를 점령했다. 토곤 테무르는 다시 북쪽으
로 도망쳐, 응창부라고 불리는 콩기라트의 성곽 도시로 이동했고,
이듬해 그곳에서 사망했다. 아유시리다라는 원의 옥새와 카안 칭
호를 물려받았지만, 1370년 6월 명군이 그의 아내와 아들을 사로
잡자 카라코룸으로 도망칠 수밖에 없었다. 그는 그곳에서 쿠케 테
무르와 합류했다. 쿠케 테무르는 1370년 5월까지 감숙 지역에서
저항을 계속하다가 명군에 패한 뒤 대부분의 병력을 이끌고 북쪽
으로 도망쳤다.

이제 명 황제는 아유시리다라 빌릭투 카안에게 원 칭호를 포
기하고 조공국의 제후로서 책봉을 받아들이라고 요구했다. 하지
만 카안은 이를 거부했다. 명 황제는 1372년 여름 몽골의 심장부
를 침공하기 위해 장군들을 보냈지만, 그들은 완패했다. 명군은
일시적으로 현재 네이멍구자치구 남쪽 경계선 부근으로 후퇴했
다.[222] 빌릭투 카안은 계속해서 원의 옥새를 보유하고 원 황제 칭호
를 고수했다. 1381년 명군은 내몽골의 오르도스 지역을 평정했고,
1382년에는 쿠빌라이 가문의 바즈라바르미 왕자가 통치하던 운남
정권이 항복했다. 1387년 명군은 만주에 진입했다. 몽골 사령관 나
가추와 칭기스 칸 형제들의 후손인 좌익의 왕자들이 항복했다. 이
제 카안은 고려와도 단절됐다. 1388년 명군은 부이르호 연안에서
새로운 원 황제 토구스 테무르 우스칼 카안을 기습해 원의 옥새와

---

222 Dreyer 1982, 74-76.

그의 백성 대부분을 사로잡았다.[223]

　　이상의 상황을 볼 때, 보통 원의 멸망 시기로 언급되는 1368년 [대도 점령]은 다소 임의적이고 관습적인 연도일 뿐이다. 명의 관점에서 보면, 1388년 이후로 원은 천명을 가지고 있다는 명분을 완전히 상실했지만, 몽골의 칭기스 가문 통치자들은 1636년까지 원이라는 왕조 이름과 쿠빌라이의 것이라고 주장하는 옥새를 사용했다. 1636년에서야 릭단 카안의 아들들이 만주에서 일어난 청의 황제에게 쿠빌라이의 옥쇄를 넘겨주었다. 1388년 이후 쿠빌라이 후손들은 명뿐만 아니라 오래된 도전자들인 다른 칭기스 가문의 후손들로부터도 도전을 받았다. 아유시리다라와 쿠케 테무르가 카라코룸에 도착했을 당시, 그 일대는 사실상 우구데이 계열과 아릭 부케 계열의 영토였다. 몽골을 지배하던 오이라트족 지휘관들의 지원을 받는 처지로 전락한, 작아질 대로 작아진 원의 카안들은 몽골 역사에 새로운 혼란과 변화의 장을 열었다.

　　몽골의 중국 통치가 남긴 가장 중요한 유산은 명나라 그 자체였다. 원 왕조는 몽골 통치 이전에 수 세기 동안 지속된 남북 정권 간의 분열을 끝내고, 향후에 지속될 '통일된 중국'의 시대를 열었다. 이후 왕조들은 대부분 원의 수도를 재건한 베이징을 기반으로 동아시아를 지배했다. "한인의 법"을 채택했다는 볼멘소리에도 불구하고, 카안의 조정은 제국 전체의 문학, 정치, 문화적 규범을 설정했다. 한편 후대 몽골인들에게 있어 티베트, 중국, 몽골이 하나의 제국 아래 통합된 것은 티베트 불교적 군주 이념의 형성을 가

223　Dreyer 1982, 141-144.

능케 했으며, 이는 예술과 종교에 지대한 영향을 미쳐 20세기까지 이어졌다.[224]

쿠빌라이는 집권 말기에 실패를 거듭했지만, 그의 남중국 정복은 카안의 울루스에 몽골 세계의 유일무이한 지위를 부여했다. 이는 제국의 원래 중심지인 몽골과 멀리 떨어진 해외 조공국들을 모두 아우르는 권위였다. 또한 이 정복은 몽골 통치자들에게 해양 세계에 대한 인식을 열어주었고, 몽골 시대의 유명한 문화 교류를 활성화한 제도들의 정점이 됐다. 페르시아와 중국의 톨루이 계열 통치자들은 이 전례 없는 해상 연결을 통해 중동과 동아시아 문명의 독특한 융합을 이루어냈고, 이는 청에서 오스만튀르크에 이르는 후대 유라시아 정권들에 영향을 미쳤다.

224　Debreczeny 2019.

참고문헌

사료와 번역서

Bozhulu, Chong李朮魯翀. 2001. "Dayuan tongzhi xu大元通制序"(Preface to the Comprehensive Regulations of the Great Yuan). In *Tongzhi tiaoge jiaozhu*通制條格校注(Statutes from the Comprehensive Regulations, Punctuated and Annotated), ed. Fang Linggui方齡貴, 1-9. Beijing.

Chen Bangzhan陳邦瞻. 1979. *Yuan shi jishi benmo*元史紀事本末(Yuan History Narratives Arranged Topically), ed. Wang Shumin王樹民. Beijing.

Hambis, Louis, with Paul Pelliot. 1945. *Le chapitre CVII du Yuan che*. Leiden.

Hao Jing郝經. 1997. "Ban shi yi班師議"(Proposal to Redeploy the Troops). In *Quan Yuan wen* 全元文(Complete Yuan Prose), ed. Li Xiusheng 李修生 4: 121.81-85. Nanjing.

JT/Boyle. 일러두기 6번 참조.

JT/Thackston. 일러두기 6번 참조.

Matsuda Kōichi松田孝一. 1992. "Chagatai ka senko no Sensai nambu chūton gundan(jō)チャガタイ家千戸の陝西南部駐屯軍團(上)"(The Army Stationed in Southern Shaanxi belonging to the Chaghatai Family's Chililarchy. Part 1). *Kokusai kenkyū ronsō: Ōsaka Kokusai Daigaku kiyō*國際研究論叢—大阪國際大學紀要(International Studies: Bulletin of the Osaka International University) 5.2: 67-86.

Polo, Marco. 2015. *The Travels*, tr. Nigel Cliff. Harmondsworth.

2016. *The Description of the World*, tr. Sharon Kinoshita. Indianapolis.

Quan Heng權衡. n.d. "Geng/shen waishi庚申外史"(The Unauthorized History of the Geg/Shen Emperor). In *Zhongguo zhexue shu dianzihua jihua (Weiji) Jiantizi ban*中國哲學書電子化計劃(維基)簡體字版(Digitization Project for Chinese Philosophy Books (Wiki) Simplified-Character Version). At https://ctext.org/wiki.pl?if=gb&chapter=258949&remap=gb (accessed July 16, 2021).

Ratchnevsky, Paul. 1985. *Un code des Yuan*, vol. 1. Paris.

Sayang Secen. 1990. *Erdeni-yin tobci("Precious Summary")*: A Mongolian Chronicle of 1662, ed. M. Gō, I. de Rachewiltz, J. R. Krueger, and B. Ulaan. Canberra.

Su Tianjue蘇天爵. 1958. Yuan wenlei元文類(Anthology of Yuan Prose). Beijing.

1996. *Yuanchao mingchen shilue*元朝名臣事略(Sketches of Eminent Vassals of the Yuan Dynasty), ed. Yao Jing'an姚景安. Beijing.

Taylor, Romeyn, tr. 1975. *Basic Annals of Ming T'ai-tsu*. San Francisco.

Tongzhi tiaoge jiaozhu 通制條格校注 (Statutes from the Comprehensive Regulations, Punctuated and Annotated). 2001. Ed. Fang Linggui 方齡貴. Beijing.

Tuotuo [Toqto'a] 脫脫. 1977. *Song shi* 宋史 (The Official History of the Song), ed. Yang Jialuo 楊家駱. Beijing.

Wei Su 危素. 2004. "Gu ronglu daifu Jiangzhe deng chu xingzhongshusheng pingzhang zheng-shi Yuelu-Tiemu'r gong xingzhuang 故榮祿大夫江浙等處行中書省平章政事月魯帖木兒公行狀" (Account of Conduct of the Late Grand Master for Glorious Happiness and Manager of Governmental Affairs for the Mobile Secretariat of Jiangzhe and Vicinity, His Honor Yol Temür). *Quan Yuanwen* 48: 1477: 409–414.

Wu Cheng 吳澄. 1999. "Yuan ronglu daifu pingzhang zhengshi Zhaoguo Dong Zhongxuan Gong shendao bei 元榮祿大夫平章政事趙國董忠宣公神道碑" (Spirit-Path Inscription for the Yuan's Grand Master for Glorious Happiness and Manager of Governmental Affairs, the Outstandingly Loyal Duke Dong of the Zhao Duchy). *Quan Yuanwen*, 15: 511.383–388. Nanjing.

Xie Jin 解縉 and Yao Guangxiao 姚廣孝, eds. 1960. *Yongle dadian* 永樂大典 (Great Encyclopedia of the Yongle Period). Beijing.

Yan Fu 閻復. 1999a. "Fuma Gaotang Zhongxian Wang beiming 駙馬高唐忠獻王碑銘" (Memorial Inscription of the Loyal and Devoted Prince of Gaotang, the Imperial So-nin-Law)." *Quan Yuanwen* 9: 295.261–265. Nanjing.

Ye Ziqi 葉子奇. 1959. *Caomuzi* 草木子 (Master of Plants). Beijing.

YS. 일러두기 6번 참조.

Yongrong 永瑢, ed. 1933. *Siku quanshu zongmu tiyao* 四庫全書總目提要. Shanghai.

Yu Ji 虞集. 2004. "Jurong Junwang shiji bei 容君王世績碑" (Inscription on the Hereditary Merit of the Commandery Princes of Jurong)." *Quan Yuanwen* 27: 871.229–237. Nanjing.

Yuan Dianzhang 元典章. 2011. Ed. Chen Gaohua 陳高華, Zhang Fan 張帆, Liu Xiao 劉曉, and Dang Baohai 党寶海. Beijing.

연구서와 논문

Allsen, Thomas T. 1987. *Mongol Imperialism: The Policies of the Grand Qan Möngke in China, Russia, and the Islamic Lands*. Berkeley.

　1996. "Biography of a Cultural Broker: Bolad Ch'eng-Hsiang in China and Iran." In *The Court of the Il-Khans 1290-1340*, ed. Julian Raby and Teresa Fitzherbert, 7–22. Oxford.

　2001. *Culture and Conquest in Mongol Eurasia*. Cambridge.

　2007. "Ögedei and Alcohol." *Mongolian Studies* 29: 3–12.

　2015. "Population Movements in Mongol Eurasia." In *Nomads as Agents of Cultural Change: The Mongols and Their Eurasian Predecessors*, ed. Reuven Amitai and Michal

Biran, 119-151. Honolulu.

2019. *The Steppe and the Sea: Pearls in the Mongol Empire*. Philadelphia.

Amitai-Preiss, Reuven. 1995. *Mongols and Mamlūks: The Mamlūk-Ilkhānid War, 1260-1281*. Cambridge.

Atwood, Christopher P. 2010. "Explaining Rituals and Writing History: Tactics against the Intermediate Class." In *Representing Power in Ancient Inner Asia: Legitimacy, Transmission and the Sacred*, ed. Isabelle Charleux, Gregory Delaplace, Roberte Hamayon, and Scott Pearce, 95-129. Bellingham, WA.

2016. "Buddhists as Natives: Changing Positions in the Religious Ecology of the Mongol Yuan Dynasty." In *The Middle Kingdom and the Dharma Wheel: Aspects of the Relationship between the Buddhist Samgha and the State in Chinese History*, ed. Thomas Jülch, 278-321. Leiden.

2020. "Three Yuan Administrative Units in Marco Polo: Kinjin Talas, Silingjiu, and Kungčang." *JSYS* 49: 417-442.

Bade, David. 2002. *Khubilai Khan and the Beautiful Princess of Tumapel: The Mongols between History and Literature in Java*. Ulaanbaatar.

Baṭṭūṭa/Gibb. 일러두기 6번 참조.

Biran, Michal. 1997. *Qaidu and the Rise of the Independent Mongol State in Central Asia*. London.

Birge, Bettine. 2017a. "'How the Mongols Mattered: A Perspective from Law.'" In *How Mongolia Matters: War, Law, and Society*, ed. Morris Rossabi, 87-104. Leiden.

2017b. *Marriage and Law in the Age of Khubilai Khan: Cases from the Yuan dianzhang*. Cambridge.

Brook, Timothy. 2010. *The Troubled Empire: China in the Yuan and Ming Dynasties*. Cambridge.

2017. "Nine Sloughs: Profiling the Climate History of the Yuan and Ming Dynasties, 1260-1644." *Journal of Chinese History* 1: 27-58.

Buckley, Brendan M., et al. 2010. "Climate as a Contributing Factor in the Demise of Angkor, Cambodia." *Proceedings of the National Academy of Sciences of the United States of America* 107.15: 6748-6752.

Campbell, Bruce M. S. 2016. *The Great Transition: Climate, Disease and Society in the Late Medieval World*. Cambridge.

Chaffee, John W. 2018. *The Muslim Merchants of Premodern China: The History of a Maritime Asian Trade Diaspora, 750-1400*. Cambridge.

Chan, Hok-lam. 2008. *Legends of the Building of Old Beijing*. Hong Kong.

Chen, Gaohua. 2015. *The Capital of the Yuan Dynasty*. Honolulu.

Chen Gaohua陳高華 and Shi Weimin史衛民. 2010. *Yuandai Dadu Shangdu yanjiu*元代大都上都研究(Studies on the Yuan-Era Dadu and Shangdu). Beijing.

Ch'en, Paul Heng-chao. 1979. *Chinese Legal Tradition under the Mongols*. Princeton.

Conlan, Thomas D. 2001. *In Little Need of Divine Intervention: Takezaki Suenaga's Scrolls of the Mongol Invasions of Japan*. Ithaca.

Daobu道布[Dobu], Zhaonasitu照那斯圖[Jūnast], and Liu Zhaohe劉兆鶴. 1998. "Huiheshi Menggu wen Zhibi-Tiemu'r dawang lingzhi shidu回鶻式蒙古文只必帖木儿大王令旨釋讀"(Translation and Commentary on the Uighur-Mongolian Script Inscription of the Edict of Prince Jibig-Temür)." *Minzu yuwen*民族語文 2: 9-17.

Dardess, John W. 1973. *Confucians and Conquerors: Aspects of Political Change in Late Yüan China*. New York.

Davis, Mike. 2001. *Late Victorian Holocausts: El Niño Famines and the Making of the Third World*. London.

Davis, Richard L. 1996. *Wind against the Mountain: The Crisis of Politics and Culture in Thirteenth-Century China*. Cambridge, MA.

Debreczeny, Karl. 2014. "Imperial Interest Made Manifest: sGa A Gnyan Dam Pa's Mahākāla Protector Chapel of the Tre Shod Maṇḍḍala Plain." In *Trails of the Tibetan Tradition: Papers for Elliot Sperling*, ed. Roberto Vitali, 129-162. Dharamshala.

ed. 2019. *Faith and Empire: Art and Politics in Tibetan Buddhism*. New York.

Delgado, James P. 2010. *Khubilai Khan's Lost Fleet: In Search of a Legendary Armada*. Berkeley.

Ding Chao丁超. 2016. *Beijing chengshi shi: Yuandai jingji dili*北京城市史:元代京畿地理(History of Beijing: The Geography of the Yuan Dynasty's Capital Region), ed. Yin Junke尹鈞科. Beijing.

Dreyer, Edward L. 1982. *Early Ming China: A Political History 1355-1435*. Stanford.

Dunnell, Ruth W. 2014. "The Anxi Principality: [Un]Making a Muslim Mongol Prince in Northwest China during the Yuan Dynasty." *CAJ* 57: 185-200.

Edgerton-Tarpley, Kathryn. 2008. *Tears from Iron: Cultural Responses to Famine in Nineteenth-Century China*. Berkeley.

Endicott-West, Elizabeth. 1989. *Mongolian Rule in China: Local Administration in the Yuan Dynasty*. Cambridge, MA.

Erdemtü, tr. 1994. Jang Dé Hüi-yin《Dabaɣan Aru-bar ǰiɣulčilaɣsan temdeglel》. Čünn-a, ed. Hohhot.

Franke, Herbert. 1949. *Geld und Wirtschaft unter der Mongolen-Herrschaft: Beiträge zur Wirtschaftsgeschichte der Yüan-Zeit*. Leipzig.

1981. "Tibetans in Yüan China." In *China under Mongol Rule*, ed. John D. Langlois, 296-328. Princeton.

Grabowsky, Volker. 2004. The *Northern Tai Polity of Lan Na (Babai-Dadian) between the Late 13th to Mid-16th Centuries: Internal Dynamics and Relations with Her Neighbors*. Singapore.

Haw, Stephen G. 2013. "The Deaths of Two Khaghans: A Comparison of Events in 1242 and 1260." *BSOAS* 76.3: 361-371.

Henthorn, W. E. *Korea: The Mongol Invasion*. Leiden, 1963.

Herman, John E. 2002. "Mongol Conquest of Dali: The Failed Second Front." In *Warfare in Inner Asian History (500-1800)*, ed. Nicola Di Cosmo, 295-334. Leiden.

Honda, M. 1958. "On the Genealogy of the Early Northern Yuan." *Ural-Altaische Jahrbücher* 30: 232-248.

Hsiao, Ch'i-ch'ing. 1978. *Military Establishment of the Yüan Dynasty*. Cambridge, MA.

Jay, Jennifer W. 1991. *A Change in Dynasties*. Bellingham, WA.

Katō, Kazuhide. 1991. "Kebek and Yasawr: The Establishment of the Chaghatai-Khanate." *Memoirs of the Research Department of the Toyo Bunko* 49: 97-118.

Kim Hodong. 1999. "The Early History of the Moghul Nomads: The Legacy of the Chaghatai Khanate." In *The Mongol Empire and Its Legacy*, ed. Reuven Amitai-Preiss and David O. Morgan, 290-318. Leiden.

2015. "Was 'Da Yuan' a Chinese Dynasty?" *JSYS* 45: 279-305.

Langlois, John D., Jr., 1978. "Yu Chi and His Mongol Sovereign: The Scholar as Apologist." *Journal of Asian Studies* 38.1: 99-116.

Li, Lillian M. 2007. *Fighting Famine in North China: State, Market, and Environmental Decline, 1690s-1990s*. Stanford.

Lin Meicun林梅村. 2007. *Songmo zhi jian: kaogu xin faxian suo jian Zhong-wai wenhua jiaoliu* 松漠之間: 考古新發現所見中外文化交流(Among the Pine Barrens: Cultural Exchange between China and the West as Seen in New Archaeological Discoveries). Beijing.

Liu, Yingsheng. 2005. "War and Peace between the Yuan Dynasty and the Chaghadaid Khanate(1312-1323)." In *Mongols, Turks, and Other: Eurasian Nomads and the Sedentary World*, ed. Reuven Amitai and Michal Biran, 339-358. Leiden.

2011. *Chahetai hanguo shi yanjiu*察合台汗國史研究(Studies on the History of the Chaghadaid Khanate). Shanghai.

2012. "A Study of Küsän Tarim in the Yuan Dynasty." In *Chinese Scholars on Inner Asia*, ed. and tr. Luo Xin and Roger Covey. Bloomington, IN.

McNeill, William H. 1976. *Plagues and Peoples*. New York.

Maeda Naonori前田直典. 1993. "Yuan zhibi de jiazhi biandong元代紙幣的價值變動"(Changes in the Value of Yuan-Era Paper Currency), tr. Suo Jieran索介然. In *Riben xuezhe yanjiu Zhongguo shi lunzhu xuanyi*日本學者研究中國史論著選譯(Selected Studies by Japanese Scholars on Chinese History), vol. 5, Wudai Song Yuan五代宋元, ed. Liu Junwen 劉俊文, 569-607. Beijing.

Matsuda Kōichi 松田孝一. 1979. "Genchōki no bumpōsei-Anseiō no jirei wo chūshin toshite 元朝期の分封制-安西王の事例を中心として(The Enfeoffment System in the Yüan Dynasty: A Case Study of the Princes of Anxi)." *Shigaku zasshi*史學雜誌88.8: 1249-1286.

1993. "Chagatai ka senko no Sensai nambu chūton gundan(ka)チャガタイ家千戶の陝西南部駐屯軍團(下)"(The Army Stationed in Southern Shaanxi Belonging to the Chaghatai Family's Chililarchy. Part 2). *Kokusai kenkyū ronsō: Ōsaka Kokusai Daigaku kiyō* 5.3-4:

35-50.

2003. "Chagatai ka senko no Sensai nambu chūton gundan (hoi): Hin´ō(Hin´ō) Chubei ka bunchi Hinshū kankei meimon ni tsuiteチャガタイ家千戶の陝西南部駐屯軍團(補遺)―豳王(邠王)チュ…ベイ家分地邠州關係銘文について"(The Army Stationed in Southern Shaanxi Belonging to the Chaghatai Family's Chiliarchy. Supplement: On the Inscription about the Pinzhou Connections of the Chaghatai Prince of Pin). *Kokusai kenkyū ronsō: Ōsaka Kokusai Daigaku kiyō* 16.2: 11-19.

Miya Noriko宮紀子. 2007. *Mongoru teikoku ga unda sekaizu*モンゴル帝國が生んだ世界圖 (The World Maps Given Birth by the Mongol Empire). Tokyo.

2016. "'Gen tenshō' ga kataru Furegu-Ulusu no jūdai jihen『元典章』が語るフレグ・ウルスの重大事變"(An Important Event in the Hülegü Ulus told by Yuandianzhang) *Tōhō gakuhō*東方學報 91: 450-309.

Mostaert, Antoine, and Francis Woodman Cleaves. 1962. *Les lettres de 1289 et 1305 des Ilkhan Aryun et Öljeitü à Philippe le Bel*. Cambridge, MA.

Peng, Xinwei. 1994. *A Monetary History of China*, tr. Edward H. Kaplan. Bellingham, WA.

Qiu Yihao邱軼皓. 2018. "Jian zhu Bosi shiliao de yichang Yuandau gongting zhengbian: yi 'Wasafu shi' 'Wanzhedu shi' wei zhongxin de kaocha見諸波斯史料的一場元代宮廷政變―以《瓦薩甫史》《完者都史》爲中心的考察"(A Coup d'État in the Yuan Court Mentioned by Two Persian Historians: Research Based on Vaṣṣf's History and the History of Öljeitü). *Yilang xue zai Zhongguo lunwenji*伊朗學在中國論文集(Iranian Studies in China) 5: 219-236.

Robinson, David M. 2009. *Empire's Twilight: Northeast Asia under the Mongols*. Cambridge, MA.

Sárközi, Alice. 1992. *Political Prophecies in Mongolia in the 17th-20th Centuries*. Wiesbaden.

Schurman, Herbert Franz. 1967. *Economic Structure of the Yüan Dynasty*. Cambridge, MA.

Shurany, Vered. 2017. "Prince Manggala: The Forgotten Prince of Anxi." *Asiatische Studien* 71: 1169-1188.

Sinha, Ashish, et al. 2011. "A Global Context for Megadroughts in Monsoon Asia during the Past Millennium." *Quaternary Science Reviews* 30: 47-62.

So, Billy K. L. 2000. *Prosperity, Region, and Institutions in Maritime China: The South Fukien Pattern, 946-1368*. Cambridge, MA.

Steinhardt, Nancy Shatzman. 1990. *Chinese Imperial City Planning*. Honolulu.

Su Zhenshen蘇振申. 1984. *Yuan zhengshu Jingshi dadian zhi yanjiu*元政書經世大典之研究 (Studies on the Yuan Administrative Work Great Compendium for Administrating the World). Taiwan.

Ter Haar, Barend. 1999. *The White Lotus Teachings in Chinese Religious History*. Honolulu.

2015. "The Sutra of the Five Lords: Manuscript and Oral Tradition." *Studies in Chinese Religions* 1.2: 172-197.

Vogel, Hans Ulrich. 2013. *Marco Polo Was in China: New Evidence from Currencies, Salts and*

Revenues. Leiden.

von Glahn, Richard. 1996. *Fountain of Fortune: Money and Monetary Policy in China, 1000-1700*. Berkeley.

Wang Jinping. 2018. *In the Wake of the Mongols: The Making of a New Social Order in North China, 1200-1600*. Cambridge, MA.

Watanabe Ken'ya渡邊健哉. 2017. *Gen Daito keiseishi no kenkyu: Shuto pekin no genkei*元大都形成史の研究: 首都北京の原型(Studies on the Formative Process of Yuan Dadu: The Original Shape of the Capital Beijing). Sendai.

Wen Haiqing溫海清. 2012. *Huajing Zhongzhou: Jin-Yuan zhi ji Huabei xingzheng jianzhi kao*畫境中州: 金元之際華北行政建置考(Dividing Up the Central Province: The Establishment of Administration in North China during the Jin-Yuan Transition). Shanghai.

Wong, R. Bin. 1994. "Dimensions of State Expansion and Contraction in Imperial China." *JESHO* 37.1: 54-66.

Wu Songdi吳松弟. 2000. *Zhongguo renkou shi*中國人口史(History of Chinese Population), vol. 3, Liao Song Jin Yuan shiqi遼宋金元時期(The Period of Liao, Song, Jin, and Yuan). Shanghai.

Yan Fu閻復. 1999b. "Shumi Jurong Wuyi Wang bei樞密句容武毅王碑"(Inscription for the Staunch Martial Prince of Jurong in the Bureau of Military Affairs)." *Quan Yuanwen* 9: 295.265-68. Nanjing.

Zhang Fan張帆. 2014. "Yichang bei hushi de zhengzhi fengbo: Yuan Shizu Zhiyuan ernian zaizhi jiti bamian shijian tancheng一場被忽視的政治風波:元世祖至元二年宰執集體罷免事件探微"(A Neglected Political Disturbance: A Preliminary Essay on Yuan Shizu's Collective Dismissal of His Top Officials)." Paper presented at the Yuan-Era Pluralistic Culture and Social Life academic conference, July 2014.

Zhang, Pingzhong, et al. 2008. "A Test of Climate, Sun, and Culture Relationships from an 1810-Year Chinese Cave Record." *Science*, n.s. 322.5903: 940-942.

Zhao, George Qingzhi. 2008. *Marriage as Political Strategy and Cultural Expression: Mongolian Royal Marriages from World Empire to Yuan Dynasty*. New York.

제 3 장

훌레구 울루스, 1260~1335년

스테펀 카몰라 · 데이비드 모건

스테펀 카몰라　　　　　　　　　Stefan Kamola

현재 이스턴코네티컷주립대학 역사학과 종신교수이다.
몽골 이란을 중심으로 몽골 세계 전반을 연구한 그는, 특
히 13세기와 14세기에 페르시아어로 쓰인 역사서를 통
해 이란 사람들이 몽골의 지배라는 새로운 정치적 현실
을 어떻게 이해하게 되었는지 탐구했다.

데이비드 모건　　　　　　　　　David O. Morgan

위스콘신매디슨대학 역사학 명예교수로, 2019년 사망했
다. 대표작 『몽골족의 역사』에서 거대한 몽골 제국이 어
떻게 조직되고 통치되었는지를 명쾌하게 설명하고 스텝
지대 유목 사회의 종교적·정치적 특징을 검토했다.

훌레구 울루스라는 명칭은 현대 학자들이 칭기스 칸(1227 사망)의 손자 훌레구(1265 사망)가 설립한 왕조 국가를 지칭하는 말이다. 훌레구의 남성 후손 계보가 1335년에 끊기고 다른 칭기스 후손 출신 후보자도 충분한 지지를 얻지 못해 기존 체제를 유지하지 못하면서 이 국가는 막을 내렸다. '일 칸'이라는 용어에 대해서는 다양한 해석이 있는데, 이는 '칸'이 아니라 접두어 '일'에 대한 해석 차이에서 기인한다. 물론 온전한 의견 일치가 이루어진 것은 아니지만, 일반적으로 이것을 종속의 표시로 이해한다. 즉 훌레구의 지위가 그의 형 뭉케와 쿠빌라이가 연이어 맡은 대칸에 비해 상대적으로 낮았음을 나타낸다. 쿠빌라이 재위 기간 동안 일 칸들은 쿠빌라이의 승인에 의존해 자신들의 통치를 정당화했다.[1]

'일 칸'이라는 용어는 당대 사료에 불규칙하게 등장하는데, 이는 그 의미뿐 아니라 몽골인들 자신이 이 용어를 얼마나 일관되게 사용했는지에 대해서도 의문을 제기하게 한다.[2] 훌레구의 화폐에서 발견된 '일 칸'이라는 용어를 통해 왕조 초기부터 이 용어를 사용했음을 명확히 알 수 있다. 그러나 초기에 이 용어를 어느 범위까지 적용했는지에 대해서는 여전히 의문이 남는다.[3] 전기 작가 이븐 알 푸와티는 나시르 앗 딘 투시(1274 사망)가 쓴 것으로 추정되는 1262~1263년 편지를 인용했는데, 여기서 '일 칸'이라는 용어를 누구에게도 종속되지 않은 것이 명백한 칭기스 칸을 가리켰

---

1 예를 들어 *JT*/Rawshan 1097과 1161에서는 쿠빌라이가 아바카와 아르군의 직위를 확정하는 문서를 발급한 모습을 볼 수 있다.

2 Amitai 1991; Hope 2017.

3 Amitai 1991이 제시한 예시에서 볼 수 있듯이, 칸위를 가지고 있지 않았던 황금씨족 중에서도 "일 칸"이라는 용어를 사용한 것을 볼 수 있다.

다.[4] 아마도 쿠빌라이가 중국에 세운 원 왕조에서 그랬듯이, 위대한 정복자를 새롭게 부상하는 일 칸국의 계보에 편입시키기 위해 그랬을 수도 있다. 이는 '일 칸'이라는 용어가 투시에게 (또는 만약 이 편지가 위조됐거나 잘못 귀속됐다면 적어도 이븐 알 푸와티에게) 정말로 어떤 특별한 의미가 있었음을 시사한다. 하지만 그 '어떤 특별한 의미가' 정확히 무엇이었는지는 명확히 밝히지 않는다. 투시가 훌레구와 관련해 들었던 용어를 칭기스 칸에게 매우 부적절하게 적용했을 수도 있다. 그러나 투시 정도의 위상을 가진 학자, 더구나 초기 훌레구 울루스의 형성과 기능에 중심적 역할을 한 사람이 과연 그런 실수를 저질렀을까? 라시드 앗 딘이 수십 년 뒤에 쓴 글에 따르면(그는 분명 왕실 가문의 명칭 체계를 잘 이해하고 있었을 것이다) 주치 가문의 왕자들인 노카이와 톡토아가 분쟁할 때 병사들이 톡토아에게 복종하고, 그를 일 칸으로 인정했다는 내용이 있다.[5] 이 기록으로 볼 때, 어쨌든 일 칸들은 이 용어의 정확한 뜻과 용례를 알고 있었던 것이 틀림없다. 비록 이 용어가 훌레구와 그의 계승자들에게만 일관되게 배타적으로 사용된 사례를, 요제프 함머-푸르크슈탈이 자신의 이름을 딴 획기적인 연구를 발표하기 전에는 찾기 어려웠지만 말이다.[6]

훌레구 울루스의 지리적 영역도 명칭만큼이나 애매한 점이 있다. 훌레구의 정복으로 몽골은 이란 북부 고원 지역에 대한 통제권을 확립했다. 이 지역은 이미 20년 이상 몽골군이 캅카스로 진

---

4 Ibn al-Fūwaṭī 1995, 3: 319~320, 각주 2629; DeWeese 2006, 18.

5 *JT*/Rawshan, 746.

6 Hammer-Purgstall 1842~1843.

출해 코냐의 셀죽 왕조와 동부 아나톨리아의 다른 왕조들을 공격하는 전진 기지 역할을 해왔다. 또한 훌레구의 군대는 이란과 이라크의 광범위한 지역에서 유력한 군사적·정치적 경쟁자 둘을 제거했다. 엘부르즈산맥과 쿠히스탄에 있던 니자리 이스마일파와 바그다드의 아바스 왕조가 바로 그들이다. 헤라트의 카르트 왕조, 키르만의 쿠틀룩 칸국, 마이야파리킨의 아이유브 왕조, 시라즈의 살구르 왕조와 같은 다른 지역 왕조들은 훌레구의 원정 이전에 이미 자발적으로 몽골의 지배에 복속했다.[7] 그 결과 훌레구 울루스는 동부 아나톨리아, 캅카스, 북부 시리아에서 중앙아시아와 신드의 국경에 이르기까지 영향력을 미쳤지만, 그 통치의 세부는 직접 통치, 군사 점령, 자발적 종속 관계 등이 일정하지 않게 얽힌 모자이크와 같았다.

홀레구 울루스가 직접 통치한 곳은 수도가 있는 아란과 아제르바이잔 지역에 고도로 집중돼 있었고, 상황에 따라 주변 여러 지역을 군사 점령했다. 그중에서 가장 오랫동안 군사를 주둔시킨 곳은 동부 전선이다. 1220년 이후 몽골군이 여러 차례 지나간 이 지역은 일 칸들의 사촌인 차가다이 가문과 우구데이 가문이 이끄는 중앙아시아 몽골 국가 사이의 분쟁 지대로 남아 있었다. 따라서 후라산에는 상당한 규모의 몽골군 주둔지가 있었는데, 항상 그렇지는 않았지만, 대개 홀레구 가문의 일원이 이끌었다. 이런 곳에 부임한 제왕은 비록 선택된 후계자는 아니더라도 현 일 칸의 정당한 후계자로 인정받은 셈이었다. 홀레구 울루스 초기부터 동부의 지

방들은 이러한 부왕급 지휘관들의 통제 아래 별도의 재정 관할 구역이 됐다. 다른 지역들, 특히 남부의 파르스와 키르만에서는 몽골의 존재감이 거의 없었다. 임명된 총독들이 이 지역의 지방 왕조들의 활동을 감독했는데, 때때로 몽골 왕자가 장군이나 총독을 맡기도 했다. 결국 살구르 왕조와 쿠틀룩 칸국은 몽골에 더 충성스럽다고 여겨지는 대리인들로 대체됐다. 이들이 부재중인 왕실 소유주들을 대신해 훌레구 울루스 남부 지역의 중요한 영지들을 관리하기에 더 적합하다고 판단한 것이다.

바그다드는 지난 500년간 동방 이슬람 세계의 중심지였으며, 몽골의 지배 아래 여전히 중요한 농업, 예술, 지적 중심지로 남아 있었다. 다만 정치적으로는 북쪽에 새로 생긴 도심지들 다음으로 중요한 제2의 도시가 됐다. 즉, 바그다드는 법적으로는 마라가와 타브리즈의 행정 기구에 종속됐지만, 최소 40년 동안 북쪽 궁정으로부터 상당한 독립성을 가지고 기능했다. 몽골 궁정이 남부 메소포타미아의 토착 사회와 기후에 적응함에 따라, 왕실은 고도로 숙련된 장인과 예술가, 그리고 도시를 둘러싼 풍부한 시아파 성지 등 이 지역의 풍부한 문화적 자원에 더욱 관심을 기울였다.

몽골의 주요 세력이 북부 이란과 후라산에 집중된 것은 지정학적 필요성과 함께 몽골의 생활 방식과 군사력의 기반이 되는 유목 경제의 현실적 여건 때문이었다. 이 지역들은 잠재적인 적과 종종 실제로 침입하는 적들로부터 방어해야 할 국경 지대였다. 가장 크게는 북쪽의 금장 호르드, 가끔은 동쪽의 차가다이 울루스에게 위협을 받았다. 북부는 현대 학자들이 '실크로드'라고 부르는 매우 중요한 아시아 횡단 무역로에 적절하게 자리 잡고 있었다. 하지만 이 지형이 몽골인에게 얼만큼 적합한지도 변수였다. 일 칸들은 아란과 아제르바이잔의 시골 지역에 있는 여름과 겨울 진영을 자주 찾았다. 캅카스산맥과 자그로스산맥 사이를 흐르는 티그리스강 유역의 평원에 있는 이 전이 지대는 수직 이동 목축에 적합한 생태 환경을 제공했다. 겨울 진영을 강 하류에 두면서도 고지대의 여름 목초지와 상대적으로 가까이 위치할 수 있었기 때문이다. 고지대는 풀이 늦게 자라고 여름 더위가 덜했다. 그 결과 정치 중심지가 아바스 왕조의 바그다드와 셀죽 왕조의 이스파한에서 아제르바이잔으로 이동했다. 유목민의 통치로 인한 비슷한 변화 과정은 중국에서도 발견할 수 있다. 쿠빌라이의 수도 대도는 거란 요와 여진 금의 이전 수도 터에 세워졌고, 오늘날 베이징의 터를 정치 중심지로 공고히 했다.

일 칸들은 그들의 얽히고설킨 지배 영역 너머로 사방이 다른 튀르크-몽골 군사 엘리트들이 통치하는 국가들에 둘러싸여 있는 것을 볼 수 있었다. 그런데 이 국가들은 대개 적대적이었다. 칭기스 칸이 제국의 영토를 분배할 때, 현대의 남부 카자흐스탄과 동부 우즈베키스탄 지역은 둘째 아들 차가다이에게 돌아갔다. 이 지역은 훌레구의 군대와 그 이전에 다른 이들이 몽골의 중심부와 서남아시아를 오가던 통로였다. 칭기스 칸의 사망과 훌레구 울루스의 등장 사이 수십 년 동안, 차가다이 가문은 몽골이 통치하는 중동에서 발생하는 분쟁을 해결하기 위해 가장 먼저 찾는 "왕실 법정"이었다. 훌레구 울루스 시대 대부분의 시간 동안 이란과 중앙아시아 사이의 국경은 불안정했다. 차가다이 세력의 주기적인 습격은 훌레구의 원정 이전부터 지속적으로 존재했던 적대적인 몽골 주둔군 때문에 더 악화됐다. 이 부대들은 카라우나스 또는 네구데리로 알려졌다. 원래 칭기스 칸의 장남 주치 가문에 속해 있었지만, 이 지역에 도착한 훌레구에게 강제로 쫓겨났다. 이들은 이란 동부의 새 근거지로 이동한 후 차가다이 세력의 영향을 받기 시작했으며, 한때는 그들의 지휘를 받기도 했다. 이들은 훌레구 울루스가 동부 국경을 확보하려는 노력에 거세게 저항했다.

주치 가문 역시 훌레구 울루스 북부를 지속적으로 위협했다. 이 갈등도 칭기스 칸의 유언에 뿌리를 두고 있었다. 칭기스 칸은 주치와 그의 후손들에게 호레즘을 중심으로 "타타르 말발굽이 닿는 곳까지"[8]를 영토로 지정해주었지만, 그 경계가 모호했다. 1231년 우구데이의 명령으로 새로운 몽골군을 이끌고 중동에 온 아미르 초르마간은 아제르바이잔의 비옥한 목초지에 본부를 설치했다. 초르마간은 그곳에서 토착 통치자들을 상대로 원정을 수행했는데, 이는 북쪽의 볼가 지역을 장악하려는 주치 가문의 노력과 협력 아래 이루어졌다.[9] 이러한 공동 작전과 칭기스 칸의 영토 분할에 대한 그들의 해석 때문에, 주치 가문은 아제르바이잔 지역을 자신들의 영역으로 여겼다. 그들은 훌레구가 오기 전까지 캅카스 산맥 이남에서 정기적으로 겨울을 보냈다. 훌레구가 등장하고 그가 세운 국가가 유지되면서 이 목초지가 주치 가문의 소유라는 주장은 타격을 입었으며, 이로 인해 훌레구 울루스 시대 내내 갈등이 간헐적으로 되풀이됐다.

---

8 *HWC*, 42.

9 May 2012a.

홀레구 울루스에 대한 가장 큰 지정학적 도전은 이집트의 맘룩 왕국이었다. 이 나라는 아이유브 왕조의 노예 병사 집단에서 기원한 독특한 형태의 군사국가였다. 맘룩은 홀레구가 중동에 도착하기 몇 년 전인 1250년에 이전 주인들로부터 권력을 빼앗았다. 그들은 서아시아 초원 지역에서 전사들을 사들이던 아이유브 왕조의 관행을 유지했고, 이 노예 병사 집단에서 새로운 술탄들이 나왔다. 술탄들은 보통 계승이 아니라 암살을 통해 권력을 잡았다.

맘룩 군대가 초원 지대에서 병사들을 지속적으로 충원함에 따라 홀레구 울루스는 두 가지 주요한 결과를 마주했다. 첫째, 맘룩은 전술, 기술, 전투 준비 면에서 몽골군과 대등한 군대를 보유할 수 있었다. 맘룩은 몽골군을 상대로 한 전투에서 지속적으로 승리한 유일한 세력이었다.[10] 둘째, 이는 맘룩을 자연스럽게 주치 가문과 상호 의존적 동맹 관계로 이끌었다. 당시 주치 가문은 튀르크계 노예 공급을 통제하며 그 수입에 재정을 의존했다. 이러한 주치-맘룩 동맹과 차가다이 울루스의 위협에 직면한 일 칸들은 더 먼 곳에서 동맹을 찾았다. 홀레구 울루스가 원의 대칸들, 그리고 맘룩에게 십자군 영토를 계속 잃어가던 라틴 기독교 국가들과 정치적·군사적 활동을 조율하기 위해 지속적으로 노력한 것은 이런 이유 때문이었다.

결과적으로 홀레구 울루스는 오래 유지되지 않았지만, 이후 여러 세기 동안 지속된 이란과 이슬람 사회의 많은 특징을 실험하는 장의 역할을 했다. 여기에는 몽골의 집단적 관행과 칭기스 칸

---

10 Amitai 2006.

의 왕조적 카리스마에 기반한 권위 모델, 그리고 훌레구 울루스를 구성했던 유목 사회와 정주 사회의 혼종적 기원을 보여주는 문화적·경제적 요소들이 포함됐다. 이러한 사례는 이전에도 이후에도 없었으며, 훌레구 울루스는 서남아시아의 정치, 사회, 문화, 경제에 지속적인 영향을 남겼다.

훌레구 울루스의 성립

사실 훌레구 울루스의 성립은 동쪽 더 먼 곳에서 일어난 사건의 부산물이라고 할 수 있다. 1251년 몽골 황실에서 일어난 쿠데타가 그것이다. 페르시아의 대부분은 1219~1223년 칭기스 칸의 호레즘 제국 침공 이후 어느 정도 몽골의 지배 아래 있었다. 1230~1240년대에 이슬람 중동과 중앙아시아의 점령 지역에 온전한 형태의 몽골 행정이 등장하기 시작했지만, 뭉케가 즉위할 때까지는 제국 행정의 주변부에 머물러 있었다. 몽골 지배층은 언젠가는 이 지역으로 직접 통치 확대를 기대했을 것이다. 칭기스 칸 생전에는 반드시 그러지 않았더라도, 몽골의 정치 이론에서는 적어도 1230~1240년대에는 영원한 푸른 하늘 텡그리의 뜻에 따라 세계와 몽골 제국이 일치한다고 보았다. 따라서 이슬람 지역은 물론 서구 기독교 세계와 다른 지역들을 제국의 영역에 포함시키는 것은 단지 시간문제였으며, 그 시간은 1251년 쿠데타 이후 도래했다.

칭기스 칸이 대칸 계승 절차를 어느 정도로 정립했는지는 불분명하다. 그의 셋째 아들 우구데이가 후계자로 선택된 것으로 보이지만, 사료들은 이 선택이 언제, 어떤 상황에서 이루어졌는지에 대해 서로 다른 설명을 제공한다. 어쨌든 우구데이는 별다른 어려움 없이 왕위를 계승했고 1229년부터 1241년까지 통치했다. 다만 그의 아들 구육이 그다음을 계승할 것이라는 점은 그다지 명확하지 않았던 것 같다. 우구데이 자신은 손자 중 한 명을 후계자로 선호했지만, 그의 미망인이자 섭정이었던 투레게네는 다른 의도를 가지고 있었다. 그녀가 제국의 주요 인사들을 모아 쿠릴타이를 열고 아들 구육을 최고 통치자로 추대하기까지는 시간이 필요했고, 1246년에 가서야 그 뜻이 관철됐다. 구육의 사촌 바투는 이런 결과에 만족하지 않았던 것으로 보인다. 바투는 후에 금장 호르드로 불릴 세력의 초기 형태를 통치하고 있었다. 그와 구육은 1230년대 후반 몽골의 루스와 동유럽 침공 당시 극심한 갈등을 빚었다. 투레게네와 구육은 둘 다 바투의 영향력, 특히 이슬람 중동에서의 군사 및 행정에 대한 그의 영향력을 줄이려 노력했다. 고조되던 갈등은 1248년 구육이 서쪽으로 행군하던 중 사망하면서 해결됐다. 구육이 바투와 군사 대결을 하러 가던 중이었을 수도 있지만 확실하지는 않다.

구육이 사망한 뒤, 우구데이의 후손들 중에는 제국의 왕위를 계승할 만한 유력 후보들이 분명 있었다. 하지만 바투는 이런 일이 일어나서는 안 된다고 다짐한 것으로 보인다. 그는 금장 호르드를 통치하는 것에 만족했기 때문에 스스로 대칸이 되고자 하는 욕심은 없었다. 그러나 그는 대칸이 자신과 잘 지낼 수 있는 사람, 그러니까 실제로 자신과 권력을 공유할 수 있는 사람이어야 한다고 분명히 생각했다. 칭기스 가문의 계파가 하나 더 있었는데, 바로 그의 막내아들 톨루이의 가계였다. 톨루이에게는 뭉케, 쿠빌라이, 훌레구, 아릭 부케 네 아들이 있었고, 뭉케는 바투가 사촌 구육과 불화했을 때 바투의 편을 들었다. 쿠데타는 순조롭게 진행됐다. 바투의 지지를 받은 뭉케가 대칸이 됐고, 우구데이 가문의 대다수와 쿠데타에 반대한 차가다이 가문의 구성원 다수가 처형됐다.

성공적이었지만 피비린내 나는 이 책략을 통해 몽골은 세계 정복을 재개하기 위한 무대를 마련했다. 우구데이의 통치 기간에도 일부 진전은 있었다. 특히 북중국 정복을 완료하고, 볼가강 유역의 땅을 점령해 훗날 금장 호르드가 될 세력의 영토 기반을 마련했다. 그러나 그 후 내부 불화로 1241년경에는 대외 팽창이 거의 중단됐다. 뭉케는 곧 동쪽과 서쪽 방향으로 대규모 몽골 원정대를 가능한 한 빨리 파견해 몽골 제국의 영토를 크게 넓히라고 명령했으며, 이를 통해 자신이 제국의 왕좌를 확고히 차지했음을 보여주었다.

뭉케가 주도한 정복 사업은 통일된 제국의 통치자가 실행한 마지막 계획이었다. 그리하여 중국과 서남아시아 방향으로 비슷한 규모의 대규모 원정대가 동시에 진격했다. 전하는 바에 따르면, 가용한 몽골군 10명당 두 명씩을 각 원정대에 배정하는 방식으로 군대를 나누었다. 대칸의 동생 쿠빌라이가 중국 원정군을 지휘했다. 뭉케의 또 다른 동생 훌레구는 서쪽 방면의 진군을 이끌었다. 그는 중앙아시아에서 페르시아로 진격해 니자리 이스마일파의 위협을 제거한 다음, 바그다드의 아바스 왕조를 복속시키라는 임무를 받았다. 우리가 가진 사료들을 믿는다면, 니자리파의 위협은 실제로 존재했다. 뭉케 치세에 몽골을 여행한 프란체스코회의 윌리엄 루브룩은 암살자단의 단장이 북부 페르시아 엘부르즈산맥의 알라무트 성채에서 몽골로 암살자들을 보냈다고 전한다. 그들의 임무는 대칸을 암살하는 것이었다.[11] 이런 시도가 대칸으로 하여금 대대적인 복수를 하도록 자극했다는 것은 전혀 놀라운 일이 아니다. 덜 극적이긴 하지만, 이스마일파가 몽골과 지역 물자, 주로는 조세의 권리를 놓고 경쟁을 벌이고 있었다는 점도 작용했다.

한편 칼리프는 다소 다른 차원에서 위협적인 존재였다. 몽골이 칼리프에 반대한 것은 아마도 칼리프라는 존재가 몽골의 대칸과는 다른, 독립적이고 잠재적으로 충돌할 수 있는 충정의 중심에 있었기 때문이다. 몽골인들은 이미 무슬림과 이슬람 세계에 매우 익숙했다. 신의 승인을 받은 보편적 통치라는 몽골의 독특한 이념은 칼리프를 자신들의 속국의 지위로 격하시켜야 함을 의미했고, 몽골인들은 이미 칼리프를 그렇게 여기고 있었던 것 같다. 이것이 반드시 몽골인들이 "반이슬람적"이었다는 뜻은 아니다. 훌레구가 이러한 임무를 완수한 후 무엇을 해야 했는지는 명확하지 않았고, 지금도 그렇다. 우리는 그가 실제로 한 일을 알고 있다. 그는 이전의 행정적 기반을 바탕으로 페르시아와 이라크에 자신의 몽골 왕국을 세웠고, 때가 되자 이를 훌레구 울루스의 형태로 후계자들에게 물려주었다. 그러나 이것이 그의 형제인 대칸이 의도한 바였을까? 뭉케는 훌레구가 주어진 임무를 완수한 후 몽골로 돌아올 거라고 기대했고, 또 그런 지시를 내렸다고 추측할 만한 충분한 이유가 있어 보인다.

이것이 사실이라고 믿는 주된 이유는 라시드 앗 딘이 그와 반

---

11 William of Rubruck 1990, 222.

대로 말하고 있기 때문이다.[12] 그의 이야기에 따르면, 대칸은 공개적으로는 동생에게 암살자들과 칼리프를 처리한 뒤 귀환하라고 말했지만, 비밀리에 훌레구에게 페르시아에 남아 자신의 왕국을 세우되 대칸국의 전반적인 권위에 복속하라고 말했다고 한다. 라시드 앗 딘은 훌레구가 원래 임무를 마치고 몽골로 돌아오라는 지시를 받았다는 사실은 부인하기 어려웠던 것 같다. 그러나 훌레구 울루스의 주요 궁정 역사가였던 그로서는 자신이 충실히 섬긴 왕국이 불복종 행위로 설립됐다고 암시할 수 없었을 것이다. 이러한 모호성은 오늘날의 연구자들이 훌레구 울루스 역사의 주요 사료를 다루는 데 어려움이 있음을 보여준다. 라시드 앗 딘의 초기 왕조 서술은 자신이 섬긴 국가의 발전을 자신에게 너무 편리하게, 필연적인 과정으로 묘사하는 경향이 있기 때문이다. 1250년대에는 이러한 발전이 결코 확실하지 않았다. 라시드 앗 딘이 기록한 다른 많은 개별 사건들과 마찬가지로 이 이야기가 정말로 사실일 가능성도 있지만, 아마 우리는 정확히 알기 어려울 것이다.

훌레구의 페르시아와 이라크 원정은 쿠빌라이의 중국 원정과 마찬가지로 전격전과는 거리가 멀었다. 몽골군은 중앙아시아를 가로질러 매우 천천히 이동했으며, 그 과정에서 사전에 경로와 보급품을 신중하게 준비했다.[13] 30년 전 칭기스 칸이 호레즘 샤의 영토를 침공했을 때만큼 파괴적이지도 않았다. 의심할 여지 없이, 이번 원정은 이전의 침공과 달리 징벌적 성격이 아니었기 때문이

---

12 *JT*/Rawshan, 976–977.
13 Smith 2006.

다. 이번에는 몽골인들이 정착하러 온 것이었다. 훌레구는 자신의 미래 영토로 진군하고 있다고 믿었든, 아니면 형을 위해 그 지역을 확보하려 했든 불필요한 파괴에 거의 관심이 없었을 것이다. 또한 침략당한 지역 가운데 적어도 일부에서는 이 원정이 전혀 반갑지 않은 것도 아니었다. 예를 들어, 카즈빈 지방의 카디(qādī, 이슬람 법관)가 몽골군에게 니자리 이스마일파를 근절해달라고 요청했다는 유명한 일화가 있다. 그는 암살자들의 단검이 두려워 항상 옷 속에 갑옷을 입고 있다고 말했다고 한다.[14] 이 또한 전쟁의 명분을 과장한 예일 것이다. 실제 암살 위협보다는 정치적, 경제적 자원을 둘러싼 갈등에 근거했을 가능성이 더 크다. 그럼에도 많은 무슬림들에게 이스마일파는 용납할 수 없는 존재였음이 분명하다. 훌레구의 원정 과정에서 몽골군이 각지에 어떤 피해를 입혔든, 적어도 정통 이슬람에 대한 심각한 위협을 제거했다는 공을 인정받았다. 역사가이자 훌레구 울루스의 관리였던 주베이니도 이 점을 강조했다.[15] 일부 무슬림들은 몽골의 통치가 이슬람 정치 사상의 한 가지 원칙을 재확인한 것이라고 생각했을 수도 있다. 즉, 폭정이나 심지어 이교도의 통치라도 무정부 상태보다는 낫다는 것이다. 수십 년간의 불확실성과 그보다 더 나쁜 상황을 겪은 뒤, 훌레구와 몽골인들의 통치가 어느 정도의 안정을 약속하는 것처럼 보였을지도 모른다.

1253년 중앙아시아에서 출발한 훌레구는 페르시아를 향해 천천히 전진했다. 선봉대를 지휘하던 장군 가운데 한 명인 키트 부

---

14 *JT*/Rawshan, 848.
15 *HWC*, 725.

카는 암살자단의 성채를 공격하기 위해 먼저 출발했다. 이 공격은 동부 지역에서는 쿠히스탄, 북쪽으로는 엘부르즈산맥에서 진행됐다. 지역에 따라서는 몽골에 대한 저항이 몇 년 동안 이어지기도 했지만, 훌레구가 도착한 1256년에는 암살자단 세력의 대부분을 비교적 무리 없이 처단했다. 교단의 수장이 몽골군에게 신속히 항복한 것이 결정적이었다. 그를 내세워 명령하게 하니, 그의 성들이 쉽게 항복했다. 이스마일파 수장은 자신을 몽골의 대칸에게 보내 달라고 요청했지만, 뭉케는 그에게 관심이 없었다. 그는 되돌려 보내졌고, 귀환 도중 처형됐다.

한편 훌레구의 군대는 바그다드로 진격해 1258년 도시를 포위했다. 전언에 따르면, 칼리프는 간교한 한 시아파 재상의 사악한 영향을 받아 항복을 거부하고 있었다. 도시는 급습을 받고 약탈당했는데, 많은 수니파 무슬림이 이 약탈에 가담한 것으로 보인다. 칼리프 자신은 처형됐는데, 아마도 양탄자에 싸여 발로 차이거나 밟혀 죽었을 것이다. 몽골인들의 눈에는 이것이 왕족 포로들을 위한 명예로운 처형 방식이었다. 희생자의 피를 흘리지 않기 때문인데, 칼리프가 이런 배려를 고마워했을지는 의문이다. 더불어 수많은 도시 주민이 학살당했다. 몽골의 학살이 흔히 그렇듯이, 정확히 몇 명이 죽었는지는 불확실하다. 후대의 훌레구 울루스 역사가 함달라 무스타우피는 80만 명이라고 했다. 훌레구 자신은 1262년 프랑스의 루이 9세에게 보낸 편지에서 200만 명 이상을 죽였다고 주장했다. 그러나 뒤에 또 다루겠지만, 이는 믿기 힘든 수치이다.[16]

---

16 Meyvaert 1980.

확실한 것은 아바스 왕조가 끝났다는 점이다. 물론 이집트의 맘룩 왕국이 카이로에서 칼리프 가문의 일원을 칼리프로 옹립했고, 그 계보는 16세기 초 오스만 제국이 이집트를 정복할 때까지 이어졌다. 하지만 이슬람 세계에서 널리 인정받지는 못했다. 그 칼리프들은 맘룩의 영역에서도 명목상의 권위만 가졌을 뿐이었다. 그러나 맘룩 왕국은 그 자체로 새로운 국가였고, 꼭두각시 칼리프들은 왕국에 일종의 정통성을 부여했다. 아이유브 왕조에 대한 쿠데타와 몽골의 재침략 사이인 1250년대에 이 지역 전체에 걸쳐 정치적 재편이 급진적으로 진행됐다. 그리고 격변 이후 두 국가가 새로운 정치적 규범을 확립해나가는 과정은 13세기 후반 중동 정치사의 주요 특징이었다.

훌레구는 시리아로 진격해서 살라딘의 마지막 아이유브 후손인 다마스쿠스의 알 나시르 유수프를 권좌에서 몰아냈고, 이후 그를 죽였다. 다마스쿠스와 알레포라는 두 대도시를 함락한 몽골군은 팔레스타인 깊숙이 침투했다. 하지만 이 시점에 몽골 제국은 정치적 위기에 빠졌다. 훌레구는 자신의 형 대칸 뭉케가 1259년 중국 원정 중 사망했다는 소식을 듣고 후계자 문제와 관련한 상황을 주시하기 위해 주력군과 함께 캅카스로 철수했다. 그러나 루이 9세에게 보낸 편지에서 훌레구는 사료와 목초지가 부족해 시리아에서 철수했다고 주장했다. 이것이 이후 훌레구 울루스가 시리아 침공을 오래 지속하지 못한 또 다른 이유일 수 있다.

뭉케의 후계자 문제는 1264년까지 완전히 해결되지 않았다. 훌레구의 형제 쿠빌라이와 아릭 부케가 각각 대칸의 지위를 계승할 자격이 있다고 주장했고, 결국 쿠빌라이가 승리를 거뒀다. 훌레구는 운 좋게도 궁극적으로 승리할 후보를 지지했고, 쿠빌라이는 그의 지지가 절실했다. 이는 훌레구가 어떻게 페르시아에서 영구적인 통치자로 자리 잡았는지에 대한 부분적인 설명을 제공한다. 적어도 표면적으로는 뭉케로부터 받은 임무를 성공적으로 완수한 뒤 몽골로 돌아가야 했기 때문이다. 쿠빌라이로서는 동생을 소외시킬 이유가 전혀 없었다. 만약 훌레구가 쿠빌라이의 위치를 인정하지 않는다면, 그가 아릭 부케 편에 서거나, 최소한 쿠빌라이에게 또 하나의 전선이 추가될 위험이 있었기 때문이다.

훌레구가 캅카스로 철수하면서 키트 부카가 지휘하는 소규모 몽골군이 시리아에 남았다. 키트 부카는 이스마일파 요새 공격을 시작했던 바로 그 인물이다. 1260년 키트 부카의 군대는 맘룩의 술탄 쿠투즈가 이집트에서 이끌고 온 부대와 전투를 벌였다. 맘룩이 아이유브 왕조를 무너뜨리고 10년이 지나도록 이집트에 안정된 정부가 구성되지 못했다. 당시에는 맘룩 정권이 여러 모습으로 변하며 2세기 반 동안 지속할 것이라고 아무도 예상하지 못했다. 쿠투즈가 북쪽으로 진군할 때 팔레스타인 지역의 십자군 국가들이 호의적인 중립을 지킨 것도 이런 상황 때문일 수 있다. 1260년에도 맘룩과 루이 9세가 맺은 조약이 여전히 유효했으며, 당시 십자군은 맘룩보다 몽골을 훨씬 더 두려운 적으로 여겼을 것이다.[17] 전투는 갈릴리 지역의 아인 잘루트에서 벌어졌다. 이곳은 유대교 전통에서는 아니지만 무슬림 전통에서 다윗이 골리앗을 죽인 장소로 알려져 있다.[18] 키트 부카는 이곳에서 패배하고 사망했는데, 아

---

17 Jackson 1980.

제1권 정치사

마도 전투 중에 죽은 것 같다. 그러나 라시드 앗 딘은 여기서 다시 한번 초기 훌레구 울루스의 역사를 재해석하는 모습을 보인다. 그는 키트 부카가 이집트를 통치하는 노예 출신의 군주를 향해 칭기스 칸의 후예만이 할 수 있는 경멸의 말을 하고 죽었다고 기록했다.[19] 1260년 후반에 있었던 또 다른 패배로 상황이 정리됐다. 시리아는 몽골 제국이 아니라 맘룩 제국의 일부가 됐고, 훌레구가 이집트와 북아프리카로 진군할 생각을 했다면 그것은 결코 실현되지 않았을 것이다. 돌이켜보면 몽골 제국은 당시 이미 최대로 팽창한 상태였지만, 이를 인지한 사람이 있었을지는 의문이다.

왕조 만들기

아인 잘루트 전투가 몽골이 서방으로 확장하는 과정의 정점이 된 것은 '몽골 제국의 분열'이라는 현상의 결과이기도 했다.[20] 훌레구의 원정은 제국의 모든 지역에서 군사력을 동원한, 통일된 제국이 수행한 마지막 원정이었다. 이러한 원정은 1260년 이후 불가능했다. 이는 부분적으로 1259년 뭉케가 사망한 뒤 대칸의 계승 문제를 둘러싸고 생겨난 갈등 때문이다. 이제 제국은 다소 단순화해서 말하자면 네 개의 독립된 칸국으로 나뉘었다. 중국과 몽골의 대칸국, 중앙아시아의 차가다이 울루스, 폰투스초원의 킵착 칸국, 그리고 훌레구 울루스가 그것이다. 그중 오직 일 칸들만이 쿠빌라이

---

18   Thorau 1985.

19   *JT*/Rawshan, 1030-1033; Amitai 2013a, 74-79.

20   Jackson 1978.

의 종주권을 인정했다. 쿠빌라이는 훌레구의 형이고, 서방 원정군을 파견한 뭉케의 지위를 이어받았기 때문이다. 킵착 칸국 통치자들은 쿠빌라이를 인정하지 않았고, 차가다이 울루스도 마찬가지였다. 중앙아시아의 상황은 차가다이 영토 내에 새로운 칸국이 들어서면서 더욱 복잡해졌다. 이 칸국은 쿠빌라이의 적대적 반대자이자 우구데이 가문의 일원인 카이두가 이끌었다.[21] 따라서 새로 수립된 훌레구 울루스는 앞으로 상당 기간 동안 동쪽과 북쪽 국경에서 잠재적이고 종종 실제적인 적들을 상대해야 했고, 이집트와 시리아의 맘룩 정권의 적대감도 감당해야 했다.

훌레구 울루스를 가장 심각하게 위협한 적은 킵착 칸국이다. 1251년 뭉케의 쿠데타를 지지했던 바투는 1255년에 사망했다. 두 번의 짧은 계승자를 거친 뒤 바투의 동생 베르케가 1257년부터 1267년까지 통치했다. 베르케와 그의 후계자들은 캅카스와 아제르바이잔의 비옥한 목초지가 자신들의 정당한 영토라고 주장했다. 이 지역들은 당시 훌레구 울루스 영토의 매우 귀중한 부분을 차지하고 있었다. 킵착 칸국과 일 칸국의 전쟁은 1261년 또는 1262년에 시작됐고, 그 후 간헐적으로 계속됐다. 게다가 베르케는 수니파 이슬람교로 개종했기 때문에, 훌레구가 자신의 새로운 신앙의 상징적 지도자인 아바스 칼리프를 처형한 일에 반감을 가질 수밖에 없었다. 맘룩은 노예 병사를 안정적으로 공급받기 위해 킵착 칸국과 동맹을 유지했다. 1260년대 초가 되자 몽골 제국의 서쪽 끝에서 전례 없는 정치적 구도가 형성됐다. 몽골의 한 칸국인 킵착

---

21 Biran 1997.

칸국과 비몽골 국가인 맘룩이 또 다른 몽골 영역인 훌레구 울루스에 맞서 영구 동맹을 맺은 것이다. 이러한 상황에서 몽골의 서방 확장이 완전히 멈춘 것은 놀라운 일이 아니다. 또한 뒤에서 설명하겠지만, 일 칸들이 이 동맹에 맞서기 위해 더 서쪽의 라틴 기독교 국가들과 동맹을 모색한 것도 당연한 일이었다.

캅카스 남쪽 목초지에 대한 통제권을 확고히 하기 위해, 훌레구는 우르미아호 동쪽 마라가에 수도를 건설했다. 새 수도의 위치 덕분에 일 칸들은 행정과 후원의 중심지 가까이에서 양, 염소, 말 떼를 계속 방목할 수 있었다. 훌레구는 마라가에서 훌레구 울루스의 첫 번째 대규모 건축 프로젝트를 의뢰했다. 바로 나시르 앗 딘 투시가 건설을 지휘한 천문대였다. 마지막 이스마일파 이맘의 수행원이었다가 훌레구로 투항한 투시는 훌레구 울루스 전역은 물론, 멀리 중국에서까지 과학자들을 모아 전례 없이 정확한 천문표를 만드는 작업을 수행했다.

훌레구와 그의 후계자들이 이란 북서부에 직접 투자한 것과 달리, 남부 지역에는 그런 투자가 이루어지지 않았다. 이 지역은 칭기스 칸의 침공의 직접적인 영향을 받지 않았고, 훌레구도 이 지역들을 직접 통치하려는 의지를 보이지 않았다. 이로 인해 파르스 지방의 살구르 가문과 샤반카라 가문, 키르만의 쿠틀룩 칸 가문 또는 카라 키타이 같은 비교적 소규모 지방 통치자들이 당분간 자리를 지킬 수 있었다. 물론 이들은 몽골에 복속하고 요구된 세금과 공물을 바쳐야 했는데, 이는 아르메니아, 조지아, 셀죽 아나톨리아의 통치자들도 마찬가지였다.

이런 상황 때문에 일부 학자들은 페르시아의 많은 지역과 그

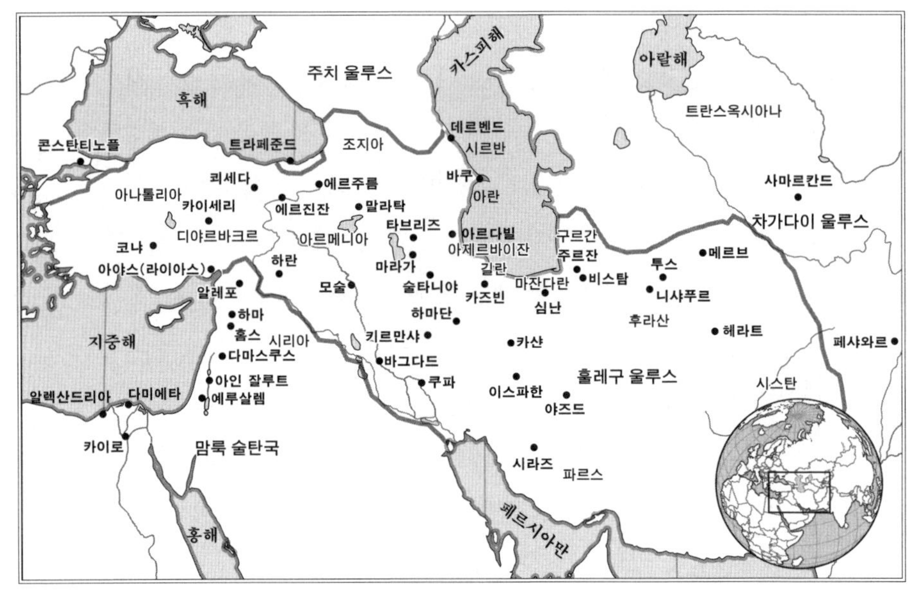

지도 3.1　홀레구 울루스(일 칸국)

통치자들이 진정으로 몽골의 도래와 지배를 환영했다고 추측하기도 한다. 그러나 더 가능성 있는 해석은 이렇다. 몽골이 불필요한 군사 정복에 관심이 없다는 것을 알아차린 지방 통치자들(때로는 명목상 통치자의 어머니들)은 자신들이 바꿀 수 없는 상황에 최선을 다해 잘 적응했다는 것이다. 종종 지방 가문들이 결혼을 통해 홀레구 울루스 궁정과 연결됐다. 이는 정치적, 사회적으로 매우 중요한 요소였다. 몽골 사회에서 여성도 지위가 매우 높을 수 있었기 때문이다. 몽골 왕가의 여성들은 종종 자신만의 기반, 재산, 수행원, 군대를 가졌고, 홀레구 울루스 궁정과 그 밖의 여러 곳에서 큰 영향력을 행사할 수 있었다. 특히 칭기스 가문과의 혼인 관계는 더 직접적인 지배로 나아가는 첫 단계가 될 수도 있었다. 파르스의 마

제1권 정치사

지막 살구르 왕조 통치자 아비시 카툰의 경험이 그러했다. 그녀는 1264년 훌레구의 아들 뭉케 테무르와 결혼한 뒤 1286년 타브리즈에서 포로로 사망했다.

파르스 외에도 키르만과 야즈드 또한 훌레구 울루스 후기에 왕국의 정치적 변화로 인해 몽골의 직접 통치 아래로 들어갔다. 하지만 그때에도 일 칸들이 실제로 이란 남부를 방문했다는 증거는 없으며, 몽골은 가능한 한 남부에 개입하려 하지 않았다. 그 지역은 너무 덥고 건조해서 그들이 선호하는 생활 방식에 적합하지 않았기 때문이다. 주목할 만한 점은 몽골의 강압 통치가 닿지 않은 상황이 이 지역의 눈에 띄는 문화적 번영에 기여했을지도 모른다는 것이다. 이에 대해서는 뒤에 다시 언급하겠다.

훌레구는 1265년에 사망했다. 뭔가 의문의 여지가 있는 요소도 있고 우연히 일어난 일이라고 할 수도 있겠지만, 그럼에도 훌레구의 업적은 상당했다. 그는 후계자들에게 이란과 이라크에 상당히 안정된 왕국을 물려줄 수 있었고, 아나톨리아와 캅카스, 아프가니스탄, 중앙아시아 변경 지역의 상당 부분에 대해서도 최소한 종주권을 확립했다. 이 왕국은 이후 70년 동안 존속했다. 훌레구는 불교를 선호했다고 전해지지만, 우르미아호의 한 섬에서 치러진 그의 장례식과 매장 때 인신 공양이 있었다는 점(훌레구 울루스 장례식 중 유일한 사례)을 감안하면 신앙심이 그리 깊지 않았던 것 같다.[22] 동방 기독교 측 사료에서는 훌레구와 그의 가장 유명한 부인 도쿠즈 카툰의 관계를 콘스탄티누스와 헬레나에 비유하며 그를

---

22   De Nicola 2017; Broadbridge 2018.

기독교인으로 호의적으로 묘사했지만, 이런 이야기들은 그의 통치는 물론이고 장례식과도 어울리지 않는다.[23]

홀레구가 선택한 후계자는 아들 아바카였으나, 그가 혈통을 근거로 후계자 자리에 당연하게 오른 것은 아니었다. 칭기스 가문의 남성 지도자들은 여러 명의 아내와 첩을 두었고, 보통 서너 명의 '고위' 부인과 기타 '하위' 부인을 구분했다. 고위 부인들의 경우, 자녀를 다시 친정 가문과 혼인시키는 것이 일반적인 관행이었다. 이러한 혼인 관행은 칭기스 가문과 여러 유력한 비왕족 가문들 사이의 가족 유대를 굳건히 했다.[24] 동시에 몽골의 혼인 금기에 관한 원칙은 지켰는데, 부계 조상의 후손들 간의 결혼은 금지했다. 이를 통해 칭기스 가문은 다른 씨족과의 혼인을 장려하면서도, 근친혼을 피할 수 있었다.

홀레구에게는 세 명의 고위 부인이 있었다.[25] 이들은 모두 자신의 장남과 조카딸을 결혼시켰다. 그중 두 사람, 오이라트 출신의 부인 구육과 콩기라트 출신의 부인 쿠투이는 1253년 당시 성년의 아들들이 있었다. 그러나 홀레구가 서남아시아로 원정을 떠날 때 이 가족은 몽골에 남았다. 이는 홀레구가 초원으로 돌아올 생각으로 원정을 떠났음을 더 분명히 보여준다. 실제로 홀레구는 자신이 없는 동안 구육 부인과의 사이에 낳은 아들 줌쿠르에게 가계의 일을 맡겼는데, 이는 당초 줌쿠르를 후계자로 여겼다는 의미이다. 홀레구의 고위 부인 중 오이라트 출신의 부인 올제이만이 남편

---

23 Wassāf 1853, 52.

24 Jackson 2017, 313.

25 Brack 2016, 43-45; Broadbridge 2018, 261-269.

과 동행했다. 훌레구는 아무다리야강을 건너 동부 이란에 들어선 뒤 케레이트 출신의 네스토리우스파 기독교도 도쿠즈를 새 고위 부인으로 맞이했다. 그런데 이 결혼은 수계혼이었다. 도쿠즈는 톨루이의 미망인었으며, 그녀와 훌레구 사이에는 자녀가 없었다. 부인 올제이에게는 병약한 아들 텍신이 었었으나, 그는 이란에 도착한 지 얼마 되지 않아서 곧 죽었다. 그녀의 둘째 아들 뭉케 테무르는 1256년 이란에서 태어났다.

아바카는 술두스 부족 출신의 이순진이라는 하위 부인에게서 태어났다. 그는 여러 부족 출신의 여성들과 결혼했지만, 어머니 쪽 친척인 술두스 부족 여성과는 결혼하지 않았다. 따라서 그의 가족은 장남들의 전형적인 정치 결혼 양태와는 맞지 않았다. 그는 훌레구의 원정에 동행한 두 명의 성인 아들 중 한 명이었다. 다른 한 명은 이복동생 요시무트로, 지위가 낮은 후궁의 아들이었다. 훌레구는 말년에 울루스의 여러 지역에 대한 책임을 다양한 인물에게 위임했다. 여기에는 지역 유력자들과 몽골 군사 지도자들이 포함됐다. 그중 요시무트는 수도 지역인 아란과 아제르바이잔을 담당했고, 아바카는 이라크와 동부 지역인 후라산과 마잔다란을 관할했다. 훌레구가 사망했을 때, 요시무트와 아바카는 서남아시아에 있던 훌레구의 둘뿐인 성인 아들이었으며 경험도 풍부했다. 훌레구가 죽기 일 년 전에 그를 방문한 아르메니아 작가 바르단 아레벨치는 훌레구가 사망한 뒤 도쿠즈가 자신에게 연락해 훌레구의 뜻에 따라 아바카를 즉위시키는 것이 적절한지 물었다고 전한다.[26]

---

26 Thomsen 1989, 222.

첫 일 칸의 후계자 선택은 칭기스 일족 내의 전통적인 계승 역학을 엄격히 준수하기보다는, 능력도 있으면서 현지에 있는 후계자에게 신생 국가를 맡겨야 한다는 실용적 필요에 의해 이뤄진 것으로 보인다. 아레벨치에 따르면 도쿠즈는 아바카를 훌레구의 장자로 언급했다. 칭기스 후손들의 전통에서 볼 때, 이러한 주장은 설득력이 없었다. 당시 주요 부인들의 아들들이 몽골에서 오는 중이었고, 아홉 살의 어린 왕자 뭉케 테무르도 이미 그 자리에 있었기 때문이다.

훌레구의 고위 부인 구육은 남편이 부재중일 때 사망했지만, 쿠투이가 남편의 주요 진영 및 고위 부인들이 낳은 아들들과 함께 몽골에서 오고 있었다. 구육의 아들 줌쿠르는 여정 중 사망했고, 테구데르는 어머니 쿠투이와 함께 아바카가 이미 즉위한 뒤에 도착했다. 권력을 잡은 아바카는 이복동생 요시무트를 적대적인 킵착 칸국과 맞닿은 캅카스 국경 지역으로 재배치했다. 한편 요시무트의 동생 툽신은 차가다이 울루스와 접한 동부 국경 지역에 배치됐다. 도쿠즈가 아레벨치와 교신하면서 아바카를 장자로 언급한 것은, 실용성을 강조하거나 아바카와 그의 후손들을 정당화하기 위한 정치적 캠페인을 시작한 것으로 볼 수 있다. 이는 훌레구 가문이 칭기스 후손의 집단적 계승 방식에서 벗어났음을 의미했다. 기존의 방식은 가문 간의 충성도와 일부 부인들의 아들들이 다른 부인들의 아들들보다 우선한다는 집단적 평가에 기반했다. 새로운 방식은 보다 확고한 직계 계승을 지향했으며, 통치자 개인의 선호가 가장 중요한 기준으로 여겨졌다. 14세기 초, 라시드 앗 딘이 일 칸들의 왕조사를 저술할 때까지도 아바카와 아르군을 거쳐 라

　　　　　　　　　　　　　　　　　　　　　제1권 정치사

시드 앗 딘의 후원자인 가잔 칸(재위 1295~1304)에 이르는 방계 계통을 정당화하는 일이 여전히 중요했다. 라시드 앗 딘은 훌레구 울루스의 정통성을 몽골의 문제가 아닌 이슬람의 문제로 재해석함으로써 이를 달성했다.[27]

아바카 재위 기간의 연속성과 변화

아바카는 대부분의 통치 기간 동안 아버지가 확립한 국가 운영 방식을 계승했다. 이를 가장 잘 보여주는 상황은 페르시아 관료 샴스 앗 딘 주베이니를 수석 대신으로 유임하고, 그의 형제이자 유명한 역사가 아타 말릭을 바그다드 총독으로 임명한 것이다. 이 형제들은 바하 앗 딘 주베이니의 아들들로, 호레즘 왕조 아래서 오랫동안 관직을 지낸 가문의 후손이었다. 주베이니 형제는 거의 20년에 걸쳐 신생 국가를 위한 행정 조직을 구축했는데, 이는 훌레구 울루스가 이전에 몽골 제국 초기의 행정 기능을 제공했던 내륙 아시아와 중국의 관행보다는 페르시아-이슬람 전통에 더 많이 의존했음을 보여준다.[28] 이러한 정책에 반대한 이들이 없었던 것은 아니며, 특히 아타 말릭을 둘러싸고 부패 혐의가 제기됐다. 그 결과 그는 1265년 이후 몽골 감찰관으로 임명된 자와 함께 통치해야 했다. 이 것이 쿠빌라이 카안이 중국에서 시행한 이원적 임명 제도를 의도적으로 차용한 것인지, 아니면 북방 수도의 몽골 통치자들이 남방

---

27 Brack 2016, 55-60.
28 Aubin 1995, 20-36.

도시의 상황에 대해 느낀 불신에서 비롯된 독자적 발전인지는 명확하지 않다.

북쪽에서는 훌레구가 과학과 정치의 중심지로 삼은 마라가가 훌레구 울루스의 수도로 오래가지 않았다. 아바카는 행정의 중심을 타브리즈로 옮겼고, 손자 울제이투(재위 1304~1316)는 나중에 계획도시 술타니야를 새 수도로 건설했다. 이 모든 도시들은 몽골의 유목 생활 방식에 적합한 북부 지역에 위치했다. 가잔의 재위(1295~1304) 이후 바그다드 주변이 왕실의 동영지가 됐다. 이는 일 칸들이 바그다드 남부의 시아파 성지들에 대해 더 큰 존경심을 갖게 된 것과 더불어, 가잔이 남부 도시에 대한 직접 통제를 확대한 일과도 일치했다. 바그다드는 왕조 초반 50년 동안 주베이니 형제의 전통을 따르는 임명 관리자들의 지도 아래 사실상의 독립을 누렸다. 가잔이 바그다드 주변을 동영지로 선택하고 그의 동생이자 후계자인 울제이투도 그 선택을 이어간 것은 이들이 초기 훌레구 울루스 통치자들의 전통적인 수직(남북) 이동 방식에서 벗어났음을 보여준다. 이는 왕조의 후기 구성원들이 대규모 목축이 사실상 불가능한 남부 메소포타미아 지역에서 정착 생활과 도시 생활에 점점 더 익숙해졌다는 신호로 이해할 수 있다. 이는 몽골 병사들에게 경작지를 봉급으로 지급하는 (뒤에서 논의할) 가잔의 행정 개혁과도 일치하는 것 같다.

초기 일 칸들이 계속 유목 생활을 했다고 해서 그들의 여름 목초지에 건물이 없었다는 것은 아니다. 울제이투의 수도 술타니야는 그의 아버지 아르군이 이전에 지은 건물들 위에 세워졌다. 가잔이 타브리즈 외곽에서 추진한 도시 개발도 아르군이 이전에 세

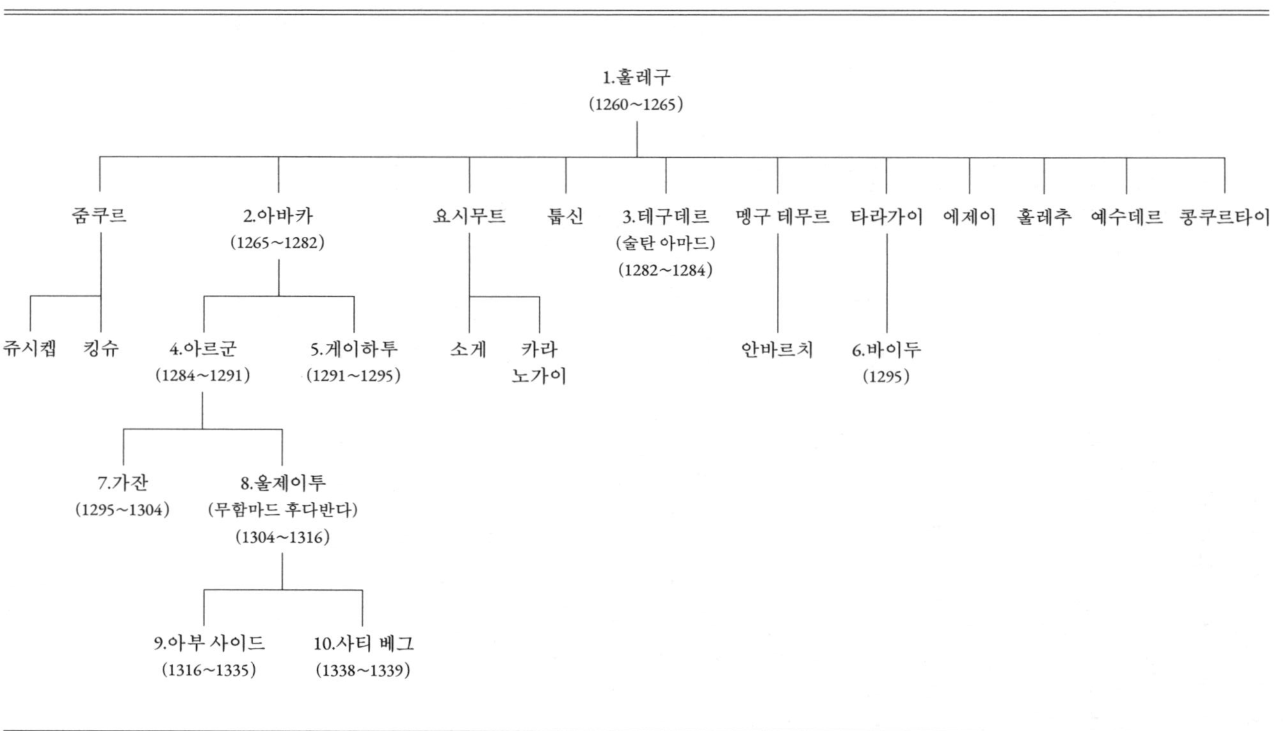

표 3.1　홀레구 울루스 일 칸 계보도

운 기초 위에 지었는데, 이 당시 세워진 건물 단지는 두 개의 궁전이 걸쳐 있는 형태였다. 초기 훌레구 울루스 시대의 여름 궁전 건축물 중 형태가 남아 있는 유일한 예는 수구를룩초원에 있는 아바카의 궁전이다. 이 궁전은 사산 왕조의 조로아스터교 사원 유적이 있던 타흐티 술레이만이라고 알려진 곳에 지어졌다. 이 건물의 기본 방향은 아바카 시대에 몽골인들이 게르를 남쪽으로 향하게 하던 관습에 맞춰 바뀌었다. 그곳에 아치형 문을 갖춘 대규모 궁전을 지었는데, 이 지역을 압도하는 자연 샘물이 내려다보이는 곳에 위치했다.

아바카의 궁전을 장식했던 성형 유약 타일의 상당 부분이 남아 있어, 새로운 몽골 군사 엘리트와 그들의 페르시아-이슬람 신민 사이의 화합을 위한 초기의 노력을 엿볼 수 있다.[29] 봉황과 용이 쌍을 이루는 모습은 일 칸들이 동아시아, 특히 아바카의 삼촌인 쿠빌라이의 궁정과 문화적 유대를 맺고 있었음을 보여준다. 동시에, 여러 활동을 하는 왕들의 이미지는 몽골인들을 시각적으로 이란과 이슬람 군주들의 대열로 끌어들였다. 아바카와 그의 가족이 이 고산 초원에 머물며 사냥하던 모습을 익명의 왕들이 사냥하는 장면으로 표현했다. 한편 전설적인 페리둔, 역사적 인물인 바흐람 구르, 그리고 최근인 가즈나의 마흐무드(재위 999~1030)를 묘사한 장면들을 통해서 이란 세계의 위대한 왕들에 대한 기억을 아바카의 궁전에 불어넣었다.[30]

---

29 Melikian-Chirvani 1997; Masuya 2002.

30 Masuya 2019.

제1권 정치사

또한 타흐티 술레이만의 타일 작품에는 아불 카심 피르도우시(1020 사망)의 영웅 서사시 『샤나메(*Shāhnāma*)』에서 인용한 구절이 다수 포함되어 있다. 현존하는 단편들은 이 서사시의 위대한 극적인 순간들을 담지 않고, 서사시에서 기억에 남는 부분들 앞에 붙은 서문에서 발췌한 구절들이다.[31] 이는 궁정에 있던 페르시아 문화권의 학자와 관료들에게 교육 과정에서 이미 암기했던 후속 에피소드들을 상기시키고 암송하게 했을 것이다. 이러한 방식을 통해 현지 관료들은 새로운 몽골 통치자들을 자신들의 토착 역사와 문학 전통에 연결할 수 있었으며, 현지인들은 외국에서 온 엘리트 집단을 이해할 수 있게 되었다.

아바카 시대에 새로 지은 건축물 일체를 문화 변용의 증거로 볼 수 있는 것은 아니었다. 이 시기에 훗날 술타니야가 들어설 지역 남동쪽에서 암벽을 깎아 조성한 시설 구역 공사도 시작한 듯하다. 비아르(Viar)로 알려진 이 구역은 중국과 불교의 장식 모티프에서 상당한 영향을 받았으며, 이슬람 건축에서는 선례를 찾아볼 수 없다.[32] 이곳의 정확한 용도는 알려지지 않았다. 실제로 이 구역은 완공되기 전에 버려졌는데, 아마도 지질 변동으로 심각한 손상을 입었기 때문일 것이다.

아바카는 훌레구 울루스의 왕좌에 있던 17년 동안 라틴 기독교 지도자들에게 최소 일곱 차례 사절단을 보냈다.[33] 이집트의

---

31 Melikian-Chirvani 1997.

32 Blair 2013, 139-146.

33 몽골과 서유럽 간의 외교 접촉에 대한 가장 상세한 연구서이자 관련 사료에 대한 상세한 참고문헌 목록을 포함한 연구로 Jackson 2018, 203-211을 볼 수 있다.

맘룩에 대항하기 위해 군사 동맹을 맺으려는 훌레구 울루스의 지속적인 노력의 일환이었다. 몽골과 라틴 서방 사이의 외교 접촉은 훌레구 울루스와 맘룩 왕국 이전부터 있었다. 교황 인노켄티우스 4세와 루이 9세 모두 1240년 몽골이 갑자기 동유럽에 나타나 가하는 위협을 경계하면서도 이를 기회로 만들 수 없을지 탐색했다.[34]

훌레구는 아인 잘루트에서 패배한 후, 맘룩에 대항하기 위해 라틴 서방과 공동 행동을 위한 접촉을 시작했다. 1262년 훌레구가 루이 9세에게 보낸 서신은 훌레구 울루스의 권력을 과대하게 그려냈다. 바그다드 학살의 규모는 과장하고, 훌레구가 시리아에서 철수하고 키트 부카가 패배한 원인이 된 몽골 내부 분쟁의 심각성은 축소했다. 루이 왕이 이 편지를 받았는지는 불분명하다. 당시 맘룩과 동맹 관계였던 시칠리아의 왕 만프레드(재위 1258~1266)가 이 사절단을 나포했기 때문이다. 동시에 교황 우르바누스 4세(재위 1261~1264)에게도 두 번째 서신을 보냈을 가능성이 있다. 그 서신은 현존하지 않지만, 우르바누스는 요한이라는 이름의 헝가리 출신 사절단원이 전달한 메시지에 대해 답장을 썼다. 요한은 훌레구를 대표한다고 주장하며 로마에 도착했지만, 이를 뒷받침할 문서는 가지고 있지 않았다.

1262년의 사절단은 불운했고 대체로 효과가 없었다. 그것이 이후 반세기 동안 이어질 접촉의 분위기를 결정지었다. 즉위 직후 아바카는 새로운 교황 클레멘스 4세(재위 1265~1268), 아라곤의 하이메 1세(재위 1213~1276)와 연락하기 시작했다. 클레멘스와 아바

---

34 Jackson 2018, 92-97.

카가 각자의 자리에 오른 지 2년도 채 되지 않았던 1266~1267년에 클레멘스가 일 칸의 사신에게 보낸 답신이 현존하는 것을 감안할 때, 그 전부터 교류가 있었음을 알 수 있다. 서방의 즉각적인 지원이 오지 않자 아바카는 1268년 다시 교황에게 서신을 보냈다. 이집트의 맘룩에 맞서 지원하겠다는 몽골의 약속은 제9차 십자군을 촉진했지만, 이 원정에 나선 하이메의 함대는 폭풍으로 좌초했고 루이 9세가 이끄는 프랑스 군대는 튀니스로 방향을 바꾸었다. 아바카가 보낸 새로운 사절단이 튀니스에 도착했을 때는 이미 루이가 사망한 뒤였다. 그의 형제이자 후계자인 앙주의 샤를(재위 1270~1285)은 프랑스로 돌아가기로 결정한 상태였다. 제9차 십자군의 지도자들 가운데 오직 잉글랜드의 귀족 에드워드 롱생크 한 사람만 성지에 도착했다. 아바카는 에드워드에게 자기 휘하의 장군 사마가르와 협력해 작전을 펼치자고 간청했지만, 그들의 군사 활동은 규모가 작고 효과적이지 못했다. 결국 1272년 에드워드가 팔레스타인을 떠나면서 이 작전은 막을 내렸다.

아바카는 계속해서 서방 기독교 지도자들과 접촉하며 공동 군사 행동을 요청했지만, 여전히 효과는 없었다. 1274년 교황 그레고리우스 10세(재위 1271~1276)와 1276년 앙주의 샤를에게 보낸 사절단의 기록이 일부 남아 있는데, 이 역시 훌레구 울루스나 십자군이 맘룩과 치른 전쟁에 실질적 영향을 미치지 못했다. 아바카의 마지막 노력은 1280~1281년에 이루어졌다. 그는 다시 한번 에드워드(이제는 잉글랜드 국왕이 된 에드워드 1세, 재위 1272~1307) 및 트리폴리와 키프로스의 라틴 영주들의 도움을 얻으려 했다. 이번 시도 역시 1281년 10월 30일 힘스에서 벌어진 맘룩과의 결판이 나지 않은 전투로 끝을 맺었다.

이후에도 훌레구 울루스는 이집트 전선에 라틴 기독교도의 군사적 개입을 끌어내려고 계속 시도했지만 실효를 거두지 못했다. 아바카의 아들 아르군이 이를 가장 활발히 시도했는데, 대칸 쿠빌라이의 사신으로 시리아인 이사 켈레메치가, 아르군의 대표로 위구르인 수도승 랍반 사우마가 파견되기도 했다. 두 사람 모두 흔히 네스토리우스파로 불리는 동방 기독교 신자였다. 아르군이 서방에 파견한 네 차례의 사절단은 제노바 출신 조선공 800명을 데려오는 것 말고는 아무런 성과를 거두지 못했다. 이들은 바그다드에서 새 함대를 건설하기 위해 노력했는데, 홍해에서 맘룩의 선박 활동을 방해하려는 목적이었다. 하지만 이러한 시도마저 실패로 돌아갔는데, 제노바가 이집트와 동맹을 맺어 이 계획을 약화시키는 한편, 조선공 부대가 유혈 내분으로 와해됐기 때문이다. 게이하투와 가잔도 라틴 서방과 접촉을 시도했지만, 1291년 아크레가 함락되고 훌레구 울루스 몽골 지배층의 이슬람화가 꾸준히 진행되면서 이런 시도의 전망은 점점 흐려질 수밖에 없었다. 특히 가잔의 서신을 보면 서방의 냉담한 반응에 대한 좌절감이 점점 커지는 것을 볼 수 있다. 가잔은 몽골이 세계에 대한 보편적 지배권을 가졌다고 재차 주장했고, 1262년에는 생산적인 동맹을 희망하며 잠시 내려놓았던 태도를 포기하고 다시 오만한 자세로 회귀했다.

1277년 맘룩의 아나톨리아 침공으로 그곳의 몽골군이 패배했지만, 아바카가 곧바로 개입해 맘룩의 술탄 바이바르스에게 철수를 강요했다. 그러나 대개는 동부와 남부 경계에서 일어나는 일들 때문에 맘룩과 전쟁할 때 주의가 자주 분산되곤 했다. 뭉케는 중앙아시아 영토를 살아남은 차가다이 가문과 우구데이 가문의 왕자들에게 재분배하여 그들의 권력을 약화시켰다. 이로 인해 영향력을 차지하기 위한 경쟁이 일어났으며, 1260년대 초 쿠빌라이와 아릭 부케 형제의 내전 기간에 더욱 양극화됐다. 이러한 혼란 속에서 우구데이 가문의 카이두와 차가다이 가문의 바락이 두각을 나타냈다. 1270년 두 사람은 훌레구 울루스 영토를 함께 침공하기로 합의했다. 하지만 카이두가 중앙아시아에 군대를 붙잡아두는 바람에 아바카는 헤라트 전투에서 바락의 군대를 쉽게 물리칠 수 있었다. 아바카는 즉시 차가다이 울루스의 영토로 진군해 부하라를 약탈하기에 이르렀다. 이후 카라우나스가 훌레구 울루스의 동부와 남부 변경을 주기적으로 침략했다. 훌레구 울루스는 이에 대응해 군사적 조치를 실행해야 했지만 카라우나스의 위협이 훌레구 울루스의 북서부 핵심 수도권까지는 이르지 못했다.

혼란의 시기, 1282~1295년

1282년 아바카가 사망했다. 라시드 앗 딘의 기록을 믿는다면, 그는 천막에서 과음을 한 뒤 심한 알코올 금단 섬망으로 죽은 것으로 보인다. 이후 15년은 훌레구 울루스 역사상 가장 혼란스러운 시기였다. 훌레구의 후손 중 서로 다른 세 계통에서 나온 다섯 명이 차례로 칸위에 올랐다. 이들은 각각 몽골 군사 엘리트와 페르시아-이슬람 관료 학자들로 구성된 파벌의 지지를 받았다.[35] 이 시기의

---

35 Aubin 1995, 37-51.

권력 투쟁은 방계 상속 관행에서 벗어나 직계 왕조 전통으로 옮겨 가는 변화를 보여준다. 이러한 변화는 이 격동의 시기를 거쳐 일 칸이 된 가잔의 정통성을 확립하는 데 필요했으며, 가잔은 자신을 위해 쓰인 일련의 연대기를 통해 정통성을 확립했다.

1282년 아바카의 아들 아르군은 후라산 총독으로 부임해 있었다. 아버지가 사망하자 그의 측근 몽골 지휘관들 일부가 아르군의 왕위 계승을 지지했다. 한편 뭉케 테무르와 가까운 다른 지휘관들은 자신들의 후원자를 지지했다. 뭉케 테무르는 이복형 아바카보다 어렸지만, 자기 어머니의 지위를 고려하면 서열이 더 높은 왕자일 수 있었다. 한편 일 칸 내 몽골 군사 엘리트 대다수는 테구데르의 즉위를 지지했다. 테구데르는 훌레구의 고위 부인이 낳은 살아 있는 아들 중 장남이었다. 그는 아버지가 사망하고 아바카가 즉위했을 때 서쪽으로 이동 중이었다.[36]

테구데르는 최초의 무슬림 일 칸이 되었다. 즉위하기 전에 이슬람으로 개종하고 아흐마드라는 아랍 이름을 취했다. 그의 개종은 훌레구 울루스의 영향력 있는 몽골인들을 소외시켰고 결국 권력을 유지하는 데 필요한 지지를 충분히 얻지 못했다는 주장이 있다. 하지만 이는 그다지 설득력이 없어 보인다. 그는 1282년에 이미 무슬림이었고, 따라서 그를 지지한 아미르들은 그가 어떤 사람인지 알고 있었다. 비교해 보면, 킵착 칸국의 베르케는 몇 년 전에 이슬람교로 개종했지만 내부 문제를 일으키지 않았고, 그의 직계 후계자들도 그의 선례를 따르지 않았다. 몽골인들은 종교적 의미에

---

36 Brack 2016, 49-50.

서 (정치적 의미에서는 달랐지만) '반(反)이슬람'적이지 않았다. 만약 테구데르가 단순히 개인적 차원에서 개종을 원했다면, 어떤 위기를 반드시 초래하지는 않았을 것이다. 실제로 그로부터 13년 후 일 칸 가잔이 이슬람교로 개종했는데, 이 시기에 이르러서는 훌레구 울루스 몽골인들 사이에서 개종 추세가 매우 강해진 것으로 보인다.[37]

그럼에도 불구하고 역사 기록은 아흐마드 테구데르의 개종을 그다지 호의적으로 다루지 않았다. 하지만 이 기록의 대부분이 테구데르를 몰아내고 권력을 잡은 가잔과 울제이투를 위해 쓰였다는 점을 기억해야 한다. 후대 일 칸들의 이념적 체계는 무슬림 정체성에 깊이 뿌리를 두고 있었다. 따라서 다른 가문 출신이 자신들보다 먼저 이슬람교로 개종한 사실은 그들에게 매우 불편했을 것이다. 그 결과 가잔과 울제이투 치하의 무슬림 저자들이 아흐마드 테구데르에 대해 쓴 비평은 그의 개종 자체보다는 그가 새로운 신앙을 실천한 방식에 초점을 맞추고 있다. 13세기 당시 이란의 종교계에서는 카리스마 넘치는 수피 교사들의 활동이 두드러졌다. 사료에 따르면 테구데르는 국가와 사법 체계의 유지를 소홀히 한 채 이들의 비전통적인 영적 지도에 지나치게 의존했다. 그 결과 그는 통치에 전혀 적합하지 않았던 인물로 기억되고 있다.

게다가 아흐마드 테구데르는 자신의 개종을 단순히 개인적 신념과 실천의 문제로 여기지 않았다. 그는 이것이 외교 정책에도 영향을 미쳐야 한다고 생각했다. 특히 맘룩 왕조와의 평화를 확보

37　Pfeiffer 2006.

하는 노력이 중요했다. 이 제안은 몽골 아미르들에게 환영받지 못했다. 그들은 지속된 전쟁에 깊이 관여하고 있었기 때문이다. 시리아를 훌레구 울루스의 영구적인 영토로 여겼는지 여부와 상관없이, 그들은 때때로 시리아를 침공하고 약탈할 기회를 빼앗기고 싶지 않았다.

테구데르는 적대 행위를 끝내기 위한 협상을 희망하며 카이로에 두 차례 사절단을 보냈지만, 모두 성공하지 못했다. 맘룩 술탄 카라운은 테구데르의 접근을 매우 의심했는데, 사실 당연한 일이었다. 테구데르는 맘룩 술탄에게 보낸 서신에서 몽골의 세계 지배 이념을 강하게 드러냈고, 일 칸의 종주권을 인정하라고 요구했기 때문이다.[38] 맘룩 군대에 의해 거듭 좌절을 겪은 훌레구 울루스 몽골인들에게 맘룩 술탄의 복종은, 내륙 아시아 초원에서의 자연스러운 사회·정치적 위계의 회복을 의미했다. 몽골의 시각에서, 노예로 전락하고 친족 공동체로부터 단절된 맘룩 같은 이들은 정치적 권위를 주장할 자격이 없었다.[39] 카라운은 당연히 이 요구를 거부했고, 맘룩의 외교 서한은 가잔이 개종한 이후에도 몽골 권위의 정당성을 계속 부정했다.

아마도 아흐마드 테구데르가 일 칸으로서 실패하게 된 가장 큰 원인은 그의 자비심일 것이다. 그는 조카 아르군과 그의 지지자들을 물리친 뒤 그들을 처형하지 않았다. 따라서 일 칸의 대안이 될 후보자가 계속 존재했으며, 테구데르에 대한 반란 가능성 역시

38 Allouche 1990; Broadbridge 2008, 38-44.
39 Halperin 2000.

상존했다. 이러한 일은 실제로 일어났고, 결국 아르군이 1284년부터 1291년까지 일 칸의 자리를 차지했다. 그는 분명 삼촌이 이전에 보여준 관용에 부끄러움을 느꼈거나 실제로 감동을 받지 않았고. 아흐마드 테구데르는 처형됐다.

아르군은 아흐마드 테구데르처럼 이슬람으로 개종하지 않았다. 사실 그는 불교에 꽤 확고하게 매여 있었던 것 같고, 기독교인들도 상당히 관대하게 대한 것으로 보인다. 그는 훌레구 울루스의 전통이 된 맘룩에 대한 적대 정책을 재개했고, 서유럽 기독교 군주들의 지지를 얻기 위해 계속 노력했다. 이러한 맥락에서 아르군은 랍반 사우마라는 승려를 유럽으로 파견했다. 그의 사절단은 정치적 또는 군사적 동맹의 측면에서는 거의 성과를 내지 못했지만, 몽골 시대에서 가장 주목할 만한 저작 하나를 남겼다. 그것은 바로 랍반 사우마의 여행기이다.[40]

아르군의 통치 기간에 훌레구 울루스의 행정부 안에서 여러 파벌주의가 첨예하게 갈등하기 시작했다. 아르군이, 아마도 더 중요하게는 그의 아미르의 상당수가 가지고 있던 이슬람에 대한 반감으로 인해 주베이니 형제는 둘 다 이른 죽음을 맞았다. 샴스 앗 딘은 처형당했고, 역사가 알라 앗 딘은 아르군의 즉위 소식을 듣고 충격을 받아 사망한 것으로 보인다. 아르군은 그들 대신 잘라이르 부족 출신의 몽골인 아미르 부카를 임명했다. 한편으로 부카가 재상직에 오른 것, 그리고 그의 형제 아룩에게 바그다드에 있는 제2 행정부를 다스리게 한 것은 훌레구 울루스의 몽골인들, 즉 동방의

---

40   Rabban Sauma 2013.

거친 초원 전사들이 단순히 주베이니나 나시르 앗 딘 투시 같은 페르시아 관료들에게 의존해 자신들의 영역을 관리했다고 성급하게 결론 내려서는 안 된다는 점을 알려준다. 몽골인들이 페르시아 관리들과 함께 계속 중요한 역할을 수행했다는 사실은, 훌레구 울루스 통치 기간과 그 이후 오랫동안 케식이라 불리는 몽골식 친위대가 계속 작동했음을 통해 알 수 있다. 이 제도의 기원은 최소한 칭기스 칸 시대로 거슬러 올라간다.[41] 우리는 『몽골비사』에 나오는 1206년 쿠릴타이 기록에서 통치자의 호위대였던 케식에 대해 알게 된다. 이후 케식은 몽골 행정의 중심이 됐다. 고위 관리들과 장군들이 여기서 선발됐다. 또한 케식은 인질들(주로 복속된 통치자들의 아들들)을 가까이에서 감시하는 업무도 맡았다. 케식의 지위는 본질적으로 세습됐으며, 그 일원이 되는 것은 매우 중요한 특권이자 의무였다. 훌레구 울루스에서 케식은 주로 페르시아 관료제와 병행하는 일종의 행정 체계를 구성했다(일부는 겹치기도 했다. 라시드 앗 딘은 자신이 아미르 쿠틀룩 샤와 같은 케식에 있었다고 언급했다). 이는 몽골 페르시아 정부가 몽골적 특성을 매우 두드러지게 유지했음을 보여준다. 한편, 페르시아인과 몽골인 사이의 문화 변용은 양방향으로 이루어졌으며, 훌레구 울루스의 정치는 몽골인과 페르시아 관료를 모두 포함한 파벌 투쟁으로 이해하는 것이 가장 적절할 것이다.[42]

다른 한편, 1289년경 부카와 아룩은 일 칸의 총애를 잃었고, 불충과 부실 경영을 이유로 처형됐다. 그들을 대신해 사드 알 다울

---

41 Melville 2006.
42 Aubin 1995.

   제1권 정치사

라라는 유대인이 임명됐는데, 그는 바그다드의 세입을 늘린 공로로 일 칸의 주목을 받았다. 라시드 앗 딘에 따르면, 그의 재정 수탈 방법에 발바닥 매질과 고문이 포함되어 있다. 그는 1291년 아르군이 병세가 위중해지자 축출되어 죽임을 당했다. 조정의 관점에서 볼 때, 사드 알 다울라의 정부 운영을 반대하는 자가 많았던 것은 아마도 그의 방식이 너무나 효율적이었기 때문일 것이다. 그러한 유능함은 행정부를 자신의 가족과 공동체 출신 인물들로 전면 개편했기에 가능했다.

일 칸의 입장에서 사드 알 다울라는 부카보다 훨씬 나은 인물이었다. 그가 유대인이었다는 사실 또한 무슬림이나 기독교인들에게 환영받기 어려웠다. 그의 효율적이고 폐쇄적인 행정은 많은 몽골 지도층의 수입과 영향력을 감소시키는 결과를 낳았다. 그가 매우 유능했다는 점은 의심의 여지가 없다. 모든 사료가 그에 대해 적대적임에도 불구하고, 유능함만큼은 인정한다. 따라서 그는 일 칸과 자신이 임명한 사람들 외에는 거의 친구가 없었다고 볼 수 있다. 그는 매우 오만했다고 전해지는데, 이것이 사실이라면 그의 대외 이미지에 도움이 되지 않았을 것이다. 모든 몽골의 고위 관료들과 마찬가지로, 그 역시 통치자의 총애와 지지에 전적으로 의존하고 있었다. 그러한 총애와 지지는 그의 주군이 죽어가고 있을 때 아무런 소용이 없었다. 사드 알 다울라의 죽음은 수도 타브리즈와 그가 이전에 성공을 거둔 바그다드에서 반유대인 학살을 촉발시켰다. 아르군의 경우, 집안의 다른 구성원들과는 달리 과도한 음주로 죽지는 않았다. 전하는 바에 따르면, 그는 한 인도 요기(yogi)의 말을 너무나 쉽게 믿었다고 한다. 이 요기는 아르군에게 불사의 약

이라며 황과 수은을 처방했는데, 그 독성이 결국 그를 죽음에 이르게 했다.[43]

아르군의 후계자는 그의 동생 게이하투였다. 게이하투의 통치 아래 국가의 재정 안정성은 다시 급격히 나빠졌다. 이는 게이하투의 주요 대신 사드르 앗 딘 잔자니가 무능했기 때문은 아닐 것이다. 사드 알 다울라와 마찬가지로, 그 역시 효율적이고 유능했던 것으로 보인다. 그러나 우리가 가지고 있는 주요 사료들은 그를 맹비난하고 있는데, 이것은 전부 그의 후임자 라시드 앗 딘이나 그의 측근들이 작성한 자료이다. 게이하투 치하에서 사드르 앗 딘이 통제할 수 없는 요인들이 국가의 문제를 악화시켰다. 심각한 가축 전염병으로 훌레구 울루스가 파산 상태에 이르렀고, 일 칸은 자신의 지위가 주는 즐거움에 너무 빠져 정사를 신경 쓰지 않았다. 게이하투에 대한 이상의 묘사는 테구데르의 경우와 마찬가지로 비판적으로 평가할 필요가 있다. 그를 기록한 저자들이 그의 조카 가잔과 울제이투의 편에 서 있었기 때문이다. 그러나 부정적인 묘사가 궁정 정치와 무관하게 작성된 바르 헤브라에우스의 시리아 연대기에서도 확인된다는 점도 유념할 필요가 있다.

1294년 사드르 앗 딘은 도르벤 몽골 출신의 볼라드 칭상과 상의해 정부의 어려움을 해결할 매우 창의적인 방법을 떠올렸다. 지폐는 중국에서 이미 잘 알려져 있었다. 사람들은 이를 받아들였고 지폐의 사용도 대체로 원활하게 작동했다. 그렇다면 페르시아에서도 잘 작동하지 않을까? 이러한 상황에서 금속 화폐의 사용은

---

43 *JT*/Rawshan, 1179–1180.

이론상으로는 불법이 되며, 이 규칙을 어길 경우 가장 끔찍한 처벌을 받을 것이다. 결과적으로 모든 귀금속, 특히 금과 은이 정부의 수중에 들어와 재정 문제를 단번에 해결해줄 것이다. 이 지폐 정책은 중국 모델을 지나칠 정도로 충실히 따랐다. 지폐에 '차오(Chao)'라는 중국식 이름이 붙었고, 중국어로 된 문구가 인쇄되었다. 또한 훌레구 울루스 사람들이 이것을 받아들이게 할 의도로 다른 쪽 면에 이슬람 신앙 고백문을 인쇄했다.[44]

그러나 이 새로운 화폐는 재정적으로 완전히 실패했다. 지폐를 만든 체계는 중국 모델을 따랐지만, 그 배후의 통화 정책은 그렇지 않았다. 중국과 달리, 사드르 앗 딘의 지폐는 국가의 은 보유고로 뒷받침되지 않았다. 게다가 이 지역 주민들이 받아들이기에는 너무나 혁신적인 것으로 판명됐다. 지폐 정책의 실패 과정은 중세에는 드물게 여론이 가진 잠재력을 보여주었다. 사실상 아무도 이 지폐로 거래하려 하지 않았기 때문에 모든 상업 활동이 중단됐고, 결국 지폐는 회수될 수밖에 없었다. 주목할 만한 점은, 당시 후라산과 마잔다란의 총독이자 게이하투의 조카(아르군의 아들이자 미래의 일 칸) 가잔이 지폐 사용을 거부했다고 라시드 앗 딘이 묘사한 것이다. 이러한 행동은 (또는 라시드 앗 딘이 가잔의 모든 행위를 가능하면 긍정적으로 묘사하려 했다는 점을 고려하면) 의심할 여지 없이 실패한 재정 정책에 저항하는 결의를 보여줌으로써 결국은 가잔의 위신을 높였을 것이다.

사드르 앗 딘 잔자니는 자신의 재정 정책이 참담하게 실패했

음에도 불구하고, 적어도 한동안은 살아남는 놀랍고 특이한 업적을 이뤄냈다. 그는 게이하투 사후에도 두 번이나 관직에 복귀했다. 하지만 1298년, 가잔의 즉위 3년차에 횡령 혐의로 처형됐다.[45] 게이하투는 그만큼도 오래 버티지 못했다. 게이하투가 크게 모욕한 사촌 바이두가 몽골군 지휘관들과 페르시아 관료들의 지원을 받아 반란을 일으켰다. 이 쿠데타는 쉽게 성공할 수 있었다. 게이하투가 아흐마드 테구데르와 마찬가지로 적들에게 위험할 정도로 관용을 베풀었기 때문이다. 그는 1295년 초에 폐위되어 살해당했다.

가잔과 훌레구 울루스의 성세

바이두의 재위 기간은 전임자보다도 더 짧았다. 그는 역대 일 칸 가운데 재위 기간이 가장 짧았다. 실제로 라시드 앗 딘은 연대기에 바이두에게 별도의 장을 할애하지 않았다. 바이두의 재위 기간에 대한 기록은 그의 후계자이자 라시드 앗 딘의 후원자인 가잔 칸(재위 1295~1304)의 등장을 서술하는 과정에 나온다. 라시드 앗 딘에게 가잔을 정당한 군주로 내세우는 작업은 큰 도전이었으며, 가잔이 숙부에 반기를 들었다는 사실도 어려움 중 하나였다. 가잔은 가문 내 다른 연장자들을 제치고 즉위한 세 번째 인물이었다. 아바카는 훌레구의 둘째 아들이었고, 아르군은 숙부인 아흐마드 테구데르에 대항해 반란을 일으켜 집권했다. 바이두의 찬탈자 이미지는

---

45 사드르 앗 딘이 잠시 동안 두 번째로 바지르에 임명된 사실은 라시드 앗 딘의 한 이본(異本)에만 보인다. Kamola 2019, 40, 56 각주 38.

라시드 앗 딘의 서술을 통해 가잔을 돋보이게 했고, 이후의 역사도 그렇게 기록했다.

반란 당시, 가잔은 후라산에 확고한 권력 기반을 갖고 있었다. 아버지가 그를 후라산 총독으로 임명했기 때문이다. 그는 그곳에서 주기적으로 반란을 일으키는 나우루즈와 대결해야 했다. 나우루즈는 오이라트 아미르 아르군 아카의 아들로, 그의 아버지는 훌레구가 도착하기 전에 중동의 몽골 총독으로 오랜 경력을 쌓은 인물이다. 나우루즈는 아르군의 통치 말기에 중앙 정부에 대항해 반란을 일으켰다. 실각한 잘라이르 가문의 행정관 형제인 부카, 아룩과 연관돼 있었기 때문에 보복을 우려했던 것이다. 그는 이슬람으로 개종했는데, 그의 이름을 통해 그가 당시의 많은 몽골인들보다 훨씬 앞선 수준으로 문화적 변용을 수용했음을 알 수 있다. 나우루즈는 페르시아 이름이지만, 특별히 무슬림과 연관된 이름은 아니다. 아버지가 이 지역에서 오랫동안 복무했다는 사실이 나우루즈가 토착 문화와 다수 종교를 빨리 받아들인 이유를 설명해주는 듯하다.[46]

나우루즈는 1294년 말에 가잔에게 항복하고 왕자의 측근 고문단에 합류했다. 그러자 그와 오랫동안 갈등한 아미르들이 큰 불만을 가졌다. 가잔의 총애를 받은 나우루즈는 바이두에 대한 반란을 진행하는 동안 가잔에게 이슬람 개종의 장점을 가장 적극적으로 설명한 것으로 보인다. 가잔은 이 원정을 시작할 때 개종하겠다고 선언했고, 따라서 그는 무슬림으로 공인받는 동시에 자신의

---

46 Landa 2018.

통치(1295~1304)를 시작했다. 라시드 앗 딘은 가잔의 개종을 진실한 일로 묘사한다. 이는 몽골의 왕조 전통을 희생시키면서 거듭 권력을 잡았던 가문의 이슬람 정통성을 확립할 핵심 요소였다. 다른 기록들은 개종 결정이 백성의 충성을 얻기 위해, 더 정확히는 몽골 군사 엘리트들의 충성을 얻기 위해서였다고 암시한다. 실제로 라시드 앗 딘의 연대기 한 판본에 이와 같은 기록이 삽입됐다. 기존 기록에서 가잔은 본질적으로 유일신교 교도이며 개종의 순간 이슬람 정당성을 진심으로 확신한 인물로 그려졌는데, 라시드 앗 딘이 삽입한 내용은 일 칸에 대한 일관된 묘사와 일치하지 않는다.[47]

과거에는 가잔이 개종하자 그를 섬기던 몽골 아미르들과 이어서 몽골인 전체가 그를 따라 이슬람교를 받아들였다고 여겼다. 여기서 모델은 앵글로색슨 왕국들의 기독교 개종이었을 것이다. 선교사들이 통치자를 설득해 개종시키면 백성들이 뒤따라 개종하는 방식이었다. 물론, 얼마나 진정성이 있는 개종이었는지는 알 수 없다. 그러나 현재는 이러한 개종 방식이 훌레구 울루스 페르시아에서 절대 일어나지 않았음이 분명해졌다. 아흐마드 테구데르의 개종으로 그를 따르는 몽골인들의 대규모 개종이 일어나지는 않았다. 그러나 1295년경에는 몽골 엘리트층에서 세대를 거치면서 무슬림 이름의 비율이 증가한 것으로 보아, 주요 몽골인의 상당 수가 개종했음을 알 수 있다.[48] 즉 가잔이 자기 왕국의 몽골인들을 이슬람으로 영도한 것이 아니라, 오히려 그들의 뒤를 따랐던 것이

---

47 Kamola 2013, 89-93, 180-182; Brack 2016, 137-146, 330-344; Kamola 2019, 146-149.

48 Pfeiffer 2006.

다.[49] 가잔이 개종으로 지지를 얻었을 수 있었던 것은 물론 사실이다. 특히 바이두가 무슬림이 아니었다는 점에서 더욱 그러했다. 가잔이 바이두를 섬기던 몽골 아미르들이 자신을 지지한다고 확신하는 데 중심적인 역할을 한 인물은 샤이흐 마흐무드였다. 그는 이후에도 가잔의 궁정에서 벌어지는 음모들에 영향을 미쳤으며, 일 칸 아내의 중재로 처형을 면하기도 했다.

가잔 이전에는 훌레구 울루스의 이른바 계시(啓示) 종교 가운데 불교가 가장 우세한 것으로 보인다. 가잔은 불교 숭배를 중단시켰는데, 어쩌면 이러한 조치는 더 철저하게 개종했던 나우루즈의 작품일 수도 있다. 이슬람교로 개종할 준비가 안 된 불교도들은 어떤 이유에서든 영토를 떠나야 한다는 명령이 반포됐다. 불교 사원들도 파괴하도록 했다. 이 모든 조치가 얼마나 엄격하게 시행됐는지 알기는 어려우며, 1297년 나우루즈가 실각한 후에는 완화됐다. 그러나 페르시아에서 몽골 시대의 불교 건축물을 찾기가 매우 어렵다는 것은 분명한 사실이다. 만약 그것들이 파괴되지 않았다면, 대부분의 일 칸들이 불교를 선호했던 35년의 흔적이 전해졌을 것이다. 물론 몇몇 유적이 남아 있기는 하다. 가장 눈에 띄는 곳은, 이미 언급한 비아르 구역과 훌레구가 나시르 앗 딘 투시의 천문대를 세운 마라가 언덕에 있는 일련의 동굴들이다. 여기에는 메카 방향을 가리키는 미흐라브 같은 이슬람 상징물들이 갖춰져 있지만, 이는 가잔이 개종한 뒤에 추가된 것으로 보인다. 이 동굴의 본래 목적에 대해서는 지금도 논의가 이어지고 있다. 외견상 중앙아시아

---

49 Melville 1990; Amitai 2013a, ch. 3.

의 석굴과 유사한데, 이 역시 불교 시설이었을 가능성을 시사한다.[50] 물론 비아르 구역이나 마라가 석굴군 같은 공간은 철거하는 것이 더 어려운 일이었기에 살아남을 수 있었다.

가잔은 무슬림 통치자에게는 불교 수행을 용인하지 않을 이유가 있지만, 유대교와 기독교는 그렇지 않다는 점을 알고 있었을 것이다. 그러나 실제 상황은 유대인과 기독교인에게 불리한 방향으로 변해갔다. 이교도와 불교는 일 칸들의 치하에서 무슬림 신민과 동등한 대우를 받았으며, 무슬림 정부가 '성서의 백성들'(주로 유대인과 기독교인들)에게 부과하던 세금 지즈야(jizya)는 내지 않았다. 그런데 이제 지즈야가 부활했고, 유대인과 기독교인은 무슬림 정부 아래에서 전통적인 위치, 즉 용납은 되나 이등 시민 취급을 받는 상태로 되돌아갔다.

가잔이 무슬림이 된 동기를 확실히 알아내는 것은 불가능하다. 현대 역사가들이 때때로 간과하곤 하는데, 한 개인이 특정 종교를 진정으로 믿기 때문에 개종하는 경우도 있다는 점이다. 하지만 마찬가지로 가잔은 지배층인 몽골인들과 그들의 무슬림 페르시아 신민들 사이의 괴리를 줄이기 위해 개종했을 수도 있다. 몽골인들에게 가장 매력적인 이슬람 교파는 수피즘이었던 것으로 보인다. 역사가들은 가잔의 경우는 물론이고 다른 유목 민족들의 이슬람 개종 사례에서도 보이듯이, 수피즘을 선호하는 이유가 기적을 행하는 수피와 유목민들의 전통적 성인인 샤먼 사이의 유사성 때문이라고 분석했다.[51] 개종자들이 그 차이를 거의 구분하지 못

---

50 Ball 1976.

했다는 설명이 다소 불쾌하게 느껴질 수 있지만, 수피 스승들이 상당한 영향력을 행사했고 훌레구 울루스 궁정에서 이들을 매우 진지하게 받아들인 것은 분명한 사실이다. 이는 영향력 있는 수피 신비주의자 알라 알 다울라 심나니와 사파비 왕조의 시조 셰이크 사피 앗 딘 아르다빌리의 관계에서 볼 수 있다. 사파비 교단은 2세기 후 페르시아에 새로운 왕조를 등장시켰다.

가잔에게 이슬람 개종을 권유한 나우루즈는 특별한 영향력과 책임을 부여받았다. 제국의 재상 겸 최고 사령관으로 임명됐고, 와사프에 따르면 자신이 이전에 반란을 일으켰던 변경 지역의 대리 통치권(니야바트(niyābat))까지 받았다.[52] 그는 이 직책을 훌레구의 손자 두 명, 그리고 고위 아미르인 호르쿠다크와 함께 수행했다. 나우루즈와 호르쿠다크는 요시무트의 아들 소게를 훌레구 울루스의 왕위에 앉히려던 반란을 공동으로 진압했다. 그 후 호르쿠다크는 파르스 지방의 징세 임무를 맡았다. 이제 나우루즈가 동부 지방의 최고 아미르가 되어 뭉케 테무르의 아들인 어린 제왕 타이추와 함께 일하게 됐다. 당시 가잔에게는 명백한 후계자가 없었다. 1298년 2월에 태어난 유일한 아들 알추는 18개월 후 사망했고, 동생 울제이투는 가잔이 즉위할 당시 13세에 불과했다. 반면 나우루즈는 검증된 지도자였다. 그는 몽골의 중동 지역 비왕족 출신 중 마지막 총독의 아들이었으며, 가잔보다 혈통이 좋은 왕자의 후견인이었다. 가잔이 나우루즈를 후계자로 삼으려 했다고 보기는 어

---

51 이 문제와 관련해서는 Amitai 1999.
52 Waṣṣāf 1853, 325.

렵지만, 자신이 갑자기 사망할 경우를 대비해 그를 잠재적 왕위 계승자의 관리자로 승진시킨 것은 분명하다.

하지만 그 지위는 오래가지 않았다. 1296년 동부의 다른 아미르들과 불화를 겪은 나우루즈는 소환 통보가 없었는데도 동부 지방에서 수도 지역으로 돌아왔다. 그로 인해 일 칸의 질책을 받고, 총애를 잃었다. 나우루즈는 다시 동쪽으로 갔지만, 이번에는 도주였다. 그는 헤라트의 카르트 왕조의 군주 말릭 파크르 앗 딘에게 자비를 구했다. 하지만 파크르 앗 딘은 그를 체포해 가잔의 장군 아미르 쿠틀룩 샤에게 넘겼고, 나우루즈는 결국 처형당했다. 라시드 앗 딘이 이처럼 극적으로 묘사한 나우루즈의 몰락 과정에서, 우리는 실각한 나우루즈가 가잔의 반란 당시 이교도 바이두에 대항하기 위해 이집트의 맘룩 술탄에게 도움을 요청한 일화도 찾을 수 있다. 라시드 앗 딘에 따르면, 가잔의 재상 사드르 앗 딘은 이 선례를 바탕으로 나우루즈가 맘룩 궁정과 지속적으로 연락하며 가잔으로부터 이란을 빼앗으려 한다는 내용의 편지를 조작했다. 나우루즈가 후견하고 있던 제왕 타이추는 나우루즈가 실각하고 7개월 후, 그리고 가잔의 아들이 태어난 지 1개월 후 "선동" 혐의로 체포되어 처형됐다.[53] 아들이 생기고, 상위 혈통의 마지막 왕자와 강력한 킹메이커 아미르 나우루즈가 죽음으로써, 일 칸은 자신의 혈통을 훌레구로부터 이어지는 유일한 정통 왕조 계보로 확립했다.

나우루즈가 이집트 술탄들과 접촉하려 했는지 여부와 상관

---

53 *JT*/Rawshan, 1283.

없이, 가잔은 맘룩과 화해를 시도하려 한 아흐마드 테구데르의 선례를 따르지 않았다. 오히려 그는 실질적 성과는 없었지만, 선대와 마찬가지로 유럽과 반맘룩 동맹을 맺기 위해 계속 노력했다. 가잔은 1299년 여름부터 5년 뒤 사망할 때까지 통치 기간 내내 시리아를 침공하거나 침공할 준비를 했다. 그의 첫 번째 침공은 언뜻 보기에 놀라운 승리를 낳았다. 1300년 초에 가잔은 다마스쿠스의 항복을 받아냈지만, 성채는 그에 맞서 버텼다. 이 사건은 일 칸과 그의 연대기 작가 라시드 앗 딘에게 맘룩에 맞서 가잔의 정통성을 과시할 수 있는 강렬한 기회를 제공했다. 가잔은 다마스쿠스의 항복을 받아들이는 자리에서 자신은 왕족 혈통임에 반해 맘룩은 노예 출신이라는 점을 강조했다.[54] 이후 몇 주 동안 훌레구 울루스 군대는 맘룩을 시리아에서 완전히 몰아내고 이집트로 후퇴시켰다.

맘룩이 다마스쿠스를 상실했다는 소식이나 그 밖의 사건이 다소 왜곡된 형태로 유럽에 전해져 큰 충격을 주었다. 당시 유럽은 9년 전 팔레스타인에서 십자군 국가들이 완전히 멸망한 사실을 여전히 받아들이지 못하고 있었다. 가잔이 승전보를 전한 시기는 교황 보니파시오 8세가 1300년을 "희년"으로 선포한 때와 우연히 맞아떨어졌다. 따라서 유럽 사람들은 큰 기대를 품었고, 맘룩이 예루살렘 성지에서 쫓겨난 사실은 그들의 기대에 완벽하게 부합했다.[55] 어쩌면 몽골인들을 설득해 예루살렘을 기독교인의 지배 아래로 돌려놓을 수 있을지도 모른다고 생각했다. 하지만 곧 실망이 뒤

---

54 Kamola 2015, 569-570; Brack 2016, 152-162.
55 Schein 1979.

따랐다. 가잔이 이슬람교로 개종했다는 사실을 제대로 인지한 사람이 서방에 있었는지도 의문이다.

이전의 모든 몽골 원정과 마찬가지로 가잔은 얼마 지나지 않아 시리아에서 철수했다. 이때 몽골군 말의 상당수가 죽었던 것으로 보인다. 가잔은 이전 침략자들이 겪었던 것과 같은 군수 문제에 직면했을 가능성이 매우 높다. 대규모 기병대를 장기간 유지할 목초지가 부족했기 때문이다. 이것이 사실이든 아니든, 또 다른 문제가 반복되었다. 중앙아시아의 차가다이 후손들이 가잔이 시리아에 없는 틈을 타 훌레구 울루스의 동부 영토를 침공한 것이다. 따라서 가잔은 이 위험한 침입에 대처하기 위해 동쪽으로 돌아가야 했다. 맘룩에 대한 적대감은 가잔의 외교 정책의 가장 큰 특징으로 남았다. 그러나 그는 1300년의 일시적 성공을 다시는 재현하지 못했다. 남은 생애 동안 겨울마다 침공을 재개하려 했지만, 그중 두 번은 메소포타미아 북부의 겨울 날씨 탓에 실패하고 말았다.[56]

1302년 가잔은 남쪽으로 방향을 돌려 1303년 봄 바그다드 주변 지역과 유프라테스강을 따라 진군했다. 이 마지막 원정 중에 가잔은 자신의 통치와 가문을 기념하는 야심 찬 프로그램 하나를 후원하기 시작했다. 가장 잘 알려진 대로, 그는 1298년 부재상으로 임명한 라시드 앗 딘에게 왕조사 편찬을 의뢰했다. 이 역사서는 칭기스 칸 연맹의 튀르크-몽골 부족들과 칭기스 칸의 10대 시절부터 가잔 자신에 이르는 왕실 가문을 다루었다. 라시드 앗 딘이 가

---

56 1301~1302년에 실시됐다. 지금까지는 잘 알려지지 않은 가잔의 시리아 원정과 관련해서는 Kamola 2019, 60 참고.

　　　　　　　　　　　　　　　　　　　　제1권 정치사

잔을 계몽된 정통 이슬람 통치자로 묘사하려 노력하는 과정에서
사건들의 서술이 왜곡되긴 했지만, 이 책은 몽골 제국과 훌레구 울
루스에 대한 가장 포괄적인 단일 자료로 남아 있다. 후원자의 이
름을 따서 『가잔의 축복받은 역사(*Tārīkh-i Mubārak-i Ghāzānī*)』라고 불
린 이 책은 나중에 라시드 앗 딘의 역사 편집서인 『집사』의 첫 번
째 권이 됐다.

또한 이 원정 중에 라시드 앗 딘과 그의 재상 동료 사드 앗 딘
사와지는 가잔에게 시라즈 출신 관료 압둘라 와사프를 소개했다.
와사프는 그 시점까지의 훌레구 울루스의 역사를 다룬 세 권의 책
을 완성했는데, 이전의 관료이자 역사가였던 알라 앗 딘 주베이니
가 편찬을 중단한 부분부터 이어 쓴 것이었다. 가잔은 이 작품을
승인하고 와사프에게 계속 집필하라고 명하면서, 목전에서 벌어지
고 있는 일들과 훌레구 울루스 이전의 몽골인들에 대해 기록하게
했다. 와사프는 20년 더 작업해서 두 권을 추가로 완성했다. 추가
된 것 중 첫 번째 권(와사프의 전체 작품 중에서는 네 번째 권)은 그의 친
필본이 남아 있다. 이 권은 1312년에 처음 완성했고, 이후 여백에
주석을 달고 낱장들을 삽입해 수정했다.[57]

가잔은 여러 후원 활동을 통해 다른 이들의 지위를 높였다.
아부 술레이만 바나카티에게는 "시인의 왕자(malik al-shu'arā')"라는
칭호를 수여했다. 그는 이후 『집사』의 요약본을 만들고 여기에 자
신의 시를 일부 추가했다. 압둘라 카샤니는 가잔의 형제이자 후계
자인 울제이투의 역사를 쓴 것으로 더 유명하지만, 가잔 치하에서

---

57 Wassāf 2009.

역사 저술을 시작했다. 그는 다양한 역사 자료들을 모았는데, 그중 상당수가 나중에(약간의 수정을 거쳤지만 출처를 밝히지 않은 채) 『집사』에 삽입됐다.[58]

가잔의 마지막 원정도 이전의 원정들과 마찬가지로 큰 성과를 거두지 못했다. 가잔은 강변 요새인 라흐바트 알-샴에 대한 공성전을 시도한 후, 군대를 메소포타미아를 가로질러 타브리즈로 철수시켰다. 또 다른 원정을 계획하던 중 가잔은 안질에 걸렸고, 이 병으로 1304년 5월 사망했다.

가잔의 개혁

가잔을 일 칸들 중 가장 주목할 만한 인물로 만든 것은 그의 군사적 업적이 아니었다. 어쩌면 이슬람 개종도 아니었을 것이다. 그의 통치 기간을 전무후무하게 만든 것은 광범위하고 야심 찬 행정 개혁 프로그램이다. 이에 대한 비할 데 없이 풍부한 정보가 가잔의 역사가이자 재상이었던 라시드 앗 딘의 저술을 통해 전해진다. 라시드 앗 딘은 개혁이 필요했던 부분을 상세히 설명할 뿐만 아니라, 그 개혁이 얼마나 놀랍도록 효과적이었는지도 전한다. 무엇보다 중요한 것은 라시드 앗 딘이 가잔의 야를릭, 즉 개혁을 공포한 칙령 원문을 그대로 실었다는 점이다. 오스만 제국 시대 이전의 이슬람 중동은 서유럽 역사가들이 주로 의존하는 종류의 문서 기록을 남기지 않은 것으로 악명이 높다. 물론, 20세기 초 아르다빌에 있는

---

58 Otsuka 2018.

샤이흐 사피 앗의 성묘에서 발견된 문서들과 같은 산발적인 사료
는 있다. 하지만 영국 국립 문서보관소나 로마의 바티칸 문서고에
서 볼 수 있는 것과 같은 중앙 정부의 문서는 거의 없다. 따라서 라
시드 앗 딘이 전한 가잔의 칙령들은 중세 이슬람 정부의 운영 방식
을 보여주는 가장 중요한 문서 자료 중 하나다.

과거에 역사학자들은 이 자료를 감사히 여기며 대체로 액면
그대로 받아들이는 경향이 있었다. 하지만 이는 현명하지 못한 접
근법이었다. 라시드 앗 딘이 가잔과 그 후계자의 치세 동안 훌레구
울루스의 공동 재상이자 공식 역사가였다는 사실을 간과했던 것
이다. 그는 분명 자신만의 의도가 있었으며, 객관성을 추구하는 현
대의 역사가가 아니었다. 그가 가잔이 즉위하기 전의 상황을 가능
한 한 암울하게 묘사하고, 가잔의 개혁이 큰 성공을 거두었다고 독
자들에게 확신시키려 했다고 해도 전혀 놀랄 일이 아니다. 따라서
라시드 앗 딘의 증언을 활용할 때는 어느 정도 주의가 필요하다.
하지만 그가 개혁 칙령을 정확하게 전사하지 않았다고 볼 이유도
없다(사실 재상으로서 그가 직접 초안을 작성했을 가능성이 크다).

라시드 앗 딘이 전하는 가잔의 의도는, 일 칸이 자기 왕국의
주요 몽골인들에게 했다는 연설에서 잘 드러난다. 라시드 앗 딘은
다음과 같이 기록하고 있다.

나는 타직인 농민의 편이 아니다. 만약 [그렇게 하는 것이] 최상의
방책이라면 나는 그들을 모두 약탈하겠다. 이런 일을 나보다 능
히 할 수 있는 사람은 없다. 우리 모두 함께 약탈하도록 하자. 그
렇지만 만약 이후에도 [내게] 곡식과 음식을 요구하고 청하려고

한다면, 나는 너희들을 준엄하게 질책할 것이다. 너희들이 농민들에게 과도하게 행동하여 그들의 소와 종자와 곡식을 먹어치운다면, 그 뒤에는 무엇을 먹을 수 있을지 생각을 해야 할 것이다. 너희는 그들의 부인과 아이들을 때리고 괴롭히려 할 때, (R1444) 우리의 부인과 자식들이 얼마나 소중하고 귀한지를 생각해야 한다. 그들과 그들의 처자식은 우리와 같은 인간이다."[59]

이 호소는 어느 정도 설득력이 있어 보인다. 그리고 이는 라시드 앗 딘이 다른 장에서 가잔에 대해 설명한 내용과 매우 대조적이다(그는 가잔을 국정 개선에 직접 관여하는 이상적 무슬림 군주로 묘사했다). 이 연설에서 가잔이 전하고 싶었던 메시지는 냉철한 현실주의였던 것으로 보인다. 이것이 아마도 몽골인들에게 가장 호소력 있었을 것이다. 다만 인간적 연민에 대한 호소는 더 놀랍다. 그 감정은 (이 글이 나오기 얼마 전에 죽은) 사디가 유명한 페르시아 시에서 말한 내용과 놀랍도록 유사하다. 그 시는 지금 뉴욕의 유엔 본부 입구를 장식하고 있다. 가잔이 지난 70여 년 동안의 행정 폐단을 바로잡으려 한 시도는 당연히 무슬림 신하들의 호감을 샀고, 현대 역사가들에게도 마찬가지였다. 하지만 이것이 페르시아의 몽골인들에게도 호소력이 있었을지는 별개의 문제였다. 몽골인들의 관점에서 볼 때, 가잔의 개혁은 개선이 아니라 "좋았던 옛 시절"의 종말을 의미했을 수 있다는 주장이 있다.[60] 따라서 아마도 현실주의에 호소

---

59 *JT*/Thackston, 714.
60 Melville 1997, 115.

제1권 정치사

한 것일 수 있다. 물론 이 모든 것은 가잔이 라시드 앗 딘이 기록한 연설을 실제로 했다는 전제하에 성립하는 이야기이다. 역사가가 가잔의 입을 빌려 가공한 내용이 아니라는 가정 말이다. 그리고 만약 가잔이 실제로 이 연설을 했다면, 그는 동료 몽골인들에게 어떤 언어로 말했을까? 라시드 앗 딘은 그 자리에서 연설을 받아 적었을까? (그리고 만약 연설이 몽골어로 이루어졌다면, 나중에 페르시아어로 번역했을까?) 이러한 질문들은 우리가 라시드 앗 딘이 다소 찬양 일변도로 서술한 가잔과 그의 통치에 대한 기록에 접근할 때 고려해야 할 사항이다.

그럼에도 불구하고 라시드 앗 딘이 전하는 칙령들을 무시할 수는 없다. 이 칙령들이 실존했고 정부에 의해 발행됐으며, 따라서 주요 개혁을 실행하려는 진지한 시도가 있었다는 점을 의심할 이유는 전혀 없어 보인다. 개혁 칙령에서 다룬 사안들은 시간이 지나면서 악용 사례가 많아져 주의가 필요했던 분야들과 매우 일치한다. 과세 문제 역시 큰 관심사였는데, 모든 정부가 그렇듯이 통치를 세수에 의존할 수밖에 없었기 때문이다. 따라서 가잔은 세율과 과세 방식을 엄격히 정하고 세금을 거두는 빈도도 규제했다. 세금 산정을 효율적이고 공정하게 진행하기 위해 모든 마을의 재산을 등록하라고 명령했다. 훌레구 울루스뿐 아니라 제국 전체에서, 몽골 정부의 기능은 역참 제도에 크게 의존했다. 이 물품 수송망은 단순히 공식 통신뿐만 아니라 정보 수집과 특정 물품의 운송에도 사용됐다. 이 시스템에 대한 가장 찬사 가득한 설명 중 하나는 마르코 폴로가 중국에서의 운영에 대해 말한 내용이다. 그의 말을 믿을 수 있다면, 이 시스템은 놀랄 만큼 효율적이고 효과적이었다. 하지만 제국의 서쪽 절반에 대해 언급한 사료들에서는 일반적으로 그러한 인상을 받지 못한다. 하지만 이는 대부분 그것이 개혁 시도의 맥락에서 논의됐기 때문에 사료들의 서술이 당시 만연했던 시스템 오남용 사례에 집중되는 경향이 있었던 탓이다. 공식적으로 승인받지 않은 일치(ilchi, 사신)들이 이 시스템을 이용한 예가 그렇다. 실제로 일부는 공식 사신으로 가장한 이들이었다. 불법으로 시설을 이용했을 뿐만 아니라, 말과 식량을 강제로 갈취하기까지 했다. 이 모든 것은 중단돼야 했고, 이를 위해 시스템 운영 방식에 대한 상세한 규정들이 공표됐다.[61]

다른 개혁 조치들로는 도량형의 표준화, 토지 수입에 대한 임의 지불 명령서인 바라트(barāt) 발행 금지, 카디들의 활동과 보수 규제, 화폐 개혁 등이 있었다. 한편 가잔은 토지 소유권 분쟁을 해결하고자 했는데, 30년이 경과한 소유권 주장은 받아들이지 않기로 했다. 또한 황폐해진 토지를 다시 경작하려는 사람들에게는 세금 혜택을 주기로 했다.

가장 어려운 해결 과제 중 하나는 군대의 급여 지급 방식이었다. 몽골 제국이 확장하는 동안에는 이것이 그리 큰 문제가 되지 않았다. 몽골의 지배 아래 새로운 영토가 계속 추가됐고, 병사들의 노고를 보상할 전리품이 풍부했기 때문이다. 하지만 제국이 실질적으로 지리적 한계에 도달하자 상황이 달라졌다. 일 칸들은 주기적으로 맘룩의 시리아를 침공하며 전리품을 기대했을 것이다. 이는 몽골이 그러한 원정을 계속 감행한 이유 중 하나였을 가능성이

---

61 Silverstein 2007, ch. 4.

크다. 그러나 원정을 정기적 또는 무한한 수단으로 여기기는 어려웠다. 가잔은 셀죽 시대에 매우 중요했던 제도인 이크타(iqtā')를 변형해 이 문제를 해결하려 했다. 이는 여러 군부대에게 그들의 여름과 겨울 목초지에서 가장 가까운 토지를 할당하는 조치였으며, 적어도 의도는 그러했다. 병사들은 그곳에서 살면서 봉급 대신 토지의 생산물을 거두라는 지시를 받았다. 라시드 앗 딘에 따르면, 병사들은 이 조치를 열정적으로 환영했다. 대부분의 병사들이 농업에 종사하기를 간절히 원했기 때문이라고 한다.[62]

　　이는 얼핏 보기에 믿기 어려운 주장이며, 우리가 이것을 믿어야 할지는 쉽게 말하기 어렵다. 또한 이러한 유형의 군사적 이크타로 토지가 실제로 분배됐는지, 혹은 그랬다면 분배가 어느 정도로 이루어졌는지도 명확하지 않다. 이 모든 것을 확립하는 칙령은 날짜가 기록돼 있는데, 1304년 가잔이 사망하기 직전에 발표됐다. 이상과 같은 평가를 개혁 전체에 대해서도 동일하게 적용할 수 있다. 칙령이 우리에게 말해주는 것은 폐단이 존재했으며 중앙 정부 역시 이를 인지하고 있었다는 것이다. 그러나 그러한 개혁이 실제로 얼마나 성공했는지는 알려주지 않는다. 물론 라시드 앗 딘은 효과가 있었다고 말하지만 그의 증언은 객관적이라고 보기 어렵다. 개혁 프로그램과 가장 밀접하게 연관된 인물이 바로 그이기 때문이다. 당시의 다른 페르시아 역사가들, 특히 와사프와 함달라 무스타우피 카즈비니도 개혁에 대해 서술했지만, 라시드 앗 딘만큼 상세하지는 않다. 그들도 이 개혁 프로그램을 매우 중요하게 여겼지만,

---

62　*JT*/Rawshan, 1476-1486; Lambton 1988, 125-129; Amitai 2001.

라시드 앗 딘만큼 열광적이지는 않다. 또한 그들은 프로그램의 성공에 대해 그만큼 확신했던 것 같지도 않다.[63]

가잔이 사망하고 30년 넘게 지난 뒤, 그리고 라시드 앗 딘이 세상을 떠난 지 10년 넘게 지난 시점에 함달라 무스타우피가 남긴 기록은 주목할 만하다. 그는 훌레구 울루스 재무 행정의 감찰관 무스타우피(mustawfī)였기 때문에, 아마도 국가 수입에 관해 잘 알고 있었을 것이다. 그에 따르면, 가잔이 즉위할 당시 연간 국가 수입은 1700만 디나르였는데, 9년 뒤 가잔이 사망했을 때, 즉 그의 개혁 프로그램이 도입된 후에는 2100만 디나르로 증가했다.[64] 이는 가잔의 통치 기간 동안 연간 약 2.4퍼센트씩 증가한 것에 불과하며, 이것만 놓고 보면 대단한 업적으로 보이지 않는다. 하지만 라시드 앗 딘의 말대로 가잔의 병사들이 과세 대상이 될 수 있는 농업 활동으로 보수를 받았다면, 이는 많은 선대들이 실패한 사업을 가잔이 성공시켰음을 시사한다. 즉, 군대의 막대한 요구에도 불구하고 국가 재정을 안정시켰다는 것이다.

울제이투

가잔이 라시드 앗 딘의 도움을 받아 훌레구 울루스를 통치한 9년 동안 상황이 개선된 것 같다. 정부는 아마도 선대들 시기보다 더 효율적이었을 것이다. 몽골의 기준으로 볼 때 더 인도적인 정권이

---

63 예를 들어 Wassāf 1853, 386-391.
64 Hamdallāh Mustawfī 1919, 33.

었을 수도 있다. 하지만 페르시아에서 몽골 통치의 성격을 완전히 바꾸는 데 성공한 것은 아닌 듯하다. 그러한 변화는 그의 동생이자 후계자인 울제이투의 통치 기간(1304~1316)에 더 많이 일어났다. 이 점에 대해 우리는 조금 조심할 필요가 있다. 라시드 앗 딘이 울제이투의 치세를 기록했다고 하지만, 그것이 현존하는 것 같지는 않기 때문이다. 현존하는 것은 압둘라 카샤니의 연대기인데, 그는 자신의 저작에서 기회만 있으면 라시드 앗 딘의 성격과 행동을 비방했다. 실제로 라시드 앗 딘은 1307년 『집사』라는 제목의 방대한 역사 편찬물을 완성하고 울제이투에게 제출하는 과정에서 다른 이들(주로 카샤니)의 업적을 가로챔으로써 권력과 재산을 얻을 수 있었다.

몽골의 기준으로 볼 때, 울제이투의 통치는 꽤 평화로웠다. 그는 형이 시작한 통합 과정을 계속했다. 가잔은 재위 말에 샤 자한이라는 인물을 키르만의 총독으로 임명했는데, 그는 강직한 테르켄 카툰의 손자였다. 테르켄 카툰은 몽골의 종주권을 처음 받아들인 남편 루큰 앗 딘이 사망한 후 25년 동안 그 지방을 통치했다. 테르켄 카툰의 아들들과 손자들은 그녀가 살아 있을 때와 죽은 뒤에 그녀의 지위를 서로 차지하기 위해 다투었다. 자기들끼리 경쟁했을 뿐만 아니라 혼란을 관리하기 위해 파견된 몽골 감독관들과도 대립했다. 이로 인해 지역의 경제 활동과 농업 생산이 상당히 감소했다. 가잔의 죽음을 기회 삼아 샤 자한은 몽골의 지배에서 벗어나려 시도했다가 1305년 봄에 체포되어 처형당했다. 울제이투는 그 자리에 구르 왕조의 일원을 임명했다. 이로써 루큰 앗 딘과 테르켄 카툰의 강력한 가문을 그들의 권력 기반에서 분리시켰다. 샤 자한의 반란이 이 결정에 큰 영향을 미쳤겠지만, 테르켄 카툰의 딸 중 한 명이 차가다이의 아들 카다카이와 결혼했고 그들의 아들 날리쿠가 후에 그 칸국의 왕위에 오른 사실과도 무관하지 않다. 이런 테르켄 카툰 일족의 권력을 제거하기로 한 결정은 동부 전선에서 내부 반역 세력의 위협을 줄이는 데 도움이 됐을 것이다.

울제이투의 통치 기간에는 남부 이란과 아나톨리아에 있는 다른 지역 권력 중심들도 해체됐다. 파르스의 살구르(Salghur) 아타벡 계열은 아비시 카툰을 끝으로 막을 내렸고, 울제이투는 통치 초기에 동부 도시 헤라트 출신인 샤라프 앗 딘 마흐무드 샤를 임명해 남부 왕실 영지를 다스리게 했다. 이러한 방식을 몽골어로는 엠추(emchü)라고 했는데, 이 용어는 나중에 샤라프 앗 딘과 그의 후손들이 불릴 이름 "인주(Inju)"의 어원이 됐다. 이들은 파르스를 다스렸는데, 이 지역이 후라산 출신의 또 다른 가문인 무자파르 가문의 영토로 흡수될 때까지 통치했다. 이 가문은 훌레구 울루스 후기에 남쪽으로 이주해 지역 권력으로 부상했다. 아나톨리아에서는 1307년 룸 셀죽이 최종적으로 몰락하면서 울제이투는 여러 튀르크 공국(베일릭)의 부상에 직면했다. 이들 중 카라만 가문이 특히 위협적이었고, 울제이투는 이를 진압하기 위해 장군 초반을 파견했다. 초반은 임무를 완수했고, 울제이투의 통치 기간 내내 아나톨리아에서 강력하고 충성스러운 군사 지도자로 남았다. 그 결과 술탄은 통치 말기에 그를 총사령관(amīr al-umarā')으로 임명했다.

훌레구 울루스의 국경 너머를 살펴보자면, 1312~1313년 울제이투는 훌레구 울루스의 마지막 시리아 원정을 감행했지만 성공하지 못했다. 1314년에는 동쪽으로 진군해 차가다이 울루스의 침공을 막아내야 했다. 1307년 그는 카스피해와 접해 있는 북쪽의 길란을 정복하기 위해 많은 비용이 드는 침공을 감행했다. 이는 그때까지 독립을 유지하고 있던 이 난공불락의 지역을 자신의 영토에 편입하기 위해서였다.[65] 더 넓은 몽골의 무대에서 볼 때, 그가 통치하는 기간에 모든 몽골의 칸국이 평화와 화합을 재건하기 위해 노력했다. 적어도 울제이투는 1305년 프랑스의 미남왕 필리프에게 보낸, 어쩌다 보니 지금까지 남아 있는 몽골어 서신에서 그렇게 주장한다.[66] 하지만 실제로 이 서신은 지나치게 낙관적이었다. 이후 10년간 차가다이 울루스와 갈등 및 내부 분쟁이 지속됐고, 킵착 칸국에서 우즈벡 칸(재위 1313~1341)이 등장해 캅카스 이남의 비옥한 땅에 대한 영유권을 다시 주장했다.[67]

우리가 판단할 수 있는 한, 가잔의 개혁 프로그램은 그의 동생의 치세에 계속됐다. 라시드 앗 딘이 이 기간 내내 재상직을 유지했다는 사실이 어느 정도 연속성을 가져다주었음이 틀림없다. 하지만 라시드 앗 딘의 권세는 가잔 치하에서만큼 순탄하지 않았다. 정부 내 오랜 동료였던 사드 앗 딘 사와지는 1312년 실각해 처형됐다. 그의 후임자 타지 앗 딘 알리 샤와 라시드 앗 딘은 최악의 관계에 이르렀다. 상황이 나빠지자 울제이투는 두 재상의 책임 영역이 가능한 한 겹치지 않도록 왕국을 둘로 나누어 행정을 맡겨야 했다. 라시드 앗 딘은 중부와 남부를 맡았고, 북서부와 메소포타미아, 아나톨리아는 알리 샤에게 할당됐다.

65　Melville 1999b.

66　Mostaert and Cleaves 1962.

67　Qāshānī 1969, 146.

우리가 감사해야 할 것은 울제이투가 라시드 앗 딘의 『집사』에 관심을 가졌다는 점이다. 라시드 앗 딘은 가잔이 자신에게 의뢰하여 완성한 몽골사를 울제이투에게 헌상했고, 새로운 일 칸은 가잔을 추모하는 의미로 이 작업을 이어달라고 요청했다. 이제 라시드 앗 딘은 몽골이 만났던 모든 민족들에 대한 기록까지 포함시켜야 했다. 그 결과물이 바로 이 대작의 "세계사" 부분이다. 여기서 라시드 앗 딘은 중국인, 인도인, 튀르크인, 프랑크인 등의 역사를 서술했다. 추가된 부분은 역사적인 사실보다는 사학사적 측면에서 의의가 크다. 중국 정치사에 대한 서술을 보기 위해서 라시드 앗 딘의 저작을 찾는 사람은 없을 것이다. 다만 라시드 앗 딘은 중국의 목판 인쇄술과 지폐 등에 대해 가장 인상적인 기록을 남겼다. 그는 이런 기술들을 크게 감탄하며 이슬람 세계가 이런 기술을 본받으면 좋겠다고 생각했다. 라시드 앗 딘과 동시대 궁정 역사가였던 압둘라 카샤니의 저작들이 알려지면서, 재상이 후자의 자료를 무단으로 썼다는 점이 더 분명해졌고 카샤니 측의 격렬한 비난을 불러일으켰다.[68] 어쨌든 그 결과물인 세계사는 당시나 그 이후 오랫동안 비교할 대상이 없는 학문적 업적으로 남아 있었다. 이는 훌레구 울루스 전성기의 타브리즈와 그 주변에서 이루어진 문화 교류의 국제적 다양성을 보여주는 증거다.

울제이투가 주로 기억될 만한 점은 그가 늘 그런 것은 아니지만 일정한 순간만큼은 당시 존재하던 거의 모든 종교에 적어도 명목상으로는 속했다는 것이다. 당시의 기준으로 보더라도 그의 종

---

68 Ōtsuka 2018; Kamola 2019, 95–102.

교적 여정은 유달리 복잡했다. 울제이투는 아마도 어느 정도까지는 샤머니즘의 흔적이라고 할 만한 신앙을 가지고 있었을 것이다. 하지만 어린 시절에 그는 니콜라스라는 이름으로 세례를 받았다. 아버지 일 칸 아르군과 협상한 교황 니콜라우스 4세를 기리기 위해서였다. 그 후 그는 불교도가 됐다가, 가잔과 훌레구 울루스 엘리트 대다수가 이슬람으로 개종하자 그 뒤를 따랐다. 처음에는 수니파 이슬람을 신봉했는데, 하나피(Hanafī) 학파와 샤피이(Shāfiʿī) 학파를 차례로 선호했다. 하지만 나중에는 시아파로 전향했다.

시아파로의 전향은 평생에 걸친 종교 순례의 마지막 정착지 이상의 의미가 있었다. 시아파는 칭기스 가문의 특권과 잘 맞아떨어지는 특징, 즉 혈통에 기반한 권위에 뿌리를 두고 있다. 가잔도 아마 이 점을 인식했을 것이다. 1302년 바그다드에서 예언자 무함마드의 생물학적 혈통을 이어받은 한 사이드(sayyid)가 수니파 폭도에게 살해됐다. 가잔은 이에 대응해 사이드들에게 동정심을 표했고, 시아파에 대한 종교적 관용 정책을 선포했다. 이 조치를 취하면서 무함마드와 칭기스 칸의 선례를 모두 인용했다. 또한 그는 제국의 주요 도시들에 무함마드의 후손을 위한 종교 시설들을 건설했다.

울제이투의 통치 초기에는 이슬람이 몽골 엘리트들 사이에서 아직 보편적으로 받아들여지지 않았다. 이는 가잔의 개종이 사회 전체적으로 단일한 변화의 순간이 아니었음을 다시 한번 상기시켜준다. 카샤니에 따르면, 샤리아 학파들 간의 미묘한 차이에 대한 궁정 토론에서 몽골 장군 쿠틀룩 샤가 다음과 같이 말을 했다. 그가 이슬람에 반대한다는 것은 명백했다.

우리가 도대체 무슨 짓을 한 것인가? 칭기스 칸의 새로운 야사(자
삭)와 요순(관습)을 버리고, 70여 개의 종파로 나뉜 아랍의 옛 종
교를 받아들이다니? 이 두 가지 종파(madhhab) 중 어느 것을 선택
하든 수치스럽고 불명예스러운 행위이다. 하나는 딸과의 결혼을
허용하고, 다른 하나는 어머니나 누이와의 관계를 허용하니 말
이다. 신께서 우리를 이 둘로부터 보호해주시기를! 차라리 칭기
스 칸의 야사와 요순으로 돌아가자.[69]

이 사건 이후 울제이투는 길란 원정에서 큰 어려움을 겪었다.
심지어 번개가 내리쳐 왕족 일부가 사망하는 일까지 생겼다. 궁정
신하들이 이슬람 개종이 영혼들의 분노를 불러일으켰다고 지적하
자, 울제이투는 아미르 타람타즈에게 조언을 구했다. 타람타즈는
일 칸에게 이슬람의 여러 형태 중 시아파가 몽골의 전통과 가장 가
깝다는 확신을 주었다. 시아파는 울제이투에게 몽골의 관습과 피
지배층의 종교 사이에서 중간 지점을 제공했다.

사실, 몽골이 도착하기 전 셀죽 세계에서 시아파는 혐오의 대
상이 되어 있었다. 아바스 왕조는 파티마 왕조의 이집트와 자신들
의 영토 내 니자리 이스마일파라는 이중의 시아파 위협에 직면해
있었다. 한편 셀죽 왕조는 시아파 부이 가문을 아바스 바그다드의
용병 지휘관 자리에서 축출함으로써 부분적으로 명성을 얻었다.
셀죽 왕조는 또한 이스마일파 광신도들의 암살 위협에 직면해 있
었다. 그들의 위대한 재상 니잠 알 물크(그 자신이 니자리파의 칼날에 의

69　Qāshānī 1969, 98.

해 첫 번째 희생자가 됐다)는 수니파(특히 샤피이 학파) 마드라사에 대한 제도적 후원을 통해 시아파에 대한 동조를 억제하고자 많은 노력을 기울였다. 그의 제자 중 한 명인 아부 하미드 알 가잘리는 술탄제라는 통치 이론을 체계화했다. 이는 칼리프와 더불어 셀죽 왕조를 신이 정한 통치자로 인정하고 적대적인 시아파 계열의 왕조들을 배제하는 공간을 만들어냈다.

술탄 권력에 대한 관념들이 울제이투 시대에 다시 힘을 얻었다. 칼리프라는 제도적 틀 안에서 수니파가 교리를 독점하는 상황이 무너진 가운데, 1258년 이후 수십 년 동안 시아파는 정치철학으로서 한층 정교하게 발전했다. 이 과정에서 나시르 앗 딘 투시가 중요한 역할을 했다. 예전에 이스마일파 후원자들을 위해 글을 썼던 그는 마라가 천문대에서 철학 연구를 이어갔다. 두 명의 제자 알라마 알 힐리와 쿠틉 앗 딘 시라지는 이란 시아파 신학과 철학의 중심이 될 저작들을 남겼다. 또한 두 학자는 울제이투가 다양한 신학자들이 활동하도록 궁전에 설치한 이동식 학교에 참여했다. 이는 궁정에서 종교 전문가들 사이의 토론을 후원하는 몽골의 전통을 반영한 것으로, 적어도 뭉케 시대까지 거슬러 올라가며 훗날 무굴 제국의 악바르 대제 시대까지 이어졌다. 울제이투는 분명 종교에 호기심이 많았지만, 시아파를 발견한 것은 단순한 호사가적 관심 이상이었다. 셀죽 시대부터 발전해온 정치적 이슬람의 이론과 실천이 이 무렵 절정에 달했던 것이다. 여기에 카리스마적 권위에 대한 내륙 아시아의 전통을 가진 몽골의 존재가 새로운 활력을 불어넣었다.

일 칸의 시아파 신봉은 오늘날 페르시아에 남아 있는 가장 눈에 띄고 인상적인 몽골 시대 건축물인 술타니야의 울제이투 영묘의 기원을 설명하는 데 도움이 될 수 있다. 이 도시는 아르군 시대에 새로 건설됐다. 울제이투는 훌레구 울루스의 수도를 타브리즈에서 현대의 잔잔 남동쪽 평원에 위치한 이곳으로 옮겼다. 통치 기간 대부분 동안 새 수도를 건설하여, 1313년 또는 1314년에 완공했다. 현재는 영묘를 제외하고는 도시의 흔적이 거의 남아 있지 않다. 전하는 바에 따르면, 시아파 이슬람으로 개종한 울제이투가 알리와 후세인 같은 주요 시아파 순교자들의 유해를 새 영묘로 옮기려 했다고 한다. 당연하게도 이라크의 주요 성지 나자프와 카르발라의 주민들은 자신들의 존재 이유는 물론이고 주요 수입원을 잃을 위기에 처할지도 모르는 울제이투의 계획에 호응하지 않았다. 결국 이 영묘는 일 칸 자신의 무덤이 됐다.

하지만 울제이투가 조상들의 유목 생활 습관을 어느 정도 유지했다는 점을 고려하면, 술타니야를 정주형 국가의 수도라기보다는 그의 주요 계절 거주지로 보는 것이 더 정확할 수 있다. 그는 왕위에 오른 후 처음 5년 동안 겨울을 북쪽에서 보내며 정기적으로 타브리즈에 있는 형의 영묘를 방문했지만, 1309년부터는 가잔이 7년 전에 시작한 관행을 이어받아 바그다드 주변에서 겨울을 보내고 나자프와 카르발라에 있는 시아파 초기 가문의 무덤을 자주 찾았다. 이븐 바투타는 울제이투가 임종하며 시아파를 포기했다는 이야기를 전하는데, 믿든 믿지 않든 그의 통치는 이슬람과 몽골의 신앙 및 권력 이론을 더 강하게 통합시켰다. 이는 후대에 페르시아화한 술탄들에게서 나타나는 두 요소의 결합을 위한 토대를 마련했다.

마지막 칸, 아부 사이드

1316년 울제이투의 아들 가운데 유일하게 살아 있던 아부 사이드(몽골식으로는 부 사이드)가 12세의 나이로 아버지의 뒤를 이어 즉위했다.[70] 어린 일 칸은 첫 10년 동안 아버지의 총사령관이었던 아미르 초반의 지배 아래에 있었다. 이는 완전히 자발적인 섭정은 아니었다. 아부 사이드는 다른 아미르들과 함께 초반을 제거하려 했지만 실패했고, 초반의 지위는 1319년부터 1327년까지 확고했다.[71] 그러나 라시드 앗 딘은 그렇지 못했다. 그의 동료이자 경쟁자인 타즈 앗 딘 알리 샤의 음모가 마침내 통한 것이다. 라시드 앗 딘은 일 칸 울제이투를 독살했다는, 사실상 가능성이 없는 죄목으로 고발되어서 1318년 7월에 처형됐다. 타즈 앗 딘 알리 샤는 6년 후 죽을 때까지 페르시아 관료 중 가장 높은 자리를 유지했다. 그는 역대 훌레구 울루스 재상들 가운데 유일하게 자연사한 인물로 보인다.

대외 정책에서 아부 사이드의 주요 업적은 초반이 권력을 장악한 시기에 이집트 맘룩 정권과 60년간 벌인 간헐적 전쟁을 종식시킨 것이다. 협상은 1320년에 시작되어 1322년이나 1323년에 끝났다. 이후 훌레구 울루스의 서부 국경은 평화로웠다. 여기에 아부 사이드가 델리의 술탄 무함마드 빈 투글룩과 우호 관계를 유지한 것이 맞물렸다.[72] 그러나 궁정의 실권은 여전히 초반과 그의 가문이 쥐고 있었다. 초반 자신은 일 칸의 여동생과 결혼했고, 대부분의 지방 총독직은 그의 아들들이 차지했다. 그중 하나인 아나톨

---

70 부 사이드라는 용어에 대해서는 Minorsky 1954 참고.

71 Melville 1997.

72 Jackson 1975, 130.

리아 총독 테무르타시가 1321~1322년에 반란을 일으켰다. 하지만 그의 아버지가 직접 군을 이끌고 가서 아들을 격파하고 일 칸으로부터 아들의 사면과 복직을 받아냈다.

초반 가문의 권세는 굳건해 보였다. 그러나 1327년 무렵 아부 사이드는 더 참지 못하고 자신의 권위를 세우기로 결심했다. 초반의 몰락은 그의 두 자녀의 운명을 통해 이루어졌다.[73] 초반의 딸 바그다드 카툰이 젊은 군주의 눈에 들었지만, 초반은 그녀와 샤이흐 하산 잘라이르의 결혼을 일 칸을 위해 파기하는 것을 허락하지 않았다. 아부 사이드는 초반이 죽은 다음에야 원하는 바를 얻을 수 있었다. 일 칸과 아미르 사이에 가장 격렬한 갈등을 일으킨 원인은 초반의 아들 디마슈크였다. 디마슈크 호자는 궁정에서 오만한 인물로 부상해 재상 루큰 앗 딘 사인의 원한을 샀다. 아부 사이드가 항의했지만 초반은 아들을 제어하기는커녕 루큰 앗 딘 사인을 궁정에서 내쫓고 아들과 함께 후라산으로 떠났다. 디마슈크 호자가 오만한 행동을 계속하자 궁정 사람들 사이에 불만이 커졌고, 결국 그는 체포되어 처형됐다. 그러자 초반은 후라산에서 불확실한 반란을 일으켰다. 그는 서쪽으로 진군하면서 아부 사이드에게 전쟁 위협과 화해의 신호를 번갈아 보냈다. 결국 일 칸의 군대와 대면하자 초반의 지지자 대부분이 그를 버렸다. 초반은 헤라트의 카르트 왕조 통치자에게 피신했지만, 그는 아부 사이드의 명령으로 초반을 죽였다. 이전에 반기를 들었던 아들 테무르타시는 이집트로 도망쳤지만, 1328년 그곳에서 처형됐다.

73　초반의 죽음에 이르는 사건은 Melville 1999a, 12-28에 요약돼 있다.

초반이 몰락하는 과정에서 드러난 극적인 사건들을 통해 훌레구의 정복 이후 70년 동안 발전해온 통치 문화의 여러 역학을 볼 수 있다. 첫째, 특정 비왕족 가문들의 지속적인 중요성과 그들의 왕족 및 국정 운영과의 관계이다. 초반은 변방 지역인 아나톨리아에서 군사령관으로 두각을 나타냈는데, 이 지역에서 샤이흐 하산의 잘라이르 가문도 부상했다.[74] 이 두 군사 가문은 왕조가 붕괴한 뒤 독자적인 정치적 권위를 주장했다. 아부 사이드가 즉위할 때쯤 초반은 이미 10년 동안 왕국의 최고 군사 지도자였고, 새 일 칸의 대관식은 초반이 아나톨리아에서 돌아올 때까지 연기됐다. 그의 아들 테무르타시가 아부 사이드에 반란을 일으킨 곳도 같은 지역이었다.

그러나 아들 디마슈크 호자를 둘러싼 사건으로 위협을 받자, 초반은 자신이 초기에 경력을 쌓은 지역이 아닌, 왕조 초기부터 섭정과 후계자들의 전통적 근거지였던 후라산으로 퇴각했다. 왕자 시절의 아르군, 가잔, 울제이투는 각각 후라산과 마잔다란을 통치했고(아부 사이드도 아버지의 통치 마지막 해에 고위 아미르 세빈치의 감독 아래 그곳에 임명됐다), 아르군과 가잔은 그곳에서 훌레구 울루스의 왕위를 차지하기 위한 반란을 일으켰다. 비왕족 인물들 중에도 선례가 있었다. 가잔이 즉위 초기에 나우루즈를 동부 지방에 임명하면서 부여한 섭정직이 그것이다. 초반은 왕권을 주장하기에 역사적으로 가장 유망한 지역을 근거지로 삼으면서도, 루큰 앗 딘을 궁정에서 제거함으로써 아부 사이드와 자기 아들 사이의 갈등을 달

래려 했다. 페르시아 관리들과 몽골 군사 인물들을 모두 포함하는 궁정 파벌들의 영향력은 아부 사이드의 통치 초기에 그의 할아버지 아르군 시대만큼이나 중요하게 여겨졌다.

초반이 동부에서 모은 군대는 와해했고, 그는 사실상 독립 상태였던 도시 헤라트의 안전을 지키기 위해 그곳으로 돌아갔다. 이전의 나우루즈처럼, 그의 필사적인 시도는 실패로 끝났다. 카르트 왕조의 말릭 기야스 앗 딘이 도망친 반란자보다 훌레구 울루스 궁정에 대한 충성을 선택했기 때문이다. 초반이 단순히 차가다이나 주치의 영역으로 도망가지 않은 것은 자신이 닦아온 정치 영역 내에서 재기를 노렸기 때문이다.

초반의 몰락은 이슬람적 권위의 형식과 표식들이 훌레구 울루스 후기의 몽골 엘리트 사회에 얼마나 깊이 침투했는지를 다시 한번 보여준다. 초반은 후라산에서 아부 사이드와 대면하기 위해 행군하는 동안, 수피 샤이흐 알라 알 다울라 심나니를 중재자로 내세웠다. 심나니는 두 세대에 걸쳐 훌레구 울루스 궁정에 영향력을 행사했으며, 울제이투가 시아파로 개종할 때 이를 따르지 않기로 한 초반의 결정을 지지했다.[75] 초반이 사망한 후, 이제 술탄의 아내가 된 그의 딸 바그다드 카툰은 그의 시신을 메디나로 보내 1328년 그곳에 매장하도록 조치했다.

초반이 사망한 후, 아부 사이드는 일 칸으로서의 두 번째 10년 동안 통치와 실권을 모두 장악하고 훌레구 울루스를 상당히 효과적으로 다스린 것으로 보인다. 그의 재위 후반기의 성격에 대해 사

---

75 Melville 1996, 90; Elias 1995, 15-31.

료들은 매우 상반된 두 가지 견해를 보여준다. 한편으로는 이 시기를 훌레구 울루스의 가장 성공적인 시기 중 하나로 그린다. 아부 사이드 자신은 매우 존경받았던 것 같고, 몽골인 기준으로는 이례적으로 교양이 있었다(예를 들어 페르시아어로 시를 지었다고 한다). 그의 통치 기간에 주조된 주화는 몽골 시대의 기준이 아니더라도 매우 품질이 좋은데, 이는 경제가 번영했음을 시사한다. 이러한 안정과 번영의 이미지는 맘룩 왕국뿐만 아니라 중국의 원 황실, 델리 술탄국과의 중요한 외교적 접촉을 통해 확인된다. 아부 사이드는 이 든든한 국가 시스템을 운영하는 과정에서 알리 샤가 사망한 뒤 수상으로 임명된 기야스 앗 딘 라시디(Ghiyāth al-Dīn Rashīdī, '탁월한 라시드 앗 딘의 아들')에게 큰 도움을 받았다.

아부 사이드는 종교 면에서 아버지처럼 우유부단하지는 않았다. 정통 수니파 이슬람을 확고히 고수했기 때문에, 과거의 적이었던 이집트 맘룩 왕조는 그에게 더 수용적인 자세를 가질 수 있었다. 맘룩과 평화 협정을 맺었을 뿐 아니라 정기적으로 순례자들을 후원하고 메카와 메디나의 보수 등에 기여했다.[76] 그의 대고모 엘 쿠틀룩은 공식적인 평화 협상이 시작되기 10년 전부터 맘룩 궁정과 서신을 주고받았고, 협상이 타결되자 곧바로 하지 순례에 나섰다. 이는 몽골 왕실 여성들이 국가와 종교 문제에서 종종 중요하지만 지금까지 간과된 역할을 했음을 보여준다.[77]

아부 사이드는 종교 면에서도 관용적이었던 것으로 보인다.

---

76 Melville 1992.

77 Brack 2011.

예를 들어 1318년 교황청은 술타니야에 대주교구와 그에 속하는 교구들을 설립했고, 이후 베네치아와 체결된 무역 조약 중에는 훌레구 울루스에 기독교 예배당 건설을 허용하는 내용도 있었다.[78] 라틴 기독교인들에 대한 관용과 맘룩과의 새로운 화해 정책은 금장 호르드로부터 중요한 자원을 빼앗기 위한 양면 전략이었다. 아부 사이드는 맘룩과 조약을 맺어 서부 초원에 대한 노예 무역 의존도를 줄일 수 있게 해주었고, 이탈리아의 상업국가들과 유대를 강화함으로써 흑해에서 활동하던 그들을 주치 울루스의 곡물 시장에서 떼어내어 타브리즈를 경유하는 사치품 시장으로 끌어들이려 했다. 아부 사이드는 통치 기간 내내 금장 호르드와의 관계가 좋지 않았다. 초반이 실각하기 전에 길에서 싸운 적 있었는데, 아부 사이드는 재위 말기에 금장 호르드의 지배자 우즈벡이 이란 북부 지역에 대한 소유권을 다시 한번 주장하자 이에 맞서기 위해 진격했다. 그런데 이 원정 길에서 1335년 사망했다.

다른 한편, 아부 사이드 궁정 내부에서 작성된 연대기들은 그의 통치 후반기를 매우 다르게 그리고 있다. 이 기록들은 이 시기를 초반, 잘라이르 등 여러 몽골 아미르 집단 간의 파벌 다툼으로 점철된 통치기로 묘사한다. 이 갈등이 점차 깊어지다가 일 칸이 원정을 떠난 사이에 왕국이 무너질 수밖에 없는 지경까지 이르렀다는 것이다.[79] 이러한 관점을 보여주는 예로, 초반의 딸이자 논란이 됐던, 아부 사이드의 부인 바그다드 카툰이 남편이 사망하고 몇

---

78   이란 안에 있는 라틴 교회에 대해서는 Jackson 2018, 242-248 참고.
79   Melville 1999a.

제1권 정치사

달 뒤 처형된 사실을 들 수 있다. 그녀는 우즈벡 칸과 비밀리에 연락하고 아부 사이드를 독살했다는 두 가지 혐의로 처형됐다. 아부 사이드 시기를 그토록 잔혹한 시각으로만 보는 것은 설득력이 떨어진다. 그의 통치 기간이 이전의 여러 일 칸들의 시대보다 더 혼란스러웠다고 보기는 어려우며, 오히려 일반적으로 칭송받는 삼촌 가잔의 시대보다는 덜 혼란스러웠을 수도 있다. 유명한 모로코 출신의 여행가 이븐 바투타가 아부 사이드 통치 기간에 페르시아를 방문했다. 1327년에 도착한 그는 초반의 몰락에 대해 서술했다. 이븐 바투타는 왕국을 괴롭히던 파벌 문제를 분명히 알고 있었다. 그러나 그의 기록을 본 우리는 훌레구 울루스는 매우 번영하는 왕국이라는 인상을 받는다. 이븐 바투타는 비교 대상의 범위가 넓었는데, 그의 말대로라면 이슬람 세계의 거의 모든 지역과 일부 비이슬람 세계까지 여행했기 때문이다.[80]

연대기에 기록된 내용이 주로 대립, 반란, 파벌 다툼에 집중된 것은 사실이다. 그러나 이는 당시의 실제 상황보다는 그 사료들의 성격에 대해 더 많은 것을 말해준다고 볼 수도 있다. 우리에게는 주베이니, 라시드 앗 딘, 와사프의 초기 작품들과 비교할 만한 페르시아 사료가 더는 없다. 심지어 그보다 수준이 낮은, 카샤니가 쓴 울제이투의 역사서와 비교할 만한 것도 없다. 이들 저자들은 저마다 결점이 있긴 했지만, 아부 사이드의 통치기를 다룬 저자들과는 달리 폭력적 사건들의 표면 아래를 들여다보려 했다. 덜 명확하지만 어느 정도 진실을 담고 있어 보이는 입장은, 몽골 지배층이 페

---

80 Baṭṭūṭa/Gibb, ch. 6.

르시아에서 80년 가까이 지낸 후 일종의 정체성 위기를 겪고 있었다는 것이다. 이슬람 땅에서 무슬림이 되어 토착 전통을 계승한 페르시아 관료들과 협력해 통치하는 상황에서, 몽골인으로서의 정체성이란 무엇인지 의문이 제기됐을 수 있다. 이러한 상황에서 몽골인이라는 것은 무엇을 의미했을까?[81] 초반, 잘라이르, 파르스의 인주 총독과 같은 비왕족 가문들, 그리고 아르다빌의 샤이흐 사피 앗 딘이나 사브자바르 주변의 수수께끼에 둘러싸인 아르바다르 지역의 종교 권위자들의 영향력이 커진 것은, 1335년 즈음에는 칭기스 일족의 신비한 권위가 상당히 떨어졌음을 보여준다. 아부 사이드의 죽음이 다른 대안이 떠오를 가능성이 없는, 정치적 정통성 모델의 파국적 종말이라고 볼 수는 없다. 오히려 오직 칭기스 칸의 혈통이라는 상징에 대한 독점권만을 가지고 있었던 가문의 소멸이었다고 할 수 있다.

이 모든 것을 생각해볼 때, 아부 사이드가 후계자 없이 죽은 것이 결정적이었다. 칭기스 일족의 권위가 유일한 것은 아니었지만, 여전히 강력한 정통성의 근거 중 하나였다. 이는 이란, 인도, 중앙아시아에서 수 세기 동안 튀르크-몽골 통치자들의 상상력을 자극하는 요소로 계속 작용했다. 훌레구의 직계 남성 후계자가 있었다면, 1335년 이후에도 훌레구 울루스가 지속되었을 것이라고 짐작할 수도 있다.[82] 사람들이 받아들일 만한 후계자를 찾으려는 시도가 있었지만, 가잔이 1295년에서 1297년 사이에 자신의 가계

---

81 Melville 2016.
82 Morgan 2009.

도를 피로 물들이며 정리한 탓에 선택의 여지가 적었고, 남아 있던 이들은 가잔이 필사적으로 정당화하려 했던 부계 혈통에서 많이 벗어나 있었다.

아부 사이드 사망 후 벌어진 후계자 문제에 대한 논쟁과 협상은 최근까지 거의 알려지지 않았으나, 기야스 앗 딘 라시디가 쓴 서신에 그 상세한 내용이 기록돼 있다. 이 서신은 '사피나-이 타브리즈(Safīna-i Tabrīz)'라고 알려진 주목할 만한 사본의 일부로 보존돼 있으며, 이에 대해서는 이 장의 후반부에서 논의할 것이다. 기야스 앗 딘이 긍정적인 기대를 가지고 추천한 후계자는 칭기스 칸의 후손이지만 훌레구의 직계는 아닌 아르파 케운이었다. 이 시도는 성공하지 못했고, 그 결과 아르파와 기야스 앗 딘 모두 목숨을 잃었다. 여러 아미르들이 다른 칭기스 일족을 명목상의 통치자로 잠시 옹립했지만, 그 누구도 오래가지 못했다. 훌레구 울루스는 권력과 추종 세력을 보유하고 우월한 지위를 쟁취할 수 있었던 아미르들로 사실상 분열됐다. 이들 중 가장 강력했던 세력은 아부 사이드의 초기 섭정이었던 초반의 후손들과 잘라이르 아미르 일가 노안의 후손들이었다.[83] 초반 가문은 수도 지역인 아제르바이잔을 장악했고, 잘라이르 가문은 일 칸들의 제2의 도시 바그다드에서 이에 대항하는 조정을 세웠다.

일 칸 왕조가 사라지자 여러 변경 지역의 가문들도 독자적인 길을 모색하기 시작했다. 파르스 지방에서는 울제이투가 남부의 왕실 영지를 다스리도록 임명했던 인주 가문이 주권을 주장했

---

83 일 칸-초반-잘라이르 정권의 권력 연계에 대해서는 Wing 2016, 63-73 참고.

다. 이들은 정교한 삽화가 그려진 책들을 제작했는데, 14세기 내내 시라즈가 서적 예술의 중심지로 자리매김하는 데 큰 영향을 미쳤다.[84] 하지만 인주의 통치는 오래가지 못했고, 파르스는 1357년 무자파르 왕조 국가에 흡수되고 말았다.

일 칸의 칭호를 마지막으로 사용한 몽골인은 후라산 지역에 있던 인물로, 그는 그 지역 몽골 주둔군의 지지를 받았다. 그는 칭기스 칸의 형제 주치 카사르의 후손 토가 티무르였는데, 1353년 특이한 준(準)시아파 지방 왕조인 사르바다르의 계략에 빠져 살해됐다. 정치적 분열과 불안은 수십 년 후 동방에서 온 또 다른 침략자 티무르(서양 작가들에겐 "태멀레인(Tamerlane)"으로 알려진 인물)에 의한 유혈 사태로 일대가 통일될 때까지 지속됐다. 몽골 통치가 붕괴한 뒤 벌어진 일들을 고려하면, 후대에 아부 사이드와 그의 통치에 대한 평판이 높았던 것은 어쩌면 당연한 일이었다. 한 연대기 작가가 말했듯이, "그의 통치 시기는 몽골 지배 기간 중 최고의 시기였다."[85]

몽골 지배의 인구학적 및 경제적 영향

아부 사이드가 죽고 불과 몇 년 뒤인 1340년경, 함달라 무스타우피 카즈비니는 아래와 같은 유명한 글을 남겼다.

과거의 토지 비옥도와 현재의 황폐화 상태를 비교해보면, 이는

---

84 Wright 2012.

85 Aharī 1954, 149(원문), 51(번역문).

몽골의 침입과 그 시기에 일어난 대규모 학살의 결과임을 알 수 있다. 더욱이 앞으로 1000년 동안 이 나라에 어떠한 재앙도 닥치지 않는다 해도, 과거의 피해를 완전히 복구하고 이 땅을 예전의 상태로 되돌릴 수 없으리라는 점은 의심의 여지가 없다.[86]

이와 같은 증언 그리고 몽골에 고용된 페르시아 관리들의 역사서와 지리서에 나타난 유사한 기록들을 바탕으로, 몽골의 중동 지역 통치를 재앙으로 볼 여지도 있다. 실제로 많은 이들이 이러한 견해를 취했는데, 근대 초기 학자들뿐만 아니라 최근의 정치인들도 마찬가지였다. 사담 후세인과 오사마 빈 라덴은 각각 이라크에 대한 미국의 개입을 훌레구의 도래에 비유했다. 그러나 사실 함달라 무스타우피의 주장에는 근거가 부족했다는 점을 기억해야 한다. 그는 서로 다른 두 시기의 화폐 체계를 비교하며 아마도 자신이 본 역사적 기록을 당시의 화폐 체계에 적용하여 과거의 번영 상태를 상상했을 가능성이 크다.

21세기 초 일부 옹호론자들의 노력에도 불구하고, 몽골의 침략에 대해 1차 사료들이 전하는 파괴의 실상을 부정할 만한 타당한 근거는 없어 보인다. 파괴와 인명 피해의 규모가 막대했다는 점은 의심의 여지가 없다. 그렇다고 해서 우리가 사료에 적힌 숫자들을 신뢰할 만한 통계로 받아들일 의무가 있다는 뜻은 아니다. 예를 들어 (델리 술탄국의 안전한 피난처에서 집필한) 당대 역사가 주즈자니가 전하는 바에 따르면, 몽골이 헤라트를 점령했을 때 240만 명이 사

---

86 Hamdallāh Mustawfī, tr. Le Strange, 1919, 34.

망했다고 한다. 하지만 2세기 전 셀죽의 침략에 대해 연대기 작가들이 말한 내용과 비교해보면, 중세 연대기 작가들이 항상 과장한다고 단정 짓기는 어렵다는 점을 알 수 있다. 셀죽 시대에 대해서는 수백만 명의 사망자 수가 언급되지 않는다. 몽골의 침략에 비견할 만한 사건은 분명 이전에는 없었다. 이러한 수치들은 정확한 집계의 결과가 아니라 깊은 충격의 증거다. 훌레구 울루스 말기에 활동한 함달라 무스타우피의 기록보다 더 유명한 것은 아랍 역사가 이븐 알 아시르의 언급이다. 그는 칭기스 칸의 초기 침략 이후 트란스옥시아나와 후라산 지역에 대해 이렇게 말했다.

> 전지전능하신 알라께서 아담을 창조한 이래 지금까지 인류가 이와 같은 재앙을 겪은 적이 없다고 만약 누군가가 말한다면, 그것은 사실일 것이다. 역사책에는 이와 유사하거나 근접한 사건조차 없다. 아마도 인류는 곡과 마곡의 재앙을 제외하고는 세상이 끝나고 이 삶이 끝날 때까지 다시는 이런 대재앙을 보지 못할 것이다.[87]

셀죽의 침략과 몽골의 침략의 주요한 차이점은 다음과 같아 보인다. 셀죽인들은 이미 1세기 동안 이슬람 세계의 경계에서 살아왔고, 그러면서 이슬람으로 개종한 상태였다. 따라서 그들은 자신들이 직면한 세계를 알고 이해하고 있었다. 반면 몽골인들은 그렇지 않았다. 몽골인들은 너무 빠르게 들이닥쳐 그들이 공격하는

---

87 Ibn al-Athīr 2008, 202.

　　　　제1권 정치사

사회를 즉시 이해할 수 없었다. 도시와 농업 경제의 가치를 빠르게 깨달았지만, 그때는 이미 많은 피해가 발생한 뒤였다.[88] 이전에는 가축 떼를 먹이는 데 농경지가 필요하지 않았고, 유목민들이 살 도시가 필요한 것도 아니었다. 칭기스 칸의 침략은 영구적 점령을 위한 계산된 침공이라기보다는 호레즘 샤를 응징하기 위한 징벌적 원정에 가까웠다. 이 초기 침략으로 인한 피해는 이후 훌레구의 왕조 국가 경제에까지 심각한 타격을 입혔다.

훌레구 울루스는 도시와 농업 경제가 번영했던 오랜 역사를 지닌 지역에 걸쳐 있었지만, 몽골 초기의 군사 활동으로 큰 혼란에 빠져 있었다. 칭기스 칸은 마흐무드 얄라바치를 처음에는 가즈나의 총독, 그다음에는 트란스옥시아나의 지방 행성 책임자로 임명하면서 이 지역에 대한 새로운 민정을 구축하기 시작했다. 바하 앗딘 주베이니는 호레즘 샤 정권에서 쌓은 상당한 경험을 새로운 직책에서 발휘했다. 그 이후 수많은 인물이 1220년대의 충격에도 불구하고 경제를 안정시키기 위해 노력했다. 그들의 성과는 엇갈렸고 최종 결과는 모호했다. 함달라 무스타우피는 칭기스 칸의 침략으로 인한 지속적인 피해를 한탄하면서도, 다른 한편으로는 후기 훌레구 울루스의 번영을 찬양했다.

하지만 이 모든 것을 고려하더라도, 초기 몽골의 파괴적 영향과 그 이후의 통치 성격, 특히 훌레구가 자신과 후계자들을 위해 영구적인 왕국을 수립한 이후의 통치 성격을 구분할 필요가 있다.[89]

---

88 Fletcher 1986.
89 Jackson 2017, 417-418의 설명 참고.

여기에도 전통적인 견해가 있는데, 이 역시 대부분 몽골 훌레구 울루스 내부의 증언, 특히 라시드 앗 딘의 위대한 저작 『집사』에 기반을 두고 있다. 그는 이 국가에 관하여 주요하고 가장 설득력 있는 당대 권위자로 남아 있다. 하지만 우리가 본 바와 같이 그에게는 목적이 있었다. 가잔 이전 시기를 매우 암울한 색채로 묘사함으로써, 적어도 부분적으로는 자신의 주군 가잔 칸의 업적을 찬양하는 것이었다. 가잔과 신하들의 노력이 어느 정도 효과를 거둔 것은 분명하지만, 아마도 복구할 수 없는 피해도 있었을 것이다.

이러한 피해는 몽골의 침략과 함께 이란에 유입된 많은 수의 튀르크-몽골 유목민들로 인해 더욱 악화됐다. 이는 토지 이용과 지역의 인구 구성에 불가피한 영향을 미쳤다. 아마도 몽골 군대에는 튀르크인이 몽골인보다 훨씬 많았을 것이다. 사실, 셀죽 시대에 온 것보다 훨씬 많은 중앙아시아 출신 튀르크인이 몽골 통치하에 페르시아에 정착한 것으로 보인다. 그 결과 지속된 것이 하나 있는데, 현대 이란의 유목 인구가 중동의 다른 어느 곳에서도 찾아보기 힘들 정도로 중요한 역할을 유지했다는 점이다.

지역 농업 경제가 몽골 시대를 힘겹게 버텨냈다면, 장거리 무역은 이 시기에 확장기를 맞았다. 몽골 제국은 전통적인 "실크로드"의 거의 전체를 아우르고 있었다. 하지만 아시아 대륙을 가로지르는 이러한 육로 교역은 인도 주변 바다를 이용한 더 빠르고 비용 효율적인 해로에 밀려 이미 쇠퇴한 상태였다. 몽골 통치하에서 동아시아와 서아시아 간의 무역은 육로와 인도양에서 모두 활발했다. 부분적으로는 몽골이 이란을 약탈했기 때문에 호르무즈가 인도양 시장으로 들어가는 주요 중계항으로 부상했다.[90] 몽골 시

   제1권 정치사

대 동안 아라비아산 말이 페르시아만을 통해 동쪽의 인도로 이동했고, 중국의 은이 서쪽으로 흘러들어 오랫 동안 비어 있던 이슬람 세계의 금고를 채웠다. 그 중간에 위치한 인도는 양쪽의 톨루이계 국가들과 무역을 하며 혜택을 받았다.[91]

육로는 사람과 상품을 이동시키는 능력이 뛰어난 국가의 지배 아래 다시 통합됐다. 이 국가는 다양한 사회에서 온 상인들과 긴밀한 관계를 발전시켰으며, 동아시아와 서남아시아의 수도들을 이 역사적인 무역로와 가까운 북쪽으로 이동시켰다. 이로 인해 "실크로드" 활동의 후기가 열렸는데, 프란체스코 페골로티가 쿠빌라이의 수도로 여행하는 상인들을 위해 쓴 안내서가 당시의 변화를 잘 보여준다. 주치 울루스가 아제르바이잔에 대한 권리를 주장한 배경에는, 표면적으로 아제르바이잔 지역이 유목 목축민들에게 주는 이점만큼이나 타브리즈가 위와 같은 상업 중심지가 된 상황도 작용했을 것이다.[92] 타브리즈는 일 칸의 지배 아래 국제적 상업 중심지가 되어 국가 경제를 강화하고, 라시드 앗 딘의 세계사와 같은 작품의 탄생을 가능케 한 국제적 문화를 육성했다.[93] 이것이 몽골의 정책 덕분인지는 불확실하다. 프랑크인 십자군 국가들의 쇠퇴로 지역 분쟁이 무역에 미치던 장애가 제거된 것도 한 요인이었기 때문이다. 한편 4차 십자군원정 이후 흑해에서 라틴 세력의 영향력이 확대된 결과 이탈리아 상인의 입지가 강해졌고 이는 타브

---

90   Kauz 2006.

91   Yokkaichi 2009.

92   Ciocîltan 2012, 42–55.

93   Pfeiffer 2014.

리즈의 번영을 더욱 촉진시켰다.

앞서 언급했듯이, 흑해에서 활동하는 이탈리아 상인들은 타브리즈의 사치품 시장과 금장 호르드의 곡물 무역항이라는 두 가지 선택지를 가졌다. 1335년 이후, 초반 가문은 일 칸들보다 상인들에게 더 적대적이었고, 사치품에 대한 욕구보다 곡물에 대한 필요가 더 컸다. 이로 인해 14세기 내내 이탈리아 상인들은 이란에서 멀어졌다. 이러한 곡물 중심의 무역과 유럽-몽골 세계 간 교역의 전반적인 축소는 몽골이 범아시아 무역로를 장악함에 따라 초래된 또 다른 결과와 직접적으로 연관돼 있었다. 바로 흑사병으로 알려진 페스트균의 전파였다. 1353년에 글을 쓴 조반니 보카치오는 이 질병의 근원이 "동방의 어딘가"에 있다는 것을 이미 알고 있었다. 페스트는 수십 년 동안 이란과 금장 호르드의 영토에 계속 영향을 미쳤다.[94] 이러한 직접적인 영향과 더불어 그 후의 무역 감소, 여기에 초기 몽골의 침입이 이 지역의 농업 생산에 미친 장기적 영향이 결합되어 중동은 경제적으로 어려운 상황에 놓였다. 이는 유라시아의 다른 지역들에 비해 중동 지역이 장기적으로 정체되는 데 영향을 미쳤다.

몽골 지배의 문화적 영향

이븐 알 아시르가 칭기스 칸의 초기 정복 과정에서 일어난 폭력에 대한 충격을 표현한 글의 조금 더 긴 버전이 있다고 가정하면, 그

---

94 Fazlinejad and Ahmadi 2018; Schamiloglu 2017.

끝에 "이슬람의 부고"를 써야 한다는 그의 탄식이 포함됐을 것이다. 결과적으로 이러한 두려움은 근거 없는 것으로 밝혀졌다. 이븐 알 아시르는 몽골 정복의 가장 극적인 사건, 즉 바그다드에서 마지막 아바스 칼리프가 살해당한 사건보다 25년 앞서 사망했다. 그가 아바스 칼리프 살해를 알았다면 분명 자신의 표현을 누그러뜨리지 않았을 것이다. 그러나 종교로서 그리고 문화적 틀로서의 이슬람은 훌레구 울루스 시대를 거치면서도 살아남아 더욱 뻗어나갔다. 1295년 가잔의 개종은 왕가와 이슬람 신앙 사이에 공식적인 관계가 성립했음을 의미했지만, 이 동맹은 결코 단면적인 것이 아니었다. 최초의 세 명의 무슬림 일 칸인 아흐마드 테구데르, 가잔, 울제이투가 신앙을 표현한 방식은 아마도 후기 아바스 시대였다면 비난받았을 것이다. 경청한 정도의 차이는 있지만 그들은 카리스마 있는 수피 세이흐들을 받아들였고 예언자의 혈통에 대한 존경심을 표현했는데, 이는 시아파의 입장에 가까웠으며 울제이투 치하에서는 실제로 시아파가 됐다.

마지막 칸인 아부 사이드에 이르러서야 우리는 엄격한 수니파 일 칸을 볼 수 있지만, 그의 예는 이후 페르시아 문화권 역사에서 보면 일반적이지 않은 일이었다. 몽골 제국이 성립하면서 수피 종단의 지도자들이 궁정에서 주요 대화 상대로 등장하기 시작했다. 이러한 경향은 중앙아시아에서 가장 두드러졌는데, 수피즘이 몽골인들을 이슬람으로 이끄는 데 이란보다도 더 큰 영향을 미쳤다. 그러나 가잔과 특히 울제이투가 왕위에 오르기 전에 동부 이란의 통치자로서 중앙아시아 국경 지역을 경험한 덕분에 "신의 제멋대로인 친구들"의 정치적 영향력이 서쪽으로 확산됐다.[95]

수피즘은 왕실의 정통성을 확립하는 기반으로서 당연하게도 아르다빌의 사파비 가문에서 가장 철저히 구현됐다. '사파비'라는 왕조 이름의 기원이 된 사피 앗 딘은 마지막 세 명의 일 칸 궁정에 자주 모습을 드러냈고, 그의 종단은 북부 이란의 새로운 정치 중심지와 지리적으로 가깝고 개인적 연줄도 있어서 확실히 혜택을 받았다. 칭기스 칸의 후손들이 시아파도 받아들였다는 사실은 몽골의 통치로 인해 이슬람을 표현하는 새로운 길이 열렸음을 보여주는 또 다른 증거다. 몽골이 오기 전에는 부야 왕조 시대 이후 아바스제국에서 시아파의 신학과 철학 사상은 지지를 받지 못했다. 셀죽 시대에 탄압이 심해지면서 시아파의 사변적 저술은 이스마일파가 지배하는 일부 지역에서만 제한적으로 이루어졌다. 나시르 앗 딘 투시는 상당한 시간 동안 그곳에서 후원을 받았으며, 이후 자신의 박학다식한 학문 체계를 몽골의 후원 아래로 가져왔다.

앞서 언급했듯이, 투시와 그의 제자 쿠틉 앗 딘 시라지와 알라마 알 힐리는 훌레구 울루스의 후원을 받으며 활동했다. 투시와 시라지는 조명주의 신지학(Illuminationist theosophy)의 체계화에도 기여했다. 조명주의 신지학의 창시자 시하브 앗 딘 수라와르디 알 막툴은 1191년 살라 앗 딘 유수프(살라딘)의 처형 명령을 받았고 이후에도 엄중한 탄압을 당했지만, 몽골이 만든 환경에서는 기존의 셀죽-아바스 동맹의 획일적인 교리 한계에서 벗어난 새로운 활동 공간을 찾았다.

몽골의 경험은 훌레구 울루스 밖에 있던 이슬람 학문에도 영

---

95 Karamustafa 1994, 56-59.

향을 미쳤다. 라시드 앗 딘은 그의 후원자들이 이집트 맘룩 왕조
와 벌이는 지속적인 전쟁을 정당화하기 위해 지하드 개념에 대한
설명을 시도했다.[96] 그와 훌레구 울루스는 중세의 가장 중요한 무
슬림 학자 중 한 명인 이븐 타이미야(1263~1328)의 신랄한 비난에
직면했다. 이븐 타이미야의 신앙, 권위, 전쟁에 관한 가장 격렬한
주장들은 대부분 동쪽의 새로운 몽골의 위협에 대응하기 위해 쓰
였지만, 후대에 한발리(Ḥanbalī) 학파의 중심 교리가 됐고, 무함마드
이븐 압둘 와하브(1703~1792)의 근본주의 개혁 운동을 포함한 사
상에도 큰 영향을 미쳤다.

　이슬람 신학과 철학을 넘어서, 훌레구 울루스 시대는 동방 이
슬람 세계의 다양한 문화적 표현이 발전하는 중요한 전환점이 됐
다. 이는 몽골의 존재로 인하여 가능했던 측면도 있지만, 다른 한
편으로는 몽골의 등장에도 불구하고 그런 전환점이 됐다고도 말
할 수 있다. 학자들이 자주 인용하는, "티그리스강이 피로 붉게 물
들고 서기들의 잉크로 검게 물들었다"는 표현에도 불구하고, 바그
다드는 정복의 먼지가 가라앉자마자 경제와 문화의 중심지로 다
시 부상했다. 라시드 앗 딘은 갈렌과 이븐 시나가 지배하던 지역
문화에 중국 의학 이론을 통합하려 했는데, 이러한 새로운 문화적
시도들은 받아들여지지 않는 경우도 있었다.[97] 그러나 다른 분야
에서는 그 영향이 상당했다. 라시드 앗 딘의 세계사를 시작으로,
우리는 셀죽 군사 연맹을 구성했던 오구즈 튀르크 부족의 전설적

96　Krawulsky 2011, 87–118.

97　Berlekamp 2010.

조상 오구즈 칸에 대한 계보 신화를 볼 수 있게 됐다.[98] 이런 신화
들은 특히 아나톨리아 지역에서 오래 지속됐는데, 오스만 제국과
같은 비(非)칭기스 계열 지배자들, 즉 베이(bey)들에게 계보적 정통
성을 제공했다.[99]

과거에 대한 보다 심층적인 해석 모델은 훌레구 울루스가 멸
망하고 수십 년이 지난 뒤 이븐 할둔(1332~1406)의 저술에서 나타
났다. 유목민 친족 네트워크가 새로운 국가 창출의 강력한 원동력
이 되었다는 그의 이론은 자신의 고향인 북아프리카의 베르베르
국가들에 대한 친숙함을 바탕으로 한 것이다. 그러나 몽골 제국과
훌레구 울루스에 대한 지식이 그의 확신에 영향을 미쳤음이 분명
하다. 특히 의식적으로 몽골식 국가를 부활시키려 했던 티무르와
의 개인적 교류를 고려하면 더욱 그렇다. 실제로 13세기부터 19세
기에 이르기까지 이란에서 권력을 잡은 모든 왕조의 배경에는 튀
르크-몽골 유목 전통이 자리 잡고 있었다. 셀죽의 침입이 이들 왕
조와 군대의 생물학적 기반을 제공했지만, 치명적으로 분열된 셀
죽 제국보다 훌레구 울루스가 단일 부계 술탄국에게 훨씬 더 매력
적이고 지속 가능한 모델이 됐다.

몽골 지배하의 페르시아 문화생활의 활력을 보여주는 가장
설득력 있는 증거가 최근에 발견되었다. 앞서 언급한 이 대형 사본
은 최근에는 영인본 형태로 공간됐는데, 209개의 개별 작품을 담
고 있으며 3분의 2는 페르시아어, 나머지는 아랍어로 쓰였다. 이

---

98 Kamola 2015.
99 Binbaş 2010.

작품들은 1321년에서 1335년 사이 아부 사이드의 통치 기간 동안 페르시아 문인 아부 알 마지드 타브리지가 타브리즈에서 수집했다. 이 편집본은 "타브리즈의 배"라는 뜻의 사피나 이 타브리즈라고 불린다. 사본 연구자들에 따르면 아래의 주제들이 이 사본에 포함돼 있으므로, 그 주제 목록을 전부 소개하는 것이 의의가 있을 것이다.

> 예언자의 전통, 윤리와 신비주의, 법학, 스콜라 신학, 주석 문학, 역사, 운문 찬사, 어휘학, 문법, 문학 비평, 철학, 서사시와 교훈시를 포함한 문학 텍스트, 종교와 종파 개관, 천문학과 점성술, 지리 점술, 광물학, 수학, 의학, 서간문과 유언장, 행정 문서, 시 모음집, 4행시 모음집, 페르시아어 및 2개 국어 사전, 음악, 우주지리학과 지리학, 그리고 여러 개별 시인들의 작품 모음집.[100]

사피나 문서에 대한 연구는 아직 본격적으로 시작되지 않았지만, 지금까지 알려진 바로는 훌레구 울루스 통치 후반기 동안 몽골 페르시아의 주요 도시에서 "문명"이라고 부를 수 있는 것이 번성했음은 분명하다.

훌레구 울루스 시대의 문화적 업적 가운데 연구가 잘 된 분야는 사본 장식과 회화이다. 몽골 정복 이전의 수십 년 동안, 책의 삽화들은 과학적 도해(천문 성좌, 약물학 설명서, 자동 장치 도표 등)의 영역을 넘어 서사적 장면과 헌정의 내용을 담은 표제지 등으로 확장됐

---

100 Seyed-Gohrab and McGlinn 2007, 17.

다. 훌레구 울루스 시기에 사본 채색화가 크게 발전했는데, 여러 요
인이 있을 것이다. 책의 후원자들은 아랍어와 페르시아어가 외국
어인 새로운 지배 엘리트들에게 이 작품들의 교훈을 전달해야 할
필요성을 느꼈을 것이다.[101] 몽골인들 자신도 모든 매체에서 장식
예술에 대한 수요를 창출했을 수 있으며, 그들이 제어하는 부와
자원을 집중시켜 이러한 사치스러운 제작이 가능한 여건을 조성
했을 것이다. 이 시기에 만들어진 알 비루니의 『고대 민족의 연대
기(*Chronologies of Ancient Nations*)』 삽화본은 몽골의 존재로 인해 제기된
민족지학, 국가 정체성, 종교에 관한 당대의 관심사를 반영하고 있
다.[102]

사본 채색화의 발전에는 외부 영향도 중요하게 작용했다. 중
국, 유럽, 인도의 예술과 예술가들, 그리고 기술이 이 지역으로 유
입됐기 때문이다. 이러한 외국의 영향은 훌레구 울루스 후기의 가
장 유명한 두 사본에서 분명히 드러나는데, 라시드 앗 딘의 『집사』
의 단편적 아랍어 사본, 그리고 현재 여러 곳에 흩어져 있는 피르
다우시의 서사시 사본인 이른바 "대몽골 샤나메"가 그것이다. 이
두 작품은 수도 타브리즈에서 제작됐다. 전자는 라시드 앗 딘의 필
사실에서, 후자는 아마도 왕조 말기의 혼란과 연관 있는 누군가
에 의해 만들어졌을 것이다.[103] 이렇게 삽화가 풍부한 역사 사본들
은 훌레구 울루스 왕조의 특징이 됐고, 1335년 이후 정통성 경쟁
을 벌였던 다른 궁정들도 이 관행을 채택했다. 인주 왕조의 시라즈

---

101 Blair 1993.

102 Hillenbrand 2016.

103 Blair 1995; Grabar and Blair 1980.

   제1권 정치사

에서 제작된 샤나메 사본들은 대몽골 샤나메 프로젝트에 대한 반응으로 보이며, 인주 왕조 치하에서 시라즈는 삽화는 물론이고, 특히 장식 기법을 선도하는 혁신의 중심지가 됐다.[104] 바그다드에서는 잘라이르 왕조가 훌레구 울루스의 책 제작 관행을 이어갔고, 이란 북부의 지배권을 놓고 그들과 경쟁했던 투르크멘 집단들도 그렇게 했다. 이러한 경쟁적인 후원 프로그램들은 15세기 초 티무르 조정에서 절정에 달했다. 그곳에서는 왕조 간 경쟁이 부분적으로 역사서 의뢰를 통해 이루어졌는데, 여기에는 샤나메와 라시드 앗 딘의 작품 사본뿐 아니라 새로운 후원자들을 위해 쓴 새로운 텍스트도 포함됐다.[105]

중국 장식 예술의 영향은 삽화본을 넘어 아바카의 여름 궁전 타흐티 술레이만의 타일 작업에서도 볼 수 있다. 앞서 설명했듯이, 이곳에는 이란 왕들의 부조 장식과 함께 중국 모델에서 가져온 용과 봉황 이미지가 새겨진 한 쌍의 주조 타일들이 배치됐다. 이 중 일부는 라즈바르디나(lajvardina)라는 새로운 유약 기법으로 만들었다. 코발트 광석에서 추출한 짙은 청색 유약 위에 금을 입히는 기법이다. 훌레구 울루스의 동부 지역에서 채굴된 코발트는 일 칸의 사촌 왕조 원에서 청화백자의 등장을 촉발시켰다. 또한 술타니야의 영묘를 본 사람이라면 누구나 몽골인들이 파괴 기술뿐만 아니라 인상적인 건축 능력도 갖추었다는 증거를 목격했을 것이다. 문화 전파가 술타니야에서 시작해 서쪽으로 계속 이어졌을 가능성

---

104 Wright 2012.
105 Binbas 2016, 165-198.

도 있다. 일부 학자들은 술타니야 영묘의 이중 돔 구조가 1세기 후 브루넬레스키가 설계한 피렌체 대성당의 돔에 영향을 주었을 것이라고 믿는다.[106] 당시 훌레구 울루스의 아제르바이잔에는 이탈리아인이 많았기 때문에 그들이 페르시아 돔의 설계를 보고 그 지식을 고국으로 가져갔을 가능성이 충분히 있다. 이처럼 현재 확인된 바에 따르면, 역사 서술, 지리학과 지도 제작, 농업, 요리, 천문학, 인쇄술 등 다양한 분야에 걸쳐 문화 전파가 이루어졌다.[107] 교류의 대부분은 같은 계통의 제국 가문이 통치하던 페르시아와 중국의 몽골 왕국들 사이에서 일어났다. 비록 중국에서 페르시아로 향하는 것이 주를 이루긴 했지만, 기획과 상상은 양쪽을 오갔다.

따라서 몽골의 페르시아 지배에는 긍정적인 측면도 있었다고 볼 수 있다. 적어도 초기 몽골의 침략에서 살아남은 사람들에게는 그랬다. 더 나아가 페르시아가 현대 이란 국가로 발전하는 데 몽골인이 중요한 기여를 했다고 주장할 수도 있다. 흥미로운 점은 몽골인들이 그들의 페르시아 왕국을 "이란"이라고 불렀다는 것이다. 이는 7세기 무슬림 아랍인의 침략 이후 거의 사용되지 않던 고대의 명칭이다. 몽골이 정복했을 당시 "이란"이라는 정치체는 600년 동안 존재하지 않았다. 몽골의 이란 영토는 16세기 사파비 왕조가 수립한 것보다 약간 더 넓었다. 이는 본질적으로 현대 이란의 국경과도 일치한다. 페르시아어에 대해서도 비슷한 설명을 할 수 있다. 물론 페르시아어는 구어로서는 결코 사라지지 않았지만, 문어로

---

106   Blair 2013, 153-162.

107   Allsen 2001.

서는 거의 사용되지 않게 됐다. 교육받은 계층 사이에서 아랍어로 대체됐기 때문이다. 아랍어는 아랍 지배자들의 언어일 뿐만 아니라 그들이 페르시아로 가져온 이슬람교의 언어이기도 했다. 물론, 몽골이 도착하기 훨씬 전에 이미 "신(新)페르시아어"(아랍 문자를 변형해 쓰고 수많은 아랍어 차용어를 포함한 페르시아어)가 등장한 것은 사실이다. 하지만 아랍어는 높은 위신과 지위를 유지했다. 쿠란과 이슬람 법학 및 신학의 언어였기 때문이다. 그러나 이슬람으로 개종하기 전의 몽골인들에게 이는 큰 의미가 없었다. 그 결과 몽골의 통치 시기에는 신페르시아어가 아랍어를 제치고 승리를 거두었다. 실제로 페르시아어는 훌레구 울루스뿐만 아니라 몽골 제국 전체에서 일종의 공용어가 됐다.[108] 훌레구가 세운 국가는 초기의 정통성에 대한 불확실성과 끊임없는 국내외 도전에도 불구하고, 아시아 전역의 당대 몽골 국가들과 이란 및 중동 전반의 장기적 역사에 그 흔적을 남기며 존속했다.

---

108 Fragner 1997; Fragner 2006.

참고문헌

사료와 번역서

Aharī. 1954. *Ta'rīkh-i Shaikh Uwais*, ed. J. B. van Loon. 's-Gravenhage.

Hamdallāh Mustawfī. 1919. *The Geographical Part of the Nuzhat-al-Qulub*, tr. Guy Le Strange. Leiden and London.

HWC. 일러두기 6번 참조.

Ibn al-Athīr. 2008. *The Chronicle of Ibn al-Athir for the Crusading Period, part 3, The Years 589-629/1193-1231: The Ayyubids after Saladin and the Mongol Menace*, tr. D. S. Richards. Aldershot.

Ibn al-Fuwaṭī, 'Abd al-Razzāq ibn Ahmad. 1995. *Majma' al-Adab fī Mu'jab al-Alqab*. Tehran.

JT/Rawshan. 일러두기 6번 참조.

JT/Thackston. 일러두기 6번 참조.

Qāshānī, Abū al-Qāsim. 1969. *Ta'rīkh-i Ūljāytū, ed.* Mahin Hambly. Tehran.

Rabban Sauma. 2013. *The Monks of Kublai Khan Emperor of China*, tr. E. A. Wallis Budge. New ed., with introduction by David Morgan. London.

Seyed-Gohrab, A. A., and S. McGlinn, eds. 2007. *The Treasury of Tabriz: The Great Il-Khanid Compendium*. Amsterdam.

Thomsen, Robert W. 1989. "The Historical Compilation of Vardan Arewelc'i." *Dumbarton Oaks papers* 43(January), 125-226. Washington, DC.

Waṣṣāf, Sharaf al-Dīn 'Abdallāh ibn Faẓl Allāh. 1853. *Kitāb-i Mustaṭāb-i Waṣṣāf al-Hazrat dar Bandar-i Mughū*. Bombay.

　　2009. *Tazjiyat al-Amṣār va Tazjiyat al-A'aṣr(Ta'rīkh-i Waṣṣāf)*, ed. Īrāz Afshār et al. Tehran.

William of Rubruck. 1990. *The Mission of Friar William of Rubruck: His Journey to the Court of the Great Khan Möngke 1253-1255*, ed. and tr. Peter Jackson with David Morgan. London.

연구서와 논문

Aigle, Denise, ed. 1997. *L'Iran face à la domination mongole*. Tehran.

2005. *Le Fārs sous la domination mongole: Politique et fiscalité (xiiie-xive s.)*. Paris.

2014. *The Mongol Empire between Myth and Reality: Studies in Anthropological History*. Leiden.

Akasoy, Anna, Charles Burnett, and Ronit Yoeli-Tlalim, eds. 2013. Rashīd al-Dīn: Agent and *Mediator of Cultural Exchanges in Ilkhanid Iran*. London.

Allouche, Adel. 1990. "Tegüder's Ultimatum to Qalawun." *IJMES* 22: 437-446.

Allsen, Thomas T. 1987. *Mongol Imperialism: The Policies of the Grand Qan Möngke in China, Russia, and the Islamic Lands, 1251-1259*. Berkeley and Los Angeles.

1997. *Commodity and Exchange in the Mongol Empire: A Cultural History of Islamic Textiles*. Cambridge.

2001. *Culture and Conquest in Mongol Eurasia*. Cambridge.

2009. "Mongols as Vectors for Cultural Transmission." In *CHIA*.

Amitai, Reuven. 1991. "Evidence for the Early Use of the Title Īlkhān among the Mongols." *JRAS* 1: 353-361.

1999. "Sufis and Shamans: Some Remarks on the Islamization of the Mongols in the Ilkhanate." *JESHO* 42.1: 27-46.

2001. "Turko-Mongolian Nomads and the Iqṭāʿ System in the Islamic Middle East (ca.1000-1400)." In *Nomads and the Sedentary World*, ed. A. M. Khazanov and A. Wink, 152-171. London.

2006. *Mongols and Mamlūks: The Mamlūk-Ilkhanid War, 1260-1281*. Cambridge.

2007. *The Mongols in the Islamic Lands: Studies in the History of the Ilkhanate*. Aldershot.

2013a. *Holy War and Rapprochement: Studies in the Relations between the Mamlūk Sultanate and the Mongol Ilkhanate (1260-1335)*. Turnhout.

2013b. "Rashīd al-Dīn as a Historian of the Mamlūks." In Akasoy, Burnett, and Yoeli-Tlalim 2013, 71-88.

Amitai, Reuven, and Michal Biran, eds. 2005. *Mongols, Turks and Others: Eurasian Nomads and the Sedentary World*. Leiden.

eds. 2015. *Nomads as Agents of Cultural Change: The Mongols and Their Eurasian Predecessors*. Honolulu.

Amitai-Preiss, Reuven. 1995. *Mongols and Mamlūks: The Mamlūk-Ilkhanid War, 1260-1281*. Cambridge.

Amitai-Preiss, Reuven, and David O. Morgan, eds. 1999. *The Mongol Empire and Its Legacy*. Leiden.

Aubin, Jean. 1995. *Émirs mongols et vizirs persans dans les remous de l'acculturation*. Paris.

Azad, Arezou. 2011. "Three Rock-Cut Cave Sites in Iran and Their Ilkhanid Buddhist Aspects Reconsidered." In *Islam and Tibet: Interactions along the Musk Routes*, ed. Anna Akasoy, Charles Burnett, and Ronit Yoeli-Tlalim. Farnham.

Ball, Warwick. 1976. "Two Aspects of Iranian Buddhism." *Bulletin of the Asia Institute of Pahlavi University* 1.4: 103-163.

Berlekamp, Persis. 2010. "The Limits of Artistic Exchange in Fourteenth-Century Tabriz: The Paradox of Rashid al-Din's Book on Chinese Medicine, Part I." *Muqarnas* 27: 209-250.

Binbaş, İlker Evrim. 2010. "Ogūz Khan Narratives." Encyclopaedia Iranica.

2016. *Intellectual Networks in Timurid Iran: Sharaf al-Dīn ʿAlī Yazdī and the Islamicate Republic of Letters*. Cambridge.

Biran, Michal. 1997. *Qaidu and Rise of the Independent Mongol State in Central Asia*. Richmond.

Blair, Sheila. 1993. "The Development of the Illustrated Book in Iran." *Muqarnas* 10: 266-274.

1995. *A Compendium of Chronicles: Rashid al-Din's Illustrated History of the World*. London.

2013. *Text and Image in Medieval Persian Art*. Edinburgh.

Boyle, J. A. 1977. *The Mongol World Empire 1206-1370*. London.

CHI5. 일러두기 6번 참조.

Brack, Jonathan. 2011. "A Mongol Princess Making Hajj: The Biography of El Qutlugh Daughter of Abagha Ilkhan (r. 1265-82)." *JRAS* 21.3: 331-359.

2016. "Mediating Sacred Kingship: Conversion and Sovereignty in Mongol Iran." PhD dissertation, University of Michigan.

2018. "Theologies of Auspicious Kingship: The Islamization of Chinggisid Sacral Kingship in the Islamic World." *Comparative Studies in Society and History* 60.4: 1143-1171.

Broadbridge, Anne F. 2008. *Kingship and Ideology in the Islamic and Mongol Worlds*. Cambridge.

2018. *Women and the Making of the Mongol Empire*. Cambridge.

Ciocîltan, Virgil. 2012. *The Mongols and the Black Sea Trade in the Thirteenth and Fourteenth Centuries*, tr. Samuel Willcocks. Leiden.

Daftary, Farhad. 2007. *The Ismāʿīlīs: Their History and Doctrines*. Cambridge.

De Nicola, Bruno. 2017. *Women in Mongol Iran: The Khātūns, 1206-1335*. Edinburgh.

De Nicola, Bruno, and Charles Melville, eds. 2016. *The Mongols' Middle East: Continuity and Transformation in Ilkhanid Iran*. Leiden.

DeWeese, Devin. 2006. "Cultural Transmission and Exchange in the Mongol Empire: Notes from the Biographical Dictionary of Ibn al-Fuwaṭī." In Komaroff 2006, 11-29.

2009. "Islamization in the Mongol Empire." In *CHIA*.

Elias, Jamal J. 1995. *The Throne-Carrier of God: The Life and Thought of ʿAlāʾ al-Dawla as-Simnānī*. Albany.

Fazlinejad, Ahmed, and Farajollah Ahmadi. 2018. "The Black Death in Iran, According to Iranian Historical Accounts from the Fourteenth through Fifteenth Centuries." *Journal of Persianate Studies* 11.1: 56-71.

Fletcher, Joseph F. 1986. "The Mongols: Ecological and Social Perspectives." *HJAS* 46: 11–50.

Fragner, Bert G. 1997. "Iran under Ilkhanid Rule in a World History Perspective." In Aigle 1997, 121–131.

2006. "Ilkhanid Rule and Its Contributions to Iranian Political Culture." In Komaroff 2006, 68–80.

Grabar, Oleg, and Sheila Blair. 1980. *Epic Images and Contemporary History: The Illustrations of the Great Mongol Shahnama.* Chicago.

Halperin, Charles. 2000. "The Kipchak Connection: The Ilkhans, the Mamlūks and Ayn Jalut." *BSOAS* 63.2: 229–245.

Hammer-Purgstall, Josef. *1842-1843. Geschichte der Ilchane.* Darmstadt.

Hillenbrand, Robert. 2016. "The Edinburgh Biruni Manuscript: A Mirror of Its Time?" *JRAS* 26: 171–199.

Hillenbrand, Robert, A. C. S. Peacock, and Firuza Abdullaeva, eds. 2013. *Ferdowsi, the Mongols and the History of Iran.* London.

Hope, Michael. 2016. *Power, Politics, and Tradition in the Mongol Empire and the Iīlkhānate of Iran.* New York and Oxford.

2017. "Some Remarks about the Use of the Term 'Ilkhan' in the Historical Sources and Modern Historiography." *CAJ* 60: 273–299.

Jackson, Peter. 1975. "The Mongols and the Delhi Sultanate in the Reign of Muhammad Tughluq (1325-1351)." *CAJ* 19: 118–157.

1978. "The Dissolution of the Mongol Empire." *CAJ* 22: 186–244.

1980. "The Crisis in the Holy Land in 1260." *English Historical Review* 95: 481–513.

2003. "Hülegü Khan and the Christians: The Making of a Myth." In *The Experience of Crusading 2: Defining the Crusader Kingdom*, ed. P. Edbury and J. Phillips, 196–213. Cambridge.

2009a. "The Mongol Age in Eastern Inner Asia." In *CHIA*.

2009b. *Studies on the Mongol Empire and Early Muslim India.* Farnham.

2017. *The Mongols and the Islamic World: From Conquest to Conversion.* New Haven and London.

2018. *The Mongols and the West, 1221-1410.* 2nd ed. New York and London.

Jahn, Karl. 1970. "Paper Currency in Iran." *Journal of Asian History* 4.2: 101–135.

Kamola, Stefan. 2013. "Rashīd al-Dīn and the Making of History in Mongol Iran." PhD dissertation, University of Washington.

2015. "History and Legend in the Jāmiʾ al-Tawārikh: Abraham, Alexander, and Oghuz Khan." *JRAS* 25: 555–577.

2019. *Making Mongol History: Rashid al-Din and the Jamiʾ al-Tawarikh.* Edinburgh.

Karamustafa, Ahmet T. 1994. *God's Unruly Friends: Dervish Groups in the Islamic Later Middle Period, 1200-1550.* Salt Lake City.

Kauz, Ralph. 2006. "The Maritime Trade of Kish during the Mongol Period." In Komaroff

2006, 51-67.

Kim Hodong. 2005. "A Reappraisal of Güyüg Khan." In Amitai and Biran 2005, 309-338.

Kolbas, Judith. 2006. *The Mongols in Iran: Chingiz Khan to Uljaytu 1220-1309*. London and New York.

Komaroff, Linda, ed. 2006. *Beyond the Legacy of Genghis Khan*. Leiden.

Komaroff, Linda and Stefano Carboni, eds. 2002. *The Legacy of Genghis Khan: Courtly Art and Culture in Western Asia, 1256-1353*. New York.

Krawulsky, Dorothea. 2011. *The Mongol Īlkhāns and Their Vizier Rashīd al-Dīn*. Frankfurt am Main.

Lambton, Ann K. S. 1988. *Continuity and Change in Medieval Persia: Aspects of Administrative, Economic and Social History, 11th-14th Century*. London.

Landa, Isahayu. 2018. "New Light on Early Mongol Islamisation: The Case of Arghun Aqa's Family." *JRAS* 28: 77-100.

Lane, George. 2003. *Early Mongol Rule in Thirteenth-Century Iran: A Persian Renaissance*. London and New York.

Manz, Beatrice Forbes. 2010. "The Rule of the Infidels: The Mongols and the Islamic World." In *The New Cambridge History of Islam*, vol. 3, The Eastern Islamic World Eleventh to Eighteenth Centuries, ed. David O. Morgan and Anthony Reid, 128-168. Cambridge.

Masuya, Tomoko. 2002. "Ilkhanid Courtly Life." In Komaroff and Carboni 2002, 74-103.

　　2019. "Images of Iranian Kingship on Secular Ilkhanid Tiles." In *Iran after the Mongols*, ed. Sussan Babaie, 95-114. London.

May, Timothy. 2012a. "The Conquest and Rule of Transcaucasia: The Era of Chormaqan." In *Caucasus during the Mongol Period - Der Kaukasus in der Mongolenzeit*, ed. Jürgen Tubach, Sophia G. Vashalomidze, and Manfred Zimmer, 129-151. Wiesbaden.

　　2012b. *The Mongol Conquests in World History*(티모시 메이, 권용철 옮김, 『칭기스의 교환』, 사계절, 2020). London.

　　ed. 2016. The Mongols and Post-Mongol Asia: Studies in Honour of David O. Morgan. *JRAS* 26.1-2.

　　2018. *The Mongol Empire*. Edinburgh.

Melikian-Chirvani, Assadulla Souren. 1997. "Conscience du passé et résistance culturelle dans l'Iran mongol." In Aigle 1997, 135-177.

Melville, Charles. 1990. "Pādshāh-i Islām: The Conversion of Sultan Mahmūd Ghāzān Khan." *Pembroke* Papers 1: 159-177.

　　1992. "The Year of the Elephant: Mamlūk-Mongol Rivalry in the Hejaz in the Reign of Abu Saʿid (1317-1335)." *Studia Iranica* 21.2: 197-214.

　　1996. "Wolf or Shepherd? Amir Chupan's Attitude to Government." In *The Court of the Il-Khans, 1290-1340*, ed. Julian Raby and Theresa Fitzherbert, 79-93. Oxford.

　　1997. "Abu Saʿid and the Revolt of the Amirs in 1319." In Aigle 1997, 89-120.

　　1999a. *The Fall of Amir Chupan and the Decline of the Ilkhanate, 1327-37: A Decade of*

Discord in Late Mongol Iran. Bloomington, IN.

1999b. "The Iīlkhān Öljeitü's Conquest of Gīlān (1307): Rumour and Reality." In Amitai-Preiss and Morgan 1999, 73-125.

2006. "The Keshig in Iran: The Survival of the Royal Mongol Household." In Komaroff 2006, 135-164.

2016. "The End of the Ilkhanate and After: Observations on the Collapse of the Mongol World Empire." In De Nicola and Melville 2016, 309-335.

Meyvaert, Paul. 1980. "An Unknown Letter of Hulagu, Il-Khan of Persia, to King Louis IX of France." *Viator* 11: 245-259.

Minorsky, Vladimir. 1954. "A Mongol Decree of 720/1320 to the Family of Shaykh Zāhid." *BSOAS* 16: 515-527.

Morgan, David O. 2007. *The Mongols*(데이비드 O. 모건, 권용철 옮김, 『몽골족의 역사』, 모노그래프, 2012). 2nd ed. Malden, MA and Oxford.

2009. "The Decline and Fall of the Mongol Empire." *JRAS* 19: 427-437.

2012. "Persian as a Lingua Franca in the Mongol Empire." In Spooner and Hanaway 2012, 160-170.

2016. *Medieval Persia 1040-1797*. 2nd ed. London and New York.

2017. "Iran's Mongol Experience." In Rossabi 2017, 57-68.

Morgan, David O., and Anthony Reid, eds. 2010. *The New Cambridge History of Islam*, vol. 3, The Eastern Islamic World, Eleventh to Eighteenth Centuries. Cambridge.

Mostaert, Antoine, and Cleaves, Francis Woodman. 1962. *Les lettres de 1289 et 1305 des Ilkhan Aryun et Öljeitü à Philippe le Bel*. Cambridge, MA.

Ōtsuka Osamu. 2018. "Qāshānī, the First World Historian: Research on His Uninvestigated Persian General History, Zubdat al-Tawārīkh." *Studia Iranica* 47: 119-149.

Pfeiffer, Judith. 2006. "Reflections on a 'Double Rapprochement': Conversion to Islam among the Mongol Elite during the Early Ilkhanate." In Komaroff 2006, 369-389.

2013. "The Canonization of Cultural Memory: Ghāzān Khan, Rashīd al-Dīn, and the Construction of the Mongol Past." In Akasoy, Burnett, and Yoeli-Tlalim 2013, 57-70.

ed. 2014. *Power, Patronage, and the Transmission of Knowledge in 13th-15th Century Tabriz*. Leiden.

Raby, Julian, and Teresa Fitzherbert. 1996. *The Court of the Il-Khans 1290-1340*. Oxford.

Rossabi, Morris. 1992. *Voyager from Xanadu: Rabban Sauma and the First Journey from China to the West*(모리스 로사비, 권용철 옮김, 『랍반 사우마의 서방견문록』, 사회평론아카데미, 2021). Tokyo and New York.

ed. 2017. *How Mongolia Matters: War, Law, and Society*. Leiden.

Schamiloglu, Uli. 2017. "The Impact of the Black Death on the Golden Horde: Politics, Economy, Society, Civilization." *Golden Horde Review* 5.2: 325-343.

Schein, Sylvia. 1979. "Gesta Dei per Mongolos 1300: The Genesis of a Non-event." *English Historical Review* 94: 805-819.

Silverstein, Adam. J. 2006. "Hülegü Moves West: High Living and Heartbreak on the Road to Baghdad." In Komaroff 2006, 111-134.

2007. *Postal Systems in the Pre-modern Islamic World*. Cambridge.

Smith, John Masson Jr. 2006. "Hülegü Moves West: High Living and Heartbreak on the Road to Baghdad." In Komaroff 2006, 111-134.

Spooner, Brian, and William L. Hanaway, eds. 2012. *Literacy in the Persianate World: Writing and the Social Order*. Philadelphia.

Spuler, Bertold. 1985. *Die Mongolen in Iran. Politik, Verwaltung und Kultur der Ilchanzeit 1220-1350*. 4th ed. Leiden.

Thorau, Peter. 1985. "The Battle of 'Ayn Jalut: A Re-examination." In *Crusade and Settlement*, ed. P. W. Edbury, 236-241. Cardiff.

Wing, Patrick. 2016. *The Jalayirids: Dynastic State Formation in the Mongol Middle East*. Edinburgh.

Wright, Elaine. 2012. *The Look of the Book: Manuscript Production in Shiraz, 1303-1452*. Seattle.

Yokkaichi, Yasuhiro. 2009. "Horses in the East-West Trade between China and Iran." In *Pferde in Asien: Geschichte, Handel und Kultur*, ed. Bert Fragner et al., 87-97. Vienna.

제 4 장

금장 호르드,
1260~1502년

마리 파브로 · 로만 포체카예프

마리 파브로　　　　　　　　　　　　　Marie Favereau

프랑스 파리 낭테르대학 부교수이다. 프랑스 동양고고
학연구소의 회원이자 프린스턴 고등연구소의 방문 연구
자였으며, 옥스퍼드대학이 주관한 유목 제국에 관한 대
규모 프로젝트에 참여했다. 『말 위의 개척자, 황금 천막
의 제국』에서 거대한 유목 정권 호르드의 역사를 발굴
했다.

로만 포체카예프　　　　　　　　　　　Roman Pochekaev

러시아 상트페테르부르크 고등경제대학 교수로, 칭기스
칸이 남긴 사법 제도인 야삭, 차가다이 울루스와 티무르
왕조의 국가 구조, 법률 등을 연구한다.

서론

금장 호르드에 소속된 민족들은 칭기스 칸의 장자 주치의 이름을 따라서 주치 울루스라고 불리기도 한다. 칭기스는 네 아들에게 각각 신민과 군대, 영토를 나누어주었다. 주치는 처음에 서몽골과 시베리아 삼림 지역을 받았고, 나중에는 호레즘의 오아시스 지역과 그곳에 살던 튀르크계 부족들의 이름을 따서 킵착초원이라 부르던 서부 초원 지역도 받았다. 하지만 몽골의 정복 활동은 칭기스가 애초에 계획한 것보다 더 큰 성과를 거두었다. 특히 그들은 러시아의 여러 공국, 크림반도, 볼가-우랄 지역, 북캅카스에 살던 수십만 명의 마을 주민과 도시민을 몽골의 지배하에 두었다. 따라서 1260년대 초 주치의 영토가 확정됐을 때 신민의 절반 이상이 정주 생활을 하고 있었는데, 이는 금장 호르드의 정치에 깊은 영향을 미쳤다.

러시아어를 사용하는 공동체는 칸의 권좌를 '오르다(Orda, 호르드)'라고 불렀다. 이 말은 몽골인들이 이동식 군영을 지칭하던 '오르도(ordo)'에서 유래했다. 16세기 러시아 사료에는 이것이 '졸로타야 오르다(Zolotaia Orda)', 즉 '금장 호르드'로도 기록되어 있는데, 유목 궁정을 일컫는 옛 명칭이다. 사실 볼가-우랄 지역 사람들은 상황에 따라 주치의 후손들과 그 가족들로 이루어진 사회 집단을 가리켜 '오르다', '졸로타야 오르다, '볼샤야 오르다(Bolshaia Orda)',

* 본 연구는 유럽연합 제7차 프레임워크 프로그램(FP7/2007-2013)하의 유럽연구위원회 연구비 지원을 받아 수행됐다(ERC 연구비 협약번호: 615040).

'주치 울루스' 등 다양한 이름으로 불렀다.[1]

주치의 남성 후손이라면 누구나 금장 호르드의 왕위를 주장할 권리가 있었지만, 실질적인 통치를 위해서는 유력한 부족 지도자들과 연합해야 했다. 주치 울루스의 지배적인 부족으로는 콩기라트, 키야트, 카타이, 망기트, 살주트, 시린, 바린, 아르긴, 킵착 등이 있었다. 이들 부족의 수장들은 통치 평의회의 일원이었으며 튀르크어와 몽골어로 '울루스 벡(ulus beg)'이라는 칭호를 가졌다. 최고 연장자나 가장 높은 지위의 벡인 '베글레르벡(beglerbeg)'이 이끄는 이들이 모여서 국가의 중요 사안, 특히 전쟁에 관한 결정을 내렸다. 이들 대부분은 모계를 통해 주치의 혈통을 이었거나 부차적인 혈통에 속했으며, 주치 가문의 다른 남녀 구성원들과 함께 칸의 선출에 참여했다. 이들은 처음에는 전적으로 칸의 통제 아래 있었지만, 점차 정치적 영향력이 커졌다. 13세기 말경에 이르러서는 칸이 이미 울루스 벡들의 의견에 따라 통치해야 했고, 그 대신 울루스 벡들은 칭기스 칸의 장자 후손인 칸의 권위를 인정했다.[2]

주치 일족은 자신들의 영토에 대한 지배력을 확고히 하는 데 그치지 않고, 국경 너머 멀리까지 힘을 과시했다. 1260년대부터 자신들의 이익을 증진하기 위해 이웃 국가들과 다자 외교를 펼쳤는데, 다른 몽골 지도자들의 이해와 상충하는 경우에도 이를 추진했

---

1 "호르드"(ordu, orda, ordo 등)의 개념은 초기 중국의 한(漢)나라 때까지 그 용례가 발견된다. 몽골 이전 시기(요나라)의 오르도에 대해서는 Wittfogel and Fêng Chia-shêng 1949, 19, 508-509, 505-570 참고. 튀르크-몽골어에서 "호르드" 혹은 "금장 호르드"라는 표현에 대해서는 Vásáry 2009b, 68과 Kawaguchi and Nagamine 2016, 165-181 참고.
2 금장 호르드의 사회정치적 구조에 대해서는 Fedorov-Davydov 1973 참고. 이른바 "지배층 부족"과 "벡체제"에 대해서는 Schamiloglu 1984; Atwood 2006 참고.

다. 그들은 발트 지역, 흑해, 캅카스, 중동, 유럽의 무역 및 군사 파트너들과 동맹을 맺었다. 특히 맘룩, 비잔티움, 베네치아, 제노바와 좋은 관계를 유지하려고 노력했다. 이를 통해 그들은 자신들의 자본을 해외 사업에 투자하고 지중해 시장으로 진출할 수 있었기 때문이다. 게다가 주치 일족의 엘리트들이 새로운 제품과 사치품에 대한 높은 수요를 보이면서, 몽골 제국 내외의 지역 수공업을 활성화했다. 주치 울루스는 상업 정책을 통해 지역 경제와 원거리 무역을 연결하는 중요한 효과를 거두었다.

몽골인들이 킵착초원이라는 새로운 환경에 적응하면서 독특한 물질문화가 생겨났는데, 고고학자들과 역사학자들은 이를 "금장 호르드 문명"이라고 불렀다.[3] 주치 일족의 물질문화는 분명 독특하지만, 금장 호르드에서 지역 수공업 생산을 뒷받침했던 더 넓은 정치경제는 장인들의 높은 사회적 지위를 비롯한 많은 특징을 다른 몽골 칸국들과 공유했다. 실제로 주치 가문은 훌레구 후손들의 훌레구 울루스와 갈등하던 시기에도 칭기스 일족의 다른 분파들과 긴밀한 관계를 유지했다. 금장 호르드는 정치적으로 독립했지만, 여전히 몽골 유라시아의 일부였고 울루스들 사이의 도로가 오랫동안 단절된 적은 없었다. 칭기스 일족과 그들의 신민 사이에서 이루어진 사람, 물자, 기술, 동물의 정기적인 교류는 지역과 세계 차원에서 몽골의 통치 방식을 형성했다. 톨루이 가문과 차가다이 가문이 내부 문제를 겪거나 동맹을 맺고 전쟁을 벌일 때마다 그들의 북방 친족들도 영향을 받았다. 중앙아시아, 몽골, 중국에서

---

3 예를 들어 Kramarovsky 2003, 66-74; Kul'pin-Gubaydullin 2008, 7-13 참고.

일어난 주요 변화는 주치 가문의 영토 깊숙이 파문을 일으켰다. 따라서 주치 가문은 자신들의 권력을 강화하고 몽골 제국이 쇠퇴하는 와중에 살아남을 수 있는 전략을 채택해야 했다.

주치 가문의 정치 체제, 특히 그들의 정책은 13세기 칭기스 칸과 그의 후계자들이 만든 제국의 제도에서 비롯됐다. 그러나 통치술이 발전하면서 주치 가문은 지역의 관습, 종교, 생태를 체계적으로 흡수해 칭기스 일족의 법을 자신들의 모든 영토에 맞게 적용했다. 이 영토들은 주로 북쪽의 산림 지대, 중앙의 초원 지대, 남쪽의 낮은 산들, 그리고 호레즘의 오아시스 지역으로 구성돼 있었다. 각각의 지역에서 몽골의 정주민 통치 방식은 독특한 특징을 보였다. 호레즘에서는 현지 관리와 외부 관리를 결합한 이원 행정 체제를 시행했다. 반면 북부 지역에서는 러시아 엘리트들이 협력하는 한 그들의 지위를 유지시켰다.[4]

몽골초원의 하류 계곡에 근거지를 둔 주치 가문은 유목민들을 직접 통제하고 과세했다. 서부 초원 출신인 킵착과 캉글리 가문을 몽골 군사 조직에 편입시켜 현지의 기마 사회를 크게 변화시켰다. 이는 1만 명 단위의 군사 조직인 '투멘' 혹은 십진법 체계를 통해 이루어졌다. 주치 가문은 이전에 이 지역을 통치했던 페체네그(Pecheneg)나 킵착(쿠만)과는 달랐다. 그들은 유목민 신민들에 대해 더 강력한 통제력을 가지고 있었다. 13세기 후반, 서부 초원 전체가 주치 가문 통치자의 권위를 인정했다. 그곳에서 바투(재위

---

4 지리에 따른 몽골의 지배 방식에 대해서는 Allsen 2006 참고. 이 산악 지형은 카스피해 서쪽의 캅카스와 카스피해 동쪽의 우스튜르트고원에 위치해 있다.

제1권 정치사

1229~1256)와 그의 후손들의 위신은 14세기 후반까지 흔들리지 않았다. 이는 유목 사회에서는 흔치 않은 장기간의 충성이었다.

금장 호르드는 중앙아시아, 동유럽, 러시아에 깊은 영향을 미쳤다. 가장 중요한 유산 중 하나는 이슬람의 확산이었다. 이슬람은 몽골이 권력을 잡고 있던 수 세기 동안 이 지역들의 여러 곳에서 지배적인 종교가 됐다. 금장 호르드의 엘리트층은 바투의 동생 베르케(재위 1257~1267)를 따라 이슬람으로 개종하기 시작했다. 이후 주치 가문의 통치자들은 자신을 술탄이라 불렀고, 이 칭호를 칸이라는 명칭과 함께 그들의 주화에 새겼다. 또한 카라 키타이, 호레즘, 아이유브 왕조, 아바스 왕조가 붕괴한 뒤 일자리를 찾던 무슬림 문인, 법률가, 금융업자, 상인, 조폐공, 행정관을 환영했다. 이 노련한 무슬림 행정 인력들은 유목 통치자와 기마 정권 밑에서 일한 경험이 있었다. 그들은 주치 가문이 러시아인, 볼가 불가르인, 호레즘인 등 다양한 정주민을 다스리는 데 필요한 도구를 제공했다.[5] 금장 호르드는 중앙아시아와 서아시아에서 옛 이슬람 왕조의 숙련된 장인들과 궁정 관리들을 끌어들여 몽골과 무슬림의 행정 기법을 혼합한 실용적인 통치 체제를 발전시켰다. 이를 통해 그들은 효과적인 정부 시스템을 구축할 수 있었다.

금장 호르드가 남긴 눈에는 덜 띄지만 중요한 유산 중 하나는 모스크바 공국의 출현이다. 동슬라브 엘리트들은 주치 울루스의 정복 이후 신속하게 새로운 권력 체계에 편입됐다. 북방의 공국들을 중요하게 생각한 칸들은 여러 공후를 상대하며 그들의 정치에

---

5 Allsen 2006, 130-133.

지속적으로 개입했다. 주치 울루스의 지원을 받은 공후들은 칸들과 혼인 동맹을 맺고 군사적 지원과 면세 혜택을 받았다. 러시아정교회 성직자들도 칸들이 내린 특권과 다양한 면책특권을 누렸다. 그사이 모스크바의 공후들이 점차 두각을 나타내기 시작했다. 칸들을 위해 공물을 징수하는 능력을 보여줌으로써 마침내 칸들의 신뢰를 얻었다. 유목 지배자들과 오랫동안 맺은 이 관계는 모스크바인들에게 예상을 뛰어넘는 혜택을 제공했다. 마지막으로, 슬라브 세계가 중앙유라시아의 정치·경제체제에 점진적으로 통합된 것은 금장 호르드 시대부터 시작된 몽골 지배의 주요 결과로 볼 수 있다. 이는 몽골 제국이 남긴 중요한 유산이라 할 수 있다.

소련 시대에 주류 학계는 몽골 시기를 "타타르의 멍에"라는 관점으로 분석했다. 그들은 금장 호르드가 러시아에 미친 영향에만 초점을 맞추어 사학사적인 논의를 제한했다. 민족주의적 시각에서 볼 때, 몽골은 러시아 민족의 형성에 부정적인 영향을 미쳤다고 여겨졌다. 더 넓게 보면, 소련의 역사 서술에서 이 시기는 러시아 역사의 불행한 막간극으로 간주됐다. 심지어 역사가들은 "금장 호르드"라는 명칭 자체를 사용하기를 꺼렸다. 소련 붕괴 이후 학자들은 새로운 역사 서술 개념을 자유롭게 발전시킬 수 있었고, 이를 통해 몽골 시대에 역사책에서 마땅히 차지해야 할 위치를 부여할 수 있었다.[6]

현재 러시아연방과 중앙아시아에 살고 있는 많은 무슬림 민족들은 금장 호르드 시대를 자신들의 역사적 기반으로 여긴다. 카

---

6 Kołodziejczyk 2011, xiii-xxix; Favereau and Raymond 2014, 8-11, 30-41.

자흐인, 튀르크멘인, 바시키르(Bashkir)인, 카라칼파크(Karakalpak)인, 타타르인 등 무슬림 민족 대부분의 기원 설화는 주치계 통치자들의 개종 이야기와 얽혀 있으며 금장 호르드 시기에 뿌리를 두고 있다. 실제로 몽골의 지배는 유라시아 초원, 볼가-우랄 지역, 크림반도, 동유럽, 카자흐스탄, 남시베리아에서 이슬람화를 가속화했다. 이 지역들에서 이슬람은 일상생활과 집단 기억을 형성하고 샤머니즘 의식과 토착 수피즘을 결합함으로써 새로운 공동체들을 사회적으로 통합했다.[7]

금장 호르드라 불리는 몽골의 칸국은 16세기까지 존속했다. 그 역사는 크게 네 시기로 구분할 수 있다. 1227~1260년경은 주치 울루스가 몽골 제국의 일부로서 재정적 자율성이 없었던 시기이며, 1260~1368년은 금장 호르드의 전성기로 여겨진다. 1368~1480년은 원 멸망 이후 주치 가문이 회복력을 보이며 재편성된 시기이며, 1480~1550년경은 볼가강 하류의 본거지를 상실하고 최종적으로 붕괴한 시기이다. 이 글은 주치 가문이 그들의 울루스를 형성하고 공고히 하며, 끊임없이 변화하는 주변 세계에 적응하기 위해 성공적으로 개혁을 단행했던 금장 호르드 역사의 핵심 시기에 초점을 맞추고 있다.

---

7 DeWeese 1994, 3-16.

금장 호르드의 등장

주치와 그의 서북 원정

금장 호르드의 탄생 시기와 그 과정을 어떻게 서술할 것인가에 대해 역사학자들의 의견이 일치하지 않는다. 주치 울루스의 형성 단계가 불분명한 데는 두 가지 상호 연관된 이유가 있다. 첫째, 1182년경 메르키트의 몽골 습격 이후 칭기스 칸의 첫 번째 부인이 낳은 장남 주치에 대해 알려진 바가 매우 적다. 둘째, 칭기스의 왕위를 차지한 톨루이계 후손들이 뭉케 시대(1250년대)부터 몽골 제국의 공식 역사 서술을 장악했는데, 이에 따르면 주치는 제국 창건에서 부차적인 역할만 했다고 기록돼 있다.[8] 실제로 주치계 후손들은 칭기스 일족 중 매우 강력한 분파였으며, 톨루이 계열에 맞설 수 있는 유일한 세력으로 여겨졌다. 따라서 톨루이 계열에게는 주치 후손들의 지위에 대한 어떠한 주장도 무력화하는 것이 매우 중요했다.

주치는 남시베리아와 알타이산맥 사이에 있는 이르티시강 지역을 자신의 울루스를 세울 영지로 받았다. 몽골의 상속 규칙에 따르면, 그는 장자로서 아버지의 고향 땅에서 가장 멀리 떨어진 영토를 받았는데, 이는 몽골 제국의 가장 서쪽 지역이었다. 하지만 이는 고정된 영토가 아니었고, 주치가 이를 확장할 것으로 기대됐다.

---

8   주치는 메르키트 부족장의 아들로 여겨졌을 뿐만이 아니라 몽골의 정복전에 깊이 관여하지 않은, 다소 무능한 지휘관으로도 보였다. Atwood 2017, 35-56 참고.

그의 울루스의 첫 번째 중요한 확장은 1207~1208년 남시베리아의 숲속 사람들인 호이 인 이르겐(hoi-yin irgen)을 상대로 한 원정으로 거슬러 올라간다.[9] 주치의 승리에 만족한 칭기스는 그에게 새로 정복한 시베리아 삼림 지대를 하사하고, 다음 과업을 맡겼다. 그것은 북서부의 반란 세력들, 특히 메르키트과 그들의 동맹인 (캉글리로도 알려진) 동부 킵착인들을 복속시키는 일이었다.

1218년 칭기스 칸은 중앙아시아 원정을 시작할 때, 네 아들에게 호레즘 샤의 거대한 제국을 공격하는 데 동참하라고 명령했다. 주치는 사마르칸드 근처에서 칭기스의 군대와 합류하기 전에 아랄해 남쪽 지역을 장악하라는 명령을 받았다. 그리고 1219년 잔드성을 점령함으로써 자신의 임무를 완수했다.[10] 당시 칭기스는 장남에게 큰 호의를 보였고 그를 주요 후계자로 여기는 듯했다.[11] 중앙아시아 원정 중 몽골 제국은 급격히 팽창했고, 칭기스는 아들들에게 더 많은 땅과 전사들, 복속 민족들을 분배했다. 주치에게는 시르다리야강과 볼가-우랄 지역, 즉 킵착초원의 핵심 지역을 약속했다.[12]

하지만 호레즘의 옛 수도 우르겐치에서 공성전을 벌이던 와중에 주치와 동생 차가다이가 갈등을 빚었고, 결국 도시 진입과 약

---

9   *SH*, §197-199. Allsen 1983, 8-10; Buell 1992, 3-7. *SH* 734-735, 1045-1050에서 주치의 초기 원정에 대한 서술이 뒤섞여 있어 연대기가 복잡해졌음을 알 수 있다.

10 주치는 몽골군의 서익(西翼)을 담당했다(*JT*/Thackston, 242-243, 359). *HWC*, 83, 86-90. Bartol'd 1928, 415-416에 따르면 잔드에서의 공성전은 1220년에 치러졌다. 이 밖에도 Allsen 1983, 11-12; Buell 1992, 26-27 참고.

11 Atwood 2017, 특히 36-38 참고.

12 *JT*/Thackston, 359; Vásáry 2009b, 67.

탈에 4개월이나 걸렸다. 칭기스는 이 지리한 공성전을 군사적 실패로 여겼다. 게다가 주치와 그의 형제들은 자기들끼리 우르겐치의 주민을 나누어 가졌고 아버지의 몫은 남기지 않았다. 칭기스는 아들들에게 자신의 몫을 내놓으라고 강요한 뒤 매우 중요한 결정을 내렸다. 이미 계획한 대로 호레즘 지역을 주치에게 맡기기는 했으나, 지역의 도시에서 나오는 세수의 일부는 차가다이에게도 주었다. 게다가 그는 제국의 왕위 후계자로서 주치에 대한 신임을 철회했다.[13]

이는 중앙아시아 원정 직후 칭기스와 그의 장자 사이에 긴장이 고조된 이유에 대한 설명이 될 수 있다. 주치는 아버지가 기다리고 있는 몽골로 다시는 돌아가지 않았다. 1227년 2월, 칭기스와 차가다이, 우구데이가 주치를 소환하기 위해 그의 진영으로 말을 타고 가던 중 주치가 사망했다. 칭기스는 주치의 주 계승자로 바투를 임명했고, 바투가 아버지의 지위와 함께 그의 영토와 백성들 중 가장 좋은 절반을 물려받았다. 그 대가로 바투는 주치가 완수하지 못한 정복 사업도 이어받았다.[14]

바투와 서부 대평원

바투는 칭기스 칸의 후계자인 우구데이의 총애를 받으며 주치 울

---

13 이는 중앙아시아 원정 직후에 벌어진 일이지만 주치가 불명예에 빠진 이유는 아직까지도 불분명하다. 우르겐치 정복에 대해서는 *JT*/Thackston, 253-254; Atwood 2017, 50-54 참고.

14 *JT*/Thackston, 359-360; Allsen 1983, 13; Atwood 2017, 35-56.

루스 수장 자리를 지킬 수 있었다. 하지만 그는 주치의 장남인 오르다보다 나이가 어렸다. 정치적 지도권은 주어지지 않았지만, 오르다는 여전히 지배 가문의 매우 존경받는 구성원이자 노련한 군사 지휘관으로 남아 있었다. 아마도 그는 자신의 통치권을 쉽게 포기하지 않았을 것이다. 주치의 후계 문제는 그의 케식(세습직 친위대)이 내전을 피하기 위해 둘로 나뉠 정도로 큰 갈등을 낳았다. 전사들의 절반은 바투와 함께 볼가강 하류에 남았고, 나머지 절반은 동쪽으로 가서 시르다리야강 중류와 이르티시강 상류에 거주하던 오르다와 그의 후손들을 섬겼다. 그곳에서 오르다 일족은 후에 "청색 호르드(Blue Horde)"[15]로 알려진 별도의 세력을 건설했다. 바투 계열과 오르다 계열은 서로의 영토와 백성에 대해 권리를 주장할 수 없었다. 양측은 별도의 계통을 형성했고, 이후 여러 세대에 걸쳐 서로 좋은 관계를 유지했다. 그리고 바투의 후손들이 오르다의 후손들보다 우선권을 가진다는 데 동의했다.

1229년 우구데이의 즉위를 위한 쿠릴타이에서 몽골은 킵착을 정복하기로 결정했고, 바투에게 서방의 새로운 군사 작전을 감독하는 임무를 맡겼다. 그의 군대가 서부 초원을 완전히 장악하는 데는 10년 이상이 걸렸다. 1240년대 초, 바투는 킵착초원과 불가르 왕국 그리고 러시아의 여러 공국을 지배하게 됐고 동부 아나톨리아에서도 지배권을 주장했다. 룸 셀죽은 1243년 쾨세다에서 패한 뒤 몽골에 복속되어 조공을 바치고 있었다. 바투의 목표는 분명

---

¹⁵ 15세기 초기 자료인 Mu'izz al-ansāb 2006, 39 참고. 또한 *JT*/Thackston, 347-351; Allsen 1985-1987, 8-10; *HWC*, 266-267. 16.

새로 정복한 땅과 백성을 자신의 울루스에 통합하는 것이었다. 이 원정들로 인해 볼가강의 정착민들이 바투의 통제하에 들어왔다. 불가르인, 바시키르인, 알란인, 러시아인이 몽골의 목동들 및 전사들과 정기적으로 접촉하기 시작했다. 바투는 볼가강 하류를 자신의 거처로 선택했다. 이 지역은 물과 소금이 풍부한 우수한 목초지를 제공할 뿐만 아니라, 안전한 지역이자 교역로의 교차점이기도 했다.

우구데이의 미망인 투레게네 카툰이 섭정하는 동안, 바투는 그녀가 카라코룸에서 지닌 권위에 간섭하지 않았다. 그 대가로 투레게네는 바투가 서부 초원을 독자적으로 다스리도록 허용했다. 이제 바투는 자신을 백성들의 최고 지배자로 여겼다. 그는 속국의 통치자들을 카라코룸에 보내지 않았고, 그들에게 자신의 야를릭을 내렸다.[16] 그는 또한 볼가강 하류에 머물기로 신중히 결정했으며, 몽골로 가는 것을 거부했다. 따라서 1246년 구육의 즉위 쿠릴타이 때는 오르다가 주치 울루스의 대표단을 이끌고 카라코룸에 가서 즉위식에 참여했다.[17]

구육 카안은 러시아의 공국들, 캅카스, 중앙아시아, 이란을 감독할 총독들을 임명했다. 이 지역 대부분을 자신들의 소유로 여기던 주치 계열 왕족들에게 이는 그들의 권력에 대한 직접적인 간섭이었다. 바투와 구육 사이의 긴장은 완전히 새로운 단계에 이르렀고, 1248년 카안은 주치 울루스를 장악하기 위한 군사 원정을

---

16 *HWC*, 267.
17 *JT*/Thackston, 392–393.

　　　　　　　　제1권 정치사

시작했다. 하지만 구육은 볼가강 하류에 도달하지 못했고 사마르칸드 외곽에서 사망했다. 일부 사료들은 구육의 가장 격렬한 적이었던 주치 계열 왕족들이 그를 독살했다고 주장한다.[18]

구육의 미망인 오굴 카이미시가 섭정하는 동안, 몽골 제국의 중심부와 금장 호르드 사이에 형성된 현상 유지 상태는 주치 계열 왕족들에게 유리하게 작용했다.[19] 1242년 차가다이가 사망한 뒤 바투는 칭기스 일족의 아카(aqa)가 됐는데, 이는 그에게 몽골 노얀들(군사 엘리트들)에 대한 명백한 권위를 부여했다. 몽골을 위해 일하던 아르메니아 역사가 간자크의 키라코스(Kirakos of Ganjak)가 바투를 '카안의 아버지'를 뜻하는 바실레오파토르(basileopator)라고 부른 것은 우연이 아니다. 당시 바투의 권위는 최정점에 있었으며, 아카로서 새로운 카안의 선택에 큰 영향력을 행사했다.[20] 그가 선택한 톨루이의 장남 뭉케는 1251년 카안으로 선출됐다.[21] 당시 주치 가문과 톨루이 가문의 유대는 그 어느 때보다 강했다.

톨루이 가문은 뭉케를 암살하려는 음모를 밝혀내고 바투의 승인을 받아 우구데이와 차가다이 후손들을 대대적으로 숙청했다.[22] 이 극적인 사건 이후, 바투는 뭉케와 평화로운 관계를 유지한

---

18 Kim 2005, 331–332.

19 *HWC*, 262–263; *JT*/Thackston, 395.

20 *HWC*, 561; Kirakos Gandzaketsi 1976, 181. Kirakos는 바투를 지칭할 때 비잔티움 제국의 명예로운 호칭인 바실레오파토르, 즉 "바실레오의 아버지"라고 불렀다. 바투의 지위와 권위에 대해서는 Allsen 1987, 54 57 참고.

21 바투의 형제 베르케와 톡토아 테무르는 많은 군대를 대동하고 카안 선출을 위한 쿠릴타이에 참가했다. 바투가 지지하는 후보자가 확실히 선출될 수 있도록 하기 위해서였다. *HWC*, 563; Jūzjānī 1881/1970, 2: 1177–1182; *JT*/Thackston, 402–403.

22 *HWC*, 578–589; *JT*/Thackston, 401–410.

것으로 보인다. 뭉케 역시 주치 가문의 내정에 간섭하지 않았다.[23] 바투와 그의 후손들은 칭기스 칸의 왕좌에 대한 권리 주장을 포기했지만, 대신 다른 가문 구성원들도 주치 가문의 영토와 백성들을 차지할 수 없게 됐다. 바투가 연장자로서 가진 지위 때문에, 카안은 그가 죽을 때를 기다려 금장 호르드에 새로운 인구조사를 명령한 것으로 보인다. 이 인구조사의 목적은 중앙 국고의 세금 징수를 극대화하는 것이었다.[24] 러시아 땅에서는 조공을 단(dań)이라고 불렀으며, 10분의 1의 비율로 부과됐다. 인구조사의 주된 목적은 피정복 민족들에게 세금을 거둘 뿐 아니라 젊은이들을 제국의 군대로 징집하는 것이었다.[25] 조공 외에도 현지인들은 역참(잠), 무역, 그리고 군대를 위해 현물과 화폐로 세금을 납부해야 했다.[26] 금장 호르드는 몽골 제국의 일부였기 때문에 제국의 부를 늘리는 데 기여해야 했다.

몽골은 1242년부터 1256년 사이에 북서부에서는 대규모 군사 작전을 수행하지 않았다. 이 10년이 넘는 평화의 시기 동안 바투는 정복한 정주민 지역에서 행정 체계를 발전시킬 수 있었다. 그는 파괴된 도시들을 복구했을 뿐만 아니라 새로운 도시들과 교통로를 건설했으며, 무역을 발전시키고 상인들을 유치했다.[27] 이 정책

---

23 뭉케의 권력이 커짐에 따라, 바투가 가지고 있었던 막대한 재정적 이점이 줄었을 수도 있다. 전하는 바에 따르면, 카안은 중앙 금고에서 바투가 요청한 것보다 적은 양의 은괴를 하사했으며, 바투는 자신의 자본을 더 신중하게 사용할 것을 권고받았다. 이 이야기는 후대에 전해진 일화일 가능성이 있다. *YS*, 47; Kychanov 2001, 40. 뭉케와 바투의 관계에 따른 권력의 균형에 관해서는 Jackson 1978, 207; Allsen 1987, 54-63 참고.

24 Allsen 1987, 61-63, 104.

25 Smith 1970, 67-68.

26 John of Plano Carpini 1955, 38-39; Brosset 1849~1858, 551.

들 덕분에 금장 호르드는 더 강력한 경제적 기반을 다질 수 있었다. 바투는 볼가-우랄 지역의 공동체들, 시베리아의 삼림 주민들, 그리고 과거 호레즘 샤에 속했던 사람들을 하나의 체제로 통합했다. 또한 룸 셀죽인들, 조지아 왕국, 그리고 북캅카스 사람들을 자신의 신민으로 여기고 지도층과 직접 교섭했다. 끝으로, 몽골의 규칙을 따르는 러시아 공후들은 주치 울루스 정권하에서 번영을 누렸다. 바투는 당시 다른 몽골 지도자들과 마찬가지로, 신민들의 종교나 출신을 개의치 않았다. 그들이 몽골의 금기를 지키고, 아들들을 군대와 케식에 보내며, 세금을 납부하고, 주치 가문과 함께 원정에 참여하기만 한다면 말이다.

바투는 1255~1256년경 볼가강 유역에서 죽었다.[28] 그는 몽골 제국에서 가장 강력한 지도자 중 한 명이었다. 주베이니는 바투를 "관대함은 헤아릴 수 없고", "자비로움은 측량할 수 없는" 독립적인 왕으로 묘사했다.[29] 바투 시대에 발행된 야를릭들은 수 세대에 걸쳐 유효했으며, 당시 확립된 규칙들은 금장 호르드의 사회경제적 조직의 기초가 됐다. 그러나 주치 울루스는 여전히 몽골 제국에 크게 의존하고 있었다. 주치 가문은 자신들의 수입을 공유하고 제국 수입의 일부를 받았을 뿐만 아니라, 카안이 직접 금장 호르드의 수장을 임명했기 때문이다.

27　바투의 지도 아래 이루어진 도시의 설립과 발전에 대해서는 Egorov 1985, 특히 95-96, 129-130 참고.

28　라시드 앗 딘에 따르면 바투는 1252~1253년 48세의 나이로 사망했으나(*JT*/Thackston, 361), 루브룩은 1254년 말에 바투를 만났다.

29　*HWC*, 267.

베르케와 최초의 집단적 이슬람 개종

사르탁은 바투의 맏아들이자 지명된 후계자였다. 바투는 그에게 러시아인들과 자신의 영토에 사는 모든 기독교인들을 맡겼다. 바투가 죽은 후, 사르탁은 주치 가문의 새 지도자로서 자신의 지위를 확인받기 위해 뭉케를 방문했다. 하지만 사르탁은 얼마 지나지 않아 사망했다. 이에 뭉케는 바투의 또 다른 직계 후손인 울락치를 임명했다. 아직 어렸던 울락치는 바투의 미망인 보락친의 섭정하에 통치했다. 하지만 그도 몇 달 후에 사망했고, 아랍어 사료에 따르면 보락친은 보호를 요청하기 위해 훌레구에게 의지했다고 한다. 훌레구는 몽골군을 서쪽으로 이끌며 당시 중동에서 가장 강력한 몽골 지도자가 되어 있었다. 바투의 동생 베르케는 강력한 주치 가문 벡들의 지지를 받으며 보락친을 반역죄로 고발했고, 결국 그녀는 처형됐다. 이후 베르케가 금장 호르드의 새로운 지도자가 됐다.[30] (이상은 표 4.1 참조)

베르케는 주치의 여섯 번째 또는 일곱 번째 아들로, 바투의 이복동생이었다. 바투의 왕위를 계승했을 때인 1256~1257년경, 베르케는 40대로 연장자의 지위에 있었다. 그는 20년 동안 몽골 제국의 군사와 정치 활동에 적극적으로 참여했다. 바투는 일찍이 1251년에 베르케를 몽골로 보내 뭉케 카안을 선출한 쿠릴타이를 감독하게 했다. 서쪽으로 돌아온 베르케는 셀죽과 아이유브 가문의 군주들을 감독하는 임무를 맡은 것으로 보인다.[31]

---

30 *HWC*, 268. 울락치는 바투의 넷째 아들 혹은 사르탁의 아들이었다. 보락친은 울락치의 어머니 혹은 주모였다. 이와 관련해 상세한 내용은 Favereau 2008, 64-65 참고.

31 31 Vásáry 2009b, 75-76. 아란과 아제르바이잔 지역을 두고 주치 후손들과 일 칸이 벌

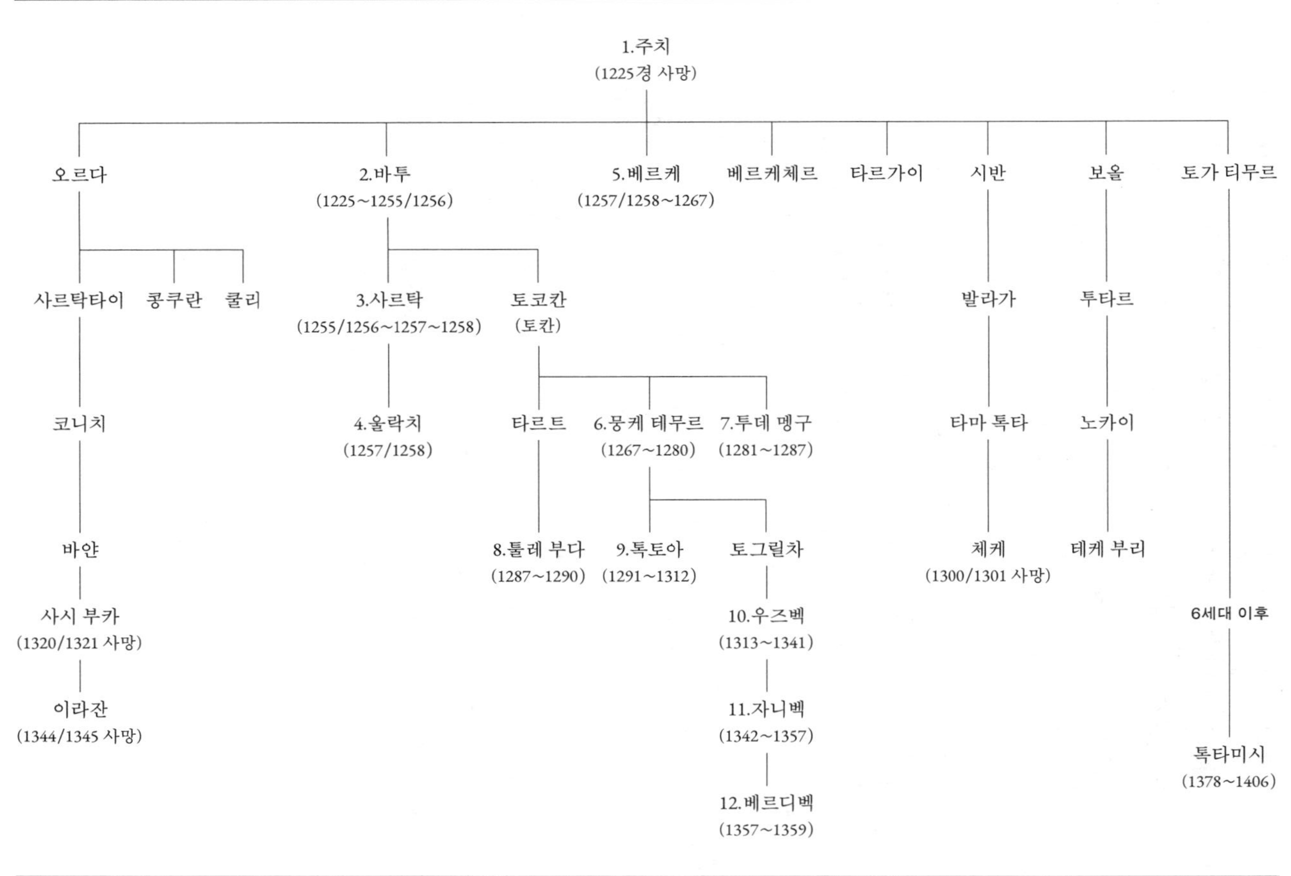

표 4.1 주치 울루스의 계보도

모계가 호레즘 샤의 후손인 베르케는 부하라 출신의 한 셰이흐의 후원 아래 이슬람교로 개종한 것으로 추정된다.[32] 1250년대 초 베르케의 영토는 북캅카스 지역에 있었다.[33] 그는 중앙아시아와 이란의 도시들에서 도망쳐 온 무슬림 지도자들, 종교인들, 문인들, 관리들을 환대했다. 이들은 새로운 자리를 찾아 베르케를 찾아온 것이었다. 베르케는 분명 아바스 왕조, 셀죽 왕조, 아이유브 왕조를 자신의 직속 신하로 여겼다. 그리고 현지 무슬림들은 베르케를 그들의 대변인이자 주군으로 여긴 것으로 보인다.

그러나 뭉케는 동생 훌레구에게 남서쪽 방면의 새로운 원정을 맡겼다. 몽골군은 이란, 이라크, 시리아, 팔레스타인, 이집트, 아나톨리아, 대아르메니아를 공격할 예정이었다. 1253년 가을, 훌레구의 군대는 이란으로 출발했다. 당대의 한 기록에 따르면, 뭉케는 몽골 전사 10명 중 두 명이 정복군에 합류하도록 명령했다고 한다. 총 30만의 병력 중 몽골인은 7만~17만 명이었다.[34] 바투와 이후의 베르케는 여느 칭기스 일족의 지도자들처럼 이 작전에 참여하는 데 동의하고 자신의 군사를 파견했다. 주치 가문의 후손들은 아바스 왕조와 아이유브 왕조에 대한 원정에서 상당한 몫을 얻어, 중동에서 자신들의 권력을 강화하기를 기대했다.

인 대립에 대해서는 Jackson 1978, 209; Allsen 1987, 58 참고. 주치의 입장을 옹호해주는 뭉케 카안의 야를릭은 1312년(712) 우즈벡이 울제이투에게 보낸 서신에 언급돼 있다. Qāshānī 1969, 146 참고.

32 DeWeese 1994, 83-87.

33 William of Rubruck 1955, 124. 그러나 1254년 뭉케는 캅카스 지역을 다시 훌레구에게 맡겼다.

34 *HWC*, 607-612. 관련 수치는 Amitai-Preiss 1995, 15 참고.

지도 4.1　주치 울루스(금장 호르드)

한편으로 뭉케는 중동 원정을 분명 미리 계획했으며 궁극적
인 목표는 이집트였다. 다른 한편으로 그와 훌레구의 상하 관계는
불분명했다. 원래 훌레구는 카안이 임명한 사람일 뿐 직접 통치자
는 아니었지만, 몽골군이 성공적으로 진격함에 따라 그의 개인적
권력도 커졌다. 훌레구가 이슬람 지역을 공격하면서 그 지역에서
주치 가문의 입지가 위협받았고, 그는 점차 주치 가문의 권리를 침
해하기 시작했다. 이 시점에서 카안에 대한 종속적 지위 말고는 그
의 야심을 제한하는 것이 없었다.[35]

뭉케가 사망하자, 예상대로 몽골 지도자들 사이에 긴장이 고

35　Amitai-Preiss 1995, 13.

조됐다. 뭉케의 동생들인 쿠빌라이와 아릭 부케가 왕위 계승 다툼을 시작했다. 베르케는 아릭 부케 편에 섰고, 처음에는 입장이 불분명했던 훌레구는 나중에 쿠빌라이 쪽으로 기울었다. 카라코룸에서 벌어진 계승 전쟁은 몽골 제국의 서부 변경에도 영향을 미쳤다. 2년도 채 지나지 않아 주치 울루스는 훌레구와 그의 추종자들과 충돌했다. 양측은 칭기스 칸의 규율을 따른다고 주장하며 상대방의 불충을 비난했다. 베르케는 훌레구가 바그다드를 정복한 뒤 자기 몫의 전리품을 넘겨주지 않았다고 불평했고, 반면 훌레구는 여러 주치 가문 사령관들을 대역죄로 고발해 처형했다.[36] 곧 테레크강 인근에서 전쟁이 발발했다. 이 강은 주치 가문과 남캅카스에 주둔하고 있던 훌레구 군대 사이의 경계선이었다. (지도 4.1 참조)

1261년부터 1263년 사이에 베르케와 훌레구는 서로의 영토를 여러 차례 침공했다. 양측은 교착 상태에 빠졌고 강력한 동맹을 찾기 시작했다.[37] 당시 새로운 맘룩 술탄 바이바르스(재위 1260~1277)는 시리아에서 십자군과 몽골에 맞서 싸울 다수의 전사들이 필요했다. 비잔티움 황제 미카엘 팔레올로고스가 라틴인들로부터 콘스탄티노플을 탈환하자마자 바이바르스는 그와 협정을 맺었다. 양국 간의 첫 번째 조약은 아마도 1261년 가을과 1262년 여름 사이에 체결된 것으로 보인다. 이 조약은 새로운 교역 규칙을 확립했다. 맘룩 술탄과 비잔티움 황제의 깃발 아래 있는 사신들과 상인들은 흑해에서 지중해로 물자와 무기, 노예를 운송할 수 있었

---

36 Kirakos Gandzaketsi 1976, 236; *JT*/Thackston, 362, 506.

37 베르케와 훌레구의 대립에 대해서는 다음을 참고. Jackson 1978, 233-234; Allsen 1987, 54-63, 218-220; Amitai-Preiss 1995, 78-86; Favereau 2018a, 69-90.

고, 보스포루스해협과 다르다넬스해협을 통과할 수 있게 됐다. 카이로에서 콘스탄티노플로 이어지는 새로운 길이 열림에 따라 맘룩은 이제 훌레구의 손에 들어간 동부 아나톨리아 경로를 우회할 수 있게 됐다. 그러나 바이바르스는 크림반도에도 접근해야 했다. 그곳에서 노예 상인들이 맘룩을 구매해 이집트로 보냈기 때문이다. 그런데 항구가 있는 크림반도 남부 해안은 이제 주치 일족의 영토가 돼 있었다.[38]

1261년 또는 1262년, 바이바르스는 알란 상인들의 중재로 베르케와 협상을 시작했다. 훌레구와의 싸움을 지원해줄 대상을 찾고 있던 베르케는 바이바르스, 미카엘 팔레올로고스, 그리고 그들의 동맹 셀죽 술탄 이즈 앗 딘 및 제노바인들과 협력하기로 동의했다. 이 새로운 동맹은 카이로에서 볼가강 하류까지 무역로를 확장했을 뿐만 아니라, 훌레구 군대에 대한 동시 공격을 기반으로 한 복잡한 전쟁 계획도 포함했다. 베르케는 시리아를, 바이바르스는 남캅카스를, 이즈 앗 딘은 동부 아나톨리아를 공격하기로 했다. 하지만 1263년 맘룩 사절단은 콘스탄티노플에서 저지당했다. 비잔티움 황제는 훌레구의 위협에 동맹에서 탈퇴했고, 셀죽 술탄 이즈 앗 딘을 트라키아의 아이노스에 감금했다. 바이바르스가 공개적으로 분노와 좌절감을 드러내는 동안, 베르케는 최고 지휘관 노카이에게 배신한 미카엘이 대가를 치르게 하라고 명령했다.[39]

노카이는 훌레구가 몇 년 전에 처형한 주치 가문의 제왕 투

38　바이바르, 베르케, 미카엘 팔레올로고스의 동맹에 대해서는 Favereau 2019a 참고.

39　Pachymérès 1984, 1.234-239, 242-243. Amitai 2008, 359-360 참고.

타르의 아들이었다.[40] 불가리아 왕과 동맹을 맺은 후, 노카이는 트라키아를 통과하는 군사 작전을 이끌었고, 결국 이즈 앗 딘을 구출했다. 베르케의 보호 아래 있던 셀죽 술탄은 자신의 추종자들과 함께 크림반도로 피신했고, 그곳에서 히즈라력 678년(서기 1279~1280)에 사망할 때까지 머물렀다. 노카이의 목표는 비잔티움 제국도 복속시키는 것이었다. 그는 다뉴브강 하구에서 드네스트르강에 이르는 전 지역을 장악했다. 이 전략적 움직임으로 주치 가문은 비잔티움 제국에 매우 근접했다. 이후 몇 년 동안, 노카이와 그의 부하들은 보스포루스해협이 베르케의 상인들과 사절들에게 열려 있도록 보장했다.[41]

1260년 아인 잘루트에서 맘룩에 패한 몽골은 이전 아이유브 왕조의 영토에서 철수했지만, 훌레구는 반격을 계획하고 있었다. 베르케가 중동에서 몽골의 가장 강력한 경쟁자인 맘룩과 동맹을 맺기로 한 결정이 훌레구가 시리아 및 이집트와 분쟁을 재개하는 것을 막았다. 그 부차적인 효과는 볼가강 하류에 새로운 이슬람 중심지를 만드는 것이었다. 바이바르스가 첫 번째 서신에서 베르케의 이슬람 개종을 축하한 것은 우연이 아니었다. 1258년 몽골이 바그다드를 정복하고 칼리프를 처형한 후, 바이바르스는 카이로에서 아바스 왕조의 복원을 시도했다. 1262년 말 술탄은 자신이 지지하는 후보인 아바시드 알 하킴 아흐마드 이븐 알 하산을 새로운 칼리프로 즉위시켰는데, 베르케도 이를 지지했던 것으로 보인다.

---

40 *JT*/Thackston, 362, 506.

41 Pachymérès 1984, 1.300–313.

                                   제1권 정치사

바이바르스는 즉위 축하 행사를 마치자마자 새 칼리프의 계보도
를 포함한 귀중한 이슬람 선물들과 함께 사절단을 베르케에게 보
냈다.[42]

베르케의 개종은 그의 시대에 깊은 영향을 미쳤다. 실제로 그
는 이슬람을 받아들인 최초의 몽골 지도자였다. 비록 맘룩 측에서
베르케의 선택에 영향을 미쳤다고 주장했지만, 초기에는 그렇지
않았다. 베르케는 무슬림으로 자랐으며, 그의 멘토가 된 수피 셰
이흐 사이프 앗 딘 바하르지(Sayf al-Dīn Bākharzī)를 통해 종교 교육을
받은 것으로 보인다.[43] 베르케가 바투의 왕좌를 이어받을 때 다시
이슬람으로 개종을 천명한 것은 중요한 정치적 행위였다. 이는 베
르케의 새로운 상징적 충성과 방향 전환을 모두 표현한 것이었다.
맘룩 술탄에게 보낸 첫 번째 서신에서 베르케는 자신이 네 명의 형
제들과 함께 개종했다고 주장했고,[44] 두 번째 서신에서는 당시 자
신을 따르는 사람들의 이름을 언급했다.

우리는 모두 이슬람교로 개종했다. 부족과 씨족, 개인과 군인, 그
리고 크고 작은 모든 사람들이 개종했다. 구체적으로는 다음과
같다. 우리의 동생들과 형들, 그리고 그들의 아들들. 부다 쿠르의
후손들과 그의 자녀들, 그리고 그의 가정에 속한 사람들. 풀라드
키카자스, 잔슈누크, 그리고 그들의 영토에 사는 모든 사람들. 쿠

---

42 Broadbridge 2008, 52-53.

43 Jūzjānī 1881, 2.1285-1293; DeWeese 1994, 83-87.

44 베르케의 편지는 아랍어 사료에 요약되어 있다. Ayalon 1971, 167-169; Favereau 2011,
    101-113 참고.

다크, 카라차르, 타니시부가, 시레문, 부즈 바키, 그리고 밍카두르와 그의 군대 및 종자들. 벡 카다크 바이날, 토쿠즈 오굴, 쿠틀룩 테무르, 아지와 그의 자녀들, 두르바이, 그리고 후라산 정복에 파견된 투멘. 바이주와 함께 있던 모든 사람들, 예를 들어 노얀 바이날과 아이카쿠 등.[45]

베르케의 동맹군 대부분은 훌레구가 도착해 그들을 축출하기 전에는, 이란, 아제르바이잔, 동부 아나톨리아에 주둔하고 있던 몽골 지휘관들이었다. 이들 중에는 뭉케가 임명한 지휘관이면서 동시에 훌레구의 명령으로 살해된 아나톨리아의 바이주 휘하의 전사들 그리고 주치 가문의 측근이자 동부 이란에 주둔하고 있던 몽골 지휘관 네구데르와 합류한 후라산 군대가 포함되어 있었다. 베르케는 몽골군의 주요 인물들 이름을 거론함으로써 자신에게 강력한 동맹군이 있음을 보여주었고, 동시에 이슬람이 자신의 울루스에서 빠르게 퍼지고 있음을 드러냈다. 베르케의 지도 아래 실제로 개종한 것은 유목 엘리트들의 일부에 불과했지만, 그의 종교적, 정치적 방향성은 금장 호르드의 백성들을 새로운 공동체로 변모시켰다. 실제로 이 집단적 개종은 주치 가문의 지도자 그리고 주치 가문 출신은 아니지만 훌레구라는 공동의 적을 가진 여러 벡과 노얀 사이의 동맹을 굳건히 했다.

게다가 베르케의 이슬람 선택은 주치 일족의 종교적 관용 정

---

45 Baybars al-Dawādār al-Manṣūrī, ed. Tizengauzen 1884, 77, 98-99; Baybars al-Dawādār al-Manṣū rī 1998, 82-84. 영문 번역은 필자.

책에 영향을 미치지 않았다. 오히려 베르케는 러시아인, 아르메니아인, 조지아인을 포함한 기독교 신민들을 보호했다. 그는 훌레구에 반기를 든 조지아 왕을 지원했을 뿐만 아니라, 러시아정교회가 볼가강 하류의 새로운 정착지 사라이에 주교구를 설립하는 것을 허용했다. 사라이는 베르케가 궁전을 지은 곳이기도 했다.[46]

1250년대와 1260년대에는 주치 울루스 내에서 자율적인 정치체가 형성된 시기였다. 여기에는 내부적, 외부적 요인이 모두 작용했다. 베르케는 카안의 승인 없이도 권력을 잡았으며, 자신의 즉위를 공식화하기 위한 카라코룸 방문도 하지 않았다. 베르케가 통치하는 동안 주치 울루스는 견고하고 지속 가능한 사회경제적 조직의 기반을 마련할 수 있었다. 그가 자유롭게 행동할 수 있었던 것은 카안의 자리를 둘러싼 투쟁이 4년 동안 중앙 권력의 관심을 사로잡았기 때문이다. 마침내 1264년 아릭 부케가 쿠빌라이와의 싸움에서 패배하면서 톨루이 가문의 계승 갈등은 일단락됐다. 훌레구는 1265년에 사망했고, 베르케는 1266년 또는 1267년에 그의 뒤를 이어 세상을 떠났다.[47] 새로운 세대의 지도자들이 권력을 장악하면서 몽골 엘리트들 사이의 긴장은 빠르게 완화됐다. 베르케의 후계자들은 톨루이 가문과 중도적인 입장을 유지하려 노력했다. 그들은 몽골 제국의 전반적인 문제에 지속적인 관심을 보였기 때문이다.

---

46 Polnoe Sobranie Russkikh Letopisei(이하 *PSRL*) 1/2, col. 476; *PSRL* 25, 144.

47 Mu'izz al-ansāb에 따르면 베르케는 1266년(665)에 사망했다(Mu'izz al-ansāb 2006, 41).

금장 호르드의 전성기

뭉케 테무르: 첫 번째 칸

1267년 주치 가문의 왕위를 노리는 후보는 베르케의 아들 한 명과 바투의 손자 두 명 즉 뭉케 테무르와 두데 뭉케, 이렇게 최소 세 명이었다. 베르케가 지명한 후계자가 누구였는지에 대해서는 사료마다 기록이 엇갈린다.[48] 베르케의 아들이었을 수도 있지만, 다른 설에 따르면 베르케는 바투의 추종자들을 자신에게 묶어두기 위해 조카인 뭉케 테무르를 지지했다고 한다. 이 전략은 베르케가 통치한 10년 동안 효과가 있었던 것으로 보인다. 하지만 베르케의 후계 문제는 결국 혼란을 일으켰고, 러시아 사료들은 그가 죽은 뒤에 발생한 긴장 상태를 전하고 있다.[49] 수개월 뒤 주치 가문의 엘리트들은 결국 뭉케 테무르를 지지하기로 합의했고, 베르케의 후손들을 포함한 다른 모든 주치 가문 계열의 구성원들을 왕위에서 배제했다.

뭉케 테무르는 바투의 후손이지만, 베르케가 추구한 정치적 노선을 유지했다. 우선 카안의 명령을 따르지 않고 여타 몽골 지도자들과 다른 독자적인 외교를 수행했다. 쿠빌라이는 뭉케 테무르의 즉위 소식을 듣고 아마도 사신들을 보내 이를 승인하고 새로운

---

48 뭉케 테무르는 바투의 둘째 아들 토칸의 아들이었다. 아랍어 사료에 따르면, 뭉케 테무르는 베르케가 지명한 후계자이기도 했다. Ibn Abī al-Faḍāʾil, ed. Tizengauzen 1884, 182, 193; Ibn Abī al-Faḍāʾil 1916, 459-460.

49 *PSRL* 2, 202.

주치 울루스 지도자에게 축복과 즉위 선물을 보냈을 것이다. 이 선물로는 보통 즉위를 확인하는 야를릭과 인장을 함께 보냈다.[50] 이렇게 함으로써 쿠빌라이는 여전히 자신을 몽골의 최고 통치자로 여기고 있음을 드러냈다. 뭉케 테무르로서는 강력한 친척과 좋은 관계를 유지하고 그의 선물을 받아들이는 것이 이득이었다. 하지만 시대가 변했고, 주치 울루스의 칸은 쿠빌라이를 직접 알현할 필요가 없어졌다. 또한 그의 즉위를 확인하는 것이 어떤 형태의 복속을 의미하는 것도 아니었다.[51]

1267년경 중앙아시아에서는 우구데이의 후손 카이두와 차가다이의 후손 바락 사이에 격렬한 분쟁이 일어났다. 카이두는 차가다이 울루스의 상당 부분, 특히 부하라와 사마르칸드 도시들을 노리고 있었다. 두 군대는 시르다리야강 근처에서 충돌했고 첫 번째 전투에서는 바락이 승리를 거뒀다. 군사적 도움이 필요했던 카이두는 뭉케 테무르에게 지원을 요청했다. 뭉케 테무르는 중앙아시아 분쟁에서 즉시 한쪽 편을 들어주며 개입했다. 그는 베르케의 동생 베르케체르가 이끄는 5만 명의 병력을 보내 카이두를 지원했다. 사실 주치 가문은 동쪽에 강한 상업적, 정치적 이해관계를 갖고 있었기 때문에 바락이 카이두를 무너뜨리는 것을 좌시할 수 없었다. 두 번째 전투에서 차가다이 군대는 패배했고 바락은 부하라와 사마르칸드 지역으로 도망쳤다. 바락은 항복할 의사가 전혀 없었으며 오히려 군사력을 회복하기로 마음먹었다. 이를 위해 현지

---

50 쿠빌라이의 사절단과 쿠빌라이가 뭉케 테무르에게 전달한 인장이 전달됐을 날짜에 대해서는 Belyaev and Sidorovich 2013 참고.

51 *JT*/Thackston, 435; Qiu 2018, 41-42.

자원을 활용하고, 장인들을 고용해 무기를 제작했으며, 마을들을 약탈하기 시작했다. 승자들은 이 지역이 완전히 파괴될 위기에 처했음을 깨닫고 바락과 평화 협상을 시작하기로 결정했다.[52]

1269년 봄, 주치, 차가다이, 우구데이의 후손들을 대표하는 제왕들이 탈라스계곡에 모여 대규모 쿠릴타이를 열었다.[53] 톨루이 가문에게 칭기스 칸의 계승 자격을 박탈당한 이 세 혈통의 구성원들은 상호 간 전쟁을 끝내는 한편, 카안과 상의 없이 독자적으로 행동할 권리가 있음을 선언했다. 그들은 바락의 영토, 특히 트란스옥시아나 지역을 재분배해 뭉케 테무르와 카이두가 세수의 3분의 1을 분할하고 나머지는 차가다이 가문이 차지했으며, 쿠빌라이에게는 아무것도 주지 않았다. 마지막으로 그들은 바락의 수입 손실을 보상하기 위해 바락이 아바카의 영토 일부를 차지하는 데 모두 동의했다.[54]

이듬해 봄, 카이두가 보낸 4000명의 병력으로 증원된 바락의 군대가 후라산 깊숙이 침투했다. 하지만 바락은 몇 달 만에 전투에서 패배했다. 카이두의 병사들이 바락을 버렸을 뿐만 아니라 카이두 자신도 아바카에게 차가다이의 지도자에 대한 지원을 철회한다고 알렸다. 1270년 7월 아바카의 군대는 헤라트 근처에서 바락의 남은 군대를 궤멸시켰다. 바락은 간신히 부하라 지역까지 도망쳤지만, 얼마 지나지 않아 그곳에서 사망했다. 헤라트 전투 이후

---

52 *JT*/Thackston, 520; Biran 1997, 25-26.

53 *JT*/Thackston, 521-522.

54 *JT*/Thackston, 522. Biran 1997, 26-29. Kim 2009, 26. 홀레구의 아들 아바카가 새로운 일 칸이었다.

대부분의 차가다이 장군들과 관리들이 카이두의 편으로 넘어갔고, 바락의 옛 울루스는 카이두의 손에 떨어졌다. 차가다이 가문의 이러한 굴복은 칭기스 일족 지도자들 간의 세력 균형에 장기적인 영향을 미쳤다.[55]

자신의 이익에 따라 편을 바꾸었던 카이두와 마찬가지로, 뭉케 테무르도 축하를 전하기 위해 서둘렀다. 1270년 11월 주치 가문의 사신들은 맹금류를 포함한 귀중한 선물들을 일 칸에게 바쳤다.[56] 훌레구 울루스와의 이러한 일시적 동맹은 바락이 패배한 것의 부수적 결과였다. 더욱 중요한 것은, 차가다이 가문의 지도자를 상대로 거둔 승리가 카이두의 입지를 강화시켰고, 쿠빌라이와의 다가오는 싸움에서 그에게 운신의 폭을 넓혀주었다는 점이다. 이는 아마도 쿠빌라이와 그의 가문을 약화시키되, 칭기스 일족의 질서를 완전히 파괴하지는 않으려는 뭉케 테무르의 계획의 일부였을 것이다. 이러한 이유로 주치 가문은 한편으로는 톨루이 가문과 외교 관계를 유지하면서도, 동시에 카이두 세력이 성장해 쿠빌라이를 위협하는 것을 허용했다.

금장 호르드의 지원은 카이두의 성공에 결정적인 역할을 했다. 1268년 바락을 격파할 수 있게 한 것은 주치 가문의 군대였고, 탈라스 쿠릴타이에서 뭉케 테무르가 지원한 것이 카이두의 승리를 확실히 했다. 더욱이 주치 가문은 차가다이 울루스에 대한 카이두의 권위를 인정했다. 흥미롭게도 이러한 상황에도 불구하고,

---

55 Biran 1997, 30–33.

56 아바카는 이에 화답해 뭉케 테무르에게 선물을 보냈다. *JT*/Thackston, 535.

우구데이 가문의 칸이었던 카이두는 탈라스에서 금장 호르드에 부여된 트란스옥시아나 지역 수입의 몫을 계속 보유했다. 하지만 이는 주치 가문의 칸이 카이두에 대한 우위를 점하게 해주었다. 잔드 부근에서 경제적으로 활발한 국경을 공유하고 있었고, 대륙 간 교역로가 두 영역을 모두 통과했다는 사실이 두 통치자가 좋은 관계를 유지하고자 열망한 이유를 부분적으로 설명해준다. 두 세력 간의 동맹은 1280년대 초반까지 지속했다.[57]

서부 초원에서 뭉케 테무르는 자신의 이름으로 화폐를 주조하라고 명령했다. 이 화폐들은 금장 호르드의 네 영토인 호레즘, 사라이, 불가르, 크림에서 발행됐다. 이 지역들은 상인들, 은행가들, 납세자들이 운영하는 사업이 번창하던 곳이었다. 베르케는 이미 은화와 동전을 주조한 적이 있는데, 여기에는 자신의 탐가(Tamgha, 문장), 아바스 칼리프에 대한 언급, 그리고 아릭 부케의 이름이 새겨져 있었다.[58] 그러나 새로운 화폐에는 카안에 대한 언급이 없었는데, 이는 뭉케 테무르가 자신의 울루스를 간섭 없이 통치하기를 바랐기 때문이다.[59]

1271년 쿠빌라이는 아들 노무간을 제왕들의 연합군과 함께 알말릭으로 파견했다. 서부 국경을 감시하고 카이두의 활동을 예의주시하기 위해서였다. 1275년 쿠빌라이는 노무간에게 앞서 카이두에게 수여했던 황금 게레게(권위의 상징물, 패자)를 회수하라고

---

57 Biran 1997, 63-65.

58 사라이 지역에서 베르케의 주화에 관해서는 Huletski and Farr 2016, 20-35, 그리고 Petrov, Kravtsov, and Gumaiunov 2018, 145-158도 참고.

59 Vásáry 2009b, 76-77; Ağat 1976, 54-55 참고.

지시했다. 그리고 카이두에게 항복하고 자신의 조정으로 오라는 명령을 내렸다. 그러나 1276년 가을, 노무간 주변의 제왕들이 그와 그의 아버지에 대해 반란을 일으켰다. 쿠빌라이의 정책에 강하게 반대했기 때문에 칸위를 주장하는 시리기를 지지하기로 했다. 반란군은 쿠빌라이의 아들 노무간과 그의 장군 안동(安童)을 붙잡아 카이두에게 보냈고, 카이두는 다시 노무간을 주치 울루스의 칸에게 넘겼다. 뭉케 테무르는 제왕 노무간을 자신의 진영에 감금하는 데 동의했고, 노무간은 이후 8년간 감금됐다.[60]

뭉케 테무르에게는 카안이나 카이두 어느 쪽에도 직접적으로 유리하지 않게 세력 균형을 유지하는 것이 이익이었다. 여러 차례 편을 바꾼 주치 울루스의 칸은 이 전략을 매우 성공적으로 사용했다. 뭉케 테무르는 카이두에게 병력과 장비를 제공했다. 이러한 군수 지원은 바투의 후손들과 좋은 관계를 유지하고 있던 오르다 후손들과 이웃한 호르드에게도 부담이 됐다. 더 넓게 보면, 주치 가문은 경제적, 정치적, 사회적으로 몽골 지배 체제의 일부였기 때문에 이를 지지했다. 과거 바투와 마찬가지로, 그들이 차지하고자 한 것은 몽골 내에서의 지도력이었으며 이는 반드시 카안 자리를 차지하겠다는 의미는 아니었다. 오히려 그들은 다른 칭기스 일족의 분파들보다 우위에 서는 연장자로서의 지위를 갖고자 했다.

뭉케 테무르는 베르케가 금장 호르드의 상업적 자율성을 위해 추진한 계획을 이어받아, 전임자가 시작한 대외 정책을 계속 추

---

60 반역하는 왕자들이 노무간을 뭉케 테무르에게 직접 보냈을 가능성도 있다. 카이두의 정책과 그 넓은 맥락에 대해서는 Biran 1997, 37-67; Kim 2009, 20-26; Qiu, 출판 예정 참고.

진했다. 그는 이슬람으로 개종하지는 않았지만, 맘룩과 사신을 교환했고 비잔티움과 맺은 해협 통행에 관한 협정도 그의 통치 기간 (1267~1282) 내내 유효했다. 주치 가문과 훌레구 울루스 간의 전쟁은 냉전 상태로 변모했고, 뭉케 테무르는 술탄 바이바르스 및 그의 후계자와 관계를 이어갔다.[61] 맘룩과 금장 호르드의 동맹은 칸들의 종교적 선택과 무관하게 지속됐는데, 이는 관련 있는 모든 당사자들에게 유익한 경제적 이익을 가져다주었기 때문이다.

비슷한 시기에 뭉케 테무르는 정주민 신민들을 주치 가문에 묶어두기 위해 일련의 협정을 체결했다. 1267년 그는 러시아정교회의 수장인 대주교에게 첫 번째 야를릭을 내렸다. 이를 통해 정교회 성직자들의 군역과 공납을 면제해주었다. 이는 칭기스와 우구데이 시대에 시작된 "종교적 관용" 정책의 연장선상에 있었다. 이 정책에 따르면 특정 종교의 성직자들은 타르칸이 되어 세금과 군역 징집에서 면제되는 보호 대상이 됐다. 그 대가로 타르칸들은 칸과 그의 가족을 위해 기도를 올렸다. 뭉케 테무르는 정교회 성직자들을 보호 대상에 포함시켰지만, 그 대가로 칸을 지지하는 것이 그들의 주된 의무였다. 이 정책으로 정교회 성직자들은 주치 가문의 유용한 동맹자가 됐다. 당시 러시아의 제후들은 칸을 '차르'라고 불렀지만, 몽골의 감독을 만장일치로 지지하지는 않았다. 뭉케 테무르는 러시아 교회가 몽골 행정관들에게 협력하도록 함으로써 러시아 제후국들과의 유대를 강화하고 그들에 대한 통제를 더욱 굳건히 했다.[62]

---

61 Amitai-Preiss 1995, 89-90.

제노바인은 뭉케 테무르의 통치 기간 동안 금장 호르드 영토
에 첫 번째 무역 거점을 설립했다. 크림반도에서 가장 큰 항구는
수닥(Sudak)이었는데, 라틴인들은 이곳을 솔다이아(Soldaia)라고 불
렀다. 킵착인, 그리스인, 유대인, 알란인, 베네치아인 등이 공유하
고 있었기 때문에, 제노바인은 자신들만의 요새화된 항구를 만들
기로 결정했다. 1275~1280년경 칸은 그들에게 크림반도 남동해안
의 옛 그리스인 정착지 카파에 대한 토지 임대를 허가했다. 제노바
인은 이미 흑해에서 베네치아인과 경쟁하고 있었다. 이제 그들은
육지에서도 베네치아에 도전장을 냈다. 크림반도에 정착한 데 이
어 곧 볼가강 하류의 칸의 궁정에도 진출했다. 크림반도는 인근 지
역의 상인들과 사업가들을 끌어들이는 교차로였다. 라틴인들에게
이곳은 서부 초원으로 가는 가장 쉬운 관문이었고, 더 나아가 이
제는 몽골이 통제하는 옛 실크로드로 가는 길목이기도 했다. 뭉
케 테무르는 자신의 권력을 지지하는 외국 사제들과 수도사들을
받아들였듯이, 상업세를 납부하고 법을 준수한다는 조건하에 라
틴 상인들을 수용했다.[63]

　당시 더 중요했던 것은, 아마도 북유럽과 중부 유럽 출신의 많
은 해상 상인들이 금장 호르드 영토 내에서 무역과 여행의 권리를
획득했다는 점이다. 13세기 중반부터 뤼베크, 함부르크, 쾰른, 비
스뷔, 베르겐, 노브고로드 등 여러 북부 도시들이 연맹을 결성했
는데, 이는 한 세기 후에 "한자 동맹"으로 알려진다.[64] 이들 도시의

62　이른바 "몽골의 종교적 관용성"에 대해서는 Atwood 2004, 뭉케 테무르가 러시아정교
　　회에 하사한 야를릭에 대해서는 Zimin 1955, 467-468.

63　Ciocîltan 2012, 152-157.

대형 상인 조합들은 연합을 통해 발트해와 북해의 무역, 특히 중요한 생선-소금 교역을 지배했고, 이를 통해 북유럽의 상업 교류를 좌우했다. 이제 대륙의 대부분을 지배하게 된 몽골인들은 유라시아를 가로지르는 상업 네트워크를 확장했다. 몽골의 궁정들을 서로 연결하고 제국 전역의 이동성을 높이기 위해서였다. 주치 울루스의 칸들이 북방 상인들에게 자신의 영토에 접근할 수 있게 허가해주자, 그들은 볼가강 하류 지역에서 모피로드와 실크로드의 장거리 교역망에 진출할 수 있었다. 이로써 대륙의 육로와 해상 교역로가 연결됐다. 더불어 몽골인들은 상인들에게 가장 필요한 것을 제공했는데, 바로 무역을 위한 안전 보장이다.[65] 북방의 해상 무역 상사들은 금장 호르드에게 특권을 부여받아 조직의 발전을 가속화했다. 이는 결과적으로 13세기 말과 14세기에 걸쳐 이들의 성공과 번영에 기여했다.

노카이와 발칸

1282년경 뭉케 테무르가 사망한 후, 노카이가 울루스의 가장 강력한 벡으로 부상했다. 그는 캅카스와 비잔티움 제국에서 주요 군사 작전을 이끌었던 원로 사령관이다. 그의 본부는 다뉴브강 하류에 있었지만, 정치적 영향력은 돈강에 이르는 영토까지 미쳤다. 노카이는 1260년대에 이미 투멘의 수장이었는데, 이는 몽골군에서 가

---

64 뤼베크, 함부르크, 쾰른은 현대 독일에 위치해 있으며, 비스뷔는 스웨덴, 베르겐은 노르웨이, 노브고로드는 러시아에 위치해 있다.

65 Valk 1949, 57.

　　　　　　　　　　제1권 정치사

장 높은 계급이었다. 몇 년 후, 아마도 뭉케 테무르가 사망하고 나서 그는 최고 벡이 되어 금장 호르드의 의회와 군대를 장악했다.[66]

노카이는 최고 지위인 칸에 오를 수 있는 후보자는 될 수 없었다. 바투의 후손이 아니었기 때문에, 주치와 바투의 계통을 이어받은 뭉케 테무르의 아들들이나 조카들과 같은 지위를 누릴 수 없었다. 왕위에 오를 수 없었던 노카이는 그 대신 세 명의 주치계 왕자들을 차례로 후원하며 그들의 통치를 감독했다. 그는 먼저 1282년경 칸이 된 투데 뭉케를 지지했다. 투데 뭉케 및 오르다의 후손들을 이끄는 코니치와 함께 카안과의 관계 개선을 모색했다. 1284년 주치 일족은 회의를 열어 쿠빌라이의 아들 노무간을 석방하기로 하고 중국으로 돌려보냈다.[67] 노무간은 8년 동안 금장 호르드에 인질로 잡혀 있었다. 그를 석방한 것은 일시적으로 동아시아 지정학에서 물러나 서쪽에 더 집중하려 한다는 명확한 신호였다.

베르케의 개종에 뒤이어 공식적으로 이슬람교로 개종한 노카이는 맘룩과 교류를 이어갔다. 그는 이미 1270년 바이바르스에게 사신들을 보내 자신의 개종 사실을 알렸다. 노카이의 목표는 훌레구 울루스에 맞서 술탄과의 동맹을 되살리는 것이었다. 투데 뭉케가 통치하는 동안 주치 울루스와 훌레구 울루스 사이에 다시 긴장이 고조됐고, 전쟁이 재발할 조짐을 보였다. 맘룩과의 동맹은 부수적 효과를 가져왔다. 노카이가 비잔티움 제국과 크림반도를

66　노카이의 흥기와 그의 흑해 정책에 대해서는 Veselovskii 1922; Ciocîltan 2012, 248-264; Tanase 2004~2005, 272-277 참고. 노카이는 사실상 '베글레르벡'이 됐지만 이 칭호를 취하지는 않았다.

67　*JT*/Thackston, 438. Biran 1997, 64-65.

오가는 교역을 조직한 상인들, 특히 베네치아와 제노바 상인들과 좋은 관계를 맺은 것이었다. 주치의 후손들은 이들이 금장 호르드에 이익이 되는 한 중개인으로 환영했다.

당시 기독교 세계는 여러 군소 국가들의 집합체였고, 노카이는 이러한 분열 상황을 이용해 자신의 입지를 강화했다. 그는 칸의 군대 수장이 되기 전부터 외교적, 군사적 수단을 총동원해 주변국들에 자신의 영향력을 투사했으며, 혼인 관계를 통해 일련의 동맹을 맺었다. 노카이는 영토가 다뉴브강 하류에 있었기 때문에, 먼저 비잔티움 제국과 외교적, 경제적 관계를 발전시켰다. 그는 비잔티움 황제 안드로니코스 2세의 딸 에우프로시네와 결혼했다. 그녀는 원래 베르케와 결혼하기로 되어 있었다.[68] 노카이는 이후 얼마 지나지 않은 1277~1278년에 비잔티움 황제와 함께 불가리아인들을 상대로 공동 군사 작전을 펼쳤고, 1282년에는 테살리아의 요한을 상대로 함께 싸웠다. 1285년, 불가리아의 새 통치자 게오르기 테르테르는 노카이에게 조공을 바쳤을 뿐만 아니라 그의 이름이 새겨진 주화까지 주조했다. 노카이는 비잔티움 제국과 함께 폴란드와 리투아니아의 일부를 장악했고, 1275년부터 1279년 사이에 여러 차례 약탈 공격을 감행했다. 그는 또한 수즈달과 브랸스크의 러시아 공후들을 복속시켰는데, 이들은 이제 칸이 아닌 노카이에게 직접 충성을 바쳤다.

노카이는 자신의 군사 원정에 투데 뭉케를 관여시키지 않았

---

68 노카이와 비잔티움 황제의 동맹은 양측이 혼인 관계를 맺고, 비잔티움 황제가 노카이에게 금, 은, 와인, 그리고 미식 요리를 제공함으로써 확정됐다. Pachymérès 1984, 1: 25, 3: 302; Tanase 2004~2005, 277 참고.

다. 대신 투데 뭉케의 조카 투레 부카를 고용해 자신의 지휘 아래 군대를 이끌게 했다. 이 원로 격인 벡은 칸과 달리 노련한 지휘관이 었고 여러 차례 주도권을 가지고 주치 울루스의 군대를 소집했다. 노카이의 군사적 성공에도 불구하고, 투데 뭉케는 내정, 특히 러시아 공국들에 관한 문제로 그와 충돌했다. 1281년 투데 뭉케는 왕좌에 있던 알렉산드르 넵스키의 장남 대공 드미트리 알렉산드로비치를 그의 동생 안드레이로 교체했다. 하지만 노카이는 드미트리를 지지하며 안드레이에 맞섰고, 1283년 드미트리가 블라디미르의 왕좌를 되찾는 데 도움을 주었다.[69] 칸과의 불화를 해결하지 못한 노카이는 바투 가문의 여러 유력 인사들과 동맹을 맺었고, 1287년 투데 뭉케를 퇴위시켜 그들이 권력을 잡도록 했다. 그들은 투레 부카를 칸으로 선출했지만, 투레 부카는 자신의 형제 및 사촌들(뭉케 테무르의 두 아들)과 권력을 나눠야 했다.[70] 이후 4년 동안 금장 호르드는 바투의 후손들, 한 명의 칸, 그리고 노카이가 일종의 협의체를 구성해 통치했다.

1280년대 중반, 노카이의 권력은 절정에 달했다. 새로운 영토와 속국을 차지함으로써 자신의 권위를 자유롭게 확장할 수 있게 되자, 그는 연이어 헝가리와 폴란드에 대한 대규모 원정을 계획했다. 1284~1285년 겨울, 그는 라슬로 4세가 다스리는 헝가리 왕국 깊숙이 진군했다. 일부 사료에 따르면, 헝가리 왕 본인이 노카이에게 도움을 요청했다고 한다.[71] 라슬로는 영향력 있는 킵착 집단들

---

69 *PSRL* 25, 153-154.

70 *JT*/Thackston, 362-363.

71 Tanase 2004~2005, 287-288; Jackson 2005, 204-205.

과 동맹을 맺었지만, 그의 왕위를 위협하는 강력한 헝가리 귀족들의 반란에 직면해 있었다. 라슬로는 처음에 교황에게 지원을 요청했지만, 결국 이를 거부하고 금장 호르드와의 동맹을 선택했다. 이 동맹은 그에게 절실했던 군사적 지원을 가져다주었다. 교황은 라슬로에게 분노했고, 라슬로의 정치적 전향으로 직접적인 이익을 얻은 노카이를 매우 의심했다.[72] 하지만 이제 노카이는 동유럽의 주요 정치 인물이 됐고, 로마 가톨릭 교회도 더는 무시할 수 없게 됐다.

반면 노카이 역시 헝가리 문제에 개입한 자신만의 이유가 있었다. 헝가리는 라틴 기독교 세계의 가장 동쪽 땅이었고, 그는 서유럽인들이 헝가리에서 자신들의 영향력을 무척 확대하고 싶어 한다는 사실을 알고 있었다. 노카이는 교황청과의 긴장을 완화하고 자신이 가톨릭교도들의 친구임을 보여주기 위해, 정교회를 포함한 다른 기독교 공동체들보다 프란체스코회를 주요 정치적 파트너로 선택했다.

크림반도 그리고 더 넓게는 금장 호르드의 영토에는 네스토리우스파, 아르메니아인, 조지아인, 러시아인, 그리스인 등으로 구성된 다양한 기독교 공동체가 있었다. 몽골의 종교적 관용 정책에 따라, 노카이는 프란체스코회를 보호 대상 공동체에 포함시켰다. 프란체스코회 수사들은 1280년에 카파와 사라이, 1285년경에는 비치나에 공식적으로 자리를 잡았다. 그 이전에도 수사들은

---

72 라슬로 4세가 아내를 버린 것은 교황의 지지를 받는 앙주 가문과의 동맹을 깨고 싶었기 때문이라고 이해해야 한다. 라슬로는 1290년에 살해됐다. Tanase 2004~2005, 288.

제1권 정치사

(1274년 이후부터) 이미 칸의 궁정에 머물고 있었고 유목민들과 함께 이동했다.[73] 1287년경 노카이는 크림반도의 솔카트에 있는 프란체스코회 교회를 파괴한 무슬림들에 대해 강경한 입장을 취했다. 그는 현지 무슬림들에게 교회 재건 비용을 부담하게 하고 추가 건축에 드는 자금도 제공하도록 강요했다. 그즈음, 노카이의 정실부인 야일락은 크림반도 남부의 성지 키르크 예르에서 프란체스코회 수사들에게 세례를 요청했다. 그녀는 수사들에게 보호와 현금을 제공하고 새로운 수도원을 지을 수 있는 권한도 주었다.[74]

이는 정교회 성직자들의 권력에 대항하기 위한 노카이의 시도였다. 러시아정교회 공동체는 금장 호르드에서 가장 강력한 세력이었다. 1261년부터 몽골은 이들이 사라이에 주교구를 만들도록 허락했고, 이를 키예프의 대주교가 관할했다. 사라이의 주교는 볼가강 하류의 칸 궁정에서 살며 교역하는 러시아인들과 그리스인들을 맡은 것으로 보인다. 더욱이 주교는 여러 차례 콘스탄티노플에 파견되어 비잔티움 제국과 협상을 벌이기도 했다. 그리스정교회 공동체는 크림반도에서 이미 확고히 자리 잡고 있었고, 솔다이아에 자체 주교구를 두고 있었다. 따라서 프란체스코회 수사들은 정교회 기독교인들보다 훨씬 늦게 이 지역에 진출한 셈이다. 하지만 프란체스코회 수사들은 금장 호르드에 이미 존재하던 이탈리아인들의 기반을 활용할 수 있었기 때문에, 빠르게 자신들의 네트워크를 구축했다.

---

73 Golubovich 1913, 2, 각주 14: 262; Tanase 2004~2005, 292-294.

74 Tanase 2004~2005, 269-270, 274, 290-298.

프란체스코회와 교황 측근 중 몇몇 인물들은 금장 호르드 대신 훌레구 울루스와 동맹을 맺기를 원했다. 만약 이런 동맹이 실현된다면, 주치 가문의 후손들은 이탈리아 상인들과 누리던 무역 이익뿐 아니라 서유럽에 대한 잠재적 영향력도 잃을 것이고, 또한 그들의 가장 위험한 도전자인 훌레구 울루스가 즉각 세력을 확대할 것이었다. 노카이와 주치 가문의 후손들은 외교적, 군사적 수단을 총동원해 이를 막으려 했다. 그러나 그들이 남캅카스 지역에서 벌인 군사 작전은 실패로 돌아갔고, 아르군은 1288년과 1290년 두 차례에 걸쳐 금장 호르드의 군대를 물리쳤다. 노카이가 이 작전들의 배후였는지는 명확하지 않다. 그가 직접 참여하지 않았기 때문이다. 어쨌든 1288년 4월, 노카이의 사신들은 평화의 상징으로 사리(sharil, 불교 성물)를 갖고 아르군에게 갔다. 노카이가 훌레구 울루스와 협상하는 동안, 주치 가문의 칸과 그의 벡들은 데르벤드와 그 너머에서 아르군의 상인들을 공격할 준비를 하고 있었다. 이는 노카이와 칸 사이에 불화가 생겼음을 보여주는 징후일지 모른다.[75]

헝가리 원정 이후 칸 투레 부카와 노카이의 관계는 급속히 나빠졌다. 투레 부카는 트란실바니아에서 퇴각하는 동안 많은 병사들을 잃었고, 전체 작전도 소기의 성과를 거두지 못했다. 주치 가문의 군대는 1287~1288년 폴란드 전역에 대한 원정에서 부분적인 성공을 거두었을 뿐이다. 산도미르와 크라쿠프 점령에 실패했기 때문이다. 투레 부카는 다시 한번 엄청난 수의 병사와 말을 잃

---

75 Kim 2009, 26; *JT*/Thackston, 567, 573. 노카이는 일 칸과의 친선 관계를 주도적으로 시작했으며 그의 아들 부리를 아바카의 딸과 결혼시킬 것을 요청했다(*JT*/Thackston, 365-366).

었고, 결국 철수할 수밖에 없었다.[76] 작전을 계획한 것이 노카이였기 때문에, 칸은 자신의 패배에 대해 그를 비난했다. 두 사람 사이에 긴장이 고조됐고, 노카이는 투레 부카를 제거할 목적으로 톡토아와 거래를 한 것으로 보인다.[77]

뭉케 테무르의 수많은 아들들 중에서 톡토아는 가장 야심 찬 인물로 알려져 있었다. 투레 부카는 톡토아가 강력한 왕위 경쟁자가 될 수 있음을 깨닫고 암살 계획을 세웠다. 상황을 인식한 톡토아는 잠시 동안 금장 호르드의 동부 영토에 숨었던 것 같은데, 이때 노카이와 접촉했다. 그들은 함께 왕좌를 차지하기로 합의했다. 1291년, 노카이는 자신이 중병에 걸렸다며 볼가강 인근에서 쿠릴타이를 소집했다. 통치 협의회의 구성원들이 도착했는데, 곧 벡의 함정에 빠졌다. 그들이 모이자마자 톡토아의 부하들이 투레 부카와 그의 형제들, 사촌들을 공격해 모두 살해했다. 살인이 자행된 직후, 톡토아는 금장 호르드의 왕좌에 올랐다.[78]

통치 초기 2년 동안 칸은 늙은 벡에게 충성을 다했고, 노카이의 내부 적들을 하나씩 제거했다. 그 결과 유목 엘리트들 사이에서 노카이에 대한 반감이 더욱 커졌다. 톡토아도 두 명의 전임자들과 마찬가지로 노카이의 견해를 따르지 않고 자신만의 정치를 펼치기 시작했고, 점차 그에 대한 지지를 철회해나갔다. 두 사람의 명백한 불화는 1293~1294년 북부 러시아 공국들의 정치적 상황에서 처음 드러났다. 1283년부터 노카이가 지지하는 드미트리가 블

---

76 Jackson 2005, 205.

77 Baybars al-Dawādār, ed. Tizengauzen 1884, 83-84(Russian 번역본, 106).

78 *JT*/Thackston, 363.

라디미르의 왕좌를 차지하고 있었다. 하지만 칸은 노카이가 반대했는데도 드미트리를 그의 동생 안드레이로 교체하기로 결정했고, 군대를 보내 대공을 강제로 퇴위시키려 했다.[79]

그러나 두 지도자 간의 충돌을 촉발한 것은 더 내부적인 문제였다. 노카이는 개인적 원한을 품었던 살지우다이 구레겐을 궁정에서 추방해달라고 톡토아에게 요청했다. 하지만 살지우다이 구레겐은 매우 영향력 있는 콩기라트 벡이었고 톡토아의 장인이기도 했다.[80] 칸은 이 추방 요청을 거절했고, 노카이는 이를 선전포고로 받아들였다.

그러자 노카이는 즉각 대응하여 드네프르강과 돈강 사이의 영토를 차지하고 자신을 칸이라 칭하는 주화를 발행했다. 또한 자신의 후계자로 지목한 장남 체케에게 술탄 칭호를 내렸다.[81] 주치 가문 내에 노카이에 대한 적대 세력이 많아 그의 주장이 만장일치로 받아들여지지는 않았지만, 톡토아 역시 내부의 저항에 직면해야 했고 여러 벡들이 그를 떠나 노카이 편에 가담했다. 이 시점에서 두 지도자 사이의 승자를 가릴 수 있는 것은 오직 전쟁뿐이었다.

1297~1298년 겨울 돈강 하류에서 첫 번째 전투가 벌어졌고,

79　톡토아의 동생 투단이 주도한 이 작전은 러시아어 자료에서는 "투단의 습격"이라고 불린다. 이 자료들에 따르면 이 습격은 상당히 가혹했으며 모스크바를 비롯한 다른 13세기의 마을을 파괴했다(*PSRL* 1, col. 527; *PSRL* 18, 82; *PSRL* 30, 98). 러시아 연대기에서 이상의 내용이 포함된 것에 대해서는 Ostrowski 1998, 150-151.

80　*JT*/Thackston, 364.

81　Petrov 2017, 622-623; Oberländer-Tărnoveanu 1987, 245-258; Vásáry 2005, 90-91; Uzelac 2017, 510. 체케(Cheke)의 이름은 사료에 따라 표기가 다양하다. 가령 주게(Jöge)라는 표기도 있다.

노카이와 그의 추종자들이 승리를 거뒀다. 이듬해 노카이는 군대를 보내 크림반도를 장악하고 제노바인들에게 세금을 내라고 강요했다. 작전 중 손자가 사망하자 노카이는 군대에 카파 주민들을 처벌하라고 명령했다.[82] 군대는 크림반도의 여러 라틴계 공동체를 공격했고 많은 포로들을 데려왔다. 그러나 그가 외교적 이유로 일부 포로의 석방을 결정하자 크림반도 원정에 참여한 여러 벡들이 분노했다. 벡들은 노카이에 대한 지지를 철회하고 충성의 대상을 톡토아로 바꿨다.[83] 칸은 이들을 환영했고 결국 상황을 역전시키는 데 성공했다. 결국 더 많은 벡의 지지를 얻은 쪽이 승리할 가능성이 더 컸던 것이다.

결정적인 전투는 현재 몰도바 지역에 있는 부그강의 지류 쿠겐릭에서 벌어졌다. 노카이의 군대는 완전히 패배했다. 노카이 자신도 전사했고 추종자들은 뿔뿔이 흩어졌다. 쿠겐릭 전투 이후에도 노카이의 아들들은 톡토아와 계속 싸웠다. 칸이 벡의 옛 영토에 대한 권위를 완전히 확립하는 데는 최소 2년이 더 걸렸다. 톡토아의 보복을 두려워한 노카이의 자손들과 그의 백성들은 발칸반도와 폴란드-리투아니아 지역으로 도망쳤다.[84]

노카이와 톡토아 사이의 전쟁은 1297년부터 1300년까지 계속됐고, 금장 호르드에 큰 타격을 주었다. 수많은 전사들이 목숨을 잃었고, 포로들은 노예로 전락해 상당수가 맘룩의 노예 시장에서 팔려나갔다.[85] 베네치아 상인 마르코 폴로가 자신의 책에서 노

---

82 Ciocîltan 2012, 161-162.

83 *JT*/Thackston, 364-365.

84 Pachymérès 1984, 3: 289-290 (Pachymérès 인용문에 대한 영문 번역은 Uzelac 2017, 512).

카이와 톡토아의 갈등, 전투에 동원된 전사의 수, 양측이 입은 막대한 인명 피해에 대해 언급한 것은 우연이 아니다.[86] 폴로가 몽골 제국을 방문했을 당시, 노카이는 동유럽과 중부 유럽에서 가장 영향력 있는 몽골 지도자였다. 노카이는 주치 가문 왕자 세 명의 정치 행보를 조종했지만, 결국 그들과 차례로 등을 돌렸다. 그는 거의 40년 동안 비잔티움 제국, 발칸반도, 헝가리에 대한 영향력을 점차 확대했다.[87] 노카이가 사망한 후에도 주치 가문은, 불가리아인, 그리고 비잔티움 제국과 강한 유대 관계를 유지했지만, 발칸반도의 나머지 지역과 헝가리에 대한 관심은 줄어들었다. 벡의 자손들은 동유럽에 머물기로 결정했지만, 노카이가 누렸던 것과 같은 권위를 갖지는 못했다.[88] 14세기에도 다뉴브강, 드네프르강, 드네스트르강, 돈강의 하류 계곡들은 여전히 유목민들의 손에 남아 있었지만, 금장 호르드의 중심은 흑해에서 볼가강 하류로 다시 옮겨갔다.

톡토아와 몽골의 평화

13세기 말부터 14세기 초까지는 몽골 제국 전체의 전환기였다. 칭기스 일족 왕자들 사이의 권력 다툼은 완전히 새로운 차원에 도달했다. 불씨를 점화시킨 것은 1299년 직전 코니치가 죽은 뒤 벌어진

---

85 *JT*/Thackston, 364-366; Uzelac 2017.

86 폴로의 기록에는 심지어 노카이와 톡토아의 대립도 보인다. 다만, 서술 내용은 사료에 따라 차이가 있다. Uzelac 2017, 515-516.

87 Vásáry 2005, 71-98.

88 노카이의 아들 체케는 스스로 불가리아의 군주임을 선언하지만 1301년경에 타르나보에서 살해당한다. Vásáry 2005, 92-98.

제1권 정치사

후계자 갈등이었다. 코니치는 오르다의 후손들을 이끄는 지도자로, 1270년대 후반부터 청색 호르드로도 알려진 주치 울루스 동부 지역을 통치했다.[89] 코니치의 영토는 북쪽으로 카이두의 울루스와 접경하고 있었으며, 초기에 그는 카이두와 동맹을 맺은 것으로 보인다. 하지만 노무간이 중국으로 돌아간 이후, 주치 가문은 카안 및 훌레구 울루스 모두와 좋은 관계를 유지했다. 코니치는 이 새로운 정치적 흐름을 이용해 아르군과 그의 후계자 가잔에게 우호적인 메시지를 보냈다. 또한 쿠빌라이와 그의 후계자가 될 테무르(재위 1294~1307)에게도 재정적, 군사적 지원을 요청해 받아냈다. 카이두와 차가다이 가문의 칸 두아는 이에 반응해 청색 호르드의 내정에 간섭하려 했고, 코니치의 죽음은 그들이 놓칠 수 없는 기회였다.

코니치가 사망한 후, 두 명의 왕위 주장자가 후계를 놓고 다투었다. 톡토아는 코니치의 아들 바얀을 지지했고, 카이두와 두아는 코니치의 사촌 쿠발락(또는 쿠일룩)을 지지했다. 그러나 카이두가 자신이 지지하는 후보에게 새로운 군대를 제공한 반면, 톡토아는 노카이와의 갈등에 휘말려 바얀에게 필요한 병력을 지원하지 못했다. 그래서 바얀은 카안에게 도움을 요청하기로 결정했다. 심지어 카안, 일 칸, 그리고 바다흐샨의 통치자를 끌어들여 카이두에 대항하는 동맹을 만들려고 시도했다. 하지만 테무르가 아직 준비가 되지 않아 이 첫 번째 계획은 실현되지 않았다. 톡토아가 노

---

89 Allsen 1985~1987, 22-25. Biran 1997, 64-66. 비록 코니치와 오르다의 후손들이 바투의 후손들이 있던 서부 주치 가문의 우세를 인정하기는 했으나, 그들 내부의 문제는 독립적으로 처리했다.

카이를 물리치고 바투 가문을 완전히 장악하자마자, 바얀은 두아와 카이두에 대항하기 위해 그에게 톨루이 가문과의 연합을 제안했다. 이번에는 그 계획이 구체화되기 시작했다. 톡토아는 2투멘의 병력을 바얀에게 보냈고, 이들은 이르티시 상류 지역에서 카안의 군대와 합류하기로 했다. 얼마 후인 1301년 9월, 테무르 카안의 군대는 카얄릭 근처에서 카이두와 차파르의 군대를 만나 격파했다. 두아는 부상을 입었고 카이두는 병을 얻어 전투 직후 사망했다. 차파르는 2년 동안 카이두의 싸움을 재개하려 했지만, 군대의 고갈, 이전 지도자의 죽음, 그리고 주치 울루스와 카안, 훌레구 울루스를 동시에 상대해야 하는 위험 때문에 결국 전면적인 휴전 협상을 하기로 결심했다. 이는 1304년의 평화 협정으로 이어졌다.[90]

몽골인들은 이제 40년 넘게 그들을 분열시켰던 "카이두 전쟁"을 끝내고자 했다. 톡토아, 차파르, 두아, 테무르, 가잔, 그리고 그의 후계자 울제이투가 협상에 참여했다.[91] 특히 톡토아가 몽골 지도자들 간의 화해를 강력히 지지한 것으로 보인다. 그는 이전 몇 년 동안 외교 활동을 매우 활발하게 펼쳤다. 갈등이 발생할 때마다 주치 울루스와 다른 울루스들의 관계가 단절되는 것을 막고자 했다. 여러 차례 카이두, 훌레구 울루스, 그리고 다른 몽골 지도자들에게 사신을 보냈다.[92] 가장 주목할 만한 점은 주치 울루스와 테무르 카안의 관계가 크게 개선됐다는 것이다. 톡토아가 카이두와

---

90   *JT*/Thackston, 349-350; Allsen 1985~1987, 23-24; Biran 1997, 65-66, 69-74.

91   톡토아, 차파르, 두아, 테무르, 가잔은 각각 바투울루스, 우구데이 울루스, 차가다이 울루스, 쿠빌라이울루스, 훌레구 울루스의 지배자였다.

92   Kim 2009, 26-27.

그의 아들 차파르에 맞서 카안을 점점 더 지지하면서 나타난 변화였다. 1304년의 평화는 몽골 제국의 형식적 통일을 재확인했을 뿐만 아니라,[93] 주요 울루스들의 새로운 공통 규칙을 수립했다. 테무르는 다른 세 명의 칸들에 대해 명목상 지도자로서의 위치를 누렸으며, 칸들 사이에 갈등이 생길 경우 중재자 역할을 할 권한을 부여받았다.[94] 수십 년 만에 처음으로 칭기스 가문의 모든 통치 계파 대표들이 합의에 도달한 것이다.

실제로는 이 평화 협정이 몽골 지도자들 간의 국지적 충돌을 완전히 막지는 못했다.[95] 중앙아시아에서는 우구데이 가문과 차가다이 가문 사이에 새로운 갈등이 발생했고, 이는 즉각 중국과 이란에까지 영향을 미쳤다. 이 평화 협정은 다른 칭기스 가문 구성원들에 대한 카안의 명목상 우위를 강화하기 위한 것이었지만, 테무르가 중앙아시아의 갈등을 해결하지 못하면서 그의 위신은 크게 손상됐다. 당시 맘룩 자료에 따르면, 주치 가문은 심지어 카안의 자리에 도전하는 것까지 고려했다고 한다.[96] 그때까지 톡토아는 노카이와의 내부 갈등으로 이런 행동을 취하지 못하고 있었다. 하지만 이제 카이두가 죽고 훌레구 울루스와의 긴장도 완화된 것처럼 보이면서, 주치 울루스의 칸은 몽골 제국의 대륙 횡단 도로가 주는 경제적 이점을 충분히 누릴 수 있게 됐고, 다시 한번 세력을 확

---

93 올제이투가 프랑스 미남왕 필리프에게 몽골이 이제 평화를 이루었다고 쓴 편지를 보라. Mostaert and Cleaves 1962, 55-57. Jackson 2006, 15-16.

94 Liu 2005, 340, 342.

95 1306년 두아와 차파르는 영토 문제에 대한 이견으로 충돌했다. Hsiao 1994, 501-504 참고. 1303~1304년의 평화에 관한 가장 중요한 자료는 Qāshānī 1969, 32-35.

96 Al-Nuwayrī, ed. Tizengauzen 1884, 140 각주 4, 162 각주 1; Pochekaev 2017, 234.

장할 수 있게 됐다.

역설적이게도, 이 평화 협정은 청색 호르드에서 진행 중이던 갈등을 해결하지 못했다. 1305년 쿠발락이 전장에서 사망한(추정) 후에도, 오르다의 후손들은 여러 해 동안 계속해서 권력 다툼을 벌였다. 바얀이 언제 죽었는지는 정확히 알려져 있지 않다. 다만 그의 아들 사시 부카가 1312년경 청색 호르드의 왕좌를 계승하면서 일시적으로 계승 위기가 끝났다는 것만 알려져 있다.[97]

주치 가문과 톨루이 가문이 화해를 시도하고 있는 와중에도, 톡토아는 훌레구 울루스 공격 계획을 포기하지 못했다. 평화가 이루어지기 직전인 1303년, 톡토아는 기병 300명이 호위하는 사신단을 훌레구 울루스에 파견했다. 당시 가잔은 힐라에서 맘룩 술탄의 사신들과 회의를 하고 있었는데, 그는 주치 울루스의 사신들도 이 회의에 초대했다. 페르시아 역사가 미르흐완드에 따르면, 톡토아의 사신들은 아란과 아제르바이잔에 대한 주치 울루스의 지배권을 주장하기 위해 왔다고 한다.[98] 이는 단순한 도발이 아니었다. 주치 울루스는 다시 한번 가잔의 영토로 진입할 준비를 하고 있었던 것이다. 평화 협상이 진행되는 동안 군사 행동은 중단됐지만, 주치 울루스의 칸은 맘룩과 교류를 활발히 이어갔다.

맘룩은 주치 울루스와 훌레구 울루스 사이의 갈등에 관여하고 있었으며, 양측 모두와 동시에 외교 활동을 펼쳤다. 맘룩은 시

97　Allsen 1985~1987, 24-25.

98　톡토아의 외교 사절에 대해서는 *JT*/Thackston, 583, 649, 654; Kim 2009, 26-27 참고. 가잔의 통치 말기 맘룩과 일 칸의 관계에 대해서는 Boyle 1968, 392-393; Broadbridge 2008, 87-93 참고.

리아에서 여전히 전투를 벌이고 있던 훌레구 울루스에 대해 강한 적개심을 품고 있었다. 하지만 훌레구 울루스를 상대로 대규모 전쟁을 벌이는 것이 그들의 이익에 반드시 부합하는 것은 아니었다. 따라서 1304년 톡토아가 맘룩의 술탄 알 나시르 무함마드에게 훌레구 울루스를 상대하기 위한 동맹을 제안했을 때도 술탄은 즉각 동참하지 않았다. 톡토아는 훌레구의 후손들이 후라산에서 타브리즈에 이르는 영토를 불법적으로 차지했다고 주장하며 동맹을 요청했지만, 술탄은 이 군사 작전에 대한 협력을 미루었다. 알 나시르 무함마드가 그다지 열의를 보이지 않았는데도, 톡토아는 그에게 400명의 맘룩 병사와 200명의 여자 노예를 보냈다. 이는 향후 있을 군사 행동을 대비하기 위한 것이었다.[99]

칸의 목표는 데르벤드를 지나는 교역로를 장악하고, 타브리즈와 바그다드의 무역 이익을 차지하는 것이었다. 톡토아의 생각으로는 훌레구 울루스를 물리칠 유일한 방법은 두 개의 지역, 즉 하나는 북캅카스 지역, 다른 하나는 시리아의 맘룩-훌레구 울루스 국경 지대에 전선을 동시에 구축하는 것이었다. 따라서 맘룩은 톡토아에게 자연스러운 동맹 세력이었다. 1304년 가잔이 사망하자마자, 톡토아는 훌레구 울루스를 상대로 한 연합 공격 계획을 실행에 옮기기로 결심했다. 하지만 주치 울루스의 사신들이 알 나시르 무함마드를 찾아왔을 때, 술탄은 동참을 거절했다. 술탄은 "알라가 가잔을 부르셨고", "그의 형제 하르반다[울제이투]가 이미 평

---

99 Favereau 2019b, 355-356. 맘룩 왕국으로 가는 과정에서 노예 대부분이 죽었다. Behrens-Abouseif 2014, 64.

화를 요청하고 있다"고 그 이유를 설명했다.[100] 실제로 울제이투가 권력을 잡은 직후 훌레구 울루스의 대외 정책이 일시적으로 변화했던 것이다. 1305년 울제이투는 알 나시르 무함마드에게 사신을 보내 맘룩 상인들이 페르시아에서 교역할 수 있도록 허락했다는 소식을 전했다. 또한 그는 술탄에게 포로 교환을 제안했다. 일시적 휴전으로 맘룩은 타브리즈를 통해 더 많은 노예 병사를 안전하게 이동시킬 수 있었다.[101]

1306~1307년 톡토아는 맘룩의 알 나시르 무함마드에게 다시 한번 사절단을 보내 훌레구 울루스에 대한 군사 작전에 참여해달라고 요청했지만 술탄은 이를 거절했다.[102] 이렇게 세 번째로 거절당한 톡토아는 더는 참지 못하고 행동에 나섰다. 1307년 11월 제노바 상인들을 금장 호르드 영토에서 추방하고 그들의 재산을 몰수하라고 명령했다. 실제로 카파 등 여러 지역에 근거지를 둔 제노바인들은 맘룩 왕국과 금장 호르드 사이의 중요한 중개자였다. 술탄은 1308년 9~10월경 톡토아에게 편지를 보내, 자신이 군대를 소집하던 중에 칸의 군대가 캅카스에서 전투를 멈췄다는 소식을 들어 군사 준비를 취소할 수밖에 없었다고 해명했다.[103] 하지만 칸은 술탄의 편지에 답장하지 않았다. 이 시점에 주치 가문과 맘룩 사이

---

100 al-Maqrīzī, al-Sulūk, ed. Tizengauzen 1884, 424에서 인용. 그밖에 Broadbridge 2008, 95; Ciocîltan 2012, 170 참고.

101 이 시기 동안 아미르 사이프 앗 딘 사라르와 바이바르 앗 자스나키르는 알 나시르 무함마드의 이름으로 통치하고 있었으며, 당시 술탄국의 정치적 지향을 결정짓고 있었다. Favereau 2019b, 355.

102 Broadbridge 2008, 95, 131.

103 Ciocîltan 2012, 170-173.

의 외교적 접촉은 모두 중단된 상태였다.

톡토아의 군대는 8개월 동안 카파를 포위했고, 1308년 5월 제노바인들은 마침내 도시를 떠났다.[104] 주치 가문은 제노바인들이 타타르와 킵착의 아이들을 납치해 노예 시장에 팔아넘겼다고 비난했다. 톡토아가 노예 무역 자체나 현지 아이들의 매매를 반대한 것은 아니었다. 다만 특정한 상업 규칙들은 반드시 지켜져야 한다고 생각했다. 제국 내에서는 상인들이 판매와 구매에 대한 세금을 내야 했기 때문에, 납치를 금지했다. 전하는 바에 따르면, 제노바인들은 너무 독자적으로 행동하며 이러한 규칙들을 무시했다고 한다.[105] 그래서 톡토아는 카파를 공격하고 라틴인들을 금장 호르드에서 추방했다. 이는 제노바인들의 불법적인 무역 활동 때문이지만, 어쩌면 그들이 맘룩과 훌레구 울루스 양측에 주치 가문에 대한 정보를 제공하고 있다고 톡토아가 의심했기 때문일 수도 있다.

맘룩과의 불화는 수년간 지속됐다. 1311~1312년 마침내 톡토아는 알 나시르 무함마드에게 80명의 맘룩 병사와 20명의 여자 노예 그리고 모피를 보냈다. 술탄은 이에 대한 답례로 칸에게 투구, 말 갑옷, 직물, 허리띠, 그리고 모자를 포함한 1000벌의 갑옷을 선물했다.[106] 이로써 맘룩 노예 상인들은 거래를 재개할 수 있었고, 금

---

104 Promis 1874, 500-501; Ciocîltan 2012, 164 각주 83, 163-173, 특히 166 각주 93에도 인용돼 있다. al-Nuwayrī, ed. Tizengauzen 1884, 140, 162.

105 Di Cosmo 2005, 412-413; Ciocîltan 2012, 165-167 참고. 제노바인들이 너무나 독립적이라고 주장했던 프란체스코 측 인물들에 대해서는 Golubovich 1919, 3: 173-174 참고.

106 Behrens-Abouseif 2014, 64-65에서는 Ibn al-Dawādārī 1960, 9: 280-281을 인용하고 있다. 사료를 보면 톡토아의 마지막 사절단과 우즈벡의 첫 번째 사절단을 혼동하는 듯하다.

장 호르드는 그들에게 무역과 여행에 대한 유리한 새 조건들을 제
시했다. 이는 톡토아가 자신의 울루스의 경제를 활성화하기 위해
막 시작한 중요한 개혁의 결과였다. 그러나 1312년 칸이 갑자기 사
망했다. 그의 조카 우즈벡이 이 죽음에 연루됐다는 소문이 돌았
다. 어쨌든 우즈벡은 곧 삼촌의 뒤를 이어 금장 호르드의 왕좌에
올랐다.[107]

톡토아는 통치 기간 동안 두 가지 정책을 꽤 성공적으로 시행
했다. 첫 번째는 러시아 공국들에 관한 것이다. 1293년 칸의 지원
을 받은 안드레이는 블라디미르의 대공이 되는 데 성공했지만, 러
시아 공후들 사이의 긴장은 여전히 높은 상태였다. 톡토아는 이들
을 달래기 위해 1297년 페레야슬라블에서 대규모 회의를 조직했
다. 톡토아의 대리인이 칸의 야를릭을 낭독했는데, 여기서 그는 공
후들에게 싸움을 멈출 것을 촉구했다.[108] 가장 중요한 것은 '연장자
서열'을 뜻하는 레스트비차(lestvitsa)라는 오래된 계승 원칙이 재확
인되었다는 점이다. 이 원칙은 통치 공후들 중에서 가장 나이가 많
은 이에게 왕위를 준다. 따라서 1304년 안드레이가 사망했을 때,
톡토아는 왕위를 주장하던 안드레이의 조카 모스크바의 유리 대
신에 안드레이의 사촌 트베리의 미하일을 후계자로 임명했다.[109] 레
스트비차 체계를 유지한 이 결정은 일시적으로 러시아 공국들의
정치적 안정성을 향상시키는 결과를 가져왔다.

---

107 톡토아는 독살됐거나 볼가강에서 배가 침몰해 사망했다. 톡토아의 배 침몰에 대해서
　　는 다음과 같은 기록이 있다. Muʻizz al-ansāb 2006, 41.

108 Troitskaia letopiś 2002, 347-348, 351.

109 Novgorodskaia pervaia letopiś 1950, 92.

두 번째, 톡토아는 화폐 개혁에 초점을 맞췄다. 이는 무역을 촉진하고 세금 징수를 개선하기 위한 것이었다. 금장 호르드의 화폐 체계는 통치자들에게 매우 중요한 관심사였다. 주치 울루스의 화폐는 금화(디나르(dinar) 또는 알틴(altyn)), 은화(디르함(dirham), 야르마크(yarmaq), 또는 아크체(aqche)), 동화(풀(pul) 또는 팔스(fals)) 세 종류로 이루어져 있었다. 서방의 상인들은 주치 울루스의 디르함을 '아스프리 바리카(aspri barica)'라고 불렀는데, 화폐 개혁을 최초로 시행한 베르케의 이름에서 유래했다. 지역 상인들은 주치 울루스의 화폐와 함께 비잔티움의 히페르피론(hyperpyron)과 베네치아의 두카트(ducat) 같은 외국 화폐도 사용했다. 이전 통치자들은 이러한 복수 화폐 체계에서 은화를 기준으로 한 통일된 체계로 전환하려고 노력했는데, 톡토아는 이러한 시도를 결실로 이어가고자 했다. 또한 상인들이 금장 호르드 영토 내에서 거래할 때 현지 화폐를 사용하도록 강제하고, 주치 울루스의 화폐가 국경을 넘어가는 것을 막으려 했다.[110]

톡토아 칸의 개혁은 금장 호르드에서 경제적으로 활발한 네 지역, 즉 불가르(모르드바 땅 포함), 크림, 사라이, 호레즘에서 점진적으로 시행됐다. 각 지역은 자체 주화를 주조했고 무게 기준을 지역 수요에 맞게 조정했다. 칸은 지역 체계를 변경해 울루스 전체에 단일 무게 기준을 만들거나 공통 은화 단위를 도입할 의도는 없었다. 그의 목표는 지역 차원에서 화폐 체계를 통일하는 것, 구체적으로

---

110 Ponomarev 2011, 167–178. Petrov, Studitskii, and Serdiukov 2005, 142–147; 205. Petrov 2017, 622–624.

화폐의 무게를 표준화하고 은의 순도를 높이고 주조소의 수를 줄이는 것이었다. 궁극적인 목표는 국고 수익을 늘리고 상품과 사람의 유통을 원활하게 하기 위해 주조소에 대한 통제력을 강화하는 것이었다.

1306~1307년경 크림에서 개혁이 시작됐고, 비슷한 시기에 호레즘에서도 시작된 것으로 보인다. 사라이와 금장 호르드의 중심 지역에서는 1310~1311년에야 시작됐다. 이전에 발행된 화폐는 모두 회수되어 새 화폐로 교체됐다. 교환을 완료하기까지 수년이 걸렸고, 무크시와 불가르 같은 일부 지역에서는 1330년대 초반까지 옛 은화를 계속 사용했다.

톡토아가 자신의 화폐 정책을 몽골 제국의 더 광범위한 경제 체계에 맞춰 실시했을 가능성이 있다. 몇 년 전 가잔이 훌레구 울루스에서 화폐 개혁을 시작했는데, 이는 톡토아가 아제르바이잔과 이란에서 일어나고 있던 극적인 변화에 적응할 뿐만 아니라 번영하는 훌레구 울루스에 대항해 경쟁력을 유지할 방법을 모색하도록 영감을 주었을지도 모른다. 톡토아의 최종 목표는 자신의 울루스를 유럽과 아시아 간 무역을 위한 중요한 허브로 만드는 것이었다.[111] 이는 금장 호르드의 가장 생산적인 네 지역과 그 지역 경제를 보호하지 않고는 불가능한 일이었다.

---

111 이 개혁에 대한 일반적인 개론으로는 Fedorov-Davydov 1960, 103; Mukhamadiev 2005, 120-123 참고. 최근의 연구 성과 및 새로운 분석에 대해서는 Petrov, Studitskii, and Serdiukov 2005, 145-147.

우즈벡, 그리고 이슬람의 흥기

1312년 8월 톡토아가 사망하자 그의 친족들은 주치 울루스의 왕좌를 두고 다투기 시작했다. 몽골의 계승법에 따르면 톡토아의 형제들, 아들들, 조카들 모두 칸의 자리를 주장할 수 있었다. 우즈벡에게는 오랫동안 기다려온 복수의 시간이 왔다. 그의 아버지는 톡토아의 형제 토그릴차였는데, 1290년대의 숙청 과정에서 처형당했다. 톡토아는 토그릴차를 죽이라고 명령했을 뿐만 아니라, 그의 아내 바얄룬과 재혼하고 두 사람의 아들 우즈벡을 추방했다.[112] 우즈벡은 다수의 유력한 무슬림 벡들을 설득해 자신을 지지하도록 함으로써, 다른 후보들, 특히 톡토아의 아들 투켈 부카와 톡토아의 동생의 후손들을 성공적으로 제거했다.[113] 우즈벡은 1313년 칸이 되자마자 향후의 반란을 막기 위해 100명이 넘는 경쟁자와 오랜 적들을 처형했다. 그러나 주치 울루스의 수장 자리를 둘러싼 투쟁은 몇 년 더 계속됐다. 우즈벡의 즉위는 이제 토그릴차 계열이 주치 가문의 지배적인 혈통이 됐음을 의미했으며, 권력에서 밀려난 톡토아의 직계 후손들에게는 쉽게 받아들일 수 없는 일이었다.

우즈벡의 명성은 금장 호르드의 국경을 넘어, 특히 이슬람 세계에 울려 퍼졌다. 실제로 그는 1313년경 이슬람으로 공식 개종했고, 기야스 앗 딘 무함마드라는 이름을 취했다.[114] 우즈벡이 개종한 목적은 무슬림 벡들, 특히 톡토아가 행정부의 최고 지위와 베글레르벡(beglerbeg)이라는 직함을 부여했던 영향력 있는 쿠틀룩 테무

---

112 바얄룬은 우즈벡의 계모였다. DeWeese 1994, 118-119.

113 DeWeese 1994, 107-115; Tanase 2018, 58-60.

114 DeWeese 1994, 93-94.

르의 지지를 확보하는 것이었을지도 모른다. 이슬람 개종이 우즈벡의 권력 장악에 도움이 된 것은 분명하지만, 그가 통치하는 동안 금장 호르드의 종교 정책은 이슬람 역사서들이 일반적으로 암시하는 것보다 더 전통적인 몽골 방식을 유지했으며, 몽골적인 관용 정책도 지속됐다. 주치 가문에는 "국교"라는 개념이 없었다. 몽골인들에게 생소한 개념이었기 때문이다. 불교도나 텡그리 숭배자와 같은 "이교도"들은 유목민들 사이에 여전히 많았고, 우즈벡의 규칙을 따르는 한 자유롭게 종교를 믿을 수 있었다. 칸은 비무슬림 신민들과 좋은 관계를 유지했을 뿐만 아니라, 교황청과도 적극적인 외교를 펼쳤다. 심지어 프란체스코회 선교사들이 금장 호르드 영토 깊숙이 들어와 유목민에게 전도하는 것도 허용했다.[115]

우즈벡은 주치의 후손들에게 분봉된 영지를 재편성했다. 10개의 울루스로 나누고, 각각을 자신의 충성스러운 부하인 울루스 벡(ulus beg)들이 다스리도록 했다.[116] 더 나아가 자신의 통제력을 강화하기 위해 주치 가문 구성원들의 권리를 제한했다. 우즈벡은 그들이 정주민을 직접 통치하거나 세금을 거두거나 자기 군대를 조직하는 것을 금지했다. 그들은 주치 가문 내의 지위와 서열에 따라, 세금이 중앙집권적으로 관리되는 국고에서 급여를 받았다.[117]

115　DeWeese 1994, 94-100; Hautala 2018, 73-76; Tanase 2018, 52-53. Jackson 2018, 354-355.

116　아랍 사료에 언급된 금장 호르드의 10개 울루스에 대해서는 Grigor′ev and Frolova 2002, 89-103. 70개의 투멘으로 나뉘었을 가능성은 한 도미니크회 선교사가 『위대한 카안의 영지에 관한 책(*Book of the Estate of the Great Caan*)』에 남긴 기록을 참조하라. 그에 따르면 우즈벡은 "70만 7000명의 기병을 모을 수 있었다." Jacquet 1830, 59-60; Yule 1916, 89-90.

117　Pochekaev 2017, 240 참고. 우즈벡은 또한 쿠릴타이를 억압한 것으로 알려져 있다. 당시 금장 호르드의 정확한 행정 구조와 구역 분할에 대해서는 내용이 상충하는 사료들과 불완전한 정보로 인해 여전히 의문이 남아 있다. 하지만 일반적으로는 우즈벡이 울루

끝으로 우즈벡은 옛 사라이에서 북쪽으로 약 125킬로미터 떨어진 볼가 강변에 새로운 궁전을 지었다. 이 궁전 주변에 곧 사라이 알 자디드(Sarai al-Jadīd, 새로운 사라이)라는 도시가 생겨났다.

대부분의 전임자들과 마찬가지로, 우즈벡도 자신의 장자를 후계자로 지명했다. 1330년 맏아들 테무르가 죽자, 그는 다른 부인 타이둘라에게서 낳은 첫째 아들 티니벡을 후계자로 지명했다.[118] 당시 우즈벡은 비잔티움 황제의 딸을 비롯한 여러 공주와 결혼했지만, 타이둘라가 정부인으로서 지위를 확립했고 칸의 합법적 후계자들의 어머니로 자리 잡았다. 타이둘라에게는 통치가 가능할 만큼 성장한 두 아들이 있었으니, 티니벡과 자니벡이었다. 티니벡이 맏아들이었기 때문에 우즈벡은 그에게 군대 지휘권을 맡겼다. 그리고 그를 동쪽으로 보냈는데, 처음에는 청색 호르드, 나중에는 아마도 차가다이 울루스와의 국경 지역으로 보냈을 것이다. 이 시기 이후 외국 통치자들은 외교 서신과 선물을 우즈벡과 그의 부인 타이둘라뿐 아니라, 두 사람의 아들이자 후계자 티니벡에게도 보내야 했다.[119]

1339년 우즈벡에 대한 내부의 공격이 거의 성공할 뻔했다. 칸

스의 행정부와 궁정에서 자신의 경쟁자들을 지지하는 세력을 숙청하고 그들을 자신의 측근들로 교체했다고 이해된다. 우즈벡의 정부 및 행정 개혁에 대한 요약은 다음을 참조. Fedorov-Davydov 1973, 89-93, 100-107.

118　타이둘라(Taidula), 혹은 타이토글루(Taitoğlu)는 1323년 우즈벡과 결혼했고 1361년에 사망했다.

119　1340년 교황 베네딕토 12세(재위 1334~1342)는 우즈벡과 타이둘라 그리고 "공작(Duke)" 티니벡에게 편지를 보냈다. 티니벡은 "위대한 군주 우즈벡의 장자(primogenito Magnifici Principis Usbech)"로 언급됐다. 이 편지들의 라틴어 원문은 다음을 참조. Wadding 1733, 7: 227-229.

이 있는 궁전을 포위한 반란군은 경비병들의 주의를 분산시키기 위해 불을 지르고 궁전 안으로 침입했다. 하지만 우즈벡의 정예 친위대가 반란군의 공격을 물리쳤다. 대부분의 반란 가담자가 체포돼 처형당했다. 다수의 벡들과 주치 가문 왕자들, 그리고 외국인들이 칸을 축출하기 위해 동맹을 맺었다는 사실은 우즈벡의 정책에 대한 반감이 컸음을 보여준다.[120] 그의 개혁은 심지어 측근들의 적대감마저 불러일으켰던 것이다.

우즈벡의 긴 통치 기간 동안, 주치 울루스와 훌레구 울루스의 관계는 평화와 적대 사이를 오갔다. 우즈벡이 울제이투(Öjleitü)에게 처음 보낸 사신들은 뭉케의 야를릭에 따라 주치 울루스에 속한 모든 것을 돌려달라고 요구했다. 이는 카안이 주치 울루스에 하사한 영토들인데, 훌레구가 자신과 후손들을 위해 빼앗아갔다고 생각했던 지역들이었다. 이러한 요구는 당연히 받아들여지지 않았지만, 우즈벡 사신들은 1314~1315년 울제이투와 공식적으로 평화 협정을 체결했다. 그 대가로 울제이투는 반란을 일으키고 훌레구 울루스에 피신해 있던 주치 가문의 왕자를 처형하는 데 동의했다.[121]

금장 호르드와 훌레구 울루스의 관계는 아부 사이드(재위 1316~1335) 치하에서 급속도로 나빠졌다. 1320년 평화는 전쟁으로 바뀌었고 우즈벡은 아제르바이잔에서 첫 군사 작전을 개시했다. 아부 사이드가 비록 젊고 경험이 부족한 지휘관이었고 군사도 주

---

120 외국인 기독교도들도 이 음모에 가담한 것으로 보인다. 교황 베네딕토 12세는 칸에게 편지를 보내 여러 기독교도 음모자들에게 자비를 베푼 것에 대해 감사를 표했다. Grigor'ev and Grigor'ev 2002, 40-41; Iurgevich 1863, 1003.

121 DeWeese 1994, 92.

치 칸보다 적었지만, 주치 군대는 큰 손실을 입고 철수해야만 했다. 그리고 1325년 훌레구 울루스는 금장 호르드에 반격을 가해 주치 영토 안으로 침투했다. 10년 뒤 우즈벡이 마지막으로 아제르바이잔 장악을 시도했으나 이번에도 실패했다. 1335년 아부 사이드가 사망한 후 훌레구 울루스에서는 심각한 정치적 갈등이 일어났는데, 이는 우즈벡의 후계자들에게 새로운 기회를 제공했다.

캅카스 횡단 교역로는 훌레구 울루스와의 갈등으로 간헐적 통행만 가능해서, 우즈벡 칸은 상인들을 위한 대체 경로를 여는 데 주력했다. 무엇보다도 그는 동서를 잇는 장거리 교역로를 확보하고자 했다. 이를 위해 원과 평화로운 관계를 구축하는 한편, 차가다이 울루스의 에센 부카가 카안에 대항하는 동맹을 요청했을 때 이를 거절했다.[122] 1336년 우즈벡은 카안을 지지하는 대가로, 쿠빌라이의 명령으로 지급이 중단된 중국 내 바투 가문 소유지에서 발생하는 수입을 요구했다. 우즈벡은 몽골이 금에게 최종적으로 승리한 뒤 그의 혈통이 소유했던 중국 동북부 산서의 평양(平陽) 지역에서 나오는 수입을 되찾았을 뿐만 아니라, 진주(晉州)와 영주(永州)의 수입도 회수했다. 특히 영주 한 곳에서만 수익으로 연간 6만 냥의 은을 가져올 수 있었다.[123]

비슷한 이유로 우즈벡은 서방과의 평화를 적극 추진했는데,

122　Liu Yingsheng 2005, 346.

123　1238년과 1281년부터 각각 진주(晉州, 오늘날 허베이성)와 영주(永州, 오늘날 후난성)가 주치 가문의 녹봉지로 할당됐다. 쿠빌라이는 1288년에 이를 중단하기로 결정했지만, 원은 1339년 이후 다시 주치 가문의 칸에게 수입을 보내기 시작했다. 이 문제에 대한 자세한 정보는 Qiu 2018, 33–34와 Cai 2009, 120을 참조. 저자들은 이 사안에 대해 정확한 정보를 제공해준 추이하오(邱軼皓) 박사에게 감사를 표한다.

이는 그가 제노바인들의 금장 호르드 경내 재정착을 허용한 결정에서 잘 드러난다. 대부분의 서방 상인들에게 금장 호르드로 가는 관문은 크림반도였다. 따라서 칸이 제노바인들과 맺은 새로운 협정으로 상인들은 카파를 재건할 수 있게 됐고, 이 과정은 이미 1316년경부터 시작됐다.[124] 카파는 몇 년 후 상업 중심지로 번영했을 뿐만 아니라 기독교 선교 활동의 거점이 됐다. 우즈벡의 통치 아래 프란체스코회의 선교 활동은 번창했고, 크림반도에서 볼가강 하류를 넘어 바시키르 땅과 서시베리아까지 확대됐다. 선교사들은 칸의 보호를 받으며 금장 호르드 경내에 열 곳이 넘는 수도원을 세웠다고 주장했다. 상인과 선교사들을 위한 다국어 어휘집 『쿠만의 서(*Codex Cumanicus*)』는 아마도 이 수도원들 가운데 한 곳에서 편찬됐을 것이다. 이 사전의 어휘집은 라틴어, 이탈리아어, 킵착 튀르크어, 페르시아어, 독일어 용어들을 포함하고 있어서, 서부 금장 호르드의 다언어 세계를 잘 보여준다.[125]

1332년 베네치아 대사가 우즈벡에게 청원서를 제출했다. 이를 통해 베네치아 원로원은 금장 호르드 경내에 영구적인 거점을 건설할 수 있는 승인과 함께 베네치아 상인들을 위한 무역 특권을 요청했다. 칸과 베네치아인이 장소와 계약에 합의하는 데는 1년도 채 걸리지 않았다. 1333년 우즈벡이 내린 야를릭은 베네치아인에게 돈강 하구 아자크에 정착지를 세우는 것을 허락했고, 라틴 상인 공동체의 지위와 권리를 새롭게 규정했다. 카파에 정착한 제노

---

124 Promis 1874, 500-501; Ciociltan 2012, 178 각주 141.

125 DeWeese 1994, 97-100; Tanase 2018, 53. 우즈벡의 흑해 정책에 대해서는 Ciociltan 2012, 173-199.

바인들에게도 같은 권리를 부여했을 가능성이 높다. 우즈벡은 금장 호르드와 흑해, 지중해 사이의 교역을 촉진하는 데 주력했다. 상업 교류에 세금을 부과해 주치 가문의 수입이 늘었기 때문이다. 게다가 주치 가문은 라틴 상인들을 유치함으로써 훌레구 울루스를 약화시켰다. 베네치아인과 제노바인은 훌레구 울루스에게도 주요 교역 상대였기 때문이다.[126]

우즈벡은 지중해 세계와 연결을 강화하기 위해 맘룩과 우호 관계를 유지할 필요가 있었다. 우즈벡의 첫 사절단이 1314년 봄 카이로에 도착했다.[127] 그들은 우즈벡의 즉위와 이슬람 개종 소식을 알리는 편지를 술탄 알 나시르 무함마드에게 전했다. 술탄은 크게 기뻐하며 자신의 사절단과 선물을 칸에게 보냈다. 1315년 12월 알 나시르 무함마드는 더 나아가 주치 가문의 공주와 결혼하고 싶다는 뜻을 우즈벡에게 전했다.[128] 맘룩 술탄이 몽골 칸에게 그런 요청을 한 것은 처음이었다. 전통적으로 주치 가문은 여성 구성원을 몽골인이나 가까운 가신들과 결혼시켰을 뿐, 외국의 동맹국과는 혼인 관계를 맺지 않았다. 따라서 이는 쉬운 결정이 아니었고, 우즈벡이 술탄에게 자신의 친족 툴룬바이 카툰을 보내기까지 3년의 시간이 걸렸다.[129] 그녀는 1320년 5월 약 3000명의 수행원과 함께 이집트에 도착했다. 맘룩 사절단은 혼수와 결혼 관련 축제 비용

---

126 Mas Latrie 1868, 583-584; Grigor'ev and Grigor'ev 2002, 5-33; Di Cosmo 2005, 411.

127 Al-Nuwayrī 1985-1998, 27: 375; Ibn Abī-l-Fadā'il, Al-Nahǧ, 3: 238.

128 Al-Nuwayrī 1985-1998, 32: 224-225, 323.

129 툴룬바이 카툰은 칸의 딸이거나 여성 형제, 또는 조카였다. 이에 대한 자세한 논의는 Broadbridge 2008, 132 각주 142 참조.

을 마련하기 위해 칸의 상인들로부터 2만 7000디나르를 빌려야 했다.[130]

우즈벡의 관점에서 알 나시르 무함마드와의 혼인 동맹은 필연적으로 주치 가문과 맘룩 사이의 상업적, 군사적 협정을 수반하는 것이었다. 따라서 결혼 직후 우즈벡은 알 나시르 무함마드에게 훌레구 울루스를 상대로 동시 공격을 계획하자고 요청했다. 그러나 술탄은 함께하기를 거부했을 뿐만 아니라, 심지어 훌레구 울루스의 통치자 아부 사이드에게 우즈벡의 계획을 알려주기까지 했다. 사실 알 나시르 무함마드는 훌레구 울루스와의 전쟁에 나설 수 없었다. 이 나라와 평화 협상을 막 시작했기 때문이다.[131] 맘룩과 훌레구 울루스의 관계가 개선되는 사이에, 주치 가문과 맘룩의 관계는 악화일로를 걸었다. 결국 우즈벡은 술탄의 개인 노예 상인이었던 제노바 출신의 세구라노 살바이고를 처형하고, 술탄이 금장 호르드에서 노예를 구입하는 것을 금지하기에 이르렀다.[132] 그러자 알 나시르 무함마드는 1327~1328년경 툴룬바이 카툰과 이혼하고 그녀를 자신의 몽골 지휘관 중 한 명과 재혼시킨 뒤 우즈벡의 사신들에게 공주가 사망했다고 공공연한 거짓말을 했다.[133] 술탄과 몽골 공주의 파경으로 두 통치자의 관계는 더욱 급속도로 나빠졌다.

---

130 Al-Nuwayrī 1985-1998, 32: 324-325.

131 1320년에 시작된 협상으로 맘룩과 훌레구 울루스 사이의 오랜 갈등이 1323년경 종식됐다. Amitai 2005, 359, 368.

132 Broadbridge 2008, 134-135. 제노바 출신 상인 세구라노 살바이고에 대해서는 Kedar 1976.

133 Broadbridge 2008, 136.

바이바르스 시대 이후로 맘룩 술탄의 권력은 점점 커졌다. 맘룩은 노예 시장에 접근하기 위해 금장 호르드에 더는 의존할 필요가 없어졌다. 그들은 이제 아나톨리아와 시리아 경로를 통해 훌레구 울루스로 노예 상인들을 보냈다.[134] 1323년 체결된 맘룩-훌레구 울루스 조약은 양국 간 평화를 정립했을 뿐만 아니라 상인들에게 새로운 교역권을 부여했고, 상인들은 양국에서 자유롭게 거래할 수 있게 됐다.[135] 하지만 주치 울루스와 맘룩의 오랜 유대 관계는 쉽게 끊어지지 않았다. 킵착초원이 서유라시아 최대의 노예 공급지로 남아 있는 한, 양국은 긴밀한 관계를 유지할 수밖에 없었다. 이것이 바로 우즈벡과 알 나시르 무함마드가 외교적 긴장 관계에도 불구하고 자신들의 통치 기간이 끝날 때까지 사절과 선물을 주고받은 이유를 설명해준다.

우즈벡은 또한 선대들이 맺은 비잔티움 및 불가리아인과의 동맹을 이어받았다. 그는 노카이가 지배했던 옛 영토에 대해 어떤 형태로든 통제력을 유지하고자 열망했다. 1321년부터 1328년 사이 비잔티움 제국이 정치적 혼란기를 겪는 동안, 우즈벡은 새로 즉위한 불가리아의 게오르기 테르테르 2세(재위 1322~1323)에게 눈을 돌렸고, 1323년 그에게 군대를 보내 트라키아를 공격했다. 이 작전이 실패하자 우즈벡은 입장을 바꿔 비잔티움 황제 안드로니코스 3세(재위 1328~1341)와 동맹을 맺고 그의 딸과 결혼했다. 더욱 중요한 점은, 우즈벡이 발라키아의 보이보다(voivode, 지방 수장) 바사

134　맘룩 군대는 1321년부터 실리시아 아르메니아의 주요 상업 중심지 아야스(라이아조)를 점령하고 있었다.

135　Amitai 2005, 366-369; Broadbridge 2008, 101-114.

라브를 지원해 그가 종주국 헝가리의 왕과 맞서게 했다는 것이다. 1330년 바사라브는 포사다 전투에서 헝가리 왕의 군대를 격파했고, 헝가리의 발라키아 지배권 주장을 일시적으로 중단시켰다. 우즈벡의 보호 아래, 바사라브는 드네스트르강과 프루트강 사이, 그리고 다뉴브강 하구에 이르는 지역에 작은 공국을 세웠다. 이곳은 과거 노카이의 영토였으며, 여전히 많은 유목민들이 살고 있었다. 또한 14세기 초 흑해 서안에 무역 거점을 설립한 제노바 상인도 점점 늘어나고 있었다. 주치 후손들이 발칸 지역에 대한 과거의 통제력을 대부분 상실한 것은 분명했지만, 그들은 여전히 동유럽과 중부 유럽에서 상당한 영향력을 유지했고 지역 정치에 계속해서 간여했다.[136]

그즈음 금장 호르드의 서부 국경 지역에서 리투아니아 대공국이 형성되고 있었다. 이 신생 국가는 러시아인들과 주치 후손들의 영토를 침식하며 영역을 확장해나갔다. 1320년 대공 게디미나스(재위 1315~1341)는 볼히니아와 키예프 지역을 공격했다. 리투아니아인들에게 키예프 점령은 남서부 러시아 전체를 정복하기 위한 중요한 발판이었다. 1324년 우즈벡은 사신을 보내 게디미나스와 예비 협정을 체결했다. 그러나 1년도 채 지나지 않아 칸은 리투아니아 도시들을 향해 군대를 보냈다. 이는 게디미나스가 폴란드와 동맹을 맺고 주치 후손들과 상의 없이 새로운 갈리치아-볼히니아 공후를 선출한 것에 대한 응징이었다.[137]

---

136 Vásáry 2005, 122-133, 149-155.

137 Rowell 1994, 112.

제1권 정치사

게디미나스의 팽창 정책은 군사력에만 의존하지 않고 혼인, 외교, 무역을 통한 동맹 관계 구축에도 힘썼기 때문에 성공할 수 있었다. 리투아니아에 대항하던 남서부 러시아의 마지막 공국은 갈리치아였는데, 리투아니아는 1340년 마침내 이 지역을 점령했다. 대공은 갈리치아에 대한 지배권을 공고히 하기 위해 아들을 갈리치아 공의 딸과 결혼시켰다. 대체적으로 게디미나스는 주치 울루스와 정면 대결을 피하고 우즈벡과 협상을 통해 문제를 해결하려 했다.[138]

우즈벡과 그의 후계자들은 조공과 형식적인 복속의 대가로 리투아니아 대공(나중에는 폴란드 국왕)이 키예프, 볼히니아, 갈리치아를 통치하는 것을 허용했다. 하지만 칸은 리투아니아인이 주치 울루스의 경쟁자들, 특히 튜턴기사단, 그리고 리보니아인과 독자적으로 통상 조약을 체결하는 것을 허락하지 않았다. 분명 우즈벡은 게디미나스를 전쟁, 무역, 대외 정책에 대해 자신에게 자문을 구해야 하는 종주국의 군주로 여겼다. 이러한 맥락에서 1340년 프로이센의 주교들이 "타타르의 황제와 그의 제후들, 특히 리투아니아와 루스의 통치자들이" 프로이센과의 무역을 방해하고 있다고 불평한 이유를 이해할 수 있다.[139] 이 시기에 리투아니아인은 폴란드와 주치 울루스 사이에서 중개자 역할을 하게 됐다. 우즈벡에게 리투아니아 대공국은 단순한 위협이 아니라 금장 호르드를 폴

138　초기 리투아니아의 팽창과 우즈벡의 관계에 대해서는 Rowell 1994, 특히 111-114 참고. 폴란드는 결국 1349년에 갈리치아의 대부분을 정복했다. 그리고 1386년 폴란드-리투아니아연합이 이루어질 때까지 이 지역에서 리투아니아와 경쟁 관계를 유지했다.

139　Rowell 1994, 114에서 인용.

란드 왕국과 튜턴기사단 양쪽으로부터 보호하는 완충지대이기도 했다.

러시아의 제후들은 내부 분열이 심해 리투아니아인을 물리칠 수 없었다. 과거와 마찬가지로 러시아의 지도적 인물은 블라디미르의 대공이었지만, 그의 즉위 문제로 제후들 사이에 갈등이 생겼다. 실제로 몽골의 규칙에 따르면, 대공은 칸을 대신해 모든 제후들로부터 세금을 거둘 수 있는 권리를 얻었다. 이는 그 직위를 가진 사람과 그의 직계 가족이 막대한 부와 권력을 가진다는 의미였다. 14세기 초 트베리와 모스크바라는 두 왕조가 이 직위를 두고 치열하게 경쟁했다.[140]

우즈벡 칸은 톡토아와는 달리 러시아 제후들의 정치에 가능한 한 자주 개입했다. 그는 지배 가문의 최연장자에게 왕위를 넘기는 '레스트비차' 원칙을 거부하고, 자신이 선택한 후보에게 권좌를 수여했다. 1317년 우즈벡은 톡토아가 임명했던 트베리의 대공 미하일을 폐위시키고 모스크바의 유리(재위 1303~1325)에게 블라디미르의 왕좌를 넘겼다. 유리는 나이도 더 어리고 공후 서열도 더 낮았다. 칸은 자신의 여동생이자 주치 가문의 공주인 콘차카를 유리와 결혼시킴으로써 그의 입지를 더욱 공고하게 만들었다. 또한 우즈벡은 유리에게 몽골 전사 2투멘을 주어 트베리의 미하일 및 그의 추종자들과 싸우는 데 도움을 주었다. 하지만 유리는 트베리 공국을 침공하려다가 크게 패해 항복할 수밖에 없었다. 미하일은 콘차카 공주를 포로로 잡았고, 그녀는 얼마 지나지 않아 트베리

140　Vásáry 2009b, 79.

감옥에서 사망했다.[141]

　여동생의 죽음에 격분한 우즈벡은 미하일을 궁정으로 소환했다. 트베리 공후에 대해 여러 가지 혐의가 제기됐다. 그중에는 조공 체납, 칸의 사신 명령 불이행, 그리고 "독일인들"(아마도 튜턴기사단)과 반(反)주치 가문 동맹에 대해 협상했다는 혐의가 포함돼 있었다. 몇 달 뒤 재판에서 유죄 판결을 받은 미하일은 1318년 또는 1319년에 처형됐다.[142] 이후 그는 러시아정교회에 의해 성인으로 추대됐다.

　1322년 이번에는 유리가 권력에서 축출될 차례였다. 트베리의 미하일의 두 아들 드미트리와 알렉산드르가 대공이 조공의 일부를 횡령했다고 고발하자, 우즈벡은 왕좌를 드미트리에게, 그다음에는 알렉산드르에게 넘겼다. 그러나 1327년 우즈벡은 알렉산드르의 충성심을 의심하기 시작했다. 그는 자신의 바스칵(basqaq, 세금 징수관)인 샤우칼을 트베리로 보내 상황을 조사하고 조공을 거두게 했다. 트베리에서는 바스칵과 그의 수행원들의 방문을 달갑게 여기지 않았고, 결국 현지인들이 반란을 일으켜 샤우칼을 살해했다. 샤우칼은 칸의 친척이자 고위 관리였다. 몽골의 법에 따르면 그를 살해한 것은 중대한 범죄로 엄중한 처벌을 받아야 했다. 주치 가문과 모스크바인들은 함께 군대를 이끌고 반란을 진압했으며, 트베리 주민들에게 가혹한 제재를 가했다. 1332년 유리의 동생 모스크바의 이반(1325~1340)이 블라디미르의 새로운 대공이 됐다.[143]

141　Novgorodskaia pervaia letopiś 1950, 338. 유리의 통치와 주치 가문의 관계는 Gorskii 2005, 42-59.

142　*PSRL* 25, 163; *PSRL* 15, cols. 410-413.

그는 몇 년 안에 트베리의 알렉산드르를 처형하는 데 성공했고, 이로써 모스크바 가문의 길을 가로막을 사람은 아무도 없게 됐다.

　　이 시점까지 공후들 사이의 갈등과 분열로 러시아 공국들의 정치적 상황은 매우 불안정했다. 우즈벡의 변화무쌍한 정책(그가 통치하는 동안 최소 10명의 러시아 공후가 그의 진영에서 처형됐다)은 이러한 불안정을 반영했다. 러시아 엘리트 중에서 신뢰할 만하고 믿을 수 있는 대리인을 찾던 칸은 마침내 자신의 트베리 경쟁자 대신에 모스크바의 이반을 지지하게 됐다.[144] 우즈벡이 통치하는 동안 러시아 공후들은 전반적으로 몽골인들과 긴밀히 협력했으며, 여전히 공동의 이해관계와 공동의 적, 특히 리투아니아인에 대한 적대감을 공유하고 있었다. 이 정책의 결과는 오래갔다. 모스크바 공국이 더욱 강해져 다른 공국들을 차례로 지배할 수 있게 됐기 때문이다. 불과 몇 세대 만에 모스크바의 공후들은 러시아 북동부 대부분 지역을 장악했다.

　　거의 30년에 걸친 우즈벡의 통치는 이슬람화와 행정 제도의 변화 측면에서 금장 호르드에 큰 영향을 미쳤다. 우즈벡 칸은 자신의 베글레르벡(고위 관료)인 쿠틀룩 테무르의 도움을 받아 일련의 개혁을 단행했다. 금장 호르드 역사상 재위 기간이 가장 길었던 덕분에 개혁을 실행할 수 있었다. 우즈벡의 통치하에서 이슬람은 더 많은 지지자를 얻었다. 이슬람이 이미 유목 엘리트들 사이에서

143　*PSRL* 10, 194; *PSRL* 15, col. 416. 바스칵이라는 공식 직책과 시간에 따른 그것의 변화에 대해서는 Halperin 1987, 33-43 참고. 이반 1세의 통치에 대해서는 Gorskii 2005, 60-67 참고.

144　*PSRL* 25, 161-172; Halperin 1987, 53-54.

인기가 많았지만, 그렇다고 해서 다른 종교들이 완전히 사라진 것은 아니었다. 1330년대에 금장 호르드를 방문한 학자이자 탐험가 이븐 바투타는 크림반도와 볼가강 하류 지역에 여관과 목욕탕, 수피 학교 등 수많은 이슬람 건물이 세워진 것을 보고 깊은 인상을 받았다.[145] 이와 같은 광범위한 건설 사업은 우즈벡의 이슬람 개종과 이슬람화의 결과로 볼 수 있다. 더욱 중요한 점은 이를 통해 현지 무슬림 공동체의 규모와 부 그리고 명성이 크게 증가했음을 알 수 있다는 것이다. 이 울루스 내에서 지배층의 부와 번영이 두드러져 보인다는 점에서 역사가들은 일반적으로 우즈벡의 통치 시기를 금장 호르드의 황금기로 평가한다.

바투 후손들의 최후

1341년 가을로 추정되는 우즈벡의 사망 소식을 들었을 때, 티니벡은 동쪽에 있었다. 아마도 차가다이 울루스를 공격할 준비를 하고 있었던 것 같다. 그는 즉시 우랄강 하류의 사라이추크로 서둘러 돌아와 즉위식 쿠릴타이에 참석하고 아버지의 왕좌에 오르려 했다. 하지만 티니벡이 금장 호르드의 중심부에 도착했을 때, 자니벡의 추종자들이 그를 살해했다. 자니벡 또한 자신의 동생을 죽이라고 명령했다. 1342년 주치 가문의 쿠릴타이가 소집됐고 자니벡(재위 1342~1357)이 칸으로 선출됐다. 그는 바투 가문에서 유일하게 자격을 갖춘 후보였다.[146]

---

145 Kançal-Ferrari 2018, 191-214.

아버지와 마찬가지로 자니벡도 모스크바 공국을 지지했다. 당시 모스크바 공국은 대공 이반 1세(재위 1325~1340)의 두 아들 시메온(재위 1340~1353)과 이반(재위 1353~1359)이 이끌고 있었다. 주치 가문은 자니벡이 통치하는 동안 전반적으로 러시아 공국들과 평화로운 관계를 유지했다. 칸은 단 한 번, 랴잔 공국에 대한 소규모 군사 작전만 허가했을 뿐이다. 야로슬라프는 자신의 사촌 이반 코로토폴을 랴잔의 수도 페레야슬라블에서 몰아내고 그의 자리를 찬탈하기 위해 주치 가문의 지원을 요청했다. 이 작전은 1342년 자니벡이 즉위한 직후에 실시됐으며, 신속하고 성공적으로 완료됐다. 그 이후 칸은 러시아 제후들과 싸우거나 이들을 처형할 필요가 없었다. 이는 주치 가문과 러시아인들 사이의 관계, 그리고 러시아 제후들 간의 관계가 안정됐음을 의미했다.[147]

거의 같은 시기에 중요한 사건이 일어났다. 정교회의 대주교 테오그노스토스가 새로운 지배자를 알현하고 정교회의 권리를 확인받기 위해 자니벡을 방문했다. 칸은 대주교에게 (정확히 어떤 세금인지는 알려지지 않은) 특정 세금을 납부하라고 요구했지만, 대주교는 이를 거부했고 결국 벌금을 내야 했다.[148] 이전 사례들, 특히 중앙아시아와 중국의 경우를 보면 자니벡이 성직자들의 면세 제도를 거부한 첫 번째 칸은 아니었다.[149] 게다가 테오그노스토스에게

---

146 사라이추크는 신성한 장소로 여겨졌으며, 칸들의 즉위식과 장례식에 사용됐다. 후대의 전통에 따르면, 바투가 직접 이 도시를 세웠다고 한다. Abū ᾽l-Ghāzī Bahādūr Khān 1871~1874/1970, 181. DeWeese 1994, 193-199도 참조하라.

147 *PSRL* 10, 219-220; 시메온의 통치와 모스크바와 칸 사이의 관계에 대해서는 Gorskii 2005, 68-76을 참조하라.

148 *PSRL* 3, 357; *PSRL* 4/1, 275; *PSRL* 6/1, col. 418; *PSRL* 10, 215.

요구된 것이 토지세였을 가능성이 높다. 만약 그렇다면 칸은 대주교에게서 공물을 강탈하려 한 것이 아니라, 교회가 최근 획득한 영지에 정기적으로 세금을 부과하려 했던 것으로 볼 수 있다.[150]

　　대주교와의 갈등에도 불구하고 자니벡은 정교회를 계속 보호했다. 그는 제후들과 성직자들 사이의 권력 균형을 유지하려 노력했다. 한편으로 자니벡의 어머니 타이둘라는 1347년 그녀가 사라이의 주교 요한에게 내린 야를릭에서 분명히 드러나듯이, 제후들이 교회 재판에 간섭하는 것을 금지했다. 러시아의 대주교들은 그녀를 방문해 하사품과 선물을 받았다. 그들은 칸을 대신해 비잔티움 황제에게 사절단을 보내기도 했는데, 이는 정교회와 몽골이 공동의 이해관계와 목표를 공유하고 있었음을 분명히 보여준다. 당연하게도 러시아 연대기 작가들은 타이둘라를 "러시아 교회의 수호자", 자니벡을 "선한 차르"로 칭했다.[151] 반면에 자니벡의 통치기간은 랴잔, 수즈달-니즈니 노브고로드, 트베리 등 여러 공국의 독립성이 커지는 시기였다. 이 공국들은 자신들을 명백히 "대공국"이라 칭했는데, 그때까지 블라디미르 공국만이 독점적으로 사용하던 칭호였다.[152]

　　그 당시 노브고로드는 경제적으로 계속 번영하며 영향력을 키워갔다. 노브고로드는 볼가강과 오카강이 만나는 지점에 있

149　Matsui 2010, 55-66; Matsui 2005, 77.

150　Grigor'ev 2004, 57-66; Priselkov 1916, 70-83; *PSRL* 25, 174.

151　*PSRL* 10, 229; Priselkov 1916, 72; Zimin 1955, 467; Grigor0ev 2004, 50-51, 59.

152　Nasonov 1940, 297-299. 이 점은 여전히 논의의 여지가 있다. Gorskii에 따르면, 니즈니 노브고로드와 트베리가 "대공국" 칭호를 주장할 수 있게 된 것은 1360년대에 들어서였다(Gorskii 2005, 69 각주 8).

는 수즈달 공국의 새로운 수도 니즈니 노브고로드와 동맹을 맺었다. 니즈니 노브고로드는 모스크바의 동쪽 경쟁자였으며, 블라디미르의 최고 왕좌를 놓고 경쟁할 수 있는 위치에 있었다. 그래서 1353년 대공 시메온이 사망하고 그의 동생 이반(재위 1353~1359)이 모스크바의 왕좌를 물려받았을 때, 이반은 블라디미르의 왕위를 주장했지만 보리스가 이에 도전했다. 보리스는 니즈니 노브고로드의 공후였고 노브고로드의 전폭적인 지지를 받고 있었다.

러시아 공국들 사이의 평화는 주치 가문의 이익에 부합했다. 대공의 칭호를 둘러싼 경쟁이 전쟁으로 이어지는 것을 막기 위해, 자니벡은 이반을 지지하며 개입했고 모스크바, 트베리, 니즈니 노브고로드 사이의 세력 균형을 유지하는 데 성공했다. 이반이 최종적으로 승리할 수 있었던 것은, 오직 칸이 모스크바에 대한 지지를 계속 유지했기 때문이었다. 비록 노브고로드의 계획은 성공하지 못했지만, 이는 노브고로드가 점차 정치적 야심을 키워가고 있었음을 보여준다. 당시 노브고로드는 러시아 북서부 최대의 상업 중심지였으며, 노브고로드와 트베리, 니즈니 노브고로드를 연결하는 무역로는 금장 호르드의 경제에 필수적이었다.[153]

자니벡에게는 니즈니 노브고로드 대신 모스크바를 지지할 만한 타당한 이유가 여럿 있었다. 첫째, 금장 호르드 영토의 남서쪽 국경에서 리투아니아 대공국이 점차 강력해지자, 주치 가문은 리투아니아의 성장을 억제하기 위해 강력한 동맹국이 필요했다. 니즈니 노브고로드는 경제적으로는 활발했지만 군사적으로는 약

---

153   이반 2세 통치 기간의 모스크바와 금장 호르드의 관계는 Gorskii 2005, 77-79 참고.

했다. 리투아니아 국경에서 멀리 떨어져 있었고, 먼 국경을 방어하
는 데 모스크바보다 관심이 덜했다. 게다가 모스크바는 공납을 거
두어 칸에게 재분배하는 효율적인 체계를 만들어놓은 상태였다.
마지막으로, 모스크바의 공후들은 여러 세대에 걸쳐 바투의 후
손들을 섬겨왔고 몽골인들은 그들의 변함없는 충성을 높이 평가
했다.

자니벡은 즉위하자마자 우즈벡이 베네치아인에게 내린 야를
릭을 재확인해주었다.[154] 하지만 몇 달 후, 한 거리에서 일어난 싸
움으로 주치 가문과 라틴계 사람들의 관계가 뒤집어졌다. 1343년
9월 타나에서 상인으로 활동하던 베네치아 귀족 안드레올로 치브
란이 하지 우마르라는 몽골 관리와 싸움이 붙었다. 하지 우마르가
치브란을 모욕했다는 이유에서였다. 복수심에 불타오른 베네치아
인과 그의 부하들은 하지 우마르를 매복 공격해 그와 그의 추종자
들은 물론 가족까지 살해했다. 자니벡은 베네치아인, 제노바인, 피
렌체인, 피사인에 대해 즉시 이들 모두를 타나, 돈강의 포르토 피
사노, 흑해의 솔다이아에서 추방하라고 명령했다. 자신들의 물건
과 배를 압수당한 상인들이 제노바의 요새 카파로 피신하자, 자니
벡의 군대가 카파를 포위하기 위해 추격했다. 살해당한 몽골의 벡
이 바스칵이었기 때문에, 칸은 자신의 관리가 살해당한 일에 대해
처벌과 상당한 보상을 요구하지 않을 수 없었다.[155]

---

154 자니벡 치하에서 베네치아인들에게 부여된 야를릭에 대해서는 Mas Latrie 1868, 584-
589; Grigor'ev and Grigor'ev 2002, 34-121 참고.

155 타나의 위기와 그것이 미친 광범위한 영향에 대해서는 Karpov 1996, 33-51; Karpov
1997, 65-77; Karpov 2001, 270-272 참조.

베네치아 원로원은 안드레올로 치브란과 몇몇 사람들을 바스칵 살해에 가담한 죄로 단죄했다. 그들을 베네치아에서 추방했고, 타나로 돌아가는 것도 금지했다. 그러고 나서 자니벡에게 사절단을 파견했다. 사절단은 1344년 4월 베네치아로 돌아왔으며, 칸이 새로운 협의에 이를 준비가 되어 있다고 주장했다. 그러나 협상은 더디게 진행됐다. 자니벡은 서방 상인들에게 새로운 계약을 허가할 가능성을 열어두었지만 동시에 안드레올로 치브란 사건을 주치 울루스의 규칙에 따라 몽골 법정에서 심리하겠다고 요구했다. 이는 베네치아인들이 받아들일 수 없는 조건이었다.

자니벡을 강제로 협상 테이블에 앉히기 위해 제노바인과 베네치아인은 일시적으로 동맹을 맺고 금장 호르드에 대한 데베툼(통상 금지령)을 시행했다. 이에 대응해 칸은 카파에 더 많은 군대를 보냈다. 제노바 요새에 대한 포위 공격은 3년 동안 지속됐다. 배들이 항구를 통해 도시로 물자를 공급했기 때문에 주민들은 생존할 수 있었고, 몽골군은 이 항구에 접근할 수 없었다. 자니벡이 함대를 만들려고 시도했지만 실패로 끝났다. 제노바인이 그의 배들을 차례로 파괴했기 때문이다. 포위 공격은 1346년에 끝났고, 양측 모두 큰 손실을 입었다. 한 이탈리아 사료에 따르면, 포위 공격 중 공격군 대열에서 전염병이 발생하자 공격군이 시체를 투석기에 실어 요새 안으로 발사했다고 한다. 이것이 바로 흑사병으로 알려진 페스트가 유럽과 중동으로 퍼진 경위라고 전해진다. 하지만 이 이야기는 카파에서 온 사람에게 직접 들은 것이 아니다.[156]

---

156 Tononi 1884, 144-145; Di Cosmo 2010, 97-98.

금장 호르드와 베네치아 사이의 신뢰를 재구축하는 데는 시간이 걸렸다. 마침내 1347년 자니벡은 베네치아인에게 새로운 협정을 허가했다. 이를 통해 그들은 타나에 다시 정착할 수 있었지만, 납부해야 하는 무역세 코메르클룸(comerclum)이 3퍼센트에서 5퍼센트로 인상됐다.[157] 2년 후 새로 임명된 베네치아 영사 레오나르도 벰보는 상인들이 타나를 떠났다고 기록했다. 베네치아 원로원은 영사를 해임했고, 그는 그곳을 떠나 베네치아로 돌아갔다.[158]

베네치아와 제노바의 동맹은 단명했을 뿐만 아니라 1350년에는 오히려 전쟁으로 번졌다. 이후 5년간 제노바인은 베네치아인이 타나로 돌아가는 것을 성공적으로 막아냈다. 서방 상인들과 금장 호르드 사이의 공식적인 교류는 더디고 어려웠지만, 흑해 지역의 라틴인, 몽골인, 그리스인, 아르메니아인, 유대인 및 기타 현지인들 사이에서 비공식적인 접촉이 자연스럽게 발전했다. 베네치아인들은 치타 누오바(Cita Nuova)라고도 불리는 프로반토라는 작은 항구를 통해 크림반도로 가는 또 다른 경로를 찾아냈다. 1356년 그들은 당시 크림반도의 주치 울루스 주도였던 솔카트에 주둔하고 있던 자니벡의 부관 라마단과 협정을 맺었다. 라마단은 베네치아인에게 프로반토를 할애하는 데 동의했다. 이곳에 도착한 선박들은 3퍼센트로 낮춰진 관세 혜택을 받았다. 당시 자니벡은 아제르바이잔에서 중요한 군사 작전을 시작하려던 참이었기 때문에, 베네치아인과의 오랜 갈등을 일시적으로나마 진정시키고자 했다.[159]

---

157 Mas Latrie 1868, 587-589.

158 Archivio di Stato di Venezia (ASVe), Grazie, XII, f.100r-18/VI 1351. Ciocîltan 2012, 214-216.

　　1356년 겨울에서 1357년 초에 걸쳐 자니벡은 이란령 아제르바이잔을 공격했고, 그 지역의 수도 타브리즈를 목표로 삼았다. 아부 사이드가 사망한 이후 훌레구 울루스는 정치적으로 분열된 상태였고, 이 지역은 당시 몽골 장군 아미르 초반의 후손인 말릭 아슈라프가 소유하고 있었다. 그러나 말릭 아슈라프에게는 칭기스 칸의 혈통에서 오는 정통성이 부족했다. 이 정통성은 여전히 지역 엘리트들을 규합하는 데 필요한 요소였다.[160] 따라서 여러 사료들은 아제르바이잔의 무슬림 엘리트들이 자니벡에게 연락을 취해 말릭 아슈라프를 제거해달라고 요청했다고 전한다.[161] 자니벡 역시 초반 가문을 축출하고 타브리즈를 차지하려 했다.

　　자니벡은 말릭 아슈라프의 주요 경쟁자인 시르반 샤의 지원을 확보해 신중하게 군사 작전을 계획했다. 칸은 이것이 카스피해 연안을 따라 데르벤드 시르반 고개를 지나 타브리즈로 이어지는 직접적인 경로를 열 수 있는 유일한 방법임을 알고 있었다. 타브리즈는 중국, 인도, 이집트, 지중해를 연결하는 남부 경로의 종착점이었다. 이 지역을 통제하면 주치 울루스는 이 무역로에 접근할 수 있고, 라틴인들, 특히 제노바인의 무역로를 우회시킬 수 있을 것이었다. 제노바인이 크림반도 내에서 영향력을 높이면서 주치 울루스의 오르톡(허가받은 상인)들에게 직접적인 위협이 되고 있었다. 마지막으로, 타브리즈 지역은 유라시아에서 가장 좋은 겨울 목초지

159　Mas Latrie 1868, 589-592; Karpov 1996: 37; Di Cosmo 2010, 100.

160　On Malik Ashraf: al-Ahrī 1954, 72-76; Khwāndamīr 1994, 3/1: 133-135; Hāfiz Abrū 2011, 182-190.

161　Al-Ahrī 1954, 76; Ötemish Ḥājjī 1992, 107-108; Abū'l-Ghāzī Bahādūr Khān 1871~1874/1970, 184-185. DeWeese 1994, 95 각주 57 참고.

중 하나였다. 주치 울루스는 오랫동안 자신들의 영역인 이 지역을
훌레구 울루스에게 빼앗겼다고 생각했다.

이 원정은 큰 성공을 거두었다. 초반 가문 출신의 통치자는
칸의 군대를 물리치지 못했다. 전하는 바에 따르면 자니벡의 병력
은 30만 명에 달해 말릭 아슈라프의 군사를 크게 압도했다. 결국
자니벡은 아제르바이잔의 가장 부유한 도시들을 점령했다.[162] 타브
리즈를 점령한 직후 자니벡은 승리를 기념하고 경제적 이익을 취
하기 위해 그 도시에서 주화를 만들었다.[163] 그는 맘룩 술탄에게 사
신을 보내 자신의 승전을 알렸고, 술탄은 칸의 사절들을 큰 영예
로 맞이했다. 말릭 아슈라프는 처형됐고, 아제르바이잔의 에미르
들은 공식적으로 새 주인에게 복속을 선언했다.[164] 자니벡은 자신
의 장남이자 후계자로 지명된 베르디벡을 새로 정복한 지역의 수
장으로 임명했다. 마지막으로 그는 초반 가문의 보물을 볼가강 하
류로 운반하라고 명령했다.

하지만 자니벡은 결국 정복의 성과를 누리지 못했다. 사라이
로 돌아가는 길에 병에 걸렸고, 1357년 7월 사망했다. 당시 사람들
은 자니벡이 베르디벡의 명령으로 살해됐다고 의심했다. 하지만

---

162 Broadbridge 2008, 161에 따르면, 알아흐리는 칸의 군대가 30만 명에 달했다고 전한다.
  같은 기록에서 말릭 아슈라프의 군대는 약 1만 7000~1만 8000명이었다고 한다(al-Ahri
  1954, 77). 그러나 다수의 현대 역사학자들은 자니벡의 군대 규모를 10만 명 이하로 추정
  한다.

163 Sagdeeva 2005, 29, 각주 264를 참조.

164 일부 지역 지도자들은 형식적인 봉신 관계조차 받아들이지 않았다. 특히 중부와 서부
  이란의 파르스 지역을 지배했던 무자파르 왕조의 강력한 통치자는 이를 거부했다. 그
  는 과거 훌레구 울루스의 관리 출신이었다. 칸이 맘룩 술탄에게 보낸 사절단에 대해서
  는 Broadbridge 2008, 161-162 참고.

타브리즈 원정 도중 그리고 이후에도 통치자와 그의 후계자는 좋은 관계를 유지한 것으로 보인다. 후대의 러시아 사료인 『니코니안 연대기(*Nikonian Chronicle*)』에 따르면, 울루스의 벡들이 칸을 목 졸라 죽였다고 한다.[165] 이는 페르시아 사료들과 반드시 모순되는 것은 아니다. 페르시아 사료들은 자니벡의 죽음에 대한 책임을 베르디벡이나 벡들에게 돌리고 있는데, 그들은 자니벡이 금장 호르드를 다스리기에는 너무 늙고 병약하다고 여겨 젊은 베르디벡을 서둘러 즉위시키려 했을지도 모른다. 그러나 직접 밝혀줄 사료 없이는 자니벡의 죽음을 둘러싼 정황에 대한 어떤 이야기도 결국은 추측에 불과하다.[166]

오랫동안 기다려온 초반 가문 정복은 단기적인 성과에 그쳤다. 주치 가문의 군대가 어린 칸과 함께 철수하자마자, 베르디벡이 타브리즈의 총독으로 임명한 에미르는 금장 호르드로부터 독립을 선언했다. 하지만 그는 곧 무자파르 왕조의 통치자 무바리즈 앗 딘 무함마드에게 패배해 살해당했다. 승리한 무바리즈 앗 딘 무함마드도 곧 철수해야 했다. 이미 바그다드를 장악하고 있던 몽골계 잘라이르 왕조가 이제 타브리즈까지 병합했기 때문이다.[167] 금장 호르드 군대가 철수한 것을 본 시르반 샤는 곧바로 태도를 바꿔 잘

---

165 러시아 연대기들은 자니벡의 폭력적 죽음에 대해 언급하고 있다. *PSRL* 10, 229; *PSRL* 15, col. 66; *PSRL* 35, 47 참고.

166 Al-Ahrī 1954, 78-79; Zayn al-Dīn, ed. Tizengauzen 1941, 96; Naṭanzī, ed. Tizengauzen 1941, 128-129; Ḥāfiẓ/ Abrū 2011, 194-195; Abū'l-Ghāzī Bahādūr Khān 1871~1874/1970, 185. 자니벡 대신 타이둘라가 치료를 위해 대주교를 부른 일에 대해서는 Grigor'ev 2004, 86-87; Grigor'ev and Grigor'ev 2002, 126-127 참고.

167 잘라이르의 흥기에 대해서는 Broadbridge 2008, 162-167 참고.

라이르 왕조에 복속했다. 이로써 아제르바이잔이 금장 호르드에 속했던 기간은 1년이 채 되지 않았다.

자니벡의 통치 기간은 우즈벡 시대에 시작된 많은 개혁을 포함하여 여러 중요한 정치적, 사회적 변화를 이루기에 충분한 시간이었다. 특히 이슬람에 대한 자니벡의 지원은 일관됐고, 아버지보다 더 강력했을 가능성이 있다. 그 밖에도 그는 자신의 전사들에게 터번과 망토 같은 이슬람 및 수피 복장을 착용하라고 요구한 것으로 알려져 있다. 자니벡의 이슬람 이름은 그의 화폐에 새겨진 잘랄 앗 딘 마흐무드였다. 티무르 시대의 역사서는 그를 경건한 통치자로 기억하며, 현지 울라마들을 억압하는 폭군으로 악명을 떨친 말릭 아슈라프를 제거한 공로를 높이 평가했다.[168]

자니벡은 우즈벡의 중앙집권화 정책을 유지하며 오르다의 옛 영토들을 금장 호르드에 더욱 깊이 통합하려고 했다. 그러나 동부 지역에서는 유목민들이 바투 가문에 완전히 복종하지 않았고, 1342년에는 지역적인 봉기가 더 큰 반란으로 확대됐다. 1352년 칸은 다시 한번 청색 호르드와 싸워야 했고, 결코 동부 지역을 통제할 수 없음이 분명해졌다.[169]

자니벡은 재위 기간 동안 금장 호르드 영토 안팎에서 발생한 여러 새로운 도전에 직면해야 했다. 러시아 공후들과는 평화를 유지하면서도, 라틴계 상인들과는 싸워 그들의 지역 거점과 네트워크를 일부 파괴했다. 대략 1343년부터 1347년 사이에 그의 적들이

---

168 DeWeese 1994, 95-96 n. 57.

169 Rogozhskii letopisets 2000, 63-64; Pochekaev 2017, 252.

해상 봉쇄를 실시했다. 이어서 1350년부터 1355년까지는 베네치아와 제노바 사이에 "해협 전쟁"이 벌어졌다. 이로 인해 흑해 지역은 10년 이상 상업적, 군사적 충돌의 무대가 됐고, 이는 금장 호르드의 무역 경제에 부정적인 영향을 미쳤다. 결국 울루스 전역에서 금속, 특히 은의 유통이 줄어들었다. 아자크와 크림반도에서는 은화 주조가 완전히 중단됐는데, 단순히 금속이 부족해서가 아니라 상인들이 현지 거점을 떠났기 때문이기도 했다. 1358년에 이르러서야 칸과 베네치아인 사이에 새로운 협정이 체결됐고, 상인들이 타나로 돌아왔다.[170] 하지만 그때는 이미 베르디벡이 아버지 자니벡 대신 왕좌에 오른 뒤였다.

14세기 중반에 발생한 흑사병 대유행 역시 이 시기 금장 호르드의 갑작스러운 경제적 후퇴를 초래한 원인 중 하나였다. 흑사병은 불과 몇십 년 사이에 수백만 명의 목숨을 앗아갔다. 역사학자들은 1347년부터 1352년 사이에 유럽에서 전체 인구의 3분의 1이 사망했을 것으로 추정한다. 같은 시기에 흑사병은 시리아와 이집트에도 퍼졌는데, 한 사료에 따르면 카이로에서는 하루에 최대 2만 명이 사망했다고 한다.[171] 1350년대 초에는 러시아 지역으로 확산해 시메온 대공과 다수의 귀족, 그리고 수많은 농민들의 목숨을 앗아갔다. 유목 생활 방식 덕분에 목축민들은 전염병의 피해를 덜 받았다. 사라이와 주치 후손들의 도시들은 인구밀도가 그리 높지 않아서 모스크바, 피렌체, 파리, 카이로 등에 비해 상대적으로 피

---

170 Grigor′ev and Grigor′ev 2002, 122; Ciocîltan 2012, 220.

171 Al-ʿAynī, ed. Tizengauzen 1884, 529. 흑사병에 대한 최근의 획기적인 연구에 대해서는 Green 2015.

해가 적었다. 그러나 흑사병은 몽골인들에게도 깊은 영향을 미쳤다. 러시아 사료에 따르면 흑사병이 금장 호르드 전역에서 타타르인을 포함한 많은 사람들의 목숨을 앗아갔다고 한다.[172]

이러한 암울한 시기에 베르디벡이 주치 울루스의 왕위를 계승했다. 그는 젊었고 정치 경험이 부족했다. 베르디벡을 즉위시킨 할머니 타이둘라는 아마도 자니벡의 정책을 이어가라고 조언했을 것이다. 베르디벡은 즉위 직후 러시아 대주교에게 야를릭을 발급하고 베네치아 상인들의 특권을 확인해주었다.[173] 또한 왕위 경쟁자들을 공격해 몇 주 만에 12명의 가까운 친족을 살해했다. 그는 우즈벡의 후손들, 특히 자니벡의 아들들을 제거하려 했다.[174] 하지만 2년도 통치하지 못하고 1359년에 사망했는데, 그 역시 살해당한 것으로 보인다.

당대 사람들은 베르디벡을 바투의 혈통을 이은 마지막 칸으로 여겼다. 17세기 중반 히바를 다스렸던 주치 가문의 아부 알 가지 바하두르 칸은 다음과 같이 기록했다. "그(베르디벡) 이후로 사인 칸(바투)의 혈통이 끊겼다. 우즈벡인들 사이에는 다음과 같은 속담이 전해 내려온다. '베르디벡에 이르러 낙타의 목이 잘렸다.' 이후의 통치자들은 주치 칸의 다른 아들들로부터 나왔다."[175]

---

172 Troitskaia letopis' 2002, 368.

173 Mas Latrie 1868, 593-595; Grigor'ev and Grigor'ev 2002, 122-167.

174 니코니안 연대기(*PSRL* 10: 229)에 따르면 "베르디벡은 왕좌에 오르고 12명의 형제를 죽였다." 트리니티 연대기(Troitskaia letopis/ 2002, 376)는 "같은 해 여름 베르디벡이 호르드의 차르가 됐다. 그는 아버지와 형제들을 죽였다"고 전한다. 오테미시 하지의 기록에 따르면 베르디벡은 형제들뿐만 아니라 다른 친척들까지 살해했다고 한다. Ötemish Ḥājjī 1992, 108 참고.

175 Abū al-Ghāzī Bahādūr Khān 1871-1874/1970, 1806.

하지만 베르디벡이 바투 계열의 마지막 통치자는 아니었다.
우즈벡의 후손 쿨파가 곧 그를 대신했기 때문이다.[176] 쿨파는 몇 달
밖에 왕위를 지키지 못했고, 다른 왕위 주장자들과 끊임없이 싸
워야 했다. 그들은 금장 호르드의 오랜 정치 중심지인 볼가강 하
류 지역을 장악하고 통치권의 상징을 차지하려 했다. 1360년에서
1361년 사이에 사라이 알 자디드에서 적어도 여섯 명의 칸들이 주
화를 제작했다.[177] 사실 정치적 위기는 이미 베르디벡 통치 시기에
시작됐으며, 당시 네 명의 다른 칸이 금장 호르드의 여러 영토에
대한 지배권을 주장했다.[178] 1360년경 타이둘라가 살해된 것도 이
러한 정치적 변화의 또 다른 징후였다. 여제는 20년 동안 주치 울
루스 정부를 장악하고 있었다. 그녀는 막대한 수입을 올렸고 라틴
상인들이 내는 세금에서 자기 몫을 챙겼다. 또한 교황청 및 러시아
성직자들과 독자적인 외교를 펼쳤다. 자니벡, 베르디벡, 쿨파가 왕
위에 오를 수 있었던 것도 그녀의 지원과 인맥 덕분이었다. 그녀는
금장 호르드의 마지막 여성 섭정이었다.[179]

당시 사람들의 사고방식으로는, 바투 혈통의 종말이 반드시
그 혈통의 구성원이 모두 죽었음을 의미하는 것은 아니었다. 그보
다는 바투 가문의 칸들이 이제 더는 2차 혈통들을 지배할 수 없

---

176 Seleznev 2009, 110. 쿨파(Qulpa, 쿨나(Qulna))가 우즈벡의 후손인지에 대해 학자들은
    의견이 갈린다. 타이둘라는 바투의 후손이 아닌 히드르와 나우루즈 칸도 지지했다.
    Ötemish Ḥājjī 1992, 112-113; Ötemish Ḥājjī 2017, 51-52.

177 Vásáry 2009b, 80.

178 1358~1359년 금장 호르드의 여러 지역에서 주조된 주화가 이를 보여준다. Vásáry
    2009a, 373 참고.

179 타이둘라의 역할과 몽골 카툰들의 정치적 영향력에 대해서는 Favereau and Geevers
    2018, 469-470 참고.

게 됐다는 의미였다. 예전에는 벡들, 특히 벡의 벡(베글레르벡)의 지
지가 왕위 도전자에게 결정적으로 중요했지만 바투의 직계 남자
후손이라는 조건도 필수적이었다. 그러나 이제 그런 시대는 지나
갔다.

몽골 제국 체제 붕괴 이후의 금장 호르드

토가 티무르의 등장

거의 20년 동안 왕위 계승 위기가 금장 호르드의 정치 상황을 지배했다. 정치적 암살이 최고조에 달했을 뿐만 아니라, 너무 많은 칸들이 동시에 통치해서 당시 사료에 그들의 이름조차 제대로 기록되지 않았다. 이러한 내부 위기는 유라시아 전역에서 일어난 칭기스 일족 세력의 쇠퇴를 반영했다. 주치 가문은 차례로 아제르바이잔과 이란의 훌레구 울루스 분열(1335~1336), 중앙아시아 차가다이 울루스의 분열(1347), 그리고 원 제국의 붕괴(1368)에 직면해야 했다. 1350년대에 동쪽에서 반몽골 봉기가 일어나 혼란이 가중되자, 금장 호르드는 이미 카안 울루스와 정기적인 교류를 유지할 수 없게 됐다. 그 결과 주치 가문의 가족, 정치, 경제 네트워크는 급속히 줄어들었다. 그들의 오랜 적들과 동맹들이 사라졌고, 불과 몇십 년 만에 그들을 둘러싼 더 넓은 세계가 완전히 바뀌어버렸다. 주치의 후손들은 여전히 자신들의 옛 영토를 통제하고 있었지만, 새로운 환경에 적응해야만 했다.

금장 호르드에서 일어난 이 위기는 결국 주치 계열 가문들의 서열에 큰 변화를 가져왔다. 바투의 후손들이 정치 무대에서 사라졌기 때문에, 이제 주치의 방계 후손들이 왕위 후보로 나섰다. 하지만 이들 모두가 만장일치로 인정받은 것은 아니었다. 시반 가문과 토가 티무르 가문이 울루스를 지배했고, 결국 후자가 주요 계보로 인정받았다.[180] 주치의 막내 아들 토가 티무르의 후손들이 권력을 장악한 것은 이 위기에 대한 효과적인 정치적 대응이었다.[181] 그들의 권력 상승에는 몇 가지 요인이 있었다. 첫째, 토가 티무르 가문은 콩기라트, 아르긴, 시린, 바린, 킵착, 망기트 등 많은 영향력 있는 부족들의 지지를 받았다.[182] 둘째, 그들은 토가 티무르가 "막내 아들"이라는 지위에서 오는 이점을 누렸다.[183]

초원 지역의 상속 체계에서 막내는 "화로지기"로, 부모 생전에 그들의 유르트와 가축을 돌보다가 부모가 사망하면 이를 상속받았다. 따라서 토가 티무르 가문은 주치의 울루스를 지키는 자들로 여겨졌고, 가족 구성원들을 보호하고 통합할 수 있는 능력을 가진 것으로 인식됐다. 게다가 14세기 후반에 이르러 그들의 영토가 확장되어, 금장 호르드의 정치 중심지였던 새 사라이와 옛 사라이 주변의 바투 가문 영토와 접하게 됐다. 그들의 영역은 시르다리야강 하류를 따라 뻗어 있었고, 시그낙을 포함해 아랄해 북동쪽으로 토볼강까지 펼쳐져 있었다.

주치 가문의 봉신들에게 "혼란의 시대"(1359~1380)로 알려진 왕위 계승 위기는 중대한 전환점이었다. 이웃 국가들과 복속된 민족들은 몽골의 정치적 불안정을 이용해 더 많은 자율권을 얻으려 했다. 북부 호레즘에서는 우즈벡의 주요 지휘관 중 한 명의 후손인

---

180   역사학자들은 이 두 혈통이 다른 혈통들을 압도한 이유에 대해 의견이 갈린다. 주치의 다른 아들 오르다와 탕구트의 후손들도 왕위에 대한 권리를 주장했을 가능성이 있다(Mirgaleev 2017, 344). 주치 가문의 부차적 혈통들의 부상에 대해서는 Favereau and Geevers 2018, 470-477 참고.

181   계보 자료들에 따르면 주치에게는 13~15명의 아들이 있었는데, 토가 티무르는 막내였거나 적어도 당대인들에 의해 그렇게 여겨졌다. Mirgaleev 2017, 344 참고.

182   Ötemish Ḥājjī 1992, 115; Ötemish Ḥājjī 2017, 55.

183   Mirgaleev 2017, 346-348.

수피-콩기라트 가문이 지방 수도인 우르겐치를 장악하고 독자적인 통치를 시작했다. 이 콩기라트 엘리트들은 몽골 군대와 사회에서 명망 높은 지위를 가진 칭기스 가문의 "부마" 중 하나였다. 수피-콩기라트 가문은 바투 가문과의 가족 관계와 이슬람 신분을 모두 활용해 정통성을 확립했다. 특히 이슬람 신분은 대부분이 무슬림인 호레즘 지역에서 권위를 강화하는 데 이용됐다.[184]

동유럽에서는 리투아니아 세력이 커짐에 따라 주치 가문이 새로운 영토를 양보할 수밖에 없었다. 지금의 우크라이나 지역에서 1362년에 벌어진 '청수 전투(Battle of Blue Water)' 이후, 리투아니아는 포돌리아 지역에 대한 통제권을 확보하고 키예프에 대한 지배력을 강화할 수 있었다. 몽골은 이후 키예프를 다시는 소유하지 못했다.[185] 북쪽에서는 트베리와 랴잔이 모스크바와는 별개로 독자적인 정책을 펼쳤다. 드미트리 대공은 정교회의 지지와 조공 징수권을 계속 유지했다. 하지만 원래 사라이에 보내야 할 조공의 일부를 위험을 무릅쓰고 보내지 않았다.[186]

톡타미시와 정치적 불안정의 종말

계승 위기가 계속되는 동안 동부 영토는 토가 티무르 가문의 우루

---

184 수피-콩기라트에 대해서는 Landa 2018, 215-231 참고.

185 마마이는 모스크바의 세력과 균형을 맞추기 위해 리투아니아 정복을 암묵적으로 승인했을 수도 있다. 어쨌든 리투아니아인들은 15세기까지 포돌리아에서 거둔 조공을 주치 가문에 보냈다. '청수 전투(Synia voda)'에 대해서는 Kołodziejczyk 2011, 5 참고.

186 드미트리 이바노비치 대공의 통치 기간(1362~1389) 모스크바와 금장 호르드의 관계에 대해서는 Gorskii 2005, 80-118 참고.

스 칸 통제 아래 들어갔고, 서부 영토는 베글레르벡 마마이 수중
에 떨어졌다. 마마이는 베르디벡의 딸과 결혼했으며 우즈벡 가문
에 충성을 바쳤다. 여러 칸들과 연합해 약 20년 동안(1360년경부터
1380년까지) 흑해 북부, 크림반도, 북캅카스 지역의 일부를 사실상
통치했다.[187] 하지만 사라이 지역과 볼가강 하류를 완전히 장악하
지는 못했다.

처음에 마마이는 드미트리 대공을 지지했으나, 드미트리는
나중에 자신의 후견인을 배신했다. 러시아 사료에 따르면, 마마이
는 관례적인 수준보다 더 많은 조공을 요구했다. 아마도 미납된 조
공까지 포함했을 것이다. 드미트리는 협상을 시도했지만 마마이
는 거부했다. 대공의 군대가 마마이의 공격을 막기 위해 초원으로
진입했을 때, 마마이는 이미 모스크바에 대한 징벌적 습격을 계획
하고 있었다. 1378년 보자강 전투에서 러시아군은 처음으로 몽골
군을 격퇴할 수 있었다. 1380년 8월 마마이가 반란을 일으킨 대공
을 진압하기 위해 새로운 시도를 해봤지만 실패로 끝났다. 그의 군
대는 돈강 인근의 쿨리코보 들판에서 참패를 당했고, 그는 전장을
포기할 수밖에 없었다. 비록 잠시뿐인 승리였지만, 드미트리는 쿨
리코보 들판에서 거둔 군사적 성공으로 러시아 연대기에 이름을
남겼고, 이후 전투 장소를 따서 '돈스코이(Donskoi)'라 불렸다.[188] 그
러나 보자강 전투는 대공이 금장 호르드를 상대로 처음으로 거둔
주요한 군사적 승리였음에도 불구하고, 대중적인 역사 서술에서

---

187 마마이의 본부는 현재 우크라이나의 자포로제(Zaporozhe) 영토에 있었다. Pochekaev
    2010 참고.

188 Vásáry 2009b, 81; Gorskii 2005, 99~100.

는 거의 언급되지 않는다.

우루스와 마마이는 금장 호르드의 옛 영토 대부분을 차지하고 있었다. 하지만 그들은 결국 토가 티무르의 또 다른 후손 톡타미시(재위 약 1378~1406)에게 군사적으로 패하고 말았다. 톡타미시는 서부 차가다이 울루스의 새로운 지도자 티무르(재위 1370~1405)의 지원을 받았다.[189] 더욱 중요한 것은 시반 가문의 엘(els, 세습 백성들)이 그의 편에 가담했다는 점이다.[190] 그들은 톡타미시가 가진 군사력과 그가 주치 가문 내에서 차지하는 지위를 모두 신뢰했던 것이다. 톡타미시는 토가 티무르 가문의 유력 인사로, 주치 울루스의 통일과 명성을 회복할 수 있는 인물로 여겨졌다. 1378년경 톡타미시는 우루스를 물리치고 시르다리야 강가에 있는 우루스의 수도 시그낙을 점령했다. 1380년에는 칼카 강변에서 마마이의 군대를 격파하고 사라이를 차지했다.[191] 그는 전장에서 개인적 성공을 거둠으로써, 이제 그의 가문이 바투 가문을 완전히 대체했음을 확인시켜주었다.

톡타미시 칸은 자신의 선대, 특히 타브리즈를 정복한 자니벡의 제국을 복원하려는 야망을 품고 있었다. 이슬람 사료는 그를 주치 울루스의 양 날개인 청색 호르드와 백색 호르드 모두의 지도권을 주장한 통합자로 묘사했다. 실제로 톡타미시는 새로운 지정학적 상황에 적응해야 했다. 세계는 이미 변해 있었다. 중국에서는

---

189 티무르와 톡타미시의 관계에 대해서는 Manz 1989 참고.

190 Mirgaleev 2017, 346.

191 마마이는 크림반도로 도피했다. 1382년 그는 카파에서 제노바인들에 의해 살해됐다. Ciocîltan 2012, 229-230 참고.

명이, 중앙아시아와 페르시아 일부에서는 티무르가 홍기했다. 한편 훌레구 울루스는 튀르크멘인, 오스만인 등이 대체하고 있었다. 이러한 도전적인 상황 속에서 톡타미시 칸은 주치 가문의 세력을 다시 한번 확장시켜줄 새로운 다자간 외교 정책을 구상했다.

톡타미시는 베네치아인들과의 동맹을 깨고 제노바인들과 동맹을 맺었다. 1381년 제노바인들과 맺은 첫 협정에서는 크림반도 남부의 18개 부지와 마을을 그들에게 허가했다. 그는 1382년 러시아의 제후들을 제압하고 모스크바를 포위하는 동시에, 크림반도 남부를 안정시키기 위해 관대한 토지 하사 정책을 펼쳤다. 드미트리 대공은 간신히 탈출했지만, 도시는 약탈당하고 불타버렸다. 러시아인들은 다시 한번 몽골에 굴복할 수밖에 없었다.[192]

톡타미시는 자신의 영토를 표시하고 군사적 위세를 과시하기 위해 여러 지역에서 주화를 제작했는데, 그중 일부는 그가 불과 몇 년밖에 통치하지 않은 곳이었다. 특히 톡타미시는 1381년부터 북부 호레즘에서 주화를 발행하기 시작했지만, 이 지역을 간헐적으로만 지배했을 뿐이다.[193] 그는 상업 교류를 확대하기 위해 리투아니아의 통치자와 맘룩 술탄에게 사절단을 보내 서신과 선물을 전달했다. 또한 캅카스 횡단 무역로를 장악하고 타브리즈를 되찾기 위해 두 차례에 걸쳐 캅카스 지역으로 군사 원정을 나섰다. 하지만 아제르바이잔은 이미 티무르의 손에 넘어간 뒤였다. 티무르는 잘라이르 왕조보다 훨씬 더 광범위한 지정학적 계획을 가지고 있었

---

192 Ciocîltan 2012, 225-236; Gorskii 2005, 100-118.

193 톡타미시의 주화에 대해서는 Petrov 2017, 626-627.

고, 군사력 또한 월등했다.[194]

톡타미시가 사마르칸드 점령을 시도하자마자, 티무르는 칸을 상대로 첫 번째 원정을 감행했다. 옛 후원자의 반복적인 공격은 점점 더 직접적인 위협으로 변했다. 1387~1388년 티무르는 톡타미시로부터 호레즘 지역을 탈환했다. 그러나 이번에는 금장 호르드의 영토 깊숙이 침공하는 것이 목표였다. 1391년 티무르는 쿤두르차강과 볼가강이 만나는 지점 근처에 있는 톡타미시의 중심 영토에서 그를 격파했다. 티무르는 상당한 전리품을 가지고 떠났고, 금장 호르드는 톡타미시와 그의 경쟁자들에게 남겨두었다. 그 울루스는 다시 두 개의 정치 영역으로 나뉘었다. 망기트의 벡 에디구가 동부를, 톡타미시는 서부를 지배했다.[195]

1394년 톡타미시는 다시 아제르바이잔을 공격했다. 티무르는 즉시 보복에 나섰고, 1395년 4월 데르벤드 북쪽의 테레크강에서 칸의 군대를 궤멸시켰다. 톡타미시가 볼가강의 불가르에서 피신처를 찾는 동안, 티무르의 군대는 우케크, 사라이, 하지타르칸, 타나, 그리고 수닥 등 금장 호르드의 무역 중심지들을 공격 목표로 삼았다. 그들은 주치 후손들의 주요 상업 중심지들을 파괴했을 뿐만 아니라, 볼가강 하류, 돈강 하류, 북캅카스의 유목민 목초지도 황폐화했다.[196] 이는 금장 호르드 사상 초유의 군사적 패배였다. 바투 시대 이후 킵착초원은 유목민들에게 안전한 지역이었고, 티무르가 등장하기 전까지 주치 후손들은 어떤 외부 세력으로부터도 심각

---

194 Favereau 2017, 340-342.

195 Trepavlov 2001a, 9-10, 14-15.

196 톡타미시와 티무르의 투쟁에 대해서는 Mirgaleev 2011, 170-182 참고.

한 위협을 느낀 적이 없었다.

톡타미시는 비타우타스(재위 1392~1430)의 궁정으로 몸을 숨겼다. 리투아니아의 통치자는 칸의 추종자들에게 빌니우스와 트라카이 지역에 정착할 기회를 제공했다. 이 전사들이 비타우타스의 군대에 합류하여 톡타미시의 영토를 수복하기 위한 거대한 군대를 만들었다. 그들은 드네프르강을 건너 1399년 8월 보르스클라강 근처에서 에디구와 그의 동맹 테무르 쿠틀룩의 군대와 맞섰다. 결과는 톡타미시와 비타우타스의 패배였다.[197] 바투의 왕좌를 완전히 잃은 톡타미시는 시베리아 남서부의 시반 울루스로 도망쳤고, 그곳에서 침기투라와 이비르시비르로 알려진 주변 지역을 장악했다.[198] 이후 몇 년 동안 그는 당시 에디구의 수중에 있던 바투의 땅에 대한 권리를 주장했고, 1405년에는 티무르에게 사신을 보내 다시 한번 지원을 약속받았다. 하지만 얼마 뒤 두 사람 모두 사망하면서 톡타미시는 주치 울루스 재통일의 뜻을 이루지 못했다. 티무르는 오트라르에서, 톡타미시는 이비르시비르에서 각각 생을 마감했다.[199]

톡타미시는 통치 초기에 외교적, 군사적 승리를 거듭 쌓아갔다. 1381년에는 제노바에 야를릭을 하사해 무역 관계를 재개했다. 1382년에는 모스크바 공격에 성공했고, 이듬해에는 1361년 금장

197　Kołodziejczyk 2011, 7-8.

198　침기투라는 현재 러시아의 투멘 지역에 해당한다. 이곳은 시반 가문의 여름 주둔지였으며, 후에 이비르시비르 칸국의 "수도"가 됐다.

199　톡타미시의 최후에 대한 설명은 사료에 따라 다르다. 에디구의 아들과의 전투에서 사망했다고도 하고, 또 다른 경쟁 관계에 있는 칸과의 싸움에서 목숨을 잃었다고도 하며, 에디구에게 살해됐다는 기록도 있다. DeWeese 2000, 563; DeWeese 1994, 338.

호르드에서 분리된 북부 호레즘에 대한 지배권을 회복했다. 마지막으로 1384~1385년에는 이집트에 첫 사절단을 파견했다. 비록 짧은 기간이었지만, 톡타미시가 금장 호르드의 전 영토를 통치했다는 사실은 주치 가문의 다른 계보들에 대한 토가 티무르 계열의 우위를 입증했다. 여러 사료에서 볼 수 있듯이 당대인들이 톡타미시를 새로운 칭기스 칸으로 여긴 것은 우연이 아니었다.[200]

그러나 통치 말기에는 권위가 크게 실추됐다. 티무르와 에디구에게 군사적으로 패배한 것 외에도, 그는 정치적으로 잘못된 판단을 내렸다. 그 결과 서부 엘(바투 계열에 대대로 충성해온 부족들)의 지지는 얻었지만, 동부 엘(오르다와 토가 티무르 계열에 대대로 충성해온 부족들)의 지원을 잃었다. 특히 그가 옛 청색 호르드에서 가장 강력했던 유목민인 망기트의 동의 없이 통치하려 한 시도는 그를 정치적으로 막다른 골목으로 몰아넣었다. 칸은 더 많은 사람들을 자신에게 묶어두기 위해 지역 엘리트들에게 토지 분배(소유르갈(soyurghal))와 세금 및 복무 면제(타르칸) 특권을 점점 더 많이 내렸다. 하지만 이는 명백한 실패로 돌아갔다. 결국 이들 대부분이 그의 적들 편으로 돌아섰기 때문이다.[201]

에디구와 망기트의 흥기

망기트의 영토는 카스피해 북부와 동부 지역, 우랄강과 엠바강 하

---

200 서사시 『이데게이(Idegei)』(Lipkin 1990 번역)와 Ötemish Ḥājjī 1992, 113-118 참고

201 톡타미시가 비타우타스의 도움에 대한 보답으로 리투아니아인들에게 영토를 하사한 것이 좋은 예이다. Kołodziejczyk 2011, 15.

류를 따라 뻗어 있었고, 망기스타우(현재의 카자흐스탄 서부) 깊숙이 이어졌다.[202] 14세기 말, 동부 벡들의 지도자 망기트의 벡 에디구는 금장 호르드의 지배적인 정치 인물로 부상했고, 망기트 부족은 독자적인 정치 세력으로 떠올랐다.[203] 에디구는 원래 톡타미시의 주요 아미르 중 한 명이었는데, 이 지위를 이용해 자기 백성들을 위해 칸으로부터 세금 면제와 토지를 얻어내면서 망기트 울루스를 공고히 했다. 1390년대 초, 에디구는 톡타미시에 대항하는 음모를 꾸미고 티무르를 설득해 자신을 지원하게 했다. 동시에 그는 금장 호르드의 왕위를 주장하던 무르 가문의 조카 테무르 쿠틀룩과 연대했다.[204]

망기트 부족은 톡타미시가 물러난 틈을 이용해 영역을 점차 서쪽으로 확장했다. 1397년경 에디구는 테무르 쿠틀룩을 칸으로 옹립하는 데 성공했고, 자신은 그의 베글레르벡이 됐다. 그들의 군사 본부는 드네프르강 유역, 오늘날 우크라이나의 크레멘추크 근처에 있었던 것 같다. 이 지역은 서부의 벡들을 지배하려는 새 칸의 전략적 거점이었다. 거의 같은 시기에 에디구는 크림반도 투멘의 지휘권을 주장했다. 서부 벡들로부터 크림반도의 가장 중요한 도시들과 마을들을 빼앗았고, 주치 가문에 반기를 들고 티무르 편

202　망기트 부족의 초기 영토와 14세기 말 그들의 연이은 이주에 대해서는 Trepavlov 2001a, 7-16 참고. 또한 망기스타우 지역이 금장 호르드 경제에서 차지한 중요성에 대해서는 Astafiev and Petrov 2017, 101-115 참고.

203　에디구의 생애에 대해서는 DeWeese 1994, 336-352 참고.

204　DeWeese 1994, 337. Trepavlov에 따르면, 톡타미시가 에디구에게 조세 면제 특권을 부여한 것은 1396~1397년 이전일 수 없다. Trepavlov 2001b, 76; Trepavlov 2001a, 15, 18, 22, 47.

에 섰던 제노바인들을 복속시켰다. 지금까지 동부의 벡들, 그리고 테무르 쿠틀룩과의 동맹은 매우 성공적이었고, 에디구의 영향력은 금장 호르드 거의 전역으로 확대됐다.[205]

1405년 티무르가 사망한 뒤, 에디구는 망기슐라크반도와 아랄해 남부 지역에서도 권력을 더욱 강화했다. 티무르 가문 내의 후계자 다툼을 이용해 호레즘을 장악했고, 대략 1405년부터 1412년까지 그곳을 통치했다.[206] 이 시기가 에디구의 절정기였다고 볼 수 있다. 그는 금장 호르드의 중심부에서 통제력을 유지하며, 테무르 쿠틀룩을 폐위시키고 더 충성스러운 통치자로 교체했다. 하지만 그 통치자도 곧 해임됐고, 같은 혈통의 다른 이가 뒤를 이었다. 오직 톡타미시의 아들들만이 에디구의 진정한 적수로 남아 있었다. 그들의 세력은 금장 호르드 영토의 북부와 서부 변경 지역에 국한돼 있었지만, 전사들을 끌어모으며 정치적 영향력을 키워갔다. 리투아니아인들, 심지어 모스크바 대공까지도 베글레르벡의 계획에 맞서기 위해 그들을 지원했다.

에디구는 내부 경쟁자들, 리투아니아 대공국, 그리고 모스크바와 동시에 갈등하느라 금장 호르드 전체를 오래 장악할 수 없었다. 1412~1413년경 크림반도, 사라이, 하지타르칸(아스트라한), 불가르 지역에 대한 통제력을 잃었다. 그는 호레즘으로 퇴각했고, 그곳에서 티무르 왕조의 통치자 샤 루흐와 동맹을 맺었다. 그는 샤 루흐의 딸과 결혼하고 필요한 군사적 지원을 받았지만, 테무르 쿠틀룩

---

205 Favereau 2018b, 186-187.

206 DeWeese 1994, 338.

의 아들 테무르 칸, 톡타미시의 아들 잘랄 앗 딘에게 여러 차례 패한 뒤 결국 호레즘에서 쫓겨나고 말았다. 늙은 베글레르벡은 불과 몇 년 만에 망기트 본거지로 축소됐고, 이 영역은 사라이추크를 포함한 우랄강 하류와 카스피해 북동 해안에 국한됐다.[207]

이때부터 에디구는 금장 호르드의 서부 지역으로 관심을 돌렸다. 그곳에는 톡타미시의 아들들이 영토와 전사와 동맹군을 보유하고 있었다. 우랄강 하구에 본거지를 둔 에디구는 여전히 카리스마 있는 지도자였으며, 키예프를 습격하고 서시베리아에서 작전을 펴는 등 군사 활동을 활발히 했다. 그가 사라이, 하지타르칸, 데르벤드 지역을 간헐적으로 지배한 것은 이 지역들의 이름이 새겨진 주화를 주조한 사실에서 알 수 있다. 한편, 톡타미시의 아들 가운데 이제 유일하게 생존한 카디르 비르디는 크림반도에 자리를 잡았다. 그는 그곳에서 강력한 시린 엘의 지지를 받고 있었다. 카디르 비르디는 망기트 영토 깊숙이 군사 원정을 이끌었고, 에디구와 전투를 벌였다. 옛 베글레르벡은 1419년 마침내 그곳에서 살해됐다.[208] 카디르 비르디 역시 부상을 입고 자신의 성공을 더는 누리지 못하고 사망했다.

이후 에디구는 망기트 울루스의 창시자로 여겨졌다. 망기트 울루스는 "노카이 호르드"로도 알려져 있다.[209] 실제로 에디구 시

---

207 DeWeese 1994, 338-339; Frank 2009, 237-239.

208 DeWeese 1994, 339; Frank 2009, 239-240.

209 서양 사료에서는 망기트 울루스를 "노카이 호르드"라고 부른다. DeWeese 1994, 343. 역사학자들은 아직도 망기트라는 이름과 노카이라는 이름 사이의 연관성을 어떻게 설명해야 할지, 그리고 주치 계열의 지휘관이었던 노카이(1299 사망)와 노카이라는 민족명 사이에 어떤 역사적 연관이 있었는지에 대해 명확한 답을 내리지 못하고 있다.

대에는 망기트 엘의 영향력이 강해졌다. 물론, 망기트 엘은 여전히 주치 울루스의 일부였다. 에디구는 30년이 넘는 세월 동안 주요 정치 인물로 활약했으며, 심지어 짧은 기간 동안 금장 호르드의 대부분을 지배하기도 했다. 에디구는 칭기스 칸의 후손이 아니었는데도 탁월한 경력으로 초원 세계에서 명성을 얻었다. 그의 위신은 베글레르벡으로서의 지위와 군사적 능력뿐만 아니라 이슬람화를 추진한 역할에서도 비롯됐다.

1416년 에디구의 아내는 300명의 수행원과 함께 성지 순례를 떠났다. 에디구 자신도 수피교도들에 둘러싸인 독실한 무슬림으로 알려졌다.[210] 많은 지역 공동체에게 그의 통치는 이슬람화로 가는 길에서 중요한 단계였다. 에디구가 이슬람을 받아들이고 무슬림 인물들을 지원한 일은 후대에 그에 관한 서사시적 이야기들이 만들어지는 역사적 토대가 됐다. 이 이야기들은 에디구를 우즈벡 칸을 개종시킨 수피 성인 바바 튀클레스의 후손으로 묘사했다. 이런 이야기들은 1430년대 초부터 생겨나기 시작해서, 노카이인과 타타르인 같은 중앙아시아 튀르크 민족들 사이에 입에서 입으로, 그리고 글로 전해졌다.[211] 오늘날에도 에디구는 이슬람 세계에서 바바 튀클레스, 우즈벡과 자주 연결되는 중요한 인물로 남아 있을 뿐 아니라, 그의 후손들도 대중의 역사 기억 속에서 중요한 위치를 차지하고 있다.[212]

---

210 DeWeese 1994, 340-341.

211 "이디게(Idige)의 서사시"에 대해서는 DeWeese 1994, 411-420.

212 이슬람화를 추진한 인물로서 에디구와 우즈벡의 역할은 대중의 기억에서 종종 혼동이 있다. DeWeese 1994, 342.

노카이 호르드의 전성기는 15세기 말과 16세기 전반에 걸쳐
있었다. 노카이 호르드의 출현은 에디구 가문의 성공과 밀접하게
연관돼 있었다. 이 가문은 북부 카스피해 지역, 망기슐라크, 북부
호레즘 지역에서 여전히 강력한 권위와 위신을 유지하고 있었다.
에디구의 후손들은 여러 지배 계통을 만들어냈고 여러 세대에 걸
쳐 베글레르벡 직위를 유지했다.[213] 노카이 지도자들은 자신들의
시조가 남긴 모든 정치적, 상징적 유산을 계승했다. 특히 영향력
있는 누르 앗 딘과 와카스 비이는 1430년대 이후 아스트라한, 카
잔, 크림 지역에 형성된 새로운 칸국들의 정치에 깊이 관여했다.[214]
역설적이게도, 금장 호르드의 가장 강력한 지지자이자 그 영토의
통일성과 제도를 유지하기 위해 싸웠던 망기트 엘이 대규모의 독
립적인 정치적 실체를 구성한 최초의 유목 연합체가 됐다.

시반 계열 우즈벡인

금장 호르드 후기에 망기트-노카이가 정치 무대에 등장할 무렵,
또 다른 영향력 있는 유목 세력인 "우즈벡"도 출현했다. 우즈벡은
노카이와 연관돼 있었지만 동시에 독자 행보를 보였다.[215] 초기에
그들은 주치의 다섯 번째 아들인 시반의 후손 아불 하이르의 지
도 아래 세력을 형성했다. 아불 하이르는 1419년 에디구가 사망한

---

213 Trepavlov 2001b, 85-139. 에디구에게는 아들이 20명이 있었다고 알려져 있다.

214 누르 앗 딘은 에디구의 아들이자 와카스 비이의 아버지였다. DeWeese 1994, 348. Trepav-
lov 2001a, 24-32 참고.

215 "망기트-노카이"와 "우즈벡" 사이의 연관성에 대해서는 DeWeese 1994, 344-347 참고.

뒤 발생한 혼란을 틈타 청색 호르드의 옛 영토에 자신의 울루스를 세웠고, 1429년 침기투라에서 칸으로 추대됐다. 시반의 옛 울루스는 톡타미시가 말년을 보냈던 이비르시비르 지역에 있었지만, 아불 하이르의 주요 지지 기반은 망기트족이었다. 그들의 새로운 지도자 중 한 명인 와카스 비이가 그의 베글레르벡이 됐다. 에디구의 손자 와카스 비이는 아불 하이르와 함께 북부 호레즘 지역에 관심을 가졌다. 실제로 그 지역은 수년간 에디구의 영토였으며, 와카스 비이에게는 티무르 왕조로부터 되찾아야 할 땅이었다.[216]

아불 하이르는 망기트족의 도움으로 시반 울루스의 수장이 됐고, 1430년에는 북부 호레즘을 점령했다. 그는 몇 년 안에 강력한 새로운 울루스를 만들어냈고, 티무르 왕조의 정치에 간섭할 수 있을 만큼 성장해 샤 루흐의 군대를 물리쳤다. 1446년 그는 시르다리야강의 하류와 중류에 있는 도시들을 정복하고 시그낙을 "겨울 수도"로 삼았다.[217] 그러나 1457년 "칼막(Qalmaq)"이라고도 불리는 오이라트에게 큰 패배를 당하자 많은 망기트 부족들이 그를 떠나 그의 경쟁자인 아랍샤 가문이나 신흥 세력인 노카이 호르드로 합류했다.[218] 얼마 지나지 않아 아불 하이르의 울루스는 다시 분열됐고, 또 다른 대규모 유목민 집단이 동쪽으로 도망가 그의 경쟁자인 토가 티무르 가문의 지도자 키라이와 자니벡을 따라 추 계곡으로 이동했다. 이들은 "자신들의 칸을 떠난 우즈벡인"이라는 뜻의

216　DeWeese 1994, 345; Trepavlov 2001b, 97-100.

217　Bregel 2009, 223.

218　호레즘을 통치한 아랍샤 가문은 아부 알 하이르와 마찬가지로 시반 계열이었지만, 시반 혈통의 다른 분파에 속했다. 그들의 영토는 망기트의 동쪽, 아랄해 북쪽의 초원 지대에 있었다.

우즈벡-카자흐(Uzbek-Qazaq)라고 불렸다.[219]

1468년 아불 하이르가 사망하자 시반 가문 내에서 후계자 경쟁이 시작됐다. 수년간의 내전 끝에 아부 알 카이르의 손자 무함마드 샤이바니 칸(1500~1510)이 우즈벡 울루스를 부활시켰다. 16세기 초, 그는 킵착초원을 카자흐에게 넘겨주고 티무르 왕조로부터 트란스옥시아나와 후라산을 차지했다. 칸이 사망한 뒤, 우즈벡은 호레즘과 트란스옥시아나에 서로 경쟁하는 칸국들을 세웠고, 이후 수 세기 동안 중앙아시아에서 가장 강력한 세력 중 하나로 남아 있었다.

지역 칸국의 형성

1430년대부터 1460년대 사이에 금장 호르드의 중부와 서부 지역에서는 특정 영토를 기반으로 여러 정치 세력이 서서히 등장하기 시작했다. 원래 부차적인 계보였던 시반과 토가 티무르 가문이 부상하면서 새로운 영토 및 유목민의 이주와 왕위 계승권을 주장하는 이들이 늘어났다. 그 결과 왕위 주장자들 사이에 더 많은 경쟁과 무력 충돌이 발생했는데, 그들의 지위가 모두 동등했기 때문이다. 후계자 후보들의 계보, 강력한 엘들과의 동맹, 그리고 이슬람에 대한 충실도가 권력 획득의 핵심 요소가 됐다.[220] 마지막으로, 승리

---

219 키라이와 자니벡은 이후 킵착초원을 정복했고, 16세기 초에 이르러 그들의 후손과 추종자는 단순히 "카자크(카자흐)"로 알려졌다. Bregel 2009, 225-227.

220 토가 티무르, 시반, 그리고 티무르 가문의 후손들 사이에서 벌어진 "혈통 경쟁"에 대해서는 Favereau and Geevers 2018, 470-477 참고.

를 위해서는 강력한 이웃 세력과 동맹을 맺어야 하는 경우가 많았다. 새로운 지도자들은 바투 가문 출신들보다 권력은 작았으나 주치 울루스를 재편하려는 야망을 품고 있었다. 다시 말해 그들은 제국의 야망을 가진 "지역 칸"들이었다.

1419년 에디구가 사망한 후, 금장 호르드는 여러 개의 칸국으로 분열됐다. 이들은 이후 대(大)호르드, 카잔 칸국, 아스트라한 칸국, 카시모프 칸국, 시비르 칸국, 크림 칸국으로 알려졌다. 이 지역 세력들은 공통점이 몇 가지 있었다. 주치 가문 출신의 칸들이 이 세력들을 통치할 때, 당대 사료에서 벡, 에미르, 또는 미르자(mīrzā)로 불리던 현지 유목 지도자들과 연합했다. 그들은 예언자 무함마드의 후손이라고 주장하는 사이드들 그리고 현금과 보호, 군사적 지원을 제공하는 더 큰 이웃 강국들의 지원도 받았다. 유목 엘리트들이 비교적 고정된 영토를 가지고 있던 반면, 칸들 자신은 정치적 기회를 쫓아 한 지역에서 다른 지역으로 이동했다.

토가 티무르 가문 출신의 칸 울루그 무함마드는 사라이 지역에서 권력을 잡았다. 리투아니아 대공국의 지원을 받아 크림반도를 침공했지만 사라이의 왕좌를 지키는 데는 실패했다. 1438년경 그는 카잔을 점령하고 그 주변 지역에 자리를 잡았다. 그곳에서 니즈니 노브고로드, 콜롬나 및 기타 러시아 영토를 여러 차례 습격했다. 1445년에는 바실리 대공을 포로로 잡아 막대한 공물을 받고 석방했다. 그의 정치적 목표는 분명 북부 러시아를 어떤 형태로든 다시 복속시키는 것이었지만, 울루그 무함마드는 곧 목숨을 잃고 말았다. 그의 아들들은 오히려 모스크바의 엘리트들과 평화로운 관계를 유지하는 쪽을 선택했다. 모스크바 측은 그들 중 한 명인 카심에게 오카강 좌안의 땅을 하사했다. 이 장소는 후에 카시모프로 알려졌고, 북부 러시아인들의 지원을 받는 새로운 칸국의 수도가 됐다.[221]

울루그 무함마드는 옛 금장 호르드의 대부분 지역에 대한 지배권을 주장했지만, 후대에는 카잔 칸국의 창시자로 여겨졌다.[222] 알려진 바로는 그에게는 최소한 세 명의 도전자가 있었다. 톡타미시의 손자 사이드 아흐마드는 러시아 공국들 남쪽의 초원 지대를 다스렸고, 테무르 쿠틀룩의 손자 쿠축 무함마드는 아스트라한을 다스렸으며, 토가 티무르 가문 출신의 하지 기라이는 크림반도를 지배했다. 주치 가문의 권력이 분열됐음에도 불구하고, 사라이 지역을 차지한 자는 "타흐트 엘리(Takht eli)", 즉 대호르드의 왕좌를 가진 통치자[223]이자 최고 칸으로 인정받았다. 볼가강 하류 지역은 일종의 신성한 권력을 상징했으며, 칸의 위신과 군사력을 높여주었다. 이 지역은 명목상 여전히 매력적인 지위를 갖고 있었기에, 지역 칸들은 정복을 위한 싸움을 반복했다.

우그라강에서의 대치

15세기 후반, 테무르 쿠틀룩의 후손들은 타흐트 엘리를 자신들의 것으로 지키는 데 성공했다. 이 영역은 볼가강 서안에서 드네프르

---

221 카시모프 칸국에 대해서는 Rakhimzianov 2009; Frank 2009, 258-259; Kołodziejczyk 2011, 22 참고.
222 울루그 무함마드와 카잔에 대해서는 Frank 2009, 246-247 참고.
223 타흐트 엘리 칸국에 대해서는 Trepavlov 2018, 235-247 참고.

강에 이르는 광활한 지역을 포함했다. 1460년대에 아흐마드는 형제들과 함께 이 지역을 공동 통치했다. 1469년 우즈벡을 상대로 성공적인 원정을 펼치고 아부 알 카이르의 아들을 죽인 후, 타흐트 엘리의 주도권을 잡고 칸이 됐다.[224] 그는 통치하는 동안 우즈벡과 러시아 같은 금장 호르드의 이전 신하들을 복속시키려 했을 뿐만 아니라, 톡타미시의 제국주의적 대외 정책을 부활시키려 했다. 분명 주치 울루스를 재통일하려는 야망을 가지고 있었을 것이다.

이후 아흐마드 칸은 크림반도와 다뉴브강 하류의 주치 가문 세력을 위협하고 있던 오스만 제국에 맞서 베네치아와 연합해야 한다고 제안했다. 하지만 베네치아가 그의 편에 선다 해도, 폴란드 왕이자 리투아니아 대공인 카지미르 4세(재위 1440~1492)의 지원 없이는 승리할 수 없었다. 카지미르는 오스만 제국에 맞서는 강력한 서방 이웃이자 자연스러운 동맹국이었다. 결국 카지미르가 참여를 거부하면서 이 계획은 중단됐고, 칸에게는 메흐메트 2세(재위 1444~1446, 1451~1481)와 협상하는 것 외에 다른 선택지가 없었다.[225] 아흐마드의 더 큰 계획 중 하나는 크림반도를 통제하는 것이었다. 1476년 아흐마드는 조카 자니벡의 크림반도 장악을 도왔다. 그러나 2년도 채 지나지 않아 멩글리 기라이가 오스만 제국과 동맹을 맺고 크림의 왕좌를 되찾았다. 이때부터 크림반도는 기라이 가문 수중에 남았고, 오스만 술탄의 영향력 아래 놓였다.[226]

---

224 Frank 2009, 253.

225 Zaitsev 1999, 4-15.

226 Kołodziejczyk 2011, 21. 멩글리 기라이는 1466년부터 1475년 사이에 간헐적으로 통치했고, 이후 1478년부터 1515년까지 왕좌를 지켰다.

제1권 정치사

아흐마드는 모스크바 대공에 대한 우위를 확립하기 위해 북부 러시아에서 여러 차례 군사 작전을 수행했다. 이반 3세(재위 1462~1505)는 즉위 이후 공물을 바치지 않은 것으로 보인다. 아흐마드에게 더욱 위협적이었던 것은, 이반이 리투아니아와 주치 가문에 맞서 모스크바의 입지를 강화하기 위해 오카강 북쪽 땅들을 통합하기 시작했다는 점이었다. 1479년 아흐마드는 자신에게 속한 공물과 체납금을 거두기 위해 세금 징수원들을 모스크바로 보냈지만, 대공은 이를 거부했다.[227] 이반을 굴복시키기 위해서는 군사적 충돌이 반드시 필요한 상황이 된 것이다.

아흐마드는 수개월에 걸쳐 전사들을 모으고 모스크바 공격을 준비했다. 그는 폴란드-리투아니아의 통치자와 면밀히 이 원정을 계획했다. 그들의 군대는 대공을 향해 동시에 공격을 감행할 예정이었다. 반대편 진영에서 이반 역시 전투를 준비하며 크림 칸과 동맹을 맺었다. 크림 칸은 카지미르의 군대를 공격하여 아흐마드의 계획이 실현되는 것을 막았다. 아흐마드와 그의 전사들은 모스크바 남쪽 약 240킬로미터 지점의 우그라 강둑에 멈춰섰다. 그들은 리투아니아의 증원군을 기다리며 강 건너편의 러시아군과 대치했다. 아흐마드의 군대는 1480년 봄부터 가을까지 그곳에 머물렀다. 11월 아흐마드는 러시아 남서부의 공후들이 카지미르에 반기를 들고 사라이로 향하고 있다는 소식을 전달받았다. 이반의 군대와 남서부 공후들 사이에 간힐 것을 우려한 아흐마드는 퇴각을

227　이 전설적인 사건에 대해서는 Keenan 1969, 33-46; Gorskii 2005, 175-177, 198 참고. 더 일반적으로 이반 3세와 주치 계열 왕들의 관계에 대해서는 Gorskii 2005, 153-186 참고.

선택했다.[228]

　우그라강에서 철수한 후, 아흐마드는 자기 군대의 지지를 빠르게 잃었다. 이비르시비르의 시반 칸 이박은 이 어려운 상황을 이용해 노카이 지도자들과 함께 대호르드를 공격했다. 아흐마드는 1481년 1월경 전투 중 사망했다.[229] 그의 후계자들은 주치의 영토 전체를 아우르는 정책을 펼 야망도 수단도 없었다. 게다가 15세기 말 볼가강 하류 지역은 가혹한 기후 조건에 시달리고 있었다. 한동안 서리가 내린 뒤 가뭄이 찾아와 가축과 기타 지역 자원에 피해를 주었다. 1501년경 목자들 사이에 기근이 퍼지며, 아흐마드의 아들이자 후계자인 샤이흐 아흐마드는 러시아 남부 초원에서 목초지를 찾아야만 했다. 그는 폴란드-리투아니아의 통치자 알렉산드르에게 도움을 요청했다.[230]

　샤이흐 아흐마드가 어쩔 수 없이 이주했다는 소식을 들은 멩글리 기라이는 이 기회를 틈타 그를 공격하고 타흐트 엘리를 차지했다. 1502년 봄, 그는 샤이흐 아흐마드의 진영이 있던 드네프르강의 좌측 지류인 술라강으로 와서 칸을 격파하고 칸의 이동식 행정부, 궁정, 재무부를 장악했다. 비록 샤이흐 아흐마드 휘하의 아내와 관리들을 포함한 많은 사람들이 이미 겨울에 떠났고 크림 궁정에 피신을 요청했지만, 멩글리 기라이는 이를 개인적 승리로 여겼다.[231] 곧바로 그는 바투의 왕좌와 그에 딸린 수천 명의 신하들을

228　*PSRL* 25, 328; Khodarkovsky 1999, 242-248.

229　Trepavlov 2001b, 114-115.

230　Collins 1991, 389, 391-393.

231　Collins 1991, 391-392. 당시 등장한 아스트라한 칸국에 대해서는 Zaitsev 2004, 30-62

　　　　　제1권 정치사

획득했음을 공식적으로 알리고, 자신을 "대호르드의 위대한 칸"
이라 칭했다. 이후 기라이 칸들은 금장 호르드의 유산을 가장 강
력하게 이어갔다.[232]

볼가강 하류의 조상 땅을 버리고 새로운 주치 울루스로

14세기 중후반의 위기에서 비롯된 일련의 정치적 교착 상태로 인
해 칸들은 주치 울루스의 통일성을 유지하지 못했고, 결국 금장
호르드는 완전히 붕괴됐다. 16세기 초에 겪은 경제적 어려움으로
유목민들의 힘은 더욱 약해졌다. 이 무렵 그들의 상업적 영향력은
매우 축소돼 있었다. 1427년 울룩 무함마드가 맘룩 술탄과 마지막
으로 외교 교류를 한 이후, 오스만 제국이 금장 호르드의 해협 접
근을 차단하고 흑해를 장악했다.[233] 이로 인해 주치 가문과 맘룩
은 서로 단절됐고, 그동안 상호작용하며 생성한 무역, 정치, 예술적
자극도 사라졌다. 칸들은 흑해 무역 통제권 상실을 만회하기 위해
동남부 유럽과 육로 연결을 유지하고자 온갖 노력을 기울였다. 볼
가-우랄 지역의 유목민들은 여전히 대규모의 말, 소, 낙타 떼를 거
래했다. 15세기에 그들이 페르시아로 말과 낙타, 유럽으로 소를 수

참고. 그는 아스트라한이 16세기 초까지 대호르드 영토의 일부였음을 설득력 있게 보
여준다.

232 크림 칸국은 1783년 러시아에 병합될 때까지 기라이 가문의 손에 남아 있었다. 샤이흐
아흐마드는 탈출에 성공했지만 궁핍한 처지에서 생을 마감했는데, 아마도 리투아니아
대공국에서였을 것이다. 1502년의 사건들은 Collins 1991, 361-399; Kołodziejczyk 2011,
10-11 참고.

233 Al-'Aynī, ed. Tizengauzen 1884, 502.

출했다는 기록이 있다. 금장 호르드의 핵심 지역에서 독일로 이어
지는 소 교역로가 잘 확립돼 있었는데, 이 길은 흑해 북부 해안을
따라 몰다비아 공국을 지나 폴란드로 연결됐다. 칸들은 이 무역로
를 확보하기 위해 폴란드-리투아니아 통치자들과 동맹을 맺었다.
이탈리아 상인들이 '폴란드의 길(la via de Polonia)'이라고 부른 이곳
이 몽골이 서방과 교류할 수 있는 마지막 통로였다.[234] 그러나 볼가
강 하류 지역의 자원은 점차 고갈됐고, 가축 전염병과 악천후로 이
길은 서서히 그러나 지속적으로 쇠퇴하기 시작했다. 칸은 15세기
중반에 이미 카잔의 유목 집단들이 볼가강 하류 지역의 목초지에
접근하는 것을 금지했다. 당시 사용 가능한 목초지는 금보다 귀했
고, 유목민들은 생존을 위해 서로 싸웠다.

주치의 후손들은 지역 세력들로 분열해 있었음에도 불구하
고, 1480년대까지 영향력을 유지했다. 리투아니아 대사에 따르면,
타흐트 엘리는 여전히 상당한 군사력을 보유하고 있었다. 샤이흐
아흐마드는 6만 명의 전사를 동원할 수 있었다고 한다.[235] 금장 호
르드의 제국적 형태가 완전히 붕괴된 것은 16세기에 이르러서였
다. 주변 정주 세력들의 압박으로 볼가강 하류 지역에서 칸들의 영
향력은 카잔, 아스트라한, 카시모프 등 몇몇 도시로 축소됐다. 내
부 갈등이 깊어지면서 금장 호르드의 핵심 영토에서 서시베리아,
중앙아시아, 크림반도로 대규모 이주가 일어났다. 유목민들은 무
역로와 동맹국들을 하나씩 잃어갔고, 러시아가 볼가강 유역의 중

---

234 Barbaro 1971, 125.
235 Collins 1991, 384.

요한 시장들을 장악하면서 결국 타흐트 엘리에 최후의 일격을 가했다. 오스만 제국이 콘스탄티노플을 정복(1453)하고 주치계 상인들의 보스포루스해협 통행 무역권을 빼앗은 지 약 한 세기 만에, 이반 4세가 카잔(1552)과 아스트라한(1556)을 정복함으로써 세력 균형이 완전히 바뀌었음을 확인시켜주었다.

한때 금장 호르드의 중심지였던 곳에 남은 유목민들은 모스크바 "백색 차르"의 권위를 인정할 수밖에 없었다. 러시아와 오스만은 주변부에서 압박을 강화해 주치 울루스를 더욱 불안정하게 만들었다. 그러나 타흐트 엘리가 붕괴할 때 생긴 내부 분열도 간과해서는 안 된다. 노카이 호르드의 지도자들은 크림과 아스트라한 칸들에게 가장 강력한 도전자였다. 에디구의 후손들은 주치 가문의 주요 정치 제도인 칸국, 쿠릴타이, 케식을 거부했다. 노카이는 러시아, 오스만과 단기적 동맹을 맺었고, 정치적 계획에 따라 충성 대상을 바꾸었다. 16세기 전반에 그들은 결국 대노카이 호르드와 소노카이 호르드로 분열했는데, 전자는 모스크바에 우호적이었고 후자는 기라이와 오스만에 가까웠다. 타흐트 엘리의 실패는 명백히 칸들과 그들을 지지하고 왕좌에 올렸던 다양한 유목 집단들 간의 불화에서 비롯된 결과였다. 사실 1550년대 이반 4세가 카잔과 아스트라한을 병합하라고 명령했을 때, 주치 울루스는 이미 조상의 핵심 영토를 포기하고 유목민들이 다시 강해지고 확장할 수 있는 다른 지역으로 이동한 상태였다.[236]

---

236 이반 4세의 카잔과 아스트라한 병합의 배경과 결과에 대해서는 Khodarkovsky 1999, 269-286 참고.

사실 오래된 정치적 중심지의 붕괴가 주치 가문 지배의 종말을 의미하지는 않았다. 이는 오히려 유목민들이 시대의 변화에 적응하고 있다는 신호였다. 16세기에 주치의 후손들은 크림과 중앙아시아에 여러 칸국을 세우는 데 기여했고, 이는 규모는 작지만 강인한 세력들을 탄생시켰다. 생존을 위해 그들은 다양한 전략을 채택했다. 오스만 제국, 모스크바, 폴란드-리투아니아와 같은 더 큰 이웃 국가의 보호를 구하거나, 노카이 호르드, 우즈벡, 카자흐 칸국과 같은 더 강력한 유목 세력에 편입되기도 했다. 이들은 칭기스 칸의 후손들과 지역 귀족들이 이끄는 팽창주의 세력이었으며, 그들의 활력은 주로 볼가강 하류 지역에서 유입된 인력에서 나왔다. 우즈벡과 카자흐는 주치 가문의 핵심 영토 밖에 있었음에도 불구하고 금장 호르드의 유산을 높이 받들었고, 이를 발판 삼아 전사들을 끌어모으고 더 많은 민족과 도시를 정복했다. 서쪽에서는 기라이가 확장 가능성이 매우 제한된 상태로 정주화한 반면, 중앙아시아에서는 새로운 사회경제적 역학이 유목 사회를 유동적이고 활발하게 유지시켰다.

결론: 제국 내부

금장 호르드는 몽골 제국의 북서부 지역이었다. 다른 칭기스 일족의 영역들과 많은 공통점을 공유하면서도 상당한 차이점을 보였다. 첫째는 주치 울루스 영토의 특수한 생태 환경 때문이었고, 둘째는 새로운 환경에 맞춰 통치 방식을 적응시킨 그들의 능력 때문이었다. 몽골인들이 북서부 지역에 대해 채택한 통치 전략은 그들이 수취하고자 계획한 자원의 종류와도 관련이 있었다. 이 지역의 농업은 중앙아시아와 중국에 비해 생산성이 낮고 불안정했다. 인구밀도도 낮았다. 정착지는 분산돼 있었고 때로는 단절돼 있었다. 특히 추운 계절에는 단거리 이동에도 스키, 썰매 혹은 개썰매가 필요했다.[237]

몽골인들은 정주민 신하들을 통제하기 위해 새로운 통치 기술을 개발했다. 그들은 초원의 관행(케식, 이동식 행정, 십진법 체계)에 외국의 통치 기술 및 제도(금속 화폐, 게레게, 문자 체계)를 단순히 차용하는 것이 아니라 적절히 조정해 혼합했다. 이러한 통치 방식은 초원과 농경지(유목민과 정주민) 양쪽의 규칙을 모두 아는 숙련된 회계사, 서기, 번역가, 그리고 온갖 분야의 관리자가 필요했다. 처음에 주치 울루스는 카라 키타이와 호레즘 샤를 섬기며 경험을 쌓은 호레즘인들을 러시아 공국들로 보냈다.[238] 그러나 1260년대 초부터 주치 울루스는 다양한 공동체에서 행정 인력을 모집하기 시작했다. 알란인, 슬라브인, 헝가리인, 라틴인, 프란체스코회 수도사, 이집트인, 아르메니아인 등이 금장 호르드 통치 체제의 여러 단계에 관여했다.

주치 울루스는 정주민 신하들을 간접적으로 다스리는 것을 선호했지만, 그들과 강한 유대를 유지했다. 동슬라브인들이 좋은 예다. 칸은 현지 공후를 통해 그들을 다스렸지만, 자신의 세금 징수원을 보냈고 공후들에게 이들을 보호하라고 요구했다. 게다가

237　Allsen 2006, 129.
238　Allsen 2006, 130-133.

공후들은 자신들의 특권을 확인받거나 자신들의 입장을 변호하기 위해 궁정을 방문해야 했고, 칸은 사신을 통해 그들과 정기적으로 소통했다. 따라서 영구 행정 기관은 설치하지 않았으며, 칸의 대리인들은 오직 특정하고 일시적인 목적을 위해 임명됐다. 이 체제는 칸의 이동식 궁정과 동슬라브인들 사이의 지속적인 정치적, 경제적 상호작용을 막지 않았다. 공후, 성직자, 관리, 전령, 상인 들이 왕래했다. 정주민 신하들은 칸의 군대에 징집병을 보냈지만, 주치 울루스 역시 대공에게 군대를 제공했고, 필요할 때는 몽골인과 러시아인이 함께 전장에 나가 어깨를 맞대고 싸웠다.[239]

주치의 후손들은 거의 3세기 동안 러시아인들에게 주로 세금 제도, 무역, 그리고 용역, 물품, 현금, 노동력이 필요할 때 임시 사절단을 보내 권력을 행사했다.[240] 그들이 러시아 공국들을 다스리기 위해 채택한 이런 특수한 통치 방식이 효과를 발휘한 것은 아마도 선례가 있었기 때문이다. 토머스 올슨이 지적했듯이, 동슬라브인들은 이미 유목민의 지배를 경험한 바 있었다.[241] 사실 러시아인은 몽골의 선조들인 하자르인, 페체네그인, 쿠만인, 또는 킵착인과 깊은 유대를 가지고 있었다. 이들은 러시아인의 동맹이자 적이었으며, 러시아인은 이들에게 때때로 조공을 바치기도 했다. 그들은 자신들이 스텝 군주들의 권위를 인정하는 한 유목민들이 현지 통치자들을 그대로 두는 것을 알고 있었다.

신하들의 문화도 주치 울루스의 체제에 영향을 미쳤다. 간접

---

239 Ostrowski 1998, 36-63.
240 러시아에서의 몽골 행정의 진화에 대해서는 Halperin 1987, 33-43 참고.
241 Allsen 2006, 129-130.

통치가 반드시 접촉의 부재를 의미하는 것은 아니었다. 실제로 초원 유목민들과 북동 슬라브인들 사이에 사회적, 정치적, 경제적 교류가 지속됐고, 몽골과 러시아 지배 가문 간의 혼인도 이루어졌다.[242] 전반적으로 동슬라브와 주치 울루스 세계의 연결은 후대 모스크바 사료들이 주장하는 것보다 더 깊었다. 1480년에 어떠한 러시아 사료도 "타타르의 멍에"에서 해방됐다고 주장하지 않은 것은 우연이 아니다. 모스크바 대공국은 15세기에 몽골의 정치적 유산을 지닌 팽창하는 국가로 등장했고, "우그라강에서의 대치"가 모스크바 역사의 중요한 날짜로 인식되기까지는 약 75년이 걸렸다.[243]

금장 호르드와 다른 몽골 울루스의 차이는 그들의 내부 생태적, 인구학적, 정치적 차이를 반영했다. 기본적인 환경적, 역사적 요인들 중에서, 주치 울루스의 간접 통치 방식은 (중국, 중앙아시아, 이란에서의 더 직접적인 몽골 지배 방식과 비교해) 이들이 원이나 훌레구 울루스보다 더 오래 지속된 이유를 설명해준다.

금장 호르드의 독특성에 기여한 측면은 두 가지가 더 있다. 첫째는 아시아, 중동, 유럽의 교차점이라는 지리적 이점이고, 둘째는 이슬람과 칭기스 칸의 규율을 조화시킨 지도자들의 능력이다. 베르케는 공개적으로 이슬람으로 개종함과 동시에 카안으로부터 독립했다. 이러한 변화에도 베르케와 그의 후계자들은 몽골의 관

---

242 Halperin 1987, 104-119; Vásáry 2001.

243 금장 호르드에 대한 러시아와 소비에트의 역사 서술에 관해서는 Halperin 1982a; Halperin 2004 참고. "타타르의 멍에" 신화의 형성에 대해서는 Ostrowski 1998, 135-248도 참고. "우그라강에서의 대치"의 후대 이데올로기적 의미에 대해서는 Halperin 1984b; Halperin 1984a 참고.

용 정책을 계속 유지했다. 주치 울루스 통치하에서 이슬람은 그 자체로 다양한 관행의 혼합체였다. 실제로 금장 호르드는 여러 이슬람 유산들로 이루어진 모자이크였다. 셀죽, 튀르크멘, 볼가 불가르, 북부 호레즘의 도시들이 당시의 기념비적, 지적, 공예적, 예술적 생산에 흔적을 남겼다. 14세기 후반에는 무프티(mufti), 카디, 수피들의 영향력이 커지면서 이들이 현지 무슬림 엘리트와 칸 사이에서 중재자 역할을 했는데, 이는 사회에서 이슬람의 위상이 높아지는 것을 반영했다. 일상생활의 이슬람적 특징은 실제로 금장 호르드의 거의 모든 지역에서 볼 수 있었다. 볼가강 하류와 우랄강 유역에서 크림, 캅카스, 호레즘 지역에 이르기까지, 현지 무슬림들은 도시 안팎에 모스크, 학교, 수피 수도원, 목욕탕, 묘지, 카라반사라이를 세웠다.

다른 몽골 지도자들과 마찬가지로, 주치 울루스는 외교를 통해 무역을 협상하고, 전쟁을 선포하고, 이웃을 정탐했다. 그들은 다른 통치자들과 활발한 관계를 맺으며 외부 세계와의 교류를 촉진했다. 외교를 통해 맘룩으로부터 주치계의 엘리트들, 특히 공주들이 메카를 순례하고 맘룩 영토를 여행할 수 있는 권리를 얻었다.[244] 또한 비잔티움 황제들, 제노바, 베네치아와 무역 및 통화 협정을 체결했다. 전반적으로 주치 울루스는 몽골 제국과 거대한 유라시아 초원 가장자리에 있는 서부 국경 민족들과의 접촉 지대에 위치한 이점을 누렸다. 그들은 헝가리인, 불가리아인, 교황청, 비잔티움, 그리고 이후에는 오스만 및 폴란드-리투아니아와의 교류를 끌

---

244 Favereau 2018a, 38.

어들이고 전유하려 했다. 오직 훌레구 울루스만이 주치 울루스의 길을 가로막았지만, 우구데이 가문, 차가다이 가문, 톨루이 가문 간의 투쟁은 결국 금장 호르드에게 이로웠다. 14세기 전반, 훌레구 울루스를 통과하는 남부 루트가 쇠퇴하기 시작하자 주치 울루스는 자기 영토를 가로지르는 북부 루트를 장려했고, 일시적으로 탕숙(tangsuq, 더 넓은 세계의 경이로움과 새로움)을 차지했다.

마지막으로, 금장 호르드의 중요한 유산 중 하나는 주치계 세력이 권력을 잡고 있던 영토에서 유목 생활이 보여준 회복력이다. 거의 3세기 동안 그들은 다양한 생산 패턴에 기반해 제국을 운영했으며, 정주민과 유목민 공동체의 교류가 체제의 사회적, 경제적 균형에 핵심 역할을 했다. 그러나 정치 영역에서 칸이 왕좌를 유지하기 위해 주로 필요했던 것은 유목 엘리트들의 지지였고, 정주 엘리트들은 여전히 피지배 민족으로 남아 있었다. 통치 이념상, 금장 호르드는 유목민 그리고 그들의 군사적, 문화적 성취를 매우 존경했다. 앞서 설명했듯이, 주치 울루스에서는 주치의 후손들이 자신들만의 간접적이지만 꾸준한 통치 방식을 실행했기 때문에, 정주민 신하들과 유목민 통치자들 사이의 마찰 수준이 원이나 훌레구 울루스에서보다 낮았다. 노카이, 우즈벡, 카자흐, 튀르크멘, 그리고 금장 호르드의 다른 먼 후계자들은 강한 자유 의식과 친족 기반 위계질서로 이루어진 기마 유목민의 생활 방식을 유지했다. 이러한 호르드 기반의 권력은 20세기까지 사라지지 않았다.

참고문헌

사료와 번역서

Abū'l-Ghāzī Bahādūr Khān. 1871-1874/1970. *Histoire des mongols et des tatares par Aboul-Ghâzi Béhâdour Khân*, tr. and ed. P. I. Desmaisons. St. Petersburg (Amsterdam reprint).

Ağat, Nurettin. 1976. *Altınordu (Cuçi oğulları) Paraları Kataloğu 1250-1502: Ek olarak şecere ve tarih düzeltmeleri*. Istanbul.

al-Ahrī, Abū Bakr al-Quṭbī. 1954. *Ta'rīkh-i Shaykh Uways. History of Shaikh Uwais: An Important Source for the History of Adharbaijān in the Fourteenth Century*, tr. and ed. J. B. van Loon. 's-Gravenhage.

Akta Aleksandra króla polskiego, wielkiego księ cia litewskiego itd. (1501-1506). *Monumenta medii aevi historica res gestas Poloniae illustrantia*,vol. 19. 1927. Ed. F. Papée. Cracow.

Archivio di Stato di Venezia (ASVe), *Grazie*, XII, f.100 r-18/VI 1351.

Barbaro, Giosafat. 1971. *Barbaro i Kontarini o Rossii: K istorii italo-russkikh sviazei v XV v*, ed. and tr. Elena Ch. Skrzhinskaia. Leningrad.

Baybars al-Manṣūrī al-Dawādār. 1998. *Zubdat al-fikra, fī tārīkh al-hijra*, ed. Donald S. Richards. Beyrouth and Berlin.

Grigor'ev, Arkadiy P. 2004. *Sbornik khanskikh iarlikov russkim mitropolitam: Istochnikovedcheskii analiz zolotoordynskikh dokumentov*. St. Petersburg.

Ḥāfiẓ Abrū, Shihāb al-Dīn ʻAbd Allāh b. Luṭf Allā. 2011. *Dhayl-i jāmiʻ al-tawārīkh-i Rashīdī. Dopolnenie k sobraniiu istorii Rashida*, tr. and ed. E. R. Talyshkhanov. Kazan.

HWC. 일러두기 6번 참조.

Ibn Abī al-Faḍ'ā'il. 1916. "al-Nahj al-sadīd wa-l-durr al-farīd fīmā baʻd Tārīkh Ibn al-ʻAmīd." In *Histoire des sultans Mamlouks*, ed. and tr. Edgard Blochet, vol. 1. Paris.

Ibn al-Dawādārī. 1960. *Kanz al-durar wa-jāmiʻ al-ghurar*, vol. 9, al-Durr al-fāhir fī sīrat al-Malik al-Nāṣir, ed. Hans R. Roemer. Cairo and Wiesbaden.

Idegei: Tatarskii narodnii epos. 1990. Tr. Semen Lipkin. Kazan.

John of Plano Carpini. 1955. In *The Mission to Asia: Narratives and Letters of the Franciscan Missionaries in Mongolia and China in the Thirteenth and Fourteenth Centuries*, ed. Christopher Dawson, 3-72. London.

JT/Thackston. 일러두기 6번 참조.

Jūzjānī. 1881-1897/1970. *Tabaḳat-i-Nāṣirī: A General History of the Muhammadan Dynasties of Asia, Including Hindūstān, from A.H. 194 [810 A.D.], to A.H. 658 [1260 A.D.], and the*

Irruption of the Infidel Mughals into Islam, tr. H. G. Raverty, 2 vols. Calcutta. (New Delhi reprint.)

Khwāndamīr (Khwānd-Amīr), Ghiyāth al-Dīn Muhammad. 1994. *Habīb al-siyar (Habību's ssi-yar)*, vol. 3, The Reign of the Mongol and the Turk, part 1, Genghis Khan-Amir Temur, tr. and ed. W. M. Thackston. Cambridge, MA.

Kirakos Gandzaketsi. 1976. *Istoriya Armenii*, tr. Lena A. Khanlaryan. Moscow.

Lipkin, Semen, tr. 1990. *Idegei: Tatarskii narodnyi epos*. Kazan.

Mostaert, Antoine, and Francis W. Cleaves. 1962. *Les lettres de 1289 et 1305 des Ilkhan Arghun et Öljeitu à Philippe le Bel*. Cambridge, MA.

Mu'izz al-ansāb. 2006. *Mu'izz al-ansāb: Proslavliajushchee genealogii, ed. A. K. Muminov*, tr. Sh. Kh. Vokhidov. Almaty.

Novgorodskaia pervaia letopis' starshego i mladshego izvodov. 1950. Moscow and Leningrad.

Al-Nuwayrī. 1985-1998. *Nihāyat al-arab fī funūn al-adab*. Cairo.

Ötemish Hajjī. 1992. *Chingiz-name*, ed. and tr. Veniamin P. Iudin. Alma-Ata.

2017. *Kara tavarikh*, transcription by I. M. Mirgaleev, E. G. Sayfetdinova, and Z. T. Khafizov, translation into Russian by I. M. Mirgaleev and E. G. Sayfetdinova. Kazan.

Polnoe sobranie russkikh letopisei, vol. 1. Lavrent'evskaia letopis'. 1926-1927. Leningrad.

Vol. 2. *Ipat'evskaia letopis'*. 1843. St. Petersburg.

Vol. 3. *Novgorodskaia I letopis' starshevo i mladshevo izvodov*. 2000. Moscow.

Vol. 4.1. *Novgorodskaia IV letopis'*. 2000. Moscow.

Vol. 6.1. *Sofiiskaia I letopis' starshevo izvoda*. 2000. Moscow.

Vol. 10. *Letopisnii sbornik, imenuemii Patriarshei ili Nikonovskoi letopis'iu*. 2000. Moscow.

Vol. 15. *Letopisnii Sbornik, imenuemii Tverskoi letopis'iu*. 1863. St. Petersburg.

Vol. 18. *Simeonovskaia letopis'*. 1913. St. Petersburg.

Vol. 25. *Moskovskii letopisnii svod kontsa XV veka*. 1949. Moscow, Leningrad.

Vol. 30. *Vladimirskii letopisets: Novgorodskaia vtoraia (Arkhivskaia) letopis'*. 2009. Moscow.

Vol. 35. *Letopisi belorussko-litovskie*. 1980. Moscow.

Qāshānī, Abū al-Qāsim. 1969. *Tārīkh-i Ūljāytū*, ed. Mahin Hambly. Tehran.

SH. 일러두기 6번 참조.

Tizengauzen [Tiesenhausen], Vladimir G. 1884. *Sbornik materialov, otnosiashchikhsia k istorii Zolotoi Ordy*, vol. 1, Izvlecheniia iz sochinenij arabskikh. St. Petersburg.

1941. *Sbornik materialov, otnosiashchikhsia k istorii Zolotoi Ordy*, vol. 2, Izvlecheniia iz persidskikh sochinenii, ed. Aleksandr A. Romaskevitch and Semen L. Volin. Moscow and Leningrad.

William of Rubruck. 1955. In *The Mission to Asia: Narratives and Letters of the Franciscan Missionaries in Mongolia and China in the Thirteenth and Fourteenth Centuries*, ed. Christopher Dawson, 87-220. London.

Wittfogel, Karl, and Fêng Chia-shêng. 1949. *History of Chinese Society: Liao (907-1125)*. Philadelphia.

Yule (Sir), Henry. 1916. *Cathay and the Way Thither: Being a Collection of Medieval Notices of China*, vol. 4. London.

연구서와 논문

Allsen, Thomas. 1983. "Prelude to the Western Campaigns: Mongol Military Operations in the Volga-Ural Region, 1217-1237." *AEMA* 3: 5-24.

　1985-1987. "The Princes of the Left Hand: An Introduction to the History of the Ulus of Orda in the Thirteenth and the Early Fourteenth Centuries." *AEMA* 5: 5-40.

　1987. *Mongol Imperialism: The Politics of the Grand Qan Mongke in China, Russia, and the Islamic Lands, 1251-1259*. Berkeley.

　2006. "Technologies of Government in the Mongolian Empire: A Geographical Overview." In *Imperial Statecraft: Political Forms and Techniques of Governance in Inner Asia, Sixth-Twentieth Centuries*, ed. David Sneath, 117-140. Bellingham, WA.

Amitai, Reuven. 2005. "Resolution of the Mamlūk-Mongol War." In Amitai and Biran 2005, 359-390.

　2008. "Diplomacy and the Slave Trade in the Eastern Mediterranean: A Re-examination of the Mamlūk-Byzantine-Genoese Triangle in the Late Thirteenth Century in Light of the Existing Early Correspondence." *Oriente moderno* 88.2: 349-368.

Amitai, Reuven, and Michal Biran, eds. 2005. *Mongols, Turks and Others: Eurasian Nomads and the Sedentary World*. Leiden and Boston.

Amitai-Preiss, Reuven. 1995. *Mongols and Mamlūks: The Mamlūk-Ilkhanid War, 1260-1281*. Cambridge.

Astafiev, Andrei, and Pavel Petrov. 2017. "Poluostrov Mangyshlak v morskom torgovom soobshchenii e'pokhi Zolotoi Ordy (arkheologo-numizmaticheskoe issledovanie)." *Arkheologiia evraziiskikh stepei* 6: 101-115.

Atwood, Christopher. 2004. "Validation by Holiness or Sovereignty: Religious Toleration as Political Theology in the Mongol World Empire of the Thirteenth Century." *International History Review* 26.2: 237-256.

　2006. "Ulus Emirs, Keshig Elders, Signatures, and Marriages Partners: The Evolution of a Classic Mongol Institution." In *Imperial Statecraft: Political Forms and Techniques of Governance in Inner Asia, Sixth-Twentieth Centuries*, ed. David Sneath, 141-173. Bellingham, WA.

　2017. "Jochi and the Early Western Campaigns." In *How Mongolia Matters: War, Law, and Society*, ed. Morris Rossabi, 35-56. Leiden and Boston.

Ayalon, David. 1971. "The Great Yāsa of Chingiz Khān: A Re-examination (Part B)." *Studia Islamica* 34: 151-180.

Bartol'd, Vasilij V. [W. Bartold] 1928. *Turkestan Down to the Mongol Invasion*. 2nd ed., translated from the original Russian and revised by the author, with the assistance of H. A. R. Gibb. London.

Behrens-Abouseif, Doris. 2014. *Practising Diplomacy in the Mamlūk Sultanate: Gifts and Material Culture in the Medieval Islamic World*. London and New York.

Belyaev, V. A., and S. V. Sidorovich 2013. "Newly Discovered Types of Mid-13th Century Chingizid Silver Coins." *Journal of the Oriental Numismatic Society* 219: 8-14.

Biran, Michal. 1997. *Qaidu and the Rise of the Independent Mongol State in Central Asia*. Richmond.

Boyle, John A. 1968. "Dynastic and Political History of the Il-Khans." In *CHI5*, 303-417.

Bregel, Yuri. "Uzbeks, Qazaqs and Turkmens." In *CHIA*, 221-236.

Broadbridge, Anne. 2008. *Kingship and Ideology in the Islamic and Mongol Worlds*. Cambridge.

Brosset, Marie-Félicité. 1849-1858. *Histoire de la Géorgie depuis l'antiquité jusqu'au XIXe siècle*, vol. 1. St. Petersburg.

Buell, Paul. 1992. "Early Mongol Expansion in Western Siberia and Turkestan (1207-1219): A Reconstruction." *CAJ* 36.1-2: 1-32.

Cai, Meibiao. 2009. "Preliminary Studies on Batu's Apanage in Pingyang" (in Chinese), *Zhongguoshi yanjiu* 1: 115-122.

CHC6. 일러두기 6번 참조.

CHI5. 일러두기 6번 참조.

Ciocîltan, Virgil. 2012. *The Mongols and the Black Sea Trade in the Thirteenth and Fourteenth Centuries*. Leiden and Boston.

Collins, Leslie. 1991. "On the Alleged 'Destruction' of the Great Horde in 1502." In *Byzantinische Forschungen 16: Manzikert to Lepanto. The Byzantine World and the Turks, 1071-1571*, ed. A. Bryer and M. Ursinus, 361-99. Amsterdam.

DeWeese, Devin. 1994. *Islamization and Native Religion in the Golden Horde: Baba Tükles and Conversion to Islam in Historical and Epic Tradition*, University Park, PA.
2000, "Toktamish." In *EI2*, 10: 560-563.

Di Cosmo, Nicola. 2005. "Mongols and Merchants on the Black Sea Frontier in the Thirteenth and Fourteenth Centuries: Convergences and Conflicts." In Amitai and Biran 2005, 391-424.
2010. "Black Sea Emporia and the Mongol Empire: A Reassessment of the Pax Mongolica." *JESHO* 53: 83-108.

Egorov, Vadim L. 1985. *Istoricheskaia geografiia Zolotoi Ordy v XIII-XIV vv*. Moscow.

Endicott-West, Elizabeth. 2006. "The Yuan Government and Society." In *CHC6*, 587-615.

Favereau, Marie. 2008. "Comment le sultan mamlouk s'adressait au khan de la Horde d'or. Formulaire des lettres et règles d'usage d'après trois manuels de chancellerie (1262-v.1430)." *Annales islamologiques* 41: 59-95.
2011. "Pervoe pis'mo khana Berke sultanu Beibarsu po mamliukskim istochnikam

(661/1263 g.)." *Zolotoordynskaia Civilizaciia* 4: 101-113.

2017. "The Golden Horde and the Mamlūks." In *The Golden Horde in World History*, ed. M. Favereau, R. Hautala, R. Khakimov, I. M. Mirgaleev, and V. V. Trepavlov, 329-346. Kazan.

2018a. *La Horde d'or et le sultanat mamelouk: Naissance d'une alliance.* Cairo.

2018b. "Tarkhan: A Nomad Institution in an Islamic Context." *REMMM* 143: 181-205.

2019a. "The Golden Horde and the Mamlūks: The Birth of a Diplomatic Set-up (1261-67)." In *Mamlūk Cairo: A Crossroad for Embassies*, ed. F. Bauden and M. Dekkiche, 302-326. Leiden and Boston.

2019b. "The Mamlūk Sultanate and the Golden Horde: Tension and Interaction during the Mongol Peace." In The *Mamlūk Sultanate from the Perspective of Regional and World History: Economic, Social and Cultural Development in an Era of Increasing International Interaction and Competition*, ed. R. Amitai and S. Conermann, 347-67. Bonn.

Favereau, Marie, and Liesbeth Geevers. 2018. "The Golden Horde, the Spanish Habsburg Monarchy, and the Construction of Ruling Dynasties." In *Prince, Pen and Sword: Eurasian Perspectives, ed. Maaike van Berkel and Jeroen Duindam*, 452-512. Leiden and Boston.

Favereau, Marie, and Jacques Raymond. 2014. *La Horde d'or: Les héritiers de Gengis Khan.* Lascelle.

Fedorov-Davydov, German. 1960. "Klady dzhuchidskikh monet," *Numizmatika I epigrafika*, 1: 94-192.

1973. *Obshchestvennii stroi Zolotoi Ordy*. Moscow.

Frank, Allen G. "The Western Steppe: Volga Ural Region, Siberia and the Crimea." In *CHIA*, 237-259.

Golubovich, Girolamo. 1913. *Biblioteca bio-bibliografica della Terra Santa e dell'Oriente francescano*, vol. 2. Florence.

1919. *Biblioteca bio-bibliografica della Terra Santa e dell'Oriente francescano*, vol. 3, Florence.

Gorskii, Anton A. 2005. *Moskva i Orda*. Moscow.

Gramoty Velikovo Novgoroda i Pskova. 1949. Ed. Sigizmund N. Valk. Moscow and Leningrad.

Green, Monica, ed. 2015. *Pandemic Disease in the Medieval World: Rethinking the Black Death.* Amsterdam and Kalamazoo, MI.

Grigor'ev, Arkadiy P., and Ol'ga B. Frolova. 2002. "Geograficheskoe opisanie Zolotoi Ordy v Entsiklopedii al-Kalkashandi." *Tiurkologicheskii sbornik*, 2001, 261-302.

Grigor'ev, Arkadiy P., and Vadim P. Grigor'ev. 2002. *Kollektsiia zolotoordinskikh dokumentov XIV veka iz Venetsii: Istochnikovedcheskoe issledovanie*. St. Petersburg.

Halperin, Charles. 1982a. "Soviet Historiography on Russia and the Mongols." *Russian Review: An American Quarterly Devoted to Russia Past and Present* 41/3: 306-322.

1982b. "Tsarev Ulus: Russia in the Golden Horde." *Cahiers du monde russe et soviétique* 23/2: 257-63.

1984a. "The Six-Hundredth Anniversary of the Battle of Kulikovo Field, 1380-1980, in Soviet Historiography." *Canadian-American Slavic Studies* 18/3: 298-310.

1984b. "The Tatar Yoke and Tatar Oppression." *Russia Mediaevalis* 5/1: 20-39.

1987. *Russia and the Golden Horde: The Mongol Impact on Medieval Russian History*(찰스 핼퍼린, 권용철 옮김, 『킵차크 칸국』, 글항아리, 2020). Bloomington, IN.

2004. "Omissions of National Memory: Russian Historiography on the Golden Horde as Politics of Inclusion and Exclusion." *Ab Imperio* 3: 131-144.

Hautala, Roman. 2018. "Comparing the Islamisation of the Jochid and Hülegüid Uluses: Muslim and Christian Perspectives." *REMMM* 143: 65-79.

Hope, Michael. 2016. *Power, Politics, and Tradition in the Mongol Empire and the Īlkhānate of Iran*. Oxford.

Hsiao, Ch'i-Ch'ing. 1994. "Mid-Yuan Politics." In *CHC6*, 490-560.

Huletski, Dzmitry, and James Farr. 2016. *Coins of the Golden Horde: Period of the Great Mongols (1224-1266)*, vol. 1. Charleston.

Iurgevich, V. 1863. "Rasskaz Rimsko-Katolicheskovo missionera Dominikantsza Iuliana ⋯ i pis'mo papi Venedikta XII k khanu Uzbeku, evo zhene Taidoliu i syn'u Dzhanibeku, v1340 godu." *Zapiski Odesskovo obshchestva istorii i drevnostei* 5: 998-1006.

Jacquet, Eugène. 1830. "Le livre de l'Estat du grand Caan, extrait d'un manuscrit de la Bibliothèque du Roi." *Journal asiatique* 6: 57-72.

Jackson, Peter. 1978. "The Dissolution of the Mongol Empire." *CAJ* 32: 186-243.

2005. *The Mongols and the West, 1221-1410*. Harlow.

2006. "World Conquest and Local Accommodation: Threat and Blandishment in Mongol Diplomacy." In *History and Historiography of Post-Mongol Central Asia and the Middle East: Studies in Honour of John E. Woods*, ed. Judith Pfeiffer and Sholeh Quinn, 3-22. Wiesbaden.

2018. *The Mongols and the Islamic World: From Conquest to Conversion*. New Haven.

Kançal-Ferrari, Nicole. 2018. "Contextualising the Decorum of Golden Horde-Period Mosques in Crimea: Artistic Interactions as Reflected in Patronage and Material Culture." *REMMM* 143: 191-213.

Karpov, Sergei P. 1996. "Génois et byzantins face à la crise de Tana de 1343 d'après les documents d'archives inédits." *Byzantinische Forschungen* 22: 33-51.

1997. "Black Sea and the Crisis of the Mid XIV th Century: An Underestimated Turning Point." *Thesaurismata* 27: 65-77.

2001. "Venezia e Genova: Rivalità e collaborazione a Trebisonda e Tana, secoli XII-XI." In *Genova, Venezia, il Levante nei secoli XII-XIV*, ed. G. Ortalli and D. Puncuh, 257-272. Venice.

Kawaguchi, Takushi, and Nagamine Hiroyuki. 2016. "Rethinking the Political System of the

Jöchid." *AOH* 69.2: 165-181.

Kedar, Benjamin. 1976. "Segurano-Sakrān Salvaygo: Un mercante Genovese al servizio die Sultani Mamalucchi, c. 1303-1322." In *Fatti e idée di storia economica nei secoli XII-XX: Studi dedicati a Franco Borlandi*, Bologna.

Keenan, Edward L. 1969. "The Jarlyk of Axmed-Xan to Ivan Ⅲ: A New Reading." *International Journal of Slavic Linguistics and Poetics* 12: 31-47.

Khodarkovsky, Michael. 1999. "Taming the 'Wild Steppe': Muscovy's Southern Frontier, 1480-1600." *Russian History* 26.3: 241-297.

Kim Hodong. 2005. "A Reappraisal of Güyüg Khan." In Amitai and Biran 2005, 309-338.

2009. "The Unity of the Mongol Empire and Continental Exchange over Eurasia." *Journal of Central Eurasian Studies* 1: 15-42.

Kołodziejczyk, Dariusz. 2011. The *Crimean Khanate and Poland-Lithuania: International Diplomacy on the European Periphery (15th-18th Century), a Study of Peace Treaties Followed by Annotated Documents*. Leiden and Boston.

Kramarovsky, Mark. 2003. "Velikaia Orda Zlataia: Ulus Dzhuchi kak tsivilizatsiia." *Rodina* 11: 66-74.

Kul'pin-Gubaidullin, Eduard S. 2008. "Spor o tsivilizatsii." *Zolotoordynskaia tsivilizatsiia* 1: 7-13.

Kychanov, Evgeniy I. 2001. "Svedeniia iz 'Istorii dinastii Yuan' ('Yuan' shi') o Zolotoi Orde." In *Istochnikovedenie istorii Ulusa Dzhuchi (Zolotoi Ordy): Ot Kalki do Astrakhani. 1223-1556*, 30-42. Kazan.

Landa, Ishayahu. 2018. "From Mongolia to Khwārazm: The Qonggirad Migrations in the Jochid Ulus (13th.-15th. c.)." *REMMM* 143: 215-31.

Liu, Yingsheng. 2005. "War and Peace between the Yuan Dynasty and the Chaghadaid Khanate (1312-1323)." In Amitai and Biran 2005, 339-358.

Manz, Beatrice F. 1989. *The Rise and Rule of Tamerlane*. Cambridge and New York.

Mas Latrie, Louis (de). 1868. "Privilèges commerciaux accordés à la république de Venise par les princes de Crimée et les empereurs mongols du Kiptchak." *Bibliothèque de l'école des Chartes XXIX*, 6e série 4: 580-595.

Matsui, Dai. 2005. "Taxation Systems as Seen in the Uigur and Mongol Documents from Turfan: An Overview." *Transactions of the International Conference of Eastern Studies* 50: 67-82.

2010. "Uigur Peasants and Buddhist Monasteries during the Mongol Period: Reexamination of the Uigur Document U 5330 (USp 77)." In *The Way of Buddha*, vol. 1, Cultures of the Silk Road and Modern Science, ed. Takashi Irisawa, 55-66. Osaka.

Mirgaleev, Ilnur. 2011. "Bitvy Toktamish-khana s Aksak Timurom." In *Voennoe delo Zolotoi Ordy: Problemy i perspektivy izuchenija. Materialy kruglovo stola, pro. v ramkakh Mezhdunarodnovo Zolotoordynskovo Foruma, Kazan', 29-30 marta 2011 g.*, ed. Ilnur Mirgaleev, 170-182. Kazan.

2017. "Succession to the Throne in the Golden Horde: Replacement of the Batuids by the Tuqai-Timurids." *Zolotoordynskoe obozrenie* 5.2: 344-51.

Mukhamadiev, Asgar G. 2005. *Drevnie monety Kazani*, Kazan.

Nasonov, Arseniy N. 1940. *Mongoly i Rus': Istoriia tatarskoi politiki na Rusi*. Moscow and Leningrad.

Oberländer-Târnoveanu, Ernest. 1987. "Numismatical Contributions to the History of South-Eastern Europe at the end of the 13th Century." *Revue Roumaine d'Histoire* 26: 245-258.

Ostrowski, Donald G. 1998. *Muscovy and the Mongols: Cross-cultural Influences on the Steppe Frontier, 1304-1589*. Cambridge and New York.

Pachymérès, Georges. 1984. *Relations historiques*, ed. Albert Failler, tr. Laurent Vitalien. Paris.

Petrov, Pavel N. 2017. "Jochid Money and Monetary Policy in the 13th-15th Centuries." In *The Golden Horde in World History*, ed. M. Favereau, R. Hautala, R. Khakimov, I. M. Mirgaleev, and V. V. Trepavlov, 614-630. Kazan.

Petrov, Pavel N., V. Kravtsov Konstantin, and Sergei V. Gumaiunov. 2018. "Monety Saraia pervoi poloviny 660-kh gg. KH./1260-kh gg." *Zolotoordynskoe obozrenie* 6.1: 145-158.

Petrov, Pavel N., Ia. V. Studitskii, and P. V. Serdiukov. 2005. "Provodilas' li Toktoi Obshchevosudarstvennaia reforma 710 g.kh. Kubanskii klad vremeni Uzbek-Khana." In *Trudy Mezhdunarodnykh numizmaticheskikh konferencii: Monety I denezhnoe obrashchenie v mongol'skikh gosudarstvakh XIII-XV vekov*, 142-205. Moscow.

Pochekaev, Roman Yu. 2010. *Mamai: Istoriia "antigeroia" v istorii*. St. Petersburg.

2012. *Tsari ordynskie: Biografii khanov i pravitelei Zolotoi Ordy/2-e izd., ispr. i dop.* St. Petersburg.

2017. "First Rulers of the Ulus of Jochi" and "The Golden Age of the Ulus of Jochi: The Rule of Öz Beg and Jani Beg." In *The Golden Horde in World History*, ed. M. Favereau, R. Hautala, R. Khakimov, I. M. Mirgaleev, and V. V. Trepavlov, Kazan; 220-259.

Ponomarev, Alexander L. 2011. *Evolyutsiya denezhnykh sistem Prichernomorya i Balkan* v XIII-XIV vv. Moscow.

Priselkov, Mikhail D. 1916. *Khanskie iarlyki russkim mitropolitam*. Petrograd.

Promis, Vincenzo. 1874. "Continuazione della Cronaca di Jacopo da Varagine dal 1297 al 1332." *Atti della societa' ligure di storia patria* 10: 493-512.

Qiu, Yihao. 2018. "Independent Ruler, Indefinable Role: Understanding the History of the Golden Horde from the Perspectives of the Yuan Dynasty." *REMMM* 143: 29-48.

Forthcoming. "An Episode of the Conflict between Qaidu and Yuan in Mamlūk Arabic Chronicles." In *Mongol Warfare between Steppe and Sown*, ed. Francesca Fiaschetti, Konstantin Golev, and Ishayahu Landa. Leiden.

Rakhimzianov, Bulat. 2009. *Kasimovskoe Khanstvo (1445-1552gg.): Ocherki istorii*. Kazan.

Rogozhskii letopisets. *Tverskaia letopis'*. 2000. Riazan'.

Rowell, Stephen C. 1994. *Lithuania Ascending: A Pagan Empire within East-Central Europe,*

1295-1345. Cambridge.

Sagdeeva, Roza Z. 2005. *Serebrianie monety khanov Zolotoi Ordy*. Moscow.

Schamiloglu, Uli. 1984, "The Qaraçi of the Later Golden Horde of the Mongol World Empire." *AEMA* 4: 283–97.

Seleznev, Iurii. 2009. *E' lita Zolotoi Ordy: Nauchno-spravochnoe izdanie*. Kazan.

Smith, John Masson. 1970. "Mongol and Nomadic Taxation." *HJAS* 30: 46–85.

Tanase, Thomas. 2004–2005. "Le 'khan' Nogaï et la géopolitique de la Mer noire en 1287 à travers un document missionnaire: La lettre de Ladislas, custode de Gazarie." *Annuario Istituto Romeno di Cultura e ricerca Umanistica* 6.7: 267–301.

2018. "A Christian Khan of the Golden Horde? 'Coktoganus' and the Geopolitics of the Golden Horde at the Time of Its Islamisation." *REMMM* 143: 49–63.

Tononi, A. G. 1884. "La Peste dell'anno 1348." *Giornale Ligustico de Archeologia, Storia e Letteratura* 11: 139–52.

Trepavlov, Vadim V. 2001a. *The Formation and Early History of the Manghït Yurt*. Bloomington, IN.

2001b. *Istoriia Nogaiskoi Ordy*. Moscow.

2018. "The Takht Eli Khanate: The State System at the Twilight of the Golden Horde." *REMMM* 143: 235–247.

Troitskaia letopis'. *Rekonstruktsiia teksta*. 2002. Ed. Mikhail D. Priselkov. St. Petersburg.

Uzelac, Aleksandar. 2017. "Echoes of the Conflict between Tokhta and Nogai in the Christian World." *Zolotoordynskoe obozrenie* 5.3: 509–521.

Valk, S. N., ed. 1949. *Gramoty Velikogo Novgoroda i Pskova*. Moscow.

Vásáry, István. 2001. "Clans of Tatar Descent in the Muscovite Elite of the 14th–16th Centuries." In *The Place of Russia in Eurasia*, ed. Gyula Szvák, 101–113. Budapest.

2005. *Cumans and Tatars: Oriental Military in the Pre-Ottoman Balkans, 1185-1365*. Cambridge.

2009a. "The Beginnings of Coinage in the Blue Horde." *AOH* 62.4: 371–385.

2009b. "The Jochid Realm: The Western Steppe and Eastern Europe." In *CHIA*, 67–85.

Veselovskii, Nikolai I. 1922. *Khan iz temnikov Zolotoi Ordy: Nogai i evo vremia*. Petrograd.

Vladimirtsov, Boris Ia. 1934. *Obschestvennyi stroi mongolov: Mongol'skii kochevoi feodaliizm*. Moscow.

Wadding, Luke. 1733. *Annales Minorum: Seu Trium Ordinum a S. Francisco institutorum*, vol. 7. Rome.

Zaitsev, Ilia. 1999. "Pis'mo khana Bol'shoi ordy Akhmada tureckomu sultanu Mekhmedu II Fatikhu 881 goda khidzhry." *Vostochnii Arkhiv* 2-3: 4–15.

2004. *Astrakhanskoe khanstvo*. Moscow.

Zimin, Alexandr A. 1955. "Iarlyki tatarskikh khanov russkim mitropolitam." In *Pamiatniki russkovo prava*, vol. 3, Pamiatniki prava perioda obrazovaniia russkovo tsentralizovannovo gosudarstva. xiv–xv vv., ed. Lev V. Cherepnin, 463–491. Moscow.

제 5 장

몽골 중앙아시아

: 차가다이와 우구데이의 후손들, 1260~1370년

미할 비란

미할 비란　　　　　　　　　　　　　　　　Michal Biran

예루살렘히브리대학 인문학부 막스앤드소피미단스재
단 석좌교수이며 아시아아프리카학연구소 소장을 맡고
있다. 내륙 아시아, 중세 이슬람 세계, 그리고 전근대 시
기 중국을 연구한다. 『몽골 제국, 실크로드의 개척자들』
을 비롯한 다수의 저서와 편저, 그리고 수많은 논문을 발
표했으며, 현재 이스라엘과학인문학술원 회원이다.

몽골의 후계 국가들 가운데 중앙아시아의 몽골 국가, 흔히 차가다이 울루스로 알려진 국가는 기록이 가장 적고 연구도 미비한 편이다. 칭기스 일족의 여러 정치체들 사이에 끼어 있고, 중국이나 이란과 같은 강력한 정주 기반이 부족했으며, 우구데이 가문과 차가다이 가문이라는 두 개의 경쟁하는 울루스가 내부에 공존했던 이 지역은 스스로를 '중앙 몽골 울루스'라고 불렀다. 이곳은 종종 전쟁과 인재 유출로 어려움을 겪었다. 그러나 이 영역은 몽골 제국의 해체 과정에서 주도적인 역할을 했을 뿐만 아니라, 19세기에 이르기까지 중앙아시아에 영향을 끼친 정통성 개념과 정치 문화를 도입했고 동부 중앙아시아의 이슬람화를 촉진했다. 더욱이 이곳은 근대 초기의 가장 영향력 있는 두 제국, 티무르 제국(1370~1501)과 인도 무굴 제국(1526~1857)의 발원지였다. 또한 차가다이 울루스는 티무르 제국 시기와 그 이후에 등장한 동부 튀르크어에 '차가다이어'라는 튀르크식 이름을 주기도 했다.

'중앙 몽골 울루스'는 다른 몽골 정치체들과 관계를 맺었는데, 항상 우호적이지만은 않았다. 이들은 델리 술탄국이나 맘룩 왕국 같은 먼 이웃들과, 심지어 교황청과도 관계를 맺었다. 또한 헤라트의 카르트 왕조와 같은 지방 통치자들과도 교류했다. 특히 중요한 것은 현재의 아프가니스탄에 주둔한 수비대에서 유래한 몽골 집단 카라우나스와의 관계였다. 이 칸국의 이웃들이 남긴 기록들, 특히 훌레구 울루스와 티무르 제국의 페르시아어 연대기, 원元과

* 본 연구는 이스라엘 과학재단(교부금 602/12)의 지원을 받았으며, 유럽연합의 제7차 프레임워크 프로그램(FP/2007-2013)/ERC 교부금 협약 번호 312397의 유럽 연구위원회 자금 지원으로 마련된 데이터베이스를 활용했다.

명의 중국 사료들(최근 출판된 북중국의 비문 자료들 포함), 그리고 맘룩의 아랍어 사료와 유럽 여행기들에 흩어져 있는 언급들을 종합하면 토착 사료의 부족을 어느 정도 보완할 수 있다. 울루스 내에서 편찬된 소수의 아랍어, 페르시아어, 튀르크어 문학 작품들과 주화 자료, 그리고 위구르어와 몽골어 문서들은 몽골 지배하의 중앙아시아 생활에 대한 단서를 제공한다. 이 모든 자료들을 통해 차가다이-우구데이 역사의 윤곽을 재구성할 수 있다. 하지만 현존하는 정보가 세분화돼 있는 특성상, 언젠가는 새로운 연구 결과들이 현재의 부족한 이해 양상을 변화시킬 수 있을 것으로 보인다.[1]

중앙아시아는 몽골이 가장 먼저 정복한 지역 가운데 하나로, 이 지역의 인적 자원과 물적 자원 모두 끊임없이 확장하는 제국의 필요에 맞춰 자주 활용됐으며, 그 대가로 지역의 이익은 희생되었다. 더욱이 중앙아시아에 자리 잡은 우구데이 울루스와 차가다이 울루스 모두 1251년 톨루이 혁명의 희생양이 됐다. 이 혁명으로 카안의 지위가 우구데이 가문에서 톨루이의 아들 뭉케(재위 1251~1259)에게 넘어갔다. 두 울루스는 뭉케가 사망한 뒤 일어난 계승 투쟁 과정에서 자신들의 운명을 되살렸고, 14세기 초반까지 톨루이 가문과 계속 갈등했다. 그러나 우구데이의 손자 카이두(재위 1271~1303)의 상당한 노력에도 불구하고 우구데이 울루스는 14세기 초에 해체되어 끝내 역사의 무대에서 사라졌다. 반면 차

---

1 차가다이 후손들의 역사에 대한 가장 상세한 연구서는 Liu 2026(1-40에서는 기존 연구사와 자료 소개)이다. 초기 시기에 대해서는 Biran 1997(3-6은 자료 소개). 맘룩 측의 자료에 대해서는 Biran 2019 참고. 화폐에 대해서는 Petrov 2009. Karaev 1995와 Gulati 2010은 상대적으로 중요성이 떨어지는 개설서로, 한문 사료의 중요성을 간과했다. 더 짧은 개설서는 Biran 2009, May 2018, 257-279.

가다이 가문은 권력을 되살리는 데 성공했고, 중국과 이란의 풍요로운 이웃들보다 더 오래 존속했다. 차가다이 가문은 17세기 후반까지 동부 중앙아시아, 즉 '몽골의 땅'이라는 뜻의 모굴리스탄(대략 키르기스스탄, 남부 카자흐스탄, 신장의 대부분)을 통치하며 이 지역의 이슬람화를 촉진했다. 또한 차가다이 가문의 왕자들은 20세기 초반까지 하미(동부 신장)에서 권력을 유지했다. 이 장에서는 '몽골 연방'(1260~1370) 시기 두 울루스의 정치사를 검토하고, 몽골의 '중앙 제국'의 제도사, 경제사, 문화사의 몇 가지 측면을 간략히 살펴본다.

첫 번째 부활: 알구가 세운 국가의 흥망

칭기스 칸이 제국을 아들들에게 나눠줄 때, 차가다이(1242 사망)는 위구르 지역 국경에서 아무다리야강까지 뻗은 땅을 받았다.[2] 이는 대략 오늘날의 우즈베키스탄, 타지키스탄, 키르기스스탄, 남부 카자흐스탄과 남부 신장의 일부에 해당한다. 칭기스 칸이 후계자로 지명한 우구데이(재위 1229~1241)는 중가리아(북동 신장과 남부 카자흐스탄)의 에밀과 코박 사이에 있는 더 작은 지역을 받았다. 이는 그가 미래의 카안으로서 칭기스 칸이 자신을 위해 남겨둔 영토, 즉 북중국과 동부 이란의 정주 지역을 받을 것이었기 때문이다.

1260년 통일 몽골 제국이 해체됐을 때, 우구데이와 차가다이 가문은 다른 울루스들에 비해 열등한 위치에 있었다. 1251년의 톨

2　차가다이가 죽은 일자에 대해서는 Dang Baohai 2019 참고.

루이 혁명이 이전 카안의 울루스와 그 동맹인 차가다이 가문에 큰 타격을 주었기 때문이다. 우구데이 울루스는 해체됐고, 많은 우구데이 가문 사람들은 처형되거나 추방됐다. 그들의 군대는 다른 제국 지파들에게 분배됐고, 그들의 영토 대부분은 카안의 영역에 편입됐다. 오직 뭉케를 지지했던 소수의 하급 왕자들만이 작고 사방으로 흩어진 봉지를 받았다. 차가다이 가문은 울루스의 틀은 유지했지만 규모는 상당히 축소되었고, 주요 왕자들과 지휘관들이 처형되거나 추방됐다. 이전 차가다이 칸이었던 이수 뭉케(재위 1246~1251)는 뭉케에 의해 폐위됐고, 대신 톨루이 가문을 지지했던 그의 전임자이자 차가다이의 손자인 카라 훌레구(재위 1242~1246, 1251)가 즉위했다. 그러나 카라 훌레구가 자신의 영역에 도착하기 전에 사망하자, 뭉케는 그의 미망인 오르기나(섭정 1251~1259)를 후계자로 임명했다. 오르기나는 어린 아들 무바락 샤의 섭정이 되었다. 칭기스 칸의 손녀이자 톨루이 가문과 여러 차례 혼인 관계를 맺었던 오이라트 부족의 일원인 오르기나가 뭉케의 재위 기간 내내 울루스를 이끌었다. 오르기나는 알말릭(현재 중국 신장 북부의 이닝) 근처에 있는 차가다이 가문의 원래 궁정에 거주했다. 그러나 이 시기 주치 가문은 차가다이 가문의 약점을 이용해 비옥한 트란스옥시아나를 포함한 차가다이 영역의 서부 지역으로 통제력을 확대했다.[3] 그럼에도 중앙아시아의 정주민들에게 뭉케의 통치 기간은 평화로운 번영의 시기였다. 톨루이 가문의 쿠데타에서 살아남

---

3 오르기나에 관해서는 De Nicola 2016; Broadbridge 2018, 245-250 참고. 몽골 제국 통합 시기에 대해서는 Allsen 1989, 30-34; Biran 1997, 7-18; 본서 Dunnell의 글.

                              제1권 정치사

은 유능한 행정가 마수드 벡(1289 사망)이 다스리던 트란스옥시아나와 투르키스탄 지역도 다시 번창했다.[4] 되돌아보건대, 중앙아시아 외부에서 정복 전쟁이 전개된 뭉케의 치세는 이후 수십 년간 이어진 격동의 시대와 뚜렷한 대조를 이룬다.

뭉케가 사망한 뒤 톨루이 가문이 내부 갈등에 빠지면서, 권력을 빼앗겼던 중앙아시아 울루스들에게 운명을 만회할 기회가 생겼다. 두 차례의 쿠릴타이에서 뭉케의 두 동생 아릭 부케와 쿠빌라이가 몽골과 북중국에서 각각 카안으로 즉위한 후, 두 경쟁자는 자신이 지지하는 인물을 차가다이 울루스의 칸으로 임명함으로써 차가다이 가문의 지지를 확보하려 했다. 쿠빌라이는 중국에서 자란 차가다이의 증손자 아비시카(부리의 아들)를 중앙아시아로 보냈다. 아비시카의 임무는 오르기나(그녀의 여동생이 아릭 부케와 결혼했다)를 체포하거나 그녀와 결혼하는 것이었다. 그러나 아비시카가 중앙아시아에 도착하기 전에 아릭 부케가 그를 제거했다. 그 후 아릭 부케는 자신을 지지하는 알구(재위 1261~1266)를 울루스의 수장으로 임명했다. 알구는 차가다이의 여섯 번째 아들 바이다르의 아들로, "오랫동안 왕좌를 섬겼고 모든 것의 방식과 관습을 알고 있는"[5] 인물이었다. 아릭 부케는 알구가 자신을 위해 싸워줄 거라고 기대했다. 우리는 알구의 이전 행적에 대해 거의 알지 못한다. 그는 뭉케의 즉위식에 참석한 하급 차가다이 왕자들 중 한 명이었고, 당시에는 위험하다고 여겨질 나이가 아니었다. 알구는 뭉케와 가까

4　Qarshī 2005, CLXVI; Dhahabī 1982~1988, 23: 364~366; *HWC*, 96-97, 108-109; *TJG* 1: 75, 84-85.

5　*JT*/Rawshan, 2: 878; *JT*/Thackston, 2: 422.

웠고, 나중에는 아릭 부케와도 가까워졌으며 그의 대관식에도 참석했다.[6] 쿠빌라이와 아릭 부케의 갈등이 고조되고 쿠빌라이가 중국에서 카라코룸으로의 물자 이동을 차단하자, 아릭 부케는 알구를 투르키스탄으로 보냈다. 알구의 임무는 쿠빌라이 군대에 대항해 국경을 지키고 중앙아시아에서 몽골로 물자를 공급하는 것이었다. 1262년 금장 호르드의 칸 베르케(재위 1257~1267)와 중동 원정 중이던 카안의 동생 훌레구 사이에서 전쟁이 발발한 상황을 이용해, 알구는 이전 차가다이 영토는 물론 그 이상을 확보했다. 그는 먼저 차가다이의 본부 알말릭을 점령했고, 그곳에서 탈라스(현재 카자흐스탄의 잠불), 카슈가르, 아무다리야강에 이르는 지역을 장악했다. 그는 차가다이 군대를 재결집시키고 가는 곳마다 파괴를 일삼았다. 오르기나는 이에 항의하기 위해 아릭 부케의 궁정으로 떠났다. 알구는 자신의 친척인 네구베이 오굴을 보내 사마르칸드와 부하라를 다스리게 하고, 장군 사다이 일치(사신)를 "힌두스탄(인도)의 국경"으로 보냈다. 그리고 주치 가문이 지배하던 호레즘으로 군대를 파견했다. 네구베이는 차가다이 영역에서 가장 부유한 트란스옥시아나를 보호하려 했다. 그는 우구데이 시대부터 재직해온 사마르칸드와 부하라의 총독들(시흐나(shiḥnas))을 유임시켰다.[7] 한편 사다이는 카라우나스(또는 네구데리)를 자기 휘하에 두었다. 주치 가문의 지휘관 네구데르가 이끌던 주둔군에서 시작되어 현재의 아프가니스탄 지역을 중심으로 형성된 카라우나스는 차

---

6 Waṣṣāf, 1852~1853, 11; *JT*/Rawshan, 2: 875; *JT*/Thackston, 2: 421; Kamola 2019, 78.

7 Waṣṣāf, 1852~1853, 11; *JT*/Rawshan, 2: 875; *JT*/Thackston, 2: 421; Kamola 2019, 78.

가다이 역사에서 계속 중요한 역할을 했다. 그들은 차가다이 가문과 훌레구 울루스 모두로부터 독립을 유지하려 했다.[8] 알구가 꾸준히 세력을 키우는 동안, 아릭 부케는 세금을 거두기 위해 사신을 중앙아시아로 보냈다. 그러나 알구는 그들이 트란스옥시아나에서 모은 풍부한 물자를 압수하고 사신들을 체포했다. 그리고 동시에 1263년 봄과 여름 무렵 쿠빌라이에게 항복했다.

알구의 지지는 동생과 전쟁을 치르던 쿠빌라이에게 큰 자산이 됐다. 쿠빌라이는 보답으로 알구가 "알타이에서 아무다리야까지", 즉 차가다이와 우구데이의 영역을 통치하는 것을 승인했다. 알구의 변절이 가져올 전략적 영향을 인식한 아릭 부케는 서둘러 그와 대적하러 갔다. 알구는 폴라드와 사이람호(현재 중국-카자흐스탄 국경 근처) 인근에서 아릭 부케의 선봉대를 물리쳤지만, 아릭 부케의 군대는 알말릭 점령에 성공했다. 결국 알구는 카슈가르와 호탄으로, 이후에는 사마르칸드로 피신해야 했다. 아릭 부케는 알말릭에 머물며 알구의 군사들을 학살하고 그의 재산을 약탈했다. 이러한 행동은 그의 지휘관들의 반발을 불러일으켰고, 1263~1264년 알말릭을 강타한 혹독한 겨울과 함께 아릭 부케의 운명을 결정지었다고 전해진다. 1264년 아릭 부케는 쿠빌라이에게 항복했다. 알구는 아릭 부케의 약세를 이용해 자신의 군대를 다시 모았다.[9] 아마도 이때 그는 지휘관들을 보내 또 다른 주치 가문의 영토 오트라르(우트라르(Utrār))를 침공했을 것이다. 남부 카자흐스탄

---

8 카라우나스에 대해서는 Aubin 1969; Shimo 1977; Jackson 2018b.

9 *JT*/Rawshan, 2: 882; *JT*/Boyle, 258.

의 경제 중심지였던 이 도시는 완전히 불타 없어졌고, 그곳의 화폐
제조 활동도 1264~1265년(이슬람력 663)에 중단됐다.[10] 아마도 이때
알구는 부하라에 주둔하고 있던 주치 가문의 5개 하자라(hazārah,
각 1000명 규모의 부대)도 제거했을 것이다.[11] 아릭 부케가 알구를 감시
하기 위해 보낸 오르기나는 이 무렵 중앙아시아로 돌아와 있었다.
알구는 그녀와 결혼함으로써 차가다이 울루스 장악을 완성하고
자신의 정통성을 강화했다. 더욱이 오르기나는 이전에 카안의 중
앙아시아 행정관인 마수드 벡과 함께 왔고, 알구는 그를 재상으로
임명했다. 이 무렵 알구는 이미 차가다이 궁정 인사들의 후손 다
수를 부하로 두고 있었다. 예를 들어 차가다이의 재상 하바시 아미
드의 아들인 서기(비치게치) 사이프 앗 딘 벡, 칭기스 칸이 차가다이
에게 배분한 신하의 아들인 탕구트 출신의 야르구치(판사) 아비시
카(한자로 아파고(阿波古)) 등이 그들이다.[12] 알구의 차가다이 울루스
는 쿠빌라이의 지지를 바탕으로 성공적으로 부활한 것 같았다. 심
지어 카안이 부하라에서 징세를 하려는 시도, 혹은 1264년경 알구
가 주치 가문의 군대를 학살한 직후 카안이 인구조사를 실시한 것
도 알구의 세력을 위협하지 못하는 듯했다.[13] 그러나 알구의 업적
은 일시적인 것으로 판명됐다. 그가 일찍이 1266년 초에 사망했을
뿐 아니라 우구데이의 손자인 카이두라는 또 다른 지역 세력이 부

---

10 Petrov, Baĭpakov, and Voiakin 2014, 257.

11 Waṣṣāf 1852~1853, 51; *JT*/Rawshan, 2: 882(단, 이는 너무 이른 날짜임).

12 *JT*/Rawshan, 2: 882; *YS*, 120.2957.

13 *YS*, 135.3283; Waṣṣāf 1852~1853, 12, 51; Belyaev and Sidorovich 2010; Jackson 2017, 149,
    475 각주 157; Allsen 2001b, 178도 참고.

제1권 정치사

상했기 때문이다.

카이두와 중앙아시아의 몽골 국가

카이두는 중앙아시아 몽골 국가의 진정한 창시자였다.[14] 알구와
마찬가지로 톨루이 가문 내부의 갈등을 이용해 자신의 울루스를
부활시켰다. 다만 우구데이 울루스의 부활은 훨씬 더 큰 도전이었
다. 카이두는 우구데이의 다섯 번째 아들 카시와 산악 부족 베르
킨 출신의 섭키네 사이에서 태어났다. 카이두의 아버지는 우구데
이의 첫 번째 지명 후계자였을 가능성이 있다. 1235년 카라코룸을
방문한 중국 여행자 서정(徐霆)은 우구데이가 카시를 후계자(태자)
로 여겼다고 언급했으며, 13세기의 여러 중국 비문도 카시를 황태
자로 기록하고 있다.[15] 페르시아 사료에 나오는 카시의 어머니에 대
한 혼란스러운 언급들도 이러한 견해를 뒷받침할 수 있다.[16] 그러나
카시는 아버지보다 먼저 사망했는데, 전하는 바에 따르면 후라산
에서 과도한 음주로 죽었다고 한다. 이는 1239년 직후였음이 틀림
없다. 당시 그는 도교 경전 수집으로 유명한 전진교 도사 송덕방(宋
德方, 1183~1247)에게 '구름에 싸인'을 뜻하는 피운(披雲)이라는 호를
하사했다고 전해진다.[17] 실제로 중국 비문들에 따르면, 카시가 중

---

14 별도로 표기하지 않았다면 이 부분은 Biran 1997을 바탕으로 쓰였다.

15 Peng and Xu 2014, 7-8; Zhou 2013; Liu 2006; Liu 2007.

16 Qiu 2012; Zhou 2013.

17 Qarshī, 2005, CLXIV; *JT*/Boyle, 22; *JT*/Rawshan, 1: 625~626; Zhou 2013, 142; Liu 2007;
    이 시기 전진교 도교에 대해서는 Wang 2018, 63~117.

국어를 읽고 어릴 때부터 유교와 도교 고전을 공부했으며 도교를 후원했다고 한다.[18] 아버지가 사망한 후 카이두는 우구데이의 오르도에서 자랐다. 아버지의 칭호(태자)를 물려받았고, 중앙아시아 역사가 자말 카르시에 따르면 우구데이도 그를 후계자로 여겼다고 한다.[19] 그러나 우구데이가 세상을 떠났을 때 카이두는 너무 어려서 왕위를 노릴 수 없었다.[20] 구육이 통치한 기간에도 카이두의 행적에 대해 알려진 바가 없다. 뭉케를 섬긴 것으로 보이는[21] 카이두는 1252년 톨루이 가문의 카안이 봉지를 배분할 때 우구데이 가문의 소규모 왕족 중 하나로 포함됐다. 카이두는 에밀강과 일리강 사이에 위치한 작지만 번영하는 도시 카얄릭(현재 카자흐스탄 남동부 코팔 근처)을 받았다. 이곳은 알구의 중심지 알말릭의 북서쪽에 있었다. 그의 두 삼촌 카단과 말릭(우구데이의 후궁 소생)은 각각 지금의 신장 북쪽에 위치한 위구르의 여름 수도 베쉬발릭, 그리고 신장과

---

18 Peng and Xu 2014, 7~8; Liu 2006; Liu 2007; Zhou 2013.

19 Zu 2000, 2: 43; Qarshī 2005, CLXIV.

20 Qarshī(2005, CLXIV)에 따르면, 카이두는 아버지가 죽은 뒤에 태어났다. 그러나 Qarshī 에 따르면, 카이두는 33년간 통치한 후 68세의 나이로 1301~1302년(701)에 사망했으며, 1271년(670)에 즉위했다(2005, CLXX~CLXXI). 이 숫자들은 서로 맞지 않는다. 670+33=703이지 701이 아니며, 701-68=633, 즉 1235~1236년이다. 만약 카이두가 정말 아버지가 죽은 뒤, 즉 1240년(637)에 태어났다면 1305년(705)에 사망했어야 한다. 그러나 한문과 무슬림 사료들은 1305년경에는 이미 카이두의 아들 차파르가 두아와 함께 원 왕조와 평화 조약을 맺고 통치하고 있었다고 전한다(이하 참고). 게다가 1303년 3월 26일(702년 샤반월 6일)에 가잔은 카이두의 사망 소식을 들었다(*JT*/Rawshan 3: 1312; *JT*/Thackston, 3: 642). Qāshānī(1969, 32) 역시 카이두의 사망을 1303년 초(702년 라잡월 이후)로 보고 있으며, 와사프와 라시드 앗 딘, 그리고 『원사』는 그가 1301년 가을 카안과 전투한 직후에 사망했다고 전한다(Biran 1997, 69). 따라서 카이두는 늦어도 1303년 초에 사망했으며, 만약 그가 68세에 사망했다면 1236~1237년(634), 즉 아버지가 사망하기 전에 태어났어야 한다. 그가 1237년에 태어났든 1239~1240년에 태어났든, 우구데이가 사망한 1241년에는 아직 유아였을 것이다.

21 *JT*/Rawshan, 1: 625-626; *JT*/Boyle 22.

                                       제1권 정치사

몽골 사이를 흐르는 이르티시강을 분봉받았다. 같은 해 뭉케는 이세 우구데이 가문 왕족에게 금나라 남경(개봉) 근처의 분봉지를 할당했다.[22] 아래에서 다시 논의하겠지만, 카이두는 아마도 더 이른 시기에 하남성 남동부(북중국)의 또 다른 분봉지를 받은 것으로 보인다.

1256년 뭉케는 다국어에 능통한 자르구치 석천린(石天麟)을 신뢰해 카이두에게 사신으로 보냈다. 뭉케가 신뢰한 석천린은 원래 우구데이의 친위대원이었는데, 카이두의 영지에서 28년간 머물렀다.[23] 판관을 보낸 것은 뭉케와 카이두 사이에 어느 정도 긴장 관계가 있었음을 시사하며, 판관이 억류된 상황도 이를 뒷받침한다. 하지만 석천린은 카이두의 환심을 얻었고 자신의 뜻에 따라 머물렀던 것으로 보인다. 더욱이 카이두와 뭉케의 불화도 1257년경에는 해소된 것 같다. 같은 해 카이두는 칙령을 통해 뭉케를 자신의 군주로 인정했다. 이 의미심장한 칙령에는 하남성 남동부 호주(亳州)의 녹읍(鹿邑)현에 있는 도교 태청궁(太淸宮)을 복원하라는 명령이 들어 있었다. 이는 전진교 제8대 종사 장지경(張志敬, 1220~1270) 도사를 위한 것이었다. 칙령은 "태자 카이두"의 이름으로 내려졌지만, 뭉케 카안의 권위 아래 발급됐다. 심지어 도관을 수리해주는 대가로 도사들에게 뭉케와 카이두 두 사람을 위한 기도를 해달라고 요청했다. 또한 이 칙령은 카이두가 한족들과 맺은 관계를 보여준다. 여기에는 그의 아버지도 총애했던 전진교 승려들뿐만 아니

---

22 *YS* 95.2416에서 볼 수 있듯이 이곳은 변량로(汴梁路)였다. 카이두의 몫은 사망한 그의 아버지 카쉬의 목록 아래에 기록돼 있다.

23 석천린에 대해서는 Hodous 2017.

라 하남에 있던 뭉케의 한족 관리들도 포함됐다. 이 칙령은 카이두가 분봉지의 관리들, 즉 문관과 무관 모두에 대해 가진 권위도 보여준다. 그는 모든 관리들에게 수리 작업을 방해하지 말라고 지시했다.[24] 카이두가 분봉지의 일에 관여한 것은, 차가다이나 홀레구처럼 카이두 역시 분봉지에서 전문 인력을 차출해 초원으로 이주시켰을 가능성을 시사한다.[25] 이는 카이두가 기존에 생각했던 것보다 정주 지역에 더 익숙했음을 보여준다.

뭉케의 형제 쿠빌라이와 아릭 부케의 계승 투쟁은 카이두에게 자기 울루스의 운명을 복원할 수 있는 기회를 주었다. 그는 흔히 아릭 부케의 지지자로 묘사되지만, 1260년 쿠빌라이가 즉위 직후 세수를 분배한 왕족들 중 하나였다. 그러나 알구가 쿠빌라이 편으로 넘어가 우구데이 가문의 영지에 대한 권리를 받자 아릭 부케 편에 설 만한 충분한 이유가 생겼다. 쿠빌라이 편에 선 알구는 중앙아시아에 대한 자신의 권위를 강화하기 위해 카이두를 여러 차례 공격했다. 카이두는 카얄릭을 포기해야 했고, 알구에 대항할 이유가 있었던 베르케에게 도움을 요청했다. 베르케는 카이두에게 군대와 재물을 제공했으며, 만약 알구를 물리친다면 차가다이 울루스의 권한을 확보해주겠다고 약속했다고 한다.[26] 카이두는 베르케의 도움으로 알구를 한 차례 물리쳤으나, 두 번째 시도에서 크게 패배했고 알구의 죽음으로 겨우 위기를 면했다.

알구가 사망한 뒤 중앙아시아에 권력의 공백이 생겼다. 그 무

---

24 Zu Shengli 2000, 2: 43.

25 차가다이에 대해서는 Dang Baohai 2019; 홀레구에 대해서는 Isahaya 2020.

26 Mīrkhwānd 1961, 5: 201; Biran 1997, 22.

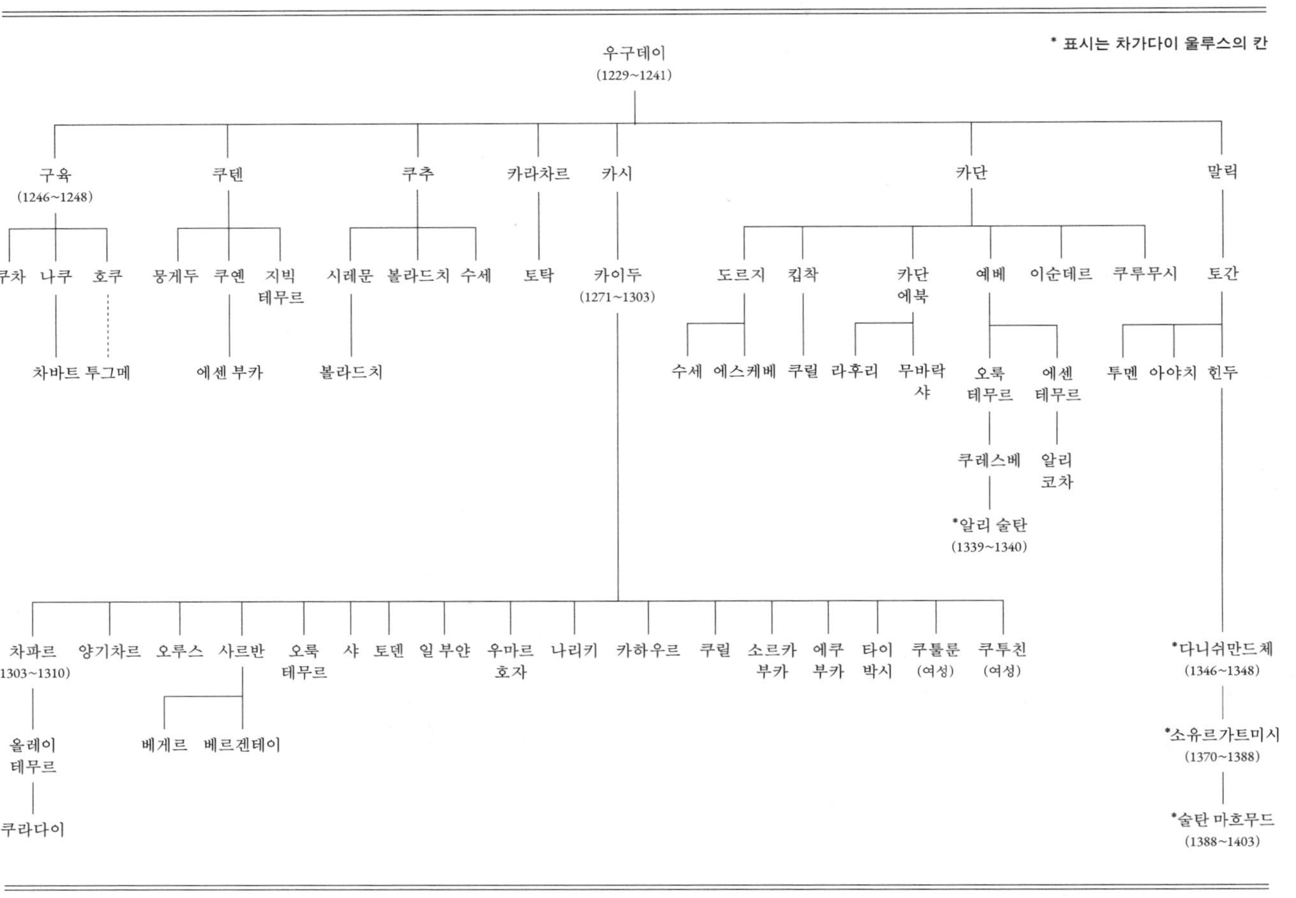

표 5.1 우구데이와 그의 후손들

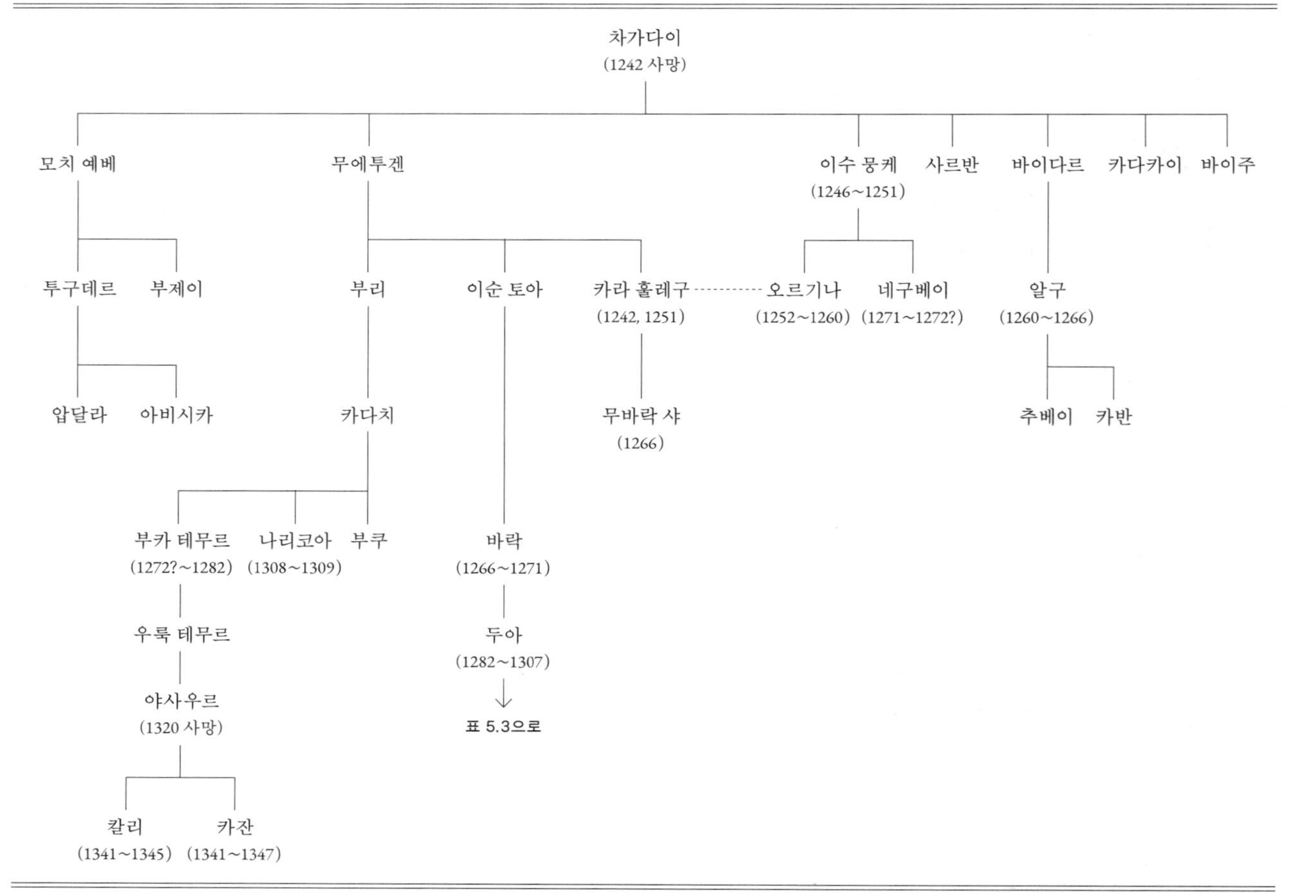

표 5.2 　차가다이 울루스 계보도

렵 훌레구(1265)와 베르케(1267)가 죽었으며, 쿠빌라이는 중국 문제에 집중하고 있었는데, 이러한 상황 모두가 카이두에게 유리하게 작용했다. 카이두는 쿠빌라이의 거듭된 입조 요구를 거부하고 자신의 영역을 서쪽으로 탈라스까지, 동쪽으로 알말릭까지 확대하고 더 동쪽의 위구르 영역을 습격했다. 그는 뭉케가 우구데이 가문의 카단에게 할당했던 베쉬발릭으로도 진출했다. 우구데이 가문이 자신의 정통성을 위협한다는 사실을 인식한 쿠빌라이는 1268년 대응에 나섰다. 그의 군대는 카이두를 알말릭에서, 그다음은 탈라스에서 밀어냈다. 탈라스 동쪽에 있던 카이두의 원래 근거지 카얄릭이 다시는 회복하지 못할 정도로 불에 탄 사건도 아마 이 전투의 일부였을 것이다.[27] 이로 인해 카이두는 다시 한번 차가다이 울루스 정치에 개입하게 됐다.

알구가 사망한 후인 1266년 3월 오르기나는 첫 번째 결혼에서 낳은 아들 무바락 샤(재위 1266)를 즉위시켰다. 몇 달 후 그는 사촌 바락(재위 1266~1271)에 의해 폐위됐는데, 바락은 카이두에게 더 큰 도전 상대였다. 바락은 쿠빌라이의 오르도에서 자랐다. 차가다이의 손자 이순 토아가 그의 아버지인데, 1251년 그곳으로 추방됐기 때문이다. 바락은 "칭찬할 만한 공훈"을 세워 쿠빌라이의 총애를 얻었고, 1263년 이후 어느 시점에 쿠빌라이는 중앙아시아로 돌아가고 싶다는 그의 귀환 요청을 허락했다. 쿠빌라이는 바락을 카이두에 대항하는 데 이용하려 했다. 바락은 티르미드 근처에 있는 자기 가문의 원래 봉지로 돌아왔고, 점차 차가다이 가문 지휘관들

---

27 Waṣṣāf 1852~1853, 68; Petrov, Baĭpakov, and Voiakin 2014, 258 참고.

의 충성을 얻었다. 1266년 9월, 그는 무바락 샤를 폐위하고 바르스치(barschi, 치타를 이용한 사냥을 감독하는 관리) 직급으로 강등시켰다. 라시드 앗 딘의 주장에 따르면, 바락이 쿠빌라이의 칙령을 받아 무바락 샤와 함께 울루스의 공동 통치자로 임명되어 이런 일을 했다고 하는데, 그것이 사실인지는 의문이다. 어쨌든 바락이 차가다이 가문의 칸으로서 처음 내린 조치는 타림분지에 있던 쿠빌라이의 총독들을 자신의 사람들로 교체하는 것이었다. 그는 쿠빌라이의 주둔군을 쫓아내고 호탄을 약탈했다. 그럼에도 1268년 쿠빌라이는 바락과 구육의 아들 호쿠에게 후한 선물(각각 6만 필의 비단)을 하사했다. 카이두에 대항하기 위해 이들과 동맹을 맺으려는 의도였을 것이다.

바락에게는 카이두를 반대할 만한 이유가 있었다. 첫째, 카이두는 우구데이 울루스를 부활시키기 위한 노력의 일환으로 쿠빌라이가 알구에게 할당했던 영토들을 차지했다. 더 구체적으로, 카이두가 쿠빌라이군에 의해 서쪽으로 밀려났을 때 바락은 그가 자신의 가장 부유한 지역인 트란스옥시아나를 탐내지 않을까 우려했다. 바락은 시르다리야강 유역에서 카이두군을 상대로 결정적인 승리를 거뒀다. 카이두는 다시 한번 금장 호르드에 도움을 요청했다. 새로운 통치자 뭉케 테무르(재위 1267~1280)는 제2의 알구가 등장할 것을 우려해 삼촌 베르케체르를 보내 카이두를 돕게 했다. 전하는 바에 따르면 병력이 5만 명이었다고 한다. 이들의 지원으로 카이두는 시르다리야 강변의 후잔드(현재 타지키스탄) 근처에서 바락을 물리치고 트란스옥시아나를 점령한 것으로 보인다.

바락은 사마르칸드를 거쳐 부하라로 도망쳤고, 도중에 도시

들을 약탈하고 그곳 장인들을 밤낮없이 동원해 무기를 만들고 군
대를 재건하려 했다. 준비가 한창일 때, 바락의 친구였던 우구데
이 가문의 제왕 킵착이 카이두의 사신으로 도착했다. 그는 칭기스
일족의 단합을 위해, 그리고 바락의 약탈로부터 트란스옥시아나
를 지키기 위해 평화를 제안했다. 바락은 관료들의 조언에 따라 이
제안을 받아들였다. 왕자들은 쿠릴타이를 소집했는데, 라시드 앗
딘에 따르면 1269년 봄 탈라스에서, 와사프의 기록으로는 1267년
경 사마르칸드 근처 카트완평원에서 열린 것으로 보인다. 이 쿠릴
타이에서 트란스옥시아나의 수입 중 3분의 2는 바락에게, 나머지
3분의 1은 카이두와 뭉케 테무르에게 귀속시키기로 결정했다. 뭉
케 테무르의 대리인 베르케체르도 이 회의에 참석했다. 왕자들은
트란스옥시아나 정주민의 이익을 보호하기로 합의하고, 그 지역의
행정은 마수드 벡에게 맡겼다. 그들은 트란스옥시아나의 군대(하자
라)와 수공업 공방 카르하나(kārkhānah), 그리고 '산과 사막', 즉 트란
스옥시아나 도시 밖의 목초지를 나누어 가졌다. 카이두는 부하라
인근에 주둔하게 됐다. 자신의 몫에 만족하지 않은 바락은 이듬해
봄 아무다리야강을 건너 톨루이계 일 칸들에게서 후라산을 빼앗
자고 제안했다. 차가다이 가문은 1240년대부터 후라산에 대한 지
배권을 주장했으나, 뭉케의 숙청으로 세력을 잃었다. 이후 훌레구가
이란에 정착한 뒤에 쿠빌라이의 승인 아래 이 지역을 장악했다.[28]

　　카이두는 바락의 계획을 수락했다. 그는 이 충돌의 결과가 어

28　후라산에 대해서는 *JT*/Rawshan, 2: 801, *JT*/Boyle, 177(카라 훌레구); Harawī 1944, 127-
　　128(이수 뭉케).

떻게 되든 자신에게 이롭다고 판단했다. 만약 아바카가 패배한다면 바락은 후라산에 집중하느라 트란스옥시아나에 신경 쓸 겨를이 없어질 것이고, 바락이 패배한다면 그것 또한 좋을 것이라고 생각했다. 뭉케 테무르도 비슷한 계산으로 움직였을 것이다. 그는 훌레구 울루스와 전술적 휴전을 유지하고 있었는데도 쿠릴타이에서 결정된 사람들은 승인했다. 쿠릴타이는 왕자들이 서로를 '안다'라고 부르며 금으로 만든 잔을 교환하는 의식으로 마무리됐다. 쿠릴타이에서 트란스옥시아나를 다루긴 했지만, 그 여파, 혹은 적어도 카이두의 지위 상승은 그보다 동쪽에서 분명히 드러났다. 1269~1270년(이슬람력 668) 알말릭에서 처음 제작된 주화에 바락의 탐가와 함께 카이두의 탐가가 새겨졌고,[29] 1270~1271년(이슬람력 669)에는 호레즘의 주화에도 그의 탐가가 등장했다.[30]

탈라스 쿠릴타이는 분명히 쿠빌라이 카안의 권위를 무시했다. 그들은 쿠빌라이와 상의 없이 쿠빌라이가 최근에 인구조사를 실시한 트란스옥시아나를 분할했다. 이때부터 중앙아시아의 몽골인들은 카안의 주권을 인정하지 않았다. 한문 사료에는 "서북 지방의 번왕(藩王)들"이 쿠빌라이가 한지(漢地)에 머물며 한법(漢法)을 채택한 일을 비난했다는 기록이 있지만, 탈라스 쿠릴타이에서 이러한 항의가 나왔다고 볼 만한 근거는 없다. 왕자들은 분명히 자기 지역에서 얻을 수 있는 이익에 더 관심이 많았다.[31]

---

29 탐가는 글자 그대로 "도장"을 의미하며, 원래는 동물의 주인을 식별하기 위해 동물에 새긴 표식이었다. 후에는 몽골 칸들이 주조한 주화에 자신들의 이름 대신 이 표식을 새겼다. 차가다이와 우구데이 가문의 탐가에 대해서는 Petrov 2009, 296 참고.

30 Petrov 2009, 297.

31 *YS*, 125.3073; Biran 1997, 28, 144~145. 서북의 왕자들은 노무간에게 반역했던 톨루이

그러나 탈라스에서 어떤 논의가 오갔고 어떤 결정이 선포됐든 간에, 쿠릴타이의 결정은 곧 무효가 됐다. 뭉케 테무르의 군대는 트란스옥시아나로 이동했는데, 자신에게 할당된 몫(혹은 그 이상?)을 차지하기 위해서였을 것이다. 카이두는 뭉케 테무르에 맞서 군대를 보내면서 부하라에서 병력을 철수시켰다. 격분한 뭉케 테무르는 카이두에 대항하기 위해 쿠빌라이와 협력하는 것을 고려했으나, 아마도 카이두 군대의 실력이나 금장 호르드의 경제적 이해관계를 감안해 포기했다. 하지만 카이두가 떠나자 바락은 서둘러 부하라를 다시 점령하고 탄압을 재개했다. 그 결과 심각한 식량 부족을 초래했고, 마수드 벡의 질책을 받고 나서야 수탈을 자제했다.

이 무렵 바락은 이미 후라산 침공을 위한 여러 준비를 마친 상태였다. 1268~1269년경 그는 마수드 벡을 훌레구 울루스 궁정으로 보냈다. 표면적으로는 바락과 카이두의 이란 내 영지에서 수입을 걷기 위해서였지만, 실제로는 아바카(재위 1265~1282)를 정탐했다. 그의 사신들은 또한 차가다이 가문의 제왕 테구데르와 접촉했다. 테구데르는 훌레구를 따라 중동으로 갔던 차가다이 군대를 이끌었고, 이란에 남아 투멘을 지휘하고 있었다. 바락은 테구데르에게 합류를 제안하며, 그를 차가다이 가문의 후라산 (미래) 통치자로 임명하겠다고 약속했다. 테구데르는 자신의 영지 조지아로 돌아가, 데르벤드를 통해 바락과 연결할 계획을 세웠다. 그러나

계 왕자들을 지칭하는 것으로 보인다(이하 서술 참고). Zhou 1986, 152; 본서 Atwood의 내용도 참고.

아바카는 테구데르가 조지아인과 아르메니아인 사이에서 만행을 저질렀을 뿐만이 아니라 배신할 가능성도 있다고 보았기 때문에 바락과 대면하기 전에 테구데르를 먼저 무력화해야 한다고 판단했다. 아바카의 공격을 받고 조지아 산악지대에서 길을 잃은 테구데르는 1270년 봄에 항복했고, 그의 군대는 훌레구 울루스의 여러 부대로 나뉘었다. 한편 바락은 아바카와 협상을 시도했을 수 있다. 그는 자기 선조들의 영역이라면서 바드기스 지역에서 가즈나와 인더스강에 이르는 땅(남부 후라산, 현재의 북부 아프가니스탄)을 요구했다. 아바카가 그의 주장을 일축했는지, 아니면 요구한 영토의 남부만 그에게 할당하려 했는지는 불분명하지만, 바락은 결국 싸우기로 결정했다. 그는 쿠릴타이의 결정을 노골적으로 위반했으면서도, 카이두에게 지원을 요청했다. 카이두는 바락을 아바카의 손아귀에 밀어넣을 속셈으로 그 요청을 수락했다. 그는 여러 우구데이 가문의 제왕들과 그들의 군대를 지원군으로 보냈지만, 전투가 시작되기 전에 돌아오라고 명령했다. 아바카가 서쪽에서 테구데르 문제로 바쁜 것을 알고 있던 바락은 카이두의 군대를 선봉으로 삼아 늦어도 1270년 초에 아무다리야강을 건넜다. 1270년 5월, 그의 군대는 후라산에서 가장 큰 도시 중 하나인 니샤푸르에 도착했다. 훌레구 울루스 군대가 아바카의 도착을 기다리며 후퇴하는 사이에, 우구데이 가문의 왕자들은 전투를 포기할 구실을 찾고 있었다. 카이두는 이 새로운 상황을 아바카에게 알렸다.

조지아와 키르만에서 온 보조 병력으로 힘을 보탠 아바카의 군대는 1270년 7월 헤라트 근처에서 바락과 맞섰다. 바락은 잘 싸웠지만 크게 패배했고, 군대의 상당 부분을 잃은 채 간신히 부하라로 탈출했다. 그는 전투 직후 사망했으며 임종 직전에 이슬람교로 개종했는데, 이때 카이두의 도움을 받은 것 같다. 바락은 1271년 8월에 사망한 것으로 기록돼 있으며, 한 달 후(8~9월) 카이두가 탈라스에서 칸으로 즉위했다.[32]

헤라트에서의 바락의 패배는 카이두의 즉위에 중요한 역할을 했다. 경쟁자의 힘이 크게 약해졌을 뿐만 아니라, 많은 차가다이 가문의 지휘관들과 병사들, 그리고 마수드 벡도 카이두에게 합류했다. 두 사람의 협력은 1289년 마수드 벡이 사망할 때까지 지속됐고, 이후에는 그의 아들들이 카이두를 섬겼다. 그들은 함께 카이두의 정주 지역 영토를 점진적으로 재건했다.

카이두가 카안이 아닌 칸으로 즉위했음에도 불구하고, 중앙아시아의 지역 저술가 자말 카르시는 카이두의 후손들을 "카안이야(Qa'aniyya, 카안의 사람들)"라고 불렀다. 그러나 이 호칭은 단순히 "우구데이 사람들"의 동의어일 뿐이다. 우구데이가 카안이라는 칭호를 사용한 최초의 몽골 통치자였기 때문이다.[33] 이 시기 카이두의 행동과 제한된 권력을 보면 그가 자신을 전체 제국의 대칸으로 여기지 않았음을 알 수 있지만, 우구데이와의 연관성은 그의 정통성 확립에 중요한 역할을 했다. 이는 또한 1271년에 이미 카이두가 차가다이 울루스의 수장을 임명할 권한을 가졌다는 이례적인 상황을 정당화했을 수 있다.

즉위 직후, 카이두는 네구베이(재위 1271~1272?)를 차가다이

32　Biran 2002a; Qarshī 2005, CLXX.

33　Qarshī 2005, CLXXII, CLXVI.

울루스의 칸으로 임명했다. 네구베이는 차가다이의 넷째 아들 사르반의 아들로, 카이두는 그가 연장자였기 때문이거나 또는 여러 경쟁자들(알구와 바락의 아들들, 그리고 무바락 샤)을 피하기 위해 그를 선택했을 것이다. 그러나 네구베이는 즉위 1년 만에 카이두를 상대로 반란을 일으키고 동쪽으로 도주했다. 기록상 네구베이가 1274년에 쿠빌라이의 군대와 조우해 패퇴했을 가능성도 있으나, 카르시에 따르면 카이두는 일찍이 네구베이를 공격할 군대를 파견했을 뿐만이 아니라 1272년에는 네구베이를 패퇴시킨 차가다이의 고손자 부카 테무르를 새로운 차가다이 칸(재위 1272?~1282)으로 임명했다고 한다.[34]

그러나 부카 테무르는 즉위 직후 병에 걸려 카이두의 종주권에 반대하는 주요 차가다이 왕자들에게 자신의 권위를 행사할 수 없었다. 무바락 샤는 헤라트 전투 직후 다른 몇몇 왕자들과 함께 아바카에게 투항했고, 당시 훌레구 울루스의 보호하에 있는 것으로 보였던 네구데리 카라우나스의 수장으로 임명됐다. 그러나 바락과 알구의 아들들은 카이두에 대해 반란을 일으켰고(아마도 네구베이와 동시에), 후잔드에서 부하라에 이르는 지역을 황폐화했다. 그들의 갈등으로 인해, 부하라를 탐내던 차가다이 가문의 수하가 아바카에게 차가다이 가문이 다시 아무다리야강을 건너려 한다고 고발했다. 그 말을 들은 아바카는 "다시는 아무도 이곳을 두고 싸

---

34 *YS*, 8.152. 네부게이는 비교적 흔한 이름이기 때문에, 이는 다른 네부게이일 수도 있다. Qarshī 2005, CXXV-CXXVI. 카르시에 따르면, 부카 테무르는 1280~1281년(680)에 죽었다. 그러나 그의 탐가는 1281~1282년(681)에 주조된 알말릭의 디르함에도 남아 있어, 그가 1282년 4월 11일(681 초) 이후에 죽은 것으로 보인다. Petrov 2009.

우려 하지 않도록" 파괴할 군대를 부하라로 보냈다.[35] 훌레구 울루스의 군대는 1273년 1월 29일 부하라에 도착해 주민들에게 재산을 가지고 후라산으로 따라올 것을 제안했다. 주민들이 거부하자, 아바카의 군대는 일주일 동안 방화와 약탈을 자행해 도시를 잿더미로 만들었다. 그곳에서 차가다이나 우구데이 가문의 군대를 발견하지 못했는데도 그렇게 한 것이다. 알구의 아들들은 약탈이 끝날 무렵 현장에 도착했지만, 철수하는 훌레구 울루스 군대와 맞서는 대신 일부 인질만 취하고 도시를 계속 약탈했다. 몽골 지배하에서 (1221년 칭기스 칸의 정복과 1238년 타라비 반란에 이어) "부하라의 세 번째 재앙"으로 묘사된 1273년의 침공으로 대규모 이주민이 발생했다. 자발적이든 강제적이든 사람들은 주로 훌레구 울루스로, 그리고 맘룩과 델리 술탄국으로도 이주했다.[36] 1275년경 탈라스의 카이두 오르도를 방문한 웅구트 승려들이 보고한 내용도 트란스옥시아나(와 더 동쪽)의 혼란을 보여준다. 그들은 안전 통행을 보장하는 칙령을 받았음에도 불구하고 공포에 질린 채 많은 재산을 잃고 후라산에 도착했다. 실제로 알구의 아들들은 1276년에 다시 부하라를 약탈하여 다시 한 번 이주 행렬을 초래했다.[37] 도시는 1282년 카이두가 마수드 벡을 보내 복구할 때까지 폐허로 남아 있었다.

아바카의 침공이 전임 칸이었던 무바락 샤가 새로운 주군에 맞서도록 부추겼을 수 있다. 1276년 초, 그와 그의 네구데리 군대

---

35 Waṣṣāf 1852~1853, 77.

36 Dhahabī, 1982~1988, 23: 364-366; Muminov 2003, 30-34; Biran 2015, 35-36; Biran 2019, 376, 383-384; Hope 2019, 8-9.

37 예를 들어 Anonymous, Taʾrīkh-i Shāhī 1977, 256-257.

는 훌레구 울루스의 키르만을 침공했지만, 차가다이 가문의 제왕은 키르만 군대에 패해 목숨을 잃었다. 키르만의 내부 갈등에 고무된 무바락 샤의 아들들과 네구데리를 계속 이끌고 있던 부제이의 아들 압둘라는 1277년 카이두의 동의를 얻어 파르스와 키르만을 약탈했다. 그들은 이때 다시 카이두에게 충성을 바쳤던 것이다. 그러나 1278~1279년 아바카가 직접 보복 원정에 나서자 차가다이 가문과 그들의 네구데리 군대는 다시 한번 훌레구 울루스에 항복했고, 이번에는 10년 이상 충성을 유지했다.[38]

이 모든 일에도 불구하고 1282년경 카이두는 차가다이 영역 대부분에 대해 권위를 확립했다. 부카 테무르가 사망한 후, 그는 바락의 아들 두아를 차가다이 칸(재위 1282~1307)으로 임명했다. 카이두가 죽을 때까지 계속 협력한 덕분에 두아는 차가다이 울루스를 재정비하고 카이두 사후에 독립을 되찾을 수 있었다. 그러나 알구의 아들들은 원 제국으로 망명을 선택했고, 1282~1283년경부터 쿠빌라이의 충실한 신하로 등장한다. 알구의 아들들은 뭉케 시대부터 중국에 주둔하거나 일찍이 망명했던 차가다이 가문의 소왕자들과 합류해, 하서(중국 북서부, 과거 탕구트 영역)에 정착하고 14세기 중반 혹은 후반까지 이 지역을 수비했다. 그들은 종종 이란의 동족들처럼 톨루이 가문의 국경을 자신들의 친족으로부터 지켰다.[39] 그러나 차가다이 가문의 소규모 분파들이 원 제국이나 훌

---

38 Ta'rīkh-i Shāhī 1977, 248-250; Kirmānī 2016, 69-70; *JT*/Rawshan, 2: 1109; Waṣṣāf 1852~1853, 199-204; Mustawfī 1983, 531; Jackson 2018b, 93. 부제이[부치(Buchi?)]의 계보에 대해서는 Kamola 2019, 76-77.

39 이 차가다이 계파에 대해서는 Sugiyama 1983; Liu 2006, 475-480; Yang and Zhang 2017; Robinson 2019, ch. 4.

레구 울루스의 보호 아래 남아 있는 동안, 차가다이 가문의 대부분은 두아를 중심으로 결집했다. 카이두가 자신의 통치를 공고히 하고 두아의 협력을 얻을 수 있었던 것은 원 제국에서 동시에 일어난 사건들과 많은 관련이 있었다.

쿠빌라이는 서쪽에서 일어난 사건들을 인식하고, 카이두가 반복해서 자신의 권위를 인정하지 않는 것에 심기가 불편해졌다. 그래서 1271년 넷째 아들 노무간의 지휘 아래 소규모 톨루이 일족의 제왕들로 연합군을 편성해 알말릭으로 보내서 카이두로부터 이 지역을 지키도록 했다. 동시에 카안은 알구와 바락이 자신들의 영역으로 여겼던 타림분지와 하서 지역에 대한 통제를 강화했는데, 노무간의 보급선을 단축하고 남부 교역로를 보호하기 위해서였다. 1271년 쿠빌라이는 호탄과 하서에서 인구조사를 실시했다. 1272년에는 호탄과 카슈가르에 장인들을 보내 옥(玉)을 채굴하게 했다. 1274년 초에는 호탄과 야르칸드 근처의 강들에 13개의 역참을 설치했고, 사주(沙州, 둔황) 지역에 두 개를 더 설치했다. 같은 해 후반 쿠빌라이는 호탄, 카슈가르, 야르칸드 주민들의 세금을 부분적으로 면제해주었다. 그러나 이러한 조치들은 현지 제왕들의 반발을 불러일으켰다. 1274~1275년 구육의 아들인 제왕 호쿠가 하서에서 반란을 일으켰다. 사주에서 호탄으로 도주한 그는 호탄-카슈가르 지역을 황폐화했다. 노무간을 돕기 위해 파견된 쿠빌라이의 장군이자 무칼리의 아들 안동이 결국 호쿠를 진압했다. 카이두는 호쿠의 반란과 자신의 연관성을 부인했지만, 호쿠와 그의 후손들은 결국 (아마도 1281년의 또 다른 실패한 반란 이후) 카이두와 협력했고, 우구데이 가문 내에서 그의 지위를 인정했다.

카이두에게 더 중요했던 것은 노무간 연합 세력의 운명이었
다. 1271년부터 1276년 사이에 노무간이 중국으로부터 상당한 물
자 지원을 받으며 카이두를 위협했다. 그는 카이두와 직접 충돌하
지는 않았지만, 1274년 "반란을 일으킨 신하(叛臣)" 네구베이를 물
리쳤다. 네구베이는 카이두에게 임명됐다가 반란을 일으킨 인물
이었을지도 모른다.[40] 이 무렵 쿠빌라이는 카이두에게 사신을 보내
항복을 요구했다. 즉 군사 활동을 중단하고 역참을 설치하며 궁정
에 오라고 한 것이다. 그는 카이두가 원 제국 군대의 상대가 되지
않는다고 단언했다. 『원사』에 따르면 겁에 질린 카이두가 군대를
철수하고 역참을 설치했지만 원 궁정에 오는 것은 거부했다고 한
다. 동쪽의 노무간 연합군의 위협과 서쪽의 알구와 바락의 아들들
의 도전이 결합되어 카이두를 곤경에 빠뜨린 것이 분명하다. 카이
두에게는 다행스럽게도, 노무간을 따라왔던 뭉케와 아릭 부케의
아들 제왕들이 1276년 가을 쿠빌라이의 아들에게 반란을 일으켰
다. 그들은 몽골을 습격하며 새로운 카안을 옹립할 계획을 세웠고,
노무간과 안동을 카이두에게 보내 도움을 요청했다. 카이두는 노
무간은 금장 호르드로 보냈고, 안동을 맞이했다. 이후 안동은 카
이두 정부의 중요한 구성원이 됐다. 그러나 카이두는 반란을 일으
킨 제왕들을 돕는 것을 자제했다. 그는 부하라를 침공한 알구의
아들들 때문에 바빴을 뿐만 아니라, 제왕들의 연합 속에는 카안의

---

40 *YS* 8.152와 주 34. 카이두와 노무간이 벌인 이 전투는 신빙성에 문제가 있는 세 가지 자
료에만 등장한다. Marco Polo(1938, 448-450); Baybars al-Mansūrī(1998, 262) 그리고 이에
따라 al-Nuwayrī(1984, 27: 354-355)는 둘 다 이 사건이 1288~1289년(687)에 벌어졌다고
기록했다.

제1권 정치사

자리를 노리는 후보자가 너무 많다고 정확히 판단했기 때문이다. 제왕들은 카라코룸을 침공하고 뭉케의 오르도를 약탈했다. 쿠빌라이의 군대가 옛 수도를 방어하기 위해 서둘러 왔지만, 왕자들과의 소규모 전투 및 그들 사이의 충돌은 1282년까지 계속됐다. 이는 쿠빌라이가 남송 전선의 군대 상당 부분을 초원으로 이동시킨 후에야 끝났다(송은 1276년 항복했고, 1279년에 완전히 정복됐다).

카이두는 톨루이 가문 출신 제왕들의 반란에 참여하지 않았지만, 이 반란은 분명 그에게 이득이 됐다. 반란으로 인해 카이두에 대항하던 연합이 와해됐을 뿐만 아니라, 쿠빌라이에게 남송 전선 외에 전선이 하나 더 생겼기 때문이다. 이로 인해 카이두는 알말릭을 되찾고 차가다이 가문의 반대 세력을 제압할 수 있었다. 게다가 반란을 일으킨 제왕들 가운데 살아남은 이들은 대부분 쿠빌라이에게 항복했지만, 아릭 부케의 아들인 말릭 테무르와 요무쿠르 등 일부는 상당한 규모의 군대와 함께 카이두에게 귀순했다. 이들이 물려받은 아릭 부케의 영토는 중부 알타이산맥을 따라 키르기스스탄까지 뻗어 있었고 오이라트의 봉지도 포함하고 있었다. 이로써 카이두는 서몽골 지역에서 항가이산맥까지 영향력을 확대할 수 있었다.[41] 이렇게 세력이 커진 것이 아마도 두아의 지지를 얻는 데 도움이 됐을 것이다.

이 시점에서 차가다이 울루스는 독립성을 상실했다. 차가다이 가문의 왕자들은 중앙아시아의 카이두, 중국의 카안, 또는 이

---

41 Sugiyama 1983, 664; 말릭 테무르의 병사들에 대해서는 *JT*/Rawshan, 2: 943–944; *JT*/Boyle, 313–315.

란의 훌레구 울루스 중 하나에 예속됐다. 그들은 중국이나 이란에서는 소외된 반면, 중앙아시아에서는 여전히 중요한 역할을 했다. 이 지역은 카이두와 두아의 영역으로 알려졌는데, 이는 곧 우구데이 가문과 차가다이 가문 모두의 영토였음을 의미한다. 차가다이 가문은 자신들의 군대와 울루스를 별도로 유지했다.

1280년대와 1290년대는 카이두와 두아의 전성기였다. 그들은 여러 전선에서 동시에 습격을 감행하고, 칭기스 일족의 정권들에 대항하는 여러 반란 세력을 지원했다. 이 시기에는 원 국경이 주요 분쟁 지역이었다. 이는 부분적으로 쿠빌라이가 전장에서 카이두를 격파하려는 시도를 일시적으로 포기하고, 대신 아릭 부케에게 했던 것처럼 카이두의 자원을 고갈시키려 했기 때문이다. 따라서 쿠빌라이는 부유한 오아시스 지역들에 대한 원의 지배력을 계속 강화했다. 이 지역들은 실크로드를 통제하고, 위구르 지역과 타림분지에서 카이두의 군대에 보급을 제공할 수 있었기 때문이다. 1278년부터 쿠빌라이는 버려진 위구르의 여름 수도 베쉬발릭에 주둔군을 배치한 뒤 1286년까지 이를 강화했다. 1283년과 1286년에는 이곳에 둔전을 설치했으며, 1281년에는 역참을 설치해 베쉬발릭을 중국 본토의 대동 지역과 연결했다. 동시에 쿠빌라이는 위구르 지역을 원의 직접 통치하에 두었다. 과거 차가다이와 우구데이 왕자들이 탐내던 호탄에도 1276년 말부터 1288년까지 주둔군, 역참, 둔전을 설치했다. 쿠빌라이는 또한 중국 본토에서 위구르 지역과 타림분지로 이어지는 감숙회랑(하서 지역)을 개발해 이 지역의 자원으로 주둔군에게 식량을 공급하고 보급선을 단축할 수 있기를 기대했다. 1281년 이후에는 카이두가 중국 내 봉지에서 얻던 수입도 차단했다.[42] 하지만 쿠빌라이의 이러한 조치들은 기대한 효과를 거두지 못했다. 카이두와 그의 동맹군들이 위구르 지역과 타림 분지는 물론 몽골에서도 카안에 맞서 계속 도전했기 때문이다. 중앙아시아 몽골인들은 습격과 소규모 전투로 끊임없이 원을 괴롭혔다. 1285년에는 두아의 군대가 원 지지 세력인 자신들의 친족을 물리친 후 위구르 지역을 황폐화했다. 그들은 위구르의 수도 카라호초를 6개월 동안 포위했고, 위구르 공주를 아내로 맞은 뒤에야 포위를 풀었다. 이후 몇 년 동안 중앙아시아 몽골인들은 알타이와 투르판 지역에 대한 습격을 강화했다. 비록 타림분지의 일부 오아시스에서 쿠빌라이의 권위를 실제로 대체하지는 못했지만, 도시들의 수입 일부를 차지하는 데 성공함으로써 쿠빌라이의 경제 봉쇄를 무력화했다. 위구르 지역이 황폐해지자, 쿠빌라이는 먼저 타림분지 루트를 강화하려 했다. 그러나 1288년부터 원 군대와 장인들(둔전에 소속됨)이 중국으로 퇴각하기 시작하면서, 카이두와 두아는 위구르 지역과 타림분지를 점진적으로 자신들의 영역에 편입시킬 수 있었다. 이 과정은 쿠빌라이가 사망한 후에도 계속됐다. 1290년대에 호탄에서 주조된 주화에 카이두의 탐가가 새겨져 있었다.[43]

동시에 중앙아시아 몽골인들은 쿠빌라이에 대항하는 다른 반란들도 (적어도 잠재적으로는) 지원했다. 이러한 반란들은 원의 퇴조에 일조했다. 1285년 원이 지원하는 사꺄파의 경쟁 세력이었던 티베트 불교의 디궁파가 사꺄파와 원 정부에 대항해 반란을 일

---

42 Li 2007, 134.

43 Petrov 2010, 134. 이 시기에 대해서는 Shim 2014, 428-440.

으켰다. 이들은 쿠빌라이의 스승이자 그가 티베트에 임명한 팍빠 (1235~1280)가 사망한 뒤 티베트에 생긴 불안정한 상황을 이용했다. 디궁파는 "뒈 호르(동투르키스탄)의 왕 후라"에게 도움을 요청했고, 후라는 티베트인을 돕기 위해 제왕 린첸을 파견했다. 티베트 사료들은 1270년대 초 동투르키스탄이 티베트를 침공했을 가능성과 1281년 소규모 중국 주둔군이 국경 감시를 위해 배치됐음을 암시하고 있다. '후라'는 보통 티베트어 사료에서 훌레구를 지칭하는 말이지만, 여기서는 두아의 오기로 보이며, '린첸'은 호쿠의 아들이자 구육의 손자인 이르타킨 혹은 이리쩐(이린진(Irinjin))과 동일 인물일 가능성이 있다. 이린진에 대해서는 이름 외에는 알려진 바가 거의 없다. 이 반란은 결국 1290년 쿠빌라이의 손자 부카 테무르에 의해 진압됐다. 제왕 린첸은 포로로 잡혔지만, 몇 년 후 카이두의 진영으로 돌아갔을지도 모른다.[44] 중앙아시아의 몽골인들이 티베트 반란에서 어떤 역할을 했는지, 혹은 실제로 역할을 하긴 했는지 여부를 판단하기는 어렵다. 그러나 원이 이 반란에 주의를 빼앗긴 것은 확실히 그들에게 이익이 됐다.

쿠빌라이의 정통성을 더욱 흔든 사건이 제왕 나얀의 반란이다. 나얀은 칭기스 칸의 동생의 후손으로, 1287년 "좌익의 왕자들", 즉 칭기스 칸 형제 후손들의 연합을 이끌고 반란을 일으켰다. 이들은 쿠빌라이가 요양(遼陽, 만주) 지역에 있는 그들의 봉지를 중앙집권화하는 데에 반대했다. 쿠빌라이는 고령에 건강도 좋지 않

44　이르타킨(irtakin)에 대해서는 Mu'izz al-ansāb 2006, 58, 40b; Yao Sui, *SKQS*, ch. 13. 이 인물이 누구인지 알아낸 것은 추이하오 덕분이다. Petrov 2010, 134. 반란에 대해서는 Petech 1990, 26-31.

았으나 직접 나얀을 상대하러 갔다. 그의 군대는 두 달 만에 나얀의 군대를 격파하고 나얀을 처형했다. 나얀은 반란을 계획하면서 카이두의 지원을 요청했지만 반란이 신속하게 진압되면서 실제 지원은 이루어지지 못했다. 중앙아시아 몽골인들도 원이 수년간 계속해서 전쟁을 벌인 나얀 세력의 잔당을 지원하지 않았다. 그러나 원이 티베트와 만주 문제에 몰두하는 동안 카이두와 두아는 몽골을 공격할 수 있었다. 기록에 따르면, 1288년 중앙아시아 몽골인들이 행한 다섯 차례의 습격 가운데 세 번이 몽골을 겨냥한 것이었고, 1289년에는 카이두의 군대가 처음이자 마지막으로 우구데이가 세운 옛 제국의 수도 카라코룸을 점령하기도 했다. 카이두는 먼저 쿠빌라이의 손자이자 새로 임명된 몽골 주둔군 사령관 캄말라의 군대를 항가이산맥에서 항복시켰다. 쿠빌라이의 킵착 출신 지휘관 투트칵(한자로 토토하(土土哈))이 항복한 군대를 구출하고 이들에게 퇴각을 명했다. 이때 카라코룸에 있던 카안의 일부 지휘관들이 카이두의 군대에 합류하고 싶어하는 바람에 카이두는 도성을 장악하고 쿠빌라이의 통치를 위협할 수 있었다. 위기감을 느낀 쿠빌라이는 자신의 영역을 방어하기 위해 다시 한번 직접 나섰다. 그러나 그가 카라코룸에 도착했을 때 카이두는 이미 퇴각한 뒤였고, 노령의 카안은 대도로 돌아갔다. 하지만 카이두는 여전히 몽골의 상당 부분, 즉 항가이산맥, 예니세이강 상류, 예니세이강과 이르티시강 사이의 바린 지역을 장악하고 있었다. 1290년부터 1293년까지 카이두의 군대, 특히 아릭 부케의 아들들과 카안의 특사들 사이에 여러 차례 소규모 전투가 벌어졌고 승패가 엇갈렸다. 1293년 투트칵은 예니세이강에 대한 원의 통제권을 회복하는 데 성공하고 카이두를 몽골에서 몰아냈다. 곧이어 그곳에 역참과 둔전이 설치됐다. 이렇듯 쿠빌라이는 위구르 지역과 타림분지에 대한 통제권은 포기할 준비가 되어 있었지만, 제국의 요람인 몽골에서는 영향력을 유지하려고 노력했다. 반면 카이두는 카라코룸을 지키기 위한 싸움은 하지 않았다. 1294년에도 몽골에서 쿠빌라이의 군대와 수입을 위협할 수 있었지만, 쿠빌라이의 사망(1295)을 이용해 카라코룸을 재점령하지는 않았다. 이는 적어도 부분적으로 1280년대 후반부터 1290년대에 중앙아시아 몽골인들이 다른 전선에도 깊이 관여했기 때문이었다.

1288년 초, 카이두의 대군(약 3만 명의 기병)이 차가다이 울루스의 지휘관 야사우르의 지휘 아래 훌레구 울루스의 후라산을 침공했다. 오늘날 아프가니스탄과 타지키스탄 국경에 있는 판지강에서 출발한 그들은 발흐와 메르브를 약탈하고 니샤푸르 인근까지 도달했다. 카이두의 군대가 퇴각할 때까지도 훌레구 울루스는 별다른 대응을 하지 않았는데, 이는 아르군 칸(재위 1284~1291)이 더 큰 위험인 금장 호르드의 침공과 내부 반란에 직면했기 때문이었을 것이다. 카이두가 후라산 지역에 더 깊이 개입하게 된 배경에는 나우루즈의 반란이 있었다. 나우루즈는 훌레구 울루스의 장군으로, 가잔 칸(재위 1295~1304)의 이슬람화에 중요한 역할을 한 것으로 유명하다. 그는 통일 제국과 초기 훌레구 울루스 시대에 후라산을 다스렸던 아버지 아르군 아카(1278 사망)의 뒤를 이어 훌레구 울루스의 후라산 총독이 됐다. 1289년 나우루즈는 가잔의 아버지 아르군 칸을 상대로 반란을 일으켰는데, 후라산의 독립적인 통치자로 자리매김하고 싶었기 때문이다. 그는 처음에는 훌레구 가문의

제1권 정치사

덜 중요한 왕자들의 이름을 내걸고 활동했지만, 자신을 토벌하러 온 훌레구 울루스 군대에 대한 저항을 고려하던 중이거나 아니면 헤라트에서 훌레구 울루스 군대에 실제로 패배한 뒤에 카이두와의 우호 관계를 모색했다. 카이두는 이번에는 도움을 줄 준비가 되어 있었다. 아마도 나우루즈가 유명한 지휘관이었고, 1284년부터 카라우나스의 투멘을 이끌면서 그들 사이의 "우정이 깊었기" 때문일 것이다. 게다가 나우루즈는 대부분의 원 반란군들과 달리 칭기스 일족이 아니었기 때문에 카이두의 정통성에 위협이 되지 않았다. 그의 아버지가 우구데이의 케식에서 봉사했다는 점과 차가다이 가문이 후라산에 대해 주장하는 권리도 카이두의 결정에 영향을 미쳤을 것이다. 카이두는 나우루즈에게 앞서 언급한 야사우르가 지휘하는 트란스옥시아나의 군대를 빌려주었고, 카이두의 아들 사르반이 이끄는 우구데이 가문의 제왕들도 동행했다. 사르반은 상부 아무다리야 지역의 바다흐샨과 펀자브에 주둔하며, 이후 수년간 훌레구 울루스 국경에 대한 책임을 맡았다. 1291년 나우루즈는 카이두 군대의 선봉을 지휘하며 후라산을 침공했으며, 동시에 침략한 카라우나스의 지원에 힘입어 마슈하드 외곽까지 도달했다. 나우루즈는 최소 1년 동안 후라산을 약탈하며 광범위하게 파괴했다. 그는 또한 이 지역에서 자신의 권위를 확립하려 했고, 1290년대 초에는 멀리 바다흐샨에서도 자신의 이름과 카이두 또는 두아의 탐가가 새겨진 주화를 제작했다.[45] 이러한 침략은 아르군의 사망(1291) 그리고 후계자들 간의 권력 투쟁 발발과 시기적으

---

45   Petrov and Aleksandrov 2011, 8; Landa 2018, 95-96.

로 맞물렸다. 따라서 나우루즈는 훌레구 울루스 군대의 저항을 받지 않고 비교적 자유롭게 행동할 수 있었다. 그러나 중앙아시아 군대는 특히 니샤푸르 근처에서 현지 세력의 저항에 부딪쳐 큰 손실을 입었고, 이 일로 나우루즈를 비난했다. 결국 나우루즈는 카이두에게 등을 돌렸다. 나우루즈는 자신과 동행한 우구데이 가문 왕자 중 하나인 우룩 테무르와 친분을 쌓았는데, 이 우룩 테무르는 우구데이의 아들 카단의 손자였다. 나우루즈는 그에게 딸을 시집보냈고, 그의 이슬람 개종도 주선한 것으로 보인다. 그들은 "아무다리야 주변을 카이두의 불순한 세력으로부터 정화하고 이슬람 종교를 전파하기 위해"[46] 야사우르가 이끄는 카이두의 군대와 싸웠지만 크게 패배했다. 나우루즈는 헤라트로 퇴각했고, 거기서 우룩 테무르와 자신의 이름으로 칙령을 발표하며 계속해서 후라산의 통치자로 자리매김하려 했다. 세력을 회복한 나우루즈는 다시 니샤푸르를 포위했다. 그러나 나우루즈의 야망이 두려웠던 우룩 테무르는 군대를 이끌고 카이두에게 돌아갔다. 그의 이탈로 나우루즈는 칭기스 가문의 정통성을 잃었고, 1294년 말 가잔에게 항복해야 했다. 카이두는 배신자 우룩 테무르를 처형했다.[47]

나우루즈의 반란은 또 다른 훌레구 울루스 지휘관 위구르타이가 카이두 진영으로 도망가는 계기가 됐다. 1291년경, 과거 차가다이 칸이었던 무바락 샤의 사위 위구르타이가 주르잔과 마잔다란에서 카이두에게 복속하겠다고 선언하자, 훌레구 울루스 지

---

46 Waṣṣāf 1852-1853, 314.

47 나우루즈의 반란에 대해서는 Hope 2015; Landa 2018.

휘관들이 그를 동쪽으로 몰아 카이두의 영역으로 내쫓았다. 칭기스 가문 출신인 아내와 함께 도착한 위구르타이는 이후 카이두에게 충성을 다했다.[48] 위구르타이가 마잔다란의 도로에 익숙했기 때문에, 두아는 1295년 초 카이두의 아들 사르반, 주치 카사르의 후손 에부겐과 함께 후라산과 마잔다란에 대한 대규모 침입을 감행할 수 있었다. 두아는 미래의 일 칸 가잔과 그의 사촌 바이두(재위 1295. 3.~10.)의 계승 분쟁을 이용했는데, 이 분쟁으로 인해 이 무렵 가잔은 후라산에서 멀어져 있었다. 두아는 가잔과 그의 부하들이 남겨둔 재산을 약탈하며 8개월 동안 마잔다란에 머물렀고, 1295년 말 동쪽으로 돌아가는 길에 마잔다란과 후라산의 다른 도시들을 약탈했다. 또한 25년 전 자신의 아버지가 그랬던 것처럼 헤라트의 지방 통치자에게 후라산의 일부를 제공하며 자신을 지지해달라고 설득했다. 그러나 헤라트 통치자는 이 제안을 가잔의 주요 지휘관이 된 나우루즈에게 보고하는 방향을 선택했다. 한편, 두아의 군대는 헤라트 남쪽의 도시 쿠수이와 푸샹을 공격했다. 쿠수이는 두아의 포위를 견뎌냈고 그에게 큰 손실을 입혔지만, 두아는 푸샹 정복에 성공해 많은 주민들을 학살하고 남은 이들을 트란스옥시아나로 강제 이주시켰다. 거기서 두아는 헤라트 쪽으로 방향을 돌렸다. 그는 도시를 공격하지 않고 트란스옥시아나로 돌아갔는데, 자신의 아버지처럼 그곳에서 실패할 것이라는 징조가 있었거나, 카이두가 원 전선에서 도움을 요청했기 때문이다.

비록 1299년 말 가잔은 다마스쿠스인에게 발행한 아만(amān,

---

48 *JT* / 'Alīzādah, 273; Qāshānī 1969, 18, 54.

안전 보장 증서)에서 카이두를 포함한 다른 몽골 세력들과 화의했다
고 명시적으로 주장하고,[49] 카이두의 용맹한 딸 쿠툴룬이 가잔과
결혼할 계획이라는 소문도 있었지만,[50] 1300년 가잔이 시리아에
서 바빠진 틈을 타 차가다이 군대가 대규모 습격을 감행했다. 그
들은 카라우나스와 함께 이란 남부의 키르만과 파르스를 침공해
서쪽으로는 투스타르, 남쪽으로는 호르무즈까지 침투했다. 가축
을 하도 많이 약탈해서 "병사들이 목동이 됐다"고 할 정도였다. 그
들은 돌아가는 길에 호르무즈 통치자의 반격을 받았지만, 이 침공
과 몇몇 훌레구 울루스 지휘관들이 차가다이 군대로 탈영한 사건
은 가잔이 시리아를 떠나 이란으로 후퇴할 만큼 치명적이었다.[51]
1302~1303년 겨울, 카이두의 아들 사르반이 차가다이 군대와 합
류하기를 바라며 후라산을 다시 침공했지만, 후라산의 훌레구 울
루스 총독이자 미래의 일 칸 울제이투는 기상 조건의 도움을 받아
적을 저지할 수 있었다. 전반적으로 카이두는 사르반에게 훌레구
울루스 국경에서 자신의 이익을 확보하는 제한적 임무를 맡긴 반
면, 다른 차가다이 군대는 전선에서 더 두드러진 역할을 했다. 침
략자들과 원 군대 사이에 군사적 충돌이 빈번했던 원 국경과 달리,
1270년 이후 일 칸들은 대부분 중앙아시아 군대와 전투를 피하
고 이란 각지의 통치자들이 그들을 상대하도록 했다. 이는 훌레구
울루스의 주력군이 맘룩과 금장 호르드 전선에 투입됐기 때문만

---

49 Baybars al-Manṣūrī 1998, 336.

50 Biran 2020.

51 Waṣṣāf 1852~1853, 368-371(직접 인용은 371), 427, 433; *JT*/'Alīzā dah, 3: 152; *JT*/Thack-
    ston, 2: 540; Kirmānī 2016, 129; Teixeira 1902, 160-161에 따르면 호르무즈에 대한 공격
    이 계속됨에 따라 상당한 수준의 이주 현상이 벌어졌다. Jackson 2017, 197-198.

이 아니라, 중앙아시아의 습격이 주로 훌레구 울루스 군대가 계승 분쟁이나 다른 국경 지역 문제로 바쁠 때 이루어졌기 때문이기도 했다.

이란 침공은 종종 차가다이의 또 다른 확장 전선인 남쪽, 즉 가즈나와 인도 방향 진출과 관련이 있었다. 가즈나 지역은 원래 카라우나스가 장악하고 있었는데, 카이두(와 일 칸들)는 1270년대부터, 그리고 후에는 나우루즈를 통해 이 지역을 통제하려 했다. 나우루즈가 훌레구 울루스로 돌아간 것은 중앙아시아의 이익에 타격을 주었음에 틀림없다. 카이두와 두아는 나우루즈의 배신에 대응해 이 전선에 상당한 자원을 할당했다. 두아의 아들 쿠틀룩 호자에게 다섯 투멘을 맡겼는데, 그중 둘은 카이두의 군대, 셋은 두아의 군대에서 왔다. 1298~1299년 두아는 (무바락 샤와 함께 배신한 부제이의 아들 압둘라를 대신해) 쿠틀룩 호자를 카라우나스 또는 네구데리의 지휘관으로 임명했다. 이로써 카라우나스가 차가다이에 복속됐음을 재확인했다. 이 동맹은 혼인으로 더욱 공고해진 것으로 보이며, 앞서 언급했듯이 두 집단은 이란 남부를 습격할 때 협력했다. 그 이전인 1290년대 중후반에 이미 쿠틀룩 호자는 가즈나에 대한 차가다이의 통제력을 강화했다. 가즈나는 그의 겨울 목초지가 됐고, 그곳에서 자신의 이름과 두아의 탐가가 새겨진 주화를 제작했다. 그의 여름 목초지는 구르와 구르치스탄(현재 아프가니스탄 북서부의 피루즈쿠흐)에 있었다. 그는 아무다리야강에서 칸다하르까지 뻗어 있는 광대한 봉지를 다스렸다.[52] 그 이후 가즈나는 차가다

---

52 Thomas 1871, 175-176; Waṣṣāf 1852~1853, 367-368(이 서술에 따르면 쿠틀룩 호자가 후라

이 영역으로 남아 이란과 부유한 델리 술탄국(그들의 유일한 비(非)칭기스계 전선)을 침공하기 위한 중요한 기지가 됐다. 중앙아시아 몽골인들은 이곳에서도 좋은 정보를 확보한 것으로 보이는데,[53] 아마도 이전에 카라우나스가 이 전선에서 경험한 일 덕분일 것이다. 이를 통해 그들은 술탄이 다른 전선에 있는 틈을 노릴 수 있었다.

중앙아시아 몽골인들이 인도에서 펼친 작전 가운데 가장 이른 기록은 1297~1298년의 것으로, 이때 사르반의 부하 아미르 케데르가 펀자브를 침공해 카수르까지 진출했다. 이는 몽골이 이 지역에서 시도한 수많은 소규모 습격 가운데 하나로 보이는데, 습격이 항상 성공적이지는 않았다.[54] 1299~1300년에는 쿠틀룩 호자의 군대가 더 큰 작전을 수행했다. 그들은 술탄이 구자라트에서 전투를 벌이는 틈을 타서 델리로 직접 진격하여 술탄국의 군대를 격파했으나, 쿠틀룩 호자가 치명상을 입으면서 전리품만 가지고 철수했다. 그리하여 1301년 차가다이 군대가 카이두를 지원하여 원과 싸우라는 명령을 받았을 때, 그들은 수익성 높은 인도 전선에서 많은 것을 포기해야만 했다. 마침 그 전선은 상대방 지도자가 일시적으로 없는 공백 상태였는 데도 말이다.

차가다이 울루스는 이후 몇 년 동안에도 이 방향으로 압박을 계속했다. 처음에는 소규모 습격으로 시작했지만, 1302~1303년 쿠틀룩 호자의 수석 지휘관(아미르 이 오르도(amīr-i ordo)) 타라가이가 델리에 또 한 차례 대규모 공격을 감행했다. 타라가이는 콩기라

산의 상당 지역을 지배했다); JT/Rawshan, 1: 758; JT/Boyle, 142; Jackson 1999, 218.

53   카라우나스의 초기 인도 약탈전에 대해서는 Jackson 1999, 117-118.

54   Dihlawī 1953, 33-36; Jackson 1999, 231.

트 출신으로 차가다이의 사위였고, 아마도 카라우나스 출신이었
다. 이 공격은 델리의 술탄이 치토르에서 전투를 벌이다 휴식을 취
하고 있을 때 시작됐다. 차가다이 울루스의 군대는 시스탄을 습격
하는 카라우나스 군대의 도움을 받아 델리로 가는 길을 차단하고
2개월 동안 포위했다. 술탄은 시리평원에 군대를 배치한 뒤, 침략
자들과 대면하지 않았다. 침략자들은 측면이 노출될까 두려워 도
시 외곽만 약탈했을 뿐 점령하지는 않았다. 2개월의 교착 상태 이
후 타라가이는 갑자기 철수했고, 인도인들은 이를 기적으로 여겼
다. 당시 이 위협이 얼마나 심각했는지는 델리 술탄의 대응에서 명
백히 드러난다. 그는 남쪽으로의 확장 시도를 포기하고 몽골의 진
격 경로에 있는 요새들을 강화했으며, 군대 개혁을 시작해 중앙아
시아 국경을 따라 더 많은 병사와 경험 많은 지휘관들을 배치했
다.[55] 타라가이의 철수가 카이두의 죽음과 그 여파, 또는 백색 호르
드가 중앙아시아 몽골에 대항하는 연합을 구성한 것과 관련이 있
었을 수 있지만, 어쨌든 이 대규모 원정을 통해 인도 국경이 차가다
이 영역의 확장 또는 최소한 차가다이 경제에 끼칠 잠재력이 분명
히 드러났다.

　　카이두와 금장 호르드의 관계는 비교적 우호적이었다. 뭉케
테무르가 탈라스 협정에서 자신의 몫을 받지 못했음에도 불구하
고, 카이두는 노무간을 뭉케 테무르에게 보냈다. 게다가 1270년대
후반, 비슷한 시기에 뭉케 테무르는 맘룩 동맹국들에게 일 칸들에
대한 공동의 적대감을 바탕으로 카이두와 외교 관계를 수립하자

55　Jackson 1999, 222-224; Jackson 2018b, 95; Baranī 2015, 128 ff.

고 제안했다. 맘룩의 술탄 카라운(재위 1279~1290)은 실제로 카이두와 접촉했고, 1284년 이후 두 사람 사이에 외교 교류가 줄어든 것으로 보이지만 상업 관계는 유지했다. 중앙아시아 몽골인들은 금장 호르드와 맘룩 왕국 사이에서 급성장하는 노예 무역에 참여해 원에서 포로로 잡은 사람들을 이집트에 팔았다.[56] 뭉케 테무르가 사망한 후, 호르드는 노카이 시대(1280~1299)[57] 내내 내부 경쟁으로 타격을 받고 일시적으로 중앙아시아에 남아 있었던 권리를 포기했다. 이러한 상황은 또한 호르드의 동부 울루스, 즉 주치의 장남 오르다의 영역에 많은 독립성을 주었다. 오르다의 영역은 시르다리야강에서 울루타오산맥까지 뻗어 있었고, 카이두와 카안의 영토 북쪽에 위치했다. 오르다 울루스의 칸 코니치(재위 약 1277~1299)는 원래 카이두를 지지했을지도 모른다. 그는 노무간에 대해 반란을 일으킨 여러 왕자들에게 피난처를 제공했고, 결국 이들은 카이두의 군대에 합류했다. 그러나 이후 코니치는 원과 관계 개선을 위해 노력했다. 1284년 새로운 주치 울루스의 칸 투데 뭉케(재위 1280~1287)는 노무간을 노카이, 코니치와 함께 그의 아버지의 궁정으로 돌려보냄으로써 카안과 관계 정상화를 시작했다. 화해의 상태는 수십 년 동안 지속됐는데, 이는 중앙아시아 몽골인들의 예니세이와 몽골리아 침공이 오르다 울루스에 위협이 됐기 때문이다. 동시에 코니치는 일 칸들과의 관계도 개선했는데,[58] 그러자 이

---

56   Biran 2008, 375–377; Biran 2019, 368–369, 374.

57   금장 호르드의 칸들과 같이 사실상 공동 통치를 했던 주치계 왕자 노카이에 대해서는 본서의 Favereau and Pochekaev 참고.

58   Allsen 1985~1987, 23–25.

에 위협을 느낀 중앙아시아인들은 오르다 울루스의 계승 분쟁에 개입했다. 13세기 말, 바얀(재위 약 1299~1312)이 아버지 코니치의 뒤를 이었지만 여러 가족 구성원들이 이에 도전했다. 카이두와 두아는 바얀의 조카 쿠발락을 지지했고, 쿠발락은 그들의 도움으로 바얀을 물리치고 그의 영역 일부를 차지했다. 바얀은 주치 울루스의 칸 톡토아(재위 1291~1312)에게 도움을 요청했지만, 톡토아는 노카이와의 전투에 몰두하고 있어서 그랬는지 카이두와 두아에게 쿠발락을 제거해달라는 요청만 전했을 뿐이다. 그때 혹은 그 이전에 바얀은 쿠빌라이의 후계자 테무르 카안(성종, 재위 1295~1307)에게 접근했고, 중앙아시아 몽골에 맞서 일 칸들, 금장 호르드, 심지어 바다흐샨의 샤들까지 포함하는 연합을 제안했다. 테무르는 이 제안을 거절했지만, 이러한 연합이 (또는 단지 원과 백색 호르드의 협력만으로도) 위험할 수 있기 때문에, 카이두는 자신의 두 아들 샤와 양기차르 그리고 아릭 부케의 아들 말릭 테무르의 군대에 속한 두 개의 투멘을 바얀의 국경에 주둔시켰다.[59]

중앙아시아 몽골인들은 1290년대 중반에서 후반 사이에는 군대를 여러 전선에 분산시켜야 했기 때문에 원에 연이어 패배를 당했다. 새로운 카안 테무르가 국경 방어를 강화하고 카이두 군대의 이탈자들을 유인했기 때문이다. 테무르는 비용이 많이 들고 성공하지도 못한 동남아시아로의 확장 시도를 중단하고, 북방 국경 방어에 주의를 기울였다. 라시드 앗 딘은 원의 북방 국경을 따라 주둔한 일곱 개의 수비대에 대해 설명했다. 몽골의 다섯 곳은 테무

---

59 오르다 울루스 내의 계승 분쟁에 대해서는 Allsen 1985~1987; Qiu Yihao 2013.

르의 두 형제와 사위, 그리고 두 명의 유명한 지휘관이 이끌었고, 하서와 위구르의 두 곳은 테무르의 또 다른 형제와 차가다이 왕자들인 알구의 아들 추베이와 부리의 아들 아지키가 이끌었다. 두 사람은 카라호초(현재의 투르판) 근처에 주둔했는데, 이 지역 사람들은 카이두와 원 양쪽과 좋은 관계를 유지하며 세금을 납부했다. 그러나 위구르 영역이 천천히 병합되는 동안(1304년 카라호초는 두아의 봉지로 묘사됐다), 몽골에서는 1290년대 중반에서 후반에 원의 수비대가 중앙아시아 군대에 심각한 손실을 안겼다.

1298년 말, 두아가 후퇴를 만회하기 위해 나섰다. 그는 원의 국경 지휘관들을 기습해 예니세이 서쪽 수비대를 지휘하던 테무르의 사위 코르기스를 생포했다. 분노한 테무르는 중앙아시아의 위협을 제거하기로 결심했다. 1300년, 새로 임명된 수비대 지휘관 카이샨(후에 무종, 테무르의 후계자) 휘하의 대규모 원 군대가 카이두와 맞서기 위해 알타이 지역으로 이동했다. 1301년 9월 알타이 남쪽에서 결정적인 전투가 벌어졌는데, 카이두와 두아의 군대 대부분이 참여했다. 치열한 전투 끝에 카이두가 승리했지만, 그가 곧 사망하면서 원은 그날의 결과를 자신들의 승리로 포장할 수 있었다.

카이두의 죽음으로 우구데이 가문이 붕괴하고 차가다이 가문은 중앙아시아를 단독 지배하게 되었다. 또한 이는 중앙아시아 몽골인들과 그 주변 이웃 국가들 사이의 화해를 촉진했지만, 그렇게 되기까지 중앙아시아는 거의 20년 동안 피비린내 나는 전쟁을 겪어야 했다. 많은 업적에도 불구하고, 카이두는 차가다이 가문을 해체할 만큼 강력하지 않았고, 그들은 카이두의 국가 내에서 별도의 군대와 울루스를 유지했다. 더욱이, 차가다이 가문은 중국과 이란의 톨루이 가문과의 지속적인 경쟁으로 제국의 중앙에 위치한 이점을 경제적 이익으로 활용하기 어려웠고 내륙에 갇혀 활발한 해상 무역에 참여하지 못했다. 그러나 카이두는 중앙아시아가 카안으로부터 독립을 확보하고 "중앙 제국"의 행정과 경제를 형성하는 데 중요한 역할을 했다. 하지만 1340년대 우마리의 시대에 이르렀을 때 카이두의 업적들은 이미 잊혔다. 이 시리아 역사가는 바락이 카이두를 대체했고 두아가 그를 계승했다고 전하며, 중앙아시아 몽골 국가의 부활을 두아의 공으로 돌렸다.[60] 이러한 평가는 카이두의 죽음 이후 두아가 한 행동에서 기인했다.

차가다이계의 귀환: 두아와 그의 후손들의 통치

1303년 초에 사망한 카이두는 생전에[61] 아들 오루스를 후계자로 지명하고 아들들을 충실한 동맹이자 중앙아시아의 아카(연장자)인 두아에게 맡겼다. 그러나 두아는 카이두의 큰아들이지만 능력이 훨씬 떨어지는 차파르(재위 1303~1310)를 선택했다. 우구데이 가문의 일부 저항에도 불구하고, 차파르는 1303년 봄 에밀(현재 남부 카자흐스탄, 우구데이의 봉지)에서 엄숙히 즉위했고, 결국 우구데이 가문은 그를 지지하며 단결했다. 곧이어 두아는 원과 평화를 추구하며 몽골 중앙아시아의 정치적 향방을 극적으로 전환했다. 두아, 차

60　'Umarī/Lech, 1968, 21.

61　위의 각주 20 참고.

파르, 말릭 테무르는 원 국경 지휘관들과 관계를 맺고 나서 1303년 가을 전쟁 종식을 요청하는 사신을 보냈고, 1년 후 또 다른 사신이 카안에게 그들의 복속 의사를 밝혔다.[62] 두아는 이러한 행보를 칭기스 가문의 단결, 제국의 무역로 확보, 차가다이 군대와 백성들의 부담 경감, 그리고 몽골 제국 내부의 갈등으로 오랫동안 중단됐던 확장 재개라는 관점에서 설명했다. 그는 차가다이가 미래에 확장할 방향으로 인도를 제안했다. 사실 두아가 카안에게 복속한 더 분명한 이유는, 1302~1303년 백색 호르드가 제안한 몽골 연합이 중앙아시아를 공격할지도 모른다는 사실이 두려웠고 두아 자신이 우구데이 가문이 우위를 차지하고 있는 상황에서 벗어나고자 했기 때문이다.

테무르 카안은 두아의 평화 제안을 기꺼이 받아들였다. 두아는 카이두와 달리 카안의 정통성에 위협이 되지 않았고, 북방 국경을 안정시킨다는 점에서 경제적, 군사적으로 분명 이로웠다. 카이두의 30년에 걸친 활동으로 원은 이미 중앙아시아에 대한 통제권을 포기한 상태이기도 했다. 1304년 말 두아와 차파르가 테무르에게 항복함으로써 몽골 세계에 표면적인 평화가 찾아왔다. 이 평화는 다른 몽골 간 갈등들, 예를 들면 금장 호르드와 훌레구 울루스 사이, 백색 호르드 내부 갈등의 해결도 포함했으며, 1305년 일 칸 울제이투가 프랑스 왕 필리프 4세에게 보낸 유명한 편지에서 특별히 언급됐다.[63] 중앙아시아 몽골인들(우구데이와 차가다이 모두)을 가

---

62 *YS*, 21.454, 460; Biran 1997, 71.

63 이 시기의 평화에 대해서는 Biran 1997, 70-75; Liu 2006, 318-329.

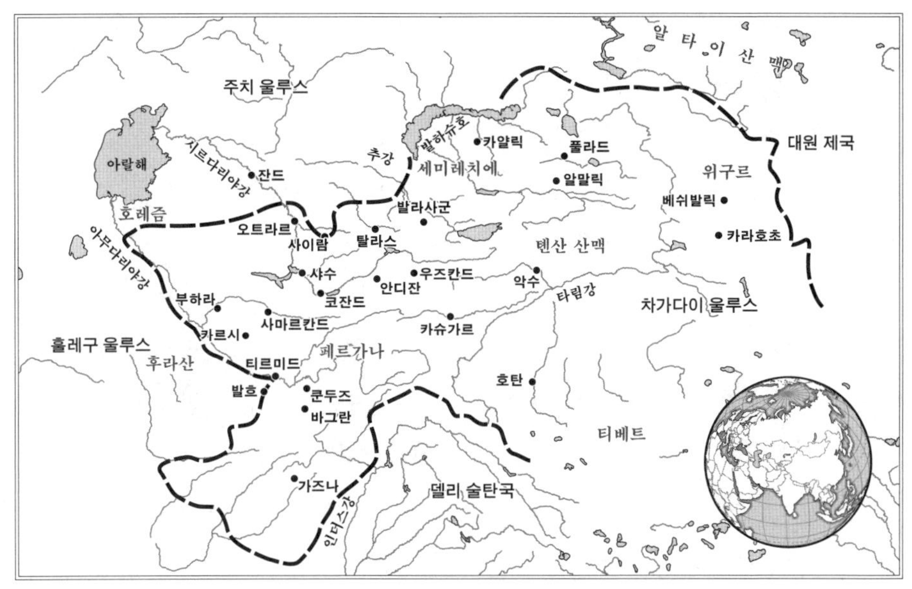

지도 5-1 차가다이 울루스, 1300년경

리키는 '두마두 몽골 울루스(Dumadu Mongol Ulus, 중앙 몽골 울루스)'라
는 명칭은 14세기 초부터 기록에 나타나는데, 이 시기에서 기원했
을지도 모른다.[64] 이는 경쟁하는 두 울루스를 하나의 이름 아래 통
합함으로써 권력 균형이 차가다이 가문에게 유리하게 바뀐 사실
을 은폐했을 뿐만 아니라, 몽골 국가들 사이에서 새로운 중심적 위
치를 선언한 것이기도 했다. 대개는 중국을 가리키는 "중앙에 위치
한 왕국(中國)"이라는 위상 높은 개념을 은연중에 암시하면서 말
이다.

---

64 Matsui 2009. "중앙 제국"의 이른 예시, 특히 우구데이와 차가다이 가문을 지칭했던 표
   현에 대해서는 Qarshī 2005, CLXXII-CLXXIII.

역설적이게도, 당시 중앙아시아에 찾아온 평화는 우구데이 가문과 차가다이 가문 간 유혈 전쟁의 시작을 알리는 것에 불과했다. 차파르는 자신이 추진한 평화에서 어떤 이익도 얻지 못했다. 그는 두아와 동등하게 취급됐을 뿐만 아니라, 자신의 영토 일부를 차가다이 가문에 넘겨줘야 했다. 두아는 평화 제안을 통해 칭기스칸의 아들들이 아버지로부터 분봉받은 영토에 대한 권리를 강조했다. 그러나 테무르 카안은 차가다이 가문의 "투르키스탄" 영유권을 확인할 때, 두아를 차파르와 동등하게 취급했을 뿐만 아니라 우구데이 가문 영역의 대부분을 두아에게 복속시켰다.

차가다이 가문이 여러 지역에서 차파르의 군대를 대체하려 시도하면서, 중앙아시아의 긴장은 공개적인 갈등으로 치달았다. 트란스옥시아나, 세미레치예, 아프가니스탄에서 일련의 소규모 전투가 시작됐다. 인도와 접경한 우구데이와 차가다이 군대 사이의 긴장은 차가다이 세력 내에서 카이두의 아들 사르반을 지지하는 반란을 야기했을 뿐만 아니라, 1305년의 델리 공격에 방해가 되었다. 두아가 자신의 아들이자 미래의 칸 에센 부카를 보내 쿠틀룩 호자의 반란군을 장악하자 사르반은 1306년 훌레구 울루스에 항복했다. 그 결과 인도 전선은 차가다이 가문에게 맡겨졌다. 그러나 이후 차가다이의 인도 습격은 주로 몽골인의 해골 더미를 쌓는 결과를 낳았고, 살아남은 군대는 가즈나로 후퇴할 수밖에 없었다.[65] 더 결정적인 것은 원 국경의 상황이었다. 그곳에는 카이두가 지명한 후계자 오루스가 아버지의 정예 부대와 함께 주둔하고 있었다.

---

65 Jackson 1999, 224-231; Waṣṣaf 1852~1853, 510, 517.

  제1권 정치사

차가다이 가문은 원의 도움이 있었기에 이 전선에서 승리할 수 있었다. 1306년 6월, 두아와 더불어 알타이에 배속된 원군(元軍)의 지휘관이자 미래의 카안인 카이샨의 연합군이 오루스에게 크게 승리했다. 두아는 카이샨에게 오루스가 그를 배반했다고 교묘히 세뇌했다. 말릭 테무르를 포함해서 카이두의 측근 제왕들을 비롯한 많은 군대가 차파르의 오르도를 약탈하면서 카안에게 투항했다. 우구데이 군대의 상당 부분이 원에 항복하여 원의 수비대에 분배됐고, 동시에 카이두의 다른 지지자들은 금장 호르드나 훌레구 울루스에 항복했다. 오루스가 패했다는 소식을 들은 차파르는 두아에 맞서 군대를 동원했지만, 두아는 다시 한번 알구의 손자들을 포함한 원 국경 지휘관들을 소환했다. 원 군대는 우구데이 가문을 격파하고 차파르의 오르도를 약탈했으며, 카이샨은 심지어 차파르의 딸들과 재산을 원정 지휘관들에게 분배했다. 이로써 카안의 군대는 이전에 차파르 휘하에 있던 이르티시와 알타이 지역 및 그 유목민 인구를 장악했다. 1307년 이 지역들은 몽골의 대부분과 함께 원의 영북행성으로 재편됐다. 차파르는 결국 1306년 말 두아에게 항복할 수밖에 없었다.[66]

두아는 차파르에게 분봉지와 녹봉을 할당했다. 이어서 남아 있던 우구데이 가문의 주요 인사들을 체포했고, 카이두의 딸 쿠툴룬을 포함한 상당수를 처형했다. 두아는 우구데이 가문의 하급 왕자들을 자신의 군대에 편입시키고, 사마르칸드 근처에서 다른 왕자들과 싸웠다. 그는 우구데이 가문의 세력을 계속 분열시켰다.

---

66 Biran 1997, 74-76; Biran 2009, 54-55; Yuan 1999, 335; Landa 2019, 120.

1307년 초 대규모 쿠릴타이를 열어 차파르를 폐위하고 카이두의 또 다른 아들 양기차르를 지지했으며, 구육의 손자에게 특별한 지위를 부여했다. 1306~1307년(이슬람력 706) 이후로 우구데이 가문의 탐가가 중앙아시아 주화에서 사라지기 시작했는데, 이 추세는 알말릭에서 시작되어 다른 지역으로 확산했다. 쿠릴타이 직후 두아가 사망한 사건만이 우구데이 울루스의 완전한 해체를 일시적으로 막았다.[67]

두아의 뒤를 이어 그의 아들 쿤첵(재위 1307~1308)이 즉위했다. 그는 위구르 지역에 주둔하고 있다가 알말릭 근처에서 즉위했다. 쿤첵은 새로운 카안 카이샨(재위 1307~1311)과 좋은 관계를 유지했고, 카이샨은 쿤첵의 짧은 재위 기간 동안 상당수의 사신을 중앙아시아로 보냈다. 하지만 이러한 화해는 칭기스 칸 시대에 정해졌다고 알려진 분할에 따라 카안이 사마르칸드, 탈라스, 샤시(타슈켄트) 같은 중앙아시아 도시에 자신의 몫을 요구하는 것을 의미하기도 했다.[68] 쿤첵은 중앙아시아에서 계속되는 왕자들 간의 불화에도 대처해야 했는데, 우구데이와 차가다이 세력 간 투쟁이 트란스옥시아나와 군대 내에서 계속되고 있었기 때문이다. 자신의 영역에 대한 소규모 침입에 불편을 느낀 델리 술탄국은 이러한 갈등을 틈 타 쿤첵의 동생 에센 부카가 이끄는 중앙아시아 군대를 공격하여 거의 가즈나까지 도달했다.[69] 쿤첵의 갑작스러운 죽음은 혼란

---

67 Waṣṣāf 1852~1853, 510-512; Qāshāni 1969, 33-36, 54; Biran 1997, 73-78; Biran 2009, 55; Liu 2006, 348-349; Petrov 2009, 301.

68 *YS*, 22.502-503; Waṣṣāf 1852~1853, 518; Waṣṣāf 2009, 4: 285.

69 Jackson 1999, 230.

을 잠재우는 데 거의 도움이 되지 않았다. 차가다이의 왕좌는 나리코아(재위 1308~1309)가 차지했다. 그는 두아 이전의 차가다이 칸이었던 부카 테무르의 형제였고, 키르만 공주였던 어머니처럼 무슬림이었다. 차가다이 가문의 직계 가족들은 나리코아를 반대했는데, 그가 두아의 후손이 아닌 데다가 친무슬림 정책을 폈기 때문이다. 반대파들은 당시 알말릭 근처의 쿠야스에 있던 두아의 막내 아들 케벡을 중심으로 결집했다. 나리코아는 두아의 후손들을 숙청하기 시작했지만, 케벡은 나리코아 군대 내부의 두아 계열 지휘관들의 도움을 받아 1308~1309년 토이(toi, 연회)에서 나리코아 암살에 성공했다.[70]

차가다이 가문 내부의 갈등은 카이두의 아들들에게 권력을 회복할 수 있는 마지막 기회를 제공했다. 우구데이 가문의 하급 구성원들이 계속해서 훌레구 울루스나 원으로 투항하는 가운데 1308년에 이 중 한 명이 우구데이의 인장을 카안에게 헌납하기까지 했다.[71] 1309년에는 차파르, 오루스, 그리고 구육의 손자 톡메가 나리코아와의 전쟁을 막 끝낸 케벡을 공격했다. 그들은 알말릭 근처에서 초반에 승리를 거두었지만, 결국 케벡이 그들을 물리치고 나리코아의 옛 군대와 일부 우구데이 가문 협력자들을 포함한 차가다이 군대 전체를 장악하는 데 성공했다.

---

70 Biran 2009, 55. On Naliqo'a: Waṣṣāf 1852~1853, 369, 450, 518; Kempiners 1988, 177~179.

71 *YS*, 22.503. 이는 양적왕(陽翟王)으로 즉위한 우구데이의 아들 말릭의 손자 투멘이었다. 1360년 그의 후손 알쿠이 테무르는 이르티시에서 상도 부근으로 진군하여 마지막 원 황제 토곤 테무르에게 옥새를 돌려달라고 요구했다. 그러나 1361년, 그는 가족과 군대의 배신으로 원에 넘겨졌다. *YS*, 45.952-953, 140.3371, 206.4596-4597; Robinson 2009, 96-97.

패배한 차파르는 1310년 오루스, (가는 도중에 사망한) 양기차르 와 함께 자신을 여전히 우구데이 가문의 칸으로 대우하는 원에 항 복했다. 1264년 이래 카이두가 거부했던 원 황실 입조를 차파르 가 감행한 것이다. 차파르는 대도에서 성대한 환영을 받았고, 카 이두의 몫으로 배정된 중국 내 분봉지에서 나오는 수입을 받았다. 1315년에는 여녕왕(汝寧王, 현재 허난)에 책봉됐고, 이 작위는 그의 아들과 손자에게까지 이어졌다. 그러나 차파르의 손자가 1328년 의 내전에서 처형됐다는 기록 이후에는 카이두의 후손들에 대한 정보가 중국에서 전해지지 않는다.[72] 따라서 1310년은 우구데이 가문의 국가가 종말을 맞이한 해로 볼 수 있다. 카이두가 지배하던 알타이산맥 남부와 서부 영역은 원이 접수했고, 나머지 우구데이 가문의 영토 대부분은 차가다이 울루스가 병합했다. 우구데이 가 문의 제왕들은 원, 차가다이 울루스, 심지어 훌레구 울루스에서 복무했으며, 더는 자신들만의 정치적 기반을 갖지 못했다. 이로써 중앙아시아에서의 몽골 통치는 차가다이 가문의 몫이 됐다.

차파르를 물리친 케벡은 1309년 인도 국경에서 소환된 자신 의 형 에센 부카(재위 1309/1310~1319)를 즉위시키는 데 주도적인 역 할을 했다. 그 보상으로 에센 부카는 케벡에게 칸국 최고의 전사 들을 선발해 개인 경호대로 삼을 수 있게 했고, 그를 서쪽으로 보 내 페르가나와 트란스옥시아나를 다스리게 했다. 이는 추후 칸국 분열의 씨앗이 됐다.[73] 에센 부카는 인도 국경과 카라우나스 지역

---

72 양기차르의 즉위는 카샤니에만 언급되어 있다. Qāshānī(1969, 41); 참고. *YS*, 22.502; Bi-
ran 1997, 77-78.

73 Qāshānī 1969, 149-150; Waṣṣāf 1852~1853, 518-520; Naṭanzī 1957, 107; Kato 1991, 103;

제1권 정치사

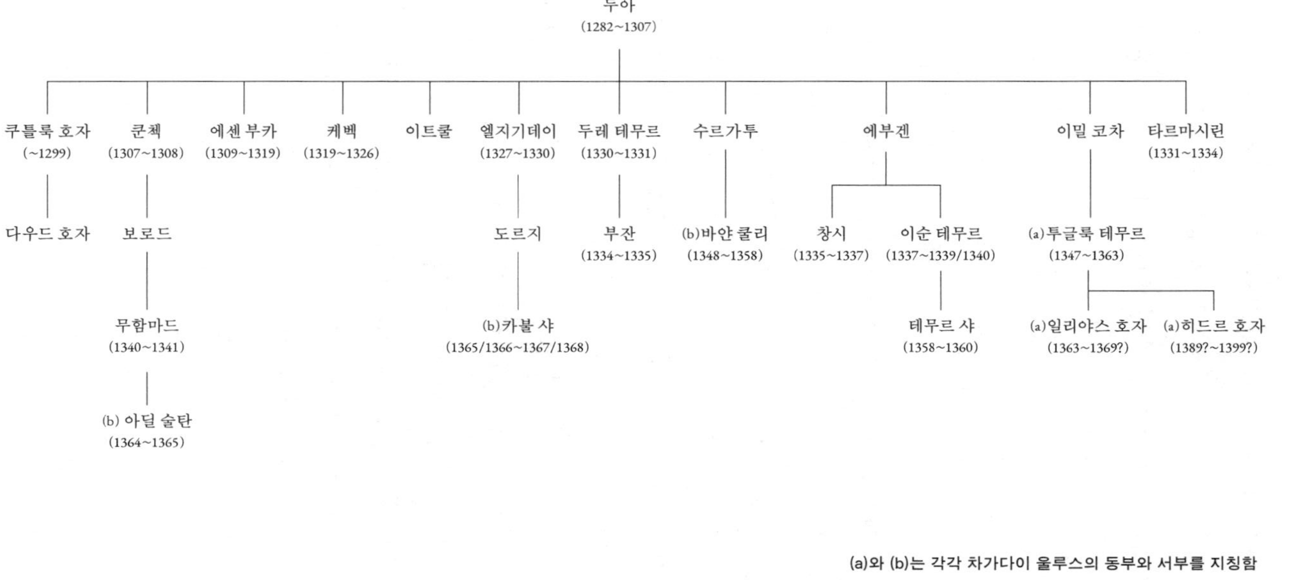

표 5.3　차가다이 울루스 군주 계보도—두아 칸의 후손

에 대한 차가다이 가문의 통제력을 확립하기 위해 또 다른 형제를 파견했는데, 그는 곧 쿠틀룩 호자의 아들 다우드 호자로 교체됐다. 즉위 초기 에셴 부카는 톡토아 칸이 이끄는 주치 울루스의 공격에 대처해야 했는데, 이 공격은 카안과 공모한 것으로 추정된다. 맘룩 사료에 따르면, 이는 1309~1310년경 발생한 (오르다 울루스 왕위를 계승했다고 주장한) 코니치의 죽음과 관련이 있을 수 있으며, 늦어도 1320년까지 백색 호르드가 시르다리야 지역(오트라르, 시그낙)으로 세력을 확장하는 계기가 됐을 것이다.[74] 그러나 에셴 부카의 통치에 대한 가장 심각한 도전은 중국과 이란의 톨루이계 국가들로부터 왔다. 두 지역 모두, 패배한 우구데이 가문 사람들이 합류하면서 더 강해졌다. 첫 번째 충돌은 원과 목초지 권리를 놓고 벌어졌다. 원이 차파르 동부 영역을 병합하며 중앙아시아의 목초지 분할이 교란되어, 차가다이 왕자들의 겨울 및 여름 목초지가 원의 통제 아래 들어갔다. 더욱이 원과 차가다이 군대가 위구르 지역과 알타이에서 "빗의 이처럼"[75] 서로 마주 보고 가까이 주둔하고 있어서 여러 차례 충돌이 일어났다. 원이 중앙아시아와의 무역량을 제한하려고 시도하고, 여기에 차가다이 가문이 자신들의 칸을 카안의 부하가 아닌 동등한 존재로 여기는 경향이 더해지면서 긴장이 고조됐다. 에셴 부카는 원 주둔군 사령관들과 목초지 권리를 협상하며 문제를 해결하려 했지만 헛수고였다. 그는 원과 훌레

Jackson 2018b, 92. 카샤니의 주장에도 불구하고, 케벡은 1309년에 즉위하지 않았다. Petrov 2009, 301.

74 al-'Umarī/Lech 1968, 79. 백색 호르드에 대해서는 Allsen 1985~1987, 25-26; Jackson 2017, 188-189.

75 Qāshānī 1969, 202.

구 울루스의 연합을 두려워하고 있었는데, 어느 날 술에 취한 원의 사신이 그 가능성을 언급한 후 더더욱 그렇게 생각했다. 게다가 1312년에는 에센 부카가 파견한 아프가니스탄 총독이 훌레구 울루스와 카라우나스 연합군의 공격을 받았다. 이 공격은 카라우나스 측에서 시작됐다. 카라우나스는 차가다이 가문에 오랫동안 복속해 있었고 두아와 혼인 관계를 맺고 있었는데도 말이다. 이 또한 목초지를 둘러싼 경쟁에서 비롯됐을 수도 있으며, 아마도 다우드 호자가 카라우나스의 목초지를 포함한 자기 아버지의 영역을 회복하려고 시도한 것에 대한 반발이었을 것이다. 겨울과 여름 거처에서 쫓겨난 다우드 호자는 아무다리야강을 건너 에센 부카에게 도움을 요청했다.[76]

이 사건은 차가다이 칸과 원 국경 사령관들의 협상이 실패한 시기와 맞물려 발생했고, 그래서 에센 부카는 더더욱 연합 세력이 형성되는 것을 두려워했다. 자신의 영역을 통과하는 원과 훌레구 울루스 사신들을 구금하고 재산을 몰수했으며, 1313~1314년에는 세 차례나 사절단을 체포했다. 동시에 그는 훌레구 울루스-원의 연합에 대항하기 위해 금장 호르드의 새 칸 우즈벡(재위 1313~1341)과 두 차례 동맹을 시도했지만 실패했다. 에센 부카는 원의 사령관들 사이에서 교묘히 대처하려 했다. 일부에게 평화를 제안하는 동시에 이전에 협상을 방해했던 사령관(토가치(Toghachi))을 공격했다. 그러나 그는 전투에서 패배했을 뿐만 아니라, 책략을 쓴 탓에 원의 주둔군들이 그에 맞서 단결했다. 1315년 그들은 차가다

---

76 Qāshānī 1969, 152; Kato 1991, 104.

이 영역 깊숙이 침투해 투르판분지를 장악했고, 1316년에는 위구르의 이디쿠트를 고창에 다시 설치했다.[77]

에센 부카는 손실을 만회하기 위해 후라산 침공을 결정했다. 예전에 다우드 호자가 추방된 일에 대한 보복 성격이 짙었지만, 여기에는 훌레구 울루스가 원보다 훨씬 약하다는 판단도 작용했다. 케벡이 이끄는 차가다이군은 트란스옥시아나의 제왕들로 구성된 6만 명의 대군을 모아, 후라산 군대를 쉽게 물리치고 훌레구 울루스 군대를 헤라트까지 추격했다. 케벡은 서쪽으로 계속 진격하고 싶었지만, 무슬림 왕자 야사우르는 라마단 성월에 싸우기를 꺼려했다. 부카 테무르의 아들로 두아 계열이 아니었던 야사우르는 케벡이 도착하기 전에 트란스옥시아나의 최고위 차가다이 사령관이었으며, 둘은 이전에도 종종 대립했다. 그들이 이 분쟁을 해결하기 전에, 에센 부카의 사신들이 도착해 원의 사령관들이 공격을 재개했다고 보고했다. 1260년대 이후 처음으로 카안의 군대가 차가다이의 핵심 영토를 침공해, 탈라스에 있는 에센 부카의 여름 목초지와 이식쿨 근처의 겨울 목초지를 약탈하고 가족과 재산을 포획했다. 케벡과 다른 왕자들 대부분은 가족을 구하기 위해 서둘러 돌아갔지만, 야사우르는 돌아가지 않고 남아 있을 구실을 찾아냈다.

원의 군대는 곧 차가다이 영토에서 철수했지만, 국경의 입지를 강화하고 카라호초를 재점령했다. 호탄을 포함한 원과 차가다이 국경 지대에서의 소규모 전투는 에센 부카의 통치가 끝나는 1319년까지 계속됐다.[78] 이러한 배경 속에서 1316~1317년 겨

---

77 Qāshānī 1969, 145-146, 174-176; Liu 2005, 346; Allsen 1983, 259-260.

   제1권 정치사

울, 에센 부카는 카이샨의 아들 코실라(후의 명종, 재위 1328)를 맞이했다. 코실라는 당시 재위 중이던 삼촌 아유르바르와다(인종, 재위 1311~1320) 황제로부터 도망쳐 왔다. 1316년 아유르바르와다는 자신의 아들을 후계자로 지명했는데, 이는 카이샨의 아들들이 아유르바르와다의 뒤를 이어 즉위하기로 한, 죽은 형 카이샨과의 약속을 파기한 것이었다. 카안은 코실라를 운남(중국 남서부)으로 유배보냈지만, 그는 차가다이 영역으로 탈출했다. 에센 부카는 코실라에게 원 국경 근처 타르바가타이 지역의 겨울과 여름 목초지, 그리고 봄 작물을 심을 땅을 하사했다.[79]

그러나 이 무렵 에센 부카의 서부 전선도 불안정했다. 원의 공격에 이어 훌레구 울루스의 울제이투와 복잡한 협상이 끝난 뒤인 1316년, 야사우르 왕자가 트란스옥시아나를 약탈하고 아무다리야강을 건너 후라산으로 갔다. 이때 야사우르는 개인 군대 1만 명, 그 밖의 전사 3~4만 명과 그들의 가족들, 그리고 자신이 이주를 강요한 많은 수의 트란스옥시아나 농민들을 동반했다. 에센 부카는 마침내 케벡의 요청에 따라 야사우르를 공격하기로 했지만, 야사우르가 훌레구 울루스의 지원을 확보했기 때문에 케벡의 군대는 강제 이주된 일부 주민들을 되찾는 데 그쳤고, 당시의 충돌 과정에서 많은 이들이 목숨을 잃었다. 이 패배로 차가다이 가문은 케벡과 야사우르의 전투가 벌어진 바다흐샨에 대한 지배권도 일시적으로 상실했다.[80] 훌레구 울루스의 울제이투는 기꺼이 야

---

78   al-'Umarī 1968, 79; Yuan Jue n.d., 34: 512–513; Qāshā nī 1969, 202–205; Liu 2005, 339–353.

79   *YS* 30.680, 31.694–695; Liu 2005, 350.

사우르를 후라산 전역(아무다리야강~마잔다란)의 통치자로 지명했는데, 이 사실은 울제이투의 후계자 아부 사이드(재위 1317-1335)에 의해 확인됐다. 야사우르는 헤라트와 시스탄의 지방 통치자들, 그리고 카라우나스에 대한 권위를 확립하는 데 어려움을 겪었지만, 이란과 이라크를 포함한 원대한 야망을 품고 있었다. 아부 사이드가 안팎으로 어려움에 처하자, 1319년 야사우르는 이를 기회 삼아 그에 대해 공개적으로 반란을 일으켰다. 야사우르와 가장 가까운 훌레구 울루스의 속국 헤라트의 카르트 왕조 통치자는 차가다이 가문에 도움을 요청했다. 1319년 초 에센 부카의 뒤를 이어 즉위한 케벡(재위 1319~1326)은 이를 기꺼이 받아들였다. 1320년 봄, 케벡의 군대는 후라산에 진입해 야사우르를 처형했고, 그에게 붙잡혔던 사령관들과 자손들 대부분을 되찾아 트란스옥시아나로 돌려보냈다. 그들은 사마르칸드 근처에 있는 가문의 봉지에 재정착했다.[81]

차가다이 울루스의 전성기로 알려진 케벡의 통치기는 활기차게 시작됐다. 1321년, 그는 오랜 공백 끝에 인도 침공을 재개했지만 큰 성과는 거두지 못했다. 같은 해, 주치 울루스의 우즈벡 칸에 맞서 훌레구 울루스의 섭정 초반과 동맹을 맺기로 합의했다. 그러나 이 동맹이 실현되지 않자, 케벡은 곧장 초반에 맞서 우즈벡과 협력하기로 결정하고 1322년 후라산을 침공했다. 이는 아마도 카라우나스와 반란을 일으킨 바다흐샨의 샤를 되찾기 위한 것으로

---

80 Qāshānī 1969, 164, 211-218; Harawī 1944, 640, 643-644; Ḥāfiẓ-i Ābrū 1971, 113-115; Kato 1991; Petrov 2009, 302-303; Liu 2005, 349-350; Biran 2009, 56-57. 필자는 Liu가 정리한 연대순을 이용했다.

81 Yasaʾur에 대해서는 Kempiners 1985; Kato 1991. 위의 노트 참고.

보인다. 1323년 몽골의 카슈미르 침공이 케벡의 주도로 이루어진 것인지, 아니면 그의 이전 침공의 연쇄 효과로 시작된 것인지는 확실치 않다. 이 침공으로 카슈미르는 황폐해졌고, 8개월 후 포로들을 데리고 떠나던 몽골군은 폭풍을 만나 많은 이들이 사망했다.[82] 그러나 후라산 침공은 훌레구 울루스의 보복 공격을 촉발했다. 그 대상은 케벡의 동생이자 아프가니스탄 사령관이었던 미래의 칸 타르마시린이었다. 1326년 훌레구 울루스의 아미르 하산 빈 초반은 타르마시린을 크게 패퇴시켰고, 그의 군대는 가즈나의 마흐무드 묘를 약탈했다. 그러나 가즈나는 여전히 차가다이의 손에 남아 있었다.[83]

케벡은 즉위 이후 원과의 평화를 추구했다. 그는 이러한 조치가 가져올 경제적 이점을 인식하고 있었지만, 우선은 계속해서 약탈을 선호하는 동부 아미르들의 반대를 잠재워야 했다. 1323년 케벡은 마침내 원에 복속해 수십 년간 지속될 조공 관계를 수립했다. 이 거래의 일환으로, 케벡은 새 황제인 아유르바르와다의 아들 시데발라(영종, 재위 1320~1323)에게 그의 잠재적 경쟁자 코실라를 차가다이 가문의 엄격한 감시하에 두겠다고 약속했을 가능성이 있다. 그 대가로 그는 위구르 지역을 되찾았을지도 모른다. 1326년 투르판의 몽골어 문서에 그의 명령이 인용된 것으로 보아 그렇다.[84] 원과의 협정으로 중앙아시아에 평화가 찾아오자, 케벡은 전쟁으

---

82 Pandit 1991, 42-43; Wink 2004, 3: 122.

83 Biran 2002b, 743; Biran 2009, 57; al-'Aynī, in Tizengauzen 1884, 491, 494; Ward 1983, 650-652.

84 Cerensodnom and Taube 1993, 183; Franke 1962, 404, 406; Liu 2005, 351-353; 본서 At-wood의 장.

로 피폐해진 그의 영역을 복구했다. 실제로 그는 적극적인 대외 정책보다는 울루스의 내정 정비로 더 유명하다. 전임자들과 달리 그는 트란스옥시아나에 거주지를 정했고, 나흐샤브 근처에 카르시(Qarshī, 튀르크어로 "성")라는 차가다이 서부 수도를 건설했으며, 농업과 무역, 도시 생활을 복구하기 위해 노력했다. 트란스옥시아나에서 그는 차가다이 역사상 처음으로 자신의 이름을 딴 새로운 주화를 제작했다. 또한 칸국의 새로운 행정 구역을 투멘(대략 1만 명의 병력을 지원하는 지역)으로 나누고 한 지역당 대략 1만 명의 군인을 지원할 수 있도록 했으며, 자신의 아미르들에게 봉지를 할당하고 그들의 권력을 제한하기 위해 많은 노력을 기울였다. 이로 인해 그는 공정한 통치자라는 명성을 얻었다.[85]

1326년 말경에 케벡의 뒤를 이어 그의 동생 엘지기데이가 즉위했다(재위 1327~1330). 전투 경험 많은 전사이자 불교와 기독교에 호의적이었던 엘지기데이는 알말릭으로 돌아와 동방 전선에 더 관심을 보였다. 1328~1329년 그는 원 왕조의 정치에 개입했고, 삼촌 이순 테무르 카안(태정제, 재위 1323~1328)이 사망한 뒤 원 제국의 왕위를 노리던 코실라와 동행했다. 이순 테무르 사후, 원 제국의 킵착 출신 대신 엘 테무르는 코실라의 아버지 카이샨의 가문을 복권시키기 위한 쿠데타를 주도했다. 1328년 가을, 반란군은 코실라의 동생 툭 테무르(문종, 재위 1328~1329년, 1329~1332)를 즉위시키고 코실라에게 왕위 계승을 제안했다. 엘지기데이는 코실라를 몽골로 호위했고, 코실라는 1329년 초 그곳에서 즉위했으며, 퇴위한 그의 동

---

85   Biran 2009, 57; Biran 2013, 271–272; Petrov 2009, 301–304.

                                    제1권 정치사

생은 황태자가 됐다. 코실라는 자신의 측근들을 주요 관직에 임명하는 등 황제의 역할을 진지하게 수행했지만, 반란군은 그가 승리의 결실을 누리도록 놔두지 않았다. 코실라는 즉위 6개월도 채 되지 않아 베이징 근처에 있는 동생 궁정에 도착한 직후 엘 테무르에 의해 독살당했고, 엘 테무르는 툭 테무르에게 카안의 지위를 돌려주었다.[86] 엘지기데이는 코실라가 죽자마자 자신의 영지로 돌아갔고, 새로운 원 황제는 그의 지지를 확보하기 위해 후한 선물을 하사했다. 엘지기데이의 후계자가 재위할 때 원이 차가다이 울루스의 위구르 지역 지배권을 인정한 것도 아마 이 협상의 일부였을 것이다.[87]

한편 1328~1329년 엘지기데이의 동생이자 서방의 부왕이었던 타르마시린이 인도를 침공했다. 이는 아마도 새로 즉위한 델리의 술탄 무함마드 빈 투글룩(재위 1324~1351)이 차가다이 울루스 국경 근처의 페샤와르와 하슈트나가르를 공격하고 차가다이 울루스에 맞서 훌레구 울루스와 동맹을 맺으려 한 것에 대한 보복이었을 것이다. 타르마시린은 국경의 물탄(Multān)에서 반란이 발생한 틈을 타서 거의 델리까지 진격했고, 티르미드로 퇴각하기 전 엄청난 전리품을 모았다.[88] 그러나 이러한 성과에도 불구하고, 엘지기데이의 뒤를 이어 타르마시린이 아니라 또 다른 동생인 두레가 즉위했

---

86 Hsiao 1994, 542-547 이븐 바투타가 전하는 카안의 숙부의 아들 피루즈 왕자의 반란에 대한 혼란스러운 보고는 아마도 코실라의 사건을 가리키는 것 같다. Baṭṭūṭa/Gibb, 4: 907-10; Uno, Muraoka, and Matsuda 1999, 56-57.

87 *YS*, 30.680, 31.699-701, 33.740, 34.754, 139.3352; Hsiao 1994, 541-547.

88 Jackson 1975, 118-126; Jackson 1999, 232; Biran 2002b, 744; Yazdī 1972, 81a에 따르면, 타르마시린이 구자라트까지 진출했다고 주장했다.

다(재위 1330~1331). 그는 당시 원에서 편찬한 지도에서 위구르 지역에서 아무다리야강까지 뻗은 영토를 다스린 것으로 기록되어 있지만, 그의 짧은 재위 기간에 대해 알려진 바는 그리 많지 않다.

타르마시린(재위 1331~1334)이 두레 테무르의 뒤를 이었다. 그는 케벡과 마찬가지로 트란스옥시아나에 거주하며 농업과 무역을 장려했다. 그러나 케벡과 달리 독실한 무슬림이었던 그는 군인들 사이에 이슬람을 적극적으로 전파했고(이미 많은 병사들이 무슬림이었다), 새로운 종교를 이용해 맘룩 및 델리 술탄국과 외교 및 상업 관계를 원활히 했다. 타르마시린은 원과 우호 관계를 유지했지만, 아마도 동부 지휘관들을 불신했던 탓에 자기 영토의 동부 지역을 방문하지 않았고, 전통적인 토이(연회)도 소집하지 않았다. 동부의 아미르들은 이런 태도를 야사를 어기는 일로 여겼다. 여기에, 그의 친(親)이슬람, 친(親)정주민 정책, 그리고 차가다이 계보 내에서의 취약한 위치(그는 두아의 후계자 계보에서 마지막 방계 계승자였는데, 이는 이전 칸들의 직계 후손들이 모두 잠재적으로 왕위를 주장할 수 있음을 의미했다) 등 이 모든 요인들이 그의 급격한 몰락으로 이어졌다. 1334년 여름경(이슬람력 735 초), 타르마시린의 조카이자 두레 테무르의 아들인 부잔(또는 부준)이 동부의 아미르들을 이끌고 타르마시린을 폐위시켰다.[89]

타르마시린의 몰락과 함께 칸국은 혼란기에 접어들었다. 이 시기는 재위 중인 칸의 신원조차 불분명한 경우가 있는데, 아미르들에 대한 칸들의 권력이 점점 약해지고 있었음을 보여준다. 흑사

89　Biran 2002b; Petrov 2009, 305-307.

병의 시작일지도 모를 전염병을 포함한 자연재해도 이 혼란에 일
조했다. 이 시기는 우구데이 가문의 왕위 찬탈을 포함한 치열한 계
승 투쟁, 종교적·지리적 성향이 다른 통치자들(때로는 공동 통치를 하
기도 했다), 그리고 후라산에서 차가다이의 권력 확대 등으로 특징
지어진다. 그러나 이는 주로 카라우나스의 아미르들에게 유리하게
작용했고, 결국 그들 가운데 한 명이 1347년에 칸을 폐위시켰다.[90]

일부 사료들은 부잔을 칸으로 인정하지만, 이를 뒷받침하는
주화는 발견된 적 없으며 문헌 사료에 언급된 다른 왕위 주장자들
(심지어 톨루이 가문 후보까지 포함)의 존재도 확인할 수 없다.[91] 1335년
12월, 두아의 손자이자 에부겐의 아들인 창시(재위 1335~1337)가
왕위에 올랐다. 독실한 불교 신자였으며 기독교도 후원했던 창시
는 알말릭으로 돌아갔지만, 즉위한 지 2년도 채 되지 않아 동생이
자 후계자인 이순 테무르에 의해 살해당했다(재위 1337 초~1339 또는
1340). 무슬림 사료들은 이순 테무르가 자기 어머니의 가슴을 잘랐
다는 일화 등을 통해 그를 악명 높은 미치광이 군주로 묘사하지
만, 투르판에서 발견된 몽골 문서는 그가 적극적으로 행정을 펼쳤
음을 보여준다. 또한 그의 이름이 새겨진 수많은 주화는 그의 권위
가 알말릭에서 트란스옥시아나에 이르는 차가다이 영역 전체에
걸쳐 작동했음을 보여주며, 여기에는 오트라르, 티르미드, 바다흐
샨도 포함돼 있었다.[92] 그러나 그는 1336~1339년의 극심한 가뭄과

---

90 Bartold 1956~1962, 1: 51-54, 134-138; Manz 1989, 21-57; Liu 2006, 430-450: Biran
     2009, 58-59.

91 Anonymous, Shajarat al-atrāk. MS Harvard University Pers 6F, fol. 114a; Petrov 2009, 307-
     308.

92 Biran 2009, 59; Petrov 2009, 308; Vér 2016, 267-270.

함께 1338~1339년 차가다이의 주요 겨울 목초지인 이식쿨 지역을
강타한 전염병에 대처해야 했다. 최근 연구를 통해 이 전염병은 이
후 금장 호르드, 유럽, 중동으로 퍼진 흑사병의 초기 사례로 확인
됐다.[93] 이 모든 상황이 이순 테무르의 통치력 약화에 영향을 미쳤
을 것이다. 그는 1339년 또는 1340년 우구데이 가문의 알리 술탄
(우룩 테무르의 아들이자 나우루즈의 협력자, 재위 1340~1341경)에 의해 폐
위됐다.

알리 술탄은 주로 1340년 알말릭에서 기독교인들을 학살한
광신적 무슬림으로 기억된다. 그는 자신이 파키르(faqīr), 즉 다르위
시(dervish, 무슬림 수행자)임을 내세웠는데, 아마도 30년 전 카이두 국
가가 붕괴된 이후 처음으로 등극한 우구데이 가문 통치자로서의
정통성을 확보하고 전임자들의 불교 성향과 대비되는 이미지를
만들고자 그런 시도를 했을 것이다. 하지만 알리 술탄의 권력은 알
말릭과 오트라르에 국한되었으며, 티르미드를 중심으로 한 차가
다이 남부 영역까지는 미치치 못한 것이 확실하다. 이 남부 지역에
서는 두아의 후계자인 쿤첵의 아들 또는 손자인 차가다이 칸 무
함마드 풀라드(볼라드, 또는 무함마드 빈 풀라드)의 이름이 주화에 새겨
져 있었다. 알리 술탄은 곧 차가다이 아미르들에 의해 살해됐고,
1341년 1월(이슬람력 741년 샤반월)에는 이미 알말릭의 주화에 무함
마드의 이름을 새겨 넣었다.[94] 이러한 혼란은 금장 호르드가 중앙
아시아에 개입하도록 부추겼으나 1341년 우즈벡의 사망이 대규모

---

93 Petrov 2009, 308; Slavin 2019; Wang et al. 2017, 21-22.

94 Yule 1967, 3: 31-32, 212; Petrov 2009, 309; Jackson 2017, 356-357, 386; Jackson 2019,
    366-367.

제1권 정치사

원정이 일어나는 것을 막았다.[95]

그러나 무함마드도 왕위를 오래 지키지 못했고, 1341~1342년(이슬람력 742)부터 다시 두 명의 칸이 통치했다. 칼릴(또는 칼릴알라)과 카잔이 그들인데, 둘 다 야사우르 왕자의 아들로 보인다. 두 형제는 1341~1342년에서 1343~1344년 사이(이슬람력 742~745)에 두 사람의 이름이 모두 새겨진 주화를 제작했다. 이 동전들에서 칼릴은 주로 카간(khaghan)으로, 카잔은 칸(khan)으로 불렸다. 그러나 부하라의 주화에는 칼릴의 이름만 나타나고, 티르미드와 바다흐샨에서는 카잔의 이름만 등장한다. 카잔은 여러 문헌 사료에서 언급되지만, 칼릴은 오직 이븐 바투타의 여행기와 후대의 성인전 자료에서만 알려져 있다. 이 자료들은 칼릴을 15세기 이후 중앙아시아의 주요 수피 교단의 창시자 바하 앗 딘 낙쉬반드(1318~1389)의 스승으로 묘사하는데, 낙쉬반드가 칼릴을 설득해 정치 무대로 돌아오게 했다고 한다. 이븐 바투타가 기록한 칼릴의 행적, 예를 들어 부잔과의 싸움(10년 전의 일)이나 베쉬발릭과 카라코룸 침공 등은 신빙성이 떨어진다(비록 이븐 바투타가 암시하듯 칼릴이 이전에 왕위를 노렸을 가능성은 있지만 말이다). 그의 기록 중 칼릴이 알말릭의 부관으로 임명했던 티르미드의 통치자 후다완드자다의 반란과 그 이후의 처형에 대한 내용은 1344~1345년(이슬람력 744) 알말릭의 주화에서 할릴의 이름과 (이전 주화에 있었던) 탐가가 빠진 것으로 뒷받침(그리고 연대 추정)된다. 이븐 바투타가 전하는 대로, 이후 칼릴이 자신의 즉위를 지지했던 헤라트의 카르트 왕조 통치자에 대한 권위를

---

95 Al-Shujāʿī 1985, 2: 214, 234.

주장하려 했다가 실패하고 결국 포로로 생을 마감했는지는 불분명하다. 어쨌든 1344~1345년(이슬람력 745)경에는 칼릴의 이름이 주화와 정치 무대에서 사라졌다.[96] 카잔은 2년 더 통치했는데, 이 기간 동안 카라우나스의 아미르로부터 도전을 받았고, 결국 이 아미르가 그를 폐위시키고 차가다이 울루스의 서부 영역을 장악했다.

티무르 시대의 사료들은 카잔을 "나쁜 마지막 통치자"로 묘사한다. 구체적으로 말하자면 변덕스럽게 아미르들을 처형하는 악랄한 폭군으로 유명했다고 하는데, 이런 견해에 균형을 잡아줄 만한 다른 증거는 없다. 그러나 우리는 카잔이 케벡의 카르시와 유사한 새로운 요새 도시를 잔지르 사라이(튀르크어로 "돌로 된 궁전", 그러나 페르시아어로 잔지르 사라이는 "사슬 궁전"을 뜻함)에 건설한 사실을 알고 있다. 이 도시는 카르시에서 부하라 방향으로 이틀 거리에 있었다.[97] 또한 그는 훌레구 울루스가 붕괴한 뒤 후라산에 대한 차가다이 가문의 지배력을 강화하려 했다. 그러나 정치적 불안정과 가혹한 기후가 겹치면서 칸국은 당시의 모든 몽골 정치를 휩쓴 "14세기 위기"를 겪었다. 칸국의 경제 상황도 악화된 것으로 보인다. 1345년 3월 무렵에는 이미 카파의 베네치아 상인들이 중앙 제국, 즉 차가다이 영역으로 가는 길이 파괴됐다고 불평했다.[98] 이는 아마도 1340년대 초 톈산 지역에서 퍼지기 시작한 역병의 영향을 받았을 것이다.[99] 곧이어 금장 호르드를 강타한 흑사병은 분명 칸

---

96 Baṭṭūṭa/Gibb, 3: 565–567; Paul 1990, 284–291; Petrov 2009, 310–313; Jackson 2019, 366–367. 잭슨은 칼릴을 야사우르의 아들 중 카잔을 제외하고 훌레구 울루스와 티무르 시대 사료에서 알려진 유일한 아들인 주키(Juki)와 동일 인물로 보았다.

97 Biran 2013, 272–273, 278.

98 Slavin 2019, 72, 78.

국의 경제 상황을 더욱 악화시켰을 것이다. 동시에 원 제국의 반란들, 특히 알타이에서의 폭동은 중국 서북부의 감숙 지역과 연결이 끊어지게까지는 하지 않았어도, 최소한 칸국의 동방 무역에도 해를 끼쳤을 것이다.[100] 그러나 카잔에게 가장 큰 위험은 울루스 내부와 남쪽에서 왔다. 카라우나스의 아미르 카자칸은 1347년 두 번째 시도 끝에 카잔을 폐위시키는 데 성공했다.[101] 만약 1340년대 초 흑사병이 차가다이 영역의 북부를 강타했다면, 이는 상대적으로 영향을 덜 받은 것으로 보이는 남부 지역의 카라우나스 세력이 부상하는 데 기여했을 수 있다. 어쨌든 카자칸이 집권하면서 트란스옥시아나의 실권은 칸에서 아미르들로 옮겨갔다. 그럼에도 그와 그의 후계자들은 계속해서 우구데이 가문과 차가다이 가문 출신의 꼭두각시 칸들을 임명했다. 그 무렵 칸국의 동부에서는 두글라트 부족의 아미르들이 두아의 손자라고 우긴 투글룩 테무르 칸(재위 1347~1363)을 즉위시키면서 칸국은 다시 한번 동서로 분열됐다.

아미르들의 통치와 마지막 통일의 실패, 1347~1370년

차가다이 영역에서 몽골의 마지막 시대는 동과 서, 남과 북, 칸들과 아미들 간의 투쟁, 그리고 군대의 재부족화로 결정됐다. 서부에서는 칭기스 가문 출신들이 꼭두각시 칸으로 전락한 반면, 동부

---

99 Slavin 2019.

100 이 시기 차가다이령 신장과 감숙 사이에 계속 이어진 이동성에 대해서는 Vér, 출간 예정, 참고.

101 Jackson 2018b, 그리고 이하 서술 참고.

에서는 원래 꼭두각시 칸이 되었어야 할 투글룩 테무르가 유능한
지도자임을 입증했다. 그는 짧은 기간이지만 칸국의 동부와 서부
를 마지막으로 통일하는 데 성공했다(1360~1363). 그러나 그의 중
앙 집권 정책은 일부 유력한 지휘관들의 반감을 샀다. 그중 한 사
람인 카마르 앗 딘은 투글룩 테무르가 죽자마자 반란을 일으켰고,
20년간 모굴리스탄을 이끌면서 칸국의 분열을 고착화했다. 티무르
는 1370년부터 서부 영역을 통치하며 스스로를 '울루스 차가다이'
라 불렀고,[102] 동부의 세력들을 제테(도적)라고 칭했다. 1380년대 후
반 차가다이 칸들이 다시 권력을 잡은 동부 영역은 스스로를 모굴
(몽골)이라 불렀고, 서부 영역은 비칭기스 가문 출신의 지도부와 카
라우나스의 역할이 두드러졌기 때문에 카라우나스(혼혈)라고 불
렀다.

카라우나스의 아미르 카자칸은 11년간(1347~1358) 차가다이
울루스의 서부 지역을 통치했다. 티무르 시대의 사료들은 그를 정
의롭고 경건한 통치자로 칭송하며, 그가 트란스옥시아나에 평화
와 번영을 가져왔다고 평가한다. 카라우나스는 1320년대 케벡이
후라산을 원정할 때까지는 차가다이 가문에 복속됐지만, 자신들
의 고유한 투멘과 아미르들, 그리고 아프가니스탄에 있던 원래의
거주지를 유지했다. 차가다이 울루스가 케벡의 통치 이후 남서쪽
으로 방향을 돌린 점, 훌레구 울루스가 붕괴한 이후 후라산이 분
열한 점, 그리고 약탈과 군사 활동의 온상이 된 인도 국경과 가깝
다는 점 때문에 카라우나스는 차가다이 군대에서 더욱 중요한 위

---

594   제1권 정치사

치를 차지하게 됐다. 게다가 델리의 투글룩 술탄 왕조(1320~1413)가—카라우나스 계통일 가능성이 있다—카라우나스를 자주 지원했다.[103] 이러한 상황에 카잔의 잔혹함, 카라우나스 영토 인근의 티르미드와 바다흐샨에 대한 그의 강압적인 통치, 1344년 이후의 가뭄, 그리고 아마도 흑사병의 영향이 더해져 카자칸의 반란을 부추겼을 것이다. 카자칸은 1345~1346년 처음으로 카잔에 도전했지만 패배하고 부상을 입었다. 하지만 1347~1348년에는 차가다이 칸을 살해하고 그 자리를 차지했다. 칭기스 칸의 혈통이 아닌 카자칸은 자신의 통치를 정당화해야 했다. 그는 훌레구 울루스의 후계 국가들인 잘라이르 왕조(1335~1432)나 초반 왕조(1335~1357)가 이미 채택한 정당화 기법을 모방했다. 그것은 칭기스 칸 가문의 인물을 꼭두각시 칸으로 세우고 칭기스 가문과 혼인 관계를 맺는 방식이다. 카자칸은 카잔을 대신해 즉위하면서 카잔의 젊은 부인(혹은 딸) 사라이 물크 카툰과 결혼했다. 이로써 그는 차가다이 가문의 구레겐(황실의 부마)이 됐다. 앞서 카잔에게 도전하기 시작했을 때에도 "칭기스 칸의 왕권과 운명에 대한 말씀이 [몽골인들에게는] 종교법과 같았기 때문에"[104] 반란의 명목상 수장으로 칭기스 가문의 꼭두각시 칸을 내세웠다. 그가 바로 카이두의 군대에 있던 우구데이계 인물, 우구데이의 아들 말릭의 아들 토칸의 아들 힌두의 아들 다니쉬만드체였다. 그러나 반란에 성공한 뒤 아미르들이 차가

---

103 Jackson 2018b, 99; 카자칸에 대해서는 예를 들어 Ḥāfiẓ Ābrū 1993, 182-188, 211-212, 216, 226-235, 248-250, 307-308; Naṭanzī 1957, 113-117, 201-204, 261-263; Shāmī 1937~1956, 1: 14-15, 2: 6-11; Manz 1989, 33-34, 43-44, 158-161 등 참고. 이상의 긍정적인 평가는 흑사병 출몰이 카자칸 즉위 이전임을 시사한다.

104 Ḥāfiẓ-i Ābrū 1993, 1: 183-184. 훌레구 울루스 이후의 상황에 대해서는 Wing 2016.

다이 가문의 통치자를 요구하자 어쩔 수 없이 우구데이 가문 출신의 꼭두각시를 교체해야 했다. 1348년 다니쉬만드체는 처형됐고, 두아의 악명 높은 아들 수르가투의 자손인 바얀 쿨리 칸(재위 약 1348~1358)으로 대체됐다. 바얀 쿨리는 부하라 근처 파타바드에 아직도 남아 있는 그의 영묘로 주로 기억되는데, 카자칸의 주요 원정에 동참해 후원자인 카자칸처럼 정의롭고 경건한 통치자라는 평판을 얻었다.[105]

카자칸의 권력 중심지는 계속 그의 본토에 있었다. 그는 살리 사라이(현재 타지키스탄의 판지, 타지크-아프간 국경 근처) 주변에서 겨울을 보냈고, 여름에는 북부 아프가니스탄의 쿤두즈와 바글란 근처에서 지냈다. 티무르 시대의 사료들은 그가 호라산에서 카슈가르까지 통치했고 카슈가르에서 안드후드(메르브와 발흐 사이의 도시)까지 군대를 모집했다고 전한다.[106] 이는 카자칸의 권위가 동쪽뿐만 아니라 북쪽에서도 미쳤다는 것을 보여준다. 카슈가르 동쪽에서는 모굴인들이 아래에서 논의할 다른 칸을 옹립했다. 카자칸은 아들 압둘라를 사마르칸드에 주둔시켰고, 양기 탈라스에서 바얀 쿨리의 화폐가 주조됐지만 카자칸의 지휘관들은 칸국의 남부 지역 출신이었다. 이들은 아를라트, 아파르디 부족, 후탈란의 아미르들, 그리고 바다흐샨의 샤들이었다. 잘라이르, 바를라스, 그리고 대부분의 술두스와 같이 트란스옥시아나 북부에서 목축하던 부족들은 그의 원정에 참여하지 않았다.[107] 실제로 카자칸은 차가다이 울

---

105 Bernardini 2013; 바얀 쿨리의 무덤에 대해서는 Babajanov 1999; Blair 2019.

106 Naṭanzī 1957, 113; Ḥāfiẓ Ābrū 1993, 1: 228-235; Jackson 2018b, 99; Bernardini 2013.

107 Ḥāfiẓ Ābrū 1993, 1: 228(citation); Manz 1989, 44; Petrov and Kamushaev 2019.

제1권 정치사

루스를 남서쪽으로 세력을 확장하려 했다. 그의 첫 번째 도전은 헤라트의 카르트 왕조였다. 그곳의 통치자 무이즈 앗 딘 후세인(재위 1332~1370)은 무너져가는 칭기스 가문으로부터 벗어나려 했고, 이미 1342년에 칭기스 가문 출신의 꼭두각시 칸이 통치하던 서부 후라산의 경쟁자 사르바다르 왕조를 물리쳤다. 1340년대 후반, 무이즈 앗 딘은 차가다이 가문의 후라산 영토를 탐냈다. 카르트 왕조의 통치자는 여러 차례 후라산의 바드기스 근처에 주둔해 있던 아를라트와 아파르디 부족 출신의 차가다이 아미르들을 공격했다. 그 결과 그는 해골로 산을 만들고 아무다리야강까지 진출했다. 타직인이 파디샤(pādshāh, 제왕 혹은 군주)가 되려는 야망을 품은 것에 분노한 카자칸은 역참의 샤이흐들과 같은 다른 호라산 집단들의 독려를 받아 1351년 무이즈 앗 딘을 공격해 그의 군대에 큰 패배를 안겼다. 그러나 요새화된 헤라트를 점령할 수 없음을 인정한 카자칸은 휴전을 제안했고, 무이즈 앗 딘은 이를 기꺼이 받아들였다. 실제로 1351년 헤라트에서는 바얀 쿨리 칸의 이름이 새겨진 화폐가 발행됐다. 무이즈 앗 딘은 엄청난 조공을 바치고 다음 해에 트란스옥시아나로 가겠다고 약속했다. 그러나 그가 실제로 왔을 때, 그 목적은 자신의 자리를 빼앗은 동생을 치기 위해 카자칸에게 도움을 요청하는 것이었다. 카자칸은 카르트 왕조의 통치자를 돕고자 했지만, 차가다이 지휘관들은 그 일에 그다지 열의가 없었고 심지어 무이즈 앗 딘을 암살할 계획까지 세웠다. 결국 무이즈 앗 딘은 혼자 헤라트로 돌아갔고, 1353년 자신의 왕좌를 되찾았다.[108]

108　Ḥāfiẓ-i Ābrū 1959, 38-47; Yazdī 1957, 24-30; Aubin 1976, 29, 35-37; Jackson 2018b, 99.

헤라트와의 긴장 관계에도 불구하고 카자칸은 1350~1351년 델리의 술탄 무함마드 이븐 투글룩이 지역 반란군과 맞서 싸운 마지막 원정에 지원군을 보냈다. 1351년 초 전쟁이 끝나기 전 무함마드가 사망하자, 카자칸의 군대는 본국으로 돌아왔다. 이때 꽤 많은 전직 몽골 이주민 병사들이 그들과 동행했는데, 그중 일부는 타르마시린의 사위 피루즈를 포함해 수십 년간 델리에 머물렀던 이들이었다. 돌아온 이주민들은 철수하는 차가다이 군대를 설득해 지도자 없는 인도군을 약탈하게 했고, 새로운 델리 술탄 피루즈 샤(재위 1351~1388)가 이를 저지하기 전까지 차가다이군은 상당한 양의 사람과 가축, 재산을 빼앗았다.[109] 그 후 몇 년간 카자칸의 행적에 대해서는 거의 알려진 바가 없지만, 결국 그의 몰락을 가져온 것은 카라우나스 내부의 갈등이었다. 카자칸은 카라우나스의 아미르로서 자신의 전임자였던 아미르 보롤다이의 군대에서 유래한 투멘 보롤디야의 지도권을 보롤다이의 아들이자 자신의 처남인 쿠틀룩 테무르에게 주기를 거부했다. 이는 족벌주의에 연루되고 싶지 않았기 때문이라고 전한다. 격분한 쿠틀룩 테무르는 사냥을 즐기던 카자칸을 습격해 그를 살해했지만, 얼마 지나지 않아 카자칸의 충성스러운 아미르들에 의해 처형당했다. 1358년 카자칸의 아들 압둘라가 아버지의 뒤를 이었다. 그가 가장 먼저 한 행동 중 하나는 유능하고 인기 있던 칸 바얀 쿨리를 처형하는 것이었는데, 아마도 그의 아내를 탐냈기 때문이다. 곧바로 이순 테무르 칸의 아들 테무르 샤(재위 1358~1360)를 바얀 쿨리의 자리에 앉혔다. 이 암

---

109   Baranī 2015, 327-329; Ḥāfiẓ-i Ābrū 1993, 326-327.

살 사건과 압둘라의 경험 부족, 그리고 특히 북부 부족들에게까지
자신의 권위를 강제하려 한 시도로 인해 차가다이 울루스의 많은
아미르들이 그로부터 멀어졌다. 즉위한 지 2년도 채 되지 않아 압
둘라는 바얀 술두즈와 하지 바를라스가 이끄는 북부 연합에 의해
폐위됐고, 그의 꼭두각시 칸도 반란 중에 살해됐다. 바얀 술두즈
가 트란스옥시아나의 아미르가 됐지만, 그는 칸을 선출하지 않았
고 자신의 권위 확립에도 실패했다. 대신 각 지휘관이 서로 이웃의
영지를 침해하여 자신의 지방 분봉지를 확대하려 하면서 트란스
옥시아나는 혼란에 빠졌다.[110] 모굴리스탄의 칸 투글룩 테무르는
이러한 상황을 이용해 1360년 트란스옥시아나를 침공했다. 차가
다이 울루스를 다시 통일하기 위한 마지막 시도를 시작한 것이다.

두아가 인정한 손자 투글룩 테무르는[111] 카자칸이 즉위할 때
악수(현재 신장 북부)에서 두글라트 부족의 아미르들에 의해 왕위에
올랐다. 두글라트 부족은 그때까지 잘 알려지지 않았지만, 당시 타
림분지의 오아시스들을 장악한 모굴리스탄에서 가장 강력한 부
족이었다. 젊은 칸 투글룩 테무르는 곧 실권을 장악했다. 그는 거주
지를 차가다이의 수도 알말릭 인근으로 옮겼다. 투르판에서 발견
된 그의 칙령들(대부분 1350년대 초의 것)의 상당수는 그가 당시 그의

---

110 예를 들어 Shāmī 1937~1956, 2: 11-12; Abū Ghāzī 1970, 162; Naṭanzī 1957, 113-117, 203-205, 261-264.

111 투글룩 테무르에 대한 주요 자료인 Ḥaydar(d. 1551)는 그가 에센 부카 칸(두아의 아들, 재위 1310~1319)의 아들이라고 주장하면서도 1330년경에 태어났다고 했는데, 이는 시기상 불가능하다(Ḥaydar 1996, 2: 6, 14). Yazdī(d. 1457)의 『자파르나마』(1957, 1: 33)와 15세기의 저작 『무이즈 알 안삽』(2006, 33b 면)에 따르면, 그의 아버지는 두아의 어린 아들로 다른 기록에는 나오지 않는 이밀 호자라고 한다. Abū Ghāzī 1970, 164-165 참고.

영역에서 가장 비옥한 지역 중 하나였던 위구르 지역을 확고히 통치했음을 보여준다. 이 칙령들은 농업, 목초지, 역참 제도, 그리고 위구르 이두쿠트에 대한 명령 등과 관련된 문제들을 다루었다.[112] 그러나 투글룩 테무르의 야망은 위구르 지역을 훨씬 넘어섰다. 그는 이슬람을 모굴리스탄에 전파한 인물로 가장 유명하다. 실제로 칸은 1354년경 지역의 카타키야(Katakiyya) 교단 출신의 수피 아르샤드 앗 딘을 통해 이슬람을 받아들였다. 아르샤드 앗 딘의 아버지는 칸이 즉위하기 전에 이미 그를 만났다고 전해진다. 새로운 종교는 칸의 정통성을 높였다. 어머니가 아버지의 오르도에서 추방된 후 태어난 출신이 불분명한 아이였기 때문에, 그는 이슬람이라는 또 다른 정통성의 도움을 받았다. 이는 또한 그의 지휘관들에 대한 권위를 강화시켜주었다. 지휘관들은 칸과 함께 이슬람을 받아들이거나 목숨을 잃는 두 가지 선택 중 하나를 해야 했다. 게다가 이슬람은 칸과 무슬림 차가다이 울루스, 그리고 트란스옥시아나 주민들 사이에 공통분모를 만들어냈고, 이는 그가 칸국을 재통일하려는 시도를 용이하게 했다.[113] 1360년 2~3월 투글룩 테무르는 상당한 군사력으로 트란스옥시아나를 침공했다. 바얀 술두즈의 찬탈 이후 트란스옥시아나가 내부 경쟁으로 혼란스러울 때였다. 아미르들은 후라산으로 도망가거나 칭기스 가문 출신의 무슬림 칸에 합류했기 때문에 그는 큰 저항을 받지 않았다. 합류한 이들 중에는 아직 무명인 티무르도 있었다. 티무르는 자신의 부족 지

112　Vernadsky 1936; Cerensodnom and Taube 1993, 173-179; Vér 2016, 261-263.

113　Ḥaydar 1996, 2: 8-11; Kim 1999, 299-304; DeWeese 2009, 132; Jackson 2017, 331-332, 3
58-359쪽.

　　　제1권 정치사

도자 하지 벡 바를라스가 후라산으로 도망간 상황과 자신의 인맥
(티무르의 아내 중 한 명이 두글라트 출신이었다)을 이용해 투글룩 테무르
로부터 키시에 있는 아버지의 봉지와 바를라스 투멘에 대한 권리
를 확보했다. 투글룩 테무르는 지휘관들에게 트란스옥시아나 통
치를 맡기고 모굴리스탄으로 돌아갔지만, 그들은 서로 다투다가
결국 동쪽으로 철수했다. 이러한 공백을 이용해 카자칸의 손자이
자 압둘라의 조카인 아미르 후세인이 연합군(여기에는 티무르와 일
부 북부 지도자들이 포함됐다)을 이끌고 바얀 술두즈에 맞섰다. 그들은
바얀 술두즈를 바다흐샨으로 몰아내고 후세인을 트란스옥시아
나의 아미르로 선포했다. 투글룩 테무르는 신속히 대응해 1361년
3~4월에 다시 트란스옥시아나를 침공했고, 차가다이 영역 전체
에 자신의 통치를 강제하기로 결심했다. 그는 아미르 후세인을 와
크시강 근처에서 물리치고 쿤두즈와 바글란에 있는 카라우나스
의 요새로 추격했다. 투글룩 테무르는 힌두쿠시 고개까지 가서 약
탈했고, 그곳에서 봄과 여름을 보냈다. 투글룩 테무르의 이름이 새
겨진 화폐가 멀리 바다흐샨에서 1363~1364년(이슬람력 765)까지 발
행됐는데, 이즈음에 트란스옥시아나 중심부에 있는 많은 주조소
들이 혼란에 빠져 작업을 중단하기도 했다.[114] 1361년 가을 투글룩
테무르는 사마르칸드로 돌아왔다. 그는 동쪽으로 돌아가기 전 이
지역의 강력한 아미르들 중 다수를 제거했고, 하지 벡 바를라스
를 포함한 다른 이들은 칸의 분노를 피해 도망쳤다. 이 두 번째 침
공에서 투글룩 테무르는 키시와 바를라스에 대한 티무르의 권리

114　Ḥaydar 1996, 13-14; Yazdī 1957, 44-45; Shāmī 1937~1956, 1: 14-15; Petrov 2009, 316.

를 재확인해주었고, 하지 벡이 후라산에서 도적들에게 살해되면서 티무르는 논란의 여지가 없는 부족 지도자가 됐다. 그러나 투글룩 테무르는 이번에는 동쪽으로 돌아가기 전에, 아들 일리야스 호자를 사마르칸드에 남겨 트란스옥시아나의 통치를 맡기고 상당한 규모의 모굴 군대로 그를 지원했다. 하지만 일리야스 호자는 트란스옥시아나에서 자신의 지배력을 공고히 하지 못했다. 그는 트란스옥시아나의 부족 지도력을 제한하려고 시도했고, 여기에 모굴의 정복 과정에서 이례적인 유혈사태가 발생하며 강한 반대에 직면했다. 티무르를 포함한 많은 지역 아미르들은 서쪽으로 이주해 복수를 계획하는 것이 더 좋은 방책이라고 생각했다. 모굴의 위협은 차가다이 울루스의 북부와 남부 부족들을 단결시켰고, 1363년 아미르 후세인과 티무르는 둘 다 후라산에서 세력을 재정비한 후 일리야스 호자에 반대하는 아미르들을 이끌고 키시 인근에서 대치했다. 그들은 첫 승리를 거두었지만, 아버지의 사망 소식을 들은 일리야스 호자는 전투가 완전히 결판나기 전에 동쪽으로 돌아갔다.[115] 권력 공백이 지속되는 가운데 아미르 후세인은 1364년 엄숙한 쿠릴타이를 소집하여 자신을 다시 한번 트란스옥시아나의 아미르로 즉위시켰다. 이번에는 꼭두각시 칸으로 카불 샤(도르지의 아들이자 엘지기데이 칸의 손자)를 임명했다. 카불 샤는 당시 '데르비시(dervish)'로 살면서 시로 유명했지만, 1년 반도 안 되어 처형됐다. 그 뒤를 이어 아딜 술탄(재위 1366~1370)이 왕위에 올랐는데, 무함마드

---

115 예시로 Ḥaydar 1996, 2: 14-15; Yazdī 1957, 45-64 Natanzi 1957, 209-221; Shāmī
      1937~1956, 1: 16-27; Manz 1989, 47-50.

                             제1권 정치사

풀라드 칸의 아들로 추정되며 이후 5년간 칸으로 살아남았다.[116]

한편 1365년 봄, 이제 모굴의 칸이 된 일리야스 호자가 다시 트란스옥시아나로 향했다. 후세인과 티무르는 타슈켄트 근처에서 그를 맞았다. 그들은 첫 승리를 거두었지만 모굴군은 세력을 회복했고, 1365년 5월 트란스옥시아나의 아미르들을 아무다리야강 너머로 패퇴시켰다. 그러나 모굴군의 트란스옥시아나 재입성은 오래가지 못했다. 심각한 말 전염병으로 대부분의 군대가 모굴리스탄으로 돌아와야 했고, 사마르칸드로 파견한 소규모 부대도 시민들의 저항에 놀라 곧 철수했다.[117] 이후 5년 동안 티무르와 아미르 후세인이 벌인 최종 경쟁은, 1370년 티무르가 차가다이 울루스를 장악하면서 끝났다. 이 기간 동안 티무르는 종종 "모굴인들", 특히 1360년대 초 모굴에 합류해 그들의 지배하에 남아 있던 트란스옥시아나의 아미르들에게서 도움을 받았다. 그 외에도 티무르는 자신의 아들 자한기르를 모굴리스탄 아미르의 딸과 혼인시켰는데, 그녀의 어머니가 투글룩 테무르의 사촌이었기 때문에 티무르는 칭기스 가문과 관계를 맺게 되었다. 이렇게 모굴인들은 티무르가 먼저 자신의 부족 내에서, 그리고 나중에는 차가다이 울루스에서 권력을 장악하는 데 중요한 역할을 했다. 이후 티무르는 후세인을 물리치고 그의 아내이자 카잔 칸의 딸과 결혼함으로써 차가다이 가문의 사위(구레겐)가 된 뒤 이 칭호를 사용했다.[118] 티무르는 또한

---

116 Bernardini 2013, 172-173.

117 Yazdī 1957, 85-86, Shāmī 1937~1956, 1: 32, 2: 22; Naṭanzī 1957, 222-232; Ḥaydar 1996, 20; Manz 1989, 51.

118 Manz 1989, 53-54, 57.

조상 카라차르를 통해 자신이 차가다이 가문과 연결되어 있다고 주장했다. 카라차르는 칭기스 칸이 차가다이에게 준 네 명의 지휘관 중 한 명이었다(티무르 시대의 사료들은 그 전에는 카라차르가 주변적인 인물이었던 것과 대조적으로 그의 중요성을 크게 과장했다). 카라차르와 칭기스 칸은 툼비나 칸이라는 공통의 조상을 공유했다. 툼비나 칸은 칭기스 칸의 선조인 카불 칸의 아버지이자, 티무르의 조상인 카불 칸의 형제 카출라이의 아버지였다. 이 연결고리는 티무르 시대에는 거의 언급되지 않았지만, 툼비나 칸이 사망한 뒤 두 형제 카불 칸과 카출라이 사이에 구체적인 협약이 있었던 것으로 추정됐다. 이 협약에 따르면 카불의 후손들이 통치를 하고, 카출라이의 후손들은 그들의 군사 및 행정 지휘관이 되기로 했다는 것이다. 이 협약 내용은 칭기스 칸과 카라차르 시대에 재확인됐고 알리 술탄의 혼란스러운 통치(1339~1340) 때까지 문서로 보관됐다고 한다.[119] 그러나 티무르의 정통성에 더 중요했던 것은 그가 아미르 후세인과 마지막으로 충돌하기 전에 임명한 칭기스 가문 출신의 꼭두각시 칸이었다. 그는 우구데이 가문의 소유르가트미시(재위 1370~1388)로, 카자칸의 첫 번째 꼭두각시 칸 다니쉬만드체의 아들이었다. 티무르의 역사가 니잠 앗 딘 샤미(1411 사망)는 마흐무드 이븐 소유르가트미시 치하에서 사서를 저술하면서 소유르가트미시의 즉위를 티무르가 차가다이 통치를 복원한 것의 일환으로 묘사했지만, 이 단계에서 꼭두각시 칸이 우구데이 가문 출신이라는 점은 문제가

---

119 카라차르에 대해서는 예를 들어 Khwāndamīr 1994, 3: 12-20; Manz 1988, 111, 122; Woods, 1990 참고. 이상의 합의에 대해서는 Yazdī 1972, 81a; Shajarat al-atrāk, MS Harvard University Pers 6F, fol. 114a; Woods 1990.

   제1권 정치사

아니라 오히려 강점이었다. 이를 통해 티무르는 차가다이계 모굴인들에 대해 우위를 주장할 수 있었고, 과거 우구데이와 그 이후의 카안들이 통치했던 몽골 제국의 모든 영역을 다스릴 권리를 정당화할 수 있었다.[120] 소유르가트미시의 뒤를 이어 그의 아들 마흐무드(재위 1388~1403)가 즉위했다. 아버지와 아들 모두 티무르의 전쟁에 참여했고 큰 존경을 받았다(마흐무드는 1402년 앙카라 전투에서 오스만 술탄 바야지드를 생포한 것으로 유명하다). 또한 이들은 대부분의 전임자들과는 달리 자연사했다. 그러나 마흐무드가 사망했을 때는, 이제는 자신의 카리스마에 자신감을 얻은 티무르가 새로운 칸을 선택하지 않았다. 티무르 사후의 계승 투쟁 기간에 차가다이 가문과 우구데이 가문 출신의 몇몇 꼭두각시 칸들이 즉위해 단명했지만, 티무르의 아들 샤 루흐(재위 1409~1449)는 자신의 통치가 공고해지자 이 제도를 종식시켰다. 티무르 가문의 통치 정당성은 시조의 정통성과 이슬람교로 충분했다. 이로써 차가다이 가문은 트란스옥시아나의 통치자로서 종말을 맞았다.[121]

모굴리스탄에서는 차가다이 가문이 훨씬 오래 생존했지만, 도전을 받지 않은 것은 아니었다. 1365년 일리야스 호자는 모굴리스탄으로 돌아온 지 얼마 되지 않아,[122] 두글라트 아미르인 카마르

120　Shāmī 1937~1956, 1: 58; Manz 1988, 110-114.

121　Bernardini 2013.

122　Ḥaydar 1996, 2: 19-20; Kim 1999, 299-300. 1369년 일자로 반포된 투르판에서 발견된 칙령에 따르면, 일리야스 호자는 당시 칸이었던 것 같지만(Franke 1962, 408-409), 티무르 측 자료에 따르면, 그가 귀환하기 전에 더 이른 시기에 폐위된 것으로 보인다. Naṭanzī 1957, 125는 그가 죽은 시기를 1363~1364년(이슬람력 755)으로 기록했는데, 이는 너무 이르다.

앗 딘에 의해 폐위됐다. 카마르 앗 딘은 투글룩 테무르를 즉위시켰
던 아미르 볼라지의 형제였다. 볼라지가 사망했을 때, 카마르 앗 딘
은 자신이 수석 아미르(베글레르벡) 또는 아미르 알 우마라로서 그
를 계승하리라고 기대했다. 그러나 투글룩 테무르는 볼라지의 일
곱 살 된 아들이자 카마르 앗 딘의 조카인 후다이다드를 임명하기
로 결정했다. 이는 칸이 아미르들의 권력을 억제할 수 있게 한 조치
였다. 카마르 앗 딘은 투글룩 테무르의 통치 기간에는 조용히 있었
지만, 일리야스 호자의 군대가 트란스옥시아나에서 패배하고 돌
아온 뒤의 어느 시점에 칸과 그의 가족에 공개적으로 맞섰다. 전하
는 바에 따르면 하루 만에 18명의 왕자를 살해하고 자신이 칸으로
즉위했다고 한다. 모굴리스탄은 혼란에 빠졌다. 카마르 앗 딘은 칭
기스 가문 출신이 아닌 카라추(qarachu, 평민 계층의 일원)로서 결코 완
전한 정통성을 얻지는 못했지만, 20년 이상 권력을 유지했다. 그의
길었던 반란은 모굴인들의 통일 칸국 부활 시도를 종결시켰다. 더
욱이 티무르가 트란스옥시아나에서 권력을 공고히 할 수 있게 해
주었고, 1370~1380년대에 모굴리스탄을 반복적으로 침공할 구실
을 제공했다. 1387년경 카마르 앗 딘은 심지어 금장 호르드의 새로
운 칸 톡타미시(재위 약 1380~1397)와 동맹을 맺었다. 톡타미시는 과
거 티무르의 후견인이었지만 이제는 그의 경쟁자였다. 1389년 티
무르는 대군을 이끌고 모굴의 지도자 카마르 앗 딘을 추격했다. 그
러나 그를 잡지 못했고, 결국 카마르 앗 딘은 알타이로 도망쳤다.[123]

　카마르 앗 딘의 반란은 1368년 원 왕조가 몽골로 철수하는

123　Kim 1999, 305-307; Ḥaydar 1996, 2: 20, 22-25; Yazdī 1957, 1: 194-204.

상황을 이용해 모굴인들이 동쪽으로 영역을 확장하려던 기회를 막았다. 반란이 끝났을 때, 명(1368~1644)은 이미 중국에서 권력을 공고히 했고 감숙(1372)과 카라코룸(1380)에서 북원을 물리쳤다. 원의 붕괴와 반란, 그리고 칸국을 통합할 수 있는 칸을 찾으려는 모굴인들의 시도는, 원에 있던 차가다이의 후손들, 특히 감숙을 중심으로 봉지를 받았던 알구의 후손들을 중앙아시아 정치 무대로 다시 불러들였다. 감숙과 모굴의 영향이 닿는 투르판 사이에 특정한 상업적, 종교적 접촉이 적어도 투글룩 테무르의 통치 시기까지 있었던 것으로 확인된다.[124] 1388년경 또는 그 이전에, 두 명의 모굴 족장이 몽골로 도망쳤던 알구 계통의 왕자 구나시리에게 연락해 새로운 모굴 칸이 되어달라고 했다. 1388년 그들은 명의 창건자 주원장(재위 1368~1398)에게도 구나시리가 하미를 통해 여행할 수 있도록 보장해달라고 요청했다. 구나시리는 실제로 모굴리스탄으로 갔고 명과 접촉했지만, 그를 초청한 이들이 1389년 티무르의 공격으로 사망했다는 소식을 듣고 명의 보호를 구했다. 그는 하미에 정착했고, 그의 후손들은 1513년까지 그곳에서 권력을 유지했으며 이후 차가다이 가문의 왕자들이 20세기 초까지 그곳을 통치했다.[125] 차가다이 가문은 1389년경 다른 후보자를 내세워 모굴리스탄에서 권력을 되찾았다. 카마르 앗 딘의 조카인 아미르 후다이다드가 그의 경쟁자로 성장하여 히드르 호자(재위 약 1389~1399)를 즉위시킨 것이다. 히드르 호자는 투글룩 테무르의 어린 아들로, 후다

---

124   Vér, 2025.

125   Kim 1999, 309-313.

이다드가 자신의 삼촌 몰래 칸국의 남부 변경, 즉 로프노르(호탄 남쪽) 근처나 바다흐샨산맥에 숨겼다고 전해진다. 이후 모든 모굴 칸들의 선조가 된 히드르 호자는 티무르에게 복속해야 했다. 통치 기간 내내 티무르에게 조공을 바쳤고, 1397년에는 자신의 딸을 그와 혼인시켰다.[126] 티무르는 1380년대 초 차가다이 가문의 권리 회복이라는 명분으로 호레즘과 후라산을 침공했지만 모굴리스탄은 지속적으로 습격하면서도 결코 자신의 영역에 편입시키려 하지 않았다.[127] 이는 아마도 모굴리스탄이 과거 훌레구 울루스 영역에 비해 경제적으로 주변화되었고, 티무르가 정통성 면에서 모굴에 비해 열등했기 때문이었을 것이다.

티무르가 사망한 뒤인 1407년, 히드르 칸의 아들 샤미 자한은 자기 조상들의 영역으로 규정한 사마르칸드를 침공하기 위해 명의 지원을 확보하려 했지만 실패했다. 본인, 아들, 그리고 후계자 무함마드는 트란스옥시아나를 침공했지만, 티무르 가문에 심각한 위협을 가하지는 못했다. 이렇게 티무르의 즉위와 함께 차가다이 울루스의 해체는 영구화됐다. 티무르 가문은 '차가다이'라는 명칭의 위상을 유지했는데, 차가다이는 지배 엘리트를 지칭하는 말이자 동시에 그들이 사용한 튀르크어 문어체를 지칭하는 말이 되었다. 티무르 시대(1370~1501)는 무슬림 중앙아시아의 전성기로 여겨졌으며, 이 문화적 르네상스는 근대 초기 무슬림 제국들에 지속적인 영향을 미쳤다.[128] 반면 1678년까지 차가다이 가문 칸들의 통

---

126 히드르 호자의 유년기 서술은 투글룩 테무르와 의심스러울 정도로 유사하다. Ḥaydar 1996, 2: 20, 28-31; Naṭanzī 1957, 115, 130-131, 418.
127 Manz 1998.

치를 받은 모굴인들은, 그들의 유일하게 알려진 16세기 역사가가 증언한 것처럼 "가장 외딴 곳의 중요하지 않은 민족"으로 쇠퇴했다.[129] 실제로 모굴인들은 투르판과 하미를 포함한 동부 중앙아시아의 이슬람화에 기여했다. 이 지역들은 그들의 확장 목표가 됐고 (이 과정에서 원 내부에 있던 차가다이 후손들과 종종 싸웠다), 이후 모굴인들은 명과 긴밀한 관계를 유지하고 수익성 높은 무역을 지속하면서 큰 이익을 얻었다. 그러나 모굴인들은 만연한 계승 투쟁으로 고통받았고, 이는 종종 공동 통치로 이어졌다. 또한 두글라트 가문이 계속해서 군주를 옹립하는 권력을 가지고 있었다. 또 다른 주요 위협은 오이라트, 우즈벡, 키르기스, 카자흐 같은 종종 새로 형성되는 유목 연합체들이 그들의 북부 목초지를 탐내는 것이었다. 새로운 세력들은 모굴인들을 점차 타림분지의 오아시스로 밀어냈고, 그 결과 상당한 규모의 유목 군대를 유지할 수 있는 능력이 제한됐다. 결국 이 "진정한 몽골인들"은 야르칸드와 투르판을 중심으로 정착했다. 모굴인들은 점점 힘을 잃어갔지만, 고귀한 칭기스 가문 혈통이기 때문에 티무르 가문부터 오이라트, 카자흐, 심지어 낙쉬반디 수피들에 이르기까지 주변 왕조들에게 매력적인 혼인 상대가 됐다. 낙쉬반디 수피들은 두글라트의 뒤를 이은 군주 옹립자가 되어 1678년에 결국 모굴인들을 대체했다.

티무르 가문과 모굴인들이 후기에 맺은 한 혼인 동맹이 특히 중요해졌는데, 그것은 티무르 가문의 아버지와 모굴 출신의 어머

---

128   예를 들어 Subtelny 2007; Manz 2018.

129   Ḥaydar 1996, 2: 86.

니 사이에서 태어난 바부르가 16세기 초 티무르 가문의 페르가나
에서 인도로 이주했을 때였다. 바부르는 우즈벡인들을 피해 꽤 많
은 모굴 아미르들과 함께 이주하여 그 유명한 인도 무굴(또는 모굴)
왕조(1526~1858)를 세웠다.[130]

제도, 군사, 경제

몽골 중앙 왕국은 이란이나 중국과 같은 강력한 지역 제국의 전통
이 없었기 때문에, 여러 면에서 통일 제국의 제도와 군대, 행정 체
계에 더 가까웠다.

    중앙아시아의 내부 조직에 대한 정보는 부족하지만, 몽골의
주요 제도들이 티무르가 권력을 잡을 때까지 (그리고 종종 그 이후에
도) 계속 기능했음이 분명하다. 이러한 제도들에는 이동식 궁정(오
르도)이 포함되는데, 이곳은 다양한 전문가들이 모이는 문화 교류
의 주요 무대가 됐다. 왕실 친위대(케식)도 있었는데, 통치자를 보
호하고 섬기는 핵심 기능을 유지했다. 칸들과 왕자들은 각자의 친
위대를 보유했고, 이 부대들은 때로는 창설자가 죽은 후에도 정체
성을 유지했다. 케식은 '사령관들의 사령관(아랍어로 아미르 알 우마
라, 튀르크어로 베글레르벡)'이 이끌었는데, 그는 친위대의 네 개 교대
조를 지휘하는 네 명의 사령관을 총괄했다. 타르마시린 시대에 이

---

130   차가다이계 모굴에 대해서는 예를 들어 Millward 2009; Anooshahr 2018; Ḥaydar 1996;
바부르와 모굴에 대해서는 예를 들어 Dale 2004 참고. 인도에서는 이 왕조를 무갈/모굴
(즉 몽골)이라고 명명했는데 이는 그들을 북쪽에서 온 침입자로 보았기 때문이다. 그러
나 바부르의 후손들은 비록 차가다이적 특징을 유지했음에도 스스로 알 티무리야, 즉
티무르인으로 여겼다. Balabanlilar 2012.

네 명의 사령관들은 칸의 대리인(나이브(nāʾib), 즉 베글레르벡), 바지르, 궁내대신(chamberlain), 옥새 관리인(seal keeper)으로 구성돼 있었다. 이는 친위대가 행정에서도 중요한 역할을 했음을 보여준다.[131] 차가다이는 칭기스 칸의 법전으로 알려진 자삭(야사)의 전문가로 유명했다. 실제로 몽골 법정(야르구)과 그 판사들(야르구치)은 서부 칸국의 이슬람화 이후와 카잔의 시대까지도 존재했음이 확인된다. 더욱이 아미르 카자칸이 아침 시간의 상당 부분을 할애했던 마흐카마(maḥkama, 법정)도 야르구를 가리키는 것으로 보인다. 이는 술탄의 법정인 알-마잘림(al-maẓālim)과 결합된 형태였을 수 있으며, 샤리아 법정과 나란히 존재했다.[132] 역참은 계속해서 칸국의 영역을 연결했다. 일부 역참은 고정돼 있었지만, 일부는 유목민들이 운영하는 이동식 천막 형태였다. 이를 통해 계절, 날씨, 또는 무역로에 영향을 미치는 정치적 격변에 따라 위치를 옮길 수 있었다. 카이두와 두아는 이 제도를 유지하기 위해 노력했다. 투르판에서 발견된 위구르 문서를 통해 14세기 그 제도의 운영과 복잡한 유지 과정에 대한 중요한 세부 사항들을 알 수 있다.[133]

몽골 중앙아시아 군대의 그 유명한 전사들은 주로 기마 궁수로 구성된 유목 부대였다. 카이두와 차가다이 울루스의 군대는 뭉케의 숙청 이후 중앙아시아에서 재편성됐기 때문에, 원래의 우구데이 및 차가다이 부대와는 상당히 달랐다. 카이두, 알구, 두아 모

---

131 Baṭṭūṭa/Gibb, 3: 557-558; Manz 1989, 34, 83, 164-165; Grupper 1992~1994.

132 예를 들어 *JT*/Rawshan, 2: 882; *JT*/Thackston, 2: 424; Waṣṣāf 1852~1853, 367; Shāmī 1937~1956, 2: 6, 10; Ḥāfiẓ-i Ābrū 1993, 1: 183, 308.

133 Shim 2014; Vér 2016, 2019.

두 권력을 장악하는 과정에서 군사를 모았다고 전해진다.[134] 각 군대는 칭기스 칸이 셋째 아들과 둘째 아들에게 물려준 원래 부대의 후손들이 핵심이었지만, 이는 전체 군대의 일부에 불과했다.[135] 어느 지도자도 우구데이와 차가다이 제왕들 전체를 통제하지 못했는데, 이들 중 일부(차가다이 가문이 우구데이 가문보다 많았음)가 원 제국 아래에서 사는 것을 선택했기 때문이다. 중앙아시아 군대의 다른 구성 요소로는 "모집된" 병력들이 있었다. 여기에는 카이두에 합류한 다른 영역 출신의 제왕들(특히 톨루이와 주치 카사르의 후손들)과 그들의 지휘관 및 군대, 1260년 이전에 중앙아시아에 주둔하고 있던 몽골 주둔군(적어도 부하라에 남아 있던 10개의 투멘과 아마도 더 많은 부대), 탈라스 쿠릴타이 이후 카이두, 바락, 뭉케 테무르가 나눈 현지 중앙아시아 부대(유목민과 아마도 트란스옥시아나 도시 엘리트들의 맘룩들), 그리고 습격으로 얻은 다른 탈주자들과 포로들이 포함돼 있었다. 바락이 사망한 후 그의 지휘관 다수가 카이두에 합류했지만, 두아가 즉위한 이후와 카이두 및 차파르가 통치한 기간에는 우구데이 군대와 차가다이 군대 사이에 분명한 구분이 있었다. 차파르가 원에 항복한 후 우구데이 군대는 주로 원 내에서 해체됐다.[136] 여러 투멘으로 구성된 카라우나스도 중앙아시아 군대의 독특한 요소로 남아 있었다. 1290년대부터 그들은 카이두와 두아의 지배를 받았고, 1320년대 초부터는 차가다이 가문의 지배를 받다가 결국

---

134 Waṣṣāf 1852~1853, 12(알구); *JT*/Rawshan, 1: 757; *JT*/Boyle, 152(두아); *JT*/Rawshan, 1: 625-626; *JT*/Boyle, 24(카이두).

135 Qaidu: Biran 1997, 81; Duʾa: *JT*/Rawshan, 1: 607; *JT*/Thackston, 1: 294.

136 Biran 1997, 81-83; Dhahabī 1982~1988, 23: 369에서는 바카르지(Bākharzī)의 맘룩에 대해 알 수 있다. Jackson 2017, 187.

이들의 왕위를 찬탈했다. 원이나 훌레구 울루스와 달리, 중앙아시아 군대는 현지 보조 부대를 거의 사용하지 않았고, 그나마 활용한 경우도 시기상 상대적으로 늦었다. 바다흐샨의 샤는 1316년 후라산을 침공한 차가다이 군대와 1350년대 후반 카자칸의 군대에 부대를 제공했고, 티르미드의 현지 통치자는 1340년대에 4000명의 무슬림 군대를 이끌고 할릴 술탄에게 합류했다고 전해진다.[137]

보조 부대를 제한적으로 사용한 것(다른 지역에서 보조군은 보통 보병으로 구성됐다)은 중앙아시아 군대의 유목적 성격과 관련이 있었을 것이다. 관련 기록들을 보면 군대의 기동성, 속도, 위장 후퇴와 매복 같은 유목 전술을 강조하는데, 그들은 이러한 전술로 상대적으로 부족한 병력과 더 작은 자원 기반을 보완했다.[138] 그러나 군대의 유목적 성격이 그들을 기후와 질병에 더 취약하게 했다. 예를 들어 1365년에 승리한 모굴 군대가 말 전염병 때문에 트란스옥시아나에서 급히 철수해야 했던 사례가 있다.[139] 또한 요새화된 도시를 점령하는 능력도 제한됐다. 차가다이 가문이 공성전에서 실패를 반복한 것은 그들이 공성 기술이 부족한 전형적인 초원 전사에 가까웠음을 보여준다.[140] 이러한 유목적 특성 때문에 몽골 중앙아시아에서 선호되었던 전투의 형태는 전면전이 아니라 전격전이었다. 전면전에서는 누구도 승리를 보장하기 어려웠기 때문이다. 특히 그들은 자체적인 유목 부대를 가진 강력한 정체들에 둘

---

137 Harawī 1944, 629-630; Ḥāfiẓ-i Ābrū 1993, 1: 229; Baṭṭūṭa/Gibb, 3: 565.

138 예를 들어 Biran 1997, 89-91; Ḥāfiẓ-i Ābrū 1959, 39; Baranī 2015, 157, 159.

139 위의 각주 116 참고.

140 Biran 1997, 83-84, 89-90; Ḥāfiẓ-i Ābrū 1959, 40-42.

러싸여 있었기 때문에, 동시에 여러 전선을 유지하기가 어려웠다(가령 1290년대에 벌어진 사건들에서 증명된 것을 참고). 게다가 중앙에 위치해 있다 보니 경쟁자들 간의 연합이 위기를 심화했다. 이러한 연합이 현실이 된 적은 거의 없지만, 존재 가능성만으로도 중앙아시아 정치에 영향을 미쳤다. 1299~1300년 원, 훌레구 울루스, 금장 호르드의 연합 가능성은 두아가 평화를 제안한 요인 중 하나였다. 1314년에 에센 부카는 훌레구 울루스-원 연합이 두려워 우즈벡 칸과 동맹을 맺으려 했고, 1328~1329년 델리 술탄이 차가다이 가문에 맞서 일 칸들과 동맹을 맺자고 제안한 것이 타르마시린의 이슬람화를 촉진했을 수 있다.[141] 마찬가지로 금장 호르드와 차가다이 가문에 맘룩이 합세한 연합의 심각성은 훌레구 울루스 연대기에서 반복적으로 언급된다.[142] 강력한 이웃들의 위험을 인식한 중앙아시아 몽골인들은 정찰병, 첩자, 탈주자, 여행자를 통해 정보를 얻기 위해 노력했다. 그 결과 상대방의 지형을 파악하고 경쟁자들이 다른 전선에 집중하고 있을 때 습격 시기를 조절할 수 있었다. 알구와 카이두는 형성기 이후에는 대규모 정복이 아니라 습격과 이주, 그리고 느리게 침투하는 방식으로 영토를 확장했는데, 후라산, 위구르 지역, 신드(델리 국경)로 나아갈 때 그러했다.[143]

카이두 시대부터 적어도 에센 부카의 치세까지, 칸은 원 전선을 지휘하고 다른 전선에는 신뢰할 수 있는 제왕들(아들들, 형제들, 조카들)을 임명했다. 트란스옥시아나(훌레구 울루스와 대적)와 아프가

---

141 위의 내용 참고.
142 위의 내용 참고.
143 예를 들어 al-'Umarī 1968, 39-40; Biran 1997, 92.

니스탄(인도와 마주하고 카라우나스를 이끄는 위치)이 대표적이다. 원이나 훌레구 울루스의 상황과 유사하게, 국경 지대를 담당한 제왕들은 종종 유력한 차기 군주 후보자였다. 케벡은 서쪽으로 이동한 뒤 원과의 국경 지대에서 자신의 권위를 확립하는 데 어려움을 겪었다. 트란스옥시아나에 거주했던 타르마시린은 동쪽에 충성스러운 지휘관을 두지 않았다. 그의 치세부터 카라우나스는 제왕이 아닌 아미르의 지배를 받았는데, 이 아미르의 권력이 점점 커져 결국 카자칸의 찬탈로 이어졌다.[144] 아미르들의 권력이 제왕보다 커지는 현상은 중앙아시아 군대를 언급한 사료에도 분명히 드러난다. 다른 몽골 군대와 마찬가지로 중앙아시아 군대도 십진법 군사 단위(10, 100, 1000, 1만)를 유지했다. 14세기 초반까지 중앙아시아 군대는 우구데이와 차가다이 계열 모두 제왕들의 군대로 구성됐다고 묘사된다(예: 사르반의 투멘, 쿠틀룩 호자의 투멘). 그들의 지휘관들은 이름, 지위(예: 구레겐), 또는 직업(예: 야르구치)으로 언급됐다.[145] 1347년 이후에는 명칭이 지역(예: 키시의 투멘 등)으로 바뀌었고, 아미르들이 지휘했다. 티무르와 모굴 시대의 자료들은 보통 이 아미르들이 속한 부족(예: 하지 바를라스, 바얀 술두즈)을 명시하는데, 이는 이전과 극명한 대조를 이룬다. 티무르 시대의 토착 중앙아시아 사료 기록의 방식이 변화해서 그런 것이 아니라면, 이러한 변화는 우구데이 가문의 해체와 그에 선행한 전쟁들로 인해 가용한 제왕들이 줄어서 생긴 일일 수도 있고, 케벡이 칸국을 행정적 투멘으로 나눈 결과일

---

144 Biran 2009, 60.

145 예를 들어 Waṣṣāf 1852~1853, 367; Harawī 1944, 765-768. 이외에도 많다.

수도 있다. 행정 구역으로서의 투멘은 '한 투멘의 군대를 지원하는 데 필요한 수입이 요구되는 지역'이므로 군대가 자신의 투멘 위치와 동일시됐을 수 있다.[146] 다른 몽골 울루스의 부족 부대는 보통 칭기스 칸의 구레겐들이 이끌었다. 실제로 카이두와 차가다이 가문은 카라우나스를 포함한 군사 지휘관들과 혼인 동맹을 맺었고, 여러 구레겐들이 티무르가 권력을 잡기 훨씬 전부터 중앙아시아 군대에서 중요한 역할을 했을 뿐 아니라 칸들의 신뢰를 받는 외교 사절단 역할도 맡았다. 그러나 이 구레겐들이 속한 부족은 대부분 알려져 있지 않으며, 다른 울루스에서는 분명했던 칸들과 특정 부족들 사이의 여러 세대에 걸친 연결도 찾아볼 수 없다.[147] 따라서 구레겐들이 부족 부대를 이끌었는지 카라우나스의 경우처럼 다른 방식이었는지는 불분명하며, 그들이 군대의 재부족화와 관련 있는 것 같지도 않다. (훌레구 울루스의 경우와는 달리) 실제로 카자칸과 티무르는 왕좌를 찬탈한 후에야 구레겐이 됐다. 14세기 중반 차가다이 울루스를 구성했던 주요 부족들 대부분(바를라스, 잘라이르, 술두즈, 아를라트. 단, 두글라트는 제외)이 카이두 및/또는 차가다이 영역에서 이미 존재했음이 확인되지만, 재편성된 중앙아시아 군대의 개인적, 누케르적 성격은 부족의 권력 강화에 유리하지 않았다.[148] 따라서 재부족화는 아마도 "누케르화"를 반영했을 것이다. 이는 군대에서 구성원 개개인이 자신의 출신 부족과 관계없이 지휘관의 소속 부족을 따라 스스로를 부르는 상황을 말한다.

---

146   Biran 1997, 99-100; Matsui 2005, 79.

147   Landa 2019, ch. 5; Biran 2008, 377.

148   Biran 1997, 83.

몽골 중앙아시아의 정주 인구는 13세기 내내 얄라바치 가문이 관리했는데, 마수드 벡(1289 사망)은 처음에는 카안을 섬기다가 이후 알구와 카이두를 섬겼고, 그 직위를 아들들에게 물려주었으며, 그중 한 명은 14세기 초 차파르를 섬겼다. 훌레구 울루스와 원의 정치에서 두드러졌던 관료적 투쟁과 파벌은 우구데이-차가다이 영역에서는 훨씬 덜 지배적이었던 것 같다. 이러한 관리자들 아래에서 여러 지역 왕조들이 권력을 유지했고(예: 알말릭, 바다흐샨, 티르미드, 위구르 지역에서), 지역 유력자들(사드르(ṣadr))이 다른 도시들에서 중요한 직위를 차지했다(예: 카슈가르, 부하라). 행정은 세금 징수원과 무역 및 수공업 검사관들도 포함했으며, 특히 무기 제작 공방과 관련된 부분을 강조했다.[149]

얄라바치 시대 이후 차가다이의 행정은 (전형적인 몽골 방식으로) 케식에서 발전한 것으로 보인다. 타르마시린 치하에서는 한 명의 바지르(그 또한 네 명의 주요 케식 지휘관(즉 아미르) 중 한 명이었을 것이다)가 정주 행정을 담당했을 것이다. 적어도 가즈나에서는 담당 아미르가 대리인들(누와브(nuwwāb))을 고용했는데, 이들은 특정 도시들에 주둔했던 지역 총독들(시흐나/다루가치)과 동일했을 것이다. 적어도 투르판에서는 세금 징수원과 역참 감독관으로 이루어진 복잡한 계층 구조가 존재했다.[150]

카자칸은 쿱추르(qubchur, 인두세)와 우슈르('ushr, 10분의 1, 아마도 무역세인 탐가와 토지세 하라지(kharāj))만 징세한 것으로 칭송받았는

---

149 Biran 1997, 98–99.

150 Baṭṭūṭa/Gibb, 3: 557–558, 589; Qāshānī 1969, 205; Biran 2009, 61; Vér 2016, 2019.

데, 이는 투르판의 위구르 문서에서 확인된 무역과 토지에 대한 일반 세금인 알림 비림(alïm biriïm)과 동등했을 수 있다.[151] 그가 칭송받았다는 것은 다른 통치자들이 다양한 임시 과세를 요구했음을 시사하며, 실제로 투르판 문서에는 칼란(qalan) 노동세와 역참 시스템 유지를 위한 다양한 특정 과세를 포함한 복잡한 과세 용어가 나온다.[152] 위구르 지역에서는 중국 지폐가 사용되기도 했지만, 대부분의 거래는 물물교환이고 세금은 현물(포도주, 가죽, 면, 밀) 납부였다. 그러나 13세기 후반에는 가장 일반적인 지불 형태가 천과 동전에서 은으로 변화했다.[153] 1340년대에 페골로티는 독자들에게 유럽을 떠날 때 천을 가져가되, 우르겐치(호레즘)에서 은 주괴로 바꾼 뒤 차가다이 영역에 들어가고, 중국에 들어갈 때는 다시 지폐로 바꾸라고 조언했다.[154] 실제로 위구르 지역 서쪽에서는 대부분의 세금이 현금으로 납부됐고, 화폐 경제의 발달이 뚜렷했다. 이미 1220년대에 몽골인들은 중앙아시아의 화폐경제를 부활시키려 노력했고, 뭉케 치하에 알말릭에서 대규모의 금, 은 주화 제작이 재개됐다. 1271년 카이두의 즉위와 동시에 마수드 벡이 중앙아시아에서 통화 개혁을 주도해 은 함량이 높은 주화를 만들었다. 이 주화들은 처음에는 오트라르, 탈라스, 후잔드에서 사용되었으며, 1281~1282년 카이두의 통치가 안정되면서 트란스옥시아나와 페르가나에 주조소가 생기고 알말릭과 카슈가르에서도 주화의 유

---

151   Hāfiz-i Ābrū 1993, 1: 211, 308.

152   Biran 2009, 61; Vér 2016; Vér 2019.

153   Moriyasu 2004.

154   Jackson 2018a, 267.

통이 증가했다. 이 주화는 명확한 발행자의 이름이 없고 도상학적으로 통일되지 않았지만, 우구데이와 차가다이 통치자들의 탐가가 새겨져 있었다. 더욱이 동일한 무게와 순도, 기본 디자인 등을 감안할 때 중앙에서 주조를 감독했음을 짐작할 수 있다.[155] 카이두가 사망한 뒤 왕자들 간의 갈등으로 인해 차가다이 영역 전체, 특히 탈라스와 오트라르에 있던 카이두의 중심지에서 주화 제작이 심각한 타격을 입었다.[156] 자신의 이름을 딴 화폐를 처음 주조한 케벡은 화폐 개혁을 추가로 단행해 울루스의 경제 회복에 기여했다. 그는 1321년(이슬람력 721)부터 부하라와 케벡의 이동식 궁정인 오르도 바자르에서, 1325년(이슬람력 725)부터 사마르칸드에서 소형 은화(디르함) 여섯 개를 합친 무게의 새로운 은화를 주조했다. 이 화폐들이 금장 호르드에서도 인기를 얻었지만(러시아 화폐 단위 '코페이카'의 어원이 됨), 개혁의 효과는 트란스옥시아나에 국한됐다. 타르마시린 치하에서야 비로소 새로운 무게를 가진, 통치자의 이름을 딴 화폐가 차가다이 영역 전체에서 보급됐다.[157]

'몽골의 시대' 동안 중앙아시아 몽골인들은 주로 목축 유목에 의존하는 유목민으로 남아 있었고, 목초지를 둘러싼 갈등은 중앙 몽골 울루스에서 반복되었다. 1260년대 카이두와 바락, 1310년대 에센 부카와 원, 그리고 같은 시기 카라우나스와 차가다이 사이에 생긴 긴장이 그것이다.[158] 그러나 14세기 전반에는 꽤 많은 왕

---

155 Biran 1997, 101.

156 Petrov, Baypakov, and Voiakin 2014, 258-259.

157 Petrov 2004, 76-77; Petrov 2009, 303-304; Davidovich and Dani 1998, 406-408도 참고.

158 예를 들어 Qāshānī 1969, 210.

자와 지휘관이 목축에 더해 농업을 도입했다. 이는 1320년대 몽골 아미르들이 마을과 정원, 방앗간을 소유하고 정주민들과 이웃해 살기를 더 원했던 트란스옥시아나에서만이 아니라,[159] 더 동쪽의 이식쿨과 타르바가타이산맥에서도 마찬가지였다.[160] 중앙아시아의 농업은 몽골의 초기 정복 이후 회복됐지만, 끊임없는 전쟁과 다수의 유목민들로 인해 어려움을 겪었다. 카이두의 안정화 시기(1280~1290년대) 및 케벡과 타르마시린(1320~1330년대) 치하에서 회복을 시도했으나, 이 경우에도 부분적인 성공에 그쳤다. 1330년대에 이 지역을 방문한 이븐 바투타는 부하라와 사마르칸드에 남아 있는 폐허를 강조하면서도, 티르미드가 호레즘으로 밀과 보리를 수출하고 부하라의 외곽 도시 와브켄트가 인도와 중국으로 건포도를 수출했다고 언급한다. 14세기에도 부하라의 멜론과 투르판의 포도주는 여전히 유명했다.[161] 카이두 영역의 국경 지역, 특히 후라산과 위구르 지역은 13세기 내내 습격으로 고통을 겪다가 1320년대 이후 어느 정도 회복됐다. 그러나 세미레치예에서는 이미 1250년대에 많은 농경지가 목초지로 변했고, 14세기 초중반 전쟁에 가혹한 기후와 전염병까지 겹쳐 이 지역의 농업과 도시 중심지가 심각하게 쇠퇴했다.[162]

무역은 몽골 중앙아시아의 주요 수입원이었다. 이 지역은 동과 서(중국과 이란, 유럽), 남과 북(러시아와 인도)을 연결하는 주요 육로

159　Chekhovich 1965, 58, 65, 67, 68, 75, 83, 84, 107; Manz 1983.

160　Naṭanzī 1957, 108; *YS*, 31.694.

161　Baṭṭūṭ/a/Gibb, 3: 542, 550, 569; ʿUmarī 1972, 49.

162　Biran 2009, 63.

를 통제했다. 통일 제국 시기에 다양한 대륙 간 교역로가 번창했는데, 몽골인들의 무역 장려 정책과 역참 제도의 혜택을 받았기 때문이다. 그러나 1260~1270년대 중앙아시아의 내부 혼란과, 특히 중국, 이란과의 지속적인 갈등으로 인해 중앙아시아 몽골인들이 중심적 위치에서 얻을 수 있는 이점을 충분히 활용할 수 없게 됐다. 더욱이 1276~1279년 남송 정복으로 원은 동서 무역의 상당 부분을 해상 노선으로 옮겼는데, 이는 내륙에 갇힌 차가다이인들이 접근할 수 없는 노선이었다. 카이두와 두아는 갈등이 최고조에 달했을 때조차도 무역로의 기능을 살리기 위해 계속 노력했다. 그들은 1280년대에 역참을 설치하고, 상업 교통로를 덜 위험한 노선으로 옮기고, 페르가나의 상업 중심지 역할을 할 안디잔을 건설하고, 투르키스탄과 트란스옥시아나의 다른 도시들을 복구했다.[163] 차가다이인은 번성하는 항구 도시 호르무즈(1300)와 어쩌면 구자라트(1329)까지 습격했지만, 이 도시들은 칸국의 중심지에서 너무 멀어 해상 출구를 제공하지는 못했다. 대륙 노선이 해상 노선에 비해 쇠퇴하자 두아는 원과 평화를 맺었다. 그 결과 1304년부터 대륙 노선을 따라 교통량이 증가했고 모든 칸국들이 역참로를 연결했다고 전해지며, 이 길은 1310년 차파르가 원에 항복한 후 더욱 번성했다. 그 무렵에는 중앙아시아에서 중국으로 오는 대규모 사절단이 너무 잦아서 오히려 원 관리들이 반대할 정도였다.[164] 동서와 남북을 잇는 대륙 교통은 1320~1330년대에 절정에 달했다. 케벡 치하

---

163 Shim 2014, 431-434; Naṭanzī 1957, 106; Mustawfī, tr. Lestrange 1915~1919, 239.

164 Shim 2014, 441-451; Liu 2005, 342-343.

에서 원 및 훌레구 울루스와 평화를 유지했고, 무슬림인 타르마시
린이 이슬람법이 인정하지 않던 상업 관세를 폐지하고 당시 안정
과 번영을 누리던 맘룩 및 델리 술탄국과의 관계를 개선했기 때문
이다.[165] 1340년대에 페골로티가 남긴 그 유명한 "타나(금장 호르드의
돈강이 아조프해로 흘러드는 곳)에서 카타이(북중국)로 가는 길은 낮이
든 밤이든 완벽하게 안전하다"는 말은 아마도 이 시기에 차가다이
영역을 지나는 동서 도로를 언급한 것 같다.[166] 그러나 1340년대 중
반에서 후반, 그리고 14세기 중반에 발생한 위기가 차가다이인과
무역 상대들에게 영향을 미쳐, 이 신흥 무역은 심각한 타격을 입었
다. 그리고 이는 15세기 티무르 왕조와 무굴 제국 치하에 가서야
되살아난다.[167]

　　차가다이 영역을 지나는 주요 무역로는 "타타르 길"이었다.
이 길은 유럽과 금장 호르드에서 시작해 오트라르(시르다리야강 유
역, 차가다이 국경)를 거쳐 알말릭과 카라코초(현대 투르판 근처, 위구르
의 수도)로 이어지고, 거기서 감주(원의 감숙행성)와 대도(베이징)로 연
결됐다. 또는 이란에서 오는 사람들은 약간 남쪽의 경로도 택할
수 있는데, 이는 사마르칸드에서 탈라스를 거쳐, 주로 추강, 발라
사군, 이식쿨을 지나 알말릭으로 가는 길이었다. 우마리에 따르면,
사마르칸드에서 알말릭까지는 40일이 걸렸고, 알말릭에서 대도까
지는 추가로 80일이 필요했으며, 육로나 해로로 항주의 항구에 도
달하는 데는 40일이 더 걸렸다. 이란에서 출발해 후라산을 거치는

165　Biran 2002b; Biran 2009, 62; al-'Umarī 1972, 48-49.

166　Yule 1967, 3: 152.

167　예를 들어 Jackson 2018a, 259-260; Kauz 2005.

더 남쪽 노선은 부하라, 사마르칸드, 카슈가르를 지나 타림분지 남쪽을 따라 카라코초와 중국으로 (또는 호탄을 거쳐 티베트로) 갔다. 알말릭에서는 몽골로 향하는 더 북쪽 길도 취할 수 있는데, 톈산산맥 북쪽(사이람호, 베쉬발릭, 이르티시, 알타이)을 거치거나 중가르분지 북서쪽 가장자리를 따라 볼라드, 에밀, 코박, 이르티시, 알타이를 지나는 노선이 있다. 차가다이 영역을 우회하는 유일한 대륙 동서 도로이자 "모피로드"로 알려진 더 북쪽 노선은 중국에서 카라코룸과 예니세이(백색 호르드-원 국경)를 거쳐 남부 시베리아의 바시키르 땅을 지나 볼가불가르의 카마강으로 이어졌다. 주요 남북 노선은 (예를 들어 이븐 바투타가 취했던 길로, 그는 후라산으로 우회했다) 호레즘의 우르겐치에서 부하라, 사마르칸드, 키시, 티르미드, 발흐, 쿤두즈, 가즈나를 거쳐 델리 술탄국과 인도로 향했다. 이 길은 호레즘에서 금장 호르드와 흑해를 거쳐 서유럽이나 이집트로 계속 이어졌다.[168] 차가다이 영역에서 발견된 많은 양의 '주치 주화'를 비롯한 칸국의 정치적 지향은 무역의 상당 부분이 금장 호르드를 통해 이루어졌음을 시사한다.[169] 정치적 격변에도 불구하고 교차하는 도로들이 무역을 유지할 수 있게 했다. 비록 상인과 여행자에게는 위험이 커졌지만 말이다.

중앙아시아 상인들은 칭기스 칸의 초기 지지자들 중 하나였으며, 그들 중 다수가 몽골 제국의 사업에 유용한 참여자가 됐다. 마수드 벡의 얄라바치는 원래 호레즘의 상인 가문이었고, 차

---

168   Al-'Umarī 1968, 30, 75, 77, tr. 111, 142, 143; Baṭṭūṭa/Gibb 3: 540-588; Jackson 2018a, 258-260; Shim 2014; Allsen 2019, 147-149.

169   E.g., Martinez 1990; Koshevar 2011; Slavin 2019, 79.

가다이의 신임을 받은 장관 하바시 아미드는 무역으로 재산을 모았다.[170] 통일 제국과 원 시대에 활동했던 대부분의 오르톡 상인들, 즉 몽골 또는 다른 유력자의 자본으로 거래하거나 그들의 자금을 지원받고 그 대가로 후원자와 이익을 나누던 이들은 중앙아시아 무슬림이거나 위구르인이었다.[171] (다른 몽골 정체와 달리) 카이두나 차가다이 칸들이 오르톡을 고용했다는 정보는 없지만, 아마도 그랬을 것이다. 게다가 오르톡은 물론, 개인 상인들도 고향과 연락망을 유지했을 것이고, 이를 통해 중앙아시아 상업을 촉진했을 것이다.[172] 1330년대에 이븐 바투타는 차가다이 영역에서 인도, 이라크, 시리아 출신의 상인들을 발견했는데, 그중 일부는 중국이나 금장 호르드로 향하고 있었다. 같은 시기에 이탈리아의 제노바와 베네치아 상인들이 각각 알말릭과 가즈나에서 활동했다는 증거가 있다. 그들이 항상 안전하게 귀국한 것은 아니었다.[173] 그 시기의 국제 상인으로는 알 샤리프 알 사마르칸디가 있었다. 그는 원과 델리 술탄국, 맘룩 시리아에서 상당한 시간을 보내며 맘룩 작가 알 우마리(1349 사망)의 신뢰할 만한 정보원이 됐다. 한편 1320년대부터 많은 상인들이 차가다이의 조공 사절단과 함께 중국을 방문했다.[174] 칸국 전역에는 대출, 여관, 도로 유지보수, 역참, 짐 나르는 동물(주

---

170   Allsen 1993; Ibn al-Fuwatī 1962~1965, 4.3: 297; *HWC*, 273-275.

171   Allsen 1989; Endicott-West 1989.

172   예를 들어 훌레구 울루스의 카슈가르 상인들의 결속에 대해서는 Ibn al-Fuwatī 1962~1965, 4.2: 861, 1201-1202.

173   Baṭṭūṭa/Gibb, 3: 546-548; Yule 1967, 3.152; Jackson 2018a, 268-269.

174   al-'Umarī 1968, 28, 30, 31, 32, 45, 59; al-'Umarī 1972, 46, 48-49; Yongle dadian 1960, 19420.2.

로 당나귀) 대여 등의 상업 기반 시설이 존재했다.[175]

　　중앙아시아는 중국 및 인도와 유럽, 이란, 중동을 잇는 중계 무역에서 중요한 역할을 했다. 이 지역의 수출품으로는 농산물(과일, 곡물), 동물(말, 낙타, 양과 같은 가축뿐만 아니라 사냥 동반자와 이국적인 동물들), 옥, 보석, 모피, 약초, 직물, 포도주, 노예 등이 있었다.[176] 칸들이 작업장을 유지했고 이 지역에서 직물, 보석, 무기를 계속 생산했지만, 수출품의 대부분은 원자재였다. 이는 중앙아시아의 제조업이 통일 제국 시기 장인들의 대규모 이주로 입은 타격에서 완전히 회복되지 않았음을 시사한다.[177] 그중에서도 가장 중요한 품목은 노예였다. 차가다이 노예의 주요 공급원은 빈번한 습격의 와중에 잡은 포로들이었고, 이들은 대륙 전역에서 팔렸다. 1270년대부터 카이두와 원의 전쟁에서 잡힌 노예들이 맘룩 이집트에 도달했고, 그중 일부는 도중에 흑해 시장에서 팔렸을 것이다. 몽골 중앙아시아에서 맘룩 왕국으로 보낸 외교 사절단은 가져가는 선물과 상품에 노예를 포함시켰다.[178] 인도와 카슈미르 원정으로 얻은 노예들은 중국에서도 팔렸다. 카슈미르 연대기에 따르면, 카타이로 향하는 노예 상인들이 침공하는 차가다이 군대와 동행했다고 전한다. 1258년 이후 칼리프의 딸을 포함한 바그다드 출신의 노예들

175　Baṭṭūṭa/Gibb, 3: 542-569, 특히 549; al-ʿUmarī 1968, 47; Liu 1995, 202, 209; Dang 2006, 15-22; Biran 2007~2008; Vér 2016.

176　예를 들어 al-ʿUmarī 1972, 49; Baṭṭūṭa/Gibb, 3: 542, 550; *YS*, 24.550, 551, 555; 27.620, 629; 28.631-632; Yongle dadian 1960, 19420.2, 14; al-ʿUmarī 1968, 47-48; al-Dhahabī, 1982~1988, 23: 368; al-Nuwayrī 1984, 354-355.

177　Allsen 1997.

178　Biran 2019, 374.

이 부하라 노예 시장에서 팔렸고, 1326년에는 중국인, 인도인, 러시아인, 몽골인 노예가 거래됐다.[179] 국제 무역은 또한 칸국의 문화간 교류에도 기여했다.

문화와 종교

몽골의 정복 이전에도 중앙아시아는 다문화, 다언어, 다종교 지역이었지만, 몽골의 통치는 문화 간 연결을 확대하고 심화시켜 상당한 이슬람화, 새로운 정통성 개념의 확립, 그리고 장기적으로는 현대까지 이어지는 민족 구성의 재편을 초래했다. 이 시기에 두 가지 경향이 뚜렷했는데, 하나는 문화 간 접촉을 촉진한 몽골의 유목 문화 습성을 유지한 것이고, 또 하나는 칸들의 이슬람화, 심지어는 칸들이 개종하기 전부터 일반 몽골인들이 보인 상당한 수준의 이슬람화였다.

중앙아시아의 몽골인들은 본서에서 다루고 있는 시대 내내 유목민으로 남았고, 그들의 문화도 마찬가지였다. 그들은 이동식 궁정을 가졌고 화려한 황금 천막에서 손님들을 후한 연회로 맞이했다. 케벡이 카르시에 새 수도를 건설했을 때도, 이곳은 카잔의 잔지르 사라이처럼 성벽 안에 텐트를 칠 수 있는 공간이 충분한 요새였다. 이동식 궁정에는 의사(무슬림, 중국인, 유럽인), 천문학자와 점술가(중국인과 무슬림 모두), 학자, 시인, 상인, 군사 전문가 등 몽골 특유의 전문가 집단이 포함되어 있었다. 이 전문가들은 주로 지역 엘

---

179   Pandit 1991, 42; Chekhovitz 1965, 109, 148; Ibn al-Fuwatī 1995, 5: 112.

제1권 정치사

리트, 기술력을 갖춘 포로, 왕자들의 봉지에서 수입된 전문가, 억류된 사신, 이주민 등에서 비롯됐다.[180] 사냥은 여전히 칸들 사이에서 인기 있고 존중받는 활동이었으며,[181] 여성들은 차가다이 정치와 후원에서 중심적인 위치를 차지했다. 예를 들어 이수 뭉케 칸의 아내 나이시 카툰은 술에 취한 남편을 대신해 울루스의 업무를 처리했고, 카라 훌레구의 미망인 오르기나는 뭉케의 치세 동안 어린 아들 무바락 샤의 섭정으로서 울루스를 실질적으로 통치했다. 투글룩 테무르의 아내 티니 카툰은 알말릭에 그의 묘를 건립했고, 카이두의 용맹한 딸 쿠툴룬은 전사로서 기량이 뛰어난 것으로 유명했으며 자신의 하자라를 이끌었다.[182] 칭기스 칸 시대에 알말릭 지역 통치자의 미망인은 도시 방어에 중요한 역할을 했고, 샤시의 차가다이 총독의 아내는 그의 통치의 기둥으로 묘사됐으며, 발흐에서는 총독의 아내가 모스크를 건립했고, 여성들은 청원을 하고 싶을 때 칸에게 접근할 수 있었다.[183]

차가다이 칸들의 칙령은 1369년까지는 적어도 주로 몽골어로 작성했지만, 튀르크어를 사용한 사례도 존재한다. 그러나 이미 차가다이 시대에 그의 궁정은 울루그 에프(ulugh ef, 튀르크어로 "큰 집")라 불렸고, 케벡과 타르마시린 칸은 튀르크어를 구사했으며, 차가다이 인장에 튀르크어가 등장했다. 투글룩 테무르 치세의 한 인장에는 아랍어로 '알라'라는 단어, 원에서 발명된 팍빠 문자로

---

180   Biran 2009, 63; Dang 2019.

181   예를 들어 Shāmī 1937~1956, 2: 9-10; Ḥāfiẓ-i Ābrū 1993, 1: 307-308.

182   *JT*/Rawshan, 2: 760; *JT*/Thackston, 2: 372; De Nicola 2016; O'Kane 2004; Biran, 2020.

183   Qarshī 2005, CLXII-CLXIII, CCVII; Baṭṭūṭa/Gibb, 3: 557, 572.

쓰인 튀르크어 메시지("당신의 통치에 행운이 있기를"), 그리고 두아의 탐가(티베트 문자 '차'를 거꾸로 뒤집은 것에서 유래)가 포함되어 있어 궁정의 다문화성을 보여준다.[184] 더욱이 투르판과 타림분지에서는 일상적인 문서 업무가 (대부분의 왕실 칙령과는 달리) 위구르어로 이루어졌고, 페르시아어는 아마도 울루스의 서부 지역에서 같은 역할을 했을 것이다. 대부분의 차가다이 주화에는 아랍어 문구가 새겨져 있었지만(드물게 중국어와 티베트어 문자도 존재했다), 기념비적 비문은 아랍어와 페르시아어로 쓰였다.[185] 지배 계층 아래에서는 아랍어, 페르시아어, 위구르어, 시리아어, 몽골어, 동부 튀르크어(나중에 차가다이어로 불림)로 문화적 생산물이 만들어졌으며, 투르판에서는 중국어, 티베트어, 위구르어, 심지어 아랍어에서 몽골어와 위구르어로 번역이 이루어졌다.[186]

바르톨드가 차가다이 영역에는 세속 과학의 전통이 없었다고 주장한 것[187]과 달리, 현존하는 증거는 몽골 중앙아시아에서 천문학, 수학, 의학, 시, 언어학, 점술 분야의 학문 활동이 지속됐음을 보여준다. 궁정들은 다양한 배경의 천문학자, 점술가, 의사를 한데 모았지만, 학문적 생산은 궁정 밖에서도 계속됐다. 이 지역이 과학 인프라가 탄탄했다는 증거는 트란스옥시아나나 투르키스탄 출신의 여러 저명한 과학자들이 원 중국, 훌레구 울루스 이란, 델

---

184 Biran 2009, 63; Franke 1962, 407-408.

185 Biran 2009, 63; Vér 2019, 43-44; Wang 2004; Matsui 2007.

186 Elverskog 1997; Kara 2003, 28-34; Cleaves 1959. 이 책의 원서 vol.2에 있는 DeWeese, Matsui, Borbone, 그리고 Amitai 와 Biran의 장 내용 참고.

187 Bartold 1956~1962, 2: 5.

리 술탄국에서 활동했다는 사실로 입증된다.[188] 지속적인 이주에도 불구하고 (혹은 그로 인해) 차가다이 울루스의 무슬림 학자 공동체는 최소한 훌레구 울루스와 맘룩 왕국의 학자 공동체와 긴밀하게 연결돼 있었다. 예를 들어 1330년대 초 헤라트에서 가르쳤던 사드르 알 샤리아 알 타니(1347 사망)는 1347년 부하라에서 논리학, 신학, 천문학을 포함한 과학 백과사전을 완성했다. 그는 훌레구 울루스의 투시와 시라지의 천문학 저작들을 잘 알려진 교과서로 언급했는데, 이는 그의 연구 발전에 기초가 되었다.[189] 이와 비슷하게, 1342~1343년 후잔드 출신 학자인 잘랄 앗 딘 알 아하위(1401 사망)는 부하라에서 수사학 저서 『열쇠의 요약(*Talkhīṣ al-miftāḥ*)』을 공부했는데, 이는 차가다이의 유명한 저서 『과학의 열쇠(*Miftāḥ al-ʿulūm*)』에 대한 주석서였다. 이 주석서는 불과 몇 년 전 다마스쿠스의 학자 아불 라흐만 알 카즈비니(1338 사망)가 저술한 것이었다.[190]

차가다이 울루스에는 종교 간 교류도 존재했다. 차가다이 울루스 신민의 대부분은 무슬림이었지만, 상당한 규모의 불교도 및 기독교도 공동체가 있었고 소수의 유대교도와 기타 종교인들도 있었다. 이들 공동체 중 일부, 예를 들어 네스토리우스파 기독교도와 위구르 불교도는 몽골이 침략하기 훨씬 전부터 중앙아시아에 살고 있었다. 반면 새로 유입된 가톨릭교도나 티베트(그리고 아마도 중국)의 불교도는 울루스 동부 지역 무슬림들의 상당수, 예를 들어 몽골인들이 베쉬발릭으로 이주시킨 무슬림 장인들과 같은 처지였

---

188 예를 들어 Biran 2009, 63; Dallal 1995, 1-10; Kara 2003, 28-34; Yang 2017.

189 Dallal 1995, 9-10.

190 Amir 2020, 293-294.

다. 불교도들은 위구르 지역에서 다수를 차지하고 무슬림들은 울루스 서부에서 다수를 차지했지만, 다양한 (불교도, 기독교도, 무슬림) 공동체들이 종종 같은 공간을 공유했다. 이것이 때때로 긴장을 유발했으며, 이를 해소하기 위해 이슬람 법에 반하는 몽골의 규범을 엄격하게 시행했다. 그러나 무슬림이나 불교도가 광신적인 행동을 몇 차례 했음에도,[191] 카이두와 차가다이 가문은 적어도 차가다이 울루스의 이슬람화 이전까지는 공존을 장려했다.[192]

위구르 지역 외에도 호탄, 카슈가르, 카얄릭에 더 작은 불교 공동체들이 존재했다.[193] 티베트 불교는 원대에 크게 유행했으며, 라마와 순례자, 상인을 통해 동투르키스탄에 전파된 뒤 위구르인과 몽골인 사이에서 널리 받아들여졌다. 이러한 사실은 투르판에서 출토된 다수의 위구르어와 몽골어 밀교 텍스트로 입증되며, 이러한 불교 공동체들이 위구르인의 지속적인 이주로 인한 공백을 어느 정도 채워주었다. 위구르인들은 원 중국의 불교도들과 긴밀한 관계를 유지했다, 특히 대도, 항주, 그리고 더 가까운 감숙과 같은 주요 거점에 있던 위구르 디아스포라와 연결돼 있었다. 이 지역에서 원에 복속된 차가다이 가문의 한 지파가 불교 번역과 사찰을 후원했다.[194] 몇몇 차가다이 칸들은 개인적으로 불교를 선호했는데, 주로 두아가 그러했다. 그는 자기 아들의 이름을 불교식 타르

---

191 Yule 1967, 3: 31, 212; Naṭanzī 1957, 114; 통일 제국 시기에 대해서는 Jūzjānī 1963~1964, 2: 171-173, 215-217 참고.

192 Biran 2009, 64-65; Elverskog 2010, 133-137, 182, 189.

193 Liu 2006, 555-564.

194 Ligeti 1972, 115-183; Liu 2006, 555-564; Matsui 2008; Matsui 2016; Biran 2007~2008.

마시린(법명 다르마스리(Dharmasri), 즉 "다르마에 있어 존귀한 이")으로 지었고, 불교 사원에 면세 특권을 부여했다. 창시는 "모든 모스크에 불상을 세웠다"고 전해진다.[195] 엘지기데이와 이순 테무르 같은 다른 칸들도 불교를 후원했는데, 그들의 주화에 밀교 불교의 상징(바즈라(vajra))을 새겼다. 무슬림 칸인 무함마드 풀라드가 내린 한 칙령은 1340년대 원 중국에서 온 고위 티베트 라마의 차가다이 영역에서 안전히 통행할 수 있도록 보장했다. 투글룩 테무르는 이슬람으로 개종한 뒤에도 티베트 불교 스승(동시에 기적을 행하는 자)을 자신의 궁정에 초대했다고 전해진다.[196] 한편, 투르판에서 출토된 몽골어와 위구르어 문서들은 서방의 문화적 영향이 차가다이 울루스의 가장 동쪽에 있던 불교 영역까지 미쳤음을 시사한다. 이러한 문서들에는 알렉산드로스 대왕 서사의 몽골어 버전, 위구르어로 번역된 아랍어 모래 점술 작품, 그리고 이슬람에 대한 (때로는 논쟁적인) 언급과 아랍어 및 페르시아어 단어를 사용한 위구르어 시들이 있다.[197]

몽골 이전 중앙아시아의 네스토리우스파 기독교 공동체들은 사마르칸드, 카슈가르, 나와키트(이식쿨 근처)에 대주교구를 두고 있었다. 네스토리우스파는 특히 세미레치예와 사마르칸드, 후에 알말릭과 이웃한 일리발릭, 그리고 위구르인들 사이에서 우세했는데, 위구르인들은 14세기 중반까지 중국 내의 위구르 디아스포라와 관계를 유지했다. 이식쿨 공동체는 1338~1339년경 흑사병, 알

---

195 Nat/anzī 1957, 114; Biran 2007~2008.

196 Cleaves 1954; Roerich 1949~1953, 2: 504; Biran 2007~2008; Petrov, 2010.

197 Ligeti 1972, 184-207; Biran 2009, 64-65; Zieme 2011, 180-184; Vér, 2025.

리 술탄의 학살, 점진적인 이슬람화가 겹치며 소멸했지만, 묘비의 명문을 통해 1360년대 중반에서 후반까지 알말릭에 네스토리우스파가 존재했음을 입증했다. 사마르칸드의 네스토리우스파는 티무르 시대까지 존속했다.[198] 카톨릭 선교는 타르마시린의 개종에도 불구하고 1320~1330년대에 중앙아시아에서 번창했는데, 주로 엘지기데이와 창시 치하에서 그러했다. 이는 중국 선교의 부산물로 시작됐지만, 알말릭(1320년대 중반)과 사마르칸드(1329)에 설립된 주교구들은 훌레구 울루스의 술타니야 대주교의 관할 아래 있었다. 선교사들 중에는 유럽(이탈리아, 에스파냐, 프랑스)과 알렉산드리아 출신뿐만 아니라 유럽 상인들도 포함되어 있었다. 그들은 튀르크어를 배우고, 이교도 노예들을 사서 세례를 주었으며, 인도와 중국의 동료 신자들과 연락을 유지하려 노력했다. 우리에게 이 선교사들과 네스토리우스파의 관계에 대한 정보는 없지만, 라틴 사제들은 차가다이 칸들과 더 가까웠던 것 같다. 그들은 엘지기데이의 교황 사절로, 그리고 창시의 고문으로 차가다이 칸국에 봉사했다. 정부가 기독교에 우호적인 태도를 보인 데다가 알말릭에 교회와 수도원 건축을 허가해주자, 현지 무슬림 주민들은 분노했다. 알말릭의 주교와 그의 동료들은 1339년 알리 술탄에 의해 네스토리우스파 기독교인들처럼 학살당했고, 그들의 부활 시도는 모굴족이 이슬람화하고 원 왕조가 몰락한 뒤 중국 선교가 붕괴하자 사라졌다.[199]

우리는 칸국의 무슬림 문화에 대해 더 많은 정보를 가지고 있

---

198 Liu 2006, 543-544; Niu 2008, 특히 57-66; Biran 2007; Matsui 2016; Slavin 2019; Stewart 2020.

199 Yule 1967, 31-32, 34-35, 81-88, 213-214; Ryan 1998; Biran 2007~2008.

다. 학자들이 지속적으로 이주했지만, 칸국 내에서 여전히 무슬림 활동이 계속됐다. 차가다이 울루스가 이슬람화하기 전부터, 알말릭과 티르미드의 지역 무슬림 왕조들이 무슬림 학자들을 불러들였다. 시르다리야 지역에서는 시그낙과 페르가나에도 중심지가 생기면서 더욱 두각을 나타냈고, 무슬림 법학자들과 셰이흐들은 세미레치예와 신장의 카얄릭, 바르치칸드, 에밀과 같은 도시에서 더 동쪽으로도 활동 영역을 넓혀서 사람들을 가르치고 책과 주석을 편찬했다.[200] 트란스옥시아나의 확립된 무슬림 중심지들에서는 종교적 학문 활동이 계속됐는데, 저명한 가문들이 여기에 앞장섰다. 일부는 몽골 이전 시대에 기원을 두고 있으며 차가다이 통치 전반에 걸쳐 학자 공동체를 이끌었다. 좋은 예로 사힙 알 히다야 알 마르기나니(1197 사망)를 들 수 있다. 그의 후손들은 차가다이의 행정에 참여했고 티무르 시대까지 사마르칸드에서 종교적 직위를 유지했다. 마찬가지로 마흐부비 사드르 가문은 1238년부터 1347년까지 부하라의 하나피 학파에서 지배적인 역할을 했다.[201] 특히 부하라는 샴스 알 아이마 알 카르다리(1244 사망)와 그의 가장 뛰어난 제자인 하피즈 앗 딘 알 카비르(1294 사망), 그리고 앞서 언급한 마흐부비 사드르 가문과 같은 저명 인사들을 통해 몽골 이전 하나피 법학과 수피즘의 중심지로서 명성을 유지했다. 하피즈 앗 딘 알 카비르 가문은 티무르 시대까지 학자 공동체에서 두각을 나타냈다. 한편 사이프 앗 딘 바하르지(1261 사망)는 금장 호르드의 칸 베르케(재

---

200 Qarshī 2005, CCVIII-CCIX; Sakhāwī 1966, 2: 194-195; Ibn al-Fuwatī 1995, 2: 284, 303-304.

201 Biran 2019, 380-381.

위 1257~1267)를 개종시켜 유명해졌다. 이러한 저명한 종교인을 비롯한 동시대인의 묘가 적어도 15세기까지 숭배의 대상이 됐다.[202]

몽골인들과 그들이 임명한 인사들은 중앙아시아에 여러 학문 기관을 설립했다. 뭉케의 부인은 부하라에 사이프 앗 딘 바하르지를 위해 중요한 와크프(waqf)를 설립했는데, 이를 14세기 중반까지 샤이흐 가문이 관리하며 상당한 경제력을 축적했다. 그 재산의 일부는 노예 구매와 개종, 해방에 사용됐다. 뭉케의 부인과 마수드 벡은 모두 부하라에 대학을 건립했는데, 1250년대에 학생 1000명을 받을 정도로 번성했다고 전한다. "칸의 마드라사", 즉 마드라사트 알 하니는 1340년대까지 운영되었고, 알 마수디야는 1273년 불에 탔지만 나중에 재건됐다. 타르마시린이 개종한 뒤, 그의 대리인이 가즈나에 다수의 대학을 설립했다.[203] 마드라사의 교과 과정을 보면, 심지어 변방인 후잔드에서도 종교 학문 외에 기초 수학, 의학, 문학(모두 몽골인들이 선호하는 과목들)이 포함되어 있었다. 트란스옥시아나에서 교재로 사용된 대부분의 텍스트들은 '동방' 교과 과정에서 나온 것으로, 주로 트란스옥시아나 지역에서, 일부는 후라산, 이란, 이라크에서 유래했음을 알 수 있다.[204] 더욱이 많은 이주민들, 특히 다른 몽골 정체나 델리 술탄국 및 맘룩 왕국과 같은 다양한 영역에서 쉽게 일자리를 구할 수 있었던 하나피 학자들은 지역 저작물을 마드라사로 가지고 갔다. 따라서 몽골 이전과

---

202 Biran 2009, 65; Biran 2019, 380-384; Muʿīn al-Fuqarāʾ 1960, 21, 31, 33, 36-37, 40, 53-54, 55, 56, 71, 75.

203 Biran 2007~2008, 39-42.

204 Biran 2019, 382; Qarshī 2005, CLXXVIII-CCX.

초기 몽골 시대의 트란스옥시아나 걸작들, 예를 들어 12세기의 주요 법률 편찬물인 알 마르기나니의 『알 히다야』와 카디 칸(1196 사망)의 『파타와』, 알 사카키의 『미프타 알 울룸』이 계속해서 무슬림 세계 전역에서 연구되었다.[205] 차가다이 영역의 학생들은 "지식을 찾아서(fī ṭalab al-ʿilm)"라는 명목으로 울루스 내의 다양한 중심지와 금장 호르드 사이를 자유롭게 이동했다고 알려졌다. 다만 필자는 몽골 이전 시기와 대조적으로 부하라나 차가다이 영역 전역에서 학문을 배우기 위해서 온 극히 드문 경우를 발견했는데, 대부분 후라산 출신이었다.[206]

수피들은 칸국의 사회적, 지적 생활과 문화 간 접촉에서 주도적인 역할을 했다. 동부 칸국에서는 개별 셰이흐들(후에 지역 카타키야 교단으로 정의됨)이 활동했고 그중 일부는 투글룩 테무르의 개종에 기여한 것으로 알려졌지만, 부하라는 주로 쿠브라위 교단의 중심지였다. 앞서 언급한 알바하르지와 그의 가문 외에도, 나즘 앗딘 쿠브라(1220 사망)의 또 다른 제자 바바 카말 잔디(1273 사망)가 활약했다. 그는 마수드 벡의 셰이흐였고, 시르다리야 지역과 그 너머에서도 설교했으며, 심지어 카슈미르의 개종에도 기여한 것으로 알려져 있다. 유랑하는 부하라의 수피들은 인도, 카슈미르, 중국, 볼가 지역에서도 활동했다. 그럼에도 티무르 시대에 결국 야사위야와 낙쉬반디야 교단이 지배적 위치로 부상했다.[207] 수피들과 학

205　Biran 2019, 378; Musawi 2015.

206　Biran 2007~2008, 42; Amir 2020; 예를 들어 Qarshī 2005, CLXXVIII-CCX; Dhahabī 1995~2004, 57: 86, 58: 116 참조.

207　Biran 2009, 65; DeWeese, 1994, 2009.

자들은 밀접하게 연결돼 있었다. 알 바하르지는 하디스 학자이기도 했고, 13세기의 저명한 학자인 하피즈 앗 딘 알 카비르의 가문은 투글룩 테무르를 개종시킨 수피들은 물론 티무르 시대의 낙쉬반디 호자와도 연관돼 있었다.[208]

학자들과 수피들은 모두 몽골 궁정과 행정부에 자주 출입했고 칸국의 이슬람화에 중요한 역할을 했다. 현전하는 개종 이야기들은 몽골의 이슬람화가 왕실의 개종으로 시작되어 아래로 퍼져 나갔다고 암시하지만, 현재 학계의 공통된 견해는 이 지역의 이슬람화는 상향식 과정, 즉 몽골 칸들이 몽골 일반인들을 따라 이슬람을 받아들였다고 본다. 트란스옥시아나로 이슬람을 가져왔다고 알려진 타르마시린과 모굴리스탄을 개종시킨 투글룩 테무르보다 앞서 존재했던 무바락 샤, 바락 날리코아와 같은 실패한 무슬림 칸들의 존재는 이러한 가설에 설득력을 부여한다. 타르마시린을 이슬람교로 개종시킨 인물이 정확히 누구인지는 알려져 있지 않지만, 투글룩 테무르의 경우는 현지 수피 셰이크들의 영향을 받은 것으로 전해진다.[209] 칸들이 이슬람으로 개종한 정치적 배경은 앞서 논의했다. 일반인들의 개종을 자극한 요인들도 역시 흥미로운데, 여기서도 학자들과 수피들이 중요한 역할을 했다. 학자 엘리트들은 몽골 정복자들을 "신의 군대(hizb allāh)"로 전유했고, 몽골이 이슬람화하기 훨씬 전부터 칭기스 칸을 메시아적 용어로 설명했다.[210] 이로써 새로 개종한 몽골인들이 그들의 칭기스 정체성

---

208 Dhahabī 1982~1988, 23: 363-370; Subtelny 2001, Biran 2002, DeWeese 2009.

209 Biran 2002, DeWeese 2009.

210 Qarshī 2005, CLXIII, CLIX.

에 대해 자부심을 유지할 수 있게 됐다. 학자들과 수피들은 도시 밖 목초지에 있던 몽골인들을 종종 만날 수 있었다. 더욱이 수피들은 지역 차원에서 개종자들을 위한 공동체적 유대를 형성하며 중요한 역할을 했다. 이들은 몽골인 개종자에게 사회적 유대(가족 관계나 사제 관계로 틀 지어진 관계)를 제공하고, 새로운 정치적, 경제적, 의례적 틀의 채택을 중재했다. 몽골과 무슬림의 계보학적, 역사적 전통의 일치를 주장하고 이슬람화의 서사를 발전시켰으며, 전반적으로 유목민들에게 새로운 공동체 정체성을 제공함으로써 이슬람을 체득하도록 했다.[211] 더욱이 몽골 중앙아시아의 고도로 이슬람화된 경관(곳곳에 세워진 대학, 수피 수도원, 겨울 및 여름 모스크, 성지와 영묘 들)은 몽골인과 무슬림 모두의 숭배 대상이 되었다. 특히 일부 성지가 수피들의 거점 역할도 했던 점을 고려할 때, 이것이 몽골인의 이슬람화에 중요한 역할을 했음이 틀림없다.[212] 훌레구 울루스에서는 화려한 회화가 몽골인들의 개종을 장려했지만, 더 가난한 중앙아시아에서는 기독교 성인전과 불교 자타카(jataqas)의 무슬림 버전이라 할 수 있는 예언자들의 이야기(키사스 알안비야(qiṣaṣ al-anbiyāʾ))가 주요했다. 현전하는 주요 작품인 이 이야기들의 첫 번째 차가다이 튀르크어판은 1311년 트란스옥시아나의 판관(카디) 나시르 앗 딘 알 랍구지에 의해 완성됐다. 이 책은 가즈나 출신의 젊은 몽골 무슬림 지휘관인 토크부카(도르부카 벡)의 의뢰로 작성됐는데, 드위즈는 그가 훗날 이븐 바투타가 언급한 타르마시린의 부관임

---

211 DeWeese 2009, 2018.

212 Qarshī 2005, CLXXVIII–CCX; Baṭṭūṭa/Gibb, 3: 540–588; Chekhovitz 1965.

을 밝혔다. 여기에는 이스라엘의 예언자들과 왕들, 예수, 성 게오르기우스(모두 이슬람에서 예언자로 여겨짐)의 이야기뿐만 아니라 몽골인들 사이에서 매우 인기가 많았던 알렉산드로스 대왕의 이야기도 담겨 있다. 더욱이 랍구지의 『예언자들의 이야기(*Stories of the Prophet*)』는 예언자 무함마드의 생애, 정통 칼리프들과 알리의 아들들 이야기도 포함하고 있어, 새로운 개종자들이 알아야 할 이슬람 구원 서사의 모든 것을 담고 있었다. 또한 청중들에게 익숙했을 지역 영웅들의 성지에도 중요한 위치를 부여했다.[213] 이 모든 요소가 다른 몽골 칸국들에서처럼 차가다이 군대 내에서 몽골인과 무슬림 사이의 지속적인 접촉의 배경을 형성했다. 군대 내 카라한과 호레즘 잔존 세력이나 트란스옥시아나 유력자들의 맘룩들은 아마도 무슬림으로서 여기에 합류했을 것이다. 더욱이 이 군대에 합류한 몽골 주둔군, 예를 들어 트란스옥시아나의 카안 군대나 카라우나스는 이미 수십 년 동안 이슬람 지역에 주둔해 있었다.

그럼에도 불구하고 야사를 강조하던 차가다이인들에게 이슬람을 전파하는 데는 훌레구 울루스나 금장 호르드에서보다 더 오랜 시간이 걸렸다. 더욱이 타르마시린은 이슬람과 몽골 전통을 결합하는 데 실패함으로써 그의 동부 사령관들에 의해 폐위되고 말았다. 새로운 종교가 트란스옥시아나에서 그에게 많은 정치적, 경제적 이점을 안겨주었음에도 불구하고 말이다. 20년 뒤 투글룩 테무르는 이슬람적 정통성과 칭기스 칸의 정통성을 결합하는 데 성공했지만, 모굴인들은 여전히 그들의 칭기스 칸 혈통을 자랑스럽

---

213 Rabghūzī 2015; 이 책의 원서 vol.2에 있는 DeWeese의 장; Biran, 출간 예정.

게 여겼다. 이러한 경향은 14세기 중반에서 후반으로 넘어가며 통치자들 사이에서 점점 희박해졌다. 이후 칸들의 개종은 군인과 민간인의 개종을 가속화했다. 차가다이의 이슬람화는 무슬림 돔형 능묘(바얀 쿨리와 투글룩 테무르의 묘)의 형태로도 나타났는데, 이는 이어질 몽골 유라시아 문화와 장대한 티무르 건축의 선례가 됐다.[214] 모굴인들이 이슬람화한 뒤 불교를 주로 믿는 위구르인들에게 (예를 들면 히드르 칸의 치하에서) 이슬람을 강제하려는 시도가 있었지만, 1420년대까지는 동투르키스탄에서는 불교 사원과 이슬람 모스크가 공존했다. 후에 낙쉬반디 수피들의 영향을 받은 모굴인들은 투르판의 우상 숭배자들을 강제로 개종시킨 것을 자랑스럽게 여겼다.[215] 이는 위구르인들의 이주나 이슬람화를 촉진한 데 이어 몽골 통치하 다른 초원 민족들의 운명과 마찬가지로 위구르 민족 정체성의 소멸을 초래했다.[216]

결론적으로, 우구데이-차가다이의 통치는 몽골 제국의 문화와 그 정당화 개념을 중앙아시아에 뿌리내리게 했고, 이는 19세기까지 유효했다. 몽골 중앙아시아는 '몽골의 시대'라고 불리는 번성했던 경제적, 문화적 교류에 참여했으며, 중심지라는 위치에 비해 두각을 드러낸 것은 아닐지언정 그 일원이었다. 강력한 칭기스 칸 계통의 정체들 사이에 끼어 있었고 중국과 이란에 견줄 만한 정주 기반이 부족했던, 경쟁하는 두 울루스의 본거지인 중앙 몽골 울루스는 몽골 정체들 중에서 패배자로 간주되었다. 이는 중국, 이란,

---

214 Blair 2019.

215 Elverskog 2010, 189-200.

216 Biran 2015.

러시아와 달리, 우구데이와 차가다이의 영역을 물려받은 현대 국가가 존재하지 않기 때문이기도 하다. 그러나 몽골 중앙아시아는 단순히 지속했다는 사실 이상으로 몽골과 세계 역사에 그 흔적을 남겼다. 우구데이와 차가다이가 쿠빌라이의 권위에 도전하면서 통일 제국이 해체되고 해상 무역이 강화됐다. 다시 말해 내륙에 갇힌 차가다이 울루스가 평화를 추구하도록 만들었고, 이른바 대탐험 시대의 전 단계를 구축했다는 말이다. 중앙아시아의 몽골은 중앙아시아의 동부, 특히 유목 인구의 이슬람화에 크게 기여했고, 간접적으로는 중앙아시아의 하나피 저작들이 이슬람 세계 전역에 퍼지는 데 기여했다. 더욱이 중앙아시아 몽골 국가는 후기 중세와 초기 근대 세계의 가장 영향력 있는 두 제국, 즉 티무르 제국과 무굴 제국의 뿌리가 됐다. 티무르와 그의 후계자들이 이룩한 중앙아시아의 문화적 전성기는 차가다이 시대에 만들어진 학문과 상업 인프라에 일정 부분 힘입은 바가 있다. 나아가 동튀르크의 문어 명칭을 칭기스 칸의 둘째 아들의 이름을 따라 차가다이어라고 명명한 것은 중앙아시아에서 그들의 위신이 지속되었음 보여준다.

참고문헌

사료와 번역서

Abū l-Ghāzī Bahādur Khan. 1871-1874/1970. *Histoire des mongols et des tatars*, ed. and tr. Peter I. Desmaisons. St. Petersburg (Amsterdam reprint.)

Anonymous. *Shajarat al-atrāk*. MS Harvard University Pers 6 F.

Anonymous. 1977. *Ta'rīkh-i shāhī-yi qarākhitā'iyyām*, ed. Muhammad Ibrāhīm Bāstānī Pārīzī. Tehran.

Anonymous. 2006. *Mu'izz al-ansāb*, ed. and tr. Sh. Kh. Vokhidov. Istoriia Kazakhstana v persidskikh istochnikakh, vol. 3. Almaty.

Baṭṭūṭua/Gibb. 일러두기 6번 참조.

Baybars al-Manṣūrī. 1998. *Zubdat al-fikra fi tar'ikh ahl al-hijra*, ed. D. S. Richards. Beirut and Berlin.

Cerensodnom, Dalantai, and Manfred Taube, comp. and tr. 1993. *Die Mongolica der Berliner Turfansammlung*. Berlin.

Chekhovich, Olga D. 1965. *Bukhariskie dokumenty XIV veka*. Tashkent.

　　1979. Bukhariskii vakf XIIIv. Moscow.

Dhahabī, Shams al-Dīn Muhammad b. Ahmad. 1982-1988. *Siyar a'lām al-nubalā'*, 25 vols. Beirut.

　　1995-2004. *Ta'rīkh al-islām*, ed. 'Umar 'Abd al-Salām, Tadmu, vols. 53-62. Beirut.

Dihlawī, Amīr Khusraw. 1953. *Khazāiān al-futuh*, ed. M. Wahīdī mīrzā, Calcutta.

Harawī, Sayf b. Muhammad b. Yāqūb. 1944. *Ta'rīkh-nāma-yi Harāt*, ed. Muhammad Z. al-Ṣiddiqī. Calcutta.

Haydar Dughlat, Mīrzā. 1996. *Ta'rīkh-i Rashīdī*, ed. and tr. Wheeler M. Thackston, 2 vols. Cambridge, MA.

HWC. 일러두기 6번 참조.

Ibn al-Fuwaṭī, 'Abd al-Razzāq ibn Ahmad. 1962-1965. *Talkhīṣ majma' al-ādāb fī mu'jam alalqāb*, ed. Muṣṭafā Jawwād, 3 vols. Damascus.

　　1995. *Majma' al-ādāb fī mu'jam alalqāb*, ed. Muhammad al-Kāzim, 6 vols. Tehran.

JT/Boyle. 일러두기 6번 참조.

JT/Rawshan. 일러두기 6번 참조.

JT/Thackston. 일러두기 6번 참조.

Jūzjānī, Minhāj al-Dīn. 1963-1964. *Ṭabaqāt-i Naṣirī*, ed. 'Abd al-Hayy Habībī. 2 vols. in I

Kabul.

Khwāndamīr 1994. *Habību' siyar [sic]*, ed. and tr. Wheeler M. Thackston, vols. 3, 4. Cambridge, MA.

Kirmānī, Nāṣir al-Dīn Munshī. 2016. *Simṭ al-ʿulā li l-ḥadrat al-ʿulyā*, ed. Maryam Mīrshamsī. Tehran.

Mīrkhwānd, Muhammad b. Khwādshāh. 1961. *Taʾrīkh-i rawsdat al-ṣafā*, vol. 5. Tehran.

Muʿīn al-Fuqarāʾ, Ahmad b. Muhammad. 1960. *Tārīkh-i Mullāzādah: dar dhikr-i mazārat-i Bukhārā*. Tehran.

Muminov, Ashirbek K. 2003. *Rolʾ i mesto khanafitskikh ʿulamā v zhizni gorodov tsentralʾ novo mavarannakhra (II-VII/VIII-XIII vv.)*. Tashkent.

Mustawfī Qazwīnī, Hamdallāh. 1983. *Taʾrīkh-i guzīda*, ed. ʿAbd al-Husayn Nawāʾī. Tehran. 1915-1919. *Nuzhat al-qulūb*, ed. and tr. Guy Le Strange, The Geographical Part of the Nuzhat al-Qulūb, 2 vols. Leiden.

Naṭanzī, Muʿīn al-Dīn. 1957. *Muntakhab al-tawārīkh-i Muʿīnī (Anonyme dʾ Iskandar)*, ed. Jean Aubin. Tehran.

al-Nuwayrī, Shihāb al-Dīn Ahmad. 1984. *Nihāyat al-arab fī funūn al-adab*, vol. 27, ed. Saʿīd ʿĀsūr. Cairo.

Pandit, K. N. Tr. 1991. *Bahāristān-i-shāhī: A Chronicle of Mediaeval Kashmir*. Calcutta.

Peng Daya彭大雅 and Xu Ting徐霆. 2014. *Heida shilüe jiaozhu*黑韃事略校注(An Annotated "Biographical Sketches of the Black Tatars"), ed. Xu Quansheng許全勝. Lanzhou.

Polo, Marco. 1938. *Marco Polo: The Description of the World*, ed. and tr. Antoine C. Moule and Paul Pelliot. London.

Qarshī Jamāl. 2005. Al-Mulkhaqāt biʿl-Ṣurāḥ" *Istoriia Kazakhstana v persidskikh istochnikakh [sic]*, vol.1, ed. A. K. Muminov. Almaty.

Qāshānī, ʿAbd Allāb. ʿAlī. 1969. *Taʾrīkh-i Ūljāytū*, ed. Mahin Hambly. Tehran.

al-Rabghuzī, Nāṣir al-Dīn b. Burhān al-Dīn. 2015. *al-Rabghuzī, the Stories of the Prophets: Qiṣaṣ al-Anbiyāʾ: An Eastern Turkish Version*, 2nd ed., ed. and tr. Hendrik E. Boeschoten and John OʾKane. 2 vols. Leiden.

Roerich, G. N., tr. and ed. 1949-1953. *The Blue Annals*, vol. 2. Calcutta.

Sakhāwī, Muhammad b. ʿAbd al-Rahmān. 1966. *al-Dawʾ al-lāmiʿ li-ahl al-qarn al-tāsiʿ*, 12 vols. Beirut.

Shāmī, Niẓam al-Dīn. 1937-1956. *Ẓafar nāmah*, ed. Felix Tauer, 2 vols. Prague.

al-Shujāʿī, Shams al-Dīn. 1985. *Taʾrīkh al-malik al-Naṣir Muhammad b. Qalāwūn al-Ṣāliḥī waawlādihi*, ed. and tr. Barbara Schäfer. Wiesbaden.Teixeira, Pedro, et al. 1902. *The Travels of Pedro Teixeira: With His "Kings of Harmuz" and Extracts from His "Kings of Persia"*. London.

Thomas, Eduard, tr. 1871. *The Chronicles of the Pathân Kings of Delhi*. London.

Tizengauzen, Vladimir G. et al. 1884. *Sbornik materialov, otnosiashchikhsiak istorii Zolotoi ordy*. St. Petersburg.

TJG. 일러두기 6번 참조.

al-'Umarī, Aḥmad b. Yahya ibn Faḍlallāh. 1968. *Masālik al-abṣar: Das Mongolische Weltreich. al-'Umarī's Darstellung der mongolischen Reiche in seinem Werk Masālik al-abṣar*, ed. and tr. Klaus Lech. Wiesbaden.

1972. A *Fourteenth Century Arab Account of India under Sultan Muhammad Bin Tughluq*, tr. Iqtidar H. Siddiqi and Qazi M. Ahmad. Aligarh.

Waṣṣāf(Vaṣṣāf) al-Ḥaḍrat, 'Abdallāh. 1852-1853. *Tazjiyat al-amṣar va tazjiyat al-aʿṣar(Taʾrīkh-i Waṣṣāf.* Bombay.

2009. *Tajziyat al-amṣar wa tazjīyat al-aʿṣar: Taʾrīkh-i Waṣṣāf*, vol. 4, ed. Iraj Afshār et al. Tehran.

William of Rubruck. 1990. The *Mission of Friar William of Rubruck: His Journey to the Court of the Great Khan Möngke 1253-1255*, ed. and tr. Peter Jackson with David O. Morgan. London.

Yazdī, Sharaf al-Dīn. 1957. *Ẓafarnāma*, ed. Muḥammad 'Abbāsī. Tehran.

1972. *Muqaddima-i Ẓafarnāma*, ed. Asom Urunbaev. Tashkent.

YS. 일러두기 6번 참조.

Yuan Jue袁桷, n.d. Baizhu yuanshuai chushi shishi拜住元帥出使事實(The Narrative of the Missions of the Marshal Baiju), in *Yuan Jue, Qingrong jushi ji*清容居士集(Yuan Jue's Literary Collection), Yuan facsimile ed., Chapter 34. Shanghai.

Yuan Mingshan元明善. 1999. "Taishi Qiyang wang Zhongwu wang bei太師淇陽忠武王碑"(Inscription for the Imperial Preceptor, Prince of Qiyang, the Faithful and Martial). In *Quan Yuan wen* 24: 332-339. Nanjing.

Zu Shengli祖生利. 2000. "Yuandai baihua beiwen yanjiu元代白話碑文研究"(Studies of the Colloquial Stone Inscriptions of the Yuan Dynasty), 2 vols. PhD Dissertation, Zhongguo shehui kexueyuan中國社會科學院, Beijing.

연구서와 논문

Allsen, Thomas, T. 1983. "The Yuan Dynasty and the Uighurs in Turfan in the 13th Century." In *China among Equals*, ed. Morris Rossabi, 243-280. Berkeley and Los Angeles.

1985-1987. "The Princes of the Left Hand: An Introduction to the History of the Ulus of Orda in the Thirteenth and Early Fourteenth Centuries." *AEMA* 5: 5-40.

1987. *Mongol Imperialism: The Policies of the Grand Qan Möngke in China, Russia, and the Islamic Lands, 1251-59*. Berkeley.

1989. "Mongolian Princes and Their Merchant Partners, 1200-1260." *Asia Major*, 3rd series 2.2: 83-126.

1993. "Mahmūd Yalavač (?-1254), Masʿūd Beg (?-1289), 'Alī Beg (?-1280); Bujir (fl. 1206-60)." In ISK, 122-135.

1997. *Commodity and Exchange in the Mongol Empire: A Cultural History of Islamic Textiles*. Cambridge.

2001a. *Culture and Conquest in Mongol Eurasia*(토머스 올슨, 조원 옮김, 『몽골의 유라시아 정복과 문화』, 길, 2025). Cambridge.

2001b. "Sharing Out the Empire: Apportioned Lands under the Mongols." In *Nomads in the Sedentary World*, ed. Anatoly Khazanov and André Wink, 172-190. Richmond.

2019. *The Steppe and the Sea: Pearls in the Mongol Empire*. Philadelphia.

Amir, Or. 2020. "Islamic Learning on the Silk Roads: The Career of Jalal Al-Din Al-Akhawi." In Biran, Brack, and Fiaschetti 2020, 290-314.

Anooshahr, Ali. 2018. *Turkestan and the Rise of Eurasian Empires: A Study of Politics and Invented Traditions*. New York.

Aubin, Jean. 1969. "L'ethnogenèse des qaraunas." *Turcica* 1: 65-94.

1976. "Le khanat de Chagatai et le Khorassan (1334-1380)." *Turcica*, 7: 16-60.

Babajanov, Bakhtiyar. 1999. "Monuments épigraphiques de l'ensemble de Fathābād à Boukhara." *Cahiers d'Asie centrale* 7: 195-210.

Balabanlilar, Lisa. 2012. *Imperial Identity in the Mughal Empire: Memory and Dynastic Politics in Early Modern South and Central Asia*. London and New York.

Baranī, Diyā' al-Dīn, 2015. *Tarikh-i Firoz Shahi [sic]*, tr. Ishtiyaq Ahmad Zilli. New Delhi.

Bartold, Vassily V. 1956-1962. *Four Studies of the History of Central Asia*, 3 vols. Leiden.

Belyaev, Vladimir A., and Sergey V. Sidorovich. 2010. "Apropos of the 13th Century Copper Dirhams of Bukhara with Chinese Characters." In *The 2nd Simone Assemani Symposium on Islamic Coins*. Trieste, 29-31 August 2008, ed. Bruno Callegher and Arianna D'Ottone. Trieste.

Bernardini, Michele. 2013. "The Mongol Puppet Lords and the Qarawnas." In *Ferdowsi, the Mongols and the History of Iran: Art, Literature and Culture from Early Islam to Qajar Persia. Studies in Honour of Charles Melville*, ed. Robert Hillenbrand, Andrew C. S. Peacock, and Firiuza Abdullaeva, 169-176. London and New York.

Biran, Michal. 1997. *Qaidu and the Rise of the Independent Mongol State in Central Asia*. Richmond.

2002a. "The Battle of Herat (1270): A Case of Inter-Mongol Warfare." In *Warfare in Inner Asia*, ed. Nicola Di Cosmo, 175-220. Leiden.

2002b. "The Chaghadaids and Islam: The Conversion of Tarmashirin Khan." *JAOS*, 122.4: 742-752.

2005. *The Qara Khitai Empire in Eurasian History: Between China and the Islamic World*. Cambridge.

2007-2008. "Culture and Cross-cultural Contacts in the Chaghadaid Realm (1220-1370): Some Preliminary Notes." *Chronika* 7-8: 26-43.

2008. "Diplomacy and Chancellery Practices in the Chaghataid Khanate: Some Preliminary Remarks." *Oriente Moderno* 88.2: 369-393.

2009. "Central Asia from the Conquest of Chinggis Khan to the Rise of Tamerlane: The Ögodeied and Chaghadaid Realms." In *CHIA*, 46-66.

2013. "Rulers and City Life in Mongol Central Asia (1220-1370)." In *Turko-Mongol Rulers, Cities and City-Life in Iran and the Neighboring Countries*, ed. David Durand-Guedy, 257-283. Leiden.

2015. "The Mental Maps of Mongol Central Asia as Seen from the Mamluks Sultanate." *Journal of Asian History* 49: 31-51.

2019. "The Mamlūks and Mongol Central Asia: Political, Economic and Cultural Aspects." In *The Mamluk Sultanate from the Perspective of Regional and World History*, ed. Reuven Amitai and Stephan Connermann, 367-390. Bonn.

2020. "Qutulun, the Warrior Princess of Central Asia." In Biran, Brack, and Fiaschetti 2020, 64-82.

2024. "Religions in the Mongol Empire Revisited." In *Empires and Gods*, ed. Jörg Rüpke, Michal Biran, and Yuri Pines. 231-262. Berlin.

Biran, Michal, Jonathan Brack, and Francesca Fiaschetti, eds. 2020. *Along the Silk Roads in Mongol Eurasia: Generals, Merchants, Intellectuals*(미할 비란 외, 이재황 옮김, 『몽골 제국, 실크로드의 개척자들』, 책과함께, 2021). Berkeley.

Blair, Sheila. 2019. "Muslim-Style Mausolea across Mongol Eurasia: Religious Syncretism, Architectural Mobility and Cultural Transformation." *JESHO* 62-3: 318-355.

Broadbridge, Anne F. 2018. *Women and the Making of the Mongol Empire*. Cambridge.

Cleaves, Francis W. 1954. "The Bodistw-a Čari-a Awatar-un Tayilbur of 1312 by Čosgi Odsir." *HJAS* 17: 1-129.

1959. "An Early Mongolian Version of the Alexander Romance Source." *HJAS* 22: 1-99.

Dale, Stefan. 2004. *The Garden of the Eight Paradises: Bābur and the Culture of Empire in Central Asia, Afghanistan and India (1483-1530)*. Leiden and Boston.

Dallal, Ahmad S., tr. and ed. 1995. *An Islamic Response to Greek Astronomy: Kitāb Taʿdīl Hayʾat al-Aflāk of Ṣadr al-Sharīʿa*. Leiden and New York.

Dang Baohai党寶海. 2006. *Meng Yuan yizhan jiaotong yanjiu*蒙元驛站交通研究(Studies on the Postal Traffic of the Mongol Yuan). Beijing.

2019."Chahetai shishi siti: Zunian, zhudi, Hanmin yu touxia察合台史事四題:卒年, 駐地, 漢民與投下"(Four Notes on Chaghadai: Year of Death and Residence of Chaghadai, Han Ethnics and Touxia [sic]). *Xiyu yanjiu*西域研究 2019.3: 58-70, 157.

Davidovich, E. A., and A. H. Dani. 1998. "Coinage and the Monetary System." In *History of Civilizations of Central Asia*, vol. 4, part 1, ed. M. S. Asimov and Clifford E. Bosworth, 391-419. Paris.

De Nicola, Bruno. 2016. "The Queen of the Chagatayids: Orghīna Khātūn and the Rule of Central Asia." *JRAS* 25: 107-120.

DeWeese, Devin. 1994. "Bābā Kamāl Jandī and the Kubravī Tradition among the Turks of Central Asia." *Der Islam* 71: 58-94.

2009. "Islamization in the Mongol Empire." In *CHIA*, 120-134.

2018. "A Khwārazmian Saint in the Golden Horde: Közlük Ata (Gözlī Ata) and the Social Vectors of Islamisation." *RMMEM* 143: 1-20.

Elverskog, Johan. 1997. *Uygur Buddhist Literature*. Turnhout.

2010. *Buddhism and Islam on the Silk Road*. Philadelphia.

Endicott-West, Elizabeth. 1989. "Merchant Associations in Yuan China: The Ortogh." *Asia Major*, 3rd series 2.2: 127-156.

Franke, Herbert. 1962. "Zur Datierung der mongolischen Schreiben aus Turfan." *Oriens* 15: 399-410.

Grupper, Samuel. 1992-1994. "A Barulas Family Narrative in the Yuan Shih: Some Neglected Prosopographical and Institutional Sources on Timurid Origins." *AEMA* 8: 11-97.

Gulati, G. D. 2010. *Central Asia under the Mongols*. New Delhi.

Hāfiẓ-i Ābrū. 1959. *Cinq opuscules de Hafiz-i Abru concernant l'histoire de l'Iran au temps de Tamerlan*, ed. F. Tauer. Prague.

1971. *Dhayl Jāmi'al-Tawārīkh Rashīdī*, ed. Khān Bābā Bayānī. Tehran.

1993. *Zubdat al-Tawārīkh*, ed. Hājj Sayyid Jawājdī, 4 vols. Tehran.

Hodous, Florence. 2017. "A Judge at the Crossroads of Cultures: Shi Tianlin." *Asiatische Studien* 71.4: 1137-151.

Hope, Michael. 2015. "The Nawruz King: The Rebellion of Amir Nawruz in Khurāsān (688-694/1289-1294) and its Implications for the Ilkhan Polity at the End of the Thirteenth Century." *BSOAS* 78.3: 451-473.

2019. "Bukhara under the Mongols." *Oxford Research Encyclopedia of Asian History*, DOI: 10.1093/acrefore/9780190277727.013.8.

Hsiao, Ch'i-ch'ing. 1994. "Mid-Yüan Politics." In *CHC6*, 490-560.

Isahaya, Yoichi. 2020. "Fu Mengzhi: 'The Sage of Cathay' in Mongol Iran and Astral Sciences along the Silk Roads." In Biran, Brack, and Fiaschetti 2020, 238-254.

Jackson, Peter. 1975. "The Mongols and the Delhi Sultanate in the Reign of Muhammad Tughluq (1325-1351)." *CAJ* 19: 118-157.

1999. *The Delhi Sultanate: Political and Military History*. Cambridge.

2017. *The Mongols and the Islamic World: From Conquest to Conversion*. New Haven and London.

2018a. *The Mongols and the West, 1221-1410*. 2nd ed. New York and London.

2018b. "The Mongols of Central Asia and the Qara'unas." *Iran* 56: 91-103.

2019. "Reflections on the Islamization of Mongol Khans in Comparative Perspective." *JESHO*, 62: 356-387.

Kamola, Stefan. 2019. "Untangling the Chaghadaids: Why We Should and Should Not Trust Rashīd al-Dīn." *CAJ* 62: 69-90.

Kara, Geörgy. 2003. "Mediaeval Mongolian Documents from Khara Khoto and Eastern Turkestan in the St. Petersburg Branch of the Institute of Oriental Studies." *Manuscripta Orientalia* 9.2: 3-40.

Karaev, Omurkul'. 1995. *Chagataidskii ulus: Gosudarstvo Khaidu. Mogulistan*. Bishkek.

Kato, Kazuhide. 1991. "Kebek and Yasawur: The Establishment of the Chaghatai Khanate." *Memoirs of the Research Department of the Toyo Bunko 49*: 97-118.

Kauz, Ralph. 2005. *Politik und Handel zwischen Ming und Timuriden: China, Iran und Zentralasien im Spätmittelalter*. Wiesbaden.

Kempiners, Russell G. 1985. "The Struggle for Khurāsān: Aspects of Political, Military and Socio-economic Interaction in the Early 8th/14th Century." PhD dissertation, University of Chicago.

1988. "Vaṣṣaf's Tajziyat al-amṣar wa tazjiyat al-aʿṣār as a Source for the History of the Chaghadayid Khanate." *Journal of Asian History* 22.2: 160-187.

Kim Hodong. 1999. "The Early History of the Moghul Nomads: The Legacy of the Chaghatai Khanate." In *The Mongol Empire and Its Legacy*, ed. Reuven Amitai-Preiss and David O. Morgan, 290-318. Leiden.

Klein, Wassilios. 2000. *Das nestorianische Christentum an den Handelswegen durch Kyrgyzstan bis zum 14. Jh*. Turnhout.

Koshevar, V. G. 2011. "O nakhodkakh Dzhuchidskikh monet v Chuyskoy Doline." *Numizmatika Zolotoy Ordy* 1: 121-123.

Landa, Ishayahu. 2018. "New Light on Early Mongol Islamisation: The Case of Arghun Aqa's Family." *JRAS* 28.1: 77-100.

2019. "Imperial Sons-in-Law in Mongol Eurasia." Ph. D. dissertation, The Hebrew University of Jerusalem.

Li Zhi'an李治安. 2007. *Yuandai fenfeng zhidu yanjiu*元代分封制度研究(Study of the Fief System under the Yuan). Beijing.

Ligeti, Louis [Lajos]. 1972. *Monuments preclassiques XIII et XIV siècles*. Budapest.

Liu Xiao劉曉. 2006. "Ye tan Heshi也談合失"(More on Qashi). *Zhongguo shi yanjiu*中國史研究 2006.2: 146.

2007. "Heshi zunian xiaokao合失卒年小考"(A Note on the Year of Qashi's Death). *Zhongguo shi yanjiu*中國史研究 2007.2: 50.

Liu Yingsheng劉迎勝. 1995. "Meng Yuan shidai Zhongya shehui jingji yanjiu蒙元時代中亞社會經濟研究"(Studies on the Economy and Society of Central Asia in the Mongol Yuan Period). *Zhongya Xuekan*中亞學刊 4: 184-211.

2005. "War and Peace between the Yuan Dynasty and the Chaghadaid Khanate (1312-23)." In *Mongols, Turks and Others: Eurasian Nomads and the Sedentary World*, ed. Reuven Amitai and Michal Biran, 339-353. Leiden.

2006. *Chahetai hanguo shi yanjiu*察合台汗國史研究(Studies on the Chaghadaid Khanate). Shanghai.

Manz, Beatrice F. 1983. "The Ulus Chaghatay before and after Temür's Rise to Power: The Transformation from Tribal Confederation to Army of Conquest." *CAJ*, 27: 79-100.

1988. "Tamerlane and the Symbolism of Sovereignty." *Iranian Studies* 21.1-2: 105-122.

1989. The *Rise and Rule of Tamerlane*. Cambridge.

1998. "Temür and the Problem of a Conqueror's Legacy." *JRAS* 8.1: 21-41.

2018. "Tamerlane and the Timurids." *Oxford Research Encyclopedia of Asian History*, https://doi.org/10.1093/acrefore/9780190277727.013.10.

Martinez, Arsenio. 1990. "The Use of Mint-Output Data in Historical Research on the Western Appanages." In *Aspects of Altaic Civilization III*, ed. Denis Sinor, 87-127. Bloomington, IN.

Matsui, Dai. 2005. "Taxation Systems as Seen in Uighur and Mongol Documents from Turfan: An Overview." *Transactions of the International Conference of Eastern Studies* 50: 67-82.

2007. "An Uigur Decree of Tax Exemption in the Name of Duwa-Khan." *Shinzhlekh Ukhaany Akademiin Mėdėė* 2007: 60-68.

2008. "A Mongolian Decree from the Chaghataid Khanate Discovered at Dunhuang." In *Aspects of Research into Central Asian Buddhism: In Memoriam Kōgi Kudara*, ed. Peter Zieme, 159-178. Turnhout.

2009. "Dumdadu Mongγol Ulus 'The Middle Mongolian Empire'." In *The Early Mongols: Language, Culture and History: Studies in Honour of Igor de Rachewiltz on the Occasion of His 80th Birthday*, ed. Volker Rybatzki et al., 111-119. Bloomington, IN.

松井太 2016. "Meng Yuan shidai Huigu Fojiaotu he Jingjiaotu de wangluo 蒙元時代回鶻佛教徒和景教徒的網絡"(Networks of Uighur Buddhists and Nestorians in the Mongol Yuan Era), tr. Bai Yudong 白玉冬. In *Make Boluo, Yangzhou, Sichou zhilu* 馬可波羅…揚州絲綢之路(Marco Polo, Yangzhou and the Silk Road), ed. Xu Zhongwen 徐忠文 and Rong Xinjiang 榮新江, 283-293. Beijing.

May, Timothy. 2018. *The Mongol Empire*. Edinburgh.

Millward, James. 2009. "Eastern Central Asia (Xinjiang): 1300-1800." In *CHIA*, 260-277.

Moriyasu, Takao. 2004. "From Silk, Cotton and Copper Coin to Silver." In *Turfan Revisited*, ed. Desmond Durkin-Meisterernst, Simone-Christiane Raschmann, Jens Wilkens, Marianne Yaldiz and Peter Zieme, 228-239. Berlin.

Musawi, Muhsin J. 2015. *The Medieval Islamic Republic of Letters: Arabic Knowledge Construction*. Notre Dame.

Nemtseva, Nina B. 1977. "The Origins and Architectural Development of the Shah-i Zinde," tr. with additions by J. M. Rogers and A. Yasin. *Iran* 15: 51-74.

Niu Ruji 牛汝極. 2008. *Shizi Lianhua: Zhongguo Yuandai Xuliya wen Jingjiao beiming wenxian yanjiu* 十字蓮花: 中國元代敍利亞文景教碑銘文獻研究(The Cross-lotus: A Study on Nestorian Inscriptions and Documents from Yuan Dynasty in China). Shanghai.

O'Kane, Bernard. 2004. "Chaghatai Architecture and the Tomb of Tughluq Temür at Almaliq." *Muqarnas* 21: 277–287.

Paul, Jurgen. 1990. "Scheiche und Herrscher im Khanat Čagatay." *Der Islam* 67.2: 278–321.

Petech, Luciano. 1990. *Central Tibet and the Mongols: The Yüan Sa-Skya Period of Tibetan History*. Rome.

Petrov, Pavel N. 2004. "Reforma Kepeka-Tarmashirina." In *Tezisy dokladov XII Vserossiyskoi numizmaticheskoi konferentsii*, 76–77. Moscow.

2009. "Khronlogiia pravleniia khanov v Chagataiskom gosudarstve v 1271–1368vv." In *Tiurkologicheskii sbornik* 2007–8, ed. Sergei G. Kliashtornyi et al., 294–319. Moscow.

2010. "Vajra na monetakh Chaghataidskogo gosudarstva." In *Aktual'nie problemi istorii I kultury tatarskogo naroda: Materialy k uchebnym kursam: v chest iubilea akademika AN RT M. A. Usmanova*, 123–141. Kazan.

Petrov, Pavel N., and S. N. Aleksandrov. 2011. "Chaghataidskie dirhami s imenem Amira Navruza, bitie v Badakhshane." *Numismatika* 28: 8–9.

Petrov, Pavel N., Karl M. Baipakov, and D. A. Voiakin. 2014. *Monetnoe delo i denezhnoe obrashchenie v velikoi Mongol'skoi imperii, gosudarstvakh Chagataidov i Dzhuchidov na territorii Kazakhstana*. Almaty.

Petrov, Pavel N., and Aleksander Kamushaev. 2019. "Iangi-Taraz XI I–XIV vv. i otmpytie ego geograficheskogo mestonakhozhdeniia po numizmaticheskim dannym." *Golden Horde Review* 7.2: 266–282.

Qiu Yihao 邱軼皓. 2012. "Heshi shengmu xiaokao 合失生母小考"(A Note of Qashi's Biological Mother). *Zhongguo shi yanjiu* 中國史研究 2012.3: 70–72.

2013. "Sishi shiji chu Woerda wulusi de hanweijicheng weiji xianguan Posi yu, Alabo yu shiliao de duibi yu yanjiu 十四世紀初斡兒答兀魯思的汗位繼承危機—相關波斯語, 阿拉伯語史料的對比與研究"(The Succession Crisis of the Orda Ulus at the Beginning of the 14th Century: Comparative Studies on the Related Persian and Arabian Historical Materials). *Xiyu yanjiu* 西域研究 2013.4: 23–38, 137.

2019. "Chahatai Hanguo de jiangyu yu bianjie guannian: jiyu Umali 'Gongwen shuyu zhinan' jishu de yi zhi kaocha 察合台汗國的疆域與邊界觀念：基於烏馬里《公文術語指南》記述的一則考察"(Some Preliminary Remarks on the Border-Making and Territorial Concept of the Chaghatai Khanate [sic])." *Zhonggu Zhongguo Yanjiu* 中古中國研究 2: 147–164.

Robinson, David. 2009. *Empire's Twilight: Northeast Asia under the Mongols*. Cambridge, MA. 2019. In *the Shadow of the Mongols*. Cambridge.

Ryan, J. D. 1998. Preaching Christianity along the Silk Route: Missionary Outposts in the Tartar 'Middle Kingdom' in the Fourteenth Century." *Journal of Early Modern History* 2.4: 350–73.

Shim, Hosung. 2014. "The Postal Roads of the Great Khans in Central Asia under the Mongol-Yuan Empire." *JSYS* 44: 405–69.

Shimo, Hirotoshi. 1977. "The Qaraunas in the Historical Materials of the Ilkhanate." *Memoirs of the Research Department of the Toyo Bunko* 35: 131-81.

Slavin, Phillip. 2019. "Death by the Lake: Mortality Crisis in Early Fourteenth-Century Central Asia." *Journal of Interdisciplinary History* 50.1: 59-90.

Stewart, Charles Anthony. 2020. "The Four-Petal Almond Rosette in Central Asia." *Bulletin of IICAS*, 30: 69-85.

Subtelny, Maria E. 2001. "The Making of Bukhārā-yi Sharīf: Scholars, Books, and Libraries in Medieval Bukhara." In *Studies on Central Asian History in Honor of Yuri Bregel*, ed. Devin DeWeese, 79-111. Bloomington, IN.

2007. *Timurids in Transition: Turko-Persian Politics and Acculturation in Medieval Iran*. Leiden.

Sugiyama Masaaki杉山正明. 1983. "Futazu no Chagadai keふたつのチャガタイ家"(Two Families of the Chagadaids). In *Mei-Sei jidai no seiji to shakai*明清時代の政治と社會(Politics and Societies of the Ming and Qing Period), ed. Ono Kazuko小野和子, 651-700. Kyoto.

Uno Nobuhiro宇野伸浩, Muraoka Hitoshi村岡倫 and Matsuda Koichi松田孝一. 1999. "Genchō kō ki Karakorumu jō shi hānkā kensetsu kinen Perushia go hibun no kenkyū 元朝後期カラコルム城市ハーンカー建設記念ペルシア語碑文の研究"(Studies on the Persian Inscription in Memory of the Establishment of a Khānqāh at Qaraqorum), *Nairiku Ajia gengo no kenkyū*內陸アジア言語の研究14: 1-65.

Vér, Márton. 2016. "The Postal System of the Mongol Empire in Northeastern Turkestan." PhD dissertation, University of Szeged.

2019. Old *Uyghur Documents: Concerning the Postal System of the Mongol Empire*. Turnhout.

2025. "Mobility Patterns along the Eastern Silk Roads(10th to 14th Centuries): A Global Microhistorical Perspective." *JRAS* 35-1: 61-95.

Vernadsky, George. 1936. "Notes on the History of the Uigurs in the Late Middle Ages." *JAOS* 56: 453-461.

Wang Hailin汪海林, "Zai Xinjiang chutude Mengyuan diguo qianbi在新疆出土的蒙元帝國錢幣"(Coins of the Mongol Empire excavated in Xinjiang), *Xinjiang qianbi*新疆錢幣 2004.3: 191-214.

Wang, Hui-Qin, Feng Chen, Bakytbek Ermenbaev, and Rysbek Satylkanov. 2017. "Comparison of Drought-Sensitive Tree-Ring Records from the Tien Shan of Kyrgyzstan and Xinjiang (China) during the Last Six Centuries." *Advances in Climate Change Research* 8.1: 18-25.

Wang, Jinping. 2018. *In the Wake of the Mongols: The Making of a New Social Order in North China 1200-1600*. Cambridge, MA.

Ward, Leonard J. 1983. "The Ẓafar-nāmah of Ḥamd Allāh Mustaufi and the Il-Khān Dynasty of Iran." PhD dissertation, 3 vols., University of Manchester.

Wing, Patrick. 2016. *The Jalayirids: Dynastic State Formation in the Mongol Middle East*. Edinburgh.

Wink, Andre. 2004. *Al-Hind, Indo-Islamic Society*, vol. 3, 14th-15th Centuries. Leiden.

Woods, John E. 1990. "Timur's Genealogy." In *Intellectual Studies on Islam: Essays Written in Honor of Martin B. Dickson*, ed. Michel M. Mazzaoui and Vera B. Moreen, 85-125. Salt Lake City.

Yang Fuxue楊富學 and Zhang Haijuan張海娟. 2017. *Cong Menggu Binwang dao Yuguzu Datoumu*從蒙古豳王到裕固族大頭目(From the Mongol Prince of Bin to the Chief of the Yugur People). Lanzhou.

Yang, Qiao. 2017. "From the West to the East, from the Sky to the Earth: A Biography of Jamāl al-Dīn." *Asiatische Studien - Études asiatiques* 71.4: 1231-1245.

Yongle dadian (Great Encyclopedia of the Yongle Period). 1960. facs. ed. Beijing.

Yule, Henri, comp. 1967. *Cathay and the Way Thither*. Nendeln, Liechtenstein.

Zhou Lingxiao周良霄. 1986. *Hubilie*忽必烈(Qubilai). Jilin.

Zhou Ying周郢. 2013. "Menggu Hanting yu Quanzhendao guanxi xinzheng: Xin faxian de Menggu guo zhengzhi (yizhi, lingzhi) moya kaoshu. 蒙古汗廷與全眞道關係新證—新發現的蒙古國聖旨(懿旨, 令旨)摩崖考述"(New Evidence on the Relationship between the Mongol Khanates and Quanzhen Daoism: A Newly Discovered Stone Inscription of Mongol Imperial Edicts (of Emperors, Empresses and Princes)), *Zhongguo shi yanjiu*中國史研究 2013.1: 135-143.

Zieme, Peter. 2011. "Notes on the Religions in the Mongol Empire." In *Islam and Tibet: Interactions along the Musk Routes*, ed. Anna Akasoy, Charles Burnett, *and Ronit Yoeli-Tlalim*, 177-188. Farnham.

옮긴이의 말

25년 전인 2001년, 석사 지도교수이자 이 책 『케임브리지 몽골 제국사』의 책임 편집자인 김호동 선생님의 논저강독 수업에서 처음으로 몽골 제국 관련 전공서를 번역하는 기회를 가졌다. 당시 과제였던 그 번역은 힘들기는 했지만 결국 해낼 수 있는 작업이었다. 몽골 제국사의 세계가 낯설고 방대하더라도, 전문 용어와 인명을 익히고 문장을 다듬는 일은 노력과 시간의 문제라고 생각했다. 그로부터 13년 후인 2014년, 또 다른 책임 편집자 미할 비란 선생님이 재직 중인 예루살렘히브리대학에서 열린 국제 학술대회에 참가하면서 본서의 기획과 집필에 대해 본격적으로 알게 되었다. 당시 학회 참가자들 사이에서는 이 책의 출간이 그동안 제각각이었던 방대한 표기와 용어를 마침내 통일하는 계기가 되리라는 기대가 있었다. 그 기대는 자연스러운 것이었다. 분야 최고의 연구자들이 한 권의 책을 만들기 위해 모인다면, 적어도 표기의 혼란만큼은 정리될 것이라 여겼다. 그러나 막상 이 책의 번역을 끝내고 나서 돌아보니, 2001년에 내가 가졌던 자신감도, 2014년 학회장의 기대도 모두 이 작업의 복잡성을 충분히 헤아리지 못한 것이었음을 실감하게 되었다.

그 복잡성은 두 가지 방향에서 동시에 밀려왔다. 첫째는 앞서 언급한 표기의 통일 문제였다. 몽골 제국사는 그 특성상 몽골어, 한자, 페르시아어, 아랍어, 라틴어 등 다양한 언어권의 인명과 지명이 혼재하며, 동일한 대상이 사료마다 다른 이름으로 기록된 경우도 많다. 이 책의 집필에 참여한 여러 학자들은 전공 언어와 학문적 전통이 다를 뿐 아니라, 같은 대상을 바라보는 연구 관점도 달랐다. 그러한 차이에서 비롯된 고유한 표기들을 하나의 기준으로 수렴시키는 것은 불가능에 가까웠다. 여기에 관습적 표기와, 시대에 따라 조금씩 달라진 외래어 표기법 사이의 간극까지 더해져 선택의 고민은 더욱 깊어졌다. 둘째는 영어와 한국어 사이의 구조적 차이에서 오는 제약이었다. 영어 특유의 긴 관계절과 분사구문을 한국어 어순으로 자연스럽게 바꾸는 과정이 녹록지 않았다. 특히 이 책은 여러 필자의 논문을 모은 형태이기에 장마다 문체의 결이나 문장의 복잡도가 상이했다. 저자들의 개성을 살리면서도 가독성을 확보하는 일은 번역 내내 직면한 난제였다.

이러한 문제에 한국어판 번역자 세 사람이 택한 방법은 다음과 같이 정리할 수 있다. "인위적인 강제 통일이나 표기법의 일률 적용보다는, 현재 한국 학계에서 가장 널리 사용되는 표현을 사용하고, 저자들의 사이에 존재하는 차이는 그대로 인정한다." 그 결과 장마다, 그리고 권마다 표기가 다소 일관되지 않는 부분이 있음을 밝혀둔다. 문장에 있어서는 원문의 긴 구문을 적절히 분절하여 한국 독자가 자연스럽게 그 의미를 파악할 수 있게 하고자 노력했다. 직역이 반드시 정확한 의미 전달을 보장하지는 않는다는 판단하에, 원문의 논지와 맥락을 충분히 소화한 후 한국어로 옮기는, 의역의 방식을 택했다.

제1권 정치사의 번역자로 내 이름이 기록되나, 이 작업이 결실을 보기까지는 수많은 이의 도움이 있었다. 먼저 25년 전 몽골 제국의 세계로 이끌어주시고 이번 번역의 계기를 마련해주신 김호동 선생님께 깊은 존경과 감사를 드린다. 박사 과정에서 연구자의 글쓰기가 갖추어야 할 태도를 가르쳐주신 밸러리 핸슨(Valerie Hansen) 선생님의 가르침 또한 번역 곳곳에 녹아 있다. 아울러 예루살렘에서의 인연을 시작으로 박사 후 펠로우 시절 학문적 이정표가 되어주신 미할 비란 선생님께도 감사의 마음을 전한다. 2024년 1학기 대학원 수업에서 본서의 원문을 함께 검토하며 그 내용을 한층 깊이 천착하는 기회를 만들어준 김민우, 이민경, 정해림, 편소정, 하지호에게도 고마움을 표한다.

출판의 전 과정을 지원해주신 사계절출판사 강맑실 대표님께 깊은 감사를 드린다. 또한 이 책이 대중적 가독성을 갖출 수 있도록 세심히 살피고 번역자의 학술적 고집을 너그러이 포용해준 강창훈, 이창연 편집자를 비롯한 인문팀 여러분의 헌신과 노고에 각별한 고마움을 전한다. 이 모든 분들의 도움에도 불구하고 번역 과정에서 미처 바로잡지 못한 오류나 미흡한 부분이 있다면, 그 책임은 전적으로 나에게 있다. 마지막으로 긴 작업 시간 동안 묵묵히 곁을 지켜준 아내와 딸, 가족들에게 이 책을 바친다.

2026년 4월

조원희

찾아보기

알구 Alghu 144, 192, 531, 533~538,
    540, 542~544, 550, 551~554, 570,
    575, 607, 611, 612, 614, 617
알라 알 다울라 심나니 ‘Ala’ al-Dawla
    Simnānī 351, 374
알라 앗 딘 주베이니 ‘Ala’ al-Dīn
    Juwaynī 341, 355
알라마 알 힐리 ‘Allama al-Ḥillī 369,
    388
알람다르 ‘Alamdār 162, 163, 188, 189,
    191
알렉산드르 넵스키 Aleksandr Nevski
    441, 471, 472
알리 술탄 ‘Alī Sulṭān 541, 590, 604,
    632
알추 Alchu 351
알쿠이 테무르 Alqui Temür 267, 290,
    577
알툰 베키 Altun Beki 62
암바가이 Ambaghai 45
압둘 라흐만 ‘Abd al-Raḥmān 116,
    117, 126, 131
압둘라 와사프 ‘Abdallāh Waṣṣāf 355
압둘라 카샤니 ‘Abdallāh Qāshānī 355,
    363, 366
야로슬라프 Iaroslav 474
야사우르 Yasa’ur 243, 542, 560~562,
    582~584, 591, 592
야율대석 耶律大石 40
야율독화 耶律禿花 59
야율류가 耶律留哥 66
야율면사가 耶律綿思哥 109, 110, 112

야율아해 耶律阿海 59, 82, 109
야율초재 耶律楚材 71, 75, 82, 84, 91,
    94, 98, 109, 113~117
양기차르 Yangichar 541, 569, 576, 578
양디 Yangdi 290
에드워드 롱생크 Edward Longshanks
    335
에디구 Edigü 494~502, 504, 511
에부겐 Ebügen 563, 579, 589
에센 부카 Esen Buqa 197, 243, 244,
    434, 541, 574, 576, 578~584, 599,
    614, 619
에센 테무르 Esen Temür 251, 541
에우프로시네 Euphrosyne 40
에질 Ejil 152
엘 쿠틀룩 El Qutlugh 375
엘 테구스 El Tegüs 236, 256, 266
엘 테무르 El Temür 197, 245, 246,
    253~256, 265, 586, 587
엘지기데이 Eljigidei 132, 134, 245,
    246, 255, 579, 586, 587, 602, 631, 632
염희헌 廉希憲 144, 186, 194, 197
엽자기 葉子奇 196
예수게이 Yisügei 45~47
예쿠 Yekü 150
오굴 카이미시 Qghul Qaimish 132,
    135~138, 140, 141, 417
오그룬치 Ögrünch 141
오르기나 카툰 Orghina Qatun 143,
    144, 146, 156, 532~534, 536, 542,
    543, 627
오르다 Orda 86, 96, 119, 121, 122,

20~22, 37, 41, 44, 48, 51~53, 56~59,
62~64, 68, 70, 71, 73~83, 85~87,
89~98, 101, 112~114, 142, 148, 185,
186, 217, 220, 223, 226, 231, 233, 238,
243, 251, 257, 260, 262, 292, 305,
306, 309~312, 316, 321, 323, 342,
354, 367~380, 382, 383, 386, 388,
404~406, 408, 412~414, 418, 424,
432, 480, 496, 500, 512, 515, 531, 532,
536, 551, 558, 574, 576, 595, 604, 611,
612, 616, 623, 627, 636, 638~604

ㅋ

카다카이 Qadaqai　364, 542
카단 Qadan　119, 137, 144, 166, 219,
538, 541, 543, 562
카디(칸) Qāḍī　635
카디르 비르디 Qādir-Birdī　499
카라 부카 Qara Buqa　159
카라 훌레구 Qara Hülegü　127, 130,
136, 137, 143, 532, 542, 545, 627
카라가탁 Qaragha-Tagh　237
카라다이 Qaradai　240
카라운 Qalāwūn　340, 568
카라차르 Qarachar　428, 541, 604
카마르 앗 딘 Qamar al-Dīn　594, 606,
607
카불 샤 Kābul Shāh　579, 602
카불(칸) Qabul　604
카이두 Qaidu　93, 141, 218~221, 224,

231, 234, 237~239, 241, 322, 337,
431~435, 449~451, 530, 536~541,
543~560, 562~572, 574~590, 595,
611, 612, 614, 616~621, 624, 625,
627, 630
카이샨 Qaishan　233, 236, 237,
239~245, 248~250, 252~254, 259,
260, 265, 267, 270~273, 276, 277,
570, 575, 576, 583, 586
카잔(칸) Qazan　505, 542, 591~593,
595, 603, 611
카지미르 4세 Casimir IV　506, 507
카치운 Qachi′un　57, 97, 223, 258
캄말라 Gamala　222, 224, 231, 233,
236, 237, 245, 251, 559
케벡 Kebek　244, 577~580, 582~586,
588, 592, 594, 615, 619~621, 626,
627
코니치 Qonichi　421, 439, 448, 449,
568, 569, 580
코실라 Qoshila　233, 234, 236,
244~246, 249, 250, 252, 254~256,
267, 273, 583, 585~587
콘차카 Konchaka　470
쿠두 Qudu　69
쿠르구즈 Körgüz　111, 127
쿠빌라이 Qubilai　52, 54, 115, 132,
140, 144~147, 149~153, 161~166,
170, 185~204, 206~231, 233,
235~240, 242, 247, 249, 251~253,
256~266, 269, 270, 272, 274, 281,
282, 289, 290, 292~294, 305, 306,

케임브리지 몽골 제국사 제1권. 정치사

2026년 4월 30일 1판 1쇄

책임 편집
미할 비란, 김호동

지은이
루스 던넬, 크리스토퍼 애트우드, 스테펀 카몰라,
데이비드 모건, 마리 파브로, 로만 포체카예프, 미할 비란

옮긴이
조원희

편집
강창훈, 이진, 이창연, 장윤호

디자인
조정은

제작
박흥기

마케팅
김수진, 이태린, 이예지

홍보
조민희

인쇄
천일문화사

제책
책다움

펴낸이
강맑실

펴낸곳
(주)사계절출판사

등록
제406-2003-034호

주소
(우)10881 경기도 파주시 회동길 252

전화
031)955-8588, 8558

전송
마케팅부 031)955-8595, 편집부 031)955-8596

홈페이지
www.sakyejul.net

전자우편
skj@sakyejul.com

블로그
blog.naver.com/skjmail

페이스북
facebook.com/sakyejul

X(트위터)
x.com/sakyejul

---

* 이 번역서는 연세대학 학술연구비의 지원으로 이루어졌습니다.

값은 뒤표지에 적혀 있습니다. 잘못 만든 책은 서점에서 바꾸어드립니다.
사계절출판사는 성장의 의미를 생각합니다.
사계절출판사는 독자 여러분의 의견에 늘 귀 기울이고 있습니다.
이 책은 저작권법에 따라 보호받는 저작물이므로 무단 전재와 무단 복제를 금합니다.

ISBN 979-11-6981-433-1 94910
ISBN 979-11-6981-432-4 (세트)